ISBN 978-0-666-21775-2
PIBN 11038888

1 MONTH OF
FREE
READING

at
www.ForgottenBooks.com

By purchasing this book you are eligible for one month membership to ForgottenBooks.com, giving you unlimited access to our entire collection of over 1,000,000 titles via our web site and mobile apps.

To claim your free month visit:

www.forgottenbooks.com/free1038888

English
Français
Deutsche
Italiano
Español
Português

www.forgottenbooks.com

Mythology Photography **Fiction**
Fishing Christianity **Art** Cooking
Essays Buddhism Freemasonry
Medicine **Biology** Music **Ancient
Egypt** Evolution Carpentry Physics
Dance Geology **Mathematics** Fitness
Shakespeare **Folklore** Yoga Marketing
Confidence Immortality Biographies
Poetry **Psychology** Witchcraft
Electronics Chemistry History **Law**
Accounting **Philosophy** Anthropology
Alchemy Drama Quantum Mechanics
Atheism Sexual Health **Ancient History**
Entrepreneurship Languages Sport
Paleontology Needlework Islam
Metaphysics Investment Archaeology
Parenting Statistics Criminology
Motivational

ZEITSCHRIFT DES VEREINS

FÜR

THÜRINGISCHE GESCHICHTE

UND

ALTERTUMSKUNDE.

NEUE FOLGE. DREIZEHNTER BAND.

DER GANZEN FOLGE EINUNDZWANZIGSTER BAND.

Mit 2 Tafeln und 3 Abbildungen.

———— →❈← ————

JENA,

VERLAG VON GUSTAV FISCHER.

1903.

Inhalt.

Bilder aus dem kirchlichen und sozialen Leben
im Bereich des jetzigen Herzogtums Gotha zur Zeit unmittelbar vor und bei Beginn der Reformation[1]).

Von

Fr. Perthes, Pfarrer in Hörselgau.

Es war im Jahre 1506, da ging ein allgemeines Klagen und Jammern durch die Reihen der thüringischen Geistlichkeit. Von diesem Klagen und Jammern redet Conrad

---

1) Als Hauptquellen wurden benutzt: 1) Registrum Subsidii Clero Thuringiae anno 1506 impositi, herausgegeben von Dr. Ulrich Stechele, Zeitschr. des Vereins f. Thür. Geschichte u. Altertumskunde, N. F. Bd. 2, S. 1—179. — 2) Der Briefwechsel des Mutianus Rufus, gesammelt und bearbeitet von Dr. Carl Krause, Kassel 1885. — 3) Der Briefwechsel des Conradus Mutianus, gesammelt und bearbeitet von Dr. Karl Gillert, nach dessen Tode herausgegeben von der historischen Kommission der Provinz Sachsen, 2 Bde., Halle 1890. Ueber Mutian vergleiche noch Dr. Karl Hagen, Deutschlands litterarische und religiöse Verhältnisse im Zeitalter der Reformation, Bd. 1, Erlangen 1841; Dr. F. W. Kampschulte, Die Universität Erfurt in ihrem Verhältnis zu dem Humanismus und der Reformation, 2 Bde., Trier 1858 u. 1860; Dr. Dav. Fried. Strauß, Ulrich von Hutten, 4.—6. Aufl., Bonn 1895; Dr. C. Krause, Helius Erbanus Hessus, sein Leben und seine Werke, 2 Bde., Gotha 1879; Dr. C. Krause, Beiträge zum Texte, zur Chronologie und zur Erklärung der Mutianischen Briefe; Dr. C. Krause, Schilderungen Erfurter Zustände und Sitten aus dem Anfang des 16. Jahrhunderts, Jahrbücher der Koniglichen Akademie gemeinnütziger Wissenschaften zu Erfurt, N. F. Heft 20, Erfurt 1893; Dr. C. Krause, Bibliographisches aus Mutians Briefen, Separatabdruck aus dem Centralblatt für Bibliothekwesen, ed. Dr. O.

Mutianus Rufus, der gelehrte Domherr zu Gotha, wenn er 1506 an seinen Freund, den Hausverwalter im Kloster Georgenthal, Heinrich Fastnacht von Orb, mit seinem Humanistennamen Urbanus genannt, schreibt[2]): „Der Erzbischof von Mainz fordert milde Gaben zur Beihülfe, der thüringische Klerus weigert sich zu geben, aber der Erzbischof wird uns kraft seiner Auctorität zwingen, wird durch kirchliche Censur vom Gottesdienst uns ausschließen, wird uns der Kommunion berauben, mit dem Anathema uns belegen, wenn wir nicht zu Vernunft und Gehorsam zurückkehren." Triumphierend fügt aber Mutian, ein warmer Freund des Klosters Georgenthal, hinzu: „Ihr in Georgenthal werdet diesen Sturm ruhig belächeln, der Antistes von Mainz mag nehmen, vergeuden, verprassen, euch ist bewilligt worden, nicht zu zahlen, ihr seid steuerfrei, befreit durch das Wohlwollen des heiligen Bernhard." Es handelt sich hier um die Zahlung eines sogenannten subsidiums charitativum, das von den Geistlichen des Mainzer Sprengels in Thüringen durch den Erzbischof in Mainz gefordert wurde; 5 Prozent, also der zwanzigste Teil ihres jährlichen Einkommens wurde der

---

Hartmann, Leipzig 1892; Dr. C. Krause, Zur Erklärung einiger Stellen der Mutiauischen Briefe, in der Vierteljahrsschrift für Kultur etc. von Dr. L. Geiger, 1. Jahrg., Hft. 4, Leipzig 1886; Dr. E. Einert, Johann Jäger aus Dornheim als Jugendfreund Luthers, Jena 1883; Joh. Ad. Fr. Hochgesang, Adjunkt und Pfarrer zu Ülleben und Boilstedt, Der kirchliche Zustand in Gotha zur Zeit der Reformation und die Veränderungen, welche durch dieselbe herbeigeführt wurden, Gotha 1841. — 4) Allererste Visitationsacta der Prediger im Amt Tenneberg 1526, verführt vom ersten Superintendenten zu Gotha Friderico Myconio, im Konsistorialarchiv zu Gotha; vergleiche dazu C. A. H. Burkhardt: Geschichte der sächsischen Kirchen und Schulvisitationen von 1524—1545, Leipzig 1879 S. 12 ff. und [Brückner] Kirchen- und Schulstaat bei den betreffenden Ortschaften.

2) Gillert, No. XLII u. XLII; Krause's Briefwechsel No. LXXIX u. LXXXIV.

Name der Kirche oder Kapelle	Name der Vikarie	Name des Vikars	Höhe und Art der Besoldung	Steuerquote
Eccl. B. M. V.	St. Blasii	Nic. Schloborn	15 Schock	1 Sch. —
„ „ „ „	St. Laurencii	Joh. Schmier	6 maldra frumenti et avenae	— 24 gr.
„ „ „ „	St. Alexii	Joh. Rospach	12 Schock	— 48 „
„ „ „ „	St. Ottiliae et Iodoci	Joh. Siffrid	10 „	— 40 „
„ „ „ „	St. Margarethae et decem millium martyrum	Joh. Jungelhans	—	— 42 „
„ „ „ „	St. Catharinae	Peter Karl	12 Schock	— 48· „
„ „ „ „	St. Martini et Nicolai	Mich. Falke	12 „	— 48 „
„ „ „ „	St. Barbarae	Tylomann Morch	9 „	—. 36 „
„ „ „ „	St. Bonifacii et Wiperti	Paul Herbertshausen	5½ mald. frumenti —	— 36 „
„ „ „ „	Commenda Nova	Georg Burkhard	17½ Schock	— 40 „
„ „ „ „	Cosmae et Damiani	Ernst Storr	17½ „	1 Sch. 10 „
„ „ „ „	St. Vicentii	Erhard Ritter	5 maldra frumenti	1 Sch. —
„ „ „ „	Ad summum altare	Laurent Treusche	8 Schock	— 22 gr.
„ „ „ „	St. Simplicii et Faustini	Hein. Fuß	50 florenos	3 Sch. —
Hospitalis Johannitarum b. M. Magdalenae	?	Nic. Kirchener	6 Schock	— 24 gr.
Capella in foro St. Jacobi	St. Thomas et Michaelis	Georg Wolfart	12 „	— 44 „
„	St. Michaelis	Joh. Salzmann	18 „	1 Sch. 12 „
	St. Pauli et Erasmi	Paul Missener	14 „	— 56 „
	St. Jodoci	Dr. Sigism. Thomas	14 „	1 Sch. —
„	Secunda St. Jodoci	Joh. Königsee	18 „	1 „ 12 gr.
In Monte	St. Andreae	Joh. Weyner	12 „	— 48 „
„ „	?	Joh. Burghard	15 „	1 Sch. —
In Castro Gotha	St. Elisabeth	Joh. Salzmann	4 talenta 6½ mald. frumenti	1 „ —
In Praetorio	St. Gothardi	D. Henning Goede	22 Schock	1 „ 28 gr.
In Leprosorio	?	Martin Walich	10 „	— 40 „
Capella St. Gangolfi extra muros	?	Joh. Schindelkopf	10 florenos 3½ agros vineti	— 48 „
Ecel. St. Margarethae	St. Thomae	Joh. Deckener	4 maldra 8 Schock	nihil
„	St. Nicolai	Mart. Plattfuß	10 Schock	— 40 gr.
„	St. Catharinae	Thomas Nirer	12· „	— 48 „

No.	Sedes	Pfarrort	Pfarrer	Name der Kirche oder Kapelle	Steuer-quote	Vikar
57	Gotha alias Wahlwinkel	Gotha	—	—	—	1
58	,,	,,	—	—	—	1
59	,,	,,	—	—	—	1
60	,,	Leina	1	Eccl. paroch.	3 loth	—
61	,,	Ohrdruf	1	,, ,,	3 ,,	—
62	,,	Tambach	1	,, ,,	3 ,,	—
63	,,	Boilstädt	1	,, ,,	3 ,,	—
64	,,	Waltershausen	1	,, ,,	3 ,,	—
65	,,	,,	—	—	—	1
66	,,	,,	—	—	—	Früh-meß-ner
67	,,	,,	—	—	—	1
68	,,	,,	—	—	—	1
69	,,	,,	—	—	—	1
70	,,	Ibenhain	—	—	—	1
71	,,	Waltershausen	—	—	—	1
72	,,	,,	—	—	—	1
73	,,	,,	—	—	—	1
74	,,	,,	—	—	—	1
75	,,	,,	—	—	—	1
76	,,	,,	—	—	—	1
77	,,	,,	—	—	—	1
78	,,	,,	—	—	—	Früh-meß-ner 1.
79	,,	,,	—	—	—	
80	,,	,,	—	—	—	—
81	,,	,,	—	—	—	—

Name der Kirche oder Kapelle	Name der Vikarie	Name des Vikars	Höhe und Art der Besoldung	Steuerquote
Eccl. St. Margarethae	Omnium Apostolorum	Lud. Köttelin	12 Schock	— 48 gr.
„	St. Jacobi et Michaelis	Joh. Faber	10 „	— 40 „
„	St. Corporis Christi	Mart. Fruttstädt	21 „	1 Sch. 24 „
cf. No. 80—82	—	—	—	—
cf. No. 83	—	—	—	—
Eccl. paroch.	Beatae M. V.	Heinr. Lindener	12 Schock	— 48. „
„ „	?	Hein. Gruneberg	33 1/3 „	2 Sch. 2 „ 2 Pf.
„ „	Altaris St. Andreae	Hein. Schosser	20 „	1 Sch. 20 „
„ „	St. Crucis	Joh. Scheffel	14 „	— 56 „
„ „	St. Andreae	Balth. Rotermund	30 „	2 Sch. —
Eccl. paroch. in Ibenhain	Vic. nova B. M. V.	Joh. Mathis	15 „	—
Hospital	St. Elisabeth	Joh. Kunefeld	22 „	1 Sch. 28 gr.
Castrum Tenneberg	St. Georgii	Lic. Joh. Nithart	12 „	— 36 „
„	St. Petri et Pauli	Rotermund in Waltershausen	22 „	—
Pro Indagine	St. Crucis	Joh. de Eyteleben	12 „	— 48 „
Capella in monte probe Siebleben	St. Petri	?	2 1/2 „	— 8 „
In villa Siebleben in Armario	11 millium virginum	Adolf Rue	10 „	— 40 „
Eccl. par. in Remstädt		Joh. Salzmann	13 Solidos 1 1/2 Hufe Land	— 24 „
Eccl. par. in Hörselgau	Vic. primissariae	Heinem. Zwilling	32 Schock 1 Maldrun frumenti	1 Sch. 8 „
Eccl. par. in Warza	Vic. altaris	Joh. Stuner	12 Schock	— 48 „
Monasterium in Ohrdruf	St. Simonis et Judae	M. Joh. Gysell	6 m. frumenti et avenae, 4 Schock et certa ligna	— 56 „
„	St. Martini	Hein. de Hynden	10 Schock 51 gr., 1 flor., 6 Hühner, 1 aucam (?) 2 plaustra lignorum	— 48 „

No.	Sedes	Pfarrort	Pfarrer	Name der Kirche oder Kapelle	Steuerquote	Vikar
82	Gotha alias Wahlwinkel	Waltershausen	—	Eccl. paroch.	—	1
83	„	„	—	„ „ ٭	—	1
84	„	„	—	„ „	—	1
85	„	„	—	„ „	—	1
86	„	Hörselgau	1	„ „	3 loth	—
87	„	Sättelstädt	1	„ „	3 „	—
88	„	Mechterstädt	1	„ „	3 „	—
89	„	Remstädt	1	„ „	3 „	—
90	„	Uelleben	1	„ „	3 „	—
91	„	Goldbach	1	„ „	3 „	—
92	„	Töpfleben cum Mittelhausen	1	„ „	3 „	—
93	„	Ostheim	1	„ „	2 „	—
94	„	Asbach	1	„ „	1 „	—
95	„	Fröttstädt	1	„ „	1 „	—
96	.,	Laucha	1	„ „	1 „	—
97	„	Schwarzhausen	1	„ „	1 „	—
98	.,	Ernstroda	1	„ „	1 „	—
99	„	Wahlwinkel	1	„ „	1 „	—
100	„	Schoenau v. d. W.	1	„ „	1 „	—
101	„	Hohenkirchen	1	„ „	1 „	—
102	„	Sundhausen	1	St. Wiperti	1 „	—
103	„	„	1	St. Nicolai	2 „	—
104	„	Ditharz	1	Eccl. paroch.	1 „	—
105	„	Kindleben	1	„ „	1 „	—
106	„	Alschleben[4])	1	„ „	1 „	—
107	„	Tüttleben	1	„ „	2 „	—
108	„	Siebleben	1	„ „	2 „	—
109	„	Schwabhausen	1	„ „	2 „	—
110	„	Emleben	1	„ „	2 „	—
111	„	Trügleben	1	„ „	2 „	—
112	„	Teutleben	1	„ „	2 „	—
113	„	Altenbergen	1	„ „	2 „	—
114	„	Warza	1	„ „	2 „	—
115	„	Petriroda	1	„ „	1/2 „	—
116	„	Ruhla	1	„ „	1/2 „	—
117	Münstergehofen	Gierstädt	1	·, „	16 Solidos	—
118	„	Gr.-Fahner	1	? „	16 „	—
119	„	„ „	—	—	—	1

4) In dem Registrum Subs. steht „Wiltzleyben," ist verschrieben, muß

Name der Kirche oder Kapelle	Name der Vikarie	Name des Vikars	Höhe und Art der Besoldung	Steuerquote
Eccl. par. in Ohrdruf	Nova St. Crucis	Joh. Kutz	26 Schock	1 Sch. 44 gr.
Eccl. par. in Tambach	St. Humberti	Joh. Reymber	27 „	1 „ 48 „
Ecel. St. Blasii in Friedrichroda	Commenda nova B. M. V.	Friedr. Winkler	7 „	30 gr. 1 obol.
Eccl. par. in Winterstein	St. Johannis	Barth. Doliator	10 „	—
cf. No. 78	—	—	—	—
cf. No. 224	—	—	—	—
cf. No 77.	—	—	—	—
—	—	—	—	—
—	—	—	—	—
—	—	—	—	—
—	—	—	—	—
—	—	—	—	—
—	—	—	—	—
—	—	—	—	—
—	—	—	—	—
—	—	—	—	—
—	—	—	—	—
—	—	—	—	—
—	—	—	—	—
cf. No. 75 u. 76	—	—	—	—
—	—	—	—	—
—	—	—	—	—
—	—	—	—	—
—	—	—	—	—
—	—	—	—	—
Eccl. paroch.	B. M. V. et trium regum	Hein. Schwab	3 maldra, 12 Schock	58 gr. 1 Pf. 1 ob.

„Aeschleben" heißen, denn Witzleben wird S. 59 aufgeführt.

No.	Sedes	Pfarrort	Pfarrer	Name der Kirche oder Kapelle	Steuer-quote	Vikar
120	Münsterge-hofen	Gr.-Fahner	—	—	—	1
121	„	Kl.-Fahner	1	Eccl. paroch.	5 Sol.	—
122	Molschleben	Burgtonna	1	„ „	2 flor.	—
123	„	„	—	—	—	1
124	„	Ballstädt	1	Eccl. paroch.	2 flor.	—
125	„	„	—	—	—	1
126	„	Molschleben	1	Eccl. paroch.	2 flor.	—
127	„	„	—	—	—	1
128	„	Buffleben	1	Eccl. paroch.	2 flor.	—
129	„	„	—	—	—	1
130	„	Eschenbergen	1	Eccl. paroch.	1 flor.	—
131	„	„	—	—	—	1
132	„	Friemar	1	Eccl. paroch.	1 flor.	—
133	„	„	—	—	—	Früh-meß-ner
134	„	Aschara	1	Eccl. paroch.	$\frac{1}{2}$ flor.	—
135	„	Westhausen	1	„ „	$\frac{1}{2}$ „	—
136	„	Pfullendorf	1	„ „	$\frac{1}{2}$ „	—
137	„	Hausen	1	„ „	$\frac{1}{2}$ „	—
138	„	Bienstädt	1	„ „	$\frac{1}{2}$ „	—
139	„	Töttelstädt	1	„ „	$\frac{1}{2}$ „	—
140	„	Offhausen mortua	1	„ „	$\frac{1}{2}$ „	—
141	„	Neussis	1	„ „	$\frac{1}{2}$ „	—
142	Wanders-leben	Liebenstein et Gossel filia incorporata	1	„ „	3 loth	—
143	„	Gräfenroda et filia Geschwende	1	„ „	?	—
144	„	Gräfenroda	—	—	—	1
145	„	Wechmar	1	Eccl. paroch.	9 loth	—
146	„	Frankenhain	1	„ „	$\frac{1}{2}$ „	—
147	„	Pferdingsleben	1	„ „	$3\frac{1}{2}$ „	—
148	„	„	—	—	—	1

Name der Kirche oder Kapelle	Name der Vikarie	Name des Vikars	Höhe und Art der Besoldung	Steuerquote
Eccl. paroch.	St. Nicolai	Joh. Hane	6 m. frumenti et ordei, 8 Schock, 10 pullos, 1 agram vineti	— 21 gr.
—	—	—	—	—
Capella in Burgtonna	B. M. V.	Joh. Donatus	?	1 flor.
—	—	—	—	—
Capella in Ballstädt	?	Gerh. Marschalk decanus Gothensis	22 fl.	1 flor.
—	—	—	—	—
Cap. St. Nicolai in Molschleben	?	Joh. Kesseler in Molschleben	?	1 flor.
—	—	—	—	—
Capella St. Johannis in Buffleben	Commenda nova	Herm. Seber	5 Schock, 1 Viertel Land	— 22 gr.
—	—	—	—	—
Capella in Eschenbergen	Commenda nova	Joh. Kesseler in Molschleben	1 Viertel Land 10½ Sch.	— 40 gr.
—	—	—	—	—
Eccl. par. in Friemar	B. M. V.	Andr. Teckener	24 Schock	—
—	—	—	—	—
—	—	—	—	—
—	—	—	—	—
—	—	—	—	—
—	—	—	—	—
Eccl. paroch.	?	Joh. Ottinwolf	12 Schock	—
—	—	—	—	—
Eccl. paroch.	Eccl. paroch.	Joh. Mohlburg	ad valorem 7 Schock	— 21 gr.

No.	Sedes	Pfarrort	Pfarrer	Name der Kirche oder Kapelle	Steuer-quote	Vikar
149	Wandersleben	Seebergen	1	Eccl. paroch.	1¼ loth	—
150	„	Cobstädt et Rettbach major	1	„ „ \	1 „	—
151	„	Gamstädt et Rettbach minor	1	„ „	1 „	—
152	„	Apfelstädt	1	„ „	1½ „	—
153	„	Dietendorf	1	„ „	1½ „	—
154	„	Wölfis	1	„ „	4 „	—
155	„	Sülzenbrücken	1	„ „	7 „	—
156	„	Günthersleben⁵)	1	B. M. V.	1 „	—
157	„	Günthersleben	1	St. Petri	1 „	—
158	„	Ingersleben	1	Eccl. paroch.	2½ „	—
159	„	„	—	—	—	1
160	„	„	—	—	—	1
161	„	Grabsleben	1	Eccl. paroch.	½ loth	—
162	„	Hundsbrunn desolatum	1	—	½ „	—
163	„	Hatstädt desolatum	1	—	½ „	—
164	„	Holzhausen	1	Eccl. paroch.	1½ „	—
165	„	„	1	—	—	1
166	„	—	—	—	—	—
167	„	—	—	—	—	—
168	Herbsleben	Herbsleben	1	Eccl. paroch.	25 Solidos	—
169	„	„	1	Capell. in Castro Herbsleben	9 „	—
170	„	„	1	Capell. B. M. V. in Herbsleben	11 „	—
171	„	„	—	—	—	1·
172	„	„	—	—	—	1
173	„	„	—	—	—	1
174	„	Gräfentonna	—	Eccl. paroch.	20 Sol.	—

(annotation between 157–158: villa una)

5) Im Registrum Subs. steht Gummersleben, das bedeutet „Günthers-
wo S. 65 Günthersleben als Gonresleibin bezeichnet wird;

Name der Kirche oder Kapelle	Name der Vikarie	Name des Vikars	Höhe und Art der Besoldung	Steuerquote
—	—	—	—	—
—	—	—	—	—
—	—	—	—	—
—	—	—	—	—
—	—	—	—	—
—	—	—	—	—
—	—	—	—	—
—	—	—	—	—
Eccl. in Ingersleben	St. Petri et Pauli	Heinr. König	certos mansos terrae arabilis	—
„	St. Catharinae	Con. Morch	20 Schock	—
—	—	—	—	—
—	—	—	—	—
—	—	—	—	—
Capell. St. Annae in Holzhausen prope Wassenburg	?	Conr. Rupsch	4 maldra, 5 agros vineti	—
Eccl. Harhausen	St. Crucis	Hein. Heckmann	20 Schock	—
Viaria Capellae St. Petri et Nicolai in Wegeszes cf. No. 226	?	?	?	1 loth
—	—	—	—	—
—	—	—	—	—
Eccl. paroch.	St. Catharinae	Joh. Rudolf	3 maldr. frumenti, 3 ordei, 3 avenae, 5 solidos	— 51 gr
„ „	St. Nicolai	Heinr. Schaub	5 maldra	1 Sch. 16 „
„ „	Corporis Christi	Alb. Kremer	6 Schock, 1½ agros vineti	— 24 „
—	—	—	—	—

leben", cf. z. B. Fr. Krügelstein: Nachrichten von der Stadt Ohrdruf, 1844, nach S. 607 heißt die Kirche in Günthersleben „St. Petri".

No.	Sedes	Pfarrort	Pfarrer	Name der Kirche oder Kapelle	Steuer-quote	Vikar
175	Herbsleben	Gräfentonna	1	Capell. in Castro Gräfentonna	20 Solidos	—
176	„	„	—	— \	—	1
177	„	„	—	—	—	1
178	„	Ostertonna cura mortua	1	Eccl. paroch.	12 Solidos	—
179	„	Ostertonna	—	—	—	1
180	„	Döllstädt	1	Eccl. paroch.	25 Solidos	—
181	„	„	1	Capell. in Castro Döllstädt	11 „	—
182	„	„	—	—	—	1
183	„	„	—	—	—	1
184	„	„	—	—	—	1
185	„	„	—	—	—	—
186	„	Reifenheim cura mortua	1	Eccl. paroch.	10 Solidos	—
187	„	Werningshausen	1	„　　„	15　„	—

III. Praepositura

188	Ufhofen alias Salza	Illeben	1	Eccl. paroch.	?	—
189	„	Eckardsleben	1	„　　„	?	—
190	„	„	1	Capella in Eckardsleben	?	—
191	„	Craula	1	Eccl. paroch.	?	—
192	„	Wiegleben	1	„　　„	?	—
193	„	„	1	Capella in Wiegleben vacat	?	—
194	Falken	Nazza	1	Eccl. paroch.	$^1/_4$ flor.	—

Name der Kirche oder Kapelle	Name der Vikarie	Name des Vikars	Höhe und Art der Besoldung	Steuerquote
—	—	—	—	—
In choro Gräfentonna	B. M. V.	Matth. Mergelt	2 maldra, 3 Schock	— 24 gr.
In medio altaris parochialis in Gräfentonna	Corporis Christi et Fabiani et Sebastiani	Joh. Cot	8 maldra frumenti, ordei et avenae, 8 Schock, 1½ agros vineti	1 Sch. 20 „
—		—	—	—
Eccl. paroch.	Felicis et adaucti	Burgh. Hille	3 mald. frumenti, ordei et avenae, 2 Sch. 1 flor. 1 solid.	— 30 „
—		—	—	—
Eccl. paroch. St. Petri	B. M. V.	Hein. Sartor Propst in Döllstädt	4 maldra frumenti, 1 Schock	— 30 „
Monasterium St. Nicolai in Döllstädt	St. Ciriaci	Hein. Sartor	3 maldra, 7½ Schock	— 54 „
Eccl. par. St Petri in Döllstädt	B. M. V.	Tylom. Albert	14 Schock	— 56 „
Monasterium in Döllstädt	St. Nicolai	„ „	2 maldra frumenti et ordei, 6 Schock	— 33 „
—		—	—	—
—		—	—	—

Dorlensis.

		—	—	—
		—	—	—
		—	—	—
		—	—	—
		—	—	—
—		—	—	—

No.	Sedes	Pfarrort	Pfarrer	Name der Kirche oder Kapelle	Steuer-quote	Vikar
195	Beringen	Wangenheim	1	Eccl. paroch.	$^1/_2$ Marc.	—
196	„	„	—	—	—	1
197	„	„	—	—	—	1
198	„	Beringen Mariae	1	Eccl. paroch.	$^1/_2$ Marc.	—
199	„	Tüngeda	1	„ „	$^1/_4$ „	—
200	„	Haina	1	„ „	$^1/_4$ „	—
201	„	„	—	—	—	1
202	„	„	—	—	—	1
203	„	—	—	—	—	1
204	„	Brüheim	1	Eccl. paroch.	$^1/_4$ Marc.	—
205	„	„	—	—	—	1
206	„	„	—	—	—	1
207	„	Sonneborn	1	Eccl. paroch.	$^1/_4$ Marc.	—
208	„	„	—	—	—	1
209	„	„	—	—	—	1
210	„	Hochheim	1	Eccl. paroch.	$^1/_8$ Marc.	—
211	„	„	—	—	—	Früh-meß-ner
212	„	Erffa	—	Eccl. paroch.	$^1/_8$ Marc.	—
213	„	„	—	—	—	1
214	„	„	—	—	—	1
215	„	Nordhofen	1	Eccl. paroch.	$^1/_8$ Marc.	—
216	„	„	—	—	—	1
217	„	Ebenhein	1	Eccl. paroch.	$^1/_8$ Marc.	—
218	„	Wolfsberingen	1	„ „	$^1/_8$ „	—
219	„	—	1	Cap. St. Christophori alias Tungerthail prope Wangenheim	$^1/_8$ „	—

Name der Kirche oder Kapelle	Name der Vikarie	Name des Vikars	Höhe und Art der Be-soldung	Steuer-quote
Eccl. paroch.	St. Nicolai	Joh. Andreas	5 mald. frumenti et ordei, 11 Sch. 10 gr.	1 Sch. 24 gr
„ „	B. M. V.	Lic. Matth. Meyger	20 flor.	1 „ 24 „
Eccl. paroch.	B. M. V.	Joh. de Erffa decani Salcensis	2 mald. frumenti, 8 fl. 1 Sch.	— .
„ „	St. Catharinae	Reinh. Freyboth	2 mald. frumenti, 4 Sch.	— 18 „
Capell. S. Jacobi prope Haina	„	Joh. Arnold	?	— 27 „
Eccl. paroch.	St. Stephani	M. Joh. Reinboth de Tambach	?	— 24 gr.
„ „	B. M. V.	Fried. Thomas	4 Sch. 24 gr.	—
Eccl. paroch.	St. Andreae	D. Henning Goede	20½ flor.	1 Sch. 56 gr.
„ „	Nova trium regum	M. Berth. Deynhart	7½ mald. frumenti	1 „ 7 „ 1 Pf. 1 oboL
Eccl. paroch.	?	Arnold Bropen	9 mald. frumenti, 5 ordei 4 avenae 2½ Schock	— 30 gr.
In Castro Erffa Eccl. paroch.	St. Georgei B. M. V.	Heinr. de Erffa Joh. de Erffa	9 Schock 2 mald. frumenti, 1½ avenae, 20 Schock	— nihil
Eccl. paroch.	?	Paul Furmann	2 mald. frumenti et ordei minus 1 quart., 6 Schock	—

No.	Sedes	Pfarrort	Pfarrer	Name der Kirche oder Kapelle	Steuer-quote	Vikar
220	Beringen	Hütscherode va-cat omnino	1	Eccl. paroch.	$^1/_8$ Marc.	—
221	„	Reichenbach	1	„ „	$^1/_8$ „	—
222	„	—	—	—	—	1

IV. Praepositura

223	Mihla	Neukirchen	1	Eccl. paroch.	1 loth	—
224	Lupnitz	Sättelstädt	1	„ „	3 „	—
225	„	Schönau a. H.	1	„ „	1 „	—

V. Praepositura

226	Greußen	Herbsleben	—	cf. No. 168—173	—	1
227	Germar	Körner	1	Eccl. Wiperti	8 Solidos	—
228	„	„	1	Eccl. Mariae	8 „	—
229	„	„	—	—	—	1
230		Obermehler	1	Eccl. paroch.	4 Solidos	—

Aus vorstehender Tabelle geht nun hervor, daß im Bereich des jetzigen Herzogtums Gotha 120 Pfarrstellen, 1 Dekan und 14 Domherren am Marienstift und 109 Vikarien vorhanden waren, die Summe der Säkularkleriker, die zu dem Subsiduum beizusteuern hatten, betrug demnach 244, rechnet man dazu noch die Mönche im Augustinerkloster zu Gotha, in den Cistercienserklöstern Georgenthal und Volkenroda, wie in der Benediktinerabtei Reinhardtsbrunnen, zusammen mindestens 100, so ergiebt sich für die Zeit unmittelbar vor der Reformation eine Gesamtsumme von etwa 344 geistlichen Personen, durch die der Bezirk des jetzigen Herzogtums Gotha kirchlich versorgt wurde, dabei sind die Nonnen im Kreuzkloster zu Gotha und in Ichters-hausen nicht mit in Anschlag gebracht, auch die Klöster zu Döllstädt, Gräfentonna und Wannigsroda sind unberück-

Name der Kirche oder Kapelle	Name der Vikarie	Name des Vikars	Höhe und Art der Besoldung	Steuerquote
—	—	—	—	—
—	—	—	—	—
Eccl. paroch.	Nova St. Annae anno 1494 confirmata	Dr. Joh. Pryell	$10^{1}/_{2}$ flor.	— 42 gr.

Eisenach.

cf. No. 87	—	—	—	—
	—	—	—	—

Jechaburg.

Capella St. Petri prope Herbsleben, spectat ad Greußen, quia est sita ultra flumen Unstrut		Joh. de Berlenessen	10 Schock	1 loth
—	—	—	—	—
Eccl. paroch.	Nova B. M. V.	Conrad Bolstädt	16 Schock	— 48 gr.

sichtigt geblieben, weil sie 1506 nicht mehr bestanden. Nach Einführung der Reformation und nach Einziehung der Klöster sank diese Zahl ganz bedeutend herab, denn aus den Visitationsprotokollen von 1533[6]) ergiebt sich, daß damals im Gothaischen 89 Pfarrdörfer, 35 Kirchdörfer, nebst 6 eingepfarrten Dörfern, vorhanden waren. Heutzutage amtieren etwa 120 Geistliche im Herzogtum.

In dem Steuerregister von 1506 werden 114 gothaische Orte aufgeführt, 11 von diesen Orten sind jetzt wüst, nämlich Töpfleben, Mittelhausen, Ostheim, Alschleben, Offhausen, Neussis, Hatstädt, Ostertonna, Reifenhain, Tüngertail, Wegeszes, 3 sind jetzt keine selbständigen Orte mehr, nämlich Kindleben, Hundsbrunn und Hütscheroda.

---

6) Burkhardt, Geschichte der Visitationen, S. 127 ff.

Es fehlen in dem Register folgende gothaische Orte:
Arlesberg, Bittstedt, Burla, Cabarz, Catterfeld, Crawinkel,
Cumbach, Deubach, Dörrberg, Ebenshausen, Elgersburg,
Engelsbach, Ettenhausen, Finsterbergen, Fischbach, Franken-
roda, Friedrichsanfang, Gehlberg, Georgenthal, Gospiteroda,
Gräfenhain, Großtabarz, Hallungen, Hastrungsfeld, Heerda,
Herrenhof, Hohenbergen, Kälberfeld, Kahlenberg, Kettmanns-
hausen, Klein-Keula, Klein-Schmalkalden, Klein-Tabarz,
Kornhochheim, Langenhain, Lauterbach, Louisenthal, Mane-
bach, Mehlis, Menteroda, Metebach, Naundorf, Neudieten-
dorf, Neufrankenroda, Oberhof, Österberingen, Rhoda,
Rippersroda, Rödichen, Schmerbach, Schnepfenthal, Schwarz-
wald, Sondra, Stedten, Stutzhaus, Tambuchshof, Trasdorf,
Volkenroda, Weingarten, Wipperoda, Zella; zusammen
61 Ortschaften. Davon gehörten Zella und Mehlis nicht
zum Mainzer Sprengel, von den übrigen Orten hatten die
meisten wohl keinen Pfarrer, da konnte also auch keine
Steuer erhoben werden, einige wenige von den Orten sind
neuere Gründungen, etliche mögen auch wohl Klosterdörfer
und darum frei von der Abgabe gewesen sein.

Wie aus der obigen Tabelle hervorgeht, ist bei den
Pfarrern nur die Steuerquote angegeben, während bei den
Vikaren die Dotation sehr genau verzeichnet steht, aber auch
aus der Steuerquote, wie sie für die Pfarreien aufgezeichnet
ist, wird sich, da, wie schon angemerkt, der zwanzigste Teil
des Jahreseinkommens abgefordert wurde, herausrechnen
lassen, wie hoch ungefähr die Besoldung der Pfarrer war.
Wer 10 Solidos oder mehr, wer 3 Lot oder mehr,
wer 2 Gulden oder mehr, wer $1/_2$ Mark oder mehr steuern
mußte, der hatte ein jährliches Einkommen von mindestens
40 Goldgulden, „das war nach den Geldverhältnissen des
beginnenden 16. Jahrhunderts nicht gerade ein glänzendes,
aber doch ein reichliches Einkommen"[7]). So bezog z. B.

----

7) Seckendorf, Commentarius de Lutheranismo, Frankfurt und
Leipzig 1692, Lib. 3, S. 70.

Dr. Bugenhagen in Wittenberg auch nur 60 fl., und
noch 1533 empfiehlt Justus Jonas[8]) bei der allgemeinen
thüringischen Visitation, daß den Pfarrern, welche keine
weiteren Einkünfte hätten, 50 fl. oder doch wenigstens
40 fl. gereicht werden möchten, während Melanchthon
1525 an Besoldung 100 fl. und aus Gnaden noch einmal
100 fl. bezog. Um nun zu verstehen, was 40 fl. bedeutet,
muß man bedenken[9]), daß man zur Zeit der Reformation
für 1 fl. so viel Roggen kaufen konnte, wie jetzt für
15 M. 75 Pfg. — Eine Hufe Landes ertrug 5 fl. Wert,
macht nach jetzigem Geldwerte also 78 M. 75 Pfg. Ein
Fuder Heu wurde mit 1 fl. = 15 M. 75 Pfg., 1 Malter
Korn mit 3 fl. = 47 M. 25 Pfg., 1 Mlt. Gerste ebenso
hoch, 1 Mlt. Hafer mit 2 fl. = 31 M. 50 Pfg. veran-
schlagt. Als Herzog Johann Friedrich 1527[10]) auf
einer Reise nach Düsseldorf nach Gotha kam, da hatte er
folgende Preise zu bezahlen (der meißnische Gulden hatte
21 Gr., der Groschen 12 Pfg., der Pfennig 3 Heller): für
1 Pfd. Rindfleisch 5 Pfg., für 1 Pfd. Schweinefleisch
5$\frac{1}{2}$ Pfg., für Kalbfleisch das Pfund 3 Pfg.; für Hecht das
Pfund 1$\frac{1}{2}$ Gr., für Karpfen à Pfd. 1 Gr., für 1 Maß
1$\frac{1}{2}$ Nößel Schmerlen 7 Gr., für 2 Kapaunen 6 Gr., für
1 Mandel Eier 1 Gr., für 1 Pfd. Butter 10 Pfg., für
1 Schock Äpfel 4 Gr. Ein Bote, der nach Eisenach
geschickt wurde, bekam 3 Gr., 2 fl. aber mußte er bezahlen „dem Juden zu Gotha, der den von Wildenfels
curirt, zu vertringken“. Diese Preise muß man im Auge
behalten, wenn man verstehen will, wie behauptet werden
konnte, daß die Pfarrer, die 40 fl., nach jetzigem Geldwert also 630 M. einzunehmen hatten, auskömmlich besoldet seien.

Von den in der Tabelle aufgeführten 120 Pfarrstellen

---

8) Seckendorf, a. a. O.

9) Burkhardt, Geschichte der Visitationen, S. XXIV f.

10) H. Heß, Eine Reiserechnung aus dem Jahre 1527. Zeitschrift f. Thür. Geschichte u. Altertumskde., N. F. Bd. 10, S. 511 ff.

erreichten nur 40 ein Einkommen von 40 fl., während
80 geringer dotiert waren. Am meisten hatten zu steuern:
die Klöster zu Ichtershausen und Reinhardtsbrunnen, sowie das Marienstift in Gotha. Von Pfarrern erfreuten sich
der höchsten Besoldungen die Geistlichen in Herbsleben,
Gräfentonna, Ichtershausen, Döllstädt, Wechmar, Sülzen-
brücken, Burgtonna, Ballstädt, Bufleben, Wangenheim und
Großenberingen, während am geringsten die Pfarrer in
Neuroda, Petriroda, Ruhla, Grabsleben, Frankenhain, Hundsbrunn und Nazza besoldet waren.

Die 109 im Bereich des jetzigen Herzogtums Gotha
vorhandenen Vikarien sind mit einer Steuerquote von
3 Schock bis herab zu 8 Groschen eingestellt; durchschnittlich werden diese Vikare nicht einmal 1 Schock zu
steuern gehabt haben. Nur ein Vikar ist vorhanden, der
3 Schock zu zahlen hat, dessen Einkommen belief sich
also auf 60 Schock = 6 Mark = 42 fl. nur 3 Vikare
zahlten über 2 Schock, hatten demnach 28 fl. einzunehmen. Wer noch so glücklich war, 1 Schock abgeben
zu müssen, erfreute sich einer Besoldung im Werte von
14 fl. Doch verschlechterte sich die Lage der Vikare noch
durch folgenden Umstand: wo es irgendwie gute Vikarei-
besoldungen gab, da verstanden es die einflußreichen Geistlichen, besonders aber die Erfurter Juristen, die zum
großen Teil als Stiftsherren auch die Priesterweihe empfangen hatten, sich diese Einkünfte anzueignen. Die
Pfründenjagd, der Pfründenhandel stand damals in üppigster
Blüte. „Ut nunc sunt saecula, preces sunt irritae, nisi
altaria nummis emas" schreibt einmal Mutian[11]), das
bedeutet doch: „Bewerbungen um Pfründen ohne Geld-
aufwendungen waren damals überhaupt erfolglos." Wer
sich in Besitz einer Vikarei gesetzt hatte, der zog die
Erträge der Pfründe ein, ließ aber die damit verbundenen
Pflichten, das Messelesen an bestimmten Altären und zu

---

11) Gillert, No. 381; Krause, No. 364.

den vorgeschriebenen Zeiten, durch Andere erfüllen. Die Pfründeninhaber verauktionierten sozusagen das Messelesen, und der Mindestfordernde erhielt die Vikarie. Da es eine Residenzpflicht für die Pfründeninhaber nicht gab, kam es sehr häufig vor, daß eine ganze Anzahl von Vikarien an verschiedenen Orten in einer Hand sich befanden. So hatte der vorletzte Dompropst am Marienstift zu Gotha, Gerhard Marschalk von Gosserstädt, nicht nur in Ballstädt, sondern auch in Gutenhausen, in Gosserstädt und Rudersdorf reichdotierte Vikarien; der Propst am Marienstift zu Erfurt, Licenciatus juris Johann Nithard, war sogar in Besitz von 14 Vikarien, und zwar 1 in Gotha, 8 in Erfurt, 1 in Möbisburg, 1 in Sömmerda, 1 in Witzleben, 1 in Eisenach und 1 in Jechaburg. Johann Satzmann in Gotha hatte 2 Vikarien, 1 am Stift in Gotha und 1 in Remstädt. Conrad Morch, ebenfalls Domherr in Gotha, ein Hauptfeind Mutians, hatte 1 Vikarie in Gotha und 3 in Erfurt.

Daß bei solchen Besoldungsverhältnissen, die man im großen und ganzen als ärmliche wird bezeichnen müssen, die Ausschreibung jenes Subsidiums die Betreffenden nicht angenehm berührte, ist wohl begreiflich, doch haben die Geistlichen in den gothaischen Orten trotzdem recht gut gezahlt, nur hinter wenigen Posten steht ein „nihil". In anderen Gegenden des Mainzer Sprengels in Thüringen muß die Armut unter den Geistlichen viel größer gewesen sein. So heißt es z. B. von einem Vikar in Stolberg: „in summa paupertate obiit, nihil relinquens"; weiter von einem Vikar auf Schloß Schauenforst, zur Sedes Oberweimar gehörig: „valde exilis et nihil habet, dann die Kost uff dem Schloße der Herren Rewsszen von Plawe zu Grewtz ideo propter paupertatem aufugit", ähnlich von einem Vikar in Willerstädt, „in summa paupertate obiit": und von seinem Nachfolger: „devastavit beneficium, tandem aufugit extra dicoecesin".

Was nun die Art der Dotation anbetrifft, so ist die-

selbe leider nur bei den Vikaren angegeben, und zwar nur
bei 101 Vikaren. Bei der Besoldung dieser Vikare überwiegt nun die Gelddotation ganz bedeutend, in 69 Fällen
giebt es reine Gelddotation, dagegen nur in 4 Fällen
reine Fruchtdotation (2 mal in der Stadt Gotha, 1 mal
in Herbsleben und 1 mal in Sonneborn) und nur 1 mal
reine Landdotation (in Ingersleben), in 17 Fällen Geld-
und Fruchtdotation, in 3 Fällen Geld- und Landdotation,
in 2 Fällen Geld- und Weinbergdotation, in 1 Fall Geld-,
Getreide - und Weindotation (Gräfentonna), in 1 Fall
Geld-, Getreide- und Holzdodation (Ohrdruf), in 1 Fall
Geld-, Holz- und Hühnerdotation (Ohrdruf), in 1 Fall Geld-,
Getreide-, Hühner- und Weinbergdotation (Groß - Fahner)
und endlich in 1 Fall Getreide- und Weinbergdotation
(Holzhausen). Also sämtliche Vikare, mit Ausnahme von 6,
hatten bei ihrer Besoldung irgendwelche Geldbezüge. Weinberge aber besaßen 5 Vikare, und zwar in Gotha, in Herbsleben, in Groß-Fahner, in Holzhausen und in Gräfentonna.
Der Weinbau muß früher doch auch im Gothaischen nicht
so unbedeutend gewesen sein, denn noch in der Ausgabe
des Schulmethodus von 1662 heißt es: „Die Schularbeit
sol durchs gantze Jahr fleißig verrichtet, und nicht ehe als
in der Schnitt-Ernde, wo man keinen Weinwachs hat, in
den Dörfern auff 6 Wochen, in den Städten aber auff
4 Wochen, ingleichen bey Kirchmessen ein par Tage unter-
lassen werden. Wo aber Weinlese gehalten wird, darzu
eine ziemliche Zeit gehöret, sol die Hälffte der gesetzten
Zeit in der Schnitt-Ernde, und die übrige in der Weinlese
die Schul-Arbeit nachbleiben."

25 Vikare bekommen Getreide, und zwar alle, mit
Ausnahme eines Einzigen, Roggen, 3 haben neben Roggen
auch noch Hafer, 5 haben neben Roggen auch noch Gerste,
2 haben neben Korn auch noch Gerste und Hafer. Bemerkenswert ist, daß im ganzen Bereich des jetzigen
Herzogtums Gotha bei den Vikaren Weizendotation nicht
vorkommt, das schließt nun aber freilich nicht aus, daß

Pfarrer Decimation an Weizen gehabt haben mögen. Da nur bei den 109 Vikaren, nicht aber bei den 120 Pfarrern die Art der Dotation angegeben ist, die Pfarrer aber sicherlich nicht nur mit barem Gelde, sondern auch mit Land und mit Getreide und mit Weinbergen etc. dotiert waren, so lassen sich aus den uns bekannten Dotationsgegenständen auf die wirtschaftlichen Verhältnisse sichere Schlüsse wohl kaum ziehen.

Daß in den nach dem Walde zu gelegenen Ortschaften die Gelddotation überwiegt, und daß hier an einzelnen Orten Dotation an Holz vorkommt, während im flachen Lande, in der Gegend um Molschleben, Gräfentonna und Herbsleben herum, die Geistlichen vielfach auch mit Getreide besoldet wurden, ist ja eigentlich selbstverständlich.

Was es nun mit den Vikaren und deren Pflichten für eine Bewandtnis hatte, möge an einem einzelnen Beispiel, an dem Vikar zu Hörselgau [12]), der zugleich Frühmeßner war, gezeigt werden; außer in Hörselgau gab es solche „Frühherren‘ „primissarii“, noch in Gotha, in Waltershausen, in Friemar, in Tambach und in Hochheim bei Gotha. Im Jahre 1453 wurde mit Bewilligung Heinrichs von Buttelstedt, Dechanten am Liebfrauenstift zu Eisenach, — auf welches Stift im Jahre 1433 das Patronatsrecht über die Pfarrkirchen zu Sättelstädt und Hörselgau übergegangen war [13]) — zu Hörselgau eine ewige Vikarei und Frühmesse über dem Frühaltar, der da geweihet ist in die Ehre des heiligen Kreuzes, der reinen hochgelobten Jungfrau Maria und Sankt Katharinen instauriert und gestiftet mit der Bestimmung, daß der Besitzer der Frühmesse alle Woche fünf ewige Messen darüber lesen soll, allezeit frühe mit dem Morgen und Tage, nach Bequemlichkeit der Zeit und ungehindert der Pfarrmesse, also daß der Sonntag soll leer

---

12) Pfarrarchiv in Hörselgau.
13) [Brückner] Kirchen- u. Schulstaat, Bd. 2, Heft 12, S. 24; cf. Paullini Annales Isenac, S. 112.

ausgehen und statt dessen ein Tag in der Woche, welcher
dem Frühherrn bequem sein will. Auch soll der Vikar
einem jeglichen Besitzer der Pfarrei zu allen Festen, an
denen es sich gebührt Prozession zu halten, gehorsam sein
in Vespern, Messen, Reden, und an welchem Tage in der
Woche ein Fest fiele, an welchem eine Frühmesse zu halten
ist, die Messe soll er unter der Messe auf solch Fest halten,
auf daß die Leute desto fleißiger in der „Homesse" bei der
Predigt und Gottesdienst bleiben. Derselbige Vikar soll
auch dem Pfarrer, so der von Not wegen nicht einheimisch
oder krank wäre, ob sich das begäbe, die heiligen
Sakramente seinen Pfarrleuten zu reichen oder zu taufen
behilflich sein.

Die Besoldung des Vikars ist nun folgende: Zu solcher
Frühmesse dem Herren, der die besitzet und beleset,
folgen soll 1) Eine Hufe Landes, die gelegen ist im Felde
und Flur zu Grabsleben, die vor langen Jahren, vor alters,
zu demselben Altar bescheiden ist. 2) Zwei Schock Geldes
jährlichen Zinses, der auf 7 Acker feldiglichs (das sind
21 Acker, nämlich 7 Acker im Winterfeld, 7 Acker im
Sommerfeld und 7 Acker in der Brache) ruht, die dem
Herrn von Varnroda zu Lehn gehen, ein gewisser H a r t u n g
L i n n u n g hat die Vikarei damit beschenkt. 3) hat der
Pfarrer zu Hörselgau, J o h a n n A m M a r k t e, dazu ge-
stiftet von seinem väterlichen Erbe in Hörselgau 9 Schock
Geldes jährlichen Zinses, ebenso haben noch andere Leute
Zinsen an den Vikar zu zahlen, so daß er zusammen an
Geld 32 Schock einzunehmen hat. Die Heimbürgen und .
die ganze Gemeinde Hörselgau wollen Vormünder sein, solchen
Zins dem Vikar zu reichen.

Im Jahre 1457 wurde die Hufe Landes zu Grabsleben durch den ersten Frühmeßner in Hörselgau, L u d w i g
B r u n, durch den Heimbürgen und seine vier „Mete-
kumpen", sowie durch die ganze Gemeinde einem Grabs-
leber Manne mit Namen C u r t G r a u w e und K ä t h e,
seiner ehelichen Wirtin, gelassen und zu eigen gethan,

wofür der Curt Grauwe dem Vikar an jährlichen Erbzinsen und Korngülten zwei Heger Malter schönen, lauteren
Roggen und zwei Heger Malter schönen Weizen, beides
schönes, lauteres, gefegtes Getreide, nebst zwei Michels-
hühnern auf seine Kosten gen Hörselgau zu schicken hat.
— Auch sollen die Altarleute verpflichtet sein, dem Vikar
von des Gotteshauses wegen zu reichen: Meßgewand, Kelche,
Bücher, Wein, Lichte, und was sonst nötig ist, der Kirchner
aber soll dem Vikar, gerade so wie seinem Pfarrer, zu
solcher Frühmesse Handreichung thun und dienen ohne
Widerrede. Auch sollen die Altarleute dem Vikar zu jeg-
lichem Weichfasten (Weihefasten, Quatemberfasten) ein Pfund
Wachs zu Geliebten geben von des Gotteshauses wegen,
dahei er seine Siebengezeiten (das sind die sogen. horae
canonicae) und sein Gebet gethun mag. Dagegen hat
der Vikar jährlich zu Michaeli 5 Schilling-Pfennige dem
Pfarrer „vor eyne Wedirstattung, das man nennet Besteuer",
zu zahlen. Sollte ihm ein Haus oder Hof gegeben oder
gekauft werden, das soll er, ebenso wie das Vieh, das er
hält, frei haben, nur darauf liegenden Erbzins und Hirten-
lohn soll er selbst bezahlen. Der Vikar hat später wirklich
ein Haus bekommen. Als am Mittwoch nach Andreä 1528
von der Planitz, Melanchthon, Menius und
Myconius als Visitatoren in Hörselgau[14]) anwesend
waren, wurde bestimmt, daß alles Einkommen, der Vikarei
gehörig, ausgenommen der Vikarei Behausung, nach Ab-
sterben des Vikars, dem Gotteshause und nicht dem
Pfarrer heimfallen soll. Daher stammt ein gut Teil des
jetzigen Hörselgauer Kirchenvermögens.

Eine Fülle von geistlichen Personen war also im
Gothaischen in der Zeit unmittelbar vor der Reformation
vorhanden, die Qualität derselben ließ aber leider, mit
wenigen rühmlichen Ausnahmen, viel zu wünschen übrig.

Da, wo jetzt in der Stadt Gotha das Landratsamts-

---

14) Pfarrarchiv in Hörselgau.

gebäude steht, lagen am Marienberg, so genannt nach der
dort sich erhebenden Marienkirche, „etlich viel wunder-
lustig erbauten Canonikenhäuser", in einem derselben, das
von ihm erkauft und nach seinem Behagen eingerichtet
war, wohnte seit 1502 Conrad Mutianus Rufus,
Domherr am Marienstift. Über der Eingangspforte standen
die Worte geschrieben : „Beata Tranquillitas." Zur ebenen
Erde waren die Wohnräume, oben die Bibliothek. Auf der
zu den unteren Gemächern führenden Thür stand die Inschrift: „Bonis cuncta pateant." Wie es in diesem Hause
aussah und wie es dort zuging, wird uns 1515 von dem
dort oft verkehrenden Poeten Euricius Cordus folgendermaßen geschildert [15]):

„Abwärts neigt der Olymp und entführt den Tag, da betret ich
    Rufus' Haus; an das Mahl hat er sich ebengesetzt.
Gleich thut jegliche Thür sich auf, und es holen die Diener
    her den edelsten Wein aus dem gefülleten Faß.
Reich zwar glänzte im Schmucke die hergerichtete Tafel,
    selbst mit Lybischem Mahl waget die Küche den Kampf.
Größere Wonne jedoch als der Gaumen schaffet das Ohr mir,
    denn zu vernehmen fürwahr wähn' ich Orpheischen Klang.
Also beredt war der Sänger, er kürzte zu kleinen Sekunden
    durch sein süßes Gespräch schleichende Stunden mir ab,
So, wenn duftet die Lese des Weins auf Hybläischen Fluren,
    träufelt aus flüssiger Zell' goldener Honig hervor.
Wer nur immer verlangt, einen Mann zu sehen, der freundlich,
    bieder, gelehrt und mit echt christlichem Sinne geziert,
Den nicht leitet der Wahn des thörichten, eitelen Haufens,
    der seine Tage in Ruh' schließen zu können begehrt:
Suche dies Obdach auf, wo gleich wie aus Delphischer Grotte
    er als zweiter Apoll kündet prophetischen Spruch.
Und daß irre der Fuß nicht gehe in schwankendem Zweifel
    (nicht zu betreten zu oft pflegen Besucher den Weg):
Heimlich hinter dem Dom steht still verborgen das Häuschen
    schier von Dädalischer Kunst und labyrinthischem Bau,

---

15) Krause, Briefwechsel, S. 18 f.

Schon ein einziger Blick verräth dir das „Ruhige Leben"
    mit zwei Worten sogleich zeiget's ein Schildchen dir an.
Ziehe die Schnur, die hier von des Hauses Giebel herabhängt,
    gleich schallt klingender Ton drinnen vom Glöckchen aus Erz.
Nicht kommt wangengeschminkt eine Thais, die Thüre zu öffnen,
    denn vor solchem Gezücht schaudert der heilige Ort;
Nicht hat in ewigem Feuer also die züchtige Keuschheit
    Vestas Tempel gehegt, wie dieses Haus sie bewahrt:
Kommen wird ein geschäftiger Knab'; aus dem Fenster sich
                               biegend,
    fragt er dich, wer und woher, was deines Kommens Begehr.
Hebest du dann die Augen empor, so wirst du die Aufschrift
    lesen: „Dem würdigen Gast öffnet sich jegliche Thür".
Doch dein Kommen entweihe ja nicht den Musischen Tempel;
    siehe zuvor, ob dich Phöbus zu lieben vermag.
Keine erwünschtere Kunde vermagst du zu bringen, als wenn du
    meldest: den scheußlichen Feind bändigte Capnions Arm.
Diesen preise du hoch und heiße den Fürsten der Dichter
    noch jahrhundertelang leben als siegender Held.
Dann wird Rufus sich gern als lieber Freund dir erweisen
    und dich grüßen als Glied seines geselligen Bunds.
Farbig erglänzet die Wand von den Wappen vieler Poeten
    welchen er also geeint dauernde Liebe gelobt.
Sieh', hier tödtet der Storch mit klapperndem Schnabel die
                             Schlange,
    deinen liebenden Sinn zeigt, Spalatinus, er an.
Weiter dorten das Horn Rubians mit Riemen umwunden
    und manch anderes Bild zeiget den Blicken sich hier.
Aber vor allem der Schwan, das Haupt in den Wolken verbergend
    dir ist solcher mit Recht, hessischer Dichter, geweiht.
Neben ihm kriecht ein winziges Stück, der stachlige Igel,
    dreifacher Lorber umgiebt rings ihn mit biegsamem Zweig.
Lächerlich Thier, wie kommst du hierher? wie will doch, o Rufus,
    häßliches Eulengekreisch passen zum Schwanengesang?
Irret denn so dein Wahn zu Gunsten unserer Poßen,
    daß du den Jüngling werth achtest so ehrenden Ruhms?

Nicht nach meinem Verdienst, nein, wie es gewogener Sinn dir
  eingiebt, schätzest du mich, stellst mich um vieles zu hoch.
Doch wo gerathe ich hin? was schweif' ich in solcherlei Abweg?
Jetzt zum begonnenen Spiel lenk' ich die Leier zurück."

Hier in der „Tranquillitas", wie das Haus Mutians
allgemein genannt wurde, lebte Mutian unter seinen
Büchern, „seinen kostbarsten Schätzen", „der einzigen
Erholung des Lebens", der Wissenschaft. Als ihn sein
vertrautester Freund Urban, der Hausverwalter im Kloster
Georgenthal, bald nach Beginn ihrer Freundschaft 1505
fragte, warum er nicht dem Beispiel seiner Brüder, von
denen der eine als Kanzler in Kassel, der andere als
mainzischer Küchenmeister in Erfurt es zu ansehnlichen
Stellungen gebracht hatten, gefolgt sei, antwortete er ihm[16]:
„Lieber Urban, diese Meinung von mir gieb nur auf.
Mein Ziel ist ein anderes als das meiner Brüder. Diese
haben den Fürsten und der Kurie, dem Ruhme und dem
Reichtum gedient und bei den Ungelehrten einen großen
Namen erlangt. Auch sind sie deshalb nicht zu tadeln,
vielmehr zu loben, weil der eine seinen Kindern ein an-
ständiges Erbe, der andere sich und mir nützen, und beide
die Familie Mut verherrlichen wollten. Mein Ziel ist aber
ein anderes. Alle Mute sind dahingesunken, nur Mutian
ist noch übrig. Daher suche ich nicht den gewöhnlichen
Ruhm und Reichtum, sondern bin mit wenigem zufrieden.
Wenn ich dir und den Deinigen durch die Ehre der Wissenschaft von Nutzen sein kann, so wirst du um nichts vergeblich bitten. Wenn du aber forderst, was die Menge
an den ruhmsüchtigen Doktoren bewundert, dann irrst du
dich in meinem Charakter. Mein Leben ruht in der Stille
der Frömmigkeit und Wissenschaft. Gott und den heiligen
Männern und der Erkenntnis des ganzen Altertums ist mein
Streben gewidmet."

Hier in der Tranquillitas sammelten sich, eine ganze
Reihe von Jahren hindurch, um Mutian viele junge

---

16) Gillert, No. 3; Krause, No. 11.

Gelehrte, die von Erfurt nach Gotha pilgerten, um von dem wegen seiner Gelehrsamkeit allgemein angestaunten Domherrn Belehrung und Anregung zu empfangen. Mutian aber fand seine höchste Freude darin, unter diesen für die schönen Wissenschaften begeisterten Jünglingen für die Pflege und Ausbreitung der klassischen Studien zu wirken. Eine ganze Anzahl unter diesen jungen, zu der lateinischen, durch Mutian aus der scholastischen Barbarei herausgeretteten Kohorte, gehörigen Jünglingen haben nachher zu den berühmten Männern gehört, so die beiden Erfurter Peter Eberbach und Herbord von der Marthen, der Dichterkönig Eoban Hessus in Erfurt, Crotus. Rubianus, Ulrich von Hutten, Euricius Cordus, Justus Menius, Justus Jonas, Joachim Camerarius, Johannes Draco, Johannes Lang, lauter Leute, die teils in der humanistischen, teils in der reformatorischen Bewegung eine bedeutsame Rolle gespielt haben.

Hier in der Tranquillitas, hinter der Marienkirche, dem Dome zu Gotha, entstanden nicht nur unter den Augen, sondern auch auf Antrieb und unter der Leitung Mutians die berühmten Dunkelmännerbriefe[17]). Hat sich Mutian selbst auch nicht schöpferisch an der Abfassung derselben beteiligt, so „hat er doch die Atmosphäre geschaffen, in der diese Satire aufkommen und gedeihen konnte, er hat den Verfassern den Geist eingehaucht, der sie zu dem Werk befähigte". Hier in der Tranquillitas kehrten nicht nur persönlich oft berühmte Gelehrte auf der Durchreise bei dem gastfreien Kanoniker ein, sondern in dieses Haus liefen auch zahlreiche Briefe ein von all. den Männern, die zu den damals führenden Geistern gehörten, es seien nur Luther und Melanchthon, Reuchlin und Erasmus, Willibald Pirckheimer und Ulrich Zasius genannt. Solche Briefe wurden ja meistens durch

---

17) Gillert, S. LXI.

junge Gelehrte, die von einem Humanistenführer zum
anderen wanderten, überbracht; auf die gewöhnlichen Boten,
die Briefe bestellten, ist Mutian schlecht zu sprechen, so
beschwert er sich einmal[18]), daß ein lucri cupidus Gothensium
cursor ihm die Briefe nicht gäbe, sondern verkaufe, er
liefere sie ihm nicht eher aus, als bis er das Geld in der
Hand habe.

Auch bei seinem Kurfürsten Friedrich dem Weisen
stand Mutian in hoher Gunst und kraft des Ansehens,
das er bei diesem Fürsten genoß, gelang es ihm einmal,
eine Anzahl eingekerkerter Eisenacher Bürger, die von dem
Hauptmann von Thun peinlich angeklagt waren, vom
Tode zu erretten, es geschah dies im Jahre 1513[19]):
Mutian stand während des „tollen Jahres" entschieden
auf Seiten der Gemeinde und gegen die Geschlechter, ver-
teidigte warm die Interessen des Volkes gegen die Ansprüche Sachsens, er sympathisierte in dieser Angelegenheit
ganz mit Mainz, obwohl er sonst von der Geistlichkeit
seiner Zeit nichts wissen will. Bei dieser Parteistellung
Mutians ist es nicht zu verwundern, daß er dem sächsischen Rat und Hauptmann Friedrich von Thun nicht
freundlich gesinnt ist. Im Anfang des Jahres 1513 teilte
er nun seinem Freunde Urban mit, er sei in großer Besorgnis
wegen eines peinlichen Handels, in welchen Eisenacher
Bürger verstrickt seien, vor allem sei er in Sorge um einen
gewissen Conrad Weiß, der sich mit unter den Gefangenen befinde. (Was die Eisenacher verbrochen hatten,
ist leider aus den betreffenden Briefen nicht zu ersehen.)
Dieser Weiß sei ein fleißiger, betriebsamer Mann, durchaus brav und unschuldig, er gehöre zu den angesehensten
Senatoren Eisenachs, besitze Eisenbergwerke, sei sehr freigebig in seinem Hause und ein Gönner aller Gelehrten.
Dieser Weiß gehöre nun zu den Gefangengehaltenen,

---

18) Gillert, No. 155; Krause, No. 133.
19) Gillert, No. 248 u. 249; Krause, No. 229 u. 233.

neun von diesen säßen tief im Turm eingesperrt. Der
summus consul und ein alter Mann, wie auch Weiß befänden sich in hospitio gleichsam in freier Haft, wenn aber
jenes Wort in glossemate juris: „Discat in auctorem poena
redire suum" wahr sei, dann zweifle er nicht, daß die Gefangenen freigelassen und der hinterlistige Ankläger in
Strafe verfallen werde. Über die Gerichtsverhandlung
und die schließliche Freilassung der Gefangenen erzählt
nun Mutian folgendes: „Die Fürsten zürnten, v. Thun
war dem Quästor Oswald günstig gesinnt, es schien, als
ob es um die armen Gefangenen geschehen wäre. Die
Senatoren sollten aus dem Senate herausgedrängt und
5 von den Gefangenen mit dem Beile hingerichtet werden.
Da hat man sich an mich gewendet, hat mich um Hilfe
gebeten. Man erzählt von der Hinterlist des Oswald und
von seiner Schlechtigkeit, die Unschuld der Bürger wird
besprochen. Ich untersuche die Sache genauer. Als der
Tag der Gerichtsverhandlung herbeikommt, da haben die
Unglücklichen zu ihrem Verteidiger sich den Valentinus
(einen Erfurter Juristen Valentin Jungermann aus
Zerbst) genommen und ahnten nicht, daß dieser Mann ins-
geheim übereinstimmt mit den Anhängern v. Thuns und
den Hofadvokatchen (doctorelli, qui sunt in aula), denn die
Verbannten freuen sich hier und dort an dem Unglück
anderer, nämlich daß sie, wenn sie nun ihres Bürgerrechts
beraubt und gebrandmarkt sind, nicht allein Schaden zu
erleiden scheinen. Man sagt nämlich allgemein, was auch
wahr ist, für die Unglücklichen sei es eine Freude, ein
Trost, Genossen ihrer Strafe zu haben. Als nun die Eisenacher in solcher Gefahr schwebten, da schrieb ich an den
Churfürsten einen sehr freundlichen Brief. Nun höre aber,
bitte, was geschieht. Verrammelt haben sozusagen die Anhänger Oswalds den Weg, damit niemand zu dem
gnädigen und milden Fürsten Zugang habe. Weiß, der
gewesene Ratsherr, bittet den Pförtner des Fürsten umsonst,
man gestattet ihm keinen Zutritt. Darum geht er zu
3*

irgend einem anderen seiner Bekannten, der paßt auf, als
der Fürst aus der Kirche kommt, und gibt ihm sofort meinen
Brief. Der Fürst ruft alsbald aus: „Das ist ja unseres
Magisters Informator" (er erkennt an der Handschrift, daß
der Brief von Mutian sei, Mutian aber war der Lehrer
Spalatins gewesen, und dieser wieder war der Erzieher
des Kurprinzen). Er ist ganz außer sich vor Freude, öffnet
den Brief und liest im Gehen. Unterdessen wird die
Gerichtsverhandlung gehalten. Den Vorsitz führt v. Thun
und der berühmte Soldat Wisbach (Wolf von Weißen-
bach) und drei Doctorchen. Zuerst erhebt v. Thun die
Anklage, obwohl er als Richter fungiert, dann kommt der
geschwätzige Kitzinger, zuletzt Oswald. Sie schreien
alle: Kreuzige, kreuzige! Solchem leidenschaftlichen Vorgehen war Valentinus nicht gewachsen, oder vielmehr
er wollte es nicht sein. Er handelte demnach in der Art,
daß er, wie gedungene Verteidiger zu thun pflegen, wenn
er den Prozeß nicht gewönne, doch so viel wie möglich
Profit daraus zöge. Jene Rabulisten wußten aber nicht,
was der Fürst vorhatte, der, durch mein Bittschreiben bewogen, die Absicht hatte, seinen Neffen, den Knaben mit
der junonischen Gestalt, protestieren zu lassen. Der
protestierte, der Wut wurde entgegengetreten, und meine
Klienten wurden, ihrer Fesseln entledigt, nach Hause entlassen, jedoch nicht ohne Drohung. Wunderbar schwirrte
die Fama über diese so unerwartete Sache durch die Luft.
Aus dem Rachen des Orkus habe ich die Unschuldigen
gerettet. Nichts wurde mir dafür gegeben, ich hatte
nämlich auch nichts gefordert. Valentinus erhielt
10 Gulden. Dies habe ich deshalb erzählt, damit Herbord (Herbord von der Marthen, Jurist aus Erfurt,
humanistisch gebildet, 1508—11 als Nachfolger Spalatins
Lehrer im Kloster Georgenthal, 1514 Stadtsyndikus in
Erfurt) wisse serviendum esse foro et curiae, wenn nämlich
auf der einen Seite reicher Geldgewinn und auf der anderen
Seite Dank und Ansehen zu erlangen ist."

Von ganz besonderem Interesse ist es nun aber, zu beobachten, wie Mutian, dieser hervorragende Humanist, im Laufe der Jahre sich zu Luther und seinem Reformationswerk gestellt hat, wir werden aus dem Briefwechsel Mutians erkennen, wie dieser Domherr in Gotha und seine nächsten Freunde zuerst voll Begeisterung Luther als „den frommen Doctor", als „den tapferen Herold Christi", als „den großen Meister der Wissenschaften" begrüßten; nachher aber, als Luther immer entschiedener auftrat, als in Erfurt und in Gotha das Pfaffenstürmen losbrach, als das Prädikantenunwesen von unheilvollster Wirkung für die Erfurter Universität wurde und als nun gar die Greuel des Bauernkrieges das Land verwüsteten, da tritt an die Stelle der Verehrung für Luther bittere Klage wider ihn; als „Feinde des Tumults" schilt man die „wütenden Lutheraner", man nennt sie „fanatische Steinwerfer", und zuletzt giebt man Luther und sein Evangelium so gut wie auf, um zu Erasmus und seiner Wissenschaft zurückzukehren.

Die erste Berührung zwischen Luther und Mutian fällt in das Jahr 1515. Mutian hat von einer im Augustinerkloster zu Gotha gehaltenen Predigt gehört, die um ihrer Schärfe willen großes Aufsehen in der Stadt gemacht hat. Er fragt brieflich [20]) bei Johann Lange aus Erfurt an, der mit Luther zugleich zur Abhaltung des alle 3 Jahre üblichen Kapitels der deutschen Augustinerkongregation in Gotha anwesend war, wer der acer orator sei. Es erhält die Antwort, der scharfe Redner, der am gestrigen Tage gegen die Sitten der kleinen Heiligen geredet habe, sei Dr. Martin, und Dr. Lange bietet nun alles auf, um Mutian für Luther günstig zu stimmen, es gelingt ihm das auch einigermaßen, denn in einem, wenige Tage darauf geschriebenen Briefe bittet Mutian [21])

---

20) Gillert, No. 490; Krause, No. 610.
21) Gillert, No. 491; Krause, No. 611.

Lange möchte doch Martin, den sehr frommen Doktor, herzlich von ihm grüßen. Im Jahre darauf ist Luther abermals in Gotha, um das Augustinerkloster zu inspizieren. Es ist bezeichnend für die Stellung Luthers zum Humanismus, daß er sich nicht die Zeit nahm, Mutian[22] zu besuchen, obwohl ihn seine Visitationsarbeit in Gotha nur sehr kurze Zeit in Anspruch nahm, sondern daß er nur ein freundliches, ehrerbietiges Schreiben für ihn zurückläßt, es ist beachtenswert, daß Luther in diesem Briefe ausdrücklich sich gegen die Meinung verwahrt, als ob er darauf Anspruch mache, an der feinen, humanistischen Bildung teilzuhaben. Es kam Luther schon damals nicht sowohl auf litterarische Bildung, sondern vor allem auf fromme Herzensbildung an, wie das herausklingt aus einer Nachschrift zu jenem Briefe, in der Luther schreibt[23]: „Noch Eines melde ich Dir, der Pater baccalaureus Johann Lange, den Du als guten Griechen und Lateiner, aber, was noch mehr werth ist, als einen Mann von aufrichtigem Herzen kennst, ist von mir zum Prior des Erfurter Convents ernannt worden.‘‘

Wiederum ist aber auch für Mutian charakteristisch, wenn er auf die soeben angeführte Benachrichtigung an Joh. Lange am 1. Juli 1516 schreibt[24]: „Durch unsern Martin bist du zum Magister Deines Ordens erwählt worden, Gott gebe Gnade dazu“, dann aber hinzufügt, er selbst würde allerdings die litterarische Muße den umfassenden Verwaltungsgeschäften vorziehen; den Humanisten ging eben nichts über das behagliche Sichdelektieren an den Wissenschaften.

Wie wenig doch das, was Herz und Sinn der Reformatoren vor allem bewegte, den Mutian interessierte, geht aus einem Brief desselben vom Herbst 1516 an Joh. Lange[25]

22) Köstlin, Martin Luther, Bd. 1, S. 131.
23) Gillert, No. 560; Krause, No. 622.
24) Gillert, No. 561; Krause, No. 540.
25) Gillert, No. 566; Krause, No. 543.

hervor. Um diese Zeit hatte Luther bei Gelegenheit der in Heidelberg stattfindenden Promotion eines gewissen Bartholomäus Bernhardi Thesen aufgestellt: de viribus et voluntate hominis sine gratia. Diese Thesen waren gedruckt und praecisis titulis von Amsdorf nach Erfurt geschickt worden, sie waren auch in die Hände Mutians gekommen, und der fragt nun bei Lange an, ob diese ohne Namen des Verfassers herausgekommene Schrift etwa von ihm, Lange, sei. Er, Mutian, steige nicht gern in die Ringbahn herab, weil er Neid fürchte, sollten die Thesen aber von Lange herrühren, so werde er, um der Freundschaft willen, doch wagen, mit ihm darüber zu disputieren. Mutian hatte eben für diese der Reformatoren Herz so sehr in Anspruch nehmenden Fragen keinen Sinn und kein Verständnis.

Schon um diese Zeit hegt Mutian einige Besorgnis, sein Freund Joh. Lange könne vielleicht über Autoritäten neueren Datums die älteren hintansetzen. Am 1. Dez. 1516 schreibt er an Lange[26]): „Wenn Du in Gemeinschaft mit Martin, dem sehr gelehrten Mann, und mit dem großen und frommen Staupitz, die Wonne der Mönche, an göttlichen Dingen so lebhaften Antheil nimmst, dann möchte es doch, mein lieber Lange, nicht mehr wie billig sein, daß Du auch denjenigen Autoren, die die höchsten Autoritäten in unserer Religion sind (er hatte soeben von Hieronymus und anderen alten Vätern gesprochen), in Verehrung und Liebe zugethan bleibst. Diese, von Anderen verlassen, scheinen Deine Treue und Deine Hülfe zu erbitten.“

Nichtsdestoweniger versäumt es Mutian nicht, in einem Briefe an Lange, Dezember 1516[27]), „dem hochwürdigen Staupitz und dem verehrungswürdigen Martin“ Grüße zu bestellen.

---

26) Gillert, No. 568; Krause, No. 624.
27) Gillert, No. 570; Krause, No. 547.

Aus dem Jahre 1517 und 1518 haben wir leider keine Briefe von Mutian, in denen er auf Luther und seinen Ablaßstreit zu sprechen käme. Wenn wir aber auf einen Brief Mutians aus dem Jahre 1509 zurückgehen, den er an seinen Freund Urban in Georgenthal schrieb, so werden wir mit Recht annehmen dürfen, daß Mutian dem Reformator in dessen Kampfe gegen den Ablaßhandel vollkommen beigestimmt haben wird; Mutian erzählt [28]): Im Jahre des Heils 1509 sei ein Bote aus dem Kloster Fulda vor dem Märzbußtag in das Stift nach Gotha gekommen, habe dort ein Schriftstück produziert und sofort seinen Auftrag kund gethan, dahin gehend: Verstorbene, deren Namen nur auf ein Pergamentblatt geschrieben zu werden brauchten, sollten gegen Zahlung einer Summe Geldes Ablaß auf 7 Jahre erhalten, resp. aus dem Fegfeuer errettet werden. Ueber diesen „schmutzigen Handel“ macht sich Mutian nicht nur in einem Gedichte lustig, sondern er bekennt auch: beim Erscheinen dieses fuldaischen Mönches sei er höchst erstaunt gewesen und habe gedacht, entweder sei der Bote verrückt, oder er wolle die Stiftsherren zum Besten haben. Es sei ihm bei dieser Gelegenheit zum Bewußtsein gekommen, wie leider so viele sogar die Religion dazu mißbrauchen, um sich Geld zu verschaffen; und daß dies doch die schlimmste Art von Habsucht sei, die unter dem Scheine der Frömmigkeit ihr unheilvolles Wesen treibe.

In einem Briefe vom 6. April 1519 [29]) an Justus Menius kommt Mutian zum erstenmal auf Melanchthon zu sprechen, und was er von demselben sagt, zeigt, wie hoch er diesen Mann schon um diese Zeit stellte: Mutian hatte gehört, Menius wollte nach Wittenberg gehen, um dort Melanchthon zu hören, „wenn das wirklich der Fall ist, dann würdest Du ein glücklicher und gesegneter

---

28) Gillert, No. 151; Krause, No. 582.
29) Gillert, No. 583; Krause, No. 629.

Mann sein, Melanchthon hat mir neulich einen sehr beredten und, was mir ganz besondere Freude gemacht, hat, einen sehr freundschaftlichen Brief geschrieben. Ich habe gesehn, ja ich habe gesehn, daß das wirklich wahr ist, was Erasmus über diesen schwäbischen Jüngling einst verkündigte, Nichts sei in der Wissenschaft so versteckt, daß es diesem Manne entgehn könne. Darum viel Glück zu Deiner Reise nach Wittenberg."

Als Luther unmittelbar vor der Leipziger Disputation stand, und nachdem er im Dezember 1518 an Reuchlin und am 28. März 1519 an Erasmus geschrieben hatte, dadurch aber öffentlich mit den Humanisten in Verbindung getreten war, benutzt Spalatin diese günstige Gelegenheit, um Mutian, seinen Gothaer Lehrer und Freund, völlig für Luther zu gewinnen. Am 7. Mai 1519 schreibt er an Mutian [30]): „Ich habe Dir ja schon über unseren Dr. Martin Luther, den Augustiner, geschrieben; ich weiß, daß Du demselben zu geneigt bist, als daß Du diesem Manne übelwollen kannst, zumal er ein so guter Christ ist, der keine menschliche Gefahr fürchtet, der lieber Alles erdulden will, um nur nicht Christus und seine Wahrheit und seine Lehre zu verleugnen. Gott sei Dank, mit der wahren und heiligen Gottesgelahrtheit leben all die schönen Wissenschaften wieder so auf, daß wir hoffen dürfen, es werde bald die Zeit kommen, wo wir alle die schönen Künste in reiner und geläuterter Gestalt haben werden."

Wie sehr man in den humanistischen Kreisen Deutschlands um diese Zeit begierig war zu erfahren, wie Mutian über Luther und sein Werk denke, geht hervor aus einem Briefe, den Mutian Ende 1519 [31]) von dem damals hochberühmten Juristen und Humanisten Ulrich Zasius in Freiburg erhielt. Zasius schreibt darin: „Wie Du über Luther, den edelsten aller Männer, urtheilst — über

---

30) Gillert, No. 584; Krause, No. 630.
31) Gillert, No. 587; Krause, No. 631.

gute Männer kannst Du nicht schlecht urtheilen — möchte
ich gern wissen. Bei uns in Deutschland gehn die An-
sichten über diesen Mann — ich möchte ihn einen Heros
nennen — weit auseinander. Alles was in unserem Vaterlande für die reine Lehre ist, das folgt L u t h e r ohne Ausnahme, nur die Partei der Mönche und derjenigen Theologen, die man die Scholastiker nennt — natürlich viele
brave Männer ausgenommen — wollen ihn verdammt
wissen . . . . Ich selbst erkenne L u t h e r zwar an, habe
aber doch Einiges an ihm auszusetzen." Das Auftreten
L u t h e r s gegen die päpstlichen Dekretalen (wie es von
L u t h e r in seinen Thesen gegen E c k geschehen war)
könne er nicht billigen. „Sonst kann ich über L u t h e r
nicht anders, als über den besten aller Männer urtheilen,
insofern ich durch ihn und seine Lehren um ein gut Theil
besser habe Christus folgen lernen . . . . ich werde nicht
gegen ihn schreiben, eine Sünde würde ich thun, wenn ich
auch nur mit einem Wort ihn tadeln wollte."

Die Antwort M u t i a n s an Z a s i u s besitzen wir
nicht mehr, doch erfahren wir aus einem Briefe M u t i a n s
an L a n g e vom 15. Mai 1520 [32]), daß M u t i a n gerade um
diese Zeit das Auftreten L u t h e r s recht günstig, in ganz
ähnlicher Weise wie Z a s i u s und P i r c k h e i m e r beurteilte.
M u t i a n schreibt: „Z a s i u s erhebt unsern L u t h e r bis
in den Himmel, P i r k h e i m e r schreibt über denselben,
wenn er auch seinen Namen nicht nennt: zu keiner Zeit
wird man vergessen dürfen, daß die Wittenberger so weise
gewesen sind, daß sie nach so vielen Jahrhunderten die
Augen wieder geöffnet und angefangen haben das Wahre
von dem Falschen zu scheiden und die verkehrte Art zu
philosophiren von der christlichen Philosophie zu trennen."
Dann giebt M u t i a n sein eigenes Urteil dahin ab, daß er
sagt: „Wer aber ragt unter diesen Gelehrten so hoch empor,
als der tapfere Herold Christi — M a r t i n !"

---

32) Gillert, No. 589; Krause, No. 633.

Voll Anerkennung redet M u t i a n über die Reformatoren auch in einem Briefe an L a n g e vom 24. Mai 1520[33],
E r a s m u s freilich stellt er darin noch höher: „Wir wissen
Alle, die wir uns glückwünschen zu der von E r a s m u s
bewirkten Herstellung der Theologie, wie unendlich viel
Nutzen die göttlichen Verdienste des E r a s m u s der Sache
des Christentums gebracht haben. Von diesen sind, wie
aus ihrer Quelle hervorgegangen Männer wie O e c o l a m -
p a d i u s , P h i l i p p , M a r t i n , welch große Meister der
Wissenschaft! Wie würde es überhaupt mit den rechten
Studien stehn ohne E r a s m u s , der doch der vorzüglichste
Kenner der beiden Sprachen ist." Am Schluß dieses Briefes
rühmt M u t i a n den eleganten Stil in dem Schreiben des
B e a t u s R h e n a n u s und des Z a s i u s , den niemand er-
reiche mit Ausnahme von P h i l i p p M e l a n c h t h o n , der
sei ihm nach E r a s m u s der erste.

In einem Briefe an L a n g e vom 1. Juli 1520 [34] kommt
M u t i a n noch einmal auf die Beurteilung L u t h e r s durch
Z a s i u s zu sprechen: „Über M a r t i n denkt Z a s i u s
nicht schlecht, er weiß, daß derselbe erfahren ist in unserer
Theologie, sowohl der älteren, wie der neueren. Er weiß,
was für ein großes Licht des Augustinerordens derselbe
ist, er weiß, wie unerschrocken derselbe die Angriffe Vieler
aushält. Klar und deutlich hat er erkannt, daß dieser
Mann so unschuldiger Weise durch die priesterlichen Richter-
sprüche für schuldig erklärt wurde. Es weiß, wie sehr die
üble Nachrede, er sei ein Anhänger des H u ß , auf ihm lastet,
wie viel Haß das glückliche Böhmen über ihn bringt. Er
glaubt, es würde der Ruhe und Eintracht der Völker dien-
licher sein, wenn dieser Vater sich innerhalb der friedlichen
und schweigsamen Mauern seines Klosters zurückhielte und
es den Weltgeistlichen und Landpriestern überließe das
göttliche Gesetz zu predigen." Dann fügt M u t i a n noch

---

33) Gillert, No. 590; Krause. No. 634.
34) Gillert, No. 594; Krause, No. 636.

seine eigene Ansicht hinzu, und man hört aus seinen Worten
heraus, wie ihm das immer entschiedener werdende Auftreten L u t h e r s gar wenig gefällt. „Es gibt auch andere,
weder gottlose, noch ungelehrte Leute, ihre Namen will
ich verschweigen, die da meinen, es sei verbrecherisch und
unfromm, wenn L e o, der Gipfelpunkt apostolischer Majestät,
von einem Menschen, mag er noch so fromm sein, herunter-
gerissen wird. Ich für meine Person werde Keinem bei-
treten, der auf Zwietracht, Schmähung und Streit ausgeht.
Für Jeden das gleiche Recht, ohne Unterschied der Person.
Mögen jene Männer (L u t h e r und seine Anhänger) an dem
Heiligen rühren, rütteln an dem, was man nicht rütteln
darf, mögen sie die eingeschläferten Nänien der Böhmen
wieder wachrufen, mögen sie die Achtung vor dem römischen
Stuhle verletzen, mit solcher Frechheit will der Mann in
der Tranquillitas nichts zu thun haben, der nur in seinem
Inneren, nicht nach außen sich vorsieht; und diese Be-
scheidenheit zeugt von einem friedlicheren und vielleicht
klügerem Sinn."

Doch in einem Briefe vom 1. März 1521 [35]) an den
Kurfürsten F r i e d r i c h   d e n   W e i s e n spricht M u t i a n
wieder mit großer Verehrung von L u t h e r, da er den für
eine Professur in Wittenberg vorgeschlagenen J u s t u s
J o n a s bei dem Kurfürsten nicht besser zu empfehlen
weiß als dadurch, daß er über J o n a s meldet, derselbe sei
sehr bekannt mit L u t h e r und überaus geliebt von dem
göttlichen M a r t i n, er sei überzeugt, daß viel Volks sich
um J o n a s, diesen Prediger Christi, scharen werde, um·
ihn, als einen zweiten L u t h e r, zu hören.

Wenige Wochen nachdem M u t i a n diesen Brief an
den Kurfürsten geschrieben hatte, kam der Tag, der den
Höhe- und Glanzpunkt in dem Zusammengehen von Humanismus und Reformation bezeichnet. Am 6. April 1521 hielt
D r. L u t h e r, auf seiner Reise nach Worms, seinen feier-

---

35) Gillert, No. 603; Krause, No. 643.

lichen Einzug in Erfurt, wobei ihm fast die gesamte
Universität unter der Führung ihres Rektors Crotus
Rubianus voller Begeisterung das Geleit gab. Aber
schon 3 Tage später, am 9. April, begann das Erfurter
Pfaffenstürmen, das sich am 10. bis 12. Juni wiederholte, und
das Prädikantenunwesen machte sich nun bald in einer so
abschreckenden Weise breit, daß Crotus, der bisher in
Erfurt allen voran für Luther eingetreten war, nicht nur
für immer Erfurt verließ, sondern auch völlig von Luther
abfiel. Die Universität ging ihrem traurigen Ruin entgegen,
und die Glieder des Mutianischen Bundes zerstreuten sich
über ganz Deutschland, nur wenige von ihnen blieben der
Sache Luthers treu. Da ist es wohl begreiflich, daß bei
Mutian die anfängliche hohe Verehrung für Luther und
seine immerhin bedingte Zustimmung zu Luthers Auftreten nunmehr einer Gereiztheit, ja einem Unwillen gegen
Luther Platz macht.

Über diesen Unwillen und die Gereiztheit Mutians
hören wir in dieser Zeit die intimsten Freunde Mutians
klagen. Eobanus Hessus, der berühmte Dichterkönig
in Erfurt, neben Heinrich Urban wohl der treueste
Anhänger Mutians, hatte den Ausspruch gethan [36]:
„Luther und Erasmus haben beide der Welt den Weg
zur reineren Frömmigkeit gezeigt, Luther aber hat diesen
Weg nicht nur gezeigt, sondern auch betreten, er hat die
Hacke zur Hand genommen, um den Weinberg Christi zu
roden, darum ist er größer als Erasmus", nun klagt
Eobanus Hessus in einem Briefe vom 1. Juni 1521 an
Spalatin [37]: „Unserem Mutian zürne ich beinahe, weil
er in allen, an seine Freunde gerichteten Briefen Martin
angreift. Ich glaube, unsere Freunde Urban und Crotus
haben Dir früher schon darüber geschrieben. Wir verzeihen aber dem guten Vater, der ja in seinem einsamen

---

36) Krause, Eobanus Hessus, Bd. 1, S. 316.
37) Gillert, No. 605, Beilage 1.

Hause (insula) mehr an Ruhe, als an solchen Lärm ge-
wöhnt ist. Wir werden abwarten, wohin solche Tragödie
führt, ob sie nicht etwas als Comödie abschließen wird, und
träumen einstweilen in unserer Weise fort."

In ähnlicher Weise spricht sich Urban am 30. Juli
1521 gegen Spalatin aus [38]): „Du hast' mich neulich ge-
scholten, lieber Bruder, als ob ich dem Evangelium die
Verehrung verkleinerte wegen der Tumulte, die doch stark
genug waren (er meint das Pfaffenstürmen in Erfurt). Ich
ertrage das, wie ich muß, geduldig und gestehe, daß ich
so in einiger Gemüthsaufregung geschrieben habe, als ich
sah, wie Windbeutel der schlechtesten Art, unter Miß-
brauch des lutherischen Namens, ihr Wesen treiben, in
Wirklichkeit aber auf Nichts weniger als auf das Evangelium
Werth legen. Du, lieber Freund, wohnst an einem friedlichen Hofe, wohnst mit dem besten und friedlichsten
Fürsten zusammen, würdest Du hier (in Erfurt) wohnen,
Du würdest wahrscheinlich anders denken. Den Dr. Martin
verehre ich als den gelehrtesten und treuesten Herold des
Evangeliums, aber Streitigkeiten, Parteiungen und Aufruhr
muß ich verabscheuen. Ich habe es gesehn, lieber Bruder,
ja ich habe es gesehn jenes grausame Edict König Karls
gegen Martin und alle Anhänger desselben. Ich begreife
nicht, · warum der gute Jüngling so grausam sich zeigen
will gleich bei Beginn seiner Herrschaft. Der gute und
große Gott helfe, daß dieser Handel ein gutes Ende nehme . . . . .
Unser Mutian wird fortwährend vorsichtiger, dennoch weiß
ich nicht, ob er eine Sünde that, als er den Erasmus .
dem Luther vorzog."

· Diese Bevorzugung des Erasmus vor Luther, der
Mutian in einem Briefe Ausdruck gegeben hatte, war
ihm von den feurigen Wittenbergern sehr übei genommen
worden. Die Angriffe, die Mutian deswegen von den
Lutheranern erfuhr, werden manches zu seiner Verstimmung

---

38) Gillert, No. 605, Beilage 2.

gegen L u t h e r beigetragen haben. Er klagt darüber am
13. Juni 1521 seinem Freund L a n g e in Erfurt [39]): „Ich
habe mich ganz der Ruhe befleißigt, bin fern geblieben allem
Streit, allem Lästern, allen Wuthausbrüchen, und dennoch
haben sich Leute gefunden, die da böse und grimmig auf
mich sind und heftig gegen mich in meiner Tranquillitas.
Mit schiefen Urtheilen und falschen Verdächtigungen erfüllen sie Alles. Sie mißbrauchen meine Gelassenheit, als
ob ich nicht wüßte, wodurch christliche Ruhe von heid-
nischer sich unterscheidet. Sie sollten doch billigerweise,
wenn sie gelehrte Leute sein wollen, einen einigermaßen
gebildeten Mann, und wenn sie ungelehrt sind, doch einen
demselben Herrn dienenden Priester schonen, einen Mann,
der ihnen doch wegen der Lauterkeit seines Charakters,
vor Allem aber wegen seiner Selbstbeherrschung im Leben
lieb und theuer sein sollte. Wir sind doch Bürger e i n e s
Reiches. Oder leben die Leute in Wittenberg unter einem
anderen Gesetz, als die Leute in Gotha? Ich habe L u t h e r
und S t a u p i t z verehrt, schon ehe P h i l i p p angestellt war.
Ich habe Gott gebeten, daß er der fürstlichen Universität
(Wittenberg) einen griechischen Lehrer geben möge. Unsre
Bitte wurde erhört. Der Fürst hat unsern Wunsch erfüllt,
ist dem Schüler R e u c h l i n s günstig gewesen. Ich lobe
und danke fortwährend. S p a l a t i n und J o n a s können
das bezeugen. Unter diesen Umständen setzt mich das
Gerede in Erstaunen: es seien unter der Schaar seiner
Schüler Etliche, die, indem sie von der Weisheit ihres
Lehrers (L u t h e r) abfielen, kein Bedenken tragen in
unserer Tranquillitas, ich weiß nicht was für eine Verwirrung, anzurichten. Das macht die Meinigen traurig . .
Meine Lebenszeit ist bald zu Ende, kämpfen mag ich nicht.
Graue Haare rathen, wenn auch nicht zur Trägheit, so doch
zur Muße, rathen eine den Kämpfen gegenüber sanfte Gemüths-
art an. Nun wird mir vorgeworfen, daß ich in einem Briefe

---

39) Gillert, No. 605; Krause, No. 644.

den Erasmus und den Philipp dem Luther vorge-
gezogen hätte. Was soll ich thun? Habe ich kein Recht
freimüthig meine Meinung zu äußern. Wenn es Jemand
kränkt, daß ich nicht zu schmeicheln verstehe, so werde
ich meinen Tadler zu ertragen wissen. Ich folge nicht der
von Allen gefaßten Meinung. Ich folge der Auctorität
Weniger. Wenn mich nun um dieser Sache willen der
Haß der Lutheraner trifft, nun, das war doch vielleicht
ein leichter und verzeihlicher Irrthum. Du wirst das doch
nicht für einen mit Vorbedacht gethanen, sondern für einen
Ausspruch halten, der mir durch die Nothwendigkeit zu
antworten, nur aufgedrungen wurde. Denen aber, die auf
mich Angriffe machen, magst du zu Gemüthe führen, daß
sie aus Mißgunst mir so feindlich gesinnt sind und daß ich
immer ein Mann sein werde, wie die Gebildeten ihn sich
wünschen und wie sie selbst einer sein wollen. Hier hast
du meine Klage und meine Vertheidigung."

Dasselbe Thema wird auch noch in einem anderen
Briefe an Lange aus der Zeit bald nach dem 13. Juli
1521 von Mutian behandelt[40]): „Sollten jene Neuerer
wirklich so große Thoren sein, zu glauben, Mutian sei ein
Feind der Lutheraner .... Ich komme ganz gut mit den
Lutheranern hin, nenne mir zwei, die ich lieber habe als
Crotus und Jonas.... Es ärgert mich aber und
ekelt mich an die Streitbegier jener Männer, die wegen
eines einzigen, und noch dazu leichthin geschriebenen
Briefes sogar aufgebracht sind, als ob ich gar keine Rücksicht zu nehmen hätte auf meine Mitcanoniker, auf ihre
Sitten, auf ihr gegenwärtiges Leben. Thüren werden mit
Steinen eingeworfen, Fenster zertrümmert. Wir leben
mitten in der Barbarei. Ich würde ein Thor sein, wenn
ich behaupten wollte, ich stimmte den wüthenden
Lutheranern zu. Die heiligen Väter (Mutians Mitcanoniker) würden mich in nächtlicher Wuth todtschlagen,

---

40) Gillert, No. 606; Krause, No. 645.

deshalb mögen mir nun die g u t e n Lutheraner´ verzeihen.
Ich rufe euer Wohlwollen und eure Klugheit an. Wenn
ihr an meiner Stelle wäret, ihr guten Leute, was
würdet ihr anders thun? Lebe wohl und hemme den Angriff
der philippischen Horde; Auf! gegen die Feinde, Ich bin
euer!" —

Einen neuen Anlaß, auf die „Lutheraner" böse zu sein,
fand M u t i a n, der ein heftiger Antisemit war, in dem Umstand, daß auf L u t h e r s Veranlassung ein Gelehrter
jüdischer Abstammung, daß J o h a n n B ö s c h e n s t e i n
als Lehrer der hebräischen Sprache 1518 nach Wittenberg
berufen worden war. Noch 1524, als B ö s c h e n s t e i n
schon längst wieder von Wittenberg fort war, schreibt
M u t i a n in sehr erregter Weise und mit viel Übertreibung
im Februar 1524 [41]) an E r a s m u s: „Es schaden die schlechten
christlichen Hebräer, indem sie unter dem Schein der
Frömmigkeit die einfache Gläubigkeit mit wunderbarer
Hinterlist verderben . . . . . Derjenige Staat begeht nach
meiner Meinung einen großen Fehler, der, um Geld auf
Zinsen zu legen, Juden aufnimmt, und nicht minder irren
diejenigen, die einen getauften Juden an die Spitze öffent-
licher Unterrichtsanstalten stellen. Dieses Geschlecht strömt
bei L u t h e r zusammen, es erteilt Ratschläge und wird
hoch geschätzt. O über die Zeiten und Sitten! Das alte Testament sollten weniger Verdächtige auslegen. Uns möge
erlaubt sein, nach unserer Väter Art Christum zu ehren
und unschuldig zu leben." Nachdem M u t i a n dem E r a s -
m u s den Erfurter Lehrer M a r t i n H u n u s, als Über-
bringer dieses Briefes, empfohlen hat, fährt er fort: „Dieser
H u n u s haßt den Aufruhr und die bösen Männer, die auch
Du für allzu verwildert hältst. Der weiß, das L u t h e r nur
durch P h i l i p p berühmt geworden ist, der kennt die
Frechheit (audaciam) des H u t t e n (früher war M u t i a n
ganz anders auf H u t t e n zu sprechen gewesen). Er liebt

---

41) Gillert, No. 620; Krause, No. 658.

Dich leidenschaftlich, hängt dem E o b a n und U r b a n an,
Beide empfehle ich Dir. J o n a s, S c h a l b u s, D r a c o
(damals Pfarrer in Waltershausen), C r o t u s sind von unserem
Bunde zu den Lutheranern abgefallen. (Der Gesinnungs-
wechsel des C r o t u s war damals also dem M u t i a n noch
nicht bekannt.) E o b a n allein hat, auf mein Mahnen hin,
wieder Vernunft angenommen (diesem Urteil würde E o b a n
aber durchaus nicht beigepflichtet haben, er wollte damals
als guter Lutheraner gelten). Die anderen mögen hingehen
und die Menschen verletzen, ich liebe die fanatischen Steinwerfer nicht . . . . Sie rufen die Nonnen auf und wüten
wie Unsinnige; mir bringt unterdessen in meiner Tranquillitas die Lektüre des E r a s m u s Nutzen und Vergnügen."

Das zu Pfingsten 1524 in Gotha stattfindende Pfaffenstürmen wird in dem Briefwechsel nicht ausdrücklich erwähnt, aber schon vor diesem Tumult befindet sich M u t i a n
in so dürftigen Verhältnissen, daß er den mit einigen Be-
gleitern auf der Reise nach Bretten in Gotha einkehrenden
M e l a n c h t h o n nicht bei sich aufnehmen und bewirten
kann. Darüber klagt er betrübt in einem Briefe an
C a m e r a r vom 16. April 1524[42]): „Was soll ich klagen,
das ist nicht meine Art, ich kann es nicht, es schickt sich
nicht für mich. Schmerzen thut es mich aber doch, daß
ich, meiner langjährigen Gewohnheit entgegen, zu dem
(M e l a n c h t h o n) kommen mußte, dessen Begleiter Du warst,
denn viel lieber wäre es mir gewesen, Euch zu mir ein-
zuladen und in der Gelehrtenherberge aufzunehmen, Euch
mit Wein und mit einer, wenn auch nicht pontificalen, so
doch mit einer bürgerlichen (proletario) Mahlzeit zu bewirten." Die Armut habe ihn aber daran verhindert. „Deinen
M e l a n c h t h o n, nein, unseren M e l a n c h t h o n, der weißer
ist wie Schnee, habe ich gesehen, gesprochen, umarmt mit
großer Freude." Am Schluß des Briefes ermahnt er den

---

42) Gillert, No. 622; Krause, No. 660.

Camerar, treu bei seinen Studien zu verbleiben, eine frühere Zeit habe die Wissenschaft in Nebel gesehen, jetzt aber scheine die Sonne hell, „aber ein neuer Sturm mit seinen Schrecken ist jetzt im Anzug, daran ist aber nicht die Zeit schuld, sondern daran sind die Menschen schuld".

In einem Briefe vom 9. Mai 1524[43]) hören wir Spalatin wiederum einmal den Mutian bitten, er möge doch der evangelischen Sache nicht abhold sein. „Lebe wohl", ruft er ihm zu, „lebe wohl mit Urban und sei dem Evangelium und in aller Weise auch uns günstig gesinnt."

Mittlerweile, etwa August 1524, war Myconius in Gotha eingezogen. Wie sich des näheren das Verhältnis zwischen Mutian und Myconius gestaltet hat, darüber fehlen uns die Nachrichten. In seiner Reformationgeschichte erwähnt Myconius später den Mutian nur mit folgendem kurzen Satze[44]): Gott hat „ohne Zweifel viel gelerter Bürger und sonderlich Henricum de Frimaria[45]), der in Sentensias geschrieben, auch Doctorem Chunradum Ruffum Mucianum einen gelehrten Philosophum gehabt." Daß aber beide Männer sich miteinander begrüßt haben und daß Myconius, ebensowenig wie der Kanzler Brück, die Hoffnung aufgegeben hatte, es werde bei Mutian doch noch ein Wechsel in der Gesinnung eintreten, geht aus einem Briefe des Myconius an Brück vom 10. Oktober 1524[46]) hervor. „Es trat an an mich heran Mutian, der berühmte Tranquillarier, und brachte seine ganze Gesinnnng (totam mentem) zum Ausdruck in einem einzigen Psalmspruch (Ps. 34, 4). Er gab mir die Hand und sagte: Magnificate Dominum mecum, Mecum, ut nosti, meum

---

43) Gillert, No. 621; Krause, No. 659.

44) Fr. Myconii hist. Reformationis, ed. E. Sal. Cyprian, Gotha 1715, S. 100.

45) Th. Kolde, Die deutsche Augustiner-Congregation etc., Gotha 1879, S. 42 ff., 48 ff. Beyer; Heinrich von Friemar, in Mitteilungen des Vereins für Geschichte u. Altertumskunde in Erfurt, Heft 5, 1871; Sagittar. hist. Goth., S.151, 159, Tenzel; Supplem. reliq. III, S. 49—57.

46) Gillert, No. 621, Beilage.

4*

cognomen est, als ich ihm darauf antwortete: Das werde
ich thun nach besten Kräften, die der darreichen wird,
dessen Sache wir führen — Christus, — fiel jener wieder
ein: laßt uns seinen Namen erheben; ich antwortete: Ihm
allein gebühret Lob, Ehre und Preis, daß ihn alle seine
Kreaturen erheben. So sind wir in Frieden voneinander
geschieden. Dies wollte ich Dir erzählen, verehrter Mann,
weil ich weiß, wie sehr Dein christlicher Geist wünscht,
daß Mutian dem Evangelium wohlgesinnt sei. Er ist ihm
wohlgesinnt. Der Herr gebe, daß einst dieses Licht auf
den Leuchter gesetzt werde; es wird geschehen, wenn es
dem Herrn gefällt."

Wenn Mutian, wie wir gehört haben, in einem Briefe
vom 16. April 1524 „einen neuen Sturm mit seinen
Schrecken" prophezeite, so sollte diese Vorausverkündigung
nur zu bald sich erfüllen. Nach wenigen Wochen erfolgte
das Pfaffenstürmen und nach kaum Jahresfrist der Bauernkrieg mit all' seinem Verderben.

Mitten unter den Schrecken dieses Bauernkrieges, am
27. April 1525[47]) schrieb Mutian an den Kurfürsten, von
dem er so viel Gunstbezeugungen erhalten hatte, und fleht
ihn um Beistand und Unterstützung an. „Großmächtigster
Fürst und Herr! Meine Seele ist betrübt bis in den Tod.
So gewaltsam, so schrecklich, so grausam verheert das rohe
Landvolk, ohne Sitte, ohne Gesetz, ohne Religion die heiligen
Tempel unseres Gottes .... Ein jammervolles Schauspiel
gewähren die umherirrenden Nonnen und Priester, die nicht
freiwillig, sondern aus Furcht, von den Tempelschändern
gesteinigt zu werden, ihre heiligen Wohnsitze verließen.
Ich Elender, Unglückseliger, schon alternd und mit grauem
Haupte, sehe mich genötigt zu betteln. Unter dem groß-
mütigsten und löblichsten Fürsten muß ich bei dem äußersten
Mangel an allem Notwendigen vor Bekümmernis sterben."
In seiner Arglosigkeit habe er sich nichts dergleichen ver-

---

47) Gillert, No. 625; Krause, No. 663.

sehen, obwohl er jetzt aus den Briefen glaubwürdiger Leute
erkenne, daß die Reichsstädte es seien, die unter dem Schirm
des Evangeliums und mit Hilfe der Juden die Bauern auf-
reizen, in der Absicht, nicht allein die bischöflichen, sondern
auch die fürstlichen Stühle umzustürzen, um nach Aus-
rottung aller erlauchten Familien einen Volksstaat, eine
Republik nach dem Vorbilde der Venezianer oder der alten
Griechen zu errichten . . . . „Diejenigen täuschen sich, die
da meinen, die aufrührerischen Bauern tobten nur, um den
Clerus zu vernichten, da die List der Reichsstädte vielmehr
darauf aus ist, den Zusammensturz und den Untergang des
ganzen Reiches herbeizuführen, d. h. gegen die Fürsten zu-
toben, die zu quälen, die in Verwirrung zu bringen, welche
jene Krämer verächtlich reine Tyrannen nennen . . . . Die
Gewalt der unerfahrenen Menge, einmal erregt, ist nicht
so leicht im Zaum zu halten . . . . Wenn auch die Stifte
zu Eisenach und zu Gotha niemals wiederhergestellt werden,
möge es mir erlaubt sein, dem Einfältigsten und Geringsten,
in diesem Ruhesitz (der Tranquillitas), den ich mir gekauft,
den ich mit Büchern ausgeschmückt, den ich mir zum
sicheren Zufluchtsort in meinen alten Tagen ausersehen habe,
bis an das Ende meines Lebens zu bleiben. Auch wenn
die Tempel geschlossen, die heiligen Bräuche abgeschafft,
die Altäre umgestürzt sind, werde ich Dich, meinen besten
Schutzherrn im Tempel meines Herzens, im Evangelium, in
ewigem Andenken verehren. Alter und Leibesschwachheit
gestatten mir nicht zu wandern. In Gotha, gütigster Vater,
in Deinem Gotha, wo ich harmlos 22 Jahre gelebt, niemanden
gekränkt, aber gedient habe, wem ich konnte, möchte ich
meine alten Tage zubringen . . . . aber dieses Lebens Notdurft wird mir gebrechen, die geistlichen Einkünfte sind
aufgehoben. Wovon soll ich Unglücklicher leben? Durch-
lauchtigster Fürst, ich werde mit wenigem zufrieden sein.
Doch ehrenwerten und gelehrten Gästen möge mein Haus offen
stehen. Laß mich Brod haben und etwas Weniges an Geld
für Zukost. Ich bin, ich gestehe es, in nicht unbedeutende

Schulden geraten, denn ganze vier Jahre ist aus Gerstungen keine Zinsfrucht gekommen. Ich kaufe das Brod vom Bäcker, den Wein von der Stadt. Und freilich ein sorgfältiger Hauswirt bin ich nicht, wie ja solche Unbedachtsamkeit den Gelehrten eigen ist. Demütig falle ich Dir zu Füßen und umfasse deine Knie, meine Rettung liegt in Deinen Händen . . . . Deine fromme Weisheit wird, so hoffe ich, mir eine jährliche Unterstützung auswerfen, damit ich unter dem Schatten Deiner Flügel den Rest meiner Tage ohne Furcht und Sorge zubringen kann. Mögen andere mit dem Klang ihrer Stimme lehren, ich will durch Milde, Geduld, Liebe und gutes Beispiel, durch Wandel nach evangelischer Ordnung und christlicher Lebensregel, solange ich lebe, die Gläubigen zu unterweisen nicht aufhören."

Dieser Brief wurde dem Kurfürsten, der am 5. Mai 1525 starb, noch in seiner Sterbestunde von Spalatin vorgelesen.

Nach einem Briefe des Justus Menins an Myconius vom 24. Juni 1525 [48]) scheint Mutian in seiner verzweifelten Lage damit umgegangen zu sein, sich selbst das Leben zu nehmen. Menius schreibt: Myconius könne gar nicht glauben, wie schwer es ihm (Menins) geworden sei, seinen Onkel (den Mutian) von seinem Vorsatz abzubringen, und knüpft daran die Bitte, Myconius möge doch alles thun, was er könne, um die Bauern zu veranlassen, die dem Mutian schuldigen Zinsfrüchte (es scheint sich um Dezemfrucht aus Eschenbergen gehandelt zu haben) unverkürzt zu zahlen.

Am 28. Juni 1525 wendet sich Mutian [49]) brieflich an den Kanzler Brück und schildert demselben die mancherlei Schädigungen an seinem Einkommen, das er von der Pfarrei zu Gerstungen, das er als Domherr am Stift,

---

48) Gillert, No. 625, Beilage 3.
49) Gillert, No. 626.

und das er als Vikar an einem Altar der St. Jakobskapelle in Gotha zu beanspruchen habe. „Ich hatte", scheibt er, „diesen Altar, aber ich habe ihn jetzt nicht mehr, weil die Hände der Tempelschänder zugleich mit den übrigen Altären auch diesen meinen Altar, den ich mit sehr wertvollen Bildnissen ausgeschmückt hatte, zerstört haben, in der Meinung, sie könnten sich auf diese Weise der auf diesen Altären ruhenden Abgaben und Dotationen entziehen. So blind ist die Habsucht der Menschen. Gott sei Dank, daß Du mir noch günstig bist. Götter und Göttinnen mögen die Gesellschaft der falschen Propheten verderben. Ich bin niemals vom Evangelium abgefallen, niemals den wütenden Theologen beigetreten. Ich bin nicht abhängig vom Papst (papalis). Nichts hat mir der Papst gegeben, fast alles der erlauchte Fürst, deshalb müßt ihr Männer vom Hof mich nun auch schützen im Besitze dessen, was mir durch die Liebe des Fürsten von meinen Einkünften noch übrig geblieben ist."

Endlich sind die aufständischen Bauern gestillt, darüber spricht am 1. August Eobanus Hessus[50]) dem Mutian seine Freude aus „Wir freuen uns hier (in Erfurt), daß eure Plünderer mit der angedrohten Strafe belegt worden sind, das wird heilsam wirken auf alle Uebrigen, die dasselbe versuchen wollen. Wir wünschen euch und uns dazu Glück. Deine Standhaftigkeit mitten in der gefahrvollen Lage, mitten in der, durch ganz Deutschland hin, sich breit machenden Thorheit, bewundern alle guten Menschen. Wir erheben dich mit Lobsprüchen bis in den Himmel, so oft auf Dich die Rede kommt, und sie kommt oft auf Dich in Freundeskreisen, bei gemeinsamen Trinkgelagen und bei sonstigen Zusammenkünften."

Am 6. März 1526 macht Urban dem Spalatin[51]) Mitteilung über das Schicksal der durch den Bauernkrieg aus ihren Klöstern vertriebenen Georgenthaler und Rein-

---

50) Gillert, No. 627; Krause, No. 664.
51) Gillert, No. 625, Beilage 2.

hardsbrunner Mönche und erzählt von Mutian: „Die
Georgenthaler Mönche (sie hatten sich bisher im Georgenthaler Hof zu Erfurt, den Urban verwaltete, aufgehalten)
sind am Tage Mariä Reinigung auf Befehl des ehrenwerten
Johann Gräfendorf nach Gotha übergesiedelt, um zusammen mit den Mönchen von Reinhardsbrunnen und den
Aurelianern (das sind die Gothaer Augustiner) in dem
Augustinerkloster den Rest ihres Lebens zuzubringen. Das
ist mir sehr nach Wunsch gewesen, denn äußerst lästig war
es für mich, besonders bei meinem Kranksein, mitten unter
so viel Lärm und Trubel und anderen Unannehmlichkeiten,
von denen ich lieber nicht reden will, zu leben. Du fragst,
wie unser Mutian Dir gesinnt ist. Sehr gut ist er Dir
gesinnt. Warum sollten wir den als Ehemann (Spalatin
hatte sich soeben, unter lebhaftem Widerspruch der Insassen des Georgenstiftes zu Altenburg, dessen Domherr er
war, verheiratet) nicht lieben, den wir als Unverheirateten
verehrt haben? Ich würde in der That auch eine Frau
nehmen, wenn mich nicht meine schwache Gesundheit und
das höhere Alter davon abhielte. Vieles an dem Cölibat,
besonders dem der Mönche, mißfällt mir, obwohl Mutian
anders darüber denkt. Unser Kurfürst hat dem Mutian
40 Goldgulden geschenkt, das hat mich über die Maßen gefreut, möchte doch diese günstige Gesinnung gegen Mutian
eine recht lange andauernde sein. Er ist ein armer, aber
so unschuldiger Mann."

Nicht mehr lange hat Mutian die Gunst seines neuen
Kurfürsten bedurft. Schon wenige Tage, nachdem Urban
obiges schrieb, ist Mutian, 54 Jahre alt, gestorben. Er
entschlief am Karfreitag, den 30. März 1526, nachdem er
noch am Tage vor seinem Tode geschrieben hatte [52]: „Vieles
weiß der Bauer, was der Philosoph nicht weiß. Christus
ist für uns gestorben, er ist unser Leben, das glaube ich
gewiß." Sein alter Freund Crotus, der sich damals in

---

52) Krause, Briefwechsel, S. LXV.

roden, so werden wir, wenn wir das auf Mutian anwenden,
demselben den Vorwurf nicht ersparen können, daß er
gerade an dem, was Luther vor Erasmus auszeichnete,
den größten Anstoß genommen, daß er dem Reformator gerade dieses Roden des Weinberges mit tapferem Mut und
starker Hand ganz besonders verübelt hat.

Das ist das Tragische in dem Leben dieses Humanisten.
führers in Gotha, daß er, der sich gestehen mußte, selbst
durch seine ganze Lebensarbeit die gegenwärtigen Ereignisse mit vorbereitet zu haben, nun nicht den Mut fand, statt
der Feder die Hacke zur Hand zu nehmen; sollte es wirklich Reformation werden, so genügte dazu nicht die scharfe,
leicht über das Papier dahin fahrende Feder eines Mutian,
sondern es war nötig die grobe, den Boden tiefgründig um-
arbeitende Hacke eines Luther.

Während in der Tranquillitas zu Gotha so fleißige
Studien getrieben und so ernste Kämpfe gekämpft wurden,
sah es in den übrigen Kanonikerhäusern ganz anders aus;
darin hausten Männer, die von Mutian das allerschlechteste
Zeugnis erhalten, waren das doch Leute, die vollkommen
unempfänglich waren für die jetzt gerade neu auftauchenden
wissenschaftlichen Ideen, die wohl handwerksmäßig ihren
priesterlichen Pflichten nachkamen, aber sonst ihre Stellung
nur dazu benutzten, um ihre hierarchischen Gelüste, ihre
Habsucht und Geldgier zu befriedigen, und dabei, was das
Schlimmste war, ein grenzenlos liederliches, unsittliches Leben
führten. Nur der Dompropst Gerhard Marschalk von
Gosserstedt scheint unter dieser größtenteils verkommenen
Gesellschaft eine rühmliche Ausnahme gemacht zu haben.
Da ist es denn nicht zu verwundern, daß Mutian in Aus-
drücken tiefer Entrüstung seinem Unwillen über seine Mit-
kanoniker Luft macht, daß er ausruft: „Die Götter mögen
das räudige Vieh in die Hölle verstoßen!, daß er seinem
Freunde Urban klagt: „Ich bin unter so vielen Ungetümen
auch ganz erstarrt, wie ein träger, stupider Esel, und habe
die lateinische Stimme, habe die rechtschaffene Rede des

Gelehrten ganz verloren und schreie in einem fort mit jenen
Eseln"; da ist es nicht zu verwundern, daß er den Versuch
macht, sich vollständig gegen jene schlechten Kollegen ab-
zuschließen, daß es sagt: „Niemand war, noch ist, noch
wird sein ein Freund Mutians, als wer gut, unbescholten
und gelehrt ist." — Viel Schlimmes erzählt Mntian besonders von den beiden Domherren Ludwig Kötteling
und Konrad Morch — er nennt sie Lotius und Morus
— so z. B. berichtet er[58]) über ein Trinkgelage wüstester
Art, das diese beiden Männer in Schönau v. d. W. halten.
Es war zu Michaelis 1509 oder 1510, da fuhren diese
beiden Männer auf einem ihnen vom Abt zu Georgenthal
gestellten Wagen, einer Einladung zur Kirmse folgend, angethan mit schrecklichem Rausch und maßloser Freßbegier, nach
Schönau. Von diesen wohlgenährten, prächtig gepflegten,
aber schlecht unterrichteten, scheltenden, schimpfenden,
heimtückischen Menschen, wert, daß sie beständig an
Husten, Schlafsucht, Herzklopfen, Wolf, Leistenbruch und
böser Krätze zu leiden hätten, weiß man nicht, ob sie bei
dem vom Abt ihnen gebotenen fetten, priesterlichen Schmause
mehr in die Gurgel hinabgegossen oder herausgebrochen
haben, schrecklicher als alle Säue und Waldesel. Nichts
Religöses haben sie an sich als nur ihr priesterliches Kleid,
nicht dem Erlöser dienen sie, nicht der Tugend, sondern
in Geilheit dienen sie der Venus, dienen dem Bauch et
quae sub ventre sunt, sind immer streitsüchtig, immer be-
trunken, wo aber Betrunkenheit ist, da ist auch Wut und
Begierde, ita secure indulgent genio, ita impudenter post
ingurgitationem lapsabundi implicantur mulierum amplexibus
et nudis membris et spumante mutino saltant. „Daher",
so fügt Mutian dieser Schilderung hinzu, „sagt das Volk,
wenn unsere Priester in so schändlicher Weise sündigen,
wird es auch uns erlaubt sein, ins Blaue hineinzuleben und
darauf los zu sündigen." Voll Entrüstung meldet Mutian

---

58) Gillert, No. 147; Krause. No. 91.

von dem Domherrn Kötteling: „Alles opfert er seiner runzeligen, schlotterigen Delia, squalida scorta et foedae pelliculae meliorem partem ecclesiastici patrimonii devorant." Diese schamlose Dirnenwirtschaft führte zuletzt zu dem berüchtigten, des öfteren beschriebenen Pfaffenstürmen in Gotha zu Pfingsten 1524.

Besser als im Stift zu Gotha scheint es im Augustinerkloster daselbst gestanden zu haben. Zwar hielt Luther, wie wir schon hörten, im Frühjahr 1515 in der Kirche dieses Klosters eine sehr scharfe Predigt [59]) gegen die Sucht, andere herabzusetzen und ihnen Übles nachzureden, aber als er im Mai 1516 das Kloster inspizierte, fand er dort alles so in Ordnung [60]), daß ihm die Inspektion nur wenige Stunden kostete; Mutian hat aber trotzdem an den Augustinern Allerlei auszusetzen. Er beklagt sich darüber, daß diese Aurelianer den Canonikern die Ostereier [61]) wegschnappen, er hält sich darüber auf [62]), daß ein Augustiner zu ihm gekommen wäre und ihn gefragt habe, ob denn das richtig sei, wenn man behaupte: leibliche Schwestern sind Töchter, die dieselbe Mutter haben, Blutsverwandte aber sind Töchter, die ein und denselben Vater haben. Das sei doch eine Sache, die jeder arborum lector (?) wisse. Er spottet über sie [63]), weil sie meinen, durch ihre Fürbitten vielen Kranken das Leben gerettet zu haben, „sie reden wohl viel davon, daß durch ihre Gebete viele leben, aber von den Gestorbenen, deren Zahl unendlich groß ist, schweigen sie". Er setzt hinzu: „Der Geiz besudelt die Theologen", das soll doch heißen: die Mönche drängen sich zu solchen Fürbitten nur, um Geld zu verdienen.

In dem Cistersiensernonnenkloster zum heiligen Kreuz vor dem Brühl stand auch nicht alles so, wie

---

59) Theod. Kolde Martin Luther, Gotha 1884, S. 89; Luthers Werke ed.: Knaake Bd. I, S. 19; Gillert, Bd. II S. 150 Anm. 2.
60) Kolde, S. 90.
61) Gillert, No. 475; Krause, N. 459.
62) Gillert, No. 464; Krause, No. 445.
63) Gillert, No. 94; Krause, No. 66.

es sollte. Ein Teil der Aufsicht über dieses Kloster stand
dem Abte von Georgenthal zu, er hatte die Rechnungen zu
prüfen [64]) und die Novizen zu weihen. Fand solche Ein-
segnung junger Nonnen statt, so pflegte M u t i a n , als
Domherr, ein Honorar dazu hinzuschicken, und wurde dafür zu der Feier eingeladen, ging aber nicht hin, weil er
nicht mit seinen, von ihm so verachteten Kollegen zusammen an einem Tische sitzen wollte. „Ich kann darum“,
schreibt er spottend, „auch nicht sagen, ob die Nonnen
dabei getanzt oder gesungen haben.“ Wunderbarerweise
hatte noch am Ende des 15. Jahrhunderts dies Nonnenkloster die Verpflichtung [66]), beim Abthun eines Verbrechers
den Scharfrichter zu besolden, ihm Leiter, Stricke, Rad und
alles, was dazu nötig war, zu bezahlen. Sonst war das
eigentlich die Pflicht der sogenannten „unehrlichen“ Leute [67]),
also derjenigen, die nicht zum „Volk in Waffen“ gehörten,
dazu gehörten, außer den Leibeigenen auch diejenigen, die
durch ihren Beruf gehindert waren in den Krieg zu ziehen,
weil man sie zu Hause nicht entbehren konnte, es waren
dies vornehmlich die Hirten und die Müller, dazu kamen
noch diejenigen, welche keine eigentliche Heimat hatten,
die sogenannten „fahrenden Leute“, die Schauspieler, die
Musikanten u. s. w., wie auch die Hofnarren, endlich noch
die öffentlichen Dirnen und ihre Wirte, man sagte auch
sprichwörtlich, zu! den unehrlichen Leuten gehören alle
vom Schäfer bis zum Schinder, diese beiden standen als
Medizinmänner im Rufe der Zauberei. Warum nun bei uns
in Gotha die unschuldigen Nonnen jene entehrende Verpflichtung hatten, weiß ich nicht zu melden.

------

64) Gillert, No. 407; Krause, No. 408.

65) Gillert, No. 316; Krause, No. 304.

66) Aug. Victor Richardt. Licht und Schatten, Beiträge zur
Kulturgeschichte in Sachsen-Thüringen im 16. Jahrh. Leipzig 1861;
cf. Zeitschr. f. Thür. Geschichte u. Altertumskunde, Bd. IV, S. 103.

67) Henne am Rhyn,: Kulturgeschichte des deutschen Volkes
Bd, I, S. 404 f.

Im August 1512 [68]) stieg Mutian von seinem am Sperlingsberg gelegenen Hause hinab zum Brühl, stieg hinab in den Nußgarten, von dem das Kreuzkloster umgeben war, nicht, wie er sagt, um Nüsse zu suchen, sondern um den Abt von Georgenthal zu sprechen. Es war um die zweite Stunde, und da die Nonnen noch umherstanden, begab er sich in die Kreuzkirche. Da sah er die Stadt Köln mit den schönen Jungfrauen auf den Schiffen, aber schon einem nahen Tode verfallen. In der Kreuzkirche befand sich also damals ein Bild, das die Geschichte von den Elftausend Jungfrauen darstellte. Bei Betrachtung dieses Bildes dringen Töne an sein Ohr, bald sind es Psalmen, die man murmelt, bald andere Weisen, die man trillert. Voll Verwunderung horcht er auf die vortreffliche Harmonie der Weiberstimmen. Nachdem das Benedicamus beendet ist, tritt Mutian an den Abt heran, noch ist die Äbtissin — es war Margaretha Kohlstettin — zugegen, sie giebt ihm die Hand und ergeht sich in ebensolangen Reden über das Amt eines neu anzustellenden Klosterschreibers, wie der Abt, dann endlich kann auch Mutian zu Worte kommen und sagt zum Abt: Diese Sache wäre ja nun wohl abgemacht und steht gut, aber ich habe noch einen anderen Freund, der der Empfehlung wert ist, habt, ich beschwöre Euch, den Urban lieb, und der Abt antwortet: „ich hab ihn lieb." Warum Urban, dieser treue Freund Mutians, immer wieder der Fürsprache Mutians beim Abt von Georgenthal bedurfte, werden wir gleich hören.

Zu Johannis wurden vom Senat und Volk zu Gotha Spiele [69]) mit großem Pomp veranstaltet, in denen die Thaten und die Leiden Christi dargestellt wurden. Schon 1505 werden von Mutian solche Passionsspiele erwähnt[70]), zu denen damals viele Zuschauer aus Erfurt herbeiströmten.

---

68) Gillert, No. 202; Krause, No. 185.
69) Gillert, No. 142; Krause, No. 139.
70) Gillert, No. 28; Krause, No. 30.

Mutian sagt von diesen Spielen: „Durch dieses Schauspiel, oder vielmehr durch diese Tragödie werden die Unerfahrenen zur Frömmigkeit angeregt. Das Vorbild des
Gekreuzigten weckt Sanftmut, Geduld und heilige Sitten,
zieht auch den Einfältigen zum Himmel. d. h. zur Andacht
und zur Freude an der Gottheit." Dann aber rügt er das
schamlose Betragen der dabei lachenden und Unsinn trei-
benden Nonnen aus dem Kreuzkloster, die der Aufführung
beiwohnen. Er schreibt: „Wir sahen jene Klosterjungfrauen
in den Reihen stehen, sahen den Propst und die große
Jungfrau — er meint die Äbtissin — am Altar sitzen.
Seht doch, sage ich bei mir selbst, was und wie vieles euer
Erlöser und Bräutigam gelitten hat, indem er unsere Sünde
zu seiner Schuld machte. Nichts giebt doch da Anlaß zu
Mutwillen und Heiterkeit, was soll denn da nun eure Aus-
gelassenheit und Schamlosigkeit?"

Böse Erfahrung hatte Mutian in Beziehung auf dies
Kloster gemacht. Der schon oft erwähnte Klosterverwalter
von Georgenthal Urban war in ein intimes Verhältnis zu
einer Nonne dieses Klosters getreten, das nicht ohne Folgen
blieb. Gewaltiges Aufsehen erregte es, als eine „rapta
Penelope" heimlich aus dem Kloster entwichen war. In
der Stadt bezeichnete man allgemein Urban als den Ver-
führer. Demselben drohte daher die Entlassung aus seinem
Amt. Mutian ist auch von der Schuld seines Freundes
überzeugt, bietet aber alles auf, um ihn aus der Schlinge
zu ziehen. Der Abt kommt nach Gotha, um mit Mutian
über diese delikate Angelegenheit zu verhandeln. Mutian [71]
sucht dem Abte seinen Verdacht auszureden und das Ver-
brechen auf einen Offizier der Schloßwache abzuwälzen und
ermahnt den Abt, er möge doch dafür sorgen, daß die um
das Kloster führende Mauer, die stellenweise sehr baufällig
und halb eingefallen war, ausgebessert werde, damit in
Zukunft sittenlosen jungen Leuten jeder Zutritt unmöglich

---

71) Gillert, No. 74; Krause No. 140.

gemacht werde. — Der gute Abt wurde in der That schwankend, gebot Stillschweigen über den Vorfall und ließ Urban in seinem Amte.

Das Verhalten Mutians in dieser Angelegenheit ist durchaus kein rühmliches. Er, der die Unsittlichkeit an seinen ihm so verhaßten Kollegen im Stifte mit Recht aufs schärfste tadelt, ergeht sich diesmal, wo es seinen Freund betrifft, in so zweideutigen Scherzen über diese Sache, daß seine Äußerungen besser nicht mitgeteilt werden.

Eine stadtbekannte Persönlichkeit in Gotha war damals der Vorsteher des Reinhardsbrunner Klosterhofes daselbst.

Die mehr plebejischen Cistercienser und die aristokratischen, stolzen Benediktiner haben sich wohl nie gut miteinander gestanden, Georgenthal und Reinhardtsbrunnen waren von alters her nicht gut Freund miteinander. Mutian, den Cisterciensern sehr zugethan, gefällt sich darin, jenem stolzen Benediktiner Hausmeister manch Schlimmes nachzusagen. Friedrich Hünerjäger[72]), so hieß dieser Mann, war von riesenhafter Gestalt, und hatte gewaltig große Augen, er muß eine imponierende Erscheinung gewesen sein. Er galt als Nachfolger[73]) seines kränkelnden Abtes, wird aber von Mutian als ein nach äußerer Ehre, namentlich nach Gunst bei Hofe, nicht immer auf dem Wege des Rechtes und guter Sitte wandelnder, jedoch vielvermögender, überall sich vordrängender Mann geschildert, „roh in den Wissenschaften, groß in Barbarei, nur ein Kritikus, ein käuflicher Charakter, geübt in der Führung von Streitsachen, Wahlumtrieben nur zu ergeben".

In Beziehung auf die Aussicht dieses Benediktiners, in Reinhardtsbrunnen einmal Abt zu werden, sagt Mutian: die Bursfelder Kongregation verfahre zwar sehr streng und scharf bei Besetzung der Abtstellen, „aber das Geld dringt durch und überredet gar wirksam."

---

72) Gillert, No. 29; Krause, No. 27.
73) Gillert, No. 324; Krause, No. 320.

Es war am Fronleichnamsfest 1509 [74]), da stand dieser
stolze Benediktiner, dieser aufgeblasene Narr, der einst den
M u t i a n tief gekränkt hatte, mit dem Ausspruch schola-
stischer Denkweise: „Poeten verderben die Universitäten",
dieser Mann stand, als das Volk, in devoter Weise in der
Marienkirche versammelt, von Bußthränen überfloß, mitten
unter den patrizischen Flüchtlingen aus Erfurt, die bei
Beginn der damaligen städtischen Wirren — es war das
sog. tolle Jahr — nach Gotha ausgewandert waren, so daß
alle ihn bemerken, er allen auffallen mußte.   „Ich weiß
nicht", schreibt M u t i a n, „was die Offiziere der Schloßwache, was die Bürger, was die übrigen Besucher der
Kirche über die Unverschämtheit dieses Klosterbruders gedacht haben werden; ich hätte mich in seiner Stelle bei
dem so feierlichen Pomp des Fronleichnamsfestes nicht so
sehen lassen mögen, denn er handelte pflichtwidrig, als er
ostentativ sich allen darstellte, er durfte doch eigentlich
gar nicht aus seiner Zelle herausgehen, gar nicht um weltliche Dinge sich bekümmern, sondern hätte bei Tag und
bei Nacht über die Gebete Gottes nachsinnen, hätte weinend
und seufzend, mit dem Psalterium in der Hand, den Tag
des Gerichtes erwarten müssen, statt dessen läuft dieser
windige Klosterbruder von Kirche zu Kirche und von Dorf
zu Dorf, nur um bei Hof und bei dem Volk sich beliebt
zu machen", von ihm gilt in vollem Maße das Sprichwort [75]):
Quidquid agit mundus, monachus vult esse secundus.
     Mit wahrer Wonne berichtet daher M u t i a n [76]) später,
daß dieser stolze, unverschämte Benediktiner, der bei Hof einst .
so viel durchzusetzen vermochte, nun alles Ansehen verloren
hat, denn weil er, fürstlichem Befehl zuwider, gewisse Gelder
verausgabt hat, ist er von dem Quästor zu Gotha, einem harten
und unerbittlichen Manne, mit 400 Gulden bestraft worden;
„ob er die Strafe bezahlt hat, weiß ich nicht". Bald darauf

74) Gillert, No. 128; Krause, No. 154.
75) Gillert, No. 247; Krause, No. 228.
76) Gillert, No. 223; Krause, No. 201.

ist eine Dirne in das Kloster Reinhardtsbrunnen gekommen und hat den Oeconomus F r i e d r i c h verklagt. „Welch schreckliches Beispiel!" ruft M u t i a n mit Wohlbehagen aus.

In Zeiten, wo eine alte und eine neue Weltanschauung aufeinander stoßen und miteinander ringen, da pflegt sich jedesmal ein wahrer Heißhunger nach Übersinnlichem, Geheimnißvollem und Wunderbarem zu zeigen, so war das auch der Fall in d e r Zeit und in d e r Gegend, von der wir reden.

Im Juli 1515 wurden in der Stadt Gotha von den Kanzeln herab gewaltige Strafpredigten gehalten. Anlaß dazu gab das unheilvolle Treiben eines Wahrsagers [77]), eines Chaldäers, eines Astrologen, Traumdeuters und Falschpropheten, man nannte ihn nur „den weisen Mann von Tambach." Dieser Windbeutel, in welchem M u t i a n einen entlaufenen und verkappten Mönch vermutet, war früher Schreiber des Grafen B a l t h a s a r v o n S c h w a r z b u r g in Leutenberg gewesen, dann finden wir ihn in Tambach. Schon 1506 wird U r b a n von M u t i a n aufgefordert, sich· von jenem Chaldäer astrologische Instrumente geben und sich in der Handhabung derselben unterweisen zu lassen. Im Jahre 1512 aber nennt M u t i a n ihn einen heillosen Menschen und ist sehr böse, daß der Abt von Georgenthal die Äußerung gethan hat, er wolle, er hätte nur auch erst für Georgenthal einen solchen weisen Mann. 1515 finden wir diesen „verfluchten Chaldäer" in Schönau v. d. W., wo der nichtswürdige Magier schändlich betrügt. Als der Graf B a l t h a s a r v o n S c h w a r z b u r g einst krank gewesen, da hatte dessen Hausfrau gen Tambach geschickt und bei dem Wahrsager anfragen lassen, ob ihr Mann bezaubert sei oder nicht. Daraufhin hatte der weise Mann von Tambach einen Streifen Pergament gesendet „eitel coracteres daraufgeschrieben", mit der Bestimmung, dasselbe sollte der Graf um den Hals hängen. Man hatte es aber verbrannt

---

77) Ztschft. f. Thür Geschichte etc., N. F. Bd. V, S. 330—334.

und nicht umgehängt. Dieser Mann fand Nachahmung.
1515 schreibt M u t i a n : „Die ganze hiesige Gegend hat
vier solcher Menschen, und, worüber ich mich besonders
ärgere, zwei der Georgenthäler Mönche gehören zu dieser
Zahl. Deine Schönauer handeln unsinnig, der neue Prophet
ist dorthin gekommen, von allen Seiten strömt man zu ihm,
er weiß, wo Schätze verborgen liegen, und · er selbst hat
doch nichts und ist bettelarm. Eines schmerzt mich, daß
Deine überaus einfältigen Bauern in Schönau eine reine
Jungfrau diesem verächtlichen Ungeheuer zur Frau gegeben
haben, damit er an ihr seinen Spaß habe." Endlich erfolgte
Bestrafung. Triumphierend meldet M u t i a n im Juli 1515:
„Jener schatzgrabende Windbeutel, der nicht nur die Einfalt
Deiner Bauern, sondern sogar die Leute in Gotha und un-
zählige Menschen täuschte und ihre thörichte Leichtgläubig-
keit mißbrauchte, wird im Klostergewahrsam gehalten.
Einige behaupten, er sei in Nürnberg öffentlich ausgepeitscht,
mit Schanden fortgejagt und des Landes verwiesen worden,
Andere berichten, er sei in der Stadt Meißen in derselben
Weise bestraft worden, nachdem man ihn durch lange Haft
und Banden mürbe gemacht. Die Prediger des hiesigen
Clerus reden gewaltig gegen die Leichtgläubigen und
schrecken mit furchtbaren Drohungen alle, die diesen Ver-
derber um Rat gefragt haben."

Im Juli 1513 [78]) ließ M u t i a n sich von seinem Barbier
friesieren, der Barbier erzählte ihm, ein Knabe von Mühlberg habe vor einigen Tagen angefangen auf dem Felde
bei Mühlberg ein kleines Tempelchen zu bauen, sofort habe
man ein Marienbild und ein Kruzifix hineingestellt, dann
seien von allen Seiten Menschen herbeigeströmt, Opfergaben
seien gespendet worden, und von Wundern habe man
sich erzählt. „So macht", fügt M u t i a n hinzu, „e i n Knabe
viele Greise zu Knaben."

Zwei Monate später trieb sich ein Chiromant, G e o r g

---

78) Gillert, No. 281; Krause, No. 267.

Faustus mit Namen, in Erfurt herum [79]) der Heidelberger
Halbgott — das ist der berühmte Faust — „der reine
Großthuer und Narr, seine Kunst, wie die Kunst aller
Wahrsager, ist nichts wert, und solche Physiognomie wiegt
leichter als eine Wasserspinne". „Die Ungebildeten bewundern ihn", erzählt Mutian, „die Theologen erheben
sich gegen ihn, ich habe ihn in der Herberge schwatzen
hören, bin aber seinen Prahlereien nicht entgegengetreten,
was geht mich fremder Blödsinn an?"

Es ist kein gutes Zeichen für den Bildungsgrad der
damaligen „studierten" Leute in der Stadt Gotha, daß
Mutian hier weder unter seinen geistlichen, noch seinen
juristischen Kollegen jemand gehabt zu haben scheint, bei
dem er wirkliches Interesse und Verständnis für sein wissenschaftliches Streben fand.

Myconius führt in seiner Reformationsgeschichte zwei
Männer aus Gotha auf, die er als Patrone der Gelehrten
bezeichnet. So erzählt er von Dieterich Tunckel [80]), daß
derselbe gewesen sei ein amicus eruditorum et pater pauperum, da aber dieser um die Stadt und ihre Bürger hoch-
verdiente Mann „keinen Buchstaben schreiben noch lesen
kundt", so macht es dieser Umstand wohl erklärlich, daß
Mutian mit demselben in keinen Verkehr trat, ja ihn in
keinem seiner Briefe auch nur erwähnt, während Myconius
ihm nachrühmt: „er war doch aller Gelerten Vater und
Freund, er that ihnen, als sie um des Pabstthums willen ver-
folget und angefochten wurden, viel Freundschaft . . . .
Dieser Mann hat diese Gnad von Gott, daß alle böse
Sachen, die weder Fürst, noch Rath, noch Amt-Leut vertragen konten, wenn es für ihm kam, so vertrug und vereinigt er die Leut. Denn er hat um seiner Erbarkeit,
Fromkeit und Redlikeit willen grosse Gunst beyn Leuten,
und folget ihm jederman gern. Als er aber Alters halben

---

79) Gillert, No. 320; Krause, No. 307.
80) Myconins, Hist. ref., S. 56, 107.

starb, do war ein gemein Trübnis alles Volks, daß fast alle
Menschen der gantzen Stadt mit ihm zum Begräbnüß ging
und war ein Klagen, als wär ihnen allen ihr Vater gestorben. Er wohnet in dem hohen Eck-Haus gegen dem
Rathhaus über, an Pforten-Gäßlein."

Neben Dieterich Tünckel wird von Mykonius auch
„Matthias Lachenbeck [81]) der Fucker von Augsburg
etwa Diener auf den Hütten zu Hohenkirchen als Literatorum
Patronus et pauperum omnium Pater" aufgeführt. Dieser
Mann war Geschäftsführer der Fugger auf der Schmelz-
hütte zu Hohenkirchen [82]), die Abt Ludwig von Georgenthal 1492 angelegt, die dann aber das Kloster 1495 an
die Gebrüder Fugger verkauft, dabei aber wohlweislich das
Recht sich vorbehalten hatte, in den angrenzenden Bächen
Forellen und Aschen zu fangen. Obwohl Matthias Lachenbeck dem Mutian und dessen Freunden mancherlei gute
Dienste leistete, da er ihnen durch die Fugger'schen Fuhrleute [83]) den Brief- und Bücherverkehr zwischen Augsburg
samt Venedig und Georgenthal resp. Gotha vermittelte, so
daß Mutian auf leichte und sichere Art sowohl von den
Buchhändlern in Augsburg [84]), wie von dem berühmten Buch-
drucker in Venedig Aldus Manutius [85]) Bücher bekommen
konnte, so ist Mutian, wenn er auch weiß, daß ihm die
Gunst des Lachenbeck viele Vorteile verschaffen kann,
doch nicht besonders gut auf diesen Mann zu sprechen, er
bezeichnet ihn als einen Mann „reicher als Alkinous" [86]),
aber trotz seines Reichtums sei er doch wenig freigebig,
borge kein Geld ohne Pfand, nicht ohne Wucherzinsen,

81) Myconius, Hist. ref., S. 108.

81) Beck, Geschichte des goth. Landes, Bd. III, S. 374 f.

83) Gillert, No. 12, 13, 16, 25¹, 25², 33, 506; Krause, No. 22,
23, 21, 39, 40, 41, 37, 491.

84) Gillert, No. 105; Krause, No. 106.

85) Gillert, No. 13, 14, 24, 25, 25ᵃ, 25ᵇ, 25ᶜ, 31, 33, 34, 38, 124,
140, 171, 185, 363, 507, 634; Krause, No. 23, 24, 35, 39, 40, 41, 43
31, 37, 36, 111, 146, 137, 343, 589.

86) Gillert, No. 154, 381; Krause, No. 152, 364.

ganz nach Art der Priester. Er hat den Lachenbeck
in Verdacht, daß derselbe es im Geheimen mit Kötteling
und Morch, den erbittertsten Feinden Mutians unter
den gothaischen Domherren, halte und ihn um eine ergiebige Pfründe gebracht habe. Auf der Pfründenjagd
sehen wir auch Mutian des öfteren, aber „auf Pfründen",
sagt er, „gehe ich nur der Bücher wegen aus"[87]), während
seine Kollegen nur aus Geldgier zu erlangen trachteten,
was er der Wissenschaft und der Wohlthätigkeit zu opfern
gedachte. — Was nun aber Mutian in Gotha nicht fand,
das fand er in reichem Maße in Georgenthal: Männer, mit
denen er wissenschaftlich verkehren konnte.

Zunächst fand er dort den schon oft erwähnten Urban,
der schon als Erfurter Student ein Schüler Mutians gewesen war, als derselbe vor seiner Reise nach Italien an
der Erfurter Universität Vorlesungen hielt. Jetzt nun, nachdem Urban Oeconomus in Georgenthal geworden war,
wurde die frühere Bekanntschaft erneuert. Oft kamen die
beiden Männer in Gotha oder in Georgenthal oder auch
in Schönau[88]) vor dem Walde, wo das Kloster ein Gut
besaß, zusammen, um wissenschaftlichen Studien obzuliegen.
Die Klosterbibliothek muß ihre Schätze dazu hergeben, und
Urban ist gern bereit, aus den Mitteln des Klosters neue
Bücher anzuschaffen, die nach dem Gebrauch der Klosterbibliothek einverleibt wurden. Öfter hielt sich Mutian
tagelang in der „villa Urbans" zu Schönau auf, sich an
der „lieblichen Waldgegend" erfreuend: Er schreibt einmal:
„Der Ort Belpratum, Dein Schönau, trägt den Namen mit
Recht, er hat die schönsten Auen, Deine Villa dort gefällt
mir wunderbar. Das Speisezimmer gewährt der aufgehenden
Sonne Zutritt, daneben liegt das Schlafgemach. Jene Alte
in der Villa macht vorzügliche Käse, sie sind herrlich von
Geschmack, öfter versuche ich sie. Aus guten Gründen

---

87) Gillert, No. 25; Krause, No. 39.
88) Gillert, No. 14, 15, 65, 147, 252, 269, 323, 502, 502, 323;
Krause, No. 24, 25, 75, 91, 239, 254, 319, 489, 500, 504.

liebe ich jenen Aufenthalt: einladend ist das milde Klima, die Nähe von Gotha und Deines Klosters, die einfachen Sitten der Menschen, die Wiesen und Obstbäume, die Felder und Wälder, die Windungen der Leina. Wenn ich von Ort zu Ort das Einzelne besucht habe, werde ich die Urban'sche Villa, Deine und meine Wonne, in Briefen beschreiben." Doch aber auch hier, wenn M u t i a n seine Sommerfrische in ländlicher Abgeschiedenheit hielt, wurden die Studien nicht vergessen, gelehrte Bücher wanderten mit nach Schönau.

Als dritter im Bunde gesellte sich vom Herbst 1505 an diesen beiden Männern zu G e o r g S p a l a t i n [89]). Es hatte M u t i a n viele Mühe gekostet, es dahin zu bringen, daß S p a l a t i n die Stelle eines Klosterlehrers in Georgenthal erhielt. Er rühmt den S p a l a t i n als einen geistvollen und doch dabei so bescheidenen Jüngling, der, weil in Nürnberg erzogen, das eleganteste Deutsch spreche, aber auch das Lateinische, für alle Arten von Studien ja so unentbehrlich, vollkommen beherrsche. Er hofft, S p a l a t i n sollte gleichsam ein Mittler werden zwischen Gotha und Georgenthal, wie Christus zwischen Gott und Mensch, da, wie die Philosophen lehren, zwei Gegensätze ohne ein Mittleres nicht verbunden werden könnten, und als nun endlich S p a l a t i n das Amt bekommen hat, da jubelt M u t i a n voller Freude; „o welch ein schönes Zusammenleben, o welch eine herrliche Kameradschaft, wenn ihr doch mit mir hier in Gotha zusammenleben könntet, da das aber nicht sein kann, so wollen wir uns ohne Murren in die Notwendigkeit schicken und uns das durch wissenschaftlichen Austausch leichter machen." — Von nun an wird M u t i a n nicht müde, diese seine beiden Freunde zu gemeinsamer wissenschaftlicher Thätigkeit anzuspornen, er giebt ihnen Themata auf, die sie schriftlich zusammen be-

---

89) Gillert, S. XXXIV; Krause, Briefwechsel, S. X; [Brückner] Kirchen- u. Schulstaat, Bd. II, St. 11, S. 35; Gelbke, Kirchen- u. Schulverfassung im Hzt. Gotha, II. T., Bd. I S. 566.

arbeiten sollen, sie sollen gemeinschaftlich ein Leben Jesu
auf Grund der Predigten Leos des Großen[90]) schreiben,
oder auch ein Leben des heiligen Bernhard von Clairvaux
verfassen, Urban soll über das Lob der Armut[91]), Spalatin
über die Frage sich auslassen[92]), wenn doch Christus der
Weg, die Wahrheit und das Leben sei, wie denn so viele
Jahrhunderte vor seiner Geburt die Menschen daran gewesen. Auf Antrieb Mutians trat Spalatin in den geistlichen Stand, und den Bemühungen Mutians hatte er es
zu verdanken, daß er 1507 Pfarrer in Hohenkirchen wurde.
Diese Pfründe besaß Spalatin noch im Jahre 1524[93]), obwohl er schon 1508 Prinzenerzieher am Hofe Friedrichs des
Weisen geworden war; er ließ, wie das damals ja üblich war,
die pfarramtlichen Geschäfte durch einen Vikar besorgen.

Nach dem Abgang Spalatins von Georgenthal wurde
sein Nachfolger dort Herebord von der Marthen[94]).
Der stammte aus einer reichen Erfurter Patrizierfamilie,
war ein reich begabter Jurist und schon Magister, als er
durch Mutian dazu bewogen, sich in die Stille des Klosters
Georgenthal zurückzog, um dort nicht nur die jungen
Mönche zu unterrichten, sondern auch sich gründlich auf
seinen Sachwalterberuf vorzubereiten. War er schon von
Erfurt aus oft mit vielen jungen Gelehrten nach Gotha zu
Mutian gewandert, so trat er nun von Georgenthal aus
erst recht in regen Verkehr mit dem von ihm so hoch-
verehrten Domherrn. Mit seinem vom Vater ererbten
Familienstolz und Juristenhochmut, auch mit seinen lockeren
Sitten machte er seinem Freunde in Gotha manche Sorge,
dieser aber ließ doch nicht ab, den jungen Mann, auf den
er die schönsten Hoffnungen setzte, zu einem tüchtigen
Juristen zu erziehen.

---

90) Gillert, No. 37; Krause, No. 38.
91) Gillert, No. 95; Krause, No. 26.
92) Gillert, No. 95; Krause, No. 26.
93) Gillert, No. 620 b.
94) Gillert, S. XVI; Krause, Helius Eobanus Hessus, Bd. I, S. 26 f.

Auch mit dem Nachfolger des Herebord von der Marthen in Georgenthal, dem Heinrich Mushart von Hersfeld [95]), pflegte Mutian wissenschaftlichen Verkehr, er erkennt das Talent und das Streben des Jünglings an, doch zieht er sich bald mehr und mehr von ihm zurück, da er argwöhnt, daß „Musardus" ein „Lotianer" ein Anhänger der Feinde Mutians, geworden sei.

Wie mit diesen Klosterlehrern in Georgenthal, hätte Mutian auch mit dem dortigen Abte gern wissenschaftlich verkehrt, aber Johannes III. war für litterarischen Umgang leider nicht zu haben. Der Abt stammte aus der in Thüringen reich begüterten Familie derer von Spitznase [96]), hatte von 1491 an in Leipzig studiert, und nachdem er 1502 an die Spitze des Klosters getreten war, schickte er im Lauf der Jahre auch eine Anzahl seiner jungen Mönche zum Studium nach Leipzig, wo die Cistercienser ein eigenes Studienkollegium hatten. Für die Klosterbibliothek ließ der Abt, wie wir schon früher hörten, auf Bitten Mutians, durch Urban öfter Bücher anschaffen, die dann Mutian eifrig benützte; so wanderten z. B. einmal von Georgenthal nach Gotha Leos Sermone, die Regeln Benedikts und des Basilius und eine gereimte Chronik. Daß der Abt einiges Interesse für wissenschaftliche Arbeiten hatte, zeigt der Umstand [97]), daß er dem Degenhard Pfeffinger, einem der einflußreichsten Räte Friedrichs des Weisen, mit dem er in brieflichem Verkehr stand, „zweier angezaigter Ro. keyser geschieht vnd leben", die er für ihn hatte „vmbschreiben" lassen, zusendet. Mutian und der Abt beschenkten sich auch gegenseitig des öfteren mit Büchern. So hat Mutian dem Abte Erzählungen von dem schwäbischen und ungarischen Bauernaufstande ge-

---

95) Gillert, No. 184; Jahrbücher der Königlichen Akademie gemeinnütziger Wissenschaften zu Erfurt, N. F. Heft XIX, S. 76.

96) Jahrbücher der Königl. Akademie etc. zu Erfurt, N. F. Heft XIX, S. 67.

97) Gillert, No. 341; Krause, No. 276.

schenkt[98]), der Abt aber dem Domherrn eine scholastische Abhandlung[99]) verehrt, die zwar gar nichts, wie Mutian sagt, wert sei, aber er freue sich doch, aus diesem Geschenk das Wohlwollen des Abtes erkannt zu haben.

Ein andermal übersendet Mutian dem Abt ein altes Werk über Edelsteine[100]), das werde ihm gewiß gefallen, denn daraus könne er die verschiedenen Arten von Edelsteinen kennen lernen, mit denen seine Mitra besetzt sei. Mutian erzählt einmal, den Abt bei einem Feste der Nonnen im Kreuzkloster gesehen zu haben, angethan mit Tiara und Pallium, fügt aber hinzu: O, wie viel Nichtigkeit liegt doch in diesen Dingen. Auch ein Prognostikon, einen astrologischen Kalender[101]), macht er einmal dem Abte zum Geschenk, um dessen Gunst sich und dem Urban zu erhalten. Oft rühmt er den Abt als einen guten, humanen, gefälligen Mann und erkennt an, daß er durch das Kloster, nämlich durch Übersendung von Fleisch und Fisch, Butter und Käse, Bauholz und Brennholz, aber vor allem auch durch die ihm geliohenen Bücher und die dort angestellten Klosterlehrer vielen Nutzen habe. Das wird aber auch so ziemlich alles sein, was man aus den vorhandenen Quellen Lobenswertes für den Abt herausfinden kann. Zwar hören wir wohl, wie Mutian den Abt als sacratissimus et generosus, als reverendissimus, als humanus et facilis herus, als vir optimus, amatissimus abbas u. s. w. bezeichnet, aber solch ehrende Prädikate sind nicht immer ganz ernst gemeint. Wenn Mntian den Abt einmal lobt und rühmt, dann ist jedesmal irgend eine That vorausgegangen, durch welche der Abt dem Mutian eine Bitte erhört, einen Wunsch erfüllt, dem Urban eine Gefälligkeit erwiesen hat.

Sehr zahlreich sind nun aber die harten Urteile, die Mntian über diesen Kirchenfürsten in Georgenthal fällt.

---

98) Gillert, No. 419; Krause, No. 407.
99) Gillert, No. 429; Krause, No. 410.
100) Gillert, No. 16 u. 20; Krause No. 21 u. 32.
101) Gillert, No. 456; Krause, No. 334.

Schon das hat er an ihm auszusetzen, daß der Abt schlecht
Latein versteht, er erzählt einmal, er habe ihm einen
Brief[102]) geschrieben aber hui! paulo latinius, hic utor idio-
mate vernaculo und spielt damit auf das geringe Maß
humaner Bildung an, das der Abt besaß. Vom Jahre 1508
an, nachdem der Abt angefangen hat, dem Mutian nicht
mehr jeden Wunsch zu erfülllen, wird er in den Briefen
immer „Duronius" genannt. Ganz besonders aber hat
Mutian zu klagen über den schlechten Umgang, den der
Abt mit nichtsnutzigen Menschen pflegt, und über die
wilden Trinkgelage, an denen er seine Freude hat.
„Bibas" wird er daher oft von Mutian genannt. Unglück-
licherweise hatte der Abt gerade mit den Männern am
meisten Verkehr, die die erbittertsten Feinde Mutians
waren. Die Domherren Kötteling, Morch und Lindener,
der Töpfermeister „Figulus" in Gotha und der Beamte
des Nonnenklosters Bartholus, „von der Mistgrube zum
Herde der Vesta emporgehoben", das sind die intimsten
Freunde des Abtes, und von diesen Männern weiß Mutian
sehr viel Böses zu erzählen. Er ist traurig darüber[103])
daß der Abt, trotz aller Warnung, solch unwürdigem Umgang nicht entsagt, er sei aber leider taub, möge sich
aber hüten, daß er nicht über kurz oder lang zu Fall
komme, welch lächerliche Rolle werde er dann spielen,
wenn nun alle seine Zechbrüder herbeigelaufen kämen zur
Hilfe und würden ihm doch nicht helfen könneu. „So
sehr sind die Äbte unserer[104]) Zeit degeneriert."

Gleichen Tadel spricht auch Urban[105]) über den
Abt aus, wenn er demselben Schuld giebt, nur deshalb
wolle der Abt ihn aus dem Kloster weg haben, damit er
selbst dann um so dreister prassen und zechen könnte und

---

102) Gillert, No. 6; Krause, No. 12.
103) Gillert, No. 16; Krause, No. 21.
104) Gillert, No. 56; Krause, No. 82.
105) Gillert, No. 122ᵇ; Krause, No. 116.

die schlauen Schmarotzer, wie Drohnen umherschwärmend, desto ungehinderter im Kloster sich breit machen könnten, um Mutwillen zu treiben, „doch über den entarteten und thörichten Duronius wird ein überaus scharfer Reformator kommen, dann wird der Abt zu spät wünschen, die schmachvollen Thaten ungeschehen zu machen". — Hart urteilt Mutian über die traurigen Zustände, die in dem Kloster unter einem solchen Abte herrschen. Dieser Hirte, sagt er, habe kein Salz, Herebord, der Klosterlehrer, biete der Herde wohl ein wenig Salz an, aber die krank daniederliegende Herde wolle daran nicht lecken, hat einen Ekel vor den rechten Studien." Die Schmeichler dringen bis an das Ohr des Abtes mit ihren bösen Schmeicheleien, niemand versteht den Weizen von dem Unkraut, das Wahre von dem Falschen, das Gute von dem Bösen zu scheiden, nicht eine Genossenschaft von Mönchen, sondern eine Genossenschaft von Drohnen, von Räubern ist das Kloster."

Bei den Zechgelagen, die gehalten werden, sucht man Urban und Mutian bei dem Abte anzuschwärzen, als einmal der Abt mit seinen Kumpanen eine große Zecherei abhielt, als es sich zeigte [107]): „Gleich und Gleich gesellt sich gern" und: was der Gott Bacchus zusammenfügt, das soll der Mensch nicht scheiden", da haben sie gesagt: „Mutianus helt keyn messe, Urbanus ist auch ein poete." Darum hofft denn nun auch Mutian, daß auch dem Abte jenes scharfe Edikt der Fürsten „gegen die gotslästerung vnd das unfledig zutrinken" zugegangen sei, „denn das Trinken schändet die Deutschen und die anderen Nationen bezeichnen das Zutrinken als einen unserer Nation eigenthümlichen, häßlichen Mackel".

Mit Wein ist bei dem Abte viel zu erreichen. „Wenn der Abt zu mir kommt [109]), dann will ich ihm eine Flasche,

106) Gillert, No. 124; Krause, No. 111.
107) Gillert, No. 213; Krause, No. 220.
108) Gillert, No. 266; Krause, No. 257.
109) Gillert, No. 338; Krause, No. 230.

nein drei Flaschen Wein vorsetzen und mit ihm trinken, imo vomam, damit er uns nur wieder lieb hat und uns nicht von sich stößt."

„Zwei Tage lang hat der Abt in Gotha gezecht. Wir haben unser, er hat sein Vergnügen [110]). Mich hat er nicht dazu eingeladen, aber wohl den F i g u l u s, seine Wonne, das ist einer aus der Hefe der Menschheit." — „Ich begrüße [111]) den Abt nicht gern, wenn er in Gotha ist, denn F i g u l u s, der Schmutzige, beschmutzt alles mit seinen unzüchtigen Witzen, mit solchen Zechbrüdern erfreut sich d e r, der über die heiligen Sitten wachen sollte." — „Glaube [112]) mir, ich würde den Abt öfter besuchen, wenn mich, nicht etwa bäurische Scham, sondern eine Scheu, wie sie einem guten und gebildeten Mann geziemt, nicht gleichsam zu Hause begrübe. Aber ich werde doch wagen, frei unter den Schlemmern und Schmeichlern mich zu bewegen, oder wenn dem Philosophen der Zugang, durch den Haufen der Zecher versperrt, nicht offen steht, so werde ich durch fremde Hand so viel Bier und Wein auftragen lassen, ut Fauno Satyrisque venter et quae sub ventre sunt, tumeant." — „Ich weiß nicht [113]), was der Abt für ein Mensch ist, ob er ein Verschwender oder ein Geizhalz ist. Fremden giebt er. Ich habe einst gehört [114]), als er abends Gotha, vollgetrunken und schwankenden Schrittes, verließ, da hat B r e n g b ̦i e r (ein gothaischer Ratsherr) hinter seinem Rücken gesagt: „Das schat mir ein Bodem", damit wollte er sagen, wenn der Abt geblieben wäre, dann hätte ich noch von ihm inter pocula tausend Bretter erhalten. „Neulich hat er hier tapfer pokuliert, mich hat er nicht eingeladen, für die Seinen sorgt er schlecht, aber der verfluchte F i g u l u s und der dumme Prätor vermögen alles."

110) Gillert, No. 353; Krause, No. 333.
111) Gillert, No. 461; Krause, No. 443.
112) Gillert, No. 524; Krause, No. 506.
113) Gillert, No. 134; Krause, No. 119.
114) Gillert, No. 509; Krause, No. 512.

Mutian klagt oft darüber[115]), daß der Abt ganz und gar unter der Gewalt dieser seiner unwürdigen Zechgenossen stehe, der Abt ist das, was die „Lotianer" (die Anhänger des Lotius, wie Kötteling immer genannt wird) aus ihm machen. — „Mit unserem Einfluß[116]) auf den Abt ist es aus, nichts weiß jetzt Urbanus mehr, nichts kennt Mutian, wir sind nichts mehr, Morchus aber ist beredt der ist weise, der ist der vorzüglichste, der hervorragende Mann."

„Duronius[117]) hat seine Freude an üppigen Mahlzeiten, er ladet Schauspieler und Possenreißer ein, die leichtsinnigsten Menschen, die sind seine Wonne. Was ist das anders als die reinste Sklaverei. Er hat nicht gelernt, was es heißt, mit gebildeten, braven, liebenswürdigen Menschen verkehren. Leute wie Figulus und die Zitherspieler mögen in die Unterwelt verstoßen werden. Was soll ich von Bartholus sagen? Zu dem Urteil dieses Narren nimmt er seine Zuflucht wie zu einem Heiligenbilde, den verehrt er wie die Ägypter das Krokodil. Lotius überredet ihn zu allem, was er will. Morus (Morch) ist diesem Priester der liebste. Diese beiden räudigen Übel herrschen in Georgenthal. Der Abt gehorcht, nein er ist ein Sklave .... Damit aber diese Leute uns nicht ganz und gar auf die Seite schieben, werde ich mir die Gunst des Abtes zu erhalten suchen um jeden Preis."

Als einst der Abt den Urban daran gehindert hat, Bücher in Leipzig zu kaufen, da ist Mutian sehr aufgebracht und schreibt an Urban[118]): „Ja, Duronius ist daran schuld, nicht Du, Duronius, denn groß ist nicht nur dessen Übermut (insolentia), das ist ja ein Familienfehler (familiare) der Äbte unseres Zeitalters, das Brod Christi macht ja mutwillig, groß ist auch seine Blindheit

---

115) Gillert, No. 282; Krause, No. 278.
116) Gillert, No. 338; Krause, No. 230.
117) Gillert, No. 385; Krause, No. 369.
118) Gillert, No. 387; Krause, No. 373.

und Thorheit, die sich darin zeigt, daß er denen glaubt, denen sonst niemand glaubt. Ich kann mich kaum des Schimpfens enthalten, nur eines stoße ich wie ein Betrunkener heraus (ich habe nämlich auch stark gezecht): Nichts ist es mit ·der klösterlichen Heiligkeit (sanctimonia), und wenn dieselbe etwas bedeutet, so bedeutet sie Unbesonnenheit und Heuchelei, Scheinheiligkeit und Verstellung. Von der Unsinnigkeit und Unflätigkeit und mannigfaltigen Prahlerei will ich gar nicht reden. Bald prahlen sie mit mönchischer Armut, bald mit irgend einer anderen Sache, für die sie Beifall verlangen, man kann nämlich auch mit häßlichen und schändlichen Dingen prahlen, nicht nur mit herrlichen und erhabenen.“

Daß Mutian beim Briefschreiben bene ebrins gewesen, gesteht er öfter ein, er lebte vielleicht nach dem Grundsatz, den sein Schüler, der allezeit trinklustige Dichterkönig Eobanus Hessus, in seinem Buch „Von der Erhaltung der Gesundheit“ aufstellt: „häufiger Rausch sei schädlich, ein seltener jedoch heilsam.“ Mutian besaß einen Weinberg in der Nähe von Erfurt, allzu schmackhaft muß die dortige Kreszenz aber wohl nicht gewesen sein, denn als er einmal Gäste zu Tisch geladen hat, läßt er sich für dieselben Malvasier kommen, den er aus Erfurt bezieht. Für den geringen Wert des Weines, der auf Thüringens Bergen wuchs, spricht auch der Umstand, daß, als in den zwanziger Jahren des 16. Jahrhunderts nach Waltershausen der Pfarrer Draco [119], von dem wir später noch hören werden, aus Franken übersiedelte, derselbe nicht nur einen schweren Wagen voll Bücher, sondern auch eine stattliche Anzahl von Fässern voll Frankenweines mitbrachte.·

Ein Bruder des Abtes Johannes von Spitznase, Heinrich von Spitznase [120], war im Jahre 1520 Propst

<hr>

119) Zeitschrift f. Thür. Gesch., Bd. VII, S. 223.

120) Rein: Thur. Sacra, Kloster Ichtershausen; Weimar 1863, S. 33.

in dem Cistercienser-Nonnenkloster zu Ichtershausen. Ob es demselben in Ichtershausen in wirksamerer
Weise als seinem Bruder in Georgenthal gelungen ist, Ordnung
unter den seiner Pflege Anbefohlenen herzustellen, kann
ich nicht melden; daß aber dort viel zu bessern war, ist
sicher. „Als[121]) 1486 infolge einer angeordneten Reformation
die Disciplin verschärft werden sollte, da haben die adligen
Nonnen in Ichtershausen förmlich rebelliert. Der Beichtvater Konrad Ottonis ist genötigt gewesen, einen geheimen Panzer anzulegen, und mehrere Nonnen sind zur
Strafe und Besserung in fremde Klöster gebracht worden:
2 nach Eisenach, 2 nach Gotha und 2 nach Erfurt. Viel
scheint das aber nicht gefruchtet zu haben, denn 1504
fühlte sich der Beichtvater dort gedrungen, eine außerordentliche Visitation durch den Abt von St. Peter in
Erfurt zu beantragen."

Wie es nun mit den Pfarrern auf dem Lande
stand, darüber giebt Aufschluß das Protokoll, das Myconius aufgestellt hat[122]) über die von ihm in Verbindung
mit dem Pfarrer Dr. Draco in Walterhausen und dem
Amtmann zu Tenneberg Ditzmann Goldacker im Jahre
1526 von Mitfasten bis Ostern mit den Pfarrern in der
Pflege Tenneberg vorgenommene Visitation. Zu dieser Pflege
gehörten folgende Orte: Sundhausen mit 2 Pfarrern,
Wahlwinkel, Hörselgau, Teutleben, Ülleben, Fröttstädt,
Leina, Asbach, Trügleben, Laucha und Boilstädt. Die drei
oben genannten Visitatoren ließen aus diesen 11 Ortschaften
auf jeglichen Pfarrer 2 Mann fordern, denen bei ihren
Eiden und Pflichten geboten wurde, „daß sie uns, das wir
sie fragen, die Wahrheit und nit anders unterrichten sollten.
Aus den nun mitzuteilenden Antworten der vorgeforderten
Bauern und aus den Censuren, die Myconius den einzelnen

121) Rein: Thur. Sacra, Kloster Ichtershausen, S. 12 ff.
122) Allererste Visitationsacta der Prediger im Amt Tenneberg
1526. Im Konsistorialarchiv zu Gotha; s. C. A. H. Burkhardt:
Geschichte der Sächsischen Kirchen- und Schulvisitationen S. 12 ff.

Pfarrern giebt, sehen wir: Unter der Landgeistlichkeit hat
evangelischer Sinn nur langsam sich eingebürgert. Die
meisten Pfarrer aus der papistischen Zeit „hingen den
Mantel nach dem Winde," „stellten sich fast alle, als
wollten sie gut evangelisch sein", im Grunde aber „kunten
sie sich in die neue Sach' nit gericht", einzelne bekundeten
offen, „die Sach' gefiele ihnen nichts, wenn sie was redeten
und thäten, geschehe es wider das Gewissen", wieder
andere „wollten nicht Evangelium haben", weil sie sich
vor ihren Junkern fürchteten, auch gab es Pfarrer, die
wußten nicht mehr aus noch ein, „wurden gar kleinmutig
und bestürzt, als wollt und sollt das heilige Evangelium
gar umkahrt und verbotten sein."

Uber den „Oberpfarrer" in Sundhausen Johann Renner
sagen die „Gesandten": „Hat alleweg Messe gehalten, Vigilien,
Reginam, geweiht, gesprengt, lateinisch getauft bis auf nächst
Weihnachten, da es der Amtmann von des Kurfürsten wegen
verboten hat, sonst hätt' er vielleicht noch nit abgestanden.
Sagt das Evangelium nach dem Text, legt's aus, so ihm's
gefällt. Ist viel Klag' und Unwillens, auch Ärgernis über
ihn von Anderen, die in andere Kirchen zum Evangelium
gehen. Tauft deutsch und Lateinisch, danach der Mann
haben will, das dienet dann zu Uneinigkeit. Hat vor Weihnachten noch die Kranken geölt, allweg Sacramentum
unter Einer Gestalt geben. Der ist fast der ärgst und
zornigst Papist in der ganzen Pflege, ärgert viel, habet
scortum et liberos."

Myconius fügt hinzu: „Ist bisher der heftigst Feind
und Verlästerer der Lehre des Evangeliums gewest, allein
aus Zwang muß er Lästern ja öffentlich laßen. Weiß weder
von Sünde noch Gesetz, Verheißung, noch Evangelium, bekundet selbst, er könnt' in die neue Sach' sich nit gericht,
gefällt ihm nichts, wenn er was redet oder thut, geschieht's
wider sein Gewissen."

Von dem Pfarrer Johann Timbich in der Unter-
pfarre zu Sundhausen sagen die Bauern: „Ist nit tief, sondern

seicht gelehrt, doch nimmt er nichts wider das Evangelium für. Hat doch nun ein Jahr lang einen frommen Priester von Gotha, läßt das Evangelium seinen Völklein predigen selbst aber, in eigener Person, ist er nit geschickt solches zu thun. Das Leben könnte man dulden, aber Verstand und Lehre ist noch nit da." Myconius urteilt: „Ist ungelehrt, hat einen einfältigen Verstand von Hörensagen auf etliche Punkt der evangelischen Lehre, aber zu lehren ist er zu schwach, denn die Gab' hat ihm Gott nit geben. Ist aber dem Evangelium nit entgegen, wie er sich hat merken lassen, hat er nun ein Jahr durch einen Gemietheten predigen lassen, daß die Bauern nit klagen dürfen. Will uxorem haben, nit scortum."

Die Männer von Wahlwinkel gaben ihrem Pfarrer Matthes Treyse ein gut Gezeugnis von Lehre und Leben, seien wohl zufrieden, lassen sich genügen an dem, das Gott durch ihn giebet. Ist ehelich worden. Myconius hat ihn in seiner Beurteilung übergangen.

Von dem Pfarrer in Hörselgau Ciliax Zan sagen die Gesandten: „Ist gelehrt, thut Fleiß bei dem Evangelium, hat viel der neuen Büsher, hält alle Dinge nach dem Evangelium, hat keine Köchin, auch kein ehelich Weib, haben gar kein Gebrechen, allein trinkt zu Zeiten zu sehr." Mykonius sagt am Schluß seiner Beurteilung: „Der anderen Pfarrer seien Etlich besser: als Herr Ciliax zu Hörselgau, den hat der Doctor (Draco) examinirt."

Der Pfarrer Johann Westhausen in Teutleben empfängt von seinen Leuten folgendes Zeugnis: „Ist ehelich worden, das Leben ist zu leiden, aber die Lehre ist ja aus dem Evangelium, aber mit allzuköstlich." Myconius ist noch weniger von diesem Manne erbaut, denn er sagt: „Ist ungelehrt, hat keines Punktes gewissen Verstand, daß er ihn kräftig lehren, oder aus göttlichem Munde beweisen könnt. Ist neulich ehelich worden, hat doch den Namen gut evangelisch. Aber, Herr Gott, wo bleibt sana doctrina vor die kranken, siechen, zerbrochenen Herzen. Ja, wer zeigt denen an, daß sie krank, siech, zerbrochen sind?" .

Über den Pfarrer K u n t z S a l z m a n n in Ülleben geben die Bauern ein sehr wenig günstiges Urteil ab: „Hat seine Köchin vor ein Jahr, da die Bauern aufstunden. vorgeben sie zu ehelichen, ließ sich zu Gotha aufbieten, da aber die Bauern gestillet wurden, hat er sie bisher noch nit zur Kirche geführt, hält es das Volk noch für Hurenvolk, doch will er's bald nach Ostern ehelichen. Wenn es wohl steht, gibt er sich gut evangelisch für, so bald ein wenig ein Gerücht kommt, fällt er herum, ist dawider. Ist papistisch und evangelisch, wie ihm der Mann für kommt. Sein Volk läuft gen Gotha zur Predigt. Ist ganz ungelehrt." M y c o n i u s stimmt diesem Urteil zu und fügt noch bei, „Ungelehrt und weiß doch selbst nit, daß er ungelehrt ist, kunt fast auf die oben angezeigten Punkte Keines geantwort, gab darnach für, der Bischof hab ihn examinirt, das sollt man genugsam sein laßen, es wäre übereilt, hat keine Bücher, daraus er unterrichtet werden möchte, wankt hin und wieder: für Etlich evangelisch, für Andere dawider. Ist kein wahrer Grund da, sagt doch er woll' studiren."

Der Fröttstedter Pfarrer J ö r g H o c k hat mehr Gnade bei seinen Leuten gefunden: „Lehrt das Evangelium, gibt das Sacrament zu Zeiten in Einer, zu Zeiten in beiden Gestalten. „Lebet sonst gut genug. M y c o n i u s stimmt im ganzen zu: „Hat Verstandes genug von der Summa christlicher Lehre, aber er hat zu Zeiten merken laßen, daß er wollt den Mantel nach dem Winde hängen. Sed . potens est Deus stabilire illum."

Der Pfarrer in Leina Er. B a s t i a n stand in keinem guten Rufe in seinem Dorfe: „Ist nit gelehrt, geht lieber mit Vogel- und Waidwerk um, denn mit Studiren. Das Leben ist so hin. Gibt für, sein Köchin sei sein Weib, wir wissen's aber nit. Er ist nit allzutüchtig zu solchem Amt. Ist dazu ein Miethling, die Pfarr ist aber eines Papisten zu Erfurt, J o h a n n R u d o l f s, dem muß er Pension geben."

Myconius urteilt noch schärfer: „Hic omnino nihil valet, sehr ungelehrt, fast nichts gewußt von allen Punkten der summa fidei, geht mit Jägerei um, ist dazu ein Miethling, die Pfarr ist eines Thumbherren zu Erfurt. Ich weiß mit meinem Gewissen ihm nit Christi Schaf zu befehlen. Gott gebe dem mehr Verstandes von Glauben und Christo. Gott aber will nit immer Mirackel thun."

In Asbach saß der Erzpriester Lorenz Propel, mit dem ist es aber ganz traurig bestellt gewesen: „Ist ein alter Pfaff, lehrt so wohl er's vor Alters gelernt hat, ist der neuen Lehr allweg entgegen gewest. Gibt Tauf und Sacrament nach alter papistischen Weise. Wenn er schon viel kunt, kann er's nit gesag, noch gereden, lehrt uns nichts von Christo, Glauben oder was es sei . . . . . . würde oft so irre im Evangelium, daß er selbst nit weiß, was er sagt, Summa: Er gefiele ihnen gar nit, seien übel versorgt, be-. gehrt, wie sie sagen, eine ganze Gemeine, daß sie einen besseren hätten, wenn ihnen Gott durch die Obrigkeit so gnädig wäre und wollt ihnen einen anderen geben. „Myconius ergänzt das Urteil noch, in dem er sagt: „Ist ehelich worden, aber ehelich werden, ist nit genug zu einem Pastor und Lehrer der Gewissen, macht die Anderen nit heil von Sünden. Hat nie etwas Rechtes gelesen, sagt contritio et satisfactio wäre die Kunst Sünden zu trösten, daß sie ihrer Sünd' ledig würden. Ist ein alter Mann, übel beredt, begehrt die Gemeine einen anderen wo möglich."

Von dem Pfarrer Johann Schilling in Trügleben sagen die Gesandten: „Er lenkt sich ja nach dem Evangelium, wenn er's gewissen Verstand hätt. Ist nit wohlgelehrt, predigt ja Evangelium, so gut er vermag, ist ehelich; des Lebens halber haben sie keinen Mangel. „Myconius setzt hinzu: „Ist ehelich, aber ungelehrt, studirt nit, hat keinen gewissen Verstand noch Grund können anzeigen von ob-genannten Punkten und Summa christlicher Lehre, giebt sich doch überall vor evangelisch aus."

Die Leute aus L a u c h a sagen: „Es habe sie der Junker A n d r e s v o n T e u t l e b e n zum ersten nit wollen kommen lassen, bis der Hauptmann kurfürstlichen Befehl anzeige. Sagen mit großer Furcht ihres Junkers, sie hätten nit großen Gefallen an ihm. Hält alle Sonntag lateinisch Messe. Halte Alles das wie vor, allein neulich hat er'angehoben deutsch zu taufen, doch macht er's auch zu Zeiten lateinisch, wie man's haben wollt. Hängt den Mantel nach dem Wind. Waren die Leutlein recht traurig, sprechen, was sollen wir sagen, wenn nit unser Junker dazu rät. Der Pfaff hat noch seine Köchin und seine Kinder. Ist papistisch und evangelisch." M y c o n i u s setzt ergänzend hinzu: „Hat etwas Verstand vom Evangelio, aber sein Junker Endres von Teutleben will nit Evangelium haben, so macht's damit Pfaff wie sein Junker und des Junkers seine Vettern, welche Thumbherren sein zu Hildesheim. Hat noch seine Köchin, mit der sei er in Unehe, hält noch die Ölung. Ist kein Grund da noch zur Zeit, daß er Andere lehren sollt den Grund der Seligkeit in Christo und sein Wort."

Über Pfarrer J o h a n n E n g e l in B o i l s t ä d t sagen die Bauern: „An dem habe die arme Gemeine alleweg großen Mangel gehabt, hat alle Dinge gemacht und gehalten wie es sein Junker hat haben wollen, C u n t z v o n L i s s a Ist gar ein Papist, eines bösen Lebens, von Grund ungelehrt, begehren, daß sie einen Anderen hätten. „M|yconius urteilt: „J o h a n n E n g e l zu Boilstädt taugt doch gar nichts weder im Verstande, noch Leben und Lehre. Ist C u n t z v o n L i s s a's Pfarrer gewest. Soll noch das arme Volk weisen."

Es sind unfertige Zustände, die uns hier entgegentreten, an den Alten war mächtig gerüttelt, ja es war teilweise völlig über den Haufen geworfen, aber das Neue, das an die Stelle des Alten treten sollte, war noch so total unfertig, daß es den alten Pfarrern wirklich nicht allzusehr verübelt werden darf, wenn sie sozusagen Flur-irre wurden, wenn sie statt, alsbald mit Begeisterung für L u t h e r und

sein Werk einzutreten, vielmehr zuerst noch in betrübten
Klagen ihren bedrückten Herzen Luft machten. Zwei Beispiele mögen die Unfertigkeit der damaligen Zustände illu-
strieren:

Am Bartholomäustage 1525[123]) schickte der Pfarrer zu
Eischleben einen Boten an den Pfarrer Kisewetter in
Erfurt, denn „er und etliche andere Priester waren gar kleinmutig und bestürzt worden, als wollt und sollt das heilige
Evangelium gar umkahrt und verbotten werden. Sie wollen
nun gern Auskunft haben über den Verlauf einer Versammlung, zu der der Kurfürst die ganze Priesterschaft des
Weimarischen Amtes, dazu auch etliche Pfarrer aus Erfurt
nach Weimar berufen hatte. Auf dieser Versammlung war,
so lautet die Antwort des Pfarrers Kisewetter, den
Pfarrern befohlen worden durch zwei Predigten, die man
ihnen gehalten hatte, das Wort Gottes und Evangelium
lauter und rein zu predigen, ohne allen Zusatz und Ein-
mischung menschlicher Lehre, und zu einem ehrbaren christlichen Leben waren sie ermahnt worden. Dann mittags
hat im Beisein des Kurfürsten und anderer hoher Herren
der Ritter und fürstliche Rath Friedrich von Thun ihnen
eine Rede gehalten, in der er sie ermahnte, in diesen ge-
schwinden Läufften das Wort Gottes lauter und rein zu
predigen. Es soll sich niemand entschuldigen, als wisse
er's nit, oder hab's nit gelernt, wer es nit kann und will
doch solch Amt verwesen, der soll es von denjenigen lernen,
die es wissen. Verächter und Leichtfertige in den Dingen,
so Gott und sein Wort betreffen, wöllen Ihrer Fürstlichen
Gnaden in ihrem Fürstenthum und Herrschaft nit wissen.
Auf diesen mündlichen Befehl werde baldigst, in kurzen
Tagen unser gnädiger Herr ein Reformation oder Ordnung
zurichten und durch den Druck an den Tag geben, wie
man sich mit Singen, Lesen, Messhalten und in anderen
Sachen oder Ceremonien allenthalben halten soll, und die

---

123) Rudolfi: Gotha Diplom, I. Theil Kap. XV, § 18, S. 149 f.

Statthalter und Amptleute werden dafür sorgen, daß diesem
Befehl wohl Folgung geschehn soll und muß. Darauf werden
die Pfarrer entlassen. Da haben aber etliche Grobe und
Ungelehrte aus der Priesterschaft glorirt und sich gerühmt
und zu den Andern gesagt: ja man hat uns dennoch nit
verbotten Vigilien und Seelmeß zu halten, Salz und Wasser
nit zu weihen und dergleichen. Um Klarheit in die Sache
zu bringen, werden auf Antrieb des Pfarrers Kisewetter
am Nachmittag sämmtliche Pfarrer noch einmal ins fürstliche
Schloß zu Weimar gefordert, und den ungelehrten und un-
verständigen Tröpfen wird geboten, daß man auch in den
Ceremonien es halten soll in aller Form, wie man hie zu
Weimar und in anderen Orten es nach der Schrift hält."
Ob dadurch nun sofort wirklich volle Klarheit in der Sache
geschafft worden ist, möchte ich noch bezweifeln.

Am Sonntag nach Purificationis 1527 schrieb Dr. Luther
an den Kurfürsten[124]: „Es klagt Dr. Johann Draconitis
in Waltershausen, wie er sich mit den Leuten treiben müße,
so ihm sollen zinsen und bitt mich an Ew. kurfürstlichen
Gnaden zu schreiben, daß Ew. kurfürstlichen Gnaden wolle
verschaffen, daß ihm nicht noth sei so zu treiben, denn es
ärgerlich ist, als sei es Geiz, so es doch Noth ist. Ich tröste
sie aber alle mit der zukünftigen Visitation. Aber es wird
mir lange, und sagen auch etliche große Hanßen, sie werde
nachbleiben.

Wo dem so ist, so ist's mir mit Pfarrhen, Schulen und
Evangelio in diesem Lande aus, sie müßen entlaufen, denn
sie haben nichts, gehen und sehen wie die Geister, doch
davon anders Mals weiter, Ew. Kurfürstliche Gnaden werden
sich wohl wissen zu haben."

Als Dr. Luther 10 Jahre früher sein Reformationswerk begonnen hatte und seine 95 Thesen schier in 14
Tagen durch ganz Deutschland liefen, da werden sie auch
im Gothaischen bekannt geworden sein, und ein Mann war

---

124) Zeitschrift f. Thür. Geschichte, Bd. VII, S. 225.

hier, der sicherlich auf diese Thesen und auf die von denselben ausgehende gewaltige Bewegung mit großem Interesse
gehorcht haben wird. Das war Wiegang Güldenapf[125])
Pfarrer zu Waltershausen, denn derselbe war vor Zeiten
Luthers Lehrer — wohl in Eisenach — gewesen und
aus dem freundlichen Tone, mit dem 1526 Luther über
diesen Waltershäuser Pfarrer schreibt, darf man wohl
schließen, daß der Lehrer von vornherein in dem reformatorischen Kampfe auf seiten seines großen Schülers gestanden
haben wird. Güldenapf stand mit seinen Waltershäuser
Pfarrkindern gerade nicht auf bestem Fuße, 1523 ließ er sich
pensionieren, denn die Leute in Waltershausen hatten es
ihm gewaltig übelgenommen, daß er von der Kanzel herab,
über den Handel und Wandel der Bürger klagend, gesagt
hatte, es müßten zwischen den Häusern der Krämer und
der Fuhrleute Mauern aufgerichtet werden. Als man ihm
nun aber seine Pension schuldig blieb, da machte sich der
alte Mann 1526 auf die Reise und wanderte nach Wittenberg und bat Dr. Luther um Hilfe und Beistand. Darauf
schrieb Luther an den Kurprinzen Johann Friedrich
einen Brief, an dessen Schluß es heißt[126]): „Weil er denn
mein Schulmeister gewesen und ich wohl schuldig wäre
ihm alle Ehre zu thun, bitte ich, Ew. fürstlichen Gnaden
wollen meinem Schulmeister nicht laßen solch' pflichtig
Geld verfallen, sondern gnädig verhelfen, daß er nicht müße
in seinen alten Tagen betteln gehn. Hiermit Gott befohlen. Amen!"

Ob Dr. Luther auf seiner Reise nach Worms 1521,
als er von Reinhardtsbrunnen aus, wo er sein Nachtlager
gehalten haben soll[127]), über Waltershausen nach Eisenach
zog, seinen alten Lehrer in Waltershausen begrüßt hat, kann
ich nicht melden, möglich wäre es ja schon. Nach einer

125) Zeitschrift f. Thür. Geschichte, Bd. VII, S. 221.
126) ebendaselbst S. 225.
127) J. H. Merle d' Aubigné: Geschichte der Reformation im
16. Jahrh., Stuttgart 1861, Bd. II, S. 217.

Waltershäuser Chronik [128]) soll L u t h e r in einem Hause
auf dem Waltershäuser Markte logiert haben, „als er zur
Zeit der Reformation hier verweilte". Wenn dieselbe Chronik
erzählt, „daß L u t h e r s Bruder G e o r g (?) bei der Gefangennahme L u t h e r s zwischen Altenstein und Ruhla, geängstigt
um seine eigene Person und bemüht, die' Schreckenskunde‹
schnell um Hilfe zu verbreiten, nach Waltershausen geeilt
sei, in einem Eckhause am Markt Zuflucht gefunden und‚
alsbald berichtet habe, was seinem Bruder begegnet sei,.
aber von dem dortigen Pfarrer W i e g a n g G ü l d e n a p f‾
damit getröstet und beruhigt sei, daß der Bruder in ganz
guten Händen und geborgen wäre", so ist dagegen zu bemerken, daß derjenige, der bei der Gefangennahme floh,
kein Bruder L u t h e r s war, denn L u t h e r ist auf seiner‾
Reise nach Worms von keinem seiner Brüder, weder von
Jacob, noch von Georg (?) begleitet gewesen. Der „Bruder",
der mit ihm reiste, war vielmehr ein Augustinerbruder.
L u t h e r s, Namens P e z e n s t e i n e r [129]). Ob dieser P e z e n -
s t e i n e r vielleicht nach Waltershausen geflohen ist und
Trost bei dem dortigen Pfarrer gefunden hat, darüber ver--
mag ich Sicheres nicht zu berichten.

Von gothaischen Grafen, Herren und Rittern mußten‹
mit den Herzögen von Sachsen 1521 mit nach Worms·
reiten [130]): „B u r c k h a r d t H u n d, Amtmann zu Gotha. Er·
G e o r g und W i l h e l m v o n H o p f f g a r t h e n zu Heyneck,.
soll einer ihrer Söhne reiten, so es ihnen ihrer Person
halben ungelegen. F r i e d r i c h v o n W a n g e n h e i m zum·
Winterstein. H a n s v o n W a n g e n h e i m, oder seiner·.
Söhne Einer. Einer v o n S e e b a c h zu Fahnern. G a n g o l f f‾
v o n W i t z l e b e n, Amtmann zu Wachssenburg. B u r k h a r t
v o n W a n g e n h e i m s gelassen Söhne Einer. Graf
P h i l i p p s oder G r a f E r n s t v o n G l e i c h e n, Graf

128) Dr. C. Polack: Waltershäuser Chronik, Waltershausen 1854,.
S. 147.

129) J. Köstlin, Martin Luther, Berlin 1889, S. 465, cf. S. 801,.
Anmerkung zu S. 465 und Anmerkung 2 zu S. 439.

130) Ztschft. f. Thür. Geschichte, Bd. IV, S. 141 f.

.Siegmunds Sohn zu Tonna mit 5 Pferden. Als Amtleute bleiben daheim Hans Metzsch und Dietzmann
Goldacker."

Der dritte Nachfolger Wiegand Güldennapfs in.
dem Pfarramte zu Waltershausen war Dr. Draco[131]), ein
entschiedener Anhänger Luthers. Als der Reformator
1521 auf der Reise nach Worms in Erfurt seinen Einzug
hielt, da hatte Draco, obwohl er ein Kanonikat an der
St. Severikirche in Erfurt besaß, aus seiner Begeisterung
für Luther kein Hehl gemacht. Das sollte er aber schwer
büßen. Schon am Tage nach Luthers Abreise, als Draco
zur bestimmten Stunde in seine Kirche eintrat, wies ihn
der Dechant in beschimpfender Weise aus dem Chore hinweg, soll ihm sein Chorgewand vom Leibe gerissen und
ihn zur Kirche hinausgestoßen haben. Bald darauf verließ
Draco Erfurt und ging nach Wittenberg, war eine Zeit
lang Pfarrer zu Miltenberg in Franken, kehrte noch einmal
nach Wittenberg zurück und kam auf Empfehlung Luthers
1524 als Pfarrer nach Waltershausen. Um diese Zeit klagt
Mutian, der mit Draco von Erfurt aus viel verkehrt
hatte, daß dieser sein langjähriger Freund von dem humanistischen Bunde nun auch zu den Lutheranern abgefallen
sei[132]). In Waltershausen, wohin Draco, wie wir schon
hörten, mit vielen Büchern und gutem Frankenwein gekommen war, wo er, wie wir ebenfalls schon hörten, mit
seiner Besoldung viel Not hatte, — er hat mit unaufhörlichen
Klagen darüber Luther und Melanchthon viel Plage
gemacht, — hatte Draco beständig Streit nicht nur mit
den „Schulmeistern", sondern auch mit dem Magistrate.
Nachdem er mit Myconius und Amtmann Goldacker
die Examination und Verhörung der Pfarrer in der Tenne-
berger Pflege abgehalten hatte, ist dieser unruhige, auch
wohl unverträgliche, von Luther vergeblich zur Geduld

---

131) Ztschft. f. Thür. Geschichte, Bd. VII, S. 213—234
cf. Krause, Eobanus Hessns, das Register unter „Draco".

132) Gillert, No. 620; Krause, No. 658.

ermahnte Mann nicht mehr lange im Gothaischen geblieben, die Waltershäuser haben ihn hinweg geärgert, 1528 zog er nach Eisenach, wurde später Professor in Marburg und Rostock, hier wurde er als Antinomist abgesetzt. 1561—1564 war er Präsident des pomesanischen Bistums und starb 1566 in Wittenberg. Sein Hauptwerk war die biblia pentapla, verdient hat er sich auch gemacht durch die Herausgabe des Eobanischen Briefwechsels.

Zu den Männern im Gothaischen, die das Werk der Reformation wesentlich förderten, gehört auch ein Mitglied der von Wangenheimischen Familie. Myconius erzählt [133]): Anno 1524 um das Fest Assumtionis Mariae bin ich Friedrich Mecum hieher gen Gotha, aus des Rath's, der Gemeind, des Decani, des Stiffts und Amts Bitt von Herzog Johannsen zum Prediger verordnet und geschickt worden." Dekan des Stiftes war damals wahrscheinlich nicht mehr Gerhard Marschalk von Gosserstedt, sondern schon Georg von Wangenheim [134]). Dieser Georg ist einer der Wenigen, die aus der von Wangenheimischen Familie dem geistlichen Stande angehört haben; während wir unter den Töchtern dieser Familie wohl zahlreiche Beispiele des Eintritts in die Klöster der Nachbarschaft finden, so namentlich auch Äbtissinnen des Katherinen-Klosters zu ·Eisenach als dem Wangenheimschen Geschlechte angehörig, erscheint vor Georg nur noch Friedrich II. 1289—1330 als Geistlicher. Georg von Wangenheim hatte schon in jungen Jahren vom Abt zu Hersfeld, als dem Patron des St. Marienstifts in Gotha, die Propsteipräbende bei diesem Kollegiatstifte erhalten und war, obwohl er noch seinen Studien auf der

---

133) Myconius, Hist. Reform., S. 70.

134) Fr. Her. Alb. v. Wangenheim, Beiträge zur Familiengeschichte der Freiherrn v. Wangenheim, S. 64, 358, 368, 398, 400; ebenderselbe, Regesten u. Urkunden zu dieser Geschichte, Bd. I, No. 289, Bd. II, No. 386; Seckendorf, Comment. de Lutheranismo, Lib. II, XXXVI, S. 102; Lib. III, XXV, S. 70.

Universität Wittenberg oblag, von seiten des Kurfürsten in dieser Würde landesherrlich bestätigt worden. Wenn nun angegeben wird [135]), daß Gerhardus Marschalcus de Goserstet Decan in Gotha gewesen sei vom Jahre 1498—1524, als Todesjahr dieses Mannes aber 1526 angeführt wird [136]), so liegt die Vermutung nahe, daß dieser vorletzte Dekan des gothaischen Stiftes, der 1477 in Erfurt immatrikuliert worden war [137]), danach etwa 10 Jahre älter als Mutian gewesen ist und im Jahre 1524 im Anfang der sechziger Jahre gestanden haben mag, als nun Ernst wurde mit der Einführung der Reformation in Gotha, von seinem Amte zurückgetreten ist und es seinem schon lange vorher bestimmten Nachfolger, eben dem Georg von Wangenheim, der Luther und Melanchthon in Wittenberg gehört hatte, überlassen hat, den Myconius nach Gotha zu rufen. Wie dem aber auch sein mag, nachdem Georg 1524 Propst geworden war, ist er bei der 1528 veranstalteten Visitation mit dem ganzen noch vorhandenen Personal des Stiftes öffentlich zur Reformation übergetreten, denn es heißt von den Mitgliedern des Stiftes „a missis abstinebant et conciones evangelicas admittebant", hat sich verheiratet und ist „1533 neben Justus Menius, Friedrich Myconius, Georg von Denstedt und Johannes Cotta zum Visitator in Thüringen erwählt worden". Noch 50 Jahre nach seinem Tode wird ihm in einer Leichenrede auf seinen Sohn Hartmann nachgerühmt, „daß er ein vornehmer, gelehrter Mann gewesen, welchen die Churfürsten zu Sachsen neben anderen Diensten auch sonderlich zu dem hohen Werk der Visitation gebraucht, welcher auch den Studirenden viel Gutes erzeigt und ein Freund der Gelehrten gewesen."

Allen anderen Förderern der Reformation voran steht nun freilich Friedrich Myconius. Wie er über das

135) Sagittar, Hist. goth., S. 46.
136) [Brückner] Kirchen- und Schulstaat, III, St. 2, S. 15.
137) Gillert, No. 86, Anmerk. 4.

Werk der Reformation dachte, und in welcher Weise er vorzugehen riet, damit das Evangelium im Gothaischen sich ausbreite, ist aus dem schon erwähnten Protokoll über die Examination der Pfarrer in der Pflege Tenneberg im Jahre 1526 zu ersehen.

Der Amtmann, an den kurfürstlicher Befehl gekommen war, mit Myconius und Draco die Pfarrer des Amtes Tenneberg zu verhören, war, wie wir schon hörten, der Ritter Dietzmann von Goldacker, der als hochfahrender, tyrannischer Mann geschildert wird; er schickte, so wird erzählt, die Bauern seiner Pflege zur Frone an den Rhein um sich, weil er ein Feinschmecker war, auf dem billigsten Wege von dorther Wein holen zu lassen.

Dieser Amtmann hatte die Pfarrer aufgefordert, daß sie zu Waltershausen sich vor Myconius und Draco, auch der ganzen Gemeine und wer zuhören wollt, nicht beschweren wollten zu predigen, denn das Evangelium soll keine heimliche Lehre sein, der man sich schämen dürfte, sondern mag jedermanns Urteil, ja auch siebenfältig Feuer wohl leiden.

Die meisten Predigten hörte Dr. Draco in Waltershausen, da Myconius dorthin zu kommen keine Zeit hatte, von Pfarrer Renners Predigt, die Myconius hörte, sagt derselbe: „daß er (Renner) keinen gewissen Verstand hat weder vom Gesetz, noch Sünde, noch Evangelium; Hat etliche Dinge auswendig gelernt aus der Vorrede Martini über den Evangelisten, was Evangelium für eine Lehre wäre." Sein Spruch war das Wort Pauli: 2. Cor. 4 Quod — imago Dei. Davon sagt er: „Der Gott dieser Welt wäre der allmächtige Gott, Schöpfer Himmels und der Erde. Bracht etliche Sprüche vor, die anzeigen Gott sei der Welt Herr, dahin martert er das Andere fast gar. Aber was die Finsternis sei, die das Herz verblendet, was das Blenden wäre, was sei die Herrlichkeit Christi, was derselben Herrlichkeit Glanz, wie Christus wäre ein Bildniß Gottes, sagt er mit keinem Wort. Ja wie soll er's sagen, so er nichts hiervon weiß, die Lehre für ketzerisch hält, die er anzeigt und lehrt. Doch soll er ein Pfarrer sein, Schäflein Christi unter sich haben, die er weiden soll. O weh des Weidens, daß sie kein Wörtlein davon erfahren, unter seinem Weiden immer geruhiglich dahinsterben und mit Vigilien, Glockenklang, Ölung, geweihtem Wasser derweil besprengt, ja ewig getränkt werden."

Nachdem die Predigten der Pfarrer abgehört waren sind die Geistlichen examiniert worden. Die Punkte aber, von denen Myconius fragte, waren folgende: „Weil sie das Volk lehren sollen, wie sie von Sünde ledig, mit Gott versöhnt werden sollten, ob sie einem Häuflein Sünder könnten anzeigen durch Gottes Wort, was Sünde wäre; Was nennt doch die Schrift Sünde? Was ist Sünde? Wie erfährt das Herz, daß eitel Sünde in ihm stecke? Wer weist und zeigt uns die Sünde? Wie wollt ihr's die Leute lehren? Was für Not thut das Gesetz einem Herzen an, das nun sieht, daß eitel Sünde in ihm ist? .... Womit doch Gott wiederum das Gewissen tröste? Wie sie doch und mit was für Lehre sie einen Sünder trösten wollen? Was Gott für promission thue? Durch wen uns Alle promission und Trost widerfahre und gegeben werde? Was Christus sei? Was Evangelium, Glaube, Sacrament? Was im Sakrament die Zusagung und das Wort? Was das Zeichen sei? Was rechte christliche Freiheit sei? Ob man auch muß Ohrigkeit gehorchen, weil uns Christus gefreiet hat? Wovon er gefreiet habe? Ob auch Priestern geziemt ehelich zu werden? — Und ob sie zu Zeiten ungefähr auf eine Frage antworteten, versucht ich doch einen Gegenspruch, den die Papisten gebraucht, ob's auch ihr Verstand gewesen wäre, denn sie stellten sich fast alle, als wollten sie gut evangelisch sein."

Sein Urteil über diejenigen, die er verhört und examiniert hatte, faßt Myconius in die Worte zusammen, „daß so grausam Blindheit, Unverstand, Unwissenheit, Feindschaft des Lichtes vermerkt worden, daß schrecklich ist zu gedenken, daß solchen Leuten Kinder Gottes und Schäf-

lein Christi, die ja doch so theuer, als durch sein Blut und
Sterben erkauft sind, sollen untergethan werden", er meint
„in was Ort und Schooß sich das Gewissen legen soll,
das wüßten etliche Schäflein viel besser, denn solche Hirten".

Das Protokoll schließt mit einem Abschnitt, der „consilium" überschrieben ist, und in welchem Myconius dem
Kurfürsten „sein Bedenken zu solcher Sach" gehorsam anzeigen will.

Da verlangt und rät er denn, „daß die Obrigkeit ihres
Amtes brauchen und fleißig sich dazu bemühen laßen soll,
daß göttlich Wort gefördert werde und wo die Obrigkeit
erforschen kann, da geschickte, gelehrte, gottesfürchtige, ver-
ständige Leute wären, die Anderen Christum lehren und
zeigen könnten, die soll sie hervorziehn, ihnen Befehl thun
sie senden von Gottes wegen und solch' arme Leutlein
durch Solche lehren laßen, unangesehn, daß sie nicht vom
Bischof geschickt wurden, die sollte man auch zuvor exa-
miniren, ob sie auch tüchtig wären Christum zu predigen",

„Wo nun der Prediger zu wenig sind, daß man nur
etlichen Dörfern einen eigenen geben könnte, soll man es
doch so machen, daß man's an solche Orte schickt und
stellt, daß die allernächsten Dörflein auch zur Predigt
gehn könnten. Ist auch nicht noth, daß ein Dorf zwei Pfarrer
habe, wie Sundhausen. Und wo die Dörfer gar nahe bei
einander wären, könnte wohl Einer zwei Dörfer versorgen
mit Lehren."

In Bezug auf die Anstellung von Ephoren rät er:
„In eine jegliche Pflege sollte man an dem besten oder.
vornehmsten Ort, Flecken oder Stadt je einen geschickten,
gelehrten Mann verordnen, welcher das Evangelium zu lehren
tüchtig, Jedermann Unterricht geben könnte, auf den alle
umliegenden Pfarrgemeinden Ministri acht hätten, daß sie
bei ihm Unterricht holen, sich vergleichen mit Ceremonien
und Lehren. Doch soll er kein Herr über sie sein, nicht
über sie herrschen, sondern sollen Alle gleich sein, sich·
Einer des Anderen Diener und Mitknecht erkennen, und

wo Solcher was Unrechtes von Anderen merket, soll er ihn
freundlich vermahnen, wo es aber von Nöthen und mit
Worten sich nicht ändern und vermahnen laßen, Solches
der Obrigkeit anzeigen, die soll Unfug strafen, denn sie ist
eine Straferin des Bösen."

Auch an die Einrichtung von Pfarrkonferenzen
oder Specialvisitationen hat Myconius wohl schon
gedacht, wenn er sagt „er halte es für nützlich, daß Examen
und Verhörung in den Pflegen oft gehalten werde. Auch
das muß etwan gewesen sein, sei aber danach ein Caland
und Quesserei daraus worden. Hierzu sollte man recht
gelehrte, gottesfürchtige, gegründete Männer brauchen. Denn
also hat Paulus eine Versammlung der Bischöfe von
Ephesus zu Milet vermahnt, gelehrt und verwarnt, Act. 20,
und Thimotheo befohlen, er sollt Etlichen gebieten, daß sie
nicht unrecht lehren. 1 Tim. 1. Das sollte bald alle
Schwärmerei und Aufruhr stillen. Doch müßt man zusehn,
daß nicht wieder ein Calandsfreßerei und Schlemmerei oder
Schenkerei daraus werde".

In Beziehung auf die etwaige Entsetzung papi-
stischer Priester erteilt Myconius den folgenden Rat:
„Welche von den jetzigen Priestern etwas tauglich sind,
die laße man bleiben, vermahne sie immer zum Fleiß im
Studiren, Lesen, Predigen etc. wie Paulus den Thimotheus
und Titus vermahnt. Welche aber nicht dazu taugen, wie
sich denn Etliche hören laßen und wollen an der Sache
nicht, mit denen sollte man freundlich handeln, daß sie der
Sache nur bald abstünden, denn es ist nicht klein Ding
um falsche Lehre. Hätten sie aber was an die Pfarrgüter
gewandt, die merklich gebessert . . . . mit denen soll man
glimpflich verfahren . . . . Denn uns soll hier die Liebe
meistern, daß wir ja Niemand zu unfreundlich verstoßen oder
vertreiben. Das Lehren aber befehle man einem Anderen,
der geschickter und tauglicher wäre und wo man an etlichen Orten allzuviel Ministros hätte, als in etlichen Städten,
sollt man die wegnehmen, solche Ort damit besetzen".

7*

Sektiererei und Zwietracht gegenüber will Myconius folgendes Verfahren angewandt wissen: „Weil aber
unser Feind der Satan nicht ruht, ist ihm auch nicht zu
verdenken, denn es kostet ihm sein Haupt und Reich mit dem
Evangelium, daß er sich an irgend einem Ort vermerken
läßt, daß er wollte Sekten, Zwietracht oder falsche Lehre
wieder anrichten, der Bischof oder Pfarrer desselben Orts
vermag nicht durch kräftige Lehre und Gewalt des allmächtigen Wortes Gottes solche Sache zu entscheiden und
zu stillen, da sollte die Obrigkeit einen Anderen, der größere
Gnade und Gabe von Gott hat, im Worte Gottes kräftiger
ist, an solchen Ort senden, wider den Satan mit Gottes
Wort handeln laßen, daß ja die Füchslein gefangen werden,
weil sie noch jung sind, wie in Cantic. Cant. befohlen. Also
hilft Paulus den Korinthern und Galatern. Wenn Solcher
aber die Sache bericht hat, sie unterweiset, zieht er wieder
an seinen Ort“.

Über die Abhaltung von Generalvisitationen
handelt Myconius mit folgenden Worten: „Ich sehe es
für gut an, daß man über das ganze Land und Fürstenthum
verordne einen gemeinen Visitatorem oder ihrer zwei mit
einander, die mit einander durch alle Pflegen und Fürstentums Pfarren überall beforschen und besehen, wie man
lehre, handle und wandle, das sollte wunder Nutz und
Frommen stiften, müßten sich die Lästerer und Schwärmer
mehr besorgen, ihre Bosheit würde recht offenbar. Also
hat Paulus alle Städte wieder durchzogen und besehen,
wie sie sich hielten, darin er zuvor gepredigt hat in etlichen
Ländern. Act. 15.“

Wer nun die Pfarrer ein- und absetzen soll, darüber ist Myconius folgender Meinung: „Weil der Glaube
und das Evangelium nicht Jedermanns Ding ist, wie Paulus
spricht, und jezt im Lande nicht alle Amtleute, Edelleute,
Schößer, Bürgermeister und Räthe dem Evangelium geneigt
sind, ja Etliche geben wohl vor, sie achten das Evangelium
groß, ist aber ihr Ernst gar nicht, stecken voll Sünde und

Feindschaft gegen das Evangelium, soll man nicht allenthalben gestatten, daß die Amtmänner oder Schößer Pastores,
Episcopos, Prediger zu setzen oder entsetzen Macht haben
sollen ohne Wissen und Bewilligung der Landesfürsten . . . . .
Wo nun ihnen die Macht gegeben würde, sollte man bald
ein wunderfein Setzen und Entsetzen sehen, müßte manch'
frommer Mann Exul werden, manch' loser Lump das Volk
lehren. Die Landesobrigkeit nehme die Schwippen selbst
in die Hand, wie König Josaphat that in gleicher Sache,
verordnete selbst Prediger und Richter. 2. Paralip. 14. Und
wenn ein Pastor oder Prediger gleich von einem Amtmann
oder Schößer oder Rath verlangt würde, bleibe man darum
nicht so bald auf ihm, erforsche die Sache . . . . frage auch
auch die Nachbarn darüber, ...

Warm empfiehlt Myconius auch die Anstellung von
tüchtigen Volksschullehrern: Man sollte auch verordnen, daß in Dörfern man geschickte Kirchner aufnehme,
die der Jugend die zehn Gebote vorsprechen in der Versammlung, den Glauben, Vaterunser, ihnen die deutschen
Lieder und Psalmen vorsingen, zu Zeiten auch ihnen dann
ein Kapitel aus der Bibel nach dem Text vorlesen, daß
also das Volk wiederum Gottes Wort gewohnet, ihnen
mit Singen und Lesen ins Herz getrieben würde.

In Bezug auf das Predigen aber rät er: „Auf daß
auch nicht Jedermann auf den Dörfern sein Gaukelwerk
vorplaudert und das Volk nur irre macht, halte ich für
gut, daß man verordnet, daß die Postille Dr. Martini
durch's ganze Land auf allen Predigtstühlen, sonderlich
doch in Dörfern gelesen werde, denn man würde es ja
nicht wohl können besser machen."

Auch für ausreichende Besoldung der Pfarrer ist
Myconius treu besorgt: „Man sollte aber ja auch daran
sein, daß die ministri mit ziemlicher Notdurft des Leibes
versorgt, daß sie nicht selbst müßen ackern und pflügen,
derweile aber Lesen und Studieren liegen laßen, Mangel
leiden . . . und Schinderei zugerichtet werde. . ."

Ganz besonders aber befürwortet M y c o n i u s die
Einrichtung und Förderung der Lateinschulen: „Man sollte
den größten und höchsten Fleiß thun, daß ihnen die
Schulen in den Städten und Flecken flugs wieder an-
gerichtet werden und auf's fleißigste gefördert, daß man
allda eine neue Jugend aufziehe, ihnen Christum noch in
der Blüth' einbilde, thut man das nicht, wird es gar bald
an geschickten, gelehrten, tüchtigen Leuten mangeln, das
Land voller wilder Thiere, Wölfe, Löwen und Bären . . .
wachsen, werden für Menschen Stöoke und Klötze haben."
Im Jabre 1533 waren im Bereich des jetzigen Herzogtums
Gotha solche Lateinschulen vorhanden in: Gotha, Waltershausen, Ohrdruf, Sonneborn, Wangenheim, Herbsleben,
Ichtershausen, Reinhardsbrunnen und Friemar. „Weil Gott
seinen Geist der Weisheit hat ruhen lassen auf Dr. M a r t i n
L u t h e r sammt dem Geist des Verstandes, Kunst (?),
Freudigkeit und Freiheit Gottes, wie alle Schäflein Christi
jetzt erkennen, . . . wollte ich, daß man d e n um solcher
ministri Bestellung rathfrage, da wird uns Gott durch ihn
wohl zu rathen wissen, der uns wohl größer Ding durch
den Mann gegeben hat. Denn Gott, der den Fürsten das
Herz gegeben hat . . . wird die frommen Fürsten auch
finden laßen, was er ihnen eingegeben hat zu suchen,
denn der den Herzen gesagt hat: petite, pulsate, querite,
sagt auch: accipit, aperietur, invenit, so wir's glauben."

„Zum Letzten aber halt ich's dafür, daß der fromme,
theure, christliche Churfürst nicht hat können besser Ding
fürnehmen, denn mit solcher Verhörung und Examen der
Priester und wird gewiß durch Gottes Geist dazu getrieben
sein, denn was ist einem Lande nützer, denn gute, rechtschaffene, heilsame Lehre . . . und wer will anzeigen und erzählen den Nutzen, der hieraus erwachsen würde, so anders
Gott uns weiter helfen will."

„Und weil fürstlicher Befehl hat eingehalten, es sollte
mein Bedenken zu solchem Leben, Wissen, Lehre und
Geschicklichkeit der Pfarrer auch anzeigen, und Gott heißt

mich der Obrigkeit nicht widerstreben, sondern unterthan
sein, habe ich wollen Gott und seinem Diener, den er mir
vorgesetzt, gehorchen, so viel mir Gott gegeben hat, Gutes
anzeigen. Man ist aber nicht schuldig mir zu gehorchen,
nach meinem Bedenken zu handeln. Gott hat wohl geistliche Leute im Lande, wo die Besseres anzeigen, lasse
man meines flugs fahren. Ist's aber dem Glauben, göttlichem Worte und der Lehre ähnlich, so gebe uns Gott
seinen Rath zu wissen und zu folgen."

Was Myconius und Draco unter dem Beistand
des Amtmanns Goldacker auf Befehl des Kurfürsten
unternahmen, ist einer der ersten Versuche, die gemacht
wurden, um in die heillose Verwirrung urd Verwilderung
die damals in den kirchlichen Verhältnissen herrschte,
einige Ordnung hineinzubringen, es ist einer der vor-
bereitenden Schritte zu den Visitationen, die vom Jahre
1527 an vorgenommen wurden.

Es ist ja bekannt, mit welch' heiligem Ernst und mit
welch' treuem Fleiß Myconius bestrebt gewesen ist, das,
was er hier als Ratschläge ausspricht, nun auch wirklich
zur Ausführung zu bringen, es ist bekannt, daß er 22 Jahre
lang in Gotha mutig und tapfer einer Arbeit oblag, die
Justus Menius in der dem gothaischen Superintendenten
gehaltenen Leichenpredigt rühmen konnte als „eine grobe,
harte und verdrießliche, schwere und gefährliche Rodearbeit,
die dem guten Herrn Friedrich, selig, über die Maßen
hart und schwer angekommen, und er sich die scharfen,
stachlichten Dornen und Diesteln über die Maßen übel hat
müßen kratzen und stechen lassen".

Im Jahre 1593 gab M. Cyriax Schneegaß, Pfarrer
in Friedrichroda, ein bekannter Liederdichter, vorher Geistlicher in Tambach, eine Sammlung[138]) von Briefen an Myconius heraus und dedizierte dieses Buch den Pfarrern in

---

138) Diese Sammlung ist abgedruckt von Tenzel in Supplem.
III, S. 85 ff.

Altenbergen, Tambach und Hohenkirchen. In einem der darin enthaltenen Briefe schreibt L u t h e r 1544 an M y - c o n i u s , der an der Schwindsucht schwer krank darnieder- lag: „Ich möchte ja gewiß gern, daß Du gesünder wärest, aber wenn Du siehst, daß Du nicht sprechen kannst, so bitte ich Dich, Du wollest mehr auf Deine Gesundheit Rücksicht nehmen und Dir nicht noch ein größeres Übel zuziehn, denn es ist besser Du lebst, wenn auch halb stumm, als daß Du mit heller Stimmer sterbest. Auch als ein Halbtodter kannst Du den Kirchen mit Deinem Rath und mit Deinem Ansehn nützen. Und Du siehst ja, wie nöthig die alten, gedienten Streiter Christi sind, damit durch sie die nachwachsende und noch zarte Jugend ge- stärkt werde, die einmal unseren Platz einnehmen soll."

Aus diesen Worten geht doch hervor, welch große Bedeutung L u t h e r dem M y c o n i u s beilegte, wie hoch er ihn stellte.

Auch wir Heutigen werden noch immer dankbar anzuerkennen haben, was dieser Mann einst für Gotha gethan hat.

II.

Uber die Verwendung der Klostergüter im Schwarzburgischen zur Zeit der Reformation [1]).

Von

Pfarrer **G. Einicke** in Immenrode b. Schernberg.

Es ist erklärlich, daß bei der Organisation der evangelischen Landeskirchen Deutschlands die Frage von grundlegender Bedeutung war, welche Verwendung das Klostergut finden sollte. Das stand ja den evangelischen Fürsten und Ständen fest, daß die Stiftsgüter der evangelisch gewordenen Landesteile nicht den Orden oder der römischen Kirche angehörten, wie nachdrücklich auch diese Kirche die Stiftsgüter für sich beanspruchte, auch darüber konnte kein Zweifel bestehen, daß nach dem Aufhören der bischöflichen geistlichen Gewalt die Landesherren als Notbischöfe ihres evangelisch gewordenen Gebietes allein in der Lage waren, sich der Verwaltung der geistlichen Güter sowohl im Interesse der Erhaltung des Klostergutes selbst, als ganz besonders im Interesse einer sicheren, materiellen Fundamentierung der jungen, in der Entwickelung begriffenen evangelischen Landeskirchen am thatkräftigsten anzunehmen.

Daraus erhellt, daß es unter allen Umständen eine Frage von prinzipieller Wichtigkeit war, welchen Weg die

---

1) Zur Geschichte der Einführung der Reformation in die schwarzburgischen Grafschaften, die demnächst in ihrem 1. Teil erscheinen soll, gehörig, das Nähere siehe ebenda. Abkürzungen: WA. = Ges. Archiv Weimar, RGA. = Geheim. Archiv Rudolstadt, SA. = Landesarchiv Sondershausen.

evangelischen Landesherren bei der Verwendung der geistlichen Güter ihrer Gebietsteile einschlugen, zumal es sich
hierbei nicht zum wenigsten darum handelte, von den evangelischen Stäuden selbst den Vorwurf unlauterer Motive bei
Einführung der Reformation abzuweisen.

Immer und immer wieder spielte die Erörterung dieser
Frage auf den Konventen der evangelischen Stände und in dem
Kampf der streitenden Parteien eine wichtige Rolle, immer
war und blieb sie brennend, wo auch immer Reformation
und Säkularisation der geistlichen Stifte einsetzte. Es ist
nicht zu leugnen, daß die evangelischen Stände anfänglich
und grundsätzlich Bahnen einschlugen, welche sich sowohl
mit dem Geist wie mit dem Renommee der evangelischen
Kirche vertrugen, und Luther selbst hatte ja die weltlichen
Gewalten frühzeitig schon darüber aufgeklärt, wie er sich
die Verwendung der geistlichen Güter in echt evangelischer
und der jungen Kirche zum Segen gereichender Weise dachte.
Darin nämlich gipfelt sein Standpunkt und das betont er
immer von neuem nachdrücklich, daß die geistlichen Güter,
wie es ja auch billig war und heute noch der Standpunkt
sein muß, von dem aus wir eine rechte oder unrechte Verwendung der Stiftsgüter staatlicherseits beurteilen müssen,
in der Hauptsache zur Ehre Gottes, nach dem Sinn der
Stifter angewandt, also der jungen protestantischen Kirche
zu Gute kommen müßten, um so mehr, da sie der materiellen
Grundlage dringend bedurfte. Man vergleiche nur seine
Vorrede zu der Kastenordnung der Stadt Leisnig (1523)
und seine zahlreichen späteren Äußerungen zur Sache, besonders auch gelegentlich der Visitation in Kursachsen[1].

---

1) In einem Brief v. 31. Okt. 1525 an den Kurfürsten von
Sachsen betonte er in seinem Vorschlag zur Wiederaufrichtung der
Pfarreien, die Verwendung der Klöster, Stifter, Lehen und Spenden
und in seinem Antrag auf Vornahme einer Kirchen- und Schulvisitation
(22. Nov. 1526) sprach er das Gutachten aus, die Einnahmen der
Klöster und Stifte insoweit zur Dotation der geistlichen Stellen zu
verwenden, als die sonstigen von den Gemeinden aufzubringenden
Mittel nicht ausreichten u. s. w.

Unter diesem Gesichtspunkt sind auch alle seine übrigen weitherzigen, wenn auch nicht immer praktischen Ratschläge in dieser Sache z. B. hinsichtlich der Frage, ob auch der. Landesherr etwas von diesen Gütern für sich behalten dürfe, oder hinsichtlich der Rückgabe des durch Wucher erlangten Stiftsgutes zu verstehen.

Luther hat beides entschieden und ohne Bedenken bejaht, und er konnte es, weil es für ihn feststand, daß das Stiftsgut in erster Linie „christlicher" Verwendung dienen müsse. Ist nun einerseits die Wissenschaft an der Erörterung der Frage der Verwendung des Stiftsgutes interessiert, so hat ihre Beantwortung auch gerade für unsere Zeit eine eminent praktische Wichtigkeit. Burkhardt in seiner Geschichte der sächsischen Kirchen- und Schulvisitationen S. 118 äußert sich hierüber folgendermaßen: „In unseren Tagen ist diese Frage (nämlich zu welchen Zwecken das Klostervermögen verwendet worden ist) sehr wichtig, namentlich da, wo die Teilung des Domanialvermögens sich noch nicht vollzogen hat. Der Entscheidung solcher Fragen müßte ein tieferes Studium über die Behandlung der geistlichen Stiftungen vorausgehen, so schwierig es auch ist, heute noch alle Verhältnisse der Vergangenheit sich klar zu vergegenwärtigen. Für die Geschichte der protestantischen Kirche ist die Frage jedenfalls von hoher Bedeutung — und wird es auch bleiben." Und diese hohe Bedeutung hat die Erörterung der Frage unter allen Umständen auch für die protestantische Kirche des schwarzburgischen Landes. Wir wollen deshalb im folgenden versuchen, auf Grund des noch vorhandenen, wenn auch noch so lückenhaften Rechnungs- und Urkundenmateriales, welches dem Verfasser durch die Güte der schwarzburgischen Archivverwaltung zu Rudolstadt, Arnstadt und Sondershausen, ferner durch die verehrl. Archivvorstände zu Weimar und Magdeburg zur Verfügung gestellt wurde, eine Antwort auf die Frage nach der staatlichen Verwendung der Stiftsgüter der schwarzburgischen Grafschaften während der Reformation zu geben.

I. Säkularisation der oberherrschaftlichen Stifte und Verwendung des Stiftsgutes

unter dem Grafen Johann Heinrich von Schwarzburg - Leutenberg und Heinrich XXXVII. (dem
Älteren) von Schwarzburg-Arnstadt (1533—1538).

Am 8. August des Jahres 1531 starb Graf Günther
XXXIX. im Alter von 76 Jahren als letzter katholischer
Graf der Herrschaft Schwarzburg-Arnstadt, zu welcher der
oberherrschaftliche Gebietsteil außer der Herrschaft Leutenberg und von dem unterherrschaftlichen Gebiet das Amt
Klingen - Greußen gehörte. Graf Günther XXXIX. hatte
bis zu seinem Tode der evangelischen lutherischen Lehre
in seinem Lande den Eingang versagt. Aber trotz seiner
hartnäckigen Opposition hatte die neue Lehre dennoch im
Lande geheime und offene Anhänger während seiner Regierung genug gefunden, cf. die reformatorischen Regungen
zu Arnstadt, Rudolstadt, Blankenburg, Plaue, Greussen
zwischen 1522—1531. Sein einziger, der Nachfolge berechtigte Sohn, Graf Heinrich XXXVII.[1]), war ein über-
zeugter Anhänger der lutherischen Lehre, er residierte,
gänzlich mit seinem Vater entzweit, seit 1527 auf dem
Schloß zu Rudolstadt. Sein Regierungsantritt im Jahre 1531
bedeutete demnach zugleich die offizielle Anerkennung der
Reformation in dem oberherrschaftlichen Gebiet der Herrschaft Schwarzburg-Arnstadt, d. h. die Einführung der Reformation durch den Grafen war auch hier „die obrigkeit-
liche Anerkennung einer unabänderlichen Thatsache". Im ·
Jahre 1533 vom 24. Mai bis 16. Juni veranstaltete Graf
Heinrich XXXVII. die erste Kirchenvisitation in seinem
Gebiet, mit Ausnahme des unterherrschaftlichen Amtes
Greußen-Klingen. Die Visitationskommission bildete Doktor

---

1) In gleichzeitigen Urkunden der „Ältere" genannt im Gegensatz zu Graf Heinrich dem „Jüngeren" von Schwarzburg (seit 1531
zu Frankenhausen residierend, † 1537), dem Bruder Graf Günthers
XL. (nach Jovius: Graf H. XXXIX.)

Johann Lang aus Erfurt, Pfarrer Bonifacius Rempe aus
Liebringen, Christian Zwuster, Pfarrer aus Heberndorf und
der Arnstädter Amtmann Lutze von Wüllersleben. Mit
dem Jahre 1533 setzte nun auch die Säkularisation der
noch bestehenden oberherrschaftlichen Klöster ein. Sie erhielten ihre staatlichen Vorsteher und wurden als staatliche
Stifte verwaltet. Es war höchste Zeit, daß bei ihnen,
nachdem seit dem Bauernkrieg die Klosterverwaltung in
mancherlei Verwirrung und Unordnung geraten war, wie
man vor allem aus den noch vorhandenen Stiftsrechnungen
des Jungfrauenklosters zu Arnstadt mit ihrem nicht un-
beträchtlichen Zins-Retardaten vom Jahre 1525 ersieht, eine
geordnete und feste staatliche Verwaltung begann. In die
Visitation des Jahres 1533 war die unter dem Grafen
Johann Heinrich stehende, unbedeutende Herrschaft Leutenberg nicht mit eingeschlossen. Doch darf wenigstens seit
diesem Jahre auch sein Gebiet als reformiert angesehen
werden. Graf Johann Heinrich, ein Freund Luthers, war
schon frühzeitig ein Anhänger seiner Lehre Er hatte zwar
im Jahre 1529 aus Furcht vor Kaiser und Reich, von dem
seine Herrschaft zu Lehn ging, und als ein armer Geselle,
der sich gern halten werde, wie er es vor Gott verantworten
könne, seine Geistlichen vor den sächsischen Visitatoren nicht
erscheinen lassen, aber anerkannt, daß das Kurfürstliche
Fürnehmen aus einem christlichen Herzen stamme [1]. Immerhin finden wir einzelne seiner Dorfschaften, die zum Stift
Saalfeld gehörten, in der zweiten, besonders in der dritten
thüringisch-sächsischen Visitation mit visitiert. Interessant
ist es, daß dieser Graf sich schon frühzeitig an Luther
wandte, um Auskunft zu erhalten, ob es Unrecht sei, nicht
evangelischen Predigern Zinsen und Gut zu lassen, Luther
hatte geantwortet: Es sei nicht Unrecht, ja das höchste
Recht, daß man den Wolf aus dem Schafstalle jage, und
nicht ansehe, ob seinem Bauch damit Abbruch geschehe. Es
ist keinem Prediger darum Gut und Zinse zu geben, daß er

---

1) W.-A.

Schaden, sondern Frommen schaffen solle. Schaffet er nicht
Frommen, so sind die Güter schon nimmer sein. (cf. de
Wette 2, 258.) Es könnte möglich sein, daß es sich bei
dieser Auskunft schon um die Einziehung des Klostergutes
der Leutenberger Dominikaner handelte.

Wir kommen nunmehr zu den oberherrschaftlichen Klöstern selbst[1]). Die Oberherrschaft hatte
vor der Reformation 6 Klöster aufzuweisen, einschließlich
der Herrschaft Leutenberg, nämlich: Erstens das Dominikaner-
kloster zu Leutenberg[2]), gestiftet vermutlich im Jahre 1395,
unter der Aufsicht des Paulinerklosters zu Leipzig stehend,
Klosterbrüder werden bisweilen 3, 4 oder 6 angeführt.
Das Kloster, dessen Angehörige vor der Reformation in
schlimmem Rufe standen und welches durch den berüchtigten
Linkischen Mönichsstreit gegen den Grafen Balthasar II.
von Leutenberg 1516—1519[3]) seine innerliche Zerrüttung
offenbarte und sein Ansehen verloren hatte, gehörte zu den
ärmsten und unbedeutendsten Stiftungen des Gebietes. Über
seinen Ausgang sowie über die Aufhebung desselben und
die Verwendung des Klostergutes sind wir infolge Mangels
jeglichen Urkundenmateriales nicht unterrichtet. Es ist
natürlich anzunehmen, daß das unbedeutende Klostergut
mit Einführung der Reformation seitens der Herrschaft eingezogen wurde. Wie weit es zur Dotierung der evangelischen
Pfarrstellen verwandt wurde und ob es überhaupt eine solche
Verwendung fand, läßt sich nicht nachweisen. Auch ist die
Beantwortung der Frage hinsichtlich dieses Klosters infolge
seiner notorischen Armut nicht von Bedeutung. Auch darüber,
ob Klostergebäude nach der Reformation zu Schulzwecken
verwandt wurden, läßt sich Bestimmtes nicht feststellen.

---

1) cf. zu diesem und dem Folg. die Klöster betr. die Hessischen
Collectaneen im Rud. Geh. Arch.

2) Anemüller, Zur Geschichte des Leutenberger Dominikaner-
klosters in der Zs. d. V. f. thür. Gesch. u. A. XII, S. 505—528.

3) cf. Schwarzburgica, Vol. IV, S. 41—77 (auch abgedruckt in
dieser Zeitschrift). R. G. A.

Übrigens charakteristisch dafür, wie skrupellos man zu jener Zeit mit den den Kirchen gehörigen wertvollen silbernen Kirchengeräten aus der römisch- katholischen Zeit umging, ersehen wir aus einem Schriftenwechsel zwischen Graf Hans Heinrich und etlichen Dörfern der Herrschaft Wildenfels, betr. „etliche genommene silberne Geschirr aus ihren Kirchen de ao. 1537". (W. A. Reg. E. e. No. 546). Graf Hans Heinrich hatte darnach aus den Kirchen zu Ortmßdorf, Weißbach und Hertmßdorf 4 silberne Monstranzen, 2 Kelche und 1 silbernes Kreuz erhalten und Holz dafür zu geben versprochen. Das aber, behaupteten sie, sei nicht gehalten worden. Die Gemeinden, offenbar aufgehetzt von ihren jetzigen Herren, denen v. Wildenfels, beriefen sich auf die chursächsische Visitationsordnung, nach welcher der Graf die Gemeinden vor dem Verkauf ihrer Kirchenkleinode hätte warnen sollen, statt dessen hatte er sie ihnen selbst abgenommen. (Der Graf, zweimal bei dem Kurfürsten verklagt, verteidigt sich damit, daß er die Leute unterstützt habe.)

Daß Graf Hans Heinrich, dessen Herrschaft ja bei der Übernahme stark verschuldet war, auch bei der Säkularisation der Klöster Paulinzella und Stadtilm, soweit er es vermochte, Zinszahlungen von Orten, die ihm zuständig und den Klöstern zinspflichtig waren, schmälerte bez. zurückhielt, ersehen wir unter anderem aus Notizen in den Rechnungen des Stifts Ilm 1536—1537 und des Stifts Paulinzella. Auch scheint aus urkundlichen Mitteilungen hervorzugeben, daß der Graf nach seines Vetters, des Grafen Heinrich XXXVII. Tode, sich für seinen schwer zu verschmerzenden Anteil an dem Kloster Paulinzella durch Eingriffe in das Klostergut, so gut es ging, schadlos gehalten hat. (W. A. Reg. E. e. No. 550, Vol. III). (Er hatte bei dieser Gelegenheit u. a. 1538 das Stift Paulinzella mit gewappneter Hand eingenommen und dann den alten Abt wieder eingesetzt.) Ebenso rasch können wir uns nun, soweit es sich um unsere Frage handelt, mit dem Franzis-

kanerkloster zu Mellenbach, seit 1383 zu Ehren
der Jungfrau Maria und der heiligen Katharina gestiftet
und vom Graf Johann II. zu Schwarzburg mit dem Ort
Mellenbach samt allen seinen Rechten beschenkt, abfinden.
Die Schutzherren des Klosters waren die Grafen von Schwarzburg, die ersten Vormünder Pezold von Griesheim, Dietrich von Bernstedt, Heinrich von Greußen und Otto von Hoff.
Wir besitzen wenige urkundliche Mitteilungen diese Stiftung
betreffend, aber soviel geht doch mit Gewißheit hervor, daß
dieses Stift, sowohl früher wie besonders vor der Reformation
nur vegetierte. So beklagte sich Graf Günther XXXIX.
von Schwarzburg-Arnstadt im Jahre 1514 gegen den Kardinal Raymund, daß sich in dem Kloster nur 2 Mönche
befänden, die aber ein sehr ruchloses und unzüchtiges Leben
führten. Er beantragte die Verlegung des Klosters nach
Königsee. Der Kardinal ordnete wohl eine Untersuchung
der Sache an, aber die Verlegung unterblieb. Die Amtsrechnung von Schwarzburg 1518—1519 enthält unter Bußen
folgende Notiz: 3 sch. 2 gr. herman Arnolt zcv mußelbach
dorvmb das Er hat denn gardiann zcv melbach Ein vorrette-
rischen bosewicht geheissen vor Eins etc.). Das Kloster
scheint schon vor der Reformation eingegangen zu sein,
wenigstens findet man in den Visitationsakten von 1533
die Existenz desselben nicht mehr vorausgesetzt. 1520 war
Urban Arnoldi Gardian desselben, es ist nicht ausgeschlossen,
daß sich auf ihn die Notiz des Visitationsprotokolles bezieht von 1533, „plebanus Guardianus habet concubinam
annis 10 baptis. ger. miss. ger. sub utraque pleb. dicit se
diligenter velle studere et operam dare literis sacris quis
fuerit satis inexpertus doctrinae christianae".
        Über das Klostergut und den Verbleib desselben könnte
vielleicht folgende Bemerkung bei Hesse, Th. u. d. H. 8,
S. 225 ff. etwas Aufschluß geben: „Da die Barfüßer Eigentum
nicht besitzen durften, so wurde Mellenbach dem Kloster Ilm
zugeschrieben, doch unter der Bedingung, daß es sämtliche
Einkünfte und Gefälle davon jenen überlassen, aber bei

willkürlicher Verwendung derselben zu eigenem Nutzen auf dieses Vorrecht sogleich wieder verzichten mußte, welches dann einer anderen geistlichen Stiftung des Landes ver- liehen werden sollte." Doch weisen die Stiftsrechnungen von Stadtilm keine Einkünfte und Ausgaben für das Kloster Mellenbach auf.

Es sei noch angeführt, daß dem Kloster außer der Mahlmühle zu Mellenbach auch noch die Fisch-, Jagd-, Malz-, Brau- und Schenkgerechtigkeit zustand. Das Klostergebäude wurde nach der Reformation als Pfarrwohnung benutzt. Aus dem Gesagten ist ersichtlich, daß auch dieses Kloster. für die Beantwortung unserer Frage nicht weiter in Be- tracht kommt. Das Gleiche gilt endlich auch von dem **Franziskanerkloster zu Arnstadt**, Mainzer Dioec. Wahrscheinlich 1246[1]) von Gotha aus gegründet. Dieses Kloster bestand selbst nach der Visitation ao. 1533 noch, doch hatten sich auch aus diesem Kloster Insassen der neuen Lehre angeschlossen, was wir unter anderem aus folgenden Notizen ersehen: Arnst. Stadt Rechg. 1524/1525: sub. Ausgabe Herrn und frembde Geschenke: „2 sch. 39 gr. 1 Pfg. an 22 halb stob heuerigs vnd vorns [?][2]) getruncken als der munch außgelauffen was" und Rent. Rechnung von Arnst. 1532/1533 (Ausgabe): 12 gr. einem munche, so aus dem Barfusserklvster gangen umb gotes willen (vf) bevelhe Heinrich von Witzleben freitags n. Scholastica (14. Februar 1533). Es finden sich in den staatlichen Rechnungen wiederholt Ausgaben an die Klosterinsassen, aber Genaues wissen wir eigentlich nur über die Aufhebung des Klosters. Wir wollen hier wenigstens die kurze Notiz aus dem „Roten Buch" im Arnst. Ratsarchiv S. 50b an- führen: „Ao. 1538 d. 23. Oct. d. i. auf Mittwoche nach Severi ist den Barfüßermönchen ihren abschied aus dem

---

1) Nach dem liber cronicorum Erfordensis in Mon. Erphesf. 766 vielmehr 1250.

2) weins?

Kloster zu ziehen gegeben worden durch den gestrengen
Georg von Dienstedt, amtmann zu Salfed auf kurfürstlichen
befelh, auch durch den vesten Jorg von Witzleben und
Lutz von Wüllersleben auf Befehl u. g. f. (Gräfin Katharina
geb. von Henneberg) und in beisein des rats ist ihnen
vorgehalten worden, ob sie das wort Gottes wollten annehmen oder nicht, und ihnen bedenkzeit geben bis auf
Martini. Aber sie sein in ihrem orden und leben verharrt
und verstockt blieben und auf donnerstag nach Martini
um 8 uhr sein sie alle ausgezogen mit alle ihrer habe
und räumten das nest nicht allzugern." (cf. bei Hesse,
Arnst. Vorz.). Aus dem ausführlichen Bericht im W. A.
Reg. Ee. No. 547 ersehen wir noch, daß den Mönchen gestattet war, „was sie an farender habe im closter bei inen
hetten, außgeschlossen die bucher in der liberi zu verkeuffen
oder mit inen zu nehmen unnd an iren nutz unnd besser
zu wenden." Von dieser Erlaubnis haben die Mönche, wie
wir aus der obigen Bemerkung im Roten Buche ersehen,
Gebrauch gemacht. Was nun die Klostergebäude anbetrifft,
so ist es feststehend, daß ein Teil derselben kurz nach Weg-
zug der Kosterinsassen zu Schulzwecken verwendet wurde.
Wir erfahren es unter anderem aus einer Stelle des Be-
richtes der sächischen Visitatoren (cf. W. A. Ee. No. 547)
gelegentlich der Aufhebung des Klosters: So vhil auch das
clostergebeude belangt, haben wir mit der greffin auch
geredt unnd hat sich i. g. erpoten daßelb dermaßen einzunehmen unnd anrichten zu laßen, domit es hinfurder zu
keinem klosterleben mehr zu gebrauchen, das aber irer g.
dasselbe gebeude dem radt zu arnstat solt zu thun haben
i. g. angezeigt, das sie desselben noch zur Zeit ein bedenken
hetten." (cf. hierzu auch Arnstadiensia A. V 4ᵃ S. 546[1])
und die Stelle in dem kurf. Erlasse vom Jan. 1539, welche
die Vorschläge hinsichtlich der Klostergebäude und namentlich ihre Verwendung zu einer gräflichen Erziehungsanstalt

---

[1] R. G. A.

genehmigt, lautet: „Da auch das Barfüsserkloster zu Arnstadt etlichen der kirchen und schulen diener bequem und
wohlgelegen wäre, damit nicht wiederum eine möncherei
daselbst mag aufgerichtet werden, so lassen wir dasselbe
auch geschehen, so es die visitatoren auch für nutz und
gut erachten werden. (cf. Kroschel, Arnst. Gymnas.-Prog.
1890.) Soviel über diese drei ersten Klöster, deren noch vorhandene Nachrichten uns leider keine Antwort auf die uns
interessierende Frage geben.

Besser sind wir nun hinsichtlich der drei übrigen
Klöster der Oberherrschaft unterrichtet, und dies ist um
so erfreulicher, als gerade diese Stifte infolge des Umfanges
ihres Klosterbesitzes für uns in Frage kommen.

1. Das Benediktiner-Mönchskloster Paulinzella
Mainzer Dioec.

im Jahre 1106 gestiftet[1]) und zwar von Paulina, zu
Ehren der Jungfrau Maria, Johannes des Täufers und
Johannes des Evangelisten. Das Kloster wählte seine Schutzherren aus dem schwarzburgischen Grafenhaus, die Äbte
von Paulinzella nahmen eine angesehene Stellung noch bis
in die Reformationszeit hinein ein. Darauf deutete auch
der umfangreiche Klosterbesitz, zählt man doch 19 Dörfer,
die zu Paulinzella gehörten, von welchen allerdings einige
wiederverkäuflich überlassen waren, von diesen blieben
zur Zeit der Reformation noch 7 übrig. Die Zahl der Orte,
wo das Kloster Besitzungen hatte, belief sich bis auf 52,
der Zinsorte waren es über 100; Klosterpatronate über in-
ländische Kirchen während der Dauer des Klosters werden
22 aufgezählt, die von Beulwitz, von Holbach, von Greussen,
von Angelroda, von Lengefeld, von Griesheim und von Elxleben standen im Lehnsverhältnis zu dem Kloster. Die Zahl
der Konventualen belief sich außer Abt und Prior 1357

---

1) Vgl. Dobenecker, Reg. d. Thur. I, No. 1022, 1028 u. a.;
Anemüller, UB. des Kl. Paulinzella No. 3 u. 4.

auf 11, 1483 auf 12, 1506 auf 16, 1533 auf 9. cf. die
übrigen das Kloster betr. urkundl. Notizen bei Hesse, Geschichte dieses Klosters und bei Anemüller, Üb. das Kl.
Paulinzella (Thür. Geschichtsquellen IV).

Im Bauernkrieg wurde das Kloster von den über Lange-
wiesen nach Königsee und Paulinzella gezogenen Haufen
geplündert, darnach aber wieder bezogen (cf. Schwarzb.
Bauernkrieg-Akten[1]), 1533 wurde es von der Visitation mit
betroffen. Aus den Visitationsakten ersehen wir, daß die
Visitatoren mit den Pfarrern aus der Paulinzella (z. B. zu
Solsdorf, Gösselborn und Thälendorf) durchaus nicht zufrieden sein konnten und auf energische Besserung dringen
mußten. Die noch vorhandene Halbjahrsrechnung vom Jahre
1533 giebt uns über die Anfänge der Reformation dieses
Klosters einige interessante Aufschlüsse, besonders hinsichtlich Ankauf von evangelischen Büchern. Der Graf Heinrich
hatte offenbar die Absicht, die Klosterkonventualen, soweit
sie sich tauglich und willig fanden, zur Predigt der reinen
Lehre zu verwenden, doch hat er bei nur wenigen Glück
gehabt (1534 nur bei zweien), vielmehr wurde der Graf
durch einen Bericht seines Rates von Holbach über den in
der Zella herrschenden oppositionellen Geist aufgeklärt;
offenbar hatte man sich unter des Abtes Leitung verbunden
und war entschlossen, der reformatorischen Absicht des
Grafen entschiedenen Widerstand entgegenzustellen. Der
Schlußsatz der Verfügung des Grafen Heinrich XXXVII.
betr. Aufhebung des Klosters vom Dienstag nach Thomä
1534 lautete: dan wir nicht bedacht seint zu solche euer
vermeßene freiheit, und offentlichen verruchten leben vil
zuzugeben wue ir dan je uns nicht folgen noch gehorsam
sein wolt, so wollen wir euch samptlich, wie vor alters bei
den epten gescheen als closter leuthe verschlissen, euch
eur nottorfft mit cleidung essen und tringken versehen
lassen und alßo speißen das wolten wir euch zur antwur

---

1) S. A.

hinwidder nit pergen." . . . Damit war des Klosters
Schicksal besiegelt, freilich auch des Grafen Hoffnung zum
größten Teil vereitelt, die im Kloster noch vorhandenen
Konventualen zur Besetzung evangelischer Pfarrstellen, wofür
ein dringendes Bedürfnis vorhanden war, zu verwenden,
auch der Teil der Selbstverwaltung, welche der Graf dem
Abte nach einer Notiz der 33. Rechnung zweifellos noch
zugestanden hatte, hörte damit auf.

Aus der noch vorhandenen Halbjahrsrechnung vom
Jahre 1533 (Walp. — Michaelis), aufgestellt von Peter Watzdorf, Vogt zu Paulinzella, geht folgendes hervor: Die Einnahmen setzen sich folgendermaßen zusammen:

1) Reste 134 sch. 5 gr.
2) Ins Gemeine 132 „ 5 „ 1 ⅃ 1 n. u. 1 a. heller
3) Lehnrecht 2 „ 6 „
4) Bußen und Gerichtsfälle (4 Fälle) 4 sch. 18 gr. 6 ⅃
5) Für gezapften Trank 69 „ 6 „ 3 „
   (Gewinn dieses Sommers): 12 „ 6 „ 9 „
6) Für Brennholz 127 „ 9 „ 2 „
7) Für Bauholz etc. 49 „ 9 „
8) Retardata „sydher nechsten Rechnung Eymbracht":
   57 sch. 1 gr. 6 ⅃
S. S. aller Einnahme: 576 sch. 16 gr. 1 n. u. 1 a. heller.

Die Ausgabe lautet:

1) auf Befehl m. g. Herrn zur Zella 45 sch. 10 gr. 5 ⅃
2) Zehrung 8 „ 9 „ 9 „
3) Insgemein 130 „ 19 „ 4 „
4) Für Wein u. Bier 62 „ 19 „ 3 „
5) Nägel, Eisen, Hufbeschlag 10 „ 3 „ 7 „
6) Grashauen und Mäherlohn 22 „ 3 „
7) Küche 113 „ 7 „ 1 heller
8) Würze, Spezerei 3 „ 19 „
9) Holz { 14 „ 9 „ 6 ⅃
        { 4 „ 11 „ 6 „
10) Gesindelohn 63 „ 3 „ 8 „
11) Das übrige für sonstige Arbeiten
    S. S. A 574 sch. 6 ⅃

Als Überschuß bleibt also 2 sch. 15 gr. 6 ⅃ 1 heller
und 1 alter heller; außerdem steht noch vom Abt als Schuld
aus: 41 sch. 17 gr. 10 ⅃. Besonders interessant sind die

Ausgaben für ev. theologische Bücher, z. B.: $1^1/_2$ sch. fur
10 enchiridien itzlichem hern unnd mir eins zcu Erffurt
zcum ablas kaufft 9 gr. fur 1 N. T. herrn Mathes $3^1/_2$ gr.
fur den· gr. catechis. dem priori, 2 ℳ fur die grammatica
Ph. Melanchton herr Niclaus 1 sch. habe fur bucher entricht, welche der prior her Curdt u. er Cranach bei Johanni dem buchfuhrer genommen; 20 ℳ fur das Summarium
Psalterii dem prior; 9 gr. fur ein Encheiridien und Jesus
Sirach mein gnädigen herrn 1 sch. 3 gr. fur Brentium super
Johannem confesscio sancta apologia und fur die propheten
ern Conrado Rudiger. Auch der Ankauf von „9 schleple
einfach unnd einn zwifach schlappenbareth" sowie von
Brillen auf dem Erfurter Ablas deutet auf die Einführung
der Reformation im Stifte hin. Die Rechnung macht den
Eindruck keiner besonders günstigen materiellen Lage des
Stiftes, doch läßt sich aus einer Halbjahrsrechnung selbst
hierüber nichts Genaueres schließen.

Da weitere Rechnungen des Stifts aus den folgenden
Jahren bis 1538 fehlen, so ist es wenigstens erfreulich, daß
aus dem Jahre 1534 noch die Verfügung des Grafen Heinrich,
des Reformators, vorhanden ist betr. den dem Abt Johann
nach Aufhebung des Klosters zu gewährenden Unterhalt.
Die Forderung des Abts und auch die Antwort des Grafen
(siehe bei Hesse, Kl. P. C. Seite 6 Urk. IV und V). Wir teilen
nur die II. Urkunde mit, nach welcher folgender Unterhalt
dem Abt ausgesetzt war: Erstlich die frei behausung mit
dem garthen auch zcimlich lenderei die sal man ine auch
arbeiten lasse, die ordens person ern Johan Heingelbach
mag er auch behalten, mag auch eine buben koch oder
köchin halten dorauff 5 malder korn und 5 malder gersten
2 moß erbeiß. 12 eimer weins 3 swein auß dem forwerge
dorauff ein malter affter gersten zur mastung ·vff Michaelis
zu geben. 2 ochsen auch vß dem forwerge vff Martinj,
2 kue vff solche ochsen und kue 2 fuder heu von der
wissen zu antwurthen. 5 hemel von der schefferei. 1 sch.
michels huner, 1 sch. fasnacht huner ant zu weisen das

er sie selbst infordere, ein centner carpen so man do fischt
oder drei gulden dorfur, 1 thonne pottern, 1 thonne kesse
von der schefferei. item betthe hat er vormals hinwegk.
item zcimlich hauß und koch gerethe wie gebethen. item
nottorfft bren vnd brau holtz füren zu lassen zu allerlei
zubuße 80 gulden. Ein noch vorhandener Zettel, aus
welchem allerdings nicht ersichtlieh ist, aus welchem Jahre
er stammt[1]), giebt die „Priors fordderung zur Zell" folgender
maßen an: behausung zu Neusetz, in zweien leiben sein
und seines weibess. E wenig lender, kraut ruben, flachs,
hanff und was in ein haus gehort zcu reichen. holtz zur
notturft. 1 par kue, 1 par schwein abzufertigen zu inu-
steur (?)[2]) 40 fl. Iherlich meins weibs und mein liben
20 fl. 5 malder korns, halb rocken, halb weissen. 1 bett,
wie es stedtt, neben dem itzigen ßo er hat alle virtell jahrs
3 tonne byrs. getreide zum vibe, was er in der kammer
hatt, kisten und anders volgen zu laßen. weßenwachs auff
drei kue. Darunter steht als Bewilligung: zimlich: eine
behausunge in einer stadt, odder dorff auff seinen leib
lenderei abgesagt . . . . [?] 1 kue, 1 par schwein, zur
abfertigung 20 fl. 10 gulden ihrelich 1 molder korns. 1
molder roken, 2 molder maltzs. Was sein, in seiner ver-
wahrung, und nicht des closters ist, bleibt im. Ein bette.

Daß einzelnen aus der Paulinzella evangel. gewordenen
Pfarrern Besoldung gezahlt und sonstige staatliche Unterstützung gewährt wurde, ersehen wir u. a. aus folgenden
urkdl. Notizen:

„an vot zour palcella:

lieber getr. wir bedenken, dieweil Cranach und Enkarius
das evangelion predigen das man ime auch diczmal ihr
quattember gelt geben sal den andern aber nicht und du
wollest er Johan Chranach ein peltz keuffen der uns folgen
will und sich disen winther zu behelfen habe dorin thust
unßer meinung (auf Vorschlag des Rats von Holbach 1534).

---

1) Vermutlich aus dem Jahre 1534. S. A.
2) Zcusteur?

Dieses sehr dürftige Material wird auf Grund noch vorhandener Amts- und Rentereirechnungen einigermaßen wenigstens ergänzt, insofern als wir erfahren, welche Einkommenteile dieses Klosters und welche Geldüberschüsse in die staatlichen Kassen geflossen sind: ᾿

1) Die Amtsrechnung von Blankenburg 1535/1536 weist als Einnahme des Klosters Paulinzella auf 102 sch. 8 gr. 2 ℈, wovon nach Ausgabe von 9 sch. 15 gr. 4 ℈ 1 a. ℈ noch 92 sch. 12 gr. 8 ℈ für den Grafen bleiben. Unter den Ausgaben stehen z. B. folgende:

5 sch. 6 gr. 1 a. h. abgangk an den vorbranten zu Blangkenberg, 5 gr. 4 ℈ an eim weinberge hat izo m. g. h. v. leutenberg Innen, 2 sch. bei diezel veiler und tiezel leutlof zu soltzdorf. nimbt der pfarher zu talendorf.

1 sch. adam singer Dem schultißen u. s. w., also nur 2 sch. für einen Geistlichen.

Auch in der Getreiderechnung des Amtes Blankenburg 1535/1536, findet sich unter der gesamten Korneinnahme in Höhe von 207 Mas 2 Virt. 2 metzen: 16 Mas, 5 metzen Zeller Zins, darunter figuriert als einzige Ausgabe für einen Pfarrherrn: 8 Mos, Dem pffarhern zu Delendorff von den Decimation zu soltzdorff, unter Zinsgerste: Gesamteinnahme: 90 Mas 3 Virt. 3 metzen: 4 Mas 5 Metzen Zeller Zins und unter Hafereinnahme: Gesamteinnahme: 754 Mas 2 Viertel, 6 mas Zeller Zinsen. In der Amtsrechnung von Arnstadt 1533/1534 und 1534/1535 finden sich zum erstenmal unter Einnahme: Zeller Zinsen in Höhe von 39 sch. 9 gr. 2 ℈.

In der Rudolstädter Amtsrechnung von 1532—1533 aber steht zum erstenmal als Zinseinnahme von wegen des Stiftes Paulinzella: 45 sch. 17 gr. 8 ℈, wovon 13 gr. 4 ℈ abgehen. (Die Einnahmen stammen aus den Ortschaften Zeigerheim, Geilsdorf, Niederschwarza, Tälendorf, Keilhau und Eschdorf.) Dazu kommen noch, wie oben in der Blankenburger Amtsrechnung, Einnahmen von Zeller Getreidezinsen, Zinshühner u. s. w.; z. B. 4 Mas 1 Viert. 1 Metze von

Schwarza, $7^1/_2$ Mas von Gebstet, $47^1/_2$ Zinshübner u. s. w. Wir ersehen hieraus, daß Einkommenteile des Klosters schon von 1533 an den Ämtern zugeteilt wurden, welches naturgemäß den dauernden Verlust dieses Einkommens für dieses Stift bedeutete. Endlich verzeichnet die Rentereirechnung von Arnstadt 1536/1537 als jährliche Einnahme aus dem Stift Paulinzella, durch den Vogt Gallo Barrethern entrichtet, bei einer Gesamteinnahme aus den sämtlichen 3 Stiften von 1020 fl.: Die Summe von 190 guld. 10 gr. = 200 gute Schock. Noch bemerkenswert ist folgender Einnahmeposten Ins Gemein: $220^1/_2$ fl. von Heinrichen Ziegelern dem buechsen gießer zu Errford vor 44 Ct. 10 ₰ (?) [1] glocken speis so aus der Zoella und von Konnigessehe komen, vor den center 5 fl. entpfangen, vber die speise so m. g. h. hat zu irnnen gefeß vergießen lassen entpfangen, 200 fl. von Gallo Barrether von wegen seiner bestellung des stiffts paulina zeln nach inhalt der selbigen entpfangen Mich. ao. 37 fellig.

Nehmen wir die Abgabe an den Staat aus dieser Rechnung als Durchschnittsabgabe für die Zeit von 1534— 1538 an, so würde sich als Barüberschüsse an den Staat die Summe von 1000 guten Schock ergeben, an die Amtskassen aber entfallen während dieser 5 Jahre, wenn wir die in den noch vorhandenen Rechnungen angegebenen Zinseinnahmen als feststehend annehmen:

    1) für Amt Blankenburg : 510 sch.
    2) „   „   Rudolstadt : 225 „
    3) „   „   Arnstadt   : 190 „
                 Also : 925 sch.

Dazu kommt nun noch der beträchtliche Nutzen an Getreide und Vieh, welcher der Herrschaft und den staatlichen Kassen zugute kam.

2. Das Stift Ilmen.

Das Cisterzienser Jungfrauenkloster zu Stadtilm, Mainzer Diöcese, zur Präpositur Beate Mar. Virg. Erfurdensis ge-

----

1) M.

hörig, der Jungfrau Maria, dem h. Nikolaus und dem
h. Benedikt geweiht, ursprünglich (1267) vom Grafen
Günther VII. von Schwarzburg zu Saalfeld als Versorgungs-
anstalt für Töchter des gräflichen Hauses Schwarzburg und
verwandter Familien vom hohen Adel gestiftet, wurde es
1275 nach Stadtilm verlegt, „weil dieser Ort wegen seiner
Triften und Waldungen geeigneter wäre, den Jungfrauen
den nötigen Unterhalt zu verschaffen, als ihr bisheriger
Wohnsitz zu Saalfeld." Die Einweihung des Klosters zu
Stadtilm fand 1287 statt, nachdem zur Herstellung der Gebäude von verschiedenen Bischöfen Indulgenzbriefe ausgestellt waren. (1279, 1300—1303).

Die Schutzvögte des Klosters waren die Grafen von
Schwarzburg und zwar die der schwarzburgischen Hauptlinie. Das Verzeichnis der Äbtissinnen und Pröpste siehe
bei Hesse, Thür. und der Harz. Bd 8. Hesse zählt 18 Äbtissinnen, die letzte Margaretha, Gräfin von Schwarzburg,
geb. 1502, früher im Kloster zu Kelbra, seit 1523 Äbtissin
zu Ilm, wo sie über die arg zerrüttete Klosterzucht bitter
klagen mußte, 1533 wurde sie Pröpstin des Stiftes Quedlinburg. Das Kloster war vornehmlich ein Stift des hohen
Adels, im Bauernkrieg blieb es vor wirklicher Plünderung
und Verwüstung verschont, das wertvollste Klostergerät war
durch Graf Günther XXXIX. vorher nach Arnstadt in
Sicherheit gebracht worden. Der kluge Vorsteher Heinrich
Spitznaß verhütete, indem er die Aufrührer reichlich be-
wirtete, eine förmliche Plünderung des Klosters. Nach
wieder hergestellter Ordnung bestand das Kloster noch bis
zum Regierungsantritt des Grafen Heinrich, des Reformators
Wie aus den später zu prüfenden Rentereirechnungen hervorgeht, flossen Barüberschüsse dieses Klosters schon seit
1531/1532 in die Arnstädter Rentereikasse und zwar in
beträchtlicher Höhe. In den Visitationsakten von 1533 findet
sich bei Kloster Ilm bemerkt (cf. R. G. A.): „Mit den iung-
frauen im closter ist gehandelt, von ihrem mißbräuch ab-
zustehen, und sich hinfüro zu dem wortt gottes und was

es mitbringt, zu begeben welchs sie alles zugesagt und gewilligt haben darauff ihnen zugesagt ist, sie sollen des orts, ßo sie sich ihrem zusagen gemeß halten ihr lebenlang vorsorgt werden."

Über den Umfang der Klostereinkünfte werden wir durch die noch vorhandenen Rechnungsausweise genügend unterichtet, jedenfalls war Ilm eines der reichsten Klöster des Landes, dies ersieht man nicht allein aus den reichen Barüberschüssen des Stiftes an die Staatskasse, sondern auch z. B. aus dem Gabenverzeichnis der schwarzburgischen Stifte im Registrum subsidii 1506 (Palliengelder)[1]): Es gaben: Kloster Arnstadt: 3 marcas 3 fertones $^1/_2$ lot 21 flor. in

auro 8 Sexag. et 27 gr.

Kloster Paulinzella:	$2^1/_2$ marc. 1 fert.		
„ Kelbra:	3 „ 5 lot		
„ Iechaburg:	3 „		
„ Suscera:	2 „ 5 lot		
„ Gellingen:	3 „		
„ Capelle:	2 „ 14 flor.		
„ Frankenhausen:	5 „ 5 lot: 26 flor.		
„ Ilm:	$4^1/_2$ „ $31^1/_2$ flor.		

Die Gesamtgeldeinnahme des Klosters vom Jahre 1485/1486 betrug 797 tlt. 16 soll.[2]) $3^1/_2$ ℳ

die Ausgabe 833 „ — 7 „

Besonders günstig stellten sich die Getreideeinnahmen des Stifts, cf. z. B. vom Jahre 1515/1516:

Korn E: 1863 Mas $1^1/_2$ Vtl. 4 Molmetz
„ A: 959 „ $1^1/_2$ „ — „
Roggen E: $38^1/_2$ „
„ A: ebenso
Gerste E: 784 Mas 1 Vtl.
„ A: 637 „ 1 „
Hafer E: $951^1/_2$ „ . $5^1/_2$ Molmetz
„ A: 914 „ — „ etc.

1) Zeitschr. des Vereins für Thür. Geshichte und Altertumskunde, N. F. II. Band, Heft 1.
2) Talente und solidi.

Das Stift hatte den Zoll zu Dienstedt und Großhettstedt, eigene Gerichtsbarkeit, der geldzinspflichtigen Ortschaften waren es noch 1537/1538 rund 70.

Aus den aus der Zeit von 1533—1538 vorhandenen Stiftsrechnungen von Ilm teilen wir nun folgendes mit:

1) Rechnung 1536/1537 (Vorsteher Hans Bhoner).

1) Retardata: 3 sch. 16 gr.
2) Spondtgelth: 3 „ 10 „
3) Zoll: 2 „ 18 „ 6 ♃
4) Gerichtsfälle (37 Fälle): 40 „ 7 „ 4 „
5) abgelöstes Kapital: 4 „ 10 „ —
6) Holz: 5 „ 15 „ 6 ♃
7) Lehnrecht: 25 „ 11 „ 4$^1/_2$ ♃
8) Insgemein: 20 „ 3 „ —
9) Einnahme Erb- und wiederverkäufliche Zinsen:

(Wüllersleben, wüsten Walschleben, Sebergen, Elxleben, Großhettstedt, Dienstedt, Kl. Hettstedt, Hammersfeld, Gehren, Alt- und Neu-Morenbach, Gyßelsdorf, Willmersdorf, Herschdorf, Jesuborn, Konigsee, Warteburg, Garschitz, Pennewitz, Oberilm, Angstedt, Wymbach, Stadt Ilm, Singen, Stadt Remda, Alt-, Kirch- und Sundremda, Heilsberg, Frankenhausen, Dörnfeld, Breitenherda, Wolffis, Krawinkel, Goßla, Milwitz, Haufeld, Moßdorf, Rechstedt, Teichmesdorf, Nawinden, Steten, Achelstedt, Witzleben, Bößleben, Wandeßleben, Kircheim, Erfurd, Gucheleben, Kleinliebringen, Osthausen, Apfelstedt, Griesheim, Grefenau, Hengelbach, Hocheim, Kottendorf, Wernigesleben, Liebenstein, Teichröda, Großliebringen, Recheim, Büchelo, Follenhein).

S. S. 843 sch. 16 gr. 1 a. heller 1 lowen heller.

Ferner findet sich noch der Posten:

Folgende zinße sein dißes iars widerumb außen ampt Schwarczburgk gen Ilmen geweißt:

(Königsee, Dörnfeld a. d. H., Niederschöblingen, Niederhein, Garschitz, Drebeschau, Herschdorf, Wolf Obstfelder und Peter Bornkessel).

S. S. 56 sch. 8 gr.

S. S. aller Zinsen: 904 sch. 1 a. heller 1 lowen heller.

10) „Vorspruch" Geld (Seebergen, Angstedt, Wimbach, Mornbach, Wüllersleben, Dienstedt, Großhettstedt Elxleben, Warteburg)

26 sch. 8 gr. 3 1 ₰

S. S. aller Einnahmen: 1033 sch. 4 gr. 1 a. heller.

„Darober 105 sch. so ich m. g. h. In beschid schuldig.

Unter der Ausgabe sind folgende Posten bemerkenswert: 21 sch. an 20 fl.; In den gemeinen Kasten; 10 sch. 8 gr. „2 armen Priestern. er Andresen und ern Thylen" (wöchentlich jedem 2 gr.). Auch findet sich die Bemerkung: An dißen beyden orthen hat graffe hans heinrich die Zinße zu folge laßen gewegert vormoge seiner schrifft.

Sonst sind die Ausgaben folgende:

1) Gesindelohn :   27 sch. 14 gr.
2) Gem. Ausgabe: 89 „   1 „ 7 ₰ 1 heller
3) Für die Nonnen :   28 „ 12 „ 4 „ (v. Watzdorf, v. Ober-
4) Tagelohn :   12 „   6 „ 2 „ Weymar, v. Peulwitz,
5) Zerung :   1 „ 14 „ 6 „ die Zcengen werden
6) In die Renterei! 745 „ 10 „   erwähnt)
7) Nicht ganghaftig und nicht eingebracht: 31 sch. 14 gr.

S. S. aller Ausgabe: 9 5 0 s c h. 1 2 gr. 7 ₰ 1 h e l l e r.

Die Getreiderechnung ergiebt:

Korn restat: 1425 M. 1 V. 2 Molm $\begin{cases} \text{E: 1489 Maas (rund)} \\ \text{A:}\quad 64\quad\text{„} \end{cases}$

Roggen „ : 124 „ $\begin{cases} \text{E: 136 M.} \\ \text{A:}\quad 12\quad\text{„} \end{cases}$

Gerste „ : 184 „ 2 V. $\begin{cases} \text{E:}\quad 418 \text{ M.} \\ \text{A:}\quad 233\quad\text{„} \end{cases}$

Hafer „ : 920 „ 1 „ $\begin{cases} \text{E: 1018}\quad\text{„} \\ \text{A:}\quad 92\quad\text{„} \end{cases}$

Malz „ :   36 „ 3 „
Erbsen „ :   27 „ — 3 Molm etc.

2) Die Rechnung von 1537/1538 (H. Bhoner, Vorsteher) weist als Einnahme die Summe von 1 4 0 1 fl. 1 3 gr. 1 ₰ auf, und zwar

Ein. Retardata: 189 sch. 12 gr. 11 ₰
Gerichtsfälle (20 Fälle): 15 „ 15 „ 8 „
Spondgeld: 3 „ 10 „
Zoll :   2 „ 18 „ 6 „

Abgelöstes Kapital: 21 sch.

Holzgeld: 7 „ 17 gr.

Aus Korn: vacat. (Der renthmeister wirdt ditz gelt vorsehens eingenomen habe.) Rocken, Gerste, Hafer, Erbsen vac.

Malz: 126 sch.

lehnware: 47 sch. 6 gr. 9 ℥

Gemeine E: 125 sch. 25 gr. (darunter: 6 sch. 6 **gr.** Johannes der buchfurer von Erffurd vor 258 ℔ bucher an 80 althen sanct. meße und andern boßen buchern Ides h. (?) vor 6 ℥, Die breth abgeschlagen, So haben hirvber die Nonnen derselben hinor zu zweie oder dreie malen dießem und einem andern buchfurer auch vorkaufft, desgleichen hab ich zwei ader drei tuchtige gesangkbucher In die pfarre geben. Dinstags nach Bartholomei).

E. Erb- und wiederkäufliche Zinsen: 902 sch. 16 gr. (70 Orte).

Vorspruchgeld: 29 sch. 3 ℔ 9 ℥ (9 Orte).

Die Ausgabe weist als Gesamtsumme: 1323 fl. 8 gr. 3 ℥ 1 h. auf. Darunter: Gesindelohn: 26 sch. 6 ℥; Zinsausgabe: 17 sch., Gemeine Ausgabe: 71 sch. 7 gr. 11 ℥ 1 heller; für Nonnen Notturft: 49 sch. 16 gr. 3 ℥ u. s. w., als Hauptausgabe: 1130 sch. In die Renterei!

Ähnlich, wie bei Stift Paulinzella verhält es sich nun auch hier mit der Abtrennung von Stiftszinsen zum besten der Amtskassen:

So finden wir in der Blankenburger Amtsrechnung 1533/1534 als Einnahme Ilmische Zinsen: 6 sch. 8 **gr.** 10 ℥ und in der 1534/1535er: 9 sch. 6 gr. 2 ℥ (Blankenburg, Tälendorf, Leutnitz, Kleingöliz und Dittersdorf) verzeichnet (Abgang auf 2 Jahre: 10 gr. 8 ℥ und 2 sch. 8 ℥), ja selbst in der Amtsrechnung von 1532/1533 findet sich zum erstenmal sub Einnahme insgemein: 20 sch. 17 gr. 2 ℥ Ilmische Zins von wegen der Probstey. In der Rechnung von 1535/1536 betr. Ilmische Zinsen im Amt Blankenburg findet sich als Geldzinseinnahme (von Blankenburg, Tälendorf, Leutnitz, Kleingöliz, Dittersdorf, Keilhau, Geilsdorf, Volkstedt, Schala, Zeigerheim, Eichfeld, Schwarza und Lichstedt) und Einnahme insgemein: 32 sch. 3 gr.

nach Abgang: 4 „ 14 „ 8 ℔

bleibt: 27 „ 8 „ 4 „

Vorher ist schon als Abgang für die Hofhaltung in Rudolstadt unter anderm angesetzt: 21 huner, $2^1/_2$ unschlitz, $1^1/_2$ virtel erbes, 2 Metzen mhon!

Interessant ist, daß hiernach die Stiftseinnahmen noch mehr geschmälert worden sind, in dem eine größere Zahl von Zinsortschaften für die Amtskasse abgezweigt wurde.

Zuletzt steht noch:

S. beider (Zeller und Ilmer) Zins:
restat: 120 sch. 1 gr.

Dauon gehn mir schoeßer 46 sch. 4 gr. 1 heller, so man mir im rest der ambtsrechnung blibe und bleibe uber abrechnung m. g. h. also allenthalben

73 sch. 16 gr.

Das Verfahren bei der Verwendung dieser Stiftseinnahmen von Paulinzella und Stadtilm, sowohl der Geld- wie der Getreidezinsen, möchte man als typisch für die Verwendung des Klostergutes nach der Säkularisation überhaupt ansehen. Ein kleiner Teil derselben wird für mildthätige Zwecke und für die Schultheißen, ein kleiner Teil muß, weil nicht eingegangen, in Abzug gebracht werden, ein winzig kleiner Teil für irgend einen Pfarrherrn, ein größeren Teil, besonders der Getreideeinkünfte, fällt der Hofhaltung und der Löwenanteil an Geld- und Getreideeinnahmen den Staatskassen d. h. dem gemeinen Nutzen des Landes zu! Ferner verzeichnet die Arnstädter Amtsrechnung von 1533/1534

38 sch. 12 gr. $7^1/_2$ ℔ Ilmische Zinsen,

und in den noch vorhandenen Amtsrechnungen von Rudolstadt 1532/1533 und 1533/1534 findet sich als Einnahme zins von wegen des Klosters zu Stadtilm angegeben: 4 ℔ Schala

3 sch. 5$^1/_2$ gr.   Eychefelt
7   „   3   „ 4 ☊ Volstet
2   „   —   „ 4 „ Blankenburgk
1 sch. 19 gr.   Keylhaw
1$^1/^2$ „   2   „   Telndorff
10 „ 40   „   Geylsdorff
         6   „ 8 ☊ Liechstet
         4   „   Leutenitzs

S. S. 26 sch. 15 gr. 8 ☊.

c) Die Rentereirechnungen geben nun noch folgenden Aufschluß über die dem Staate zugefallenen Barüberschüsse des Stifts:

1) Rent. Rechnung Arnstadt 1531/1532.

Die Einnahme aus dem Kloster Ilmen von dem Vorsteher Heinrich von Zossen beträgt: 889 sch. 20 gr., ebenda finden sich diese Notizen: 63 sch. 22 gr. an 47 guten sch. 11$^1/_2$ schneeb. von philipp Drlrt Recht (?) zu blankenburg. Enpfangen an den Zinßen so Er von wegen des Iungfrau closters zu Ilmen hat ingenomen auß befelich m. g. h. Item diße Zinse habe ich in berechent und nicht außgeben sein nicht gefordert wurden. so habe ich derhalben di Ausgabe der Zinße im beschloß nicht wollen endern.

2$^1/_2$ sch. von d. Brudschafft bt vgr zu Sanct bonifacii, 1 sch. 24 gr. von d. Bruderschafft Swartzburg, habe nach geloßen 2$^1/_2$ sch. her Johan . . . [?] nichtgefurdert Sma . . . [?] Die (allerdings durchstrichene) Rent. Rechnung von Arnstadt 1532/1533 weist als Einnahme von Heinrich von Zossen, Vorsteher zu Ilm, auf

1) 1000 gute sch. u.
2) 210 sch.

Die Rent. Rechnung Arnstadt 1536/1537 verzeichnet als Einnahme von diesem Stift: 710 fl. an 745 sch. 10 gr.

Nehmen wir für die Einnahmen, welche aus diesem Stift von 1532—1538 den Amts- und Rentereikassen zuflossen, runde Summen an, so ergiebt sich als Barüberschüsse an die Rentereikasse bei rund jährlich 1000 sch. die Summe von 7000 sch. und als Zinseinnahmen für die Amtskassen innerhalb 7 Jahren:

1) Blankenburg: 189 sch.
2) Arnstadt: 266 „
3) Rudolstadt: 182 „
Summa: 637 sch.

Bei diesem Stift fällt auf, daß dasselbe schon seit 1532 ganz erhebliche Barüberschüsse an die Staatskasse, d. h. zum gemeinen Nutzen des Landes ablieferte.

3. Das Benediktiner Nonnenkloster zu Arnstadt, ursprünglich der H. Walpurgis geweiht, Mainzer Dioec. zur Praeposit. B. Mariae Virginis, sedes Kirchheim, gehörig, wurde von dem Walpurgisberge, wo es sich zuerst befand, 1309 nach der Stadt verlegt; seine ursprünglichen Stifter sind die Grafen von Kevernburg. Nach dem Jahre 1317 geht aus seinen Bezeichnungen hervor, daß das Koster lediglich der heiligen Maria geweiht war. („Monasterium B. M. Virginis inter muros oppidi Arnstete“ etc.) Über die Namen und Zahl der Pröbste und Priorinnen vergleiche Burkhardt, Urkundenbuch der St. Arnstadt (Thür. Geschichtsquellen N. F. I) und Hellbach, Geschichte dieses Klosters. Die Konventualinnen wurden in die Amts- und in die übrigen Jungfrauen eingeteilt. Der ersteren waren vier: (Kellnerin, Küsterin, Kämmerin und Siechmeisterin). Im Jahre 1457 kommen 32, 1528 etwa 20 schleiertragende Jungfrauen vor. Das Stift hatte lt. dem städtischen Statut das Recht, bei drei städtischen Pfarren zu präsentieren. Hellbach meint, daß das Kloster kein sehr bedeutendes und auch kein sehr reiches gewesen sei, weil keine Gräfin aus dem Hause Kevernburg und Schwarzburg und auch nur wenige vom Adel diesem Konvent angehört hätten und auch darum, weil die Domina nicht Äbtissin, sondern Priorin genannt wurde, doch weisen noch vorhandene Kloster-Rechnungen auf ansehnlichen Besitz und nicht unbedeutende Einkünfte hin,

XXI.   9

z. B. 1495 Geld-Einnahme: 1366 sch. — ?

    „ Ausgabe: 1127 „ 1 heller.

Die Reformation und Säkularisation des Stiftes fällt ins Jahr 1533. Diesem Jahre entstammt auch die erste Stiftsrechnung, welche von dem gräflichen Amtmann und Verwalter Lutz von Wüllersleben aufgestellt ist. Doch wir wollen die 3 aus der Zeit 1533/38 noch vorhandenen Stiftsrechnungen des Verwalters und Amtmannes Lutze von Wüllersleben selbst prüfen!

1) Rechnung von 1533/34:

S. S. Einnahme: 1011 sch. 13 gr. 11 ℨ 1 heller.

Darunter Retardateinnahmen der letzten 3 Pröbste:
142 sch. 5 gr. $1\frac{1}{2}$ ℨ.

Außerdem wird noch auf etliche 100 Schock an „unbekentlichen und wüsten Retardaten" hingewiesen, „daran sich zu vormuthen das gar wenigk ader gar nichts daran zu bekommen ist".

Die folgenden Einnahmeposten sind:

1) Erbzinsen in der Stadt: 78 sch. 5 gr. 1 ℨ 1 h.
2) Erbzinsen auf dem Lande (53 Ortschaften):
    162 sch. 9 gr. 2 „
3) Wiederkäufl. Zinsen: 1 „ 13 „
    desgl. in der Stadt: 57 „ 7 „ 3 „
    „ auf dem Lande (34 Orte):
    149 „ 4 „ $1\frac{1}{2}$ ℨ
Leibzinsen der Jungfrauen: 92 „ 5 „
Laßzinsen: 6 „ 15 „ 8 ℨ
Zinshühner: 4 „ 16 „
Zinsgänse: 1 „ 15 „
Hauptgeld der Zinsablösung: 65 „ 14 „
Lehnrecht: 3 „ 13 „
aus der Schäferei: 112 „ 7 „
für Pferde: 45 „ 17 „
für Korn: 110 „ 7 „
Gerste: 4 „
Hafer: 7 „ 8 „

Die Ausgabe beläuft sich auf: 856 sch. 6 gr. 1 ℨ.

Die einzelnen Posten lauten:

1) Erbzinsen: 2 sch. 10 gr. 10 ₰
2) Dem Rentmeister: 23 „ 13 „ 1 „
3) Alte Schuld bei Krucker: 43 „ 10 „
4) Für die Küche der Jungf.⎫
   u. das Gesinde im Pfarrh.⎭ 128 „ 2 „ 10 „
5) Kostgeld für die beiden⎫
   Pfarrer Niclaus Tantz u.⎪
   Er Caspar zu U. L. F. ⎬ 23 „ 13 „
   und St. Bonifacij: ⎭
6) Vorrat ins Haus: 62 „ 17 „ 5 „ 1 h.
7) Jungfrauen Notturft: 47 „ 5 „ 6 „

Die übrigen Ausgaben beziehen sich auf die Verwaltung des Stiftes.

An Retardaten sind hinterstellig: 36 sch.

Im Vorrat bleibt: 119 „ 7 gr. 10 ₰ 1 h.

Trotzdem nach dieser Rechnung der Überschuß des Stifts und die an den Rentenmeister abgelieferte Summe unbedeutend ist, warf dennoch die Bewirtschaftung des Stiftsgutes der Hofhaltung einen erheblichen Vorteil an Naturalien ab. Man vergleiche die Getreiderechnung desselben Jahres:

1) Korn E: 1012 Maß 3 Viert 4 Molmetz (17 Zinsorte)
          A: 653½ —   „ 1   „

Davon 112 Maß verkauft; 232 Maß 1 Viert. 1 Molmetze aufs Schloß und 106 Maß 3 Viert. Ausgabe insgemein und Dienstlohn, worunter sich auch kleinere Abgaben an Pfarrer, Kirchner und Schulmeister finden (dem Kirchner zu Bytstedt, dem pfarhern zu Rudißleben, dem pfarhern zu Holtzhaußen, dem pfarhern Bonifacii, er Nicl. Tantz, dem kirchner Bonifacii, dem priester zu St. Catharin (10 Maß), dem schulmeister Nicl. Straffen.
Die Ausgaben laufen zwischen ½ und 6 Maß.)

2) Gerste E: 399 Maß (16 Zinsorte)
            A: 382   „ 2 Viert. 1½ Molmetze.
Davon allein 129 Maß 1½ Molmetze aufs Schloß.

3) Hafer E: 521 Maß 1 Viert. ½ Molmetze (19 Zinsorte)
           A: 431   „
Aufs Schloß: 259 Maß 2 Viert.

9*

4) Malz: Einnahme und Ausgabe 66 Maß, 30 Maß gen |
Rudolstadt.

Die Viehrechnung weist auf einen Vorrat:

34 Nosser
und 2 Schock Schweine.

2. Rechnung von 1534/35.

Die Einnahme setzt sich zusammen aus:

Retardaten: 52 sch. 11 gr.

13 Posten Reste wurden auf Befehl der Obrigkeit erlassen,

im ganzen mit noch ⎫ 5 anderen Posten ⎭	33 sch. 18 gr.		
Erbzinsen in der Stadt: 77	„ 1 „	6½ ₰	
„ auf dem Land: 159	„ 9 „		
Wiederkäufl. Zinzen zu ⎫ sich erkauft: ⎭	1 „ 13 „		
Wiederkäufl. Zinsen in ⎫ Stadt und Land: ⎭	207 „ 18 „	1 ₰ 1 h.	
Leibzinsen:	85 „ 10 „		
von Laßgütern:	6 „ 15 „	8 ₰ etc.	

S. S. Einnahme: 1026 sch. 3 gr. 1 ₰

Die Ausgabe setzt sich zusammen aus:

Erbzins:	2 sch. 5 gr. 6 ₰	
Für die Küche der Jungfr. ⎫ u. d. Gesinde im Pfarrh. ⎭	150 „ 17 „	— 1 h.
Für Kostgeld beider ⎫ Pfarrherrn: ⎭	26 „ 15½ gr.	
Vorratsausgabe:	6 „ 4 gr. 4 ₰	
Für die Notturft der ⎫ Jungfrauen: ⎭	36 „ 4 „ 11 ₰ u. s. w	

S. S. Ausgabe: 608 sch. 7 gr. 8 ₰ 1 heller.

Von dem Überschuß: 417 sch. 15 gr., 4 ₰ 1 h.
wurden an den Rentmeister Sigmund v. Witzleben 280 sch. 12 gr. gegeben.

3. Rechnung von 1537/38.

S. S. Einnahmen: 766 sch. 12 gr. 4 ₰.

Die Reste, welche hiernach von den Jahren 1525—34
nachgelassen werden, belaufen sich auf 16 sch. 12 gr. 6 ₰

Dabei betragen

die Erbzinsen der Stadt noch: 76 sch. 8 gr. 7 ℔ 1 h.

„   „   auf dem Land: 159 „ 12 „ 4¹/₂ ℔.

Dagegen die Einnahme der wiederkäuflichen Zinsen (Stadt und Land) nur noch: 159 sch. 15 gr. 5 ℔ 1 h. 2 sch. 5 gr. vorm iare widderkeuflicher zinße abgelost, nemlich 31 sehneb. 6 ℔ und 13¹/₂ sehneb. und die von Leibzinsen nur: 48 sch. (hierbei findet sich die Bemerkung: So seindt auch noch 21 sch. diez jhar bei den iungkf. von der Sachssen abgang, seint auß dem closter gezcogen).

Der Laßgutzins: 15 gr. 8 ℔

Lehnrecht: 8 sch. 4¹/₂ gr. u. s. w.

Die Summe der Ausgaben: 497 sch. 19 gr. 1 h. Dabei Erbzins von des Klosters wegen: 3 sch. 5 gr. 2 ℔., zum erstenmal: 1 sch. er Peter Itiges in gemein kasten ʼzcu den geistl. lehen Crucis in S. Jacoffs kirchenn und auch: 4 gr. er Cristoff pharher zcu Oberndorff, von einer wiesen unthier dem hayn.

Für die Pfarhern Kostgeld:	25 sch.	4 gr.		
Für Jungfrauen, Küche und Gesinde:	131 „	8 „	1 ℔	1 h.
Vorrat ins Haus:	15 „	19 „	3 ℔	1 h.
Notturft der Jungfrauen:	36 „	12 „	9 ℔	1 h.
Rest:	268 „	19 „	—	1 h.

Doch ist nichts bemerkt, daß diese Summe der Rentereikasse zugeflossen wäre. Die Rentereirechnung Arnstadt von 1536/37 weist als Einnahme aus diesem Stift die Summe von 120 fl. auf. Nehmen wir also diese Summe als jährlichen Barüberschuß an, welcher der Rentereikasse während der Zeit von 1533—38, also während 6 Jahren zufloß, so ergiebt es die Gesamtsumme: 720 fl. Bezüglich dieses Stiftes fällt ganz besonders die nicht unbedeutende Abnahme der Stiftseinnahmen bereits in der Zeit von 1533—38 auf. Dies ist in erster Linie darauf zurückzuführen, daß die ansehnlichen Getreideeinnahmen zum großen Teil direkt den Hofhaltungen zu gute kamen und

auch die Zinsabgaben an das Stift staatlicherseits geschmälert wurden, während die Abnahme der Leibzinsen
nicht sonderlich ins Gewicht fällt und „ja auch durch die
Abnahme der Ausgabe für die Jungfrauen einigermaßen
ausgeglichen wurde. Bei diesem Stift zeigt sich schon in
dieser Periode am deutlichsten, in welcher Weise das
Klostergut allmählich staatlicherseits aufgesogen wurde.

Überblicken wir dieses, wenn auch sehr lückenhafte,
aber dennoch für die Beantwortung unserer Frage überaus
wichtige urkundliche Rechnungsmaterial, so ergiebt sich
folgendes: Soweit die Einküufte der von staatlichen Ver-
waltern geleiteten Stifte nicht zur Bewirtschaftung der
Stifte selbst und zur Unterhaltung der Klosterinsassen
gebraucht wurden, fielen sie in der Hauptsache den Staatskassen, beziehentlich den Hofhaltungen zu. Der Vorteil,
welcher dadurch dem Staat bez. dem gemeinen Nutzen
des Landes trotz der anfänglich nicht so bedeutenden
Barüberschüsse der Stiftsverwaltungen in der Zeit von
1533—38 erwuchs, war immerhin ein ganz beträchtlicher;
und zwar sowohl an barem Geld, ganz besonders aber auch
an Naturalertrage der Stifte:

1) Die Überschüsse an barem Geld, welche der Rentereikasse von 1533—38 zuflossen, ergeben, wenn man die
Rentereirechnungsangabe von 1536/37 als die jährliche
Durchschnittssumme annehmen darf, die erhebliche Summe
von 6120 fl, und zwar besonders durch den Überschuß
des Stiftes Ilm.

2) Dazu kommen diejenigen Stiftszinseneinnahmen,
welche seit Einführung der Reformation und Säkularisation
der Klöster von deren Einnahmen abgetrennt wurden und
den Amtskassen zuflossen (cf. oben, bei Ilm und Paulinzella
ergiebt die Zusammenstellung: 1562 sch.)

3) entzog sich der Staat der Verpflichtung fast ganz,
die den Stiften bis zur Reformation staatlicherseits fällig
gewesenen Abgaben, nach der Säkularisation weiterhin zu
entrichten. Daß dieser Vorteil nicht unerheblich war, er-

sieht man unter anderem aus einem Vergleich der Arnstädter Rentereirechnungen von 1531/32 und 1536/37. Dort belaufen sich die staatlichen Ausgaben für wiederkäufliche Zinsen in „m. g. herrn städten" auf 830 sch. 41 gr. 1 ₰ hier nur auf: 637 fl. 3 gr. 7 ₰. Diese Zinsen wurden zumeist an geistliche Stiftungen des Landes gezahlt (cf. hierzu die Stiftsrechnung von Arnstadt 1538/39).

Doch abgesehen von diesem für damalige Verhältnisse nicht unbedeutenden Kapitalgewinn, zog die Herrschaft auch aus dem Getreide und Vieh, sowie aus dem erbauten Wein der säkularisierten Stifte ganz erheblichen Nutzen. So sei beispielsweise zu dem schon Gesagten noch angeführt, daß allein nach den drei noch vorhandenen Getreiderechnungen des Arnstädter Stiftes aus dieser Zeit rund gerechnet 2601 Maß Getreide aller Sorten auf die herrschaftlichen Schlösser geliefert wurden. Nach der Rechnung von 1534/35 desselben Stiftes wurden aus dem Stift für das Schloß 1 Kuh, 1 Stier, 27 Schweine, 2 Eber geschlachtet. Die 13$\frac{1}{2}$ Schock Zinseier wurden zum Teil im Kloster, zum Teil im Schloß verspeist, der Abgang von 84 Hammeln nach der Schafrechnung fand seine Verwendung teils auf dem Schloß, teils wurden sie verkauft, und die Weinrechnung des Stiftes vom gleichen Jahre ergiebt, daß der erwachsene Wein sofort vollständig auf das Schloß kam, während von den noch im Vorrat befindlichen 172 Eimern Wein 145 Eimer aufs Schloß, 10 Eimer ins Kloster abgegeben wurden und 17 Eimer „verfult" waren.

Vergleiche auch die Getreiderechnung des Stiftes Arnstadt von 1537/38:

    a) Korn Einnahme: 1188 Maß 1 Viertl 3 Molmecz

        Ausgabe: 629 Maß,

darunter für d. g. h. bez. in die grüne Au zu Erfurt:

    131 Maß 1 Virtl und 55 Maß und 2$\frac{1}{2}$ Virt.

Ausgabe Korn insgemein: 170 Maß 3$\frac{1}{2}$ Virt.

Darunter: 20 Maß dem castenhern von wegen der obirkeit

10 „ „ pfarrer Bonifacii zu seiner costunge

5 „ „ pfarrer zu vnßer lieben Frauen

5 „ „ schulmeister zu seynem lohn

11 „ „ kirchner zu unßer lieben frauen

6 „ „ kirchner zu S. Bonifaci

1 „ „ pfarrer zu Bitstet zu deczman

$^1/_2$ „ „ kirchner zu Bitstet

$^1/^2$ „ „ pfarher zu Rudißleben

$^1/_2$ „ „ kirchner zu Dornheym.

Das Übrige verblieb im Vorrat.

b) Gersten E: 682 M. 3 Viert.

A: 673 „ 2$^1/_2$ Viert.

Davon unter anderem: a) aufs Schloß 278 M.

b) nach Rudolstadt auf obrigkeitlichen Befehl 48 M.

c) auf die Keffernburg 57 M.

d) in die grüne Au[1]) 51$^1/_2$ M.

(also circa $^2/_3$ aller Ausgaben tür die Höfe).

c) Hafer E: 488 M. 2 Viert. 1$^1/_2$ Molmetze

A: 438 M. 3$^1/_2$ Virt.

Darunter aufs Schloß 3 4 6 M a ß.

2) Vieh, Rindvieh E: 66 Alt- und Jungvieh

A: 18

Darunter 5 Kälber aufs Schloß, 3 Kälber und 5 Stiere ins Kloster geschlachtet.

Arweys E: 23 M.

A: 23 M. (9 M. aufs Schloß).

Die Weinrechnung fehlt ganz.

Schweine E: 136 Stück

A: 53 „ { 26 ins Kloster und aufs Schloß geschlachtet.

Hühner E: 6 sch. 1 Stck.

A: 5$^1/_2$ sch. (4$^1/_2$ sch. 1 Stck. ins Kloster).

Rest: 31 Hühner.

Gänse E: 27 Stück

A: 21$^1/_2$ „ { Ins Kloster 16 Stck., Rest 5$^1/_2$

Schafe E: 957 Nesser

A: 172 „ (zu Hof und ins Kloster 123 Stck.)

---

1) Gräflich-Schwarzburgischer Hof zu Erfurt.

Auch war die staatliche Einnahme aus Wollenverkauf, wozu auch die Stiftsschäfereien beitrugen, nicht gering. Die Rentereirechnung Arnstadt 1536/37 verzeichnet unter Wolleneinnahme, wobei sich die Wolle der Schäferei des Stiftes Arnstadt befindet, die Summe von 489 fl.

Dem gegenüber überrascht es in der That, daß die Ausgaben für den Unterhalt der Klosterpersonen sowie diejenigen für „christliche Zwecke" (Kostgeld für die beiden evangelischen arnstädtischen Pfarrer, angekaufte evangelische Bücher, geringfügige Getreideabgaben an einige wenige Kirchendiener und einige geringe Abgaben an den gemeinen Kasten) entgegen dem Vorteil des Staates bezl. des Landes im allgemeinen aus den säkularisierten Stiften Stadtilm und Arnstadt kaum nennenswert sind. Hinsichtlich des Stiftes Paulincella können wir leider bei dem Mangel an Quellen ein Urteil nicht abgeben! (cf. aber die spätere Rechnung 1538—39, darnach ist zu vermuten, daß einzelne Dorfpfarrer schon früher vom Stiftseinkommen unterhalten wurden.) Da nun der Staat, wenn er die Barüberschüsse der Klöster — sehen wir einmal ganz von dem beträchtlichen Nutzen der Herrschaft aus Getreide und Vieh ab — für sich in Anspruch nahm, die Verpflichtung hatte, diese Überschüsse in erster Linie wiederum der jungen evangelischen Kirche zum besten zu verwenden, so müßte dies demnach aus den noch vorhandenen Staatsrechnungen (Amts- und Rentereirechnungen) ersichtlich sein. Leider sind wir allerdings nicht in der Lage, sämtliche staatliche Rechnungen aus dieser Zeit daraufhin zu prüfen, da nur einige wenige noch vorhanden sind; trotzdem überrascht es auch hier, wie verhältnismäßig unbedeutend die Ausgaben sind, welche wir allenfalls auf das Konto derjenigen Stiftsüber- schüsse setzen könnten, welche den Staatskassen zuflossen. So finde ich in der Arnstädter Rentereirechnung von 1532— 1533 z. B. angegeben, daß dem Dr. Joh. Lang von Erfurt, weil er in der Visitation 1533 thätig war, 11 fl. 9 gr. zur Verehrung gegeben wurde; ferner ein Mönch, der aus dem

Barfüßer Kloster gegangen ist, erhält 12 gr. „umb gotes willen", ein junger Mönch aus Paulincella, der sich nach Erfurt zum Studium begeben will, erhält 5 fl. In der Rentereirechnung von 1536—37 z. B. 1000 gulden an grober muntze von wegen des verstentnis etzlicher chur vnd fursten, grafen, hern und stetten der protestirende stende, und religion sachenhalb so m. g. h. zu derselbigen gebuerend antheil daßmals zu entrichten aufferlegt gewest etc. ferner: 19 fl. 4 gr. hat Johann Zwuester cantzler off zweimal 1i [18?] tag zu Schmalkalden verzert, als die protestirende stende bei einander gewest, die wochenn oculi; 40 fl. er Niclas Mende dem ordens person auß der Paulina Zelnn walpurgis—michaelis ao 37 fellig zu zweienmalen durch doctor Lang entricht zu erhaltung des studiums zu Wittenberg, wie ime dan m. g. h. zugesagt etc. Ferner: 2 fl. vor ein lateinisches buch als die commentarins in quatuor ewangelistas er Casparn dem prediger Bonifacii uß bevelich m. g. h. bezalt; auch: 13 fl. 2 gr. an 11 thalern doctori Jheronimo Schuerffen bei breuninge uffs cantzlers bevelhe gen Wittenberg geschickt etc. Dagegen können wir die in derselben Rentereirechnung sub „wiederkäufliche Zinsen" verzeichneten unerheblichen Ausgaben an den (Pfarrer) Niclaus Tantz, an den gemeinen Kasten etc. hier nicht wohl als solche ansehen, die auf das Konto der Stiftseinkünfte zu setzen wären, denn die Staatskasse hatte ohnedies durch Wegfall einer Anzahl wiederhäuflicher Zinsen an geistliche Personen und Stiftungen des Landes erheblichen Vorteil.

Und wie diese eine Rentereirechnung, so ergeben die durchgesehenen Amtsrechnungen dasselbe Resultat: Ich finde z. B. in der Rudolstädter Amtsrechnung von 1532—33 nur folgende bemerkenswerte Ausgaben verzeichnet: 3 gr. 4 ℒ vor 2 dinst fischs als der predier von Salvelt und der pfarher von Liberingen den pfarre zcu Teuchel uund Hasla examenirten dinstags nach Egidii

2 gr. für die Küche bei gleicher Veranlassung gelegentlich der Visitation 1533.

14 gr. 9 ♃ vor ein kalb montags nach exaudi als die visitatores inkamen, 1 sch. 4 gr. der viſitator schreiber gein Ihen geschick, mittewochns nach cantate. In der Amtsrechnung von Arnstadt 1533—34 z. B. 10 gr. vor ein buch dem pfarrer zcu Willingen, darinnen die ordnung der visitatoren beschrieben.

In der Amtsrechnung von Blankenburg 1532/33: 3 sch., die visitatores verthan donnerstags und freitags post exaudi. Es soll nun keineswegs unberücksichtigt bleiben, daß die Regelung der kirchlichen Angelegenheiten des reformierten Gebietes, die darauffolgenden Rechtshändel und Beschwerdesachen (z. B. der langwierige Prozeß Graf Heinrichs des Älteren contra Burdian zu Erfurt[1]), desgleichen die damit verbundenen häufigen Reisen des Grafen und seiner Räte, kurz alles, was die Organisation der evangelischen Kirche erfordete, erhöhte Ausgaben für die Staats- und Amtskassen verursachte, aber alles dies zugegeben, das leuchtet doch ein, alle diese Ausgaben fallen schon gegenüber den in dieser Anfangsperiode noch nicht einmal so beträchtlichen Barüberschüssen, welche die Stifte an die Staatskassen ablieferten, kaum in die Wagschale. Zum Besten des Landes ist die allerdings sehr nötige und verdienstvolle Aufsicht über das Stiftsvermögen teuer bezahlt worden und zwar schon in dieser ersten Periode nach Säkularisation der kirchlichen Stifte. Doch dies hätte immer noch geschehen mögen, wäre nicht auch zugleich der Anfang gemacht worden, die Vermögenssubstanz der kirchlichen Stifte systematisch zu schmälern und Klostereinkünfte den Amtskassen zuzuweisen. Die löbliche Absicht, die zweifellos in dieser Zeit bei einzelnen Stiften noch erkennbar ist, nämlich das Klostergut gesondert zu verwalten und damit der neuen Kirche ihre überkommenen, weltlichen Güter nach Möglichkeit zu erhalten, wurde dadurch schon durchbrochen, ebenso dadurch, daß die Barüberschüsse den

---

1) S. A. und Kopie in den Hessischen Collectaneen. R. G. A.

Staatskassen zuflossen, deren noch vorhandene Rechnungen, die noch nicht einmal die kirchlichen Einnahmen und Ausgaben gesondert zusammenstellen, den Ausweis liefern, daß nur dürftige Bruchteile der Stiftsüberschüsse kirchlichen Zwecken zu gute kamen. Es ist und bleibt also vom kirchlichen Standpunkt aus zu bedauern, daß das Stiftgut nicht der neuen Kirche gesondert erhalten blieb, denn thatsächlich sah man eigentlich jetzt schon die Stiftsgüter als staatliches Eigentum an und füllte mit den Stiftsüberschüssen die bedürftige Staatskasse.

Denn war auch die Herrschaft Schwarzburg-Arnstadt im Verhältnis zu den Herrschaften Leutenberg und Sondershausen - Frankenhausen finanziell um diese Zeit noch am besten gestellt, so zeigt doch ein Blick in die Arnstädter Rentereirechnung von 1536/37, daß auch hier die Schuldenlast des Staates drückender zu werden anfing. Eine Verwendung der Stiftsgüter zu gemeinem Nutz, d. h. zum Besten der Staatskasse, konnte deshalb nur erwünscht sein. Trotzdem also für die Erhaltung der Stiftsgüter zu kirchlichen Zwecken so nachteilige Wege eingeschlagen wurden, darf an dieser Stelle nicht unerwähnt bleiben, daß Graf Heinrich, der Reformator, dieser edeldenkende, überzeugte evangelische Christ, so gut es ging, für die materielle Fundamentierung seiner evangelischen Landeskirche Sorge trug. Freilich war diese Sorge leider eben nur darauf berechnet, den evangelischen Pfarrern einen anfänglich leidlichen Unterhalt zu gewähren, während doch auch in der Zukunft erneute Anforderungen an Aufbesserungen zu erwarten standen, ja gar bald eintraten. (Gemäß Andeutungen in den Visitationsakten 1539 hatten sich schon um diese Zeit einzelne Pfarrer beim Kurfürsten von Sachsen deshalb beschwert.)

Wie vorteilhaft wäre es da gewesen, wenn das Siftsvermögen noch ungeschmälert oder wenigstens in der Hauptmasse noch vorhanden gewesen ware!

Während es urkundlich feststeht, daß der Graf in seinem

Testament von Dienstag nach Quasimodog. 1534[1]) nur das Vorwerk zu Rottleben und den Weinberg, der „Schleicher," zu Rudolstadt, „wilchs vor dieser zceit in die Paulzcella gehort hatt", seiner Gemahlin verschrieben hatte und auch bei dieser Testamentsverfügung ausdrücklich die Möglichkeit offen gelassen hatte, daß die Güter als der Kirche gehörig wieder zurückerstattet werden müßten, wie sie ja auch die gräfliche Witwe bereits 1539 an Graf Günther XL. wieder herausgab, bemühte er sich in der Visitation 1533 durch seine Visitatoren die Einkommensverhältnisse der Pfarrer seines Landes zu ordnen. Vornehmlich legte er Gewicht auf die Errichtung von „gemeinen Kasten" in den Städten des Landes, aus welchen die Unterhaltung der Prediger, Schul- und Kirchendiener sowie die Erhaltung kirchlicher Gebäude und die Unterstützung armer Bedürftiger bestritten werden sollte (cf. die Notiz im Roten Buch zu Arnstadt S. 15): „Wer praedikanten und schuldiener zu unterhalten schuldigk? kasten hern. Nachdem sich zu Arnstat das evangelium got hab lob angefangen, ist von unßerm g. h. grave Heinrich des 33. jars ein ordnung gemacht, alßo, das prediger schulmeister und kirchner sollen von einem gemeinen kasten besoldet und erhalten werden; auch arme leute nach notturfft etc." [2])

So anerkennenswert nun auch diese Einrichtung war und so gewiß durch sie manchem dringenden Bedürfnis der materiellen Sicherung der evangelischen Pfarrer Abhilfe gewährt werden konnte, so waren es doch nur dürftige Unterstützungskassen, die lediglich für die wenigen Städte Bedeutueg hatten, deren Ausgabeverpflichtung außerdem zu umfangreich war und denen ja eine Haupteinnahme, nämlich die von dem Stiftsvermögen, fehlte. Von den frühsten Kastenrechnungen, die noch vorhanden sind, nämlich aus dem Jahre 1549/50 verzeichnet die Stadtilmer Kastenrechnung als

1) W. A. Reg. Ee, No. 550, Vol. II.
2) Arnst. Rats-Archiv.

Einnahme: 278 fl. 18 gr. 2 ℳ 1 heller

als Ausgabe: 174 fl. 5 gr. 11 ℳ 1 heller

und die Arnstädter

als Einnahme: 971 sch. 59 gr.

Die Einnahmen setzen sich unter anderem zusammen aus:

1) Verkauftes Getreide: 32 sch.
2) vor Wein und verkaufte Häuser: 80 sch. 40 gr.
3) von dem Gras auf der Kastenwiese: 16 sch. 48 gr.
4) Einnahme aus dem Kasten Bonifacii: 28 „ 32 „
   Einahme insgemein:
5) Einnohme testirt und beschiedenn gelt
   1) 8 sch. 24 gr. 2) 56 sch. an 40 fl. u. s. w.

Die Ausgaben, welche 916 sch. 8 gr. betragen, setzen

sich zusammen aus:

1) Ausgeliehenes Gelt: 212 sch. 46 gr.
2) desgl. kirchen unnd schueldienern an ihrer besoldung
   daran einem jdern ein jdes quartal der viertte teill gegeben wirtt.

   95 sch. magister Niclao Mandio pfarhern zu v. l. frauben.
   98 „ er Heinrichen dem kappelan
   98 „ dem schulmeister, Jacobi Frobenio
   56 „ Paulo Daciano cantorn
   56 „ Simon hern back largen
   etc.
   28 „ dem orgenisten und kirchner Bonifacii
   12 „ Petter Rebeling kirchner zu v. l. F.
   3 „ denn orgeltretter.
   1 „ 36 gr. Johan Babsten das er die communicanten
   informirtt. S. S.: 464 sch. 24 gr.
3) Ausgeliehen Geld, das nicht verzinst wird: 14 sch.
4) Ausgabe Erbzinß und Geschoß: 15 sch. 24 gr. 2 ℳ
5)   „   kostunge der wein garttenn: 12 sch. 7 gr. 1¹/₂ ℳ
6)   „   haußzins v. mietheuser (für Magister Mandio
      u. für das Cantorhaus): 12 sch. 36 gr.
7) armen leuthenn und studiosii (bez. schülern): 90 sch.
   42 gr. 1¹/₂ ℳ (wiederholt kranken Pfarrherrn: einmal
   i   von Auspurg, dann einem aus dem Wirtzburger
   lantem
8) Ausgabe ins gemein und kostung der gebende (Kirchen,
   Pfarren, Schulen): (Hostien, Besen, Lichte etc.): 94 sch.
   7 gr. 1 ℳ.

Übrigens darf man annehmen, daß noch nicht einmal hinsichtlich der erledigten geistlichen Lehen, welche doch dem gem. Kasten zufallen sollten, immer dies auch wirklich geschehen ist, denn es findet sich in der Amtsrechnung von Rudolstadt 1532/33 sub Einnahme insgemein der Posten verzeichnet:

31 sch. 10 ℈ vom rat zu Rudelstat von wegen des lehen Elizabet.

Dergleichen in der Amtsrechnung von Arnstadt 1533/34 sub Zinsen, welche m. g. H. zu sich gebracht, nachgelassen und nicht ganghaftig gewesen unter anderem:

4 gr. an einer wießen unser lieben frauen bruderschafft zů Arnstadt, so m. g. h. zu sich pracht. 12 gr. gibt m. g. h. von solcher wiesen ierlichen itzundt den kasten herrn zu Arnstadtt.

2 gr. 4 ℈ von einer wisen zu Plau zinset der vicarei doselbst, so m. g. h. zu sich genomen.

Diese Fälle dürften nicht allein stehen.

Endlich bringt der Graf die Sorge für das materielle Wohl seiner evangelischen Landeskirche auch noch in seinem Testament vom Jahre 1538 in folgenden Bestimmungen zum Ausdruck:

„wir befehlen und hoffen auch, das unsere lehnserben hinfuro daß einkommen der closter unnd geistlichen güther, so zu milden wergken verordnet, gewidmet ·unnd gemacht den gemeinen kasten in der herschaft sollen . geben und folgen laßen, dormit die ehre des allmächtigen und wolffart des nechsten, also armen leuthe möge anhalten auch die diener des worts schulen, gelarthe leut ehrlich underhalten und mit solchem einkommen mogen aufgezogen werden zu wolfarth allen dießer unßer verlaßender herschaft kirchen underthanen und einwhonnern, sonderlich waß geistliche lehn sich verledigen und nicht verlihen oder verschrieben solche den gemeinen kasten zu verordnen, dovon studenten zu halten und alwege die ehre gottis und der underthanen wolfahrt dormit auß zu richten. Darzu wollen orden schaffen und

setzen wir, das alle unsere verlaßenë underthane bei den
ewigen gottis wortt und uffgerichten ceremonien dem
wort gemeß sollen rüglich gelaßen und in keinem weg zů
beschwerde einer [?] gewissen sollen vermüget werden etc."

Der Inhalt dieser Testamentsbestimmung bezeugt
mindestens soviel, daß Graf Heinrich, der Reformator, die
beste Absicht hatte, soviel wie möglich von den geistlichen
Gütern der alten Kirche seiner jungen protestantischen
Landeskirche zu erhalten und zu sichern; allerdings durch
die bisherigen Ausführungen ist, soweit die Stiftsgüter in
Frage kommen, erwiesen, daß sogar schon während der
Regierung des Grafen das Stiftsgut in weit umfangreicherem Maße zum gemeinen Nutzen des Landes zum
Nachteile der kirchlichen Interessen herangezogen werden
mußte, als es vielleicht im Willen des Grafen lag. Man
sieht, daß bereits in diesen ersten Jahren nach der Säkularisation der oberherrschaftlichen Stifte dasjenige Verfahren
bei der Verwendung des Stiftsgutes prinzipiell angebahnt
wurde, wie es unter Graf Heinrichs Nachfolger· dem Grafen
Günther XL. zur Durchführung gelangte und auch auf den
größeren Teil der unterherrschaftlichen Stifte ausgedehnt
wurde.

(Fortsetzung folgt.)

III.

Dr. Johann von Otthera, Syndikus und Schultheiss der Stadt Mühlhausen in Thür.

Von

Professor Dr. **Jordan** in Mühlhausen in Thür.

Die mehrfach von mir betonte Forderung, bei Untersuchung der Bewegungen, die sich in den Jahren 1523—25 in Mühlhausen in Thür. abspielten, zunächst einmal ganz von Thomas Münzer und dem Bauernkriege abzusehen und die Thätigkeit der Männer, die vor und neben ihm, zum Teil auch gegen ihn, im engeren Kreise der Stadt thätig gewesen sind, genauer zu untersuchen, hat sich für keinen derselben bisher so erfolgreich erwiesen als bei dem Syndikus der Stadt Dr. Johann von Otthera. Seine geheimnisvolle Thätigkeit war bisher so gut wie unbeachtet geblieben, und nun stellt sich heraus, daß schwerer Vorwurf und Anklage sich gegen ihn richten.

Auch hier verdanken wir den ersten Hinweis Friedrich Stephan, der bereits 1842 in seiner „Anzeige" S. 124 ihn als weltklugen, aber treulosen Mann bezeichnete, ein Urteil, das er dann in der weiteren Ausführung jener „Anzeige" genauer begründete. Leider blieb diese erweiterte Arbeit Stephans ungedruckt und unbekannt, bis ich sie in meiner Programmbeilage [1]) veröffentlichte, wo sich die betreffenden Ausführungen S. 20 finden. [Sie gipfeln in dem Urteil:

---

1) Zur Geschichte der Stadt Mühlhausen (Thür.). Beilage zum Jahresbericht des Gymnasiums in Mühlhausen (Thür.) 1901.

„Die Geschichte ruft seinen Schatten aus der Vergessenheit
hervor, um ohne alles Bedenken über ihn den Stab zu
brechen." Nachdem ich nun in jenem Programm S. 38—42
die Akten, auf denen Stephans Urteil wohl wesentlich beruhte — vielleicht nur zum Teil — veröffentlicht habe,
soll hier versucht werden, auf Grund des bisher vorliegenden
Materials die gegen J. von Otthera erhobenen Anklagen
zu ordnen und genauer zu erörtern, um sein geheimes
Treiben noch stärker der Vergessenheit zu entziehen und
die Frage nach seiner Schuld auch für weitere Kreise
möglichst klar zu legen. Es regt sich dabei auch die
Hoffnung, daß es gelingen mag, noch weiteres Material
aufzufinden; sollte sich z. B. in Dresden nicht eine willkommene Ergänzung bieten lassen?

Es ist zunächst der Rat der Stadt, der gegen von
Otthera[1]), den die Fürsten zum Schultheißen ernannt hatten,
Klage erhebt, die sich also gegen einen wichtigen Beamten,
in diesem Falle wohl gegen einen Vertrauensmann der
Fürsten richtete. Nach den mir aus Dresdener Akten vorliegenden Listen unseres Rates[2]) aus den letzten Jahren vor
1525 wechselte dieses Amt jährlich unter Mitgliedern des
Rates. Otthera wurde von den Fürsten doch wohl als
ständiger Schultheiß eingesetzt, wenn er auch unter den
hier zu besprechenden Verhältnissen das Amt nicht lange
bekleidete. Es will nun jene Klage des Rates um so mehr
bedeuten, als nach der Katastrophe von 1525 für längere
Jahre die katholische Partei unter der geschickten Führung
des Bürgermeisters Sebastian Rodemann im Rate die Leitung
der Angelegenheiten in den Händen hatte. Es ist begreiflich, daß sie sich alle Mühe gab, die Fürsten, besonders
Herzog Georg, in guter Stimmung zu erhalten, also ohne
Grund nicht gegen einen von ihnen eingesetzen Beamten

─────────

1) Seine eigenhändige Unterschrift lautet: Johan von Otthera
Schultheisse zu molhausen doctor.

2) Von mir veröffentlicht in meinem Heft 2, Zur Geschichte
der Stadt Mühlhausen, 1902, S. 37.

vorgehen mochte. Dennoch wurde der neue Rat, den die Fürsten nach Beseitigung des ewigen Rates eingesetzt hatten — es waren meistens Mitglieder des Rates aus den Jahren vor 1525 — bald auf Ottheras frühere Thätigkeit aufmerksam, denn noch im Jahre 1525, Mittwoch nach Michaelis [4. Oktober] schrieb er an Herzog Georg[1]), Dr. von Otthera habe im Beisein beider Bürgermeister — es waren das Heinrich Baumgarten der Jüngere und Sebastian Kühnemund, die Bürgermeister des ewigen Rates — ausgerufen und verkündigt, alle, die in der aufrührerischen Beschädigung mit gewesen, möchten Mühlhausen verlassen, dazu sollten ihnen die Thore geöffnet werden, der Rat wolle niemanden unnütz opfern.

Eine ganz ähnliche Aufforderung erließ Otthera nach der Chronik (S. 194 meiner Ausgabe) bei der Versammlung der Bürgerschaft auf dem Barfüßer Kirchhofe [Kornmarkte], doch scheint das erst später geschehen zu sein, denn schon in der Nacht zuvor war ein Thor geöffnet worden, aus dem Pfeifer und viele andere entwichen waren. [Chronik S. 194.] Bestätigt wird jene Äußerung Otteras durch einen Brief des ausgewichenen Mühlhäuser Bürgers Peter Borngraf an Herzog Georg vom 18. Juli 1525 [Akten des Dresdener Archivs 9135, Bl. 79], worin es heißt: Nochdem ich mich jungst mit andren burgern auß Molhausen gewandt habe auf disse wort, welche vns der Doctor Ottera dye Zeit In Molhausen Sunderlich auffm Barfusser Kirchhoff Sünder Zweyffel auß trewlicher wolmeinunge gethan vngeferlichen alßo lautende, Lyeben heren vnd freunde wir komen von vnseren gnedigsten vnd gnedigen hern zu Sachsen vnd nichts anderes erlangende, dan das wir vns in gnade vnd vngnade begeben sollen, welcher sich hierauf bey vns wagen wil, der mag es thun, wir wollen niemants vf das creutz opfern, darumb wer ehs nit wagen wil, dem sal das pforte thor aufgethan werden, mag

---

1) Zur Gesch. d. Stadt Mühlh., Heft 1, S. 42.

ein Jeder sein bestes dencken, vnd Als nuhn solchs gescheen vnd etzliche viel burger zu demselbigen thore sich
begeben, hab ich auch alßo aus großer eynfalt vnd furcht
mit Inen hinaus vnd mich also hinwegk gewandt."

Otthera war also einer der Gesandten der Stadt gewesen, die am 23. Mai in der Herrgottsmühle bei Schlotheim vergeblich mit den Fürsten verhandelten. (Spangenberg, Mansfelder Chronik, S. 427. Nebelsieck, N. M. 21,
197. Falckenheiner, Philipp der Großmütige im Bauernkriege, S. 58). Unter dem hier erwähnten Pfortenthore
verstehe ich das neue Pfortenthor, aus welchem der Weg
nach Eisenach führt; die Flüchtigen wollten ja zu den
fränkischen Bauern, die bei Melrichstadt standen, wie sich
aus Pfeifers in den Dresdener Akten endlich gefundenen
Urgicht [1]) ergiebt.

Den Weg nach Eisenach legt man von unserer Stadt
aus in 7 Stunden zurück, dennoch fing der vom Heere bei
Schlotheim mit Reisigen ausgesandte Wolf von Ende sie in
den Pässen bei Eisenach (Chronik 194, Falckenheiner 59), was
doch wohl nur möglich war, wenn die Reisigen vorher da
waren und geschickt versteckt die Pässe versperrten, aus
denen sie dann überraschend hervorbrachen und die Flüchtigen
übermannten. Die letzteren waren wohl alle zu Fuß und
hätten unter anderen Umständen in Berg und Wald leicht
genug flüchten können.

Sollte sich nicht auch dieser geschickte Fang in unserem
Zusammenhange leichter begreifen lassen? Allerdings lag
der Gedanke nahe, den Zusammenhang mit den süddeutschen
Bauern abzuschneiden; das hätte aber Landgraf Philipp, der
doch der militärische Führer war, leichter gehabt, als er auf
dem Marsche nach Frankenhausen bereits in Eisenach war.

Auch sonst lautete die in jenen sorgenvollen Tagen
ausgegebene Parole auf Flucht. In einem Briefe von Jost
Hommerich in den erwähnten Dresdener Akten (Bl. 72) liest

---

1) Veröffentlicht von Nebelsieck, Neue Mitteilungen XXI, 205.

man: „auch habe ich sie (die Bürgermeister) vmb radt ge-
fraget mit sampt der stadt sinnicus und doctor wie ich mich
nun hin forder halten sollte die wil die stadt auf allen orthen
biligerth wurde — da haben sie mir den radt gegeben, ich
solte IV Tage [soll wohl heißen „vor tage"] entweichen.

Wie kam nun Otthera zu solchen Aufforderungen zur
Flucht, und was berechtigte ihn dazu? Daß er etwa nur
im Auftrage der Bürgermeister gesprochen, ist kaum anzunehmen, da er ihnen doch wohl geistig überlegen war,
wenigstens dem Fleischhauer Kühnemund. Bloße Fürsorge ·
um das Leben der Bürger und anderer Teilnehmer an den
letzten Ereignissen wird es schwerlich gewesen sein; sollte
er nicht einen anderen Zweck gehabt haben? Scheint er
doch zu den Männern gehört zu haben, die nichts ohne eine
bestimmte Absicht thun. Hat er etwa den Plan gehabt,
die entschlosseneren Führer der Bewegung, wie es Heinrich
Pfeifer und der Kriegsmeister Lamhart (Chronik, S. 224)
gewesen zu sein scheinen, aus der Stadt zu entfernen, damit
niemand an Widerstand dachte?

Auch Stephan schrieb in der „Anzeige" S. 129: „Der
treulose Syndicus schreckt alle, die einigermaßen Schuld
haben, zur Stadt hinaus, um desto sicherer zurückbleiben
und den Fürsten sich schmeichelnd anschmiegen zu können."
War es etwa eine Belohnung für solches Thun, daß er
dann Schultheiß der Stadt wurde, wie schon Stephan vermutete („Anzeige" S. 130): „— während der Syndicus von
Otthera zum Lohn für seine Thaten zum fürstlichen Schultheißen über die Stadt und die Dörfer erhöbt wird." Es
sind das Fragen, die sich bei näherer Überlegung auf-
drängen, ohne daß bisher eine sichere Antwort zu geben
wäre; daß sie aber nicht unnütze Erzeugnisse eines un-
begründeten Argwohnes gegen einen schuldlosen Mann sind,
wird sich alsbald weiter ergeben. Hier mag noch folgen,
was die Chronik (S. 197) über seine Ernennung berichtet:
„Auch setzten die Kur- und Fürsten sobald einen neuen
Schultheißen Dr. Johann von Otthera, der mußte ihnen sobald

schwören von wegen Ihrer Kur- und fürstlichen Gnaden, männiglich Recht widerfahren zu lassen." Bestellt wurde er dazu am 29. Mai 1525. (Seidemann, N. M. 14, 396.)

Es mag sein, daß der Rat, nachdem er einmal darauf aufmerksam geworden war, nun Ottheras Thätigkeit weiter erforschte; ist es doch begreiflich, daß er gegen die vorging, die an der Vertreibung vieler seiner Mitglieder — der von den Fürsten eingesetzte Rat bestand zum Teil aus Männern, die aus der Stadt hatten weichen müssen, wie die Bürgermeister Rodemann und Wettich — und der weiteren Bewegung in der Stadt beteiligt gewesen waren. Daß man dabei auf den Mann achtete, der unter dem alten Rat Syndikus geworden und es unter dem ewigen Rat geblieben war, liegt nahe. Zahlreiche Vernehmungen liegen in den Akten vor [„Cantica canticorum nebst etlichen Urgichten," woraus Friedrich Stephan durch einen Schreiber die mir vorliegenden Auszüge und Abschriften machen ließ], dort findet sich auch das gegen Otthera zeugende Material, das ich in meinem Heft 1 „Zur Geschichte der Stadt Mühlhausen" (S. 38—42) abdrucken ließ. Leider ergiebt sich daraus nicht, ob er persönlich vernommen wurde. Sollte das Material etwa nur den Fürsten unterbreitet werden, um ihn aus seiner Stellung als Schultheiß zu verdrängen?

Es ist nun der Mühe wert, sich über die Anklagepunkte klar zu werden, die der Rat zusammengestellt hatte; Ich zähle deren 9. 1) Als Syndikus und Stadtschreiber, wozu er ausdrücklich berufen und besoldet war, hätte er als rechtsverständiger, gelehrter Mann die Prediger und das gemeine Volk vor künftigem Schaden und Unheil warnen müssen, wenn er in den Stadtvierteln bei ihnen war. Dennoch hat er ihnen „das Wort gehalten" und nichts von seiner Pflicht gethan. 2) Er hat ruhig mit angesehen, wie Mitglieder des Rates und andere Bürger haben aus der Stadt weichen müssen, auch der alte Rat entsetzt wurde, ohne nach seiner Pflicht zu warnen, da er doch die von

Kaisern und Königen bestätigten Rechte der Stadt kannte.
3) Er hat an der Einsetzung des ewigen Rates Gefallen
gehabt, da er bei der Entsetzung des alten Rates durch
Heinrich Pfeifer keinen Widerspruch erhoben hat, vielmehr
durch das Citat der Bibelstelle „Er hat die Gewaltigen
vom Stuhle gestoßen und die Niedrigen erhöhet; welch'
ein wunderbarer Gott ist das!" seine Billigung aussprach[1]).

4) Bei Niederschrift der Namen derer, die Absetzung
des alten Rates verlangten, ist er einer der 4 Schreiber
gewesen. (Chronik 185.) 5) Dabei hat er gefälscht und
Namen eingetragen von solchen, die eidlich versicherten, für
den alten Rat gestimmt zu haben, während sie als Wähler
des ewigen Rates verzeichnet wurden. Selbst seine „Schweger-
frau" Dorothea Zieglerin hat er unter die Wähler des ewigen
Rates gesetzt, was doch ganz ungehörig war. 6) Er ist in
den Dienst des ewigen Rates getreten mit Rat, Beistand
und Schreiben, wie seine Handschrift beweist[2]) und das
Zeugnis solcher Leute, die dabei gewesen[3]).

7) Als er im Jahre 1524 auf den Reichstag nach
Nürnberg gesandt wurde, hat er von den Achtmännern geheime Aufträge gehabt zu ihrem Vorteil, wider den Rat,
und als er auf dem Reichstage aufgefordert wurde, über
die Verhältnisse unter den streitenden Parteien in Mühl-

---

1) Lucas I, 52. Chronik 186. In meinem Neudruck von
Münzers „Außgetrückte emplössung des falschen Glaubens der vn-
getreuen Welt" (Mühlhausen 1901) habe ich S. 29 die Vermutung
aufgestellt, daß Otthera dies Citat nicht unmittelbar aus der Bibel,
sondern aus jener Schrift Münzers nahm.

2) In den Akten des Dresdener Archivs (6135) liegen mehrere
eigenhändige Schreiben Ottheras aus 1525 vor.

3) Der alte Rat wurde, wie der Rat hier angibt (Zur Gesch.
d. St. Mühlhausen, Heft 1, S. 39), „auff dinstagk nach Reminiscere
Anno 25 entsaitzt", das wäre der 14. März, während die Chronik
(S. 186) Freitag den 17. März hat. Dieser auffallende Unterschied
läßt sich vielleicht daraus erklären, daß „der Rat fast drei ganze
Tage mit ihnen in der Allerheiligenkirche gehandelt" hat (Chronik
185), also vom 14.—16. März, worauf am 17. März die Wahl des
ewigen Rates erfolgte.

hausen zu berichten, hat er geantwortet, sie seien vertragen. Zu einem Eingreifen des Reichstages war dann allerdings kein Grund mehr vorhanden. 8) Seine Vorschläge, die er dem ewigen Rate gemacht hat, liegen in seiner eigenen Handschrift vor: a) an die ausgewichenen „frommen" Bürger zu schreiben und sie „einzufordern", das heißt, zur Heimkehr aufzufordern. b) Wie man es mit den Stadtboten, Dienern, Thorschließern, die Stadt zu verwahren, halten sollte, wobei er vorschlug, anderes Gesinde anzunehmen und aus gezwungener Notdurft die Stadt zu bestellen. c) Wie sich die, so im Feldlager aus den Fürstentümern Sachsen, Hessen und Mainz sich versammelt hätten, sie , wären edel oder unedel, wes Standes sie wären, sich mit Angelobung und anderem Inhalt seiner Handschrift nachkommen sollten. d) Wie aus dem Lager an etliche Städte geschrieben werden sollte.

Mit diesen Städten sind (Zur Gesch. der Stadt Mühlhausen, Heft I, 41) Heiligenstadt und Duderstadt gemeint, die aufgefordert werden sollten, Verstärkungen dem Haufen nach Frankenhausen zuzusenden. Es wäre wichtig, festzustellen, ob diese Schreiben wirklich ergangen sind. Schwierig wird es bleiben, die Vorschläge unter b und c zu erklären; soll es etwa heißen, die dem alten Rate verpflichteten Stadtdiener etc. sollten entlassen und durch neue ersetzt werden, deren man sicherer wäre? und sind mit denen im Feldlager die bei Frankenhausen versammelten gemeint? Edelleute waren darunter doch sehr wenige. Leider wird es schwer sein, die nötige Aufklärung zu bieten.

9) Er verfaßte 2 heftige „Artikel" an den ewigen Rat, die Achtmänner und die Viertel der Stadt des Inhaltes: a) einen jeden gesondert zu fragen, was er thun solle in dieser großen Not bei dem Evangelio, dieweil die Fürsten den Haufen zu Frankenhausen überziehen wollten, sie[1] zu

---

1) Natürlich die bei Frankenhausen versammelten Bauern, nicht die Fürsten.

stärken und zu Hilfe zu kommen; was ein jeder dabei an Leib und Mut einsetzen wolle, solle jeder erklären. b) An die umwohnenden „christlichen Brüder" zu schreiben, daß sie aus jedem Flecken und Dorfe etliche verordnen sollten, den Haufen zu verstärken und die Ihrigen mit Lebensmitteln zu versehen; wenn der Haufe „niedergelegt, wären wir alle verloren". c) Er hat an die Schwarzwälder geschrieben, d. h. an die dort aufständigen Bauern, mit denen man schon früher Verbindung angeknüpft hatte. (Merx, Thomas Münzer und H. Pfeiffer, S. 106.) Oder sollte eine Verwechslung vorliegen mit den Schreiben an die Bauern zu Melrichstadt[1]) (Bensen, Gesch. d. Bauernkr. in Ostfranken 334 und 336)? Philips Fensterer sagte später hier in Mühlhausen aus, er habe „dem Pfeiffer und Alstedter etliche Briefe ins Land zu Franken an die schwarzen Bauern getragen." (Mühlhäuser Akten.) Auch Bullinger, Der Wiedertäuffer ursprung, fürgang, secten etc. (Zürich 1561) berichtet von Münzer[2]): „Als er widerumm herab in Thüringen gethon und zu Mülhusen wonet, schreib er doch briff sinen vertruwten häruf." d) Er ist Angeber gewesen, ein neues Sekret zu machen. Das alte Sekret hatten die Bürgermeister Rodemann und Wettich mitgenommen (Chronik, S. 180); den Gebrauch eines neuen forderten die 11 Artikel[3]) in No. 7 und Münzer[4]) im Schreiben vom 22. September 1524. War also Otthera an der Aufstellung jener 11 Artikel beteiligt?

„Zudem, sagt der Rat, sind noch etliche Urgichten vorhanden, die auf ihn nichts gutes sagen." Es ist zu hoffen, daß auch die sich noch in den Akten finden werden. Es würde das, nächst den vom Rate erhobenen Anklagen, einen zweiten Kreis geben, der noch ein wenig erweitert wird durch die Angaben der flüchtigen Bürger Glimpenau und

---

1) Zur Geschichte der Stadt Mühlhausen, Heft 1, S. 47.
2) Stern, die 12 Artikel der Bauern, S. 37.
3) Zur Gesch. d. St. Mühlhausen, Heft 1, S. 27.
4) Förstemann, Neues Urk.-B., S. 254

Heynemann[1]), die ihn geradezu beschuldigen, er sei eine
Ursache des Aufruhrs, und ferner berichten, als die Leute
ihn gefragt hätten, was man thun solle, es nahe sich Empörung in allem Umkreis der Welt, habe er geantwortet, der
Aufruhr sei nicht von den Menschen, sondern allein von
Gott; Zeit und Stunde sei gekommen, daß man die Gott-
losen solle vom Stuhle stoßen. Die letzten Worte mögen
eine Erinnerung an Ottheras Äußerung enthalten, die er bei
Absetzung des alten Rates gethan hatte, oder es war das
bei ihm, wie bei Münzer, eine Lieblingswendung resp.
Schlagwort. (Vgl. oben S. 151.) Endlich beschuldigen ihn
die beiden Bürger, er sei ein „semner und innemer‟ der
geraubten Güter gewesen, wobei sie den echt Mühlhäusischen
Ausdruck Semner auf ihn anwenden[2]). Daß er persönlich
sich dabei bereichert habe, ist damit noch nicht gesagt.

Schließlich treten in den Kreis der Ankläger noch die
Bauern, denn mit dem „Doktor‟ im Bauernliede (Chronik,
S. 224) kann nur Dr. von Otthera gemeint sein, ich wenigstens
kenne aus der Zeit keinen anderen Doktor in Mühlhausen,
auch wird sich weiterer Beweis bald ergeben; akademische
Bildung und Würden gab es damals noch wenig in Mühlhausen, Otthera war von außen berufen. Ferner wird im
Liede seine Ernennung zum Schultheißen erwähnt, so daß
kein Zweifel darüber sein kann, daß er hier gemeint ist.

---

1) Zur Gesch. d. St. Mühlhausen, Heft 1, S. 42.

2) Der Ausdruck wird also schon damals in der Bedeutung
gebraucht, die auch Grasshof (Commentatio de originibus etc. Mulhusae,
S. 105) giebt: „Dictus Semner est ex eo, quod mulctas colligeret‟,
denn „semenen dictum fuisse pro samlen, colligere, et Semener idem
denotasse ac Samler.‟ Seine Erklärung beruht auf folgender Stelle
der jüngeren Statuten (Lambert, S. 41): wer czu der hockzijd geladin
wirt — sal vor sich vff den Tysch legin einen schilling mulhuschir
pfennynge —, die sal die samene, die von dem brutegume dar czu
gesatzt wirt, vnd des schillinges sol nymand los sij nach der semener
sol des nymand dirlaze. — In unserem Wochenblatt 1797, 245 wird
der Versuch gemacht, vom Sentgericht den „Sentner‟, Semner ab-
zuleiten.

Die betreffenden Strophen mögen hier nach dem Mühlhäuser Text nochmals folgen (vgl. Chronik, S. 223).

> 4) Molhausen war ein festes stettelin,
>   noch komen hern vnd fursten darin,
>   der doctor hat sie vor Rotten
>   mit seinem Judesbartte.
>
> 5) Das ist Er wol geheissen
>   von den andern ein schultheis,
>   das wort on wol gerewen,
>   sein leit wirt sich vor Newen.
>
> 6) Dye Doctorschen ist von bosem geticht,
>   es wart or saur, das sie dye frawen ausgericht,
>   es bracht sie in das leger,
>   das or der teuffel pflege [1]).

Natürlich sind solche Anklagen mit der größten Vorsicht aufzunehmen, ist es doch allezeit die Weise der Besiegten gewesen, die Schuld am eigenen Unglück Verrätern zuzuschieben; wenn also sonst gegen Otthera nichts vorläge, würde es recht bedenklich sein, darauf einzugehen. Da aber nach allem, was bisher über ihn bekannt ist, nicht gezweifelt werden kann, daß er ein Mann war, der mit Geschicklichkeit nach verschiedenen Seiten hin zu wirken wußte, so ist doch wohl möglich, daß die Anklage der Bauern den Kreis der Beschuldigungen mit Recht abschließt. Klarer ausgedrückt wird sie dahin lauten: Obgleich Mühlhausen eine feste Stadt war, kamen doch durch den Verrat Ottheras die Fürsten hinein, und zwar ohne Widerstand zu finden, zu dem vergebens der Kriegsmeister Lamhart mahnte. Auch Ottheras Frau ist dabei thätig gewesen, indem sie, doch wohl im Auftrage ihres Mannes, mit Mühe die Absendung der Frauen und Jungfrauen zustande brachte, die im Lager bei Görmar um Gnade

---

1) Vgl. meine Bemerkungen zu dem Gedicht Chronik, S. 225 und Zur Gesch. d. St. Mühlhausen, Heft 1, S. 23, dazu die abweichende Meinung Nebelsiecks N. M. 21, 198.

baten[1]). Sie war, wie sich alsbald ergeben wird, vielleicht eine Schwester des jüngeren Heinrich Baumgarten, des einen Bürgermeisters im ewigen Rate.

So drängt sich der Eindruck auf, daß es wesentlich der Thätigkeit Ottheras zu verdanken war, wenn die Stadt keine Verteidigung wagte, wobei freilich bei der Übermacht des fürstlichen Heeres wohl nur auf bessere Bedingungen zu hoffen gewesen wäre. Schon Seidemann spottete, daß die Stadt kein Saragossà gewesen wäre. Die Fürsten selbst erwarteten wohl Widerstand, denn Philipp von Hessen, der auch hier der militärische Führer war, entwarf einen Kriegsplan zum Angriff auf die Stadt, von dem man freilich keinen Gebrauch zu machen nötig hatte. Welchen Eindruck der letzte Brief Münzers, in welchem er dringend von jedem Widerstande abriet, gemacht hat, wissen wir nicht, bleibt es doch fraglich, ob er überhaupt noch an die Mühlhäuser gelangt ist.

Eine weitere Klage richtete das Bauernlied gegen Otthera wegen seines Eintretens für den jüngeren Heinrich Baumgarten:

> 7) Heinrich baumgart ist ein alber man,
>   mit schalckheit Er sich wol decken kan,
>   Er wußte wol zu guder mosse,
>   Wu yn sein schwoger, der doctor, im lager wulde
>   lossen.

Daß das Lied hier ganz richtig Otthera als Schwager Baumgartens bezeichnet, ergiebt sich aus folgendem Schreiben[2]), aus dem sich freilich der Sinn der Worte in jener Strophe auch nicht erklären läßt.

„Durchlauchtiger etc. g. f. vnd Herr nach dem vnd als E. f. g. wegen philipsen baumgartten leiblichen vnd

---

1) Vermuten läßt sich danach auch, daß das Bittschreiben der „frauwen gemeiniglichen zu Molhausen", das von Nebelsieck in den Mühlhäuser Geschichtsblättern I, 40 veröffentlicht wurde, nicht ohne seinen Einfluß entstanden ist.

2) Aus den Akten des Staats-Archivs in Dresden.

fruntlichen lieben Sohn vnd vnser ander aller Schwager
vnd frunt Heinrichen baumgartten In E. f. g. vorstreckunge
haben vnd welicher E. f. g. czu vngenaden vnd anderst
dan er gehandelt nachher angegeben worden sey des vorhoffens der vnschult befinden, Szo dan g. f. vnd h. — vor-
nommen das myn Szon auch vnserer Schwager vnd frunt
In vill Jaren In den Rethen czu Mulhausen gewest [1]) vnd
in seynen amptern nye anders dan erlich vnd redelich gehandelt g. f. vnd h. das er aber nuhe myt bedräunge [2]) —
aus dem aldenn vorigen Rathe wider In den newen rath
gesatzet aus farre seynes leibes vnd lebens seyn Burger-
meyster amecht mit beschwerunge habet nuhe nemen mussen
wy woll er solches czu vill malen vmb godes wyllen ge-
betthen kein solges ampteß czu vorlassen hayt er doch das
selbige bey gehorsamen thun mussen vnd annemen. Die
weyll dan E. f. g. — yn allewege allen elenden betrübethen
zv gnaden geneyget Ist der halben an E. f. g. — vnser
demuthig anruffen vmb Godes wyllen bittende E. f. g.
willen aus furstlichen tugenden gnaden vnd wyllen das
arme enelende weyb de sich auche zum vorhoffens In allewege Erbarlich vnd auffrichtigk gehalten E. f. g. wulten
die selbigen armen enelenden frauwen vnd ihrerr sechs
cleyne vnerzogne kinder gnedeglichen behertzigen vnd czu
gnaden bedengken vnd ihren armen Hauswirt mynen ßon
vnd vnser ander Schweger vnd frunt seynes gefengknus
vnd vorstrickunge zu gnediger abenderunge vnd entledigunge
komen lassen — —.

Datum Molhaußen Sonnabend nach Corporis Christi
[17. Juni] anno 1525. E. f. g. vndertenigte gehorrsame
    Johan v. Otthera Schultheyß czu Mohlhausen Doctor
    Johan fleischhawer prister [3])

---

1) Vgl. die Ratslisten in Heft 2 „Zur Gesch. d. St. Mühlh.", S. 37.
2) Auf diesen damals mehrfach ausgeübten Zwang habe ich
an gleicher Stelle hingewiesen S. 42.
3) Vgl. Chronik, S. 196. Jene Liste der heimkehrenden Bürger
liegt in denselben Dresdener Akten Blatt 37, wenn auch die Namen
etwas anders geordnet sind.

Curt vnd George gebrudere
vnd philippus Baumgartte Burger zu Mulhaussen".

Heinrich Baumgarten war zuerst nach Rochlitz in Haft
gefuhrt, wurde aber wieder nach Mühlhausen geschickt, wo
er bis zu seinem Tode in seinem Hause „ein Lager halten"
mußte (Chronik, S. 198). Man darf in dieser Milderung der
Strafe die Wirkung dieses Briefes erkennen, der wohl nicht
zufällig an erster Stelle die Unterschrift Ottheras hat.
Philipp Baumgarten begegnet uns regelmäßig in den Listen
des Rates der vorhergehenden Jahre; sein Sohn Heinrich
scheint erst wenige Jahre vorher in den Rat eingetreten
zu sein. Über Ottheras „schwegerfrawe Dorothea zcigelerin"
habe ich bisher nichts feststellen können; möglich wäre es
ja, daß Otthera und Heinrich Baumgarten mit Schwestern,
geb. Ziegeler, verheiratet waren.

Nur anzudeuten wage ich an dieser Stelle eine Vermutung, die ich in meiner Ausgabe der Chronik der Stadt
Mühlhausen, S. 193 gemacht habe. Im Chr. M. A. S. 247
liest man: — „bei den Kur- und Pürsten [Lücke? „die
über"?] alles wie es in der Stadt ergangen, Bericht bekommen." Wenn meine vorgeschlagene Ergänzung richtig
ist, wird man fragen dürfen, durch wen die Fürsten solchen
Bericht bekommen haben können, und es liegt im Zusammenhange dieser Untersuchung nahe, auch hier an Otthera zu
denken. Allein das beruht auf so schwachem Grunde, daß
ich diese Möglichkeit hier nur der Vollständigkeit wegen
anzuführen wage.

Über das weitere Schicksal des Mannes ist, mir wenigstens, nicht viel bekannt geworden. In Akten des Marburger
Archivs fand ich folgende Notiz: „Verhandlungen der Räte
der 3 Fürsten vom 26 Juli 1529: Des alten Schultheissen
Doctor Ottera Rechnung vnd hinderstellig Rest belangende
— : — vnd ob er sich gleich In Stifft Fulda mit Dienst
begeben, were doch sein mainunge gar nit, sich mit seiner
Behawsunge weibe vnd kindern auß der Stadt Mulhawsen
vnd also von Churf. vnd Furstl. gnaden zuwenden", worauf

er Zahlung verspricht. Dieselbe Forderung begegnet uns 2 mal in den Akten unseres Archivs „Mühlhausen Sec. XVI": „Doctor Ottera rechnunge belangende." Das zweite Mal zahlt er an jeden der 3 Fürsten 30 Gulden, bleibt jedem noch 30 Gulden schuldig, bietet aber Sicherheit für die Zahlung: „So hette er bey einem Rathe zcu Molhausen vfm hause funff hundert gulden stehen, die wolt er vor das hinderstellige Rest zu einem vnderpfande einstellen." Im Kopialbuch von 1542 (Bl. 160) bezeichnet ihn der Rat als „fuldischen Ratht vnnd Cantzler", wonach man wohl annehmen darf, daß er katholischer Lehre sich wieder zugewandt hatte. Aus demselben Jahre berichtet die Mühlhäuser Chronik (Chr. M. A. 264): „In dissem Jahr Martini Ist Doctor Ottera mit eim Erbar Rath zu Hofbibra vortragen worden, giebt 300 Gulden, Ludwig vrbach vndt Aureus Hugolt vortragen es."

Die Familie blieb in Mühlhausen wohnen; die Chronik von Thomas berichtet: „Anno 1560 den 19. April wird Dr. Ötterers Sohn vorm Frauenthore heimlich umbracht und beraubet". Im Jahre 1622 war „Herr Georg von Otthera" Mitglied des Rates[1]. Im liber hereditarius von 1551 finde ich Blasius und Wilhelm v. Ottera, dazu nachgetragen, wohl als Erben, Johann George und Ernst v. Ottera (Einen Gofridus Ottra Erfurdensis bictet die Erfurter Matrikel 1476, Henricus Ottera de Loshhusen 1453; Weissenborn I, 306 und 237).

Auch Friedrich Stephan kannte das Bauernlied, das er abschreiben ließ[2], und wenn er schrieb[3]: „Seine (Ottheras) Untreue wird sich im Verlauf der Geschichte noch mehr bestätigen", so zweifle ich nicht, daß er auf einen ähnlichen Schluß kommen wollte, wie ich. Bei seiner genauen Kenntnis

---

1) Vgl. Mühlhäuser Anzeiger 1902, Nr. 110: Pappenheim in Mühlhausen, von Stephan und Wolff.
2) Zur Gesch. d. St. Mühlhausen, Heft 1, S. 24.
3) Ebenda, S. 20.

der Personen und Verhältnisse halte ich es für ausgeschlossen,
daß er nicht sofort sah, wer mit dem „Doctor" gemeint sei,
und die Wichtigkeit des Gedichtes für seine Auffassung
von Ottheras Thätigkeit erkannte. Als Grund seines Treibens
nahm er Ehr- und Geldgeiz an und vermutete wohl, daß
er von Sachsen bestochen war, wenn nicht etwa der „Geldgeiz" auf die eben erwähnte, unerledigte Rechnung gehen
soll. Dafür läßt sich nun, bisher wenigstens, kein Beweis
liefern, aber auch so wird nun manches in den Ereignissen
der Zeit allmählich deutlicher, und es mag auch weiterhin
die interessante Person Ottheras der eingehenden Detailforschung empfohlen bleiben.

Miszellen.

I.

Bisher unbekannte gleichzeitige Aufzeichnungen über die kirchlichen und Schulverhältnisse in Gotha nach der Reformation bis zum Jahre 1584.

Aus einer Handschrift des Gothaer Gymnasiums zum ersten Male herausgegeben von Prof. Dr, Max Schneider.

In dem Codex chartaceus XVII der Gothaer Gymnasialbibliothek, der wortgetreue Abschriften von alten die Kirche und Schule betreffenden Urkunden, Schriftstücken und Briefen enthält, findet sich fol. 26a—30b die Abschrift eines höchst interessanten Originales des XVI. Jahrhunderts, Jahresaufzeichnungen nach der Reformation bis 1584, kirchliche und Schulverhältnisse der Stadt Gotha behandelnd, die bisher, wie aus einer Menge noch nicht bekannter Namen und Vorgänge zu ersehen ist, unseren Quellen: Sagittarius, Tenzel, Rudolphi, Brückner, Gelbke, Schulze, Beck völlig unbekannt sind. Der Verfasser des größten Teiles des Originales ist einer der 1561 im Amte befindlichen Diaconi. Das ergiebt sich aus der Stelle fol. 29 f. sub anno 1561: „Wir Collegae eius (d. i. des Superintendenten Eggerdes) — Wir waren also ohne Superintendenten von der Zeit an bis āō 62 um Aegidii und haben drey Quartal für den Superintendenten verdienet, davon haben die Herren uns dreyen zwey Quartale, uns dareyn zu teilen, zugeeignet." In diesem Jahre waren aber M. Melchior Wedmann, Heinrich Thilo und M. Johann Messerschmidt zusammen Diaconi; von den beiden ersten spricht der Verfasser unserer Aufzeichnungen stets in dritter Person, während der letzte mit Namen nicht erwähnt wird. Somit kann nur Johann Messerschmidt († 1588) der Autor des Originales gewesen sein. Als weiterer Beweis, sofern es noch eines solchen überhaupt bedürfte, können die zwei letzten Notizen aus den Jahren 1582 und 1584 dienen, die von dem Schwiegersohne des 1582 zum Superintendenten gewählten Theologen d. i. eben Messerschmidt (vgl. socer mens u. s. w) hinzugefügt worden waren, nämlich vom späteren Conrector scholae Gothanae M. Johannes Wipertus (1582—92, dann bis 1597 Pfarrer in Sundhausen). Der Schwiegersohn hat eben die Notizen seines Schwiegervaters, die sich dieser etwa vom Jahre 1554, seinem Antritt in Gotha an, gemacht hatte erhalten und fortgesetzt. Außer diesen von Messerschmidt und Wiperti gemachten Aufzeichnungen finden sich noch als dritter Bestandteil Zusätze, die über das Todesjahr Wipertis 1597 hinausreichen, die ich in [ ] gesetzt habe; von wem diese hinzugefügt, weiß ich nicht anzugeben. Daß sie jedoch schon im Originale und nicht erst von dem im XVIII. Jahrh. lebenden Abschreiber gemacht worden sind, ist mir unzweifelhaft, da dieser dann die Namen in dem Pfarrerverzeichnis, wenigstens die der Superintendenten, sowie in der Liste der Rektoren und Konrektoren bis auf seine Zeit gleich fortgeführt hätte. Der Abschreiber des Originales war, wie sich durch Vergleichung der Handschriften in anderen Codices der Gothaer Gymnasialbibliothek erweisen läßt, der von 1701—1756 als Lehrer und Inspector Coenobii am Gothaer Gymnasium thätig gewesene J o h. W i l h. H i l d e b r a n d aus Herbsleben, dem wir die getreuen Kopien unzähliger das Gymnasium betreffender Urkunden und anderer Schriftstücke in unseren Codices verdanken (vgl. mein Progr. 1895 „Das Coenobium beim Gymn. Illustre 1543—1863", p. 5 Not. 9 u. p. 19; sowie mein Progr. „Die Lehrer am Gym. Illustre 1524—1859" I (1901) p. 20; II (1902) p. 23.

Ordinaria Successio Superint. et Pastorum in Ecclesia Gothana post repurgāōnem doctrinae coelestis factam per Martinum Lutherum.

Dn̄s Fridericus Myconius wird Pfarrherr und Superintendens zu Gotha anno 1524. † ibidem 25. Martii an. 46. Sucessores eius fuerunt Dr. Justus Menius, qui Superintendentis officio functus est duodecim annos. Doct. Simon Musaeus anno integro. M. Johannes Cuno biennio 60 et 61[1]). Dn. Petrus Eggerdes anno. M. Melchior Wedmann 12 annos. Cui successit M. Joannes Frei Eisfeldensis āō 1574[2]). Faxit Deus, ut cum fructu hoc officio fungatur: id quod factum est octoennium. Resignavit enim circa Michaelis. Ao 82 M. Joannes Messerschmidt successit ei circa diem Martini āō. 82, functus eodem usque in 27 Martii diem āō 88, ubi mortuus est. Huic successit Wolffram.

[S. Tabelle S. 163.]

Anno 1543 wurden geordent die Land Schulen in Hertzog Moritz Lande zur Pforten, da M. Cyriacus Lindeman[3]) der erste Praeceptor Meissen, darrin tüchtige Knaben aus den Stätten des Fürstenthums genommen und etliche ihrer mit Kleidung, Büchern Kost und aller Nothdurfft versehen worden.

----

1) Diese Zahlen sind, wie sich unten aus dem Text s. a. 1558 und 1560 ergiebt, falsch. Vgl. Brückner, Kirchen- und Schulenstaat im Herzogtum Gotha I, 7, 78, auch Gelbke, Kirchen- und Schulenverfassung des Herzogtums Gotha I, 154.

2) Auch diese Zahl ist unrichtig, wie sich aus dem Texte s. a. 1573 ergiebt. Vgl. auch Gelbke a. a. O.

3) Lindemanns Verdienste um Schulpforta würdigt die treffliche Arbeit von P. Flemming „Briefe und Aktenstücke zur ältesten Geschichte von Schulpforta", Progr. 1901, S. 13 ff.

Anno 1547 moritur Dñs Joannes Moritz s. Gothardt[1]) Minister Ecclesiae Gothanae ad St. Margaretham: vocatur huc Dñs Joannes
Brembach Molhusio[2]).

Super-intendentes[3])	Diaconus 1[5])	Diaconus 2	Diaconus 3.
Friedericus My-conius	Joan. Langen-hain	Henricus Thilo † 25. Jan. 1565	Joan. Gothart *Dns Thomas, ex Coenobio Augu-stini Salzensi*[6])
Justus Menius	Joan. Gothart	Joan. Goering	
D. Simon Mu-saeus	Joan. Brembach	Isaak Hoch	
	M. Melchior Wed-mann	M. Joan. Dinckel	M. Georg Merula
M. Joann Cuno		M. Joan. Erhard	Joan. Eisenberg
Petrus Eggerdes	Joan. Wolffram	M. Michael Julius	Joan. Messer-schmidt
M. Melchior Wed-mann	M. Joan. Wagner		
M. Joan. Frei			M. Joan. Dinckel
M: Joan. Messer-schmidt			M. Joan. Erhard
Joan. Wolffram			M. Michael Julius
[M. Michael Julins][4])			[Nicolaus Wal-ther.]
[M. Joan. Hel-derus]			
[M. Balthasar Walter]			

---

1) Johann Gothart wurde auch *Moritz* genannt. Vgl. Sagittar,
197 (nescio quam ob causam vulgo dictus), Brückner I, 8, 88; Gelbke
II, 1, 47.

2) Vgl. über ihn Brückner I, 9, 81; III, 14, 146. Er ist identisch
mit dem im Album Academiae Vitebergersis I, 73b, ed. Förstemann,
am 7. Okt. 1520 inscribierten *Joannes Prambach de Waltershausen
Magunt. dioc.* Vgl. Ztschft. „Aus der Heimat" I, 171 (Gotha)
und e III, 87. Er wurde 1555 Pfarrer in Waltershausen,
† 1560ebenda.

3) Vgl. über diese Gelbke a. a. O. 153—155, und Brückner
a. a. O. I, am Ende der einzelnen Abteilungen.

4) Die von m i r in [—] gesetzten Namen sind von einem späteren
Chronisten als Wiperti, der 1597 gestorben, wohl schon im Originale
hinzugefügt worden.

5) D i e S c h e i d u n g d e r D i a c o n i n a c h i h r e n S t e l l e n
w i r d h i e r z u e r s t g e m a c h t. Unsere Quellen haben dieselbe
nicht; vgl. Brückner I, 8, 86 ff. u. I, 9, 81 ff.; Gelbke II, 1,
46, 47.

6) Dieser f e h l t in der von Brückner I, 8, 86 ff. I, 9, 81 ff.
und Gelbke II 1, 46 f. gemachten Aufstellung gänzlich! Herr
Archivar H e r m a n n G u t b i e r in Langensalza schreibt mir: „Über
den Augustiner Thomas kann ich Ihnen keine Auskunft geben, da
im Visitationsprotokoll des Jahres 1540 nur die Namen derjenigen
Mönche genannt werden, welche damals noch im Amte waren."

164 Miszellen.

Ordinaria Successio Praeceptorum Scholae Gothanae[1]).

Rector[2])	Conrector[4])	Cantor[9])	Quartus[13])	Quintus[20])
Basilius Monnerus	Laurentius Schipper	Joan. Opetz	*Andreas Ziegler*[14])	Nicolaus Born
Laurentius Schipperus	Pancratius Süsenbach	Joan. Zahn	*Joan. Becker*	Joan. Calwitz
M. Georg Merula	*Joan. Cuno*[5])	Joan. Eisenberg[10])	*Nicolas Martersteck*[15])	
Pancratius Süssenbach Silesius	*Georg Hofmann, Coburgensis 42*	Joan. Petzold[11])	*Joan. Langenhain*[16])	
M. Cyriacus Lindeman	*Joachimus Spiegel*	*Samuel Pfeiffer*	Valentinus Wiprecht	
M. Paul. Schmidt	*Nicolaus Sachsenstetter 44*	Andreas Heiner	*Conradus Hildt*	
M. Joan. Meyer	M. Cyriacus Lindemann[6])	*Daniel Ullnn*	*Henricus Crolach*	
M. Joan. Dinckel	M. Martinus Willisius	*Simon Pfeiffer*	*Daniel Ullnn*	
M. Joan. Helder	M. Christoph Winer	Jodocus Rogler[12])	*Fridricus Waldecker*	
M. Andreas Wilcke	M. *Joan.* Tecerius[7])	Simon Schneidewein	*Simon Hein*	
[M. Joan. Weitz[3])]	M. *Cyriacus* Poppius[8])	Joan. Lindeman	*Melchior Backhusius*	
	M. Joach. Schildt		M. Michael Julius	
	M. Joan. Wiprecht		M. *Joan. Faner*[17])	
	Nicolaus Friede		M. Jon. Wagner ist von der Schulen gen Erfurt kommen und zu St. Andreas Diaconus āō 87 worden[18])	
			Abraham *Bähringer*[19])	

1) Das Gothaer evangelische Gymnasium wurde 1524 durch den I. evang. Superintendenten Friedrich Myconius gegründet. Vgl. Schultze, S. 16; mein Progr. 1901, S. 1.

2) Vgl. über diese 11 ersten Rektoren der Gothaer Schule mein Gymn.-Progr. 1895 „Das Coenobium beim Gymnasium Illustre (1543.—1863)" S. 38, 39 und die dort angeführte Litteratur über dieselben, sowie mein Gymn.-Progr. 1901 „Die Lehrer des Gymnasium Illustre zu Gotha (1524—1859)" I unter deren Namen.

3) Die von mir in [ ] gesetzten Namen sind von einem späteren Chronisten im Originale nach 1597 hinzugesetzt worden.

4) Die Bezeichnung „Conrector" ist nicht ganz richtig, da seit 1529 einer der 2 Lehrer neben dem „Schulmeister", der bis dahin einziger Lehrer gewesen, den Namen Baccalaureus, der andere Cantor führte (vgl. Schulze, S. 22, und mein Gymnasialprogramm 1901, S. 3, Not. 2). 1544 bekam dieser erste Lehrer neben dem „Oberschulmeister" den Titel „Ober-Baccalaureus"; erst von 1549 an gilt der Name Conrector (vgl. mein Progr. 1901, S. 4, Not. 2 und Not. 5).

5) Die kursiv und gesperrt gedruckten Namen sind unseren Quellen bisher gänzlich unbekannt, auch in meinem 1901 erschienen Lehrerverzeichnis nicht aufgeführt, da dieses Verzeichnis mir

bisher ebensowenig bekannt als Sagittar, Rudolphi, Brückner, Gelbke, Schulze, Beck war. Dieser Joh. Cuno (= Kühn) ist ohne Zweifel. der in Förstemanns Album Academiae Vitebergensis p. 153a s. anno 1534 Genannte (vgl. Ztschft. Aus der Heimat I, 172), in dem H. Heß (ebenda III, 87) den späteren goth. Superintendenten M. Joh. Cuno vermutet. Beck, Joh. Friedr. d. M. II, 115 hält beide für dieselbe Person, dem ich mich mit meiner Ansicht anschließe. Er wurde, da Pancratius Süssenbach 1540 von seiner Stelle als Baccalaureus zum Rektor avancierte, in diesem Jahre Baccalaureus, blieb jedoch nur bis 1542 in diesem Amte, wie die bei seinem Nachfolger beigesetzte Zahl 42 zeigt. Vergl. mein Progr. 1902., S. 22.

6) Diese Reihenfolge der „Konrektoren" zeigt, daß Weitz in seinem „Series Correctorum" betitelten Gedichte in Encaenia Saecularia Gymn. Goth. 1624 gegenüber Sagittarius, Hist. Goth., p. 218 recht hat, und daß ich (Progr. 1901, S. 5, Not. 2) mit Unrecht dem Historiker vor dem Poeten den Vorzug gegeben habe.

7) Sonst wird er „Decerius" geschrieben (vgl. mein Progr. 1901 S. 5.) Er stammte aus Eisfeld, cf. unten 1902, S. 23.

8) Wie sich aus dem hier zuerst genannten Vornamen Cyriacus ergiebt, ist meine Vermutung (Progr. 1901 S. 6) hinfällig.

9) Ein Kantor wurde neben dem von 1524 an einzigen Schulmeister 1529 angestellt. Vgl. oben Not. 4.

10) Da sein Vorgänger Joh. Zahn 1543 Pfarrer wurde (s. mein Progr. 1901 S. 5), so muß Joh. Eisenberg schon 1543 (nicht erst 1561, wie ich vermutet hatte, a. a. O.) in sein Amt eingetreten sein.

11) In unseren Quellen wird er Bezelius und Betzel genannt (vergl. Progr. 1901 S. 5), wo die vermutete Zahl 1564 zu korrigieren ist. Ende der 40er und Anfang der 50er Jahre muß er Kantor gewesen sein.

12) Das muß ein Verschreiben sein, da er bei Kreyssig, Afraner Album (Meißen 1876) und in den Briefen des Fabricius an Lindemann (handschriftl. in Weimar) Riegel oder Rigler genannt wird. Vgl. mein Progr. 1901, S. 5; 1902, S. 22.

13) Eine vierte Lehrerstelle wurde 1544 am Goth. Gymn. eingerichtet. Vgl. Schulze, S. 72, mein Progr. 1901, S. 4; Not. 2.

14) Er stammte aus Gotha und hatte seit 1533 in Wittenberg studiert. Vgl. Förstemann, Album Academiae Viteberg., p. 149b (Ztschft. „Aus der Heimat" I, 172).

15) Ebenfalls aus Gotha stammend, war er 1533 in Wittenberg immatrikuliert worden (cf. Förstemann a. a. O.) Progr. 1902, S. 22.

16) Er ist wohl identisch mit dem bei Förstemann a. a. O. p. 171a 1538 in Wittenberg immatrikulierten (vgl. „Aus der Heimat" I, 172).

17) M. Joannes Faner war 1584 Lehrer geworden, wurde 1585—99 Pfarrer in Gierstedt, 1599—1626 in Groß-Fahner, † 1626. Vgl. mein Progr. 1897: Die Gelehrtenbriefe der Goth. Gymn.-Bibliothek S. 8. u. Progr. 1902, S. 23.

18) Anno 87 ist ein Versehen, insofern er in diesem Jahre allerdings seine Stelle am Gymnasium aufgab und Diakonus in Gotha ward, aber erst 1597 in Erfurt bei St. Andreas als Diakonus angestellt wurde. Vgl. mein Progr. 1901, S. 7.

19) Meine im Progr. 1901, S. 7 unter No. 28 ausgesprochene Vermutung, daß Abraham nur der Vorname des Lehrers sei, bestätigt sich also durch unsere Stelle!

20) Die Stelle eines Quintus wurde circa 1583 eingerichtet.

Anno 1549 Pancratius Rector Scholae war gar hefftig wider das
Interim, disputiret gewaltig, nahm sichs so sehr an, daß Er darüber
in phrenesin fiel, woran er fast ein vierthel Jahr laboriret: Als er
zu sich selbst kam, resigniret er sein Schul Regiment; aber Aula
wollte es nicht haben, sondern confirmiret ihn aufs neue, und
M. Lindemann, der sonst eligiret war zum Rectorem an seine statt,
wird sein Conrector.

Anno 1554 Joannes Isenbergius Diaconus Ecclesiae Gothanae praeficitur Ecclesiae Ichtershusanae[1]), et M. Joannes Machaeropoeus[2]) ex
Saltzingensi vocatione ei successit.

Anno 1555 Joannes Brembach praeficitur Ecclesiae Waltershusanae.
Succedit huic M. Melchior Wedmann.

Anno 1556 abiit Menius Gotha circa Septembrem propter propositionem:
Bona opera sunt necessaria ad salutem; quam tamquam haereticam
damnare noluit, et secessit Saltzam ad Superint. quia sentiebat sibi
fieri insidias, ibi aliquot menses commorabatur. In Decembri
permissu Principis[3]) revocabatur Menius legatione honorifica, ideo
non rediit ad Gothanos, sed ad Electorem. Augusto vocatus est
Lipsiam, ubi moritur.

Anno 1557 in locum Menü mittitur a Principe Joanne Friderico Dñō
Simon Musaeus D[4]). Quem populus cum summa frequentia et
aviditate audiebat; sed vix unum annum hic mansit, vocatus Eisfeldiam finito anno ahiit. Als er in der Wochen Joh. Baptistae
hierher anzog, wurden ihm den andern Tag zwei Quartale nemlich
60 f., so die Diaconi nach Menü Abschied verdienet, durch Joh.
Langenhain Ministr . . . (Lücke) Item Menius hatte 50 f. vom
Hoffe Gnaden-Geld, welches ihm der gebohrene Churfürst, Hertzog
Joh. Friederich verschrieben, dieselben bath. Musaeus auch aus,
und da man merkete, daß er sich wieder wegmelden wolte, gingen
zu Ihm die vornehmsten im Rath in stattlicher Anzahl, fragende
die Ursachen seines Abzuges; da die Besoldung so gering, erbothen
sie sich einer stattlichen Contribution, dazu Er Bernhard von Myla[5])
jährliche 20 f. zu geben hatte zugesagt, war dieß die Antwort:
Sein Weib könne alhier nicht gewohnen, es wäre ein stinkender
Ort, [: aber zu Eisfeld hatte er wohl 600 Thlr. jährliches Einkommen :] zog āō 58 weg, eben in der Wochen, wie er ankommen.
Domin. Invocavit 1558 üm Fastnacht zeucht Musaeus gen Eisfeld,
daselbst thut er eine Probpredigt, wird daselbst zu einem Pfarrer
vociret cum consensu Principis. Nach Ostern wird er gefodert

---

1) Als solcher † 1563. Gelbke II, 2, 78; Beck III, 1, 409.

2) Machaeropeus (μάχαιρα—ποιεῖν) = „Messerschmidt".

3) d. i. Johann Friedrich der Mittlere 1547—1567.

4) Vgl. über ihn A. Beck, Joh. Friedr. d. Mittl. II 143.

5) Bernhard von Mila war seit 1520 in Diensten des Königs
Christian II. v. Dänemark, wurde 1527 sächs. Hauptmann in Schweid-
nitz, 1534 kursächs. Kriegsoberst und Landvogt in Wittenberg, 1552
Landhofmeister und oberster Befehlshaber der Feste Grimmenstein
in Gotha, † 2. Sept. 1561 auf seinem Gute Herbsleben. Vgl. A. Beck,
Joh. Friedr. d. Mittl. II, S. 140; H. Zeyß, Geschichte des Markt-
fleckens Herbsleben, S. 78—80.

gen Weimar ad Colloquium zwischen Illyrico[1]) und Victorino[2]),
da war es bis nach Pfingsten, daß er nach seiner Wiederkunfft,
nun eine Valetpredigt that, und also bald davon zeucht, eben den
Tag, dem Er vorm Jahr herkommen ist.

Anno 1558 ist an Musaei statt einhelliglich M. Cuno[3]) ein Statt-Kind,
so dazumahl Diaconus zu Freiburg in Meissen in Cathedrali Ecclesia
war, eligiret und mit Rath Bischoff Amsdorfii[4]) und mit Ver-
willigung des Fürsten, Hertzog Johann Friedrich 2. vociret worden
zum Pfarrherr und Superintendenten circiter festum Jacobi, sed
vix venit ad nos festo Michaelis. Interim in hoc interregno,
Musaeo scil. profecto Eisfeldiam et Cunone nondum praesente, haben
etliche des Raths fürnehmste den Kirchhof ad S. Margaretham
eingezogen in einer Eyle, inter quos praecipuus erat Jacob Langen-
hein et Reichenbach[5]) . . . . (Lücke) Ecclesiae; quo facto wollte man
den Töpffenmarkt hinter der Capellen vor der Schellen und Lawen-
burg[6]) wegnehmen und an dieselbe statt transferiren; aber Cuno,
als er ankommen, se huic conatui nobiscum opposuit propter
sanctos ibi requiescentes und haben den Töpffen-Markt erwerlt.

Anno 1560 wird M. Cuno Superintendens vom Fürsten mit Gnaden
geurlaubt und mit 100 f. begabt, zu Jena auf fernere Forderung
zu warten. Das geschah darüm. Illyricus wollte Petrum Eggerdes[7])
ins Land haben, welcher zu Kaiserslauter abgesetzet war, und erlangt so viel bey F. G., daß M. Cuno demselben mußte Raum
geben, dieser that die erste Predigt auf Exaudi, wird darauf
vociret. In dieser vocation richtet der Schösser Paul Schalreuter[8])
eine Trennung an, wollte nur 4 Stimmen oder Vota machen, die

---

1) Der bekannte strenge Lutheraner Flacius Illyricus, der seit
1558 Professor in Jena war (geb. 1520, † 1575). Vgl. A. Beck
a. a. O. II, 118; Allg. D. Biogr. VII, 88 ff.

2) Victorinus Strigel, der seit 1548 als Prof. der neugegründeten
Schule in Jena (1558 Universität) thätig war. Im Gegensatz zu
Flacius Illyricus war er ein Anhänger der freieren Richtung Melan-
chthons (geb. 26. Dez. 1524, † 26. Juni 1569). Vgl. A. Beck a. a. O.
II, 163; Allg. Deutsche Biographie XXXVI 590, f.

3) Vgl. oben S. 165 Not. 5.

4) Niclas von Amsdorf neben Flacius Illyricus eifrigster Verteidiger des strengen Lutheranismus (geb. 3. Dez. 1483, † 14. Mai
1565). Vgl. A. Beck a. a. O. II, 98; Allg. D. Biogr. I, 412 ff.

5) Jacob Langenhain war 1540—44 Bürgermeister, in Gotha, Johannes Reichenbach ebenfalls 1554—57 nach Sagittarius, Hist. Goth.,
S. 177; A. Beck, Joh. Friedr. d. Mittl. I, 46, 45, 552.

6) Die Namen zweier Häuser am unteren Markte. Vgl. Beck,
Geschichte des gothaischen Landes II, S. 551.

7) Vgl. über ihn und seine Streitigkeiten Brückner I, 8, 70—86.

8) Paul Schalreuter (auch Salreuter gen.) stammte aus Zwickau,
wurde Amtsverweser und Schösser zu Gotha, als welcher er in 21½
jähriger Amtszeit sich ein Vermögen von 30000 Gulden sammelte.
Er war wegen seiner Habsucht und Streitsucht wenig beliebt.
„Horrendum monstrum Gothanum desiit saevire in Deum et homines"
schrieb der gewesene Superintendent Wedemann bei seinem Tode
(6. März 1580) in seinen Kalender. Vgl. Sagittar, 431; Tentzel Suppl.
II 862, 865; Brückner I, 9, 81; Beck, Joh. Friedr. d. Mittl. II, 152.

eine wäre sein wegen des Landesfürsten, die andere der dreyen Ministrorum, die dritte der 24 Rathsherren, die vierte der 4 Personen von der Kammer, denn so viel solten Stimmen oder Vota seyn und seine Stimme wurde damit überhäuffet. Weil aber der fürstl. Befehl vermochte, den abgehörten Eggerden zu vociren, und dem Schösser zugesagt worden, daß man demselben Befehl pariren wolte, und hierüber die Vota belangend, sich eines Bescheids heym Landesfürsten zu erholen, ließ der Schösser damals die Stimmen von Personen zu Personen abhören, darauf ward gen Hoffe üm Bericht geschrieben, wie man sich ferner halten solte, ob man ferner den alten Gebrauch oder aber des Quaestoris Fürwenden noch mit der Vocation gebaren. Darauf ist eine Resolution von Hofe geschehen, daß hierinnen, ohngeachtet des Schössers Fürwenden, solte dem alten Gebrauch nachgelebet werden, dahin auch die Constitution solte verstanden werden, ist auch von dem an ferner also hier gehalten worden. Dieser Petrus Eggerdes ist aus fürstl. Befehl durch den Schösser auf dem Rathhause alhier an alle Pfarrer der Superintendenz angewiesen mit einer solenni confirmatione und dabey neben Befehl geschehen, die Altare zu verändern und dahinter zu treten; die Tafeln, so nicht biblisch, sind gar aus der Kirchen wegzuthun gebothen, die Biblischen aber an die Wand zu hängen nachgelassen.

Anno 1560 ist Dr. Musaeus von Eißfeld gen Jena ad professionem Theologicam vociret; der hat alsobald 100 rth. von der Pfarre mit sich genommen, die nun jährlich gen Jena zur Besoldung der Professoren gereichet werden müssen, und der Pfarre Eißfeld entzogen sind.

Anno 1561 Petrus Eggerdes führete eine sonderliche Art im Predigen, sonderlich auf die Feste brauchete Er den Methodum, wie in Schulen gebräuchlich ist, 1) an sit? 2) quid sit?, nemlich: Nemlich: Ob Christus Mensch worden sey? Ob Christus gelitten habe? Ob Christus auferstanden sey? pp. dadurch viele Leute geärgert worden, und dafür gehalten, als setze Er es in Zweiffel[1]. Solches gelanget an Fürstl. Gn. Darauf wird an das Ministerium, Amt und Rath befohlen, hiervon wie es eine Gelegenheit war, hastig (?) und unterschiedlichen Bericht zu thun, welches also geschehen, doch mit angehängter unterthäniger Bitte, daß man Ihn drüm besprochen, und weil es nicht für den gemeinen Mann dienet, · sondern ärgerlich wäre, davon abmahnen wolte, der Hoffnung, er würde ihm sagen lassen und es fort einstellen. Ob nun wohl der älteste Diaconus Herr Heinrich Thilo Ihn in geheim gebethen und vermahnet, hat er doch auf folgendem Ascensionis festo nichts geändert. Es trug sich zu, daß die Pfarre Eberstätt, davon Filial Soneborn ist, aufs neue zu bestellen war, da stellet er ihnen auf einen alten Prediger zu Arnstatt einseitig vom Diaconat, M. Nicolaum Mendium, der thät sein Probepredigt, aber die Eingepfarrten wegerten Ihn, wegen seines Alters, und er begehrte die Pfarre insowenlg, als sie seiner begehreten wegen des beschwerlichen Ganges in die Hauptkirche Eberstädt, so wolte doch Petrus Eggerdes nicht anders, denn es solte Mendius Pfarrer seyn, und die Eingepfarrten Ihn haben, ob sie gleich beiderseits nicht wolten, und wolte Ihnen

---

1) Vgl. Brückner a. a. O. S. 81.

keinen andern darstellen, noch ihnen vergönnen, einen andern zu hören. Endlich lassen es die Eingepfarrten gen Hoff an Fürstl. Gnaden gelangen, darauf schicken auf und mit Fürstl. Befehlich die Theologi zu Jena einen dem Superintendenten zu, M. Gundermann[1]), Ihn gen Soneborn zur Probepredigt zu praesentiren, aber der Superintendens wegert Ihn und schreibet zurücke, Er wisse von keinem andern Pfarrer zu Soneborn und Eberstätt, denn M. Nicolao Mendio, derowegen könne und wolle Er M. Gundermann nicht praesentiren zur Probe. Hierauf wird M. Gundermann von Fürstl. Gn. gen Soneborn und Eberstätt mit rothem Wachs abgefertiget, von den Eingepfarrten gehöret, und zu einem Pfarre vociret, nolente volente Superintendente. Abermals wird vom Hoffe befohlen, der Superintendens solte den vocirten Pfarrern introduciren, und im Falle der Wegerung solte es dem Schösser, Paul Schalreuter, befohlen seyn, welches beydes sich also zugetragen. Eggerdes wegerte es, mit Fürwendung, Er wüßte ihnen nicht zween Pfarrer zuzuordnen. Paul Schalreuter, Schösser, auf der Reise nach Soneborn, den Pfarrer auf Fürstl. Befehl zu introduciren, begegnete Johanni Fortuno, dem Vorsteher, und saget zu Ihm: Wolt ihr wissen, wer hier fähret? Der Vorsteher saget: Der Herr Schösser von Gotha fähret da. Nein, spricht Schalreuter superbe, nicht der Schösser allein, sondern der Superintendens ietzo und Schösser zugleich, und that die Introduction mit der Anweisung und Verlesung der Fürstl. Confirmation. Nicht lange hiernach wird die Pfarre zu Tüteleben erledigt durch den tödlichen Abgang Herrn Johann Lantzen, kömmt die Gemeinde bittend um einen erbaren Pfarrer, benennen Andream Heiner, dazumahl Cantor in der Schulen zu Gotha[2]). Er wegert die Person nicht, aber Er antwortet ihnen, er wäre seines Amtes entsetzet, dadurch daß dem Schösser die Einweisung des Pfarrers zu Eberstätt und Soneborn befohlen, wisse ihnen deßhalben weder zu rathen noch zu helffen; die Gemeine suchet zu Hoffe, der Superintendens schreibet auch gen Hoff, greiffet Fürstl. Gnaden hefftig im Schreiben an, begehret die Ursach der Einsetzung zu erklären, und da ihm das Amt nicht aufs neue befohlen, wisse er die verledigte Pfarre nicht zu bestellen, lässets hierbei nicht verbleiben, sondern bald darauf den 3 Sonntag des Advents a͞o 61 führet er in der Predigt ein Daniels Exempel, der dem Uriae sein Weib genommen, appliciret es auff sich, also, spricht er, hat der Schösser, Paul Schalreuter, mir mein Weib genommen, mein Amt[3]). Hierauf die näheste Woche kömt ein fürstl. Befehl, welcher er Bernhard von Myla[4]), er Georg von

---

1) M. Matthias Gundermann, geb. in Kahla, war Pfarrer in Eberstedt und Sonneborn 1561—1595, sodann in Wangenheim Superintendent; † 1605. Vgl. Brückner III, 2, 18; III, 10, 35 f.; Gelbke II, 1, 180; II, 2, 285. Beck III, 2, 230, 361.

2) Dieser wurde dann 1561 Pfarrer in Tüttleben, wo er 1589 starb. Vgl. Brückner III, 9, 85; Gelbke II, 1, 186; Beck III, 2, 306, und mein Progr. 1901, S. 5.

3) Bei Brückner I, 8, 83 heißt es, er habe Schalreuter mit Herodes verglichen, der seinem Bruder das Weib genommen.

4) Vgl. oben S. 166 Not. 5.

Harstal[1]), Obrister auf Grimmenstein in Beiseyn [des Ministerii
und gantzen Raths ihm den Superintendenten verlesen hat, darinnen
angezogen war, weil Ihre Fürstl. Gnaden aus allen Schreiben und
Berichten des Petri Eggerdes vermerketen, daß Er zu Verrichtung
des Superintendenten-Amts nicht qualificirèt, darzu Ihrer Fürstl.
Reputation und Hoheit in seinem Schreiben nicht verschonet, solte
ihm hiermit sein Verlaub angekündiget seyn. Wir, Collegae eius,
sind unanimiter zu ihm gangen, unser Mitleiden angezeiget, uns
erbothen, ihm das Quartal Reminiscere vorzuverdienen, sed
recusabat, Er wolte aber von einem erbahren Rath die ganze
Jahr-Besoldung fodern, wie er auch that, sed frustra. Princeps
williget dagegen Ihm, so wir ihm angebothen hatten. Kurtz
zuvor wandte sich D. Musaèus von Jena nach Bremen; Illyricus
ward auch enturlaubet, deßgleichen Wigandus[2]), und zur Ursach
ihres Urlaubs: Sie hatten ein Mandatum außbracht, daß nichts
sine censura Aulica solte im Druck ausgehen; Solchem außgebrachten
Befehl hätten Sie ungehorsamlich übergangen, und Büeher zu
Frankfurt ohne vorgegangene Censura Aulica drucken lassen. Wir
waren also ohne Superintendenten von der Zeit an bis aō 62 üm
Aegidii, und haben drey Quartal für den Superintendenten verdienet, davon haben die Herren uns dreyen zwey Quartale, uns
dareyn zu theilen, zugeiignet, und eines der Ministratur zum Besten
behalten[3]).

Anno 1562 in nova Visitatione a Visitatoribus[4]) M. Stisselio, D. Maxi-
miliano, D. Husano M. Melchior[5]) Principi proponitur pro
Superintendente novo, et statim ad Principis nutum eligitur, vocatur,

---

1) Georg von Harstall war Amtmann zu Kreutzburg und Gerstungen gewesen; im Jahre 1561 nach des eben genannten Bernhards
von Milas Tode (1561) oberster Befehlshaber auf dem Grimmenstein,
† 1565. Vgl. A. Beck, Joh. Friedr. d. Mittl. II, 122.

2) D. Johannes Wigandus geb. 1523 in Mansfeld, 1541 Rektor
in Nürnberg, 1544—46 hielt er sich in Wittenberg auf, wurde 1546
Pfarrer in Mansfeld, 1553 Superintendent in Magdeburg, 1560 Prof.
in Jena, 1561 entlassen, 1562 Superintendent in Wismar, 1568 ward
er wieder nach Jena berufen, wo er bis 1573 Superintendent und
Professor Theol. war. 1573 wieder entlassen, wurde Prof. in Königsberg, 1675 Bischof von Pomesan in Preußen, † 21. Okt. 1587.
Vgl. A. Beck, Joh. Friedr. d. Mittl. II, 172.

3) Vgl. Brückner I, 8, 85.

4) Die Visitatoren waren: Joh. Stissel oder Stössel (geb.
23. Juni 1524, wurde 1560 Superintendent in Heldburg, 1561 Konsistorialassessor in Weimar, 1562 Superintendent und Prof. in Jena,
† 18. März 1576 im Gefängnis); Maximilianus Mörlin (geb.
14. Okt. 1516, war 1543 Pfarrer in Schalkau, 1544 Hofprediger in
Coburg, 1561 Konsistorialassessor in Weimar, 1569 abgesetzt, 1574
wieder nach Coburg berufen, † 20. April 1584). Heinrich Husanus
(geb. 6. Dez. 1536 in Eisenach, wurde 1561 Prof. in Jena, 1562 Rat
bei Joh. Friedr. d. Mittl., 1567 Hofrat und Kanzler beim Herzog
Joh. Albert von Mecklenburg, 1574 Syndicus in Lübeck, †. 9. Dez.
1587). Vgl. über sie Beck, Joh. Fried. d. Mittl. II, 126, 141, 163.

5) M. Melchior Wedmann, auch Wedemann und Weidemann
genannt.

confirmatur ./: Succedit ei Johann Wolffram, qui annos novem
Eimbeccae Pastorem et Superintendentem egerat, sicut ipse retulit·
saepius, ac novissime āō 79 ad Franckenhusanos gloriatus est auf
dem Neuen Kauffhause in nuptiis Volcmari Werneri :/. Hanc
vocationem M. Melchior detrectare se simulans, multa gravamina
Superintendenti usu venire a Principibus, tandem accepit, sed hac
conditione ut, si praeter culpam dimitteretur a Principe, sibi uni-
versum stipendium, quod in Superintendentem annuatim erogatur,
per sequentem annum daretur, quo se suosque eo facilius usque
ad aliam vocationem consequendam sustentare posset. Haec con-
ditio a principe et Senatu promittitur his verbis, se meliora sperare,
at si ita forte accideret, et praeter culpam expelleretur, se vel ex
aerario Ecclesiastico daturos, vel si Princeps hoc concedere vellet,
ex sua crumena illud contributuros.

Anno 1562 Dīis Pancratius Rector Scholae Gothanae et optime cum
de ea tum de tota patria nostra meritus, postquam totius anni
spatio ante resignaverat, festo Michaelis hinc in patriam abiit,
otium in senectute honestum amplexus post multos exhaustos
labores. Donatus est a Senatu poculo argenteo eoque magno in
nundinis Lipsiensibus emto; Cui statim successit Conrector eius,
M. Cyriacus Lindeman, vir Graece et Latine doctissimus, et omnibus artibus liberalibus instructissimus, nec non Theologus insig-
nis, qua conditione Rectoris laudabiliter functus est non minori
cum emolumento scholasticae iuventutis quam Pancratius usque
ad annum 68.

Anno 1568 obiit M. Cyriacus Lindeman, optime de Schola Gothana
meritus, vir Latine et Graece in omnibus disciplinarum generibus
doctissimus, successit ei M. Paulus Schmidt, Gothanus[1]), vocatus
huc ex Schola Salfeldiana, cui praeerat. Secundi locum conse-
quitur Christophorus Winerus, cui functioni praefuit graviter annis
10, et factus est Pastor Sundhusanus succedens Joanni Fernelio
āō 1578 tempore autumnali.

Anno 1571 coepit ingens disceptatio[2]) inter Superintendentem, M.
Melchiorem et Ludirectorem M. Paulum Schmidt, ita ut res
deferretur ad Quaestorem, Senatum et totum Ministerium, qui
tantum desudarunt, ut rem componerent: facta concordia M.
Melchior iterum suscepit curam Scholae (29. Januar. āō 72) et
examen instituit ac habuit Vernale, tandem Senatus Scholae
rationem retulit ad Principem[3]), cuius mandato D. Johan. Wigandus
et M. Rosinus[4]) huc venere, et Scholam visitarunt, constitutionem

---

1) Vgl. mein Progr. 1901, S. 5.

2) Vgl. über diesen Streit Schulze a. a. O. S. 54, 57; mein
Progr. 1895 „Coenobium“, S. 5.

3) d. i. der Herzog Johann Wilhelm, der von 1567—73 über
Gotha herrschte.

4) M. Bartholomaeus Rosinus, geb. 1520, Diaconus in Eisenach,
1559 Pastor und Superintendent in Weimar, 1573 verjagt, 1574
Superintendent in Regensburg, † 17. Sept. 1586 (cf. Jöcker III,
2131). Vgl. über diese Schulvisitation Wilke, Suada lat., p. 1044;
Sagitar. Hist. Gotha. p. 430; Tentzel, Suppl. p. 855; Rudolphi,
Gotha diplomatica I, 163 f.; Brückner III, 5, 2; Schulze, Gesch. des
Gymn. zu Gotha, p. 55; mein Progr. 1895, Das Coenobium, p. 5,
wo die neue Oekonomieordnung abgedruckt ist.

Oeconomiae confirmarunt, ac statum seu qualitatem Scholae Principi retulernut, qui M. Paulum deponi, et Meierum[1]) in eius locum restitui curavit.

Anno 1573 Dux Johannes Wilhelmus diem suum obiit 2 Martii, et circa Bartholomaei festum; iterum visitatur per Doctores ab Electore[2]) ad hoc negotium ordinatos, Stisselium, Widebramum[3]) Maximil. Morlinum, M. Mirum[4]) et deponitur M. Melchior ab officio Superintendentis 8 Augusti, cui successit M. Joannes Frei; duo pagani Pastores deponuntur quoque, Schipperus Warzensis, et Nicolaus Helfeld Lauchensis[5]). Examinarunt Stisselius et Widebramus (3, 4, 5, 6, 7, 8 diebus Augusti; 9 abierunt) ac praecipue nostram Confessionem de Coena audiverunt et approbarunt, dicentes: Sic et nos sentimus, ac vobiscum docemus. Widebramus publice pro concione suam et caeterorum Visitatorum Confessionem exponebat de Coena, qua omnes acquiescebant. At sequenti anno 74 res prodiit in lucem, quid senserint de Coena, parasceue huius erat Exegesis quaedam sine nomine edita. D. 23 Octob. ist der neue Superintendens ankommen, cum uxore, liberis et supellectile.

Anno 1578 Johanni Fernelio[6]), Pastori Sundhusanae Ecclesiae succedit M. Christophorus Winerus ex Schola Gothana, cui succedit in Schola Johannes Teccrius, Eisfeldensis, qui Secundae Classi praefuit uno anno, remotus enim fuit ab officio, eo quod obiecit civibus vitium deditionis.

Anno 1581 Rector Scholae Gothanae Joannes Meier die Purificationis vocatur ad munus docendi in Ecclesia Goldbacensi et tanquam succenturiatus subsequitur in eius locum M. Joannes

---

1) Vgl. über M. Johann Meyer mein Progr. 1901, p. 6, 1902, p. 23.

2) Gemeint ist der Kurfürst August als Vormund seiner beiden minderjährigen Vettern Johann Casimir und Johann Ernst.

3) Friedr. Widebram, geb. 4. Juli 1532, 1557 Rector in Zerbst, 1559 in Eisenach, 1563 Prof. Eloquentiae in Jena, 1569 in Wittenberg, † 2. Mai 1585. Allg. D. Biogr. XLII, 338 f.

4) Martin Mirus geb. 1532, 1558 Mag., 1560 Adjunkt der phil. Fak. in Jena, 1561 Pfarrer in Sülzenbrück, 1569 Pfarrer in Jena, 1572 in Kahla, 1573 als Superintendent und Hofprediger nach Weimar berufen an Rosinus' Stelle, konnte aber das Amt nicht antreten und wurde Prof. und Superint. in Jena, 1580 Konsistorialrat in Dresden, 1588 lebte er in Jena, 1591 Domprediger in Halberstadt, dann wieder in Dresden, † 14. Aug. 1593. Allg. D. Biogr. XXII, 1.

5) Johann Schipperus war von 1567 Pfarrer in Warza. Vgl. Brückner II, 1, 48 Not.; Gelbke II, 1, 281; Beck III, 2, 369, die alle die Zeit seiner Absetzung nicht kennen. 1575 wird er wider eingesetzt als Pfarrer in Eschenbergen, † 1578. Vgl. Brückner III, 8 12; Gelbke II, 1, 135; Beck III, 1, 167. Nicolaus Helfeld war 1565—1573 Pfarrer in Laucha; er wird 1576 wieder eingesetzt als Pfarrer von Siebleben bis 1585. Vgl. Brückner I, 3, 268, III, 4, 57; Gelbke II, 1, 416; II, 1, 170; Beck III, 1, 450, III, 2, 219.

6) Er war von 1564 an Pfarrer in Sundhausen gewesen, vorher in Trugleben. Vgl. Brükner II, 3, 81, II, 8, 78; Gelbke II, 1, 430, 441; Beck III, 2, 248, 294, die ihn aber alle Fehmel (oder Irmel) nennen.

Dinckelius, Professor Ebraicae linguae et Dialecticae, Erfordiae[1]). Anno 1582 ist socer mens) Superintendens creiret, und d. 6. Novembr. dazu doctoriret worden. [Gener vocatur M. Joannes Wipertus, Scholae Gothanae Prorector.] Anno 1584, d. 1. Julii M. Dinckel vocatus est Coburgum ad concionandum bis, deinde adhuc semel, postea Vocatio secuta est ad munus Generalis Superintendentis, quod cedat in gloriam Dei et Ecclesiae utilitatem. Die 8 Septembr. hinc Coburgum profectus est. In eius locum eligitur M. Jülich, et in hac electione neglectus est Rector M. Helder[2]).

II.

Ausgrabungen an den Hausbergburgen bei Jena.

Von

Großh. Sächs. Landesgeometer A. Müller in Weimar.

In seinem Aufsatze über mittelalterliche Burgbauten Thüringens — Bd 5, S. 303 der Zeitschrift vom Jahre 1863 — giebt H. Heß ein allgemeines Bild von der Anlage und Bauart der, wenn auch nur in Überresten vorhandenen Burgen vom 10. bis zum Ende des 15. Jahrhunderts. Er behandelt das dem Auge Erkennbare; unterirdische Anlagen erwähnt er nicht. Daß aber solche bei vielen mittelalterlichen Bauwerken vorhanden gewesen, ist zweifellos.

Bei einer der ältesten Burgen, dem schon im Jahre 937[4]) urkundlich erwähnten Kirchberg auf dem Hausberge bei Jena, haben sich unterirdische Bauwerke nachweisen lassen; leider scheint die Kenntnis der früher vorgenommenen Ausgrabungen nur gering. Im Bd. 3, Heft 4 der Zeitschrift, Jahrgang 1859, hat K. Aue im geheimen Staatsarchiv zu Weimar befindliche Aufzeichnungen über die im Jahre 1757 ausgeführten Ausgrabungen am Hausberge bei Jena mitgeteilt. Wir rekapitulieren den Inhalt der Aufzeichnungen.

Am 1. Mai 1757 hatte Ernst Christian Supe in Ziegenhain — die Familie schreibt sich jetzt Saupe — veranlaßt durch Auslassungen und Gespräche älterer Leute in Jena und Ziegenhain, unter Znziehung des Richters und des ältesten Ortsnachbars, des 80-jährigen Hans Michael Böhmen — die Familie schreibt sich jetzt Böhmel — am Hausberge Nachgrabungen anstellen lassen, deren Resultat er unterm 7. Mai 1757 dem Herrn Vicepräsident v. Kalb mitteilt: „pp. pp. Ietzo den 1. Mai d. J. resolvire ich mich mit

---

1) Vgl. mein Progr. 1901, S. 6.
2) Das ist eben M. Johannes Messerschmidt (Machaeropoeus).
3) Vgl. mein Progr. 1901, S. 7.
4) Vgl. Dobenecker, Regesta dipl. Thur. I, no. 354.

unserm Richter, und nehmen unsern ältesten Mann im Dorfe, der
80 Jabre ist, Hannß Michael Böhmen, der auch lange gesprochen
von dem Gewölbe, der wies den Ort an, und da mußten junge Ein-
wohner einschlagen, da funden wir 1. schöne gehauene Stufen in
Kalk gegossen, 2. ein rund Loch; da wagte sich Michael Wendel
und fuhr ein, der findet einen Gang 8 bis 9 Ellen hinter in Berg
schön gehauen, daß man gerichts (anfrecht) gehen kann, darauf war
Licht anbey gebracht, da fuhr August Kahle auch nun ein. Da sie
wieder zurückkamen, melden sie hinten sei Erde verfallen, also ließen
wir nicht weiter was vornehmen, bis wir weiteren Befehl erhalten."
Die Hoffnung auf Auffindung eines Schatzes fehlte natürlich nicht.

Die Angelegenheit wurde sofort dem damaligen Herzog Ernst
August Constantin vorgelegt, und auf Befehl desselben wurden die
Ausgrabungen unter behördlicher Leitung und unter Zuziehung der
bei der ersten Ausgrabung zugegen gewesenen Personen fortgesetzt.
Es scheint aber, daß man auf Grund der Aussagen eines jenaischen
Schuhmachers Herrmann, der vor 60 Jahren „auf der Seite des
Berges nach Jenaprießnitz zu" eine eiserne offen stehende Thür ge-
sehen haben will, auch an anderer Stelle nachgegraben habe, denn
die Beauftragten, Konsistorialrat und Amtmann Mehler, sowie Amts-
Rentsekretär Thieme berichten: „pp. pp. Da nun hin und wieder
sich rudera von Grundmauer zeigten, so haben wir durch den
Maurer und einige Tagelöhner einschlagen lassen. Es hat sich auch
bald ein „anderer" geraumlicherer in Felß gehauener, aber mit
Schutt ausgefüllten Gang gefunden. Dieser ist ungefähr 4 Ellen
tief unter der Erde, 4 Ellen hoch und an manchen Orten 3 Ellen
breit" pp. pp. „Es ist auch dieser Gang bey 50 Ellen lang ge-
räumet und unter dem Schutt beikommende Knochen und Eisenwerk
pp. pp. gefunden worden. In diesem Gange hat sich auch ein Brunnen
gefunden, aber kein Wasser darinnen, und nun scheinet der Gang
in der Mitte des Berges weiter hinauf, in den sog. Fuchsthurm zu
gehen; ein Fleck davon ist ein wohlausgemauerter Brunnen entdeckt
worden pp. pp."

Nachdem seitens der Fürstl. Kammer an den Herzog über das
Resultat der Ausgrabungen berichtet worden, erfolgte unterm 4. Aug.
1757 die Resolution, Brunnen und Gang wieder zuzuschütten, da
„selbiger (der Gang) gegenwärtig ebensowenig, als der darinnen ange-
troffene Brunnen, jemanden zu einigen Nutzen, vielmehr beyde denen
vorbey passirenden Menschen und Vieh bei Nachtzeit zum Nachtheil
gereichen können". Hierauf erfolgte die Zuschüttung; die Hoffnung
auf Auffindung von Schätzen hatte sich eben als trügerisch erwiesen.

Im Laufe der Zeit ist diese Ausgrabung so ziemlich der Vergessenheit anheimgefallen; auch Ortloff in seiner Vorlesung „Die
Hausbergburgen bei Jena" erwähnt dieselbe nicht. Von welchem
Interesse die Wiederauffindung und weitere Verfolgung der vorhandenen unterirdischen Anlagen wäre, bedarf weiterer Auseinander-
setzungen nicht. Wenn man bei kleineren Burgen, wie die in Magdala oder die Osterburg bei Bischoffsheim a. Rh., Ausgrabungen
vorgenommen hat, die des Interessanten und Lehrreichen viel zu
Tage gefördert haben, weshalb kann bei so alten und berühmten
Burgbauten, wie die Hausbergburgen bei Jena sind, nicht Gleiches
geschehen, besonders da die früheren Ausgrabungen bedeutende
Resultate erwarten lassen?

Die Stellen der früheren Ausgrabungen wiederzufinden, erschien allerdings schwierig, wenn auch die damaligen Aufzeichnungen einigen Anhalt gewähren. Es war ein glücklicher Umstand, daß durch den mit den Personalverbältnissen bekannten Jenaer Bürger, Rentner G. Rodigast, in Ziegenhain ein Nachkomme jenes alten 80-jährigen Mannes Hans Michael Böhmen, ermittelt wurde, der bei der Ausgrabung im Jahre 1757 zugezogen worden war, Heinrich Böhmel, in dessen Familie sich die Tradition an jene Ausgrabungen erhalten hat. Derselbe hat an Ort und Stelle die nötigen Angaben gemacht, die mit denen der damaligen Niederschrift recht gut übereinstimmen. Danach bestätigt es sich, daß an zwei Orten, sowohl auf der Seite nach Ziegenhain, wie nach dem Gembdenthale oder Jenaprießnitz hin Einschlagungen stattgefunden haben.

Die zu der sehr wünschenswerten Wiederaufnahme und Fortführung der Ausgrabungsarbeiten erforderlichen Mittel würden allerdings nicht unbedeutend sein, besonders da sich unbedingt Nachgrabungen auch auf das mit Kirchberg verbundene Windberg, dessen Anlage und Umfassung noch deutlich zu erkennen sind, erstrecken müßten. Außer Beiträgen von Vereinen (Verein für Thür. Geschichte, Thür. Waldverein, Fuchsturm-Gesellschaft) würde die Privatopferwilligkeit, zunächst wohl in Jena, in Anspruch genommen werden müssen.

Bei dieser Geiegenheit kann ich nicht umhin, noch auf eins hinzuweisen: Es wird allgemein angenommen, daß auf der vordersten Spitze des Hausbergs ein Burgbau nicht gestanden, sondern Greifberg die zweite, durch einen Einschnitt von jener getrennte Erhöhung eingenommen habe, dem sodann Kirchberg und Windberg in südlicher Richtung gefolgt seien. Betrachtet man aber die Lage des nördlichsten (vordersten), durch einen Einschnitt — früheren Graben — vom Bergrücken getrennten Vorsprungs [1]), so muß es billig wunder nehmen, daß der festeste Punkt, der zugleich die weiteste Umschau gewährt, keine Befestigung getragen haben soll. Nachforschungen auch an dieser Stelle würden wohl Aufschluß darüber gewähren.

III.

Ueber das rote Buch von Weimar.

Von Großh. Sächs. Landesgeometer A. Müller in Weimar.

Das rote Buch von Weimar im Geh. Haupt- und Staatsarchiv zu Weimar enthält gegenwärtig noch 22 Blätter, während es nach

---

1) Eine vor einiger Zeit am Hausberge vorgenommene Untersuchung hat dem Verfasser gezeigt, daß die vordere Kuppe, von welcher aus man das ganze Saalthal abwärts bis Dornburg übersieht, zu einem größeren Bauwerke zu beschränkt, jedenfalls einen Wartturm getragen hat. Außerdem hat sich noch unterhalb des Fuchsturms ein in den Fels gehauener etwa $1^3/_4$ m hoher, 1 m breiter Eingang gezeigt, der aber in einer Tiefe von 2—3 m verschüttet ist.

den Mitteilungen des Herausgebers Otto Franke bei der im Jahre
1413 erfolgten Uebergabe von Hans Brandenhayn an Conrad Thune
deren 30 enthalten hat; das letztere soll aber erst gegen Ende des
15. Jahrhunderts eingeheftet sem, so daß im ganzen 9 Blätter fehlen.
Der Inhalt von 5 dieser fehlenden Blätter, so weit sie die „renthe
und gulde" die Abgaben der Ortschaften betreffen, läßt sich, wie
der Herausgeber es gethan, nach dem sog. Dresdener Register ergänzen, während 4 Blätter unbeschrieben gewesen sein sollen.
Letzteres erscheint zweifelhaft, da selbst die Deckelseiten des Buches
zu Niederschreibungen benutzt worden sind. Mit Sicherheit aber
läßt sich nachweisen, daß wenigstens e i n e s dieser 4 Blätter beschrieben gewesen, ja sogar, was es enthalten hat.
    Auf S. 62 der Franke'schen Ausgabe des roten Buches be-
findet sich ein Abschnitt, der eine Fortsetzung der Mitteilungen auf
einem fehlenden Blatte ist. Der Abschnitt lautet: [Slogers ersten
werten, des hat Wydenhayn's tochter und yr vater von yrentwegen
unde yrme kynde gute und gnuge gehabt. . . . . Och sint die ratmeystere, nemelich Hans Casper und Claus Frangke, und die
gancze gemeyne eyn worden, die heymborgen nicht mehr sollen
vorczeren, dan eyn alt schogk, darmyt sollen sie dem herten sin lon
yn vordern. Ouch hat uns unßer her er Bernhart Viczthum begnagt
und gefriget alles czols obgnant czu Magdala koufft adder verkoufft.
Ouch hat uns unßer herre er Bernhart befryget mit unßerm stat-
graben, daz wir mogen dorynne haben fische der stat czu guthe.]
    Dazu sagt der Herausgeber: „Es ist dies eine Ergänzung der
Niederschrift, welche auf dem fehlenden Blatte . . . (jedenfalls n i c h t
dem vorhergehenden) . . . gestanden hat. Die Hauptschrift wird ebenso
wie die Ergänzung Verträge zwischen dem Rat von Magdala und
Bernhard Vizthum, der um 1438 dort saß, enthalten haben und
dem Landesherrn zur Genehmigung vorgelegt worden sein. Im
roten Buch hat sie dann in wörtlicher Abschrift Aufnahme gefunden, wodurch es sich erklärt, daß die Ratmeister von Vitzthum
als von „unserem Herrn" sprechen. Der Eingang obiger, ziemlich
undeutlich geschriebener, Ergänzung bleibt etwas unklar. Es handelt
sich wohl um Besitztum von Sloger's ersten Ehefrau (werten) etc."
    Offenbar steht aber der Anfang der Einschaltung von „Sloger's
ersten werten" an, bis „gute und genuge gehabt" mit dem Folgenden:
„Och sind die ratmeystere" in gar keinem inneren Zusammenhange, sondern ist die Fortsetzung einer besonderen Einschaltung:·
das Folgende jedoch von: „Och sint die ratmeystere" bis dorynne
haben Fische der stat czu gute" muß einen ganz anderen Eingang
gehabt haben, als der erste Satz.
    Die Magdala betreffende Hauptschrift aber, deren Schluß die
letzten Sätze von: Och sint die ratmeystere" etc. an bilden, läßt
sich glücklicherweise ergänzen.
    In den Jahren 1800—1805 erschien in Jena bei Johann
Christian Gottfried Göpferdt eine Sammlung: „Aeltere und neuere
Gesetze, Ordnungen und Cirkularbefehle" etc. Herausgegeben von
Johannes Schmidt, fürstl. Sächs. Legationsrath, Geh. Sekretario
und Archivario zu Weimar, die auch im Band XI Statuten (Stadt-
ordnungen) verschiedener Städte des Fürstentums Weimar, Allstedt,
Apolda, Bürgel, Buttelstedt, Buttstädt, Ilmenau, Berka, Jena, Neu-
mark, Lobeda, Dornburg, Weimar enthält, und welcher zur Ergänzung zwei Nachträge beigefügt sind, von denen der erste von

Johannes Schmidt selbst, der zweite aber nach dessen Tode von seinem Sohne Karl Leopold Wilhelm Schmidt, Großherzogl. Amtsadjunkt zu Thalbürgel, vollendet und herausgegeben worden ist, Jena 1819 bei Georg Schreiber.

In diesem zweiten Nachtrage (Bd. XI der Sammlung) befinden sich Statuten von Magdala, deren letzte 3 Sätze lauten: „Auch sint die Rathis Meistern, nemblich Hannß Carppat und Claus Franke und die ganze Gemeine eins worden, die Heimburgen nicht mehr sollen verzehren denn ein alt schogk, damit sollen sie dem Herten sein Lohn einforden."

„Auch hat vns vnser Herre Er Bernhard gefreyhett mit vnsern Stadt-Graben, das wir mogen darinne haben Fische der Stadt ze Guette."

Trotz der wenig Verständnis der damaligen Sprech- und Schreibweise verratenden Orthographie und unsorgfältigen Abschrift ist es offenbar, daß diese 3 Sätze mit den im roten Buche enthaltenen, oben angegebenen identisch sind, und es läßt sich mit Sicherheit behaupten, daß auf einem der herausgeschnittenen Blätter die Statuten, d. i. die alte Stadtordnung von Magdala verzeichnet gewesen ist. Diese Statuten, wie sie im zweiten Nachtrage der Schmidt'schen Sammlung enthalten sind, lauten in wörtlicher Abschrift:

Copia oder Extract der vhralten Statut vnd Gerechtigkeit der Stadt Magdala, welche Ihnen von dem Gnädigen Herrn von Orlamunda vnnd von Herrn Bernhardt Vitzthumb Rittern Gegeben vnd sich derselben zu gebrauchen gegonnet vnd nachgelaßen ist. 1406: „Ditz ist die Wirde, die wir Burgern vnd Nachbaren alle der Stadt Magdala haben gehabt vonn den Genedigen Herrn von Orlamunda, vnd nuhn auch haben von vnserm genedigen Herrn. Ern Bernhardt Vitzthum, Ritter daselbst, dem wir gemeingklich rechter Erbschuldigung gethan haben.

Zu dem Ersten haben die Raths-Meistere alle lehenn ober die Höfe in der Stadt vnd vor der Stadt, ausgeschlossen Vier Höffe, gelegen in der Vorstadt; vom denselben Höfen, die die Rathismeister leyhen, hatt vnser genediger Herr Ihn von dem Hof Vj pf. zu lehen und Vj pf. zu lassenn.

Zu dem andernmahle sol man keinen Burger, der dahn wol besessene ist, nicht fahen vmb busse, die ihme zugetheilet wurdet vor vnserer genedigen Herren Gerichte.

Zu dem drittenmahle wirdt Ihmand Burger mit vuns zu Magdala, daran hat vnser genediger Herr Vj pf., lest er aber sein Burgerrecht vff, so wirdt vnsern Herrn aber Vj pf.

Zu dem Viertenmahle seint wir gewirdiget, das wir in der Stadt nicht fröhnen sollen, es treffe danne die Stadt ahn, sondern in der Vorstadt hatt vnser genediger Herre Frohnen und Dienste.

Zu dem Fünfftenmahle, wehr es Sache, ob vnser Burger einer vngehorsam wolte sein den Rathis-Meisteren das der Stadtgeboth andrette, die Busse, haben wir zu legen an vnser Stadt Nutz, vnbeschadiget vnnsern genedigen Herren Gerechtigkeit.

Zu dem Sechstenmahle haben wir die Freyheit, das die Burger seint frey Eydt- Geldes vnd Zohlß, es wehre den Sache, das ein Burger einen Tisch setzet vff den Margkt, vnnd hatte doruff feylen

Kouff, der ist Pflichtigk Vj pf. vf Sant Martins Abend vf das Schloße; wurdet er aber seumigk vff den Abendt, dohe ist er verfallen vnserm genedigen Herren V Schillinge pf.

Zu dem Siebendenmahle haben wir, das die Miett Nachtbarn, die dahe dinck Pflichtigk sinnt, was die keuffen in Ihr Haus zu ihrer Liebes-Nahrunge, oder Sahmen vff ihrn Acker, darvon sollen sie nicht zollen; vorkaufen sie aber was, des sollen sie vorzollen.

Zu dem Achtenmahle, wehr es Sache, das ein Mahn keuffte vnter vnsern genedigen Herren Erbe oder Guett, das dahe Schosbar wehre, dahe soll er nicht von zollen; Verkaufet er es aber, da von soll er zollen.

Item zu den zweien Hoch-Gerichten alle Mase zu besehenn, es seint, Korn Maße, Bier-Maße oder Wein-Maße; welches des zu kleine ist, daran hat vnser genediger Herr V Schillinge pf. Gnade, vnd das Maße mitthe.

Item auch welch Burger da schenket, der ist pflichtigk vnns je vff das hohe Gerichte ein Schillingk zu gebene, Thut er das nicht weil der Richter sitzet, so soll er den Schillingk gebenn vnd Fünff Schillinge zu Buße vff Gnade.

Auch merket, Schenket er zwischen zwei Hochgerichten nicht, so darf er den Schillingk nicht geben.

Auch sollen die Moller ihre Metzen bringen vff dieselbige Zeit bey der vorgeschriebenen Busse.

Auch haben wir Burger die Wirde und die Freyheit, das wir theilen noch kein vrtteyl ausprechen, das Hals vnd Hand antrifft.

Auch haben wir die Wirde, das niemandt in der Pflege zu Magdala vber die vnnser genedige Herr zu gebieten vnd Macht hat, nicht sollen schenken nah wechselln heimlich noch offenbahr, den wir Burger in der Stadt vnd vor der Stadt zu Magdala.

Auch sollen wir Burger zu Magdala die Stadt bestellen vnd halten mit Getrenken also das man stettlichen schenken soll Bier oder Wein, ob man beydes nicht gehaben könnte, so soll man einerley schenken vnd feile haben stetlichen vnd vber Jhar, vnndt welche Zeit das Getrenke Gebruch wurde vnder vns Burgern vnd nicht einer schengken bey einem Tage vnd bey einer Nacht: So hette vnser genediger Herr V Schillinge zur Busse vff Gnade von Jedem Burger, der in dem Viertel Jahre geschenket hatte dohe der Gebruch Ihnnen wurde des Geschenkens.

Auch hatt ein Thorwarter der vnser Stadtthor vnnd Nachtbarn· beschleist von dem Brenne-Holze, das . man vff das Schlos führet, dohe soll er von jedem Puder haben zwehn Wellen Holzes.

Auch ob jemand Burger wurde vnter vnsern genedigen Herrn, zu vnser Stadt, der soll sein Burger vnd vorrechten drey Jhar mit aller Gewohnheit vnd Renthen der Stadt als ein ander Burger. Ob es Sach wehre das Ihme nach der Zeit nicht forder fugete oder Luste zu bleiben, das sol er vnuordacht sein.

Auch haben wir die Wirde, in der Stadt vnd vor der Stadt zu fischen mit Hammen oder mit Henden in dem Wasser, das dahe heiset die Magdala eine Gemeine, da vns die genedigen Herrn von Orlamunde mit begnadet haben.

Auch soll ein jeder Mann sein Mist ausschicken den er geschutt hat vf die Gasse, es sey in der Stadt oder vor der Stadt, vor Sanct Johannes Tag des Teuffers, vnsers Haupt Herrn; Thut es der nicht, so ist er vnserm genedigen Herrn V schillinge zu

Busse verfallen vff Gnade, Er ließe Ihn denn legen mit vnsers.
Herrn vnd des Voigts Gunst Wissen vnd Willen.

Auch sind die Rathis Meistern, nemblich Hans Carppat und
Claus Franke vnd die ganze Gemeine eins worden, die Heimburgen
nicht mehr sollen verzehren, denn ein alt schogk, damit sollen sie
dem Herten sein Lohn einfordern.

Auch hatt vns vnser Herre Er Bernhard Vitzthumb begnad
vnd gefryget alles Zohls. obgnant zu Magdala Kaufft oder Vorkaufft.

Auch hatt vns vnser Herr Er Bernhard gefreyet mit vnserm
Stadt Graben, das wir mogen darinne haben Fische der Stadt zu
Guette. 1406.''

Daß diese Statuten älter sind als die beigefügte Jahreszahl
1406, beweist der Eingang derselben: „Ditz ist die Wirde, die wir
Burgern vnd Nachbarn alle der Stadt Magdala haben gehabt von
dem genedigen Herrn von Orlamunde etc.'', denn 1393 schon
hatte Otto X. Magdala, Schauenforst und Buchfart dem Landgrafen
Balthasar übergeben und von diesem wieder in Lehn empfangen.
Nach dem Tode Balthasar's im Jahre 1406 mögen die Statuten erneuert worden sein, als die Söhne des 1403 verstorbenen Grafen
Otto X. Magdala besaßen. 1437 erkauft Herzog Wilhelm von Sachsen
vom Grafen Sigismund von Orlamünde Magdala — das zeitweilig
im Besitze der Grafen von Schwarzburg gewesen — und belehnt
1438 damit seinen Rat Bernhard Vitzthum, den jüngsten der drei
bekannten Brüder (Apel, Busso und Bernhard). Bei dieser Gelegenheit mag die im Jahre 1406 erneute Stadtordnung, in welcher der
neue Besitzer wohl eingetragen, die Jahreszahl aber durch den Abschreiber unverändert gelassen worden ist, im roten Buche Aufnahme
gefunden haben.

Daß im Jahre 1671 diese alten Satzungen noch im Fürstlich
Sächs. Gesamtarchiv vorhanden gewesen, beweist die neue Stadtordnung von diesem Jahre, in welcher es heißt:

„Von Gottes Gnaden, Wir Johann Ernst, Hertzog zu Sachsen etc.
Vor Uns und die Durchlauchtige Fürsten Unsere freundlich
geliebten Brüdern und Gevettern, Herrn Johann Georgen und Herrn
Bernhardten, Herzogen zu Sachsen, Jülich, Cleve und Bergk, hiermit thun kund und bekennen: Das Uns der Rath und Gesamte
Bürgerschaft der Stadt Magdala in Unterthänigkeit wehmüthig zu
erkennen gegeben, was gestalt in der ao. 1663 durch Gottes Ver-
hängniß daselbst entstandenen großen Feuers-Brunst unter andern
auch ihr statuta, leider! mit im Rauch aufgegangen, welche sie aber
aus einem bey Unseren Gesamten Amte allhier vorhandenen alten Exemplare abschriftlich wieder erlanget etc.''

Eine nach diesem alten Exemplare der Magdalaer Stadtordnung
angestellte Nachforschung im Geh. Haupt- und Staatsarchiv hat
ein negatives Resultat gehabt, wodurch die Annahme an Sicherheit
gewinnt, daß unter diesem alten Exemplare die Eintragung der
Stadtordnung im roten Buche gemeint gewesen ist. Hieraus würde
sich weiter ergeben, daß die im Bd. XI, S. 346 ff. der Sammlung
der Ordnungen und Befehle abgedruckten Statuten der Stadt Magdala, zweifellos der Aufzeichnung im roten Buche entnommen ist,
woraus die weitere Schlußfolgerung zu ziehen wäre, daß das fehlende
Blatt im roten Buche, auf welchem sich der Eingang der Stadtordnung befand, noch im Anfang des 19. Jahrhunderts vorhanden
gewesen ist.

Bei dieser Gelegenheit dürfte es wohl gestattet sein, in einem Punkte der sich in der Zeitschrift des Vereins für Thüringische Geschichte und Altertumskunde, Neue Folge, Bd. 7, S. 576 befindlichen Kritik über die Ausgabe des roten Buches von O. Franke entgegenzutreten.

Auf S. 21 der Franke'schen Ausgabe heißt es:

„Item vier bruswin, ye daz scoyn ffunfftzen schillinge phennige wert" und bemerkt dazu in einer Anmerkung: „Brühschwein, ein noch junges, zur Mast bestimmtes Schwein" (Mitteilung eines Landwirts). Die Richtigkeit dieser Erklärung ist angezweifelt worden; ich glaube aber, dieselbe nachstehend erweisen zu können.

Die etwaige, schon von anderer Seite ausgesprochene Erklärung von bruswin = Brauschwein und bachswin = Backschwein, als eine Abgabe für das Brauen und Backen, möchte wohl nicht berechtigt sein. Bachschwein, Bache, ist eine noch jetzt übliche Bezeichnung für eine Wildsau, Mutterschwein, also ein ausgewachsenes Tier. Sollte bruswin wirklich „Brauschwein" bedeuten, so müßte es wohl heißen „brouweswin". Außerdem müßte aber diese Abgabe von Brau- und Backhäusern entrichtet werden, was nirgends der Fall ist, sie wird vielmehr ausschließlich von Mühlen gegeben, weil in diesen die Mästung am leichtesten und besten stattfinden konnte.

Daß aber unter bruswin ein noch junges — zur Mast bestimmtes — Schwein zu verstehen ist, ergiebt indirekt der im rothen Buche an der betr. Stelle angegebene Preis, der für ein bachswin — gemästetes Schwein — auf 30 schillinge, für ein bruswin auf die Hälfte — ye das swin ffunfftzen schillinge phennige wert — angenommen wird.

Jedoch auch einen ganz direkten Beweis, daß unter bruswin ein zur Mast bestimmtes Schwein zu verstehen ist, liefert das rothe Buch selbst. In dem „litera ober die Borgmoel" (S. 71) heißt es auf S. 72 f.: „vier gude bachswin unde drie gute bruswin yre eygen, unde ein bruswin zcu maste, das wir in von unserm vorwerke gebin sullen." Ebenso erwähnen die Aufzeichnungen des landgräflichen Oberschreibers (Kanzlers) Thomass von Bottilstete vom Jahre 1443 der bach- sowie der bruswin, und Dr. K. Menzel, der Herausgeber, bemerkt dazu: „Von dem Worte Brühschwein habe ich in keinem Wörterbuche eine Erklärung gefunden; aus verschiedenen ungedruckten, aber auch gedruckten Stellen ersieht man, daß ein junges Schwein darunter verstanden wird."

Der Unterschied in der Benennung der Schweine bezog sich überhaupt wohl nur auf Größe und Schwere, wie auch aus den Aufzeichnungen des Ritters Hans v. Schweinichen hervorgeht, der als Theil seiner Besoldung erhält: 1 Speckschwein und 1 Eßschwein, d. h. ein gemästetes und ein ungemästetes.

Auf dem Lande, namentlich in der Gegend von Weimar, wird auch heute noch ein junges, ungemästetes Schwein als „Brühschwein" bezeichnet. Die p. Franke'sche Erklärung im roten Buche erscheint also wohl berechtigt.

Litteratur.

I.

Geschichte der Stadt Pößneck. Pößneck 1902. X, 536 SS. 8°. Preis gebunden 4 Mk. für die Ausgabe auf Zeitungspapier, 5 Mk. für die auf besserem Papier.

Dies Buch erschien ursprünglich bogenweise seit 1894 als Beigabe der von Fr. Gerolds Buchdruckerei zu Pößneck herausgegebenen „Pößnecker Zeitung". In der ersten Ankündigung desselben wurden Lehrer Fr. Alb. Köhler in Gera und Diakonus (jetzt Archidiakonus) Harry Wünscher in Neustadt a. Orla als Verfasser genannt, jener als Bearbeiter des die „Sagen" betreffenden, dieser als Bearbeiter des geschichtlichen Teiles. Das Vorwort vom Februar 1902 führt die genannten beiden, sowie Kantor Ludwig Greiner in Pößneck, als „vornehmlichste" Mitarbeiter an und ist unterschrieben: „Redaktion der Pößnecker Zeitung und der Geschichte der Stadt Pößneck. Fr. Herm. Hausotter."

Was die hier veröffentlichten Sagen anlangt, so haben dieselben mit der Geschichte der Stadt Pößneck so gut wie gar nichts zu schaffen. Den „Volkssagen aus dem Orlagau" von W. Börner (1838) und dem „Sagenbuch des Voigtlandes" von R. Eisel (1871) entnommen, beziehen sich dieselben, außer No. 10 „Berchta in Jüdewein" (das ehemalige Dorf Jüdewein gehört jetzt zur Stadtgemeinde Pößneck), nur auf Örtlichkeiten, die jenseits der Pößnecker Flurmark liegen; sie besitzen daher wohl für die Geschichte des Orlaganes im allgemeinen, nicht aber für die besondere von Pößneck Wert. Dem geschichtlichen Teil des Buches, der mit S. 41 beginnt, liegen in erster Linie Aufzeichnungen zu Grunde, die der vor etlichen Jahren verstorbene Stadtkämmerer Gustav Wohlfarth zu Pößneck hinterließ. Aus Liebhaberei für die Geschichte seiner Vaterstadt hatte er sie geschrieben, teils als Auszüge aus einschlägigen Geschichtswerken, teils als Selbsterforschtes und Selbsterlebtes. Eine Veröffentlichung derselben lag ihm fern; denn er war sich, und mit Recht, bewußt, daß ihm die zu wissenschaftlichen Leistungen nötige Ausbildung fehlte. Anders dachten die oben genannte „Redaktion der Pößnecker Zeitung und der Geschichte der Stadt Pößneck", sowie ihre Mitarbeiter. Trotz wohlgemeinter Warnungen unternahmen sie es, auf Grund jenes Wohlfarthschen Nachlasses eine Geschichte der Stadt Pößneck herauszugeben. Bezeichnend für die Verfasser ist, daß es ihnen gar nicht einfiel, das städtische Archiv zu Pößneck auszubeuten. Zwar wird das in dem Vorwort (S. IX) mehrdeutig ausgedrückt: „auch ist uns

die Durchforschung des städtischen Archivs nicht möglich gewesen",
aber in Wirklichkeit dachten Hausotter und Genossen von vornherein gar nicht daran, dies Archiv oder gar andere Archive zu
durchforschen; dafür boten nach ihrer Ansicht die Aufzeichnungen
Wohlfarths völligen Ersatz. Ihre Gleichgiltigkeit gegenüber neueren
archivalischen Forschungen ging so weit, daß sie die vom Unterzeichneten veröffentlichten Beiträge zur Geschichte Pößnecks nur
zum kleinsten Teil (S. 506 ff. „Der Rathaus-Umbau", ohne Quellen-
angabe), und selbst diesen nur mit Verwischung wichtiger Thatsachen verwerteten, daß sie ferner auf jene Arbeiten überhaupt gar
nicht hinwiesen. Es kann dem Unterzeichneten nicht im mindesten
Abbruch thun, daß derselben in diesem Buche nicht gedacht wurde;
aber wenn im Vorwort S. IX gesagt ist: „Alles Erreichbare wurde
herangezogen, die Wahrheit zu ergründen", so nimmt sich das angesichts jener Thatsache aus wie ein Faustschlag ins Antlitz der
Wahrheit.

Von den Mängeln, die sich in dem Buche breit machen, seien
folgende hervorgehoben: Die ganz unbegründete Vermutung, daß
einst auch Katten in der Gegend von Pößneck und Saalfeld seßhaft
gewesen seien, wird auf S. 47 durch Ortsbezeichnungen („Katten-
koppen, Kattenloch bei Saalfeld, Kattenstein bei Pößneck, Katten-
fels bei Öpitz") zu stützen gesucht, die dort gar nicht bestehen. —
Die Ableitung des Namens Pößneck von „Piseck" (S. 51) ist abge-
schmackt. Dasselbe gilt von der Erklärung des Namens Jüdewein
(S. 52). — Die Vermutung, daß König Heinrich I. die Stadt Pößneck
befestigt habe (S. 52), ist ganz unbegründet. — Die Namen „Saalfelder Thor", „Neustädter Thor" (S. 53—55) sind nicht geschichtlich.
— Die Urkunde vom 27. September 1488 (S. 58) ist durchaus nicht
im „buchstäblichen Wortlaut", vielmehr unvollständig und auch
sonst fehlerhaft mitgeteilt. — Die Angaben über das älteste und
über die Erbauung des jetzigen Rathauses, sowie über die Inschrift
und Uhr an letzterem (S. 66 ff.) sind falsch. — Die der Stadt Pößneck erteilte Erlaubnis, sich den Schultheiß selbst zu wählen (S. 76),
war nicht gleichbedeutend mit der Erteilung der niederen Gerichtsbarkeit. — Der Mauriusmarkt (S. 77) hat nicht seinen Namen von
der Pfarrkirche. — Das Patronatsrecht über die Stadtkirche (S. 80)
war dem Stadtrat nicht eigen. — Die Städte Pößneck und Saalfeld
besaßen keine gemeinsame Stadtordnung (S. 93). — Die Angabe, daß
jedes neue Mitglied des Stadtrates eine neue Armbrust
habe verehren oder zwei alte habe ausbessern lassen müssen (S. 69
und 277), ist ganz verkehrt. Dasselbe gilt von der Behauptung (S. 100),
der Stadtrat habe die Bestrafung der Totschläge und die Einnahme
von 200 Scheffel Zollhaber sich widerrechtlich angeeignet. — Die
Urkunde vom 2. März 1479 ist sehr fehlerhaft mitgeteilt (S. 101). —
Die Stadt besaß nicht „seit 1341 die Holzung am langen Berge
nebst der Jagd von den Grafen von Orlamünde" (S. 119). — Daß
Bonifatius bis in die Gegend von Pößneck gekommen sei (S. 135),
müßten die Verfasser des Buches erst beweisen. — (Zu S. 136 ff.) Die
Angaben über „St. Jüdewitz" sind größtenteils hinfällig. Wann die
Veitskirche erbaut wurde, ist nicht bekannt; sie war übrigens niemals
„Hauptstätte des christlichen Kultus für Pößneck". Der Name der
Stadtkirche zu Pößneck ist nicht „St. Mauritiuskirche", auch besitzt
der heil. Mauritius daselbst kein Standbild. — Die Erbauung der
Hospitalkirche in das Jahr 1412 zu verlegen (S. 144), entbehrt jeg-

lichen Grundes. — (Zu S. 148.) Die Stadt Pößneck war nie ein Filial des Dorfes Jüdewein, ebensowenig war die Kirche zu Jüdewein die Bartholomäuskirche der Stadt Pößneck; auch haben die Pfarrer von Pößneck nie in Jüdewein gewohnt. — (Zu S. 151.) Die Stadtkirche besaß keinen Altar des heil. Nicolaus. — (Zu S. 152 u. 155.) Der Vikar Heinrich Schmidt gehörte nicht den Karmelitern zu Pößneck an, war überhaupt kein Mönch. Das Kloster zu Pößneck bestand nicht erst seit ohngefähr 1380, sondern bereits 1348. — Es ist eine Fabel, daß die älteste Pößnecker Schule von den Mönchen geleitet worden sei (S. 154 und 177).

Besser unterrichtet zeigen sich die Verfasser bei der Behandlung neuerer Verhältnisse, sowie auch der Handwerke und der Industrie im allgemeinen. Aber der Mangel an gründlichen Quellenstudien und an sachgemäßem Urteil macht sich auch hier oft fühlbar. Man vergleiche nur den dürftigen Abschnitt über den Bergbau (S. 273 ff.), sowie die Behauptung auf S. 472, daß „jede Spur einer Aufzeichnung über Armenpflege in den ersten Jahrhunderten der Existenz unserer Stadt" fehle, ferner den Abschnitt „Lebensmittelpreise vor 50 Jahren und jetzt" (S. 464). Der letztere beweist, daß die Verfasser keine Ahnung davon haben, wie sehr der Geldwert in der Zeit von 1850 bis 1901 gesunken ist. Während minder wichtige Dinge, z. B. die Vereine, zum Teil recht weitschweifig besprochen werden, vermißt man andererseits vieles, was notwendig in eine Geschichte der Stadt Pößneck gehört. Allerdings heißt es im Vorwort: „Ein vollkommenes, nach jeder Seite vollständiges und unanfechtbares Werk zu liefern, lag niemals in unserer Absicht." Als ob ein derartiges Geschichtswerk überhaupt möglich wäre! Aber die „Redaktion der Pößnecker Zeitung und der Geschichte der Stadt Pößneck", sowie ihre Mitarbeiter Wünscher und Greiner haben sich unterfangen, das eben besprochene Buch mit ganz unzulänglichen Mitteln und zugleich mit absichtlicher Mißachtung ehrlicher Forschung in die Welt zu setzen, und für diesen Frevel gegen die heimische Geschichte giebt es keine Entschuldigung.

Meiningen. E. Koch.

II.

Wünscher, Harry: Sagen, Geschichte und Bilder aus dem Orlagau. Erstes B n . Pößneck 1902. VIII, 116 SS. klein 8°. Preis 1,25 Mk.ä dchen

Dem Vorwort dieser Schrift zufolge will der Verfasser mit derselben für die „geschichtliche Kenntnis des Orlagaues" Neues erbringen. An den einleitenden Abschnitt „Der Orlagau im Frühlicht der Geschichte" reihen sich zunächst „Sagen". Die erste ist mitgeteilt von Pfarrer Bünger in Drognitz, die übrigen sind Wünschers eigenes Werk. Wenn man auch annehmen darf, daß denselben wirkliche Volkssagen zu Grunde liegen, so haben diese doch durch die phantasievolle Ausschmückung, die Wünscher ihnen gab, den Charakter der echten Volkssage völlig verloren; sie sind zu erkünstelten Erzählungen geworden in der Manier, wie sie der Verfasser im letzten Teil des Buches, in den „Bildern", als feuilletonistische „Zugabe" bietet. Setzte er bei Auffassung der letzteren die Förderung der geschichtlichen Kenntnis des Orlagaues überhaupt ganz aus den Augen, so hat er auch in betreff der „Sagen" den im Vorwort ausgesprochenen Zweck des Buches nicht erreicht. Besser ist es um den zweiten Teil des letzteren, um die „Geschichten aus dem Orlagau" bestellt. Da zeigt sich doch wenigstens das Bestreben des Verfassers, den von ihm gewählten Stoff sachgemäß zu behandeln. Freilich bleibt auch hier viel zu wünschen übrig. Der Abschnitt „Eine fromme Mutter" hat seinem eigentlichen Inhalt nach gar nichts mit dem Orlagau zu thun, und der Abschnitt „Ein Kampf um Rom" würde nur dann in das Buch gehören, wenn der Verfasser die „Ritter und Bürger aus dem Orlagau", die er auf S. 96 für sich ins Gefecht führt, mit Namen genannt hätte. Für den Abschnitt „Der Hof und das Handwerk" ist die Überschrift viel zu vornehm, und ein sonderbares, unlogisches Durcheinander bildet der Abschnitt „Böse Münze". Von andern Ungenauigkeiten und Fehlern seien nur folgende angeführt. Über den erst neuerdings errichteten Altar und dessen Inschrift in der wüsten Kirche zu Würzbach spricht der Verfasser in einer Weise (S. 56 ff.), als wenn dieser Altar ein alter Überrest dieser Kirche sei. Die von Wünscher als „Teichmannsdorf" bezeichnete Wüstung (S. 58 ff.) hieß urkundlich Techmannsdorf und ist jetzt in der dortigen Umgebung nur unter dem Namen Tiemsdorf bekannt. Nicht im Winter 1553/54 (S. 76), sondern in dem von 1552/53 war Neustadt von der Pest heimgesucht. Denn die von Wünscher (S. 78) für „verschrieben" gehaltene Jahrzahl 1553 besteht zu Recht, aber mit dem auf S. 77 angegebenen Datum „am Tage Stephani 1553" ist nicht, wie jener meint, der 26. Dezember 1553, sondern bekanntlich der gleiche Tag des Jahres 1552 gemeint. Wie wenig der Genannte mit den ehemaligen Kalenderdaten vertraut ist, merkt man auch daran, daß er den Montag nach Erhardi 1553 bezw. 1554 fälschlich als 11. Januar bestimmt (S. 78); das Wunderbarste auf diesem Gebiete leistet er aber auf S. 102, wo er die für eine Reihe von Jahren giltige Zeitangabe „Sonntag nach corporis Christi", noch dazu in einem undatierten Schriftstück, als 29. Mai erklärt. Auch das ist sehr bedenklich, den heutigen Geldwert einer Summe von Geldes vom Jahre 1633 lediglich nach dem Preise eines Pfundes Rindfleisch von damals und jetzt zu berechnen (S. 89).

Trägt sich Wünscher mit der Absicht, diesem 1. Bändchen seiner „Sagen, Geschichten und Bilder aus dem Orlagau" noch weitere folgen zu lassen, so möge er doch den Anforderungen Rechnung tragen, die man billigerweise an derlei Schriften stellen muß.

Meiningen.   E. Koch.

Frommannsche Buchdruckerei (Hermann Pohle) in Jena — 2337

IV.
Über die Verwendung der Klostergüter im Schwarz-
burgischen zur Zeit der Reformation.

(Schluß.)

Von

Pfarrer **G. Einicke** in Immenrode b. Schernberg.

II. Die Verwendung des schwarzburgischen Stiftsgutes unter Graf Günther XL., 1539 ff.

Der Tod des evangelischen Grafen Heinrich XXXVII. am 12. Juli 1538 war ein für die politischen und kirchlichen Verhältnisse der schwarzburgischen Herrschaften bedeutungsvolles und folgenschweres Ereignis. Graf Heinrich XXXVII. starb ohne männliche Nachkommen, so mußte denn seine Herrschaft an den Grafen Günther von Schwarzburg XL., Sondershausen-Frankenhausen, fallen. Dieser Graf (cf. über ihn Jovins Chronic. Schwarzb., Zeitschr. f. Thür. Gesch. und Altertumsk., N. F. Bd. VIII, 1892, S. 646 ff.), zu dessen Herrschaft das unterherrschaftliche Gebiet mit Ausnahme des Amtes Clingen-Greußen gehörte, war bis zu dieser Zeit ein Anhänger der papistischen Kirche geblieben, man kann dies schon daraus schließen, daß er bei dem streng katholischen Herzog Georg von Sachsen in hoher Gunst stand, und dessen Rat und Vertrauter war, zudem hatte er ja dem Herzog, dessen Ungnade er sich durch sein Verhalten während des Bauernkrieges zugezogen hatte, geloben müssen, für die Förderung und Wiederherstellung der papistischen Kirche in seinem Gebiet Sorge zu tragen und der Herzog

XXI.   13

selbst wachte peinlich, daß dies Versprechen erfüllt wurde. So konnte es denn geschehen, daß, während in der Ober- herrschaft die Reformation eingeführt war, im unterherr- schaftlichen Gebiet des schwarzburgischen Landes die Papst- kirche noch bestand. Gleichwohl hatte auch hier die Lehre Luthers geheime und offene Förderer und Anhänger ge- funden. So verkündigte Cyriacus Taubenthal 1524 zu Ring- leben, Jchann Thal zu Großenehrich und Greußen vermutlich bis 1535 die reine Lehre, im Amte Heringen hatte die Witwe des Grafen Heinrich XXXVI. die lutherische Lehre in den 30 er Jahren offenbar begünstigt, und auch Graf Hein- rich der Jüngere von Frankenhausen († 1537) ist in den letzten Jahren seines Lebens zweifellos Anhänger Luthers gewesen. Der intime Verkehr dieser Grafenfamilie mit der Heinrichs des Älteren, des Reformators, welcher urkundlich nachweisbar ist, deutet schon darauf hin. Dazu kam, daß auch die unterherrschaftlichen Stifte nach dem Bauernkrieg sich zu einer wirklichen Blüte nicht wieder emporheben konnten. Hier noch mehr als in der Oberherrschaft war die Klosterwirtschaft zerrüttet. Die Klöster weisen erstaun- lich geringe Einkünfte auf und schließen vielfach mit De- ficits ab. Was soll man dazu sagen, wenn das reiche Frankenhäuser Stift nach dem Bauernkrieg in einer Rech- nung folgende Bilanz zieht:

E: 224 sch. 17 gr. 8 ₰
A: 247 „ 5 „ 9 „

Die Kelbraer Stiftsrechnung von 1529/30 verzeichnet folgenden Vergleich:

E: 455 fl. 8 gr. 4 ₰
A: 495 „ 15 „

und vollends die Stiftsrechnung von Capelle aus dem Jahre 1526/27!

S. S. E: 276 sch. 12 gr. 1 ₰ 1 obl.
S. S. A: 582 „ 36 „

Die Reste der Klosterrechnungen stiegen unverhältnis- mäßig hoch, und es bestand Gefahr, sie gar nicht mehr

einzubringen. Selbst das angesehene Chorherrenstift Jechaburg hatte unter der Ungunst dieser Verhältnisse furchtbar
zu leiden. Man vergleiche nur folgende Rechnungen dieses
Stiftes:

1525. E. der Erbzinsen: 15 sch. 3 gr.
Retardata der Erbzinsen: 32 „ — 5 ℳ

S. omnium peremptionum: 29 sch. 10 gr.
    Retardat: 113 „ 52 „
    Ausgabe: 43 „ 33 „
    Ein. Getreide: 35 for. $6^1/_2$ mod.
    Retard.:   62 „ $10^1/_2$ „ 3 heimetzen
    Distrib.: $35^1/_2$ „ etc.

Die Rechnung von 1526 zeigt hinter zahlreichen Zins-
orten ein „Nihil".

S. omn. per tot. heredit. 42 sch. 18 gr. 1 obl.
    Retard.:   147 „ $4^1/_2$ „
    Ausgabe: 42 „ 17 „ Rest $3^1/_2$ ℳ
    Ein. Getreide: 64 for. 3 mod — 1 vtl.
    Retardat: 49 „ $4^1/_2$ „ 3 heim. 1 „
    Ein. Aun (?): 17 „
    Retard.:   48 „ $^1/_2$ „

1534: S. S. hered. 43 sch. 58 gr.

Davon recepta omn. heredit.: 28 sch. 52 gr. 1 obl.
Remanent an Retardaten: $14^1/_2$ „ 29 minus 1 obl.
und S. perempt.   67 „ $22^1/_2$ gr.

    Davon recepta: 8 „ $30^1/_2$ „
Remanent an Retardaten: 58 „ $56^1/_2$ „

In diesem Jahre distributa exced. recepta 20 sch. 44 gr.
Retard. omn. heredit. et recempt: 73 „ 55 „ 2 ℳ,
    Index frument. distrib.: 82 for. 10 mod.,
    Recept. excedunt distr.: 1 „ $2^1/_2$ „ 1 heimetze,
    Retardat: 19 „ $6^1/_2$ „

Erst 1539 bessert sich der Abschluss!
    Geld E: 82 sch. 7 gr. 1 ℳ
    „ A: 75 „ 55 g 1 „

Aber in diesen Jahren spielte die das Ansehen des
Stiftes sehr schädigende Fehde mit dem Ritter Rudolf,
welche nicht nur dem Stifte großen materiellen Schaden
verursachte, sondern auch die ganze Ohnmacht des Stiftes,

wie die Geringschätzung seiner Stellung offenbarte (cf. Jov.,
Chron. Schwarzb., S. 655, desgl. die Jechaburger Stiftsrech-
nungen aus den Jahren 1540 ff. und Urfehdenbuch dieser
Jahre, S. 136 ff., desgl. Irmisch im Sondershäuser Regierungs-
blatt, 1877, No. 134 ff.). So sehr war die Unsicherheit der
Stiftspersonen gestiegen, daß Graf Günther um diese Zeit
sich mit dem Gedanken trug, das Stift nach Sondershausen
zu verlegen (cf. S. A.). Eine Frucht dieser so traurigen
Umstände der Klösterverhältnisse ist das noch vorhandene
Übereinkommen zwischen Graf Botho zu Stolberg und Graf
Günther XL. v. freitag n. oculi 1527. Unter anderem
wird darin gesagt: „Nachdem itzd so in der heiligen
cristlichen kirchen und glauben mancherlei neuickheit und
andrung gesucht, und sunderlich die geistlichen guther
durch mancherlei form und weiße angegriffen, verandert
und vereußert werden, dieweil aber in beiden unßern ampt-
ten zu Heringen und Kelbra auch vil geistlich guther
gelegen etc. .... Das wir hinfurder niemand kein geistlich · guther in berurten unßern ampten zu Heringen und
Kelbra zu verandern, zuvereußern, zu versezcen, zuverpfen-
den zu keuffen ader zu verkeuffen gestatten salle nach
wollen" etc. Auch darf man sich nicht wundern, wenn
der Konvent des Klosters zu Kelbra 1533 zu dem Aus-
weg greift, die Verwaltung des Klostergutes auf 6 Jahre den
beiden Grafen von Stolberg und Schwarzburg zu übertragen,
oder wenn hier und da selbst seitens der Klosterinsassen
Veräußerungen von Klostergut stattfanden (cf. Göllingen).
Auf die sich auflösenden altkirchlichen Verhältnisse weisen
auch die staatlicherseits vorgenommenen Inventarverzeich-
nisse hin, z. B. 1533 vom Kloster Frankenhausen.

Die Ohnmacht der altkirchlichen Institute war eben so
groß, daß man hier, wo an eine Einführung der Reformation
vorläufig noch gar nicht zu denken war, schon staatliche
Hilfe für die Aufsicht über das Klostervermögen in Anspruch
nahm, während in der Oberherrschaft dies aus der Reformation und Säkularisation der Stifte sich ergab. So lagen

die kirchlichen Verhältnisse. Und nun brachte das Jahr 1538 dem bisher katholischen Grafen einen großen evangelisch gewordenen Landesteil. Doch der mächtige Lehnsherr des oberherrschaftlichen Gebietes, der evangelische Kurfürst von Sachsen, welcher fürchtete, daß die evangelisch gewordene Herrschaft dadurch, daß sie an einen katholischen Herrn kam, in ihrem Bekenntnis gewiß nicht gefördert, möglicherweise aber gar gestört werden könnte, gab zunächst nicht seine Zustimmung, daß sein Lehnsgebiet an Graf Günther XL. fiel, — er klammerte sich an die letzte Hoffnung: die Witwe des Grafen Heinrich, Katharina, geb. Gräfin von Henneberg, sah ihrer Entbindung entgegen. Würde das von ihr geborene Kind ein Knabe sein, so sollte diesem die Herrschaft bleiben, und alle Befürchtungen für die Entwickelung der jungen und noch des Ausbaues bedürftigen evangelischen Kirche waren damit geschwunden. Inzwischen regierte die Gräfin-Witwe unter kurfürstlichem Schutze und erwirkte zusammen mit den kursächsischen Räten die Entfernung der papistisch gebliebenen Franziskanermönche Arnstadts (23. Okt. 1538). Aber was man so gern nicht gesehen hätte, trat ein! Das am 7. Dez. 1538 geborene Kind war weiblichen Geschlechts. — Graf Günther XL. wurde damit der Herrscher der gesamten Grafschaften, — außer der Herrschaft Leutenberg, nachdem ihm durch den Tod seines Bruders, des Grafen Heinrich XXXIX. (des „Jüngeren“), am 16. Januar 1537, auch schon die Herrschaft Frankenhausen zugefallen war. Aber nicht früher empfing er durch den sächsischen Kurfürsten die kursächsischen Lehn der Herrschaft seines verstorbenen Vetters, als bis er dem Kurfürsten versprochen hatte, er werde in den Landen, die von Sachsen zu Lehn gingen, die christliche (evangelische) Religion durchaus schützen und auch Visitationen im Lande des Grafen Heinrich des Älteren geschehen lassen. (Schreiben des Churfürsten v. Sachsen dat. Torgau v. Freitag nach Viti 1539, W. A. Reg. Ee 550 Vol. II.) Da trat ein Ereignis ein, welches die für Graf Günther XL. so überaus verwickelten und schwierigen Umstände mit einem Schlage günstiger gestaltete. Am 17. April 1539 starb Herzog Georg von Sachsen, und die Nachfolge des Herzogs Heinrich von Sachsen bedeutete auch für das sächsische georgianische Gebiet die Einführung der Reformation.

Durch diesen Todesfall wurde es auch Graf Günther leichter, sich zu der Reformation seines Gebietes freundlich zu stellen und den zwischen dem ober- und unterherrschaftlichen Gebiet seines Landes bestehenden Unterschied in dem religiösen Bekenntnis zu beseitigen. Es deutet nun auch manches darauf hin, daß Graf Günther XL. in der That schon in diesem Jahre allmählich mit der Reformierung seines unterherrschaftlichen Gebietes einsetzte. So bestellte der Graf Mich. 1539 (cf. Handels- und Urfden.-Buch 1518—41, Sond. Arch.) den Ritter Franz von Vippach mit dem Kloster Capelle, und zwar auf 3 Jahre. Der Übergabevertrag enthält unter anderem folgende Bestimmung: „Er sall auch die 3 jungfrauen, so noch im closter seint mit essen trincken, und was inen geburt reichlichen versehen und versorgen, domit keine clage desfalls an uns komme; er sall auch einer itlichen die zeit alle jar jerlich 3 fl. zuerhaltunge irer cleidunge unwejerlich geben und reichen. Item dem schreiber der uns eidhaftig sein unsere zinße umb unsere besoldunge in nahmen und unsern schaden warnen sall, Vipich die kost geben, und sein gescherre eins neben den unsern wan der schreiber die zinsse mant mitgehen und solliche zinsse gegen Berka furen lassen.“ Ferner soll er 80 fl. Fürstenmünze für solche Einnahme, Nutzung und Gebrauchung des Klosters geben. Man vergleiche ferner eine Vokationsurkunde, die Pfarre zu Wolkramshausen betreffend, aus dem Jahre 1540, Dienstag nach Invocavit[1]), sie lautet: Wir Gunther bekunden etc. „das wir dem wirdigen unßer lieben . . . ern Johann Lehnen die pfarre zu Walkramshaußen, welch von uns zulehen

_____

1) S. A.

gehet sein lebenlangk nicht anders wie sie hie bevorn sein besitzer innen gehapt nmb gots wille zugesagt . . . . der gestalt das er den leuthen daselbst das lauther ware wort Gots eintrechtiglichen zu ihren selen seligkeitten leren und furtragen sall, do aber an ihme einiger mangell derhalben befunden wurde, so behalten wir uns fur solliche pfarre im ander wege nach unsern gefallen widderumb zu bestalen". Auch wandte sich der Graf in diesem Jahre an den Kurfürsten Johann Friedrich von Sachsen mit der Bitte um einen guten Theologen, „damit das Wort Gottes durch denselben um so besser ausgebreitet würde." (Dienstag nach Antoni 1540, cf. R. G. A. Hess. Collect. Arnstadiense A. V. 4 a)

Aus diesen und anderen urkundlichen Belegen scheint mit Gewißheit hervorzugehen, daß Graf Günther XL. bereits in den Jahren 1539/40 mit der Einführung der Reformation und der Aufhebung der kirchlichen Stifte in seinem Gebiet begann — für die folgenden Jahre liegen sichere urkundliche Nachrichten dafür vor, daß er sich der evangelische Lehre zugewandt hatte —, doch vermied er dabei ein rasches, energisches Vorgehen, dem entspricht auch seine Maßnahme hinsichtlich des Stiftes Capelle (cf. oben). Übrigens war gerade das Jahr 1539 reich an bedeutsamen und auch unsere Frage berührenden Ereignissen. So fand 1539 auf Anordnung des Kurfürsten von Sachsen in dem sächsischen Lehnsgebiet der schwarzburgischen Oberherrschaft eine Kirchenvisitation statt, und zwar zumeist aus Anlaß verschiedener Klagen, welche aus diesem Gebiet dem Kurfürsten zu Ohren gekommen waren. Dabei handelte es sich auch um Besoldungsfragen der Geistlichen. Der Graf erhielt die Akten zur Abstellung der Mißstände zugesandt, wie wir hören, wurde nur einem einzigen Geistlichen eine Gehaltszulage in Höhe von 10 fl. auf Zeit gewährt. In eben diesem Jahre visitierte auch. Herzog Heinrich von Sachsen das der Unterherrschaft benachbarte sächsische Gebiet.

Allerdings schloß Graf Günther sein Gebiet von dieser Visitation streng aus, doch dürfte dies lediglich darauf zurückzuführen sein, daß derselbe ängstlich um seine kirchlichen Hoheitsrechte besorgt war und sich durch das rasche Vorgehen Sachsens in der Reformationssache abgestoßen fühlte, zudem hinsichtlich der reichen unterherrschaftlichen Stiftsgüter seine eigenen Wege zu gehen beabsichtigte[1]). Ferner hielten um diese Zeit (November 1539) die Vertreter der protestierenden Stände eine Zusammenkunft zu Arnstadt, der reformierten Hauptstadt des Schwarzburger Landes. Graf Günther trat hierbei mit der protestantischen Opposition in engste Berührung, wie Arnstadts evangelische Bürgerschaft, so zeigte der Graf selbst den Gästen das größte Entgegenkommen und erwies ihnen die liebenswürdigste Aufnahme. Doch hören wir nicht, daß er dem Schmalkaldischen Bunde beigetreten wäre. Unter den mancherlei wichtigen Verhandlungspunkten des Arnstädter Tages interessiert uns besonders dieser: „Der bebstlichen gaistlichkait uund dero gueter halbenn." Der Vorschlag Sachsens ging dahin: „Das es guet were, das man derselben gaistlichen mochte abekommen und loß werden", und hinsichlich einer „christlichen" Verwendung der geistlichen Güter: „Doch das sie in den landen plieben und alßo, das ezliche zu handthabung der religion, die anderen zu erhaltung pfarr prediger kirchen und schuler diener und was dorüber vberigk, in gemeinen nuez der lande und leute gewendet würde etc. doch solten die rethe der hessischen bedenken hir innen auch horen (cf. Reg. H. fol. 285 ao. 1539 W. A.)[2]). Wieweit sich Graf Günther diesem Vorschlag Sachsens, der ja zunächst nur auf die oberherrschaftlichen Gebietsteile Anwendung finden konnte, angeschlossen hat,

---

1) Cf. Königl. Staatsarchiv Magdeburg A. L. IX. Litt. A. No. 1493.

2) Dieser Gegenstand steht im Arnst. Abschied selbst als 15. Punkt (cf. Schwarzburgica, Vol. VI, S. 133—159, R. G. A.).

werden wir im folgenden sehen. Endlich spielte in diesem
Jahre der Streit Graf Günthers XL. mit der Witwe Graf
Heinrichs des Älteren. Wir erfahren aus den noch vor-
handenen Akten dieses langwierigen Streites (Reg. Ee.
No. 550 Vol. III W. A.) für unsere Frage folgendes
Wichtige: 1) Graf Günther hatte dem ‚Kurfürsten von
Sachsen mündlich und schriftlich versprochen, im sächsischen
Lehnsgebiet die geistlichen Güter von Klöstern, Pfarren,
Stiften und anderen Gotteshäusern wieder zu restituieren,
und bittet, wo solche Güter noch ausstehen, um kurfürstliche Unterstützung. 2) Die Gräfin-Witwe hatte auch die
früher erwähnten, dem Stift Paulincella gehörigen Güter
(Vorwerk Rottleben und Weinberg „Schleicher.“), die ihr
1534 ihr Gemahl testamentarisch vermacht hatte, restituiert.
3) Die Gräfin beanspruchte den Vorrat im Kloster Ilm und
für die herausgegebenen geistlichen Güter eine Entschädigung
4) Die Irrung zwischen den Parteien wurde durch den
sogen. Weimaraner Vertrag erledigt, nach welchem die
Gräfin mit ihren Töchtern 2800 fl. Entschädigung erhielt
(Schlotheim wird an Christoph von Lichtenberg verpfändet).
5) Eine Leipziger Rechtsentscheidung lautet: „bona eccle-
siastica sunt deputata et dedicata servitio … dei quae ad
profanos usus proferri non possunt.“ Darnach sollen die
Klostervorräte nicht der Gräfin, sondern dem Kloster an-
hängig sein. 6) Trotzdem scheint die Gräfin mit dem Ab-
kommen nicht zufrieden gewesen zu sein. Graf Günther stützt
sich darauf, daß der Weimarische Vertrag zu Recht bestehe,
die Gräfin aber darauf, daß ihr verstorbener Gemahl p r o -
t e s t i e r e n d e r   S t a n d gewesen sei und daß sie, als seine
Erbin, Anspruch habe auf den Klostervorrat.

Aus diesen wenigen Notizen sehen wir, daß um des Stiftsgutes willen unter den gräflichen Verwandten Differenzen entstanden, die erraten lassen, daß es sich hierbei keinesfalls um
einen unbedeutenden Vorteil handeln konnte. Graf Günther XL.
machte sich dabei um die Restitution der geistlichen Stiftsgüter verdient und, zwar offenbar auf Anregung des Kur-

fursten. Wir wollen nun sehen, welche Wege der Graf zunächst zur Verwendung der oberherrschaftlichen Stiftsgüter einschlug, und wir werden am besten die noch vorhandenen Rechnungen selbst sprechen lassen.

A. Die oberherrschaftlichen Stifte.

1. Stift Paulincella.

Über die Geschichte des Stiftes nach seiner Aufhebung cf. bei Hesse a. a. O. Der Abt Johann benutzte in der Folge die zwischen Graf Heinrich dem Älteren, später seiner Witwe und dem Grafen Johann Heinrich von Leutenberg entstandenen Streitigkeiten und wurde von Graf Johann Heinrich wieder in sein Amt eingesetzt. 1541 erwirkte er bei Kaiser Karl V. einen Befehl an Graf Günther XL., wonach derselbe dem Grafen Johann Heinrich zu Leutenberg die Schutzvogtei über das Kloster übertragen sollte, auch solle er den vertriebenen Abt wieder einsetzen und alles dem Kloster entrissene Gut wieder erstatten (cf. Jov. S. 296, und Hesse, a. a. O. S. 13). Zu gleicher Zeit erhielt der Abt von dem Kaiser einen Schutzbrief, worin die Schirmvogtei des Klosters, als dem Grafen von Leutenberg zuständig, bestätigt wird. 1542 wurde der Zwist beider Grafen beigelegt, 1543 übertrug Graf Günther XL., dem die Schirmvogtei des Klosters geblieben war, die Lehn über das Stift dem Kurfürsten Johann Friedrich von Sachsen. Weiter faßt Hesse das hinsichtlich des Güterbesitzes des Klosters Wichtige in die Worte zusammen:

„Die Güter und Einkünfte des Klosters, deren sich der Graf bemächtigt hatte, wurden nun verpachtet oder durch eigens dazu bestellte Amtleute zuweilen in Verbindung mit andern Ämtern, verwaltet und die entfernteren Besitzungen, um dieses Geschäft zu erleichtern, mit näher liegenden vertauscht oder nach und nach an Fremde käuflich überlassen (cf. Hesse, Anmerkung 5).

Die noch vorhandene Rechnung von 1538/39 weist folgendes aus:

1. Einnahme,

gemeine: 12 sch. 14 gr. 6 ℔,
lehnrecht u. abschiedtgelth: 11 „   9 „
bethe: 50 „   6 „
(Singen, Gosselborn, Hengelbach, Rottenbach, Milwitz, Horba)

Erbzins in den eigen-⎫
  tümlichen Dörfern:⎬ 219 sch. 11 gr. 3¹/₂ ℔ 1 a. ℔

Erbzins in den fremden⎫
  Dörfern:⎬ 164 „   3 „ 1¹/₂ „ 1 „ „

Wiederkäufl. Zinsen: 98 „   1 „ 1   „ 1 a. h. etc.
Zusammen beträgt die Einnahme: 906 sch. 11 gr. 2¹/₂ a. ℔.
Unter der Gesamtausgabe mit: 744 „   3 „ 1 heller
figurirt als Hauptposten die Ausgabe:

„meiner g. frauen unnd andern" mit
437 sch. 17 gr.

Davon allein 267 sch. 15 gr. der g. fr. zu Rudelstadt, ferner 15 sch. 15 gr. dem jungen Eicharinj (us?) zue Arnstat auß bevell m. g. fr. und 19 sch. 19 gr. meister Valtenn dem roren bohrer zue Ilmenaw auß bevell m. g. h. graff Günthers, das Übrige an 4 Pfarrherren, 2 Ordenspersonen und einen Studenten:

16 sch. 16 gr. einem studenten gen Margburgk
 6 „   6 „ dem pfar. zum Behlenn zur zulage auß
                    befhell m. g. h.
16 „ 16 „ denn 2 ordenspersonen
21 ..   er Niclas Stedenn
31 „ 10 „ ern Johann Hengelbach
42 „   ern Niclaus Mende.

Zu dem Überschuß von 162 sch. 7 gr. 11¹/₂ ℔ 2¹/₂ a. ℔ ist bemerkt: In diese summa ist nicht geczogen die 150 fl. so er hiebevor dem ampt verhafft und schuldig ist."

Aus der gleichzeitigen Getreiderechnung heben wir folgendes hervor:

1. Weizen Ein.:
63 mas 3 viertel
sub Ausgabe: 10 maß: er Niclas Stedenn
             5 „   ern Johann Winter
            15 „   ern Johann Hengelbach
            17 „   ern Conrad Rudiger

1 maß   Hanßenn Jhann ins gedinge,
         hat die schneide moel gemachtt
3   „   dem cappelann zue Konigsehe,
         hatt über den andern sonntagk
         in der Zellen gepredigt.

Rest bleibt: 11 maß $2^1/_2$ viertel $^1/_2$ metze.

2. Rocken Einn.:
       13 maß $1^1/_2$ metze

3. Gerste:
   E: 58 maß 1 viert.
   A: 8   „   er Niclaußenn Stedenn
       8   ern Johann Hengelbach
       2   ern Johann Winter
       1 „   1 v. dem gemeß abgangen
     38   m. g. fr. holen ̣laßen freitags **nach**
                 Andree.

   S. 57 maß 1 virtell, Rest: 1 maß gersten.

4. Hafer:
       E: 115 m. 3 v. $1^1/_2$ metze
       A: 109 „ —   1   „
Die Viehrechnung weist auf: 30 melckuhe
                         1 reitachs
                      17 kalbenn

S. S. 48 nosser alles m. g. h. zustendig.

Aus der Stiftsrechnung von 1542/43:
Die Einnahme beläuft sich auf:
      538 sch. 77 gr. $16^1/_2$ ℔ 1 a. ℔ 1 a. h.
(Die einzelnen Posten sind nicht zusammengezählt.)
Davon wurde auf Befehl des Grafen ausgegeben:

16 sch. 16   gr. den zweien ordenßperßonn
 4 „   4   „ ehrn Charius zwei quartall.
15 „ 15   „ idem zur abfertigung
15 „ 15   „ idem vermog ßeiner bestellung
 5 „   5   „ idem vor sein kleidtt
21   ern Niclauß Stedenn
10 „ 10   „ ehr Conradtt Rudigern
10 „ 10   „ ehrn Johann Winthernn
 6 „   6   „ dem pfarrer zu Behlenn
 2 „ $12^1/_2$ „ dem pfarner zu Gösselbornn.

Ferner: 157$^1/_2$ sch. m. g. h. a. abent mart.

22   „ 16 gr. an 19 tallern m. g. fraue.

Die übrigen Ausgaben verteilen sich auf Ausgaben „Ins Gemein“, Gesindelohn, Schenkenausgabe und Retardata. S. S. dieser Ausgabe auf Befehl des Grafen allein: 362 sch. 9 gr. 6 ₰ (also ca. $^2/_3$ aller Ausgabe).

Der Ergänzung halber fügen wir noch hinzu: Die Einnahme- und Ausgabeposten der folgenden Rechnungen des Stiftes stellen sich so:

z. B. 1544/45 (Mich. — Walpurgis)

E: 532 fl. 17 gr. 4 ₰ 1. a. ₰

A: 505 „ 2 „ 4 „ 1 heller.

Darunter beträgt die Ausgabe für Ordenspersonen: 221 fl.

1545/46 (Michael. — Michaelis).

E: 1014 fl. 14 gr. 1 a. ₰

A: 938 „ 17 „ 2$^1/_2$ „

1546/47 E: 1016 fl. 2 gr. 7$^1/_2$ ₰ 1 a. h.

A: 913 „ 1 „ 4$^1/_2$ „ 1 „ ₰

1549/50 E: 962 fl. 3 gr. 8 ₰ 1 a. ₰

A: 950 „ 11 „ 1 „ 1 „ „

1550/51 E: 1282 fl.⎫
A: 1248 fl.⎭rund

1551/52 E: 1090 fl.

A: 1055 „

1554 55 E: 1077 fl.

A: 1034 „

Wir ersehen aus dieser Zusammenstellung, daß die Barüberschüsse, welche dem Staate zufielen, bez. im Vorrat blieben, keine bedeutenden waren. Unter den Stiftsausgaben dieser Jahre kehrt die für die Ordenspersonen, bez. Predikanten, regelmäßig wieder, welche sich 45/46 auf 93 fl., 46/47 auf ebensoviel, 49/50 auf 95 fl., 50/51 auf 93 fl., 51/52 auf 88 fl., 54/55 auf 397 fl. (Nico. Herco erhält davon 300 fl.), 57/58 auf 347 fl., 58/59 auf 347 fl., 59/60 auf 347 fl., 60/61 auf 377 fl. beläuft.

Beispielsweise wird die Ausgabe von 93 fl. nach der Rechnung von 1545/46 in folgender Weise verteilt:

20 fl. ehr Niclaß Stedenn zum Horba
25 „ ehr Charius Wainern zum Gehrenn
10 „ ehr Conradtt Rudigern zu Talndorff
10 „ ehr Johann Winttern zu Dornffeltt
8 „ ehr Petter Kochenn
2 „ idem vor hoßenn und wameß
6 „ ehr Sebastian Sommig
12 „ dem pfarner zu Neußitz.

Aus den Getreiderechnungeen des Stiftes geht hervor, daß auch hier einzelne Pfarrer Gehaltsteile beziehen: z. B. 1545/46.

Weizen E: 285 maß 1 virt
A. 70 „ m. g. fr. zu Rudolstadt
12 „ dem pfarrer zu Neußitz
15 „ „ „ zu Gehrnn
10 „ ehr Niclaß Stedenn
10 „ ehr Johann Winthern
10 „ ehr Conradt Rudigern
Gesamt-Ausgabe: 269$^{1}/_{2}$ maß
Rest: 15 maß 3 viert.

Unter Gerstenausgabe findet sich:
8 maß Niclas Stedenn
8 „ Conradt Rudigern
8 „ Johan Winter u. s. w.

Wir machen aus dieser Rechnungsübersicht die für unsere Frage wichtige Beobachtung, daß ein Teil der Stiftseinnahmen (allerdings anfänglich durchschnittlich etwa nur der zehnte Teil der gesamten Stiftseinnahme bis zu der Zeit, da der Superintendent Nic. Herco zu Arnstadt· 300. fl vom Stiftseinkommen empfing) für „frommen Zwecke", d. h. für Besoldung evangelischer Pfarrer, die dem Stifte zugehörten, direkt verwendet wurde. Wir werden bei der Betrachtung der Rechnungen der beiden anderen oberherrschaftlichen Stifte sehen, daß gerade hierin ein, wenn auch nur äußerlicher, Unterschied zwischen diesem und jenen beiden anderen Stiften bestand, denn bei Stift Ilm und Arnstadt bestritt die Staatskasse die Ausgaben „ad. pias causas", wofür sie aber auch die Stiftseinnahmen in vollem Umfange für sich beanspruchte. Sachlich angesehen, war aber auch das Verfahren bei der staatlichen Verwendung des Paulinzeller Stiftsgutes das nämliche wie bei den beiden anderen Stiften. Die Überschüsse von der Stiftsgutsbewirtschaftung kamen vornehmlich dem Lande, aber auch dem gräflichen Hofe zu gute. Der Hauptvorteil lag dabei weniger in den Barüberschüssen, als vielmehr in den Naturalerträgen der Klosterwirtschaft.

2. Das Stift Ilm.

1) Die Rechnung vom Jahre 1541 (Montag nach Valentini — Mich.) (Hermann Zienemann, vor ihm war H. Drechßel Verw.) weist auf:

E: 1637 sch. 16 gr.
A: 1558 „ 5 „ 6 ℳ

Dabei ist hervorzuheben: Unter Zinseinnahme steht „Zinse des Leuttenbergisch teils ist zugeben verpotten, als 22 sch. 5 gr."

Unter Geilßdorf: „Bei regierung des wolgeborn hern herr Heinrichs weilandt grafe zu Schwarzburgk löblicher gedechtnis ist vieleicht uf anßuchung der fraun von Grießheim drei schogk vier huner zins, von Hannn Schelhorns wegen zu Geilßdorf zugeben nachgelaßen wurden, zu gedengken." Und unter Ausgabe findet sich z. B.:

105 sch. meinem g. h., 752 sch. 9 gr. dem Rentm. Sig. v. Witzleben
255 „ dem Amtmann Lutze von Wüllersleben.
Darunter z. B. 10$^1/_2$ sch. Jacob Froben dem studenten zur abfertigung nach Wittenbergk.
1 sch. 13 gr. vor bier thonnen, den jungkfrauen ins closter
— 8 „ idem ... den jungkfr. ins closter.
Später ins closter: 66 sch. 10$^1/_2$ gr. etc.

2) Mich. 1541/42 (H. v. Witzleben).

E: 1251 fl. 7 gr. 5$^1/_2$ ℳ 1 a. ℳ
A: 1025 ; 17 „ 10 „

Darunter für Klosterjungfrauen: 76 fl. 20 gr. 2 ℳ
u. gegen Hof geantwortet bezh. auf Befehl 342 fl. 8 gr. 6 ℳ
(100 fl. Sig. Witzleben, Rentmstr., 100 fl. dem Amtmann Lutz v. Wüllersleben.)

3) 1 5 4 3/4 4 (M i c h. — W a l p. G a l l e Barrethernn)
E: 925 fl. 12 gr. — ₰ 2 a. ₰
A: 947 „ 4 „ 9 „ 1 „ „
Darunter den Jungfrauen: 49 fl. 13 gr 6 ₰
Dem g. Herrn: 500 „ .
Einzubringen bleibt: 234 fl. 20 gr. 5 ₰ 1 a. ₰

Aus den folgenden Rechnungen möge noch folgendes mitgeteilt werden: Die Rechnung von 44/45 (Gall. Barrethern):
S. E: 1095 fl. 3 gr. $2^1/_2$ ₰ 1 a ₰
Die Ausgabe fehlt.

Die folgenden Rechnungen ergeben nun diese interessante Tabelle:
1546/47 in die schwarzb. Renterei: 400 fl.
E: 955 fl. — gr. 6   ₰ 2 a. ₰
A: 953 „ 14 „ $10^1/_2$ „ (Für die Jungfr. 81 fl. $14^1/_2$ gr.)
1547/48 (A m t Ilm): in die schwarzb. Renterei: 300 fl.
E: 983 fl. 18 gr. $7^1/_2$ ₰ 1 a. ₰
A: 985 „ 4 „ 1 h. (für Jgfr. 78 fl. 20 gr. 10 ₰)
1548/49: in die schwarzb. { E: 904 fl. 9 ₰ 1 h. 2 a. ₰
Renterei 300 fl.   { A: 866 „ 1 gr. 5 ₰ 2 „ „
1550/51: in die schwarzb. Renterei 300 fl.
1551/52: „ „ „ „ 300 „
1552/23: „ „ „ „ 300 „
1554/55: „ „ „ „ 300 „
1555/56: auf Befehl u. in { E: 1787 fl. 17 gr. 8 ₰ 1 h. 2 a. ₰
die Renterei 900 fl. 12 gr. { A: 1415 „ 14 „ 2 „
+ 315 fl.   { Rest: 57 „ 3 „ 6 „ 1 h. 2 a. ₰

Um sich aber annähernd einen Begriff zu machen, welchen Nutzen die Rentereikasse allein aus dem Getreideverkauf dieses einen Stiftes hatte, sei bemerkt, daß in der Zeit von 1547—1553 (Mich.)
1) an Korngeld der Renterei zufloß: 3076 fl. 14 gr.
(Rest: 404 „ 2 „)
2) an Gerstengeld: 880 fl. — gr.
Rest: 251 „ 7 „

Bei diesem Stift fällt es ganz besonders auf, welcher Vorteil der Rentereikasse und der Hofhaltung aus den Stiftseinnahmen erwuchs. Dabei ist noch hervorzuheben,

daß ja auch die außerdem vorhandenen Rechnungsüberschüsse
in bar der Herrschaft zufielen,

z. B. 1548/49: 38 fl. 6 gr. 1 h.
1550/51: 147 „ 14 „ 6 ℈ 1 à ℈
1551/52: 55 „ 8 „ 7 „ 1 h.

Zu bemerken ist, daß eine allmähliche Abnahme des
Klostereinkommens bei diesem Stift ersichtlich wird, die
offenbar auf staatlicherseits in Anspruch genommene und
abgetrennte Einkommensteile zurückzuführen ist. Denn bei
der Abnahme der Ausgaben für die Stiftsjungfrauen hätten
sich eher die Abschlüsse der Stiftsrechnungen günstiger gestalten müssen; man vergleiche: Ausgabe für die Jungfrauen

1546/47: 81 fl. 14^{1}/$_2$ gr.
1547/48: 78 „ 20 „ 10 ℈
1548/49: 77 „ 18 „ 8 „
1551/52: 78 „ 9 „ 2 „
1552/53: 8 „
1554/55: —

Erstaunlich ist es, wie gering die Beträge sind, welche
für den gemeinen Kasten und für evangelische Pfarrstellen
(ad pias causas) direkt vom Stiftseinkommen ausgegeben
werden. Man findet z. B. in der Rechnung von 1547/48 nur
für den Pfarrer v. Großhettstedt 5 fl., 1548/49 für den
gemeinen Kasten zu Ilm 20 fl. und für denselben Pfarrer
5 fl., den gleichen Betrag 1552/53 in Ausgabe angesetzt.
Dies ist darauf zurückzuführen, daß die Rentereikasse selbst
die Besoldungszahlung für einzelne, diesem Stift zufallende
Pfarreien übernommen hatte. Wir werden gerade mit
Bezug auf dieses Stift selbst später bei der Prüfung der
Staatsrechnungen zusehen müssen, in welcher Weise die
der Renterei zugeflossenen Beträge verwandt wurden.

3. Das Stift zu Arnstadt.

Die Rechnung 1538/39 (Lutze von Wüllersleben) weist
als Einnahme nur noch auf:

504 sch. 18 gr. 1 ℈
als Ausgabe: 494 „ 4 „ 1 „ 1 heller.

XXI.   14

Unter Einnahme findet sich die Notiz, daß seitens de^r
Herrschaft seit 7 Jahren Zinsen innebehalten wurden, welche
dem Kloster zugehörten in Höhe von 102 sch. 4 gr. 6 ℒ.
Der weitere bedeutende Rückgang der Klostereinkünfte in
bar ist darauf zurückzuführen, daß die Klostereinnahmen
fortgesetzt durch Verkauf bezw. Verbrauch der Getreideeinnahmen seitens der Herrschaft stark geschmälert wurden·

Unter Ausgabe findet sich für Pfarrherrnkost: 25 sch
4 gr. und für die Jungfrauen:

1) 122 sch. 3 gr. 2 ℒ 1 heller: Küche und Gesinde
2) 16 „ 10 „ 11 „ für Wein
3) 30 „ 11 „ 7¹/₂ ℒ Notdurft.

Die Getreiderechnung dieses Jahres zeigt ganz besonders hohe Posten auf, welche an die Hofhaltungen gelangten. Es handelt sich hierbei offenbar um die Ab-
findung der Witwe Graf Heinrichs XXXVII. Wir sehen,
daß der Getreideertrag des Stiftes ohne weiteres als herr-
schaftliches Eigentum galt:

Korn E: 347 maß 2 virtel
    A: 461 „ 3   „
(Aufs Schloß: 126 „ 3   „
 Insgemein: 106 „ 1   „)

Ein noch vorhandener Gesamtbestand v. 319 m. stehet
der g. frau zu Rudolstadt zu.

Gerste E: 202 maß 1 v. 3 molm.
    A: 611 „ — 3   „

S. S. aller Gerste, so in dieser Rechnung aufs Schloß geschickt
und im Vorrat vorhanden ist: 417 maß 1 v. 3¹/₂ molm.
(Die m. g. fr. von Schwarzburg zu Rudolstadt zusteht.)
Vorher findet sich unter Ausgabe „aufs Schloß geschickt":

517 maß 1¹/₂ virtel 3 molm.

Hafer E: 237 maß 2 virtel 2¹/₂ molm.
    A: 467 „ 1   „ 1   „
aufs Schloß: 370 „ 3   „ 1   „

S. S. Vorrat, der dieses Jahr noch vorhanden:

261 maß 3 molm.

stehen alle m. gr. fr. zu Rudolstadt zu.

Die Viehrechnung weist im Vorrat auf:

40 Rindvieh
69 Schweine
744 Schafe.

In den folgenden Jahren wurde das Stiftseinkommen staatlicherseits weiter geschmälert, so daß die Rechnung 1555/56 folgendes aufweist:

E: 335 fl. 7 gr. 4 ℈ 1 h.
A: Das Gleiche. (In die Schosserei: 171 fl. 8 gr. 2 ℈ 1 h.)

Den 4 Dorfpfarrern: 41 fl.
Kostgeld dem Pfarrer b. M. Virg: 12 fl.
Holzgeld den arnst. Kirchendienern: 21 fl.
Den Jungfrauen: 42 fl.
und 2en zur Bestallung, je einer: 4 fl. 19. gr. 2 ℈

Die Rechnung 1556/57:

E: 327 fl. 2 gr. 11 ℈ 1 h.
A: Das Gleiche.

In die Schlosserei: 161 fl. 19 gr. 8 ℈ 1 h.

In der Rechnung 1557/58 beträgt

die Summe aller E: 328 fl. 16 gr. 10 ℈ 1 h.
„   „   „   A: Das Gleiche.

Trotzdem konnten selbst bei solchem geringen Einkommen noch 165 fl. 3 gr. 6 ℈ 1 heller auch nach dieser Rechnung an die Schosserei abgegeben werden, während unter anderem an 4 Pfarrer (zu Espenfeld, Dornheim, Sigelbach und Wüllerßleben) zusammen 41 fl., an Holzgeld für Prediger, Schulmeister und Kirchendiener 25 fl., an Kostgeld dem Pfarrer Beat. M. Virg. 17 fl. und für der Jungfrauen Küche und Notdurft 56 fl. gezahlt werden; 2 Jungfrauen aber wegen ihrer Bestallung — es sind zusammen noch 4 Jungfrauen erwähnt: Magdalene und Anna von Hespergk, Else Kohlern und Frau Martha Rudolffin — erhalten je 4 fl. 19 gr. 2 ℈. Zu diesen lehrreichen Rechnungsauszügen gewährt nun noch eine Urkunde des Jahres 1550 eine wichtige Ergänzung. Ihrer Bedeutung wegen, lassen wir sie hier wörtlich folgen[1]):

---

1) Arnstädter Ratsarchiv.

14*

„Verweisung der geistlichen, welche sonst
aus der rentherei und schösserei bezahlet
worden, an die beiden clöster zu Arnstadt und
Ilmen a. 1550.

wie es m. gn. herr überschickt ist uff wei-
nachten anfangs des 50. jars.

Auszug und verzeichnus, was von der wollöblichus,
obern herschaft zu Schwarzburgk jarrenthen und einkommen etzlichen pfarhern, predicanten, geistlichen, dem
armen kirchenkasten, hospitalen, siechheusern und stipendiaten jerlich von wegen der renterei auch schösserei hiebevor alleine ausgegeben und abgerechnet worden, welche
jerliche ausgabe dann nun hinfürder von beder stiffte und
closter wegen, als Arnstadt und Ilmen, jarrenthen zu be-
zalen sollen verordennt, uff daß die renterei und schosserei
ihrer rente hinfürder möchten damit verschonet werden.
Und erstlich hat das closter zu Arnstadt an allen erb- und
wiederkäuflichen erbzinsen jerlich, wie denn itzo vor
einnahme berechnet in summa fallende, thut summa 333 fl.
19 gr. 10 ₰ 1 heller davon sollen dan, wie volget, jerlich
zu erhaltunge ausgegeben und bezalt werden:

100 fl. er Jorgen Spenlein, Pfarher Bonifacii uff vier quartal
 25 „ beden pharhern, capellan, schulmeistern u. kirchnern ·
    holzgeld
 12 „ dem magistro costgeld
 21 „ 9 gr. er Johann Ferbern, dem armen kranken prediger
 48 „ den dreien dorfpharhern, als Dornheim, Sigelbach
    und Espenfeld
  5 „ er Mattes Knobeloch
 32 „ den beden schwestern von Heßbergk
 26 „ vor die jungfrauen kuechen
 12 „ 4 gr. 2 ₰ vor allerlei zugemüse
  3 „ 11 gr. 10 ₰ back- und schlachtelohn und von ihrem
    getränke einzulegen
 18 gr. 8 ₰ zu erbzins, als ins amt Molbergk, den dum-
    herrn zu Gotha und den pfarhern zu Oberndorf.
  5 fl. zu jerlicher einbringung des klosterzinses zehrung
    und trinkgeld

13 fl. 5 gr. dem closterschreiber sein jahrlohn vor stiefeln
    und schuhe

2 „ 18 „ der köchin im closter ihr lohn

3 „ dem thorwardt im closter

1 „ dem holzförster in Keutzsch.

    Summa von des closters Arnstadts einkommen
        ausgabe thut: 326 fl. 3 gr. 8 ℛ

    Zum andern hat man von wegen des stifftes Ilmen
rente hiebevor über sonst desselbigen stiffts gewonliche
nottdürftige ausgaben ungeverlich an gelde in die renterei
jerlich zum vberschuß gelifert:

        Summa 300 fl.

darvon soll dann auch, wie volget, jerlich und erstlich
gegen Arnstadt abgegeben und bezalt werden:

38 fl. dem armen kirchenkasten zu Arnstadt

18 „ demselbigen in zwei item [Jahren?]

23 „ item demselbigen Emleber zins

11 „ 16½ gr. der von Witzleben testament als in gemein-
    kasten, dem hospital u. leprosis leuten

10 „ beden pfarhern zu Wüllersleben u. Hettstedt

20 „ 10 gr. er Peter Ittiges zu Arnstadt

90 „ den studirenden stipendiaten zu Wittenbergk und
    Leipzigk alle drei markt zu verordnen.

    In der Stadt Ilmen abzugeben:

10 fl. er Johann Heiner und den castenmeistern zu Ilmen

10 „ er Johan Heiner vicarius

3 „ 12 gr. dem Kasten zu der vicarei Dorotheae

1 „ 16½ gr. item dem kasten zu der vicarei crucis

15 gr. zu der vicarei michaelis dem kasten

15 „ dem pharher zu Witzleben zu einer vicarei insonderheit.

    In das amt Schwarzburgk abzugeben:

15 fl. dem pfarher zu Geillersdorff

5½ fl. dem hospital zu Konigessehe

5 fl. zu sanct Annen bruderschaft Jorgen Oberlender

    Summa des Stiffts Ilmen allenthalben
        Ausgabe thut:
        276 fl. 19 gr.

    Dieweil dann solche Summe beder stiffte und klöster
sonst ad pias causas geordnet und ohne das jerlich

von wegen wolgedachter herschaft jarrenthe und derselbigen renterei auch schösserei bezalt, auch vor bhar geld abgegeben und zugerechnet wird, so mochte solliches ohne der renterei und schosserei weitere beschwerung von der zweier stiffte und klöster Ilmen und Arnstadt jerlichen einkommen, doch in alle wege nach der herschaft gnedigen wolgefallen jerlich abzugeben auch hievon bestimmte ausgaben zu unterhaltunge geordnet werden."

Wir erfahren aus dieser Urkunde die für unsere Frage wichtige Thatsache, daß vom Stift Arnstadt rund 326 fl., vom Stift Ilm rund 276 fl. ad pias causas seitens des Staates verordnet waren, für deren Zahlung die Staatskassen sich verpflichtet hatten aufzukommen, wofür diesen auch die Stiftseinnahmen, soweit dieselben nicht für Bewirtschaftung und Unterhalt des noch vorhandenen Klosterpersonals verwendet wurden, zuflossen. Nach der mitgeteilten Urkunde nun sollten diese staatlichen Aufwendungen ad pias causas von den Staatskassen abgewälzt und von dem noch vorhandenen, zum Teil spärlichen Überrest des Stiftseinkommens von Ilm und Arnstadt selbst getragen werden, und zwar zu einer Zeit, als z. B. bei Arnstadt das Stiftseinkommen annähernd bis auf die angegebene Summe reduziert war. Jedenfalls ein, für die Rentereikasse zwar gewinnbringendes, für die Verwendung der Stiftsgüter im christlichen Sinne aber nachteiliges Verfahren. Das Stift Paulinzella ist hierbei nicht mitgenannt, weil die ad pias causas verordnete Summe dieses Stiftes direkt von dem Stiftseinkommen bestritten wurde. Ein interessanter Beitrag zur Orientierung der Verwendung des Stiftsgutes zu Arnstadt gewährt auch eine noch vorhandene Nachricht des Cons. Assess. und Archiad. Christoph Eberhardt vom 10. Febr. 1794 betr. Nachricht über die Fruchtbesoldung in Arnstadt (Arnst. Kirchenarchiv). Er sagt, indem er mit einem Hinweis auf die Reformationszeit beginnt: „Als nach Einführung der Reformation die Klostergüter (davon die meisten dem Benedictiner-Nonnenkloster bei der Liebfrauenkirche gehöreten, wie denn das jetzige Gymnasium, früher Prinzessinenhof, Ackerhof und Wohnung des Präpositus war) säcularisirt werden sollten, that der damal. Churfürst von Sachsen, Johann Friedrich, als Landgraf in Thüringen den Ausspruch, daß sie in 5 theile sollten getheilt werden, drei sollten dem Grafen zufallen und zwei den hies. Geistlichen" etc. Wir wollen nun im Anschluß hieran an der Hand der Rentereirechnungen prüfen, welche von den in diesen Rechnungen verzeichneten Ausgaben allenfalls auf das Konto der Stiftsüberschüsse gesetzt werden dürfen.

1) Die Rechnungen der schwarzburgischen Rentereien von Sig. Witzleben, betreffend Einnahme und Ausgabe für Graf Günther den Reichen ao. 1539—41.

Unter Einnahme findet sich:

448 gute schock von Gallo barrethernn aus dem Stift Paulincella

aus der Schäferei im Kloster zu Arnstadt wurde 54 Stein 18 h. (?)
„   „   „   zu Paulincella   55 „ 19 „
(Wolle verkauft à Stein zu 36 gr.)

Bei der Einnahme aus der Unterherrschaft findet sich unter Einnahme insgemein:

50 fl. von abt zu Ilveldt weliche ehr funff jar lang von den guetern, so er in der herschafft hatt zugeben versprochen.

Unter den nun folgenden Ausgaben können wir diese mit gutem Grund auf das Konto der Stiftseinnahmen setzen:

1) Die Ausgaben gelegentlich der Zusammenkunft der Protestanten in Arnstadt (November 1539). Darauf weist z. B. eine Ausgabe von 8 fl. (rund) und 15 gr. Fuhrlohn hin.

2) Die Ausgaben gelegentlich der Visitation der Pflege Kevernburg und des Stiftes Ilm im Jahre 1539, welche vom Churfürsten von Sachsen angestellt und wobei auch Dr. Johann Lang von Erfurt thätig war, und zwar offenbar im Auftrag des Grafen,

Es findet sich angegeben:

23 fl. 17 gr. an 20 talern doctor Johan $_{\text{Lan}}g_{\text{en}}$ von Erffurd vor seine gehabte muhe, zuvorehrung geben, als er sich zu m. g. h. visitacion zu arnstat hat gebrauchen lassen, bevelhe des ambtmans freitags p. corporis christi.

$^1/_2$ taler doctor Langenn diener auch daßmals zuvorehrung geben.

3) Die Ausgaben für Studierende:

20 fl. Nyola Mende dem ordenspersonn zu Wittennberg uff bevelhe doctor Reinharts entricht den 30. august.

Später: 20 fl. Niclao Mende dem ordens personenn itzo walpurg. uff bevelh der rethe entricht.

15 fl. Heinrichen Blossenn von Eichenfeld einem student zu Wittenberg zum studio auß beveliche des ambtmans durch Burgkkarthenn von Gera von Ettichleben seinem vetternn die Mathie.

4) Die Ausgaben für evangelische Geistliche.

In dieser Rechnung:

12	fl. doctor Joachim Morlein dem prediger bevelhe des hern doctor Reinhards über schickt die wochen Elizabet.
$7^1/_2$	„ er Johan Kernnernn pfarrer zu Dornheim 3 quartal geld cruc. Lucie in 40 und reminiscere 41.
$4^1/_4$	„ er Valentino Flidenaro pfarrer zu Eßpenfelt uffs quartal cruci ao. 40 bevelhe doctor. Reinhards.
9	„ Er Christopf vom Berg idem pfarrer zu Espenfelt. uffs quartal lucie 40 und reminiscere 41.
2	„ Melchor Metzell pfarrer zu Sigelbach uffs quartal reminiscere ao. 41.
3	„ 3 ortt. Niclauß Drescher pfarrer zu Wullerßlebenn drei quartal als crucis lucie 40 und reminiscere 41 ydes quartal 5 ortt.
25	„ Joachim Morlein doctor und prediger uffs quartal reminisc. ao. 41.
25	„ desgl. trinitatis fellig 41.

5) Die Ausgaben für die Arnstädter Schule:

29 fl. Peter Watzdorffenn hindershelligk costgeld von wegen der schulmeister unnd studenten im Barfussenn closter

als sie von ihme gezogen bevelhe des hern doctor
Reinhards sambstags p. erhardj.

161 „ Clausen Wuersten dem wirt vffn rieth auch cost-
gelt $^1/_2$ jar von den schulmeister und studenten
des Barfüsser closters etc.

25 „ Adamo Aemilio dem schulmeister im closter eine
halbe iarbesoldung bezalt bevelhe dr. Reinhards
den 15. Jenner.

6) Die Ausgabe unter Wiederkauf in m. g. h.
Städten:

30 fl. idem in casten bonifacij zwene zinß etc.

6 „   „   „   „   „   etc.

7 „ 3 gr. dem casten zu Ilmen jerlich an 5 sch. vor
1. marz zwen zins zu der vicari Dorothee als mich.
39 und 40.

Die Ausgaben für die Geistlichen, desgl. die für die
Schule wiederholen sich:

25 fl. Morlein quart. geld crucis fellig 41.

9   „ Christoph v. Berg zu Espenfelt trinit. u. cruc. 41.

5   „ Joh. Kornner zu Dornheim trini. u. cruc. 41.

$2^1/_2$ „ Nicl. Drescher zu Wollerßlebenn trinit. u. cruc. 41.

4   „ Melchior Metzel Sigelbach trinit. u. cruc. 41.

25 „ Adamo Aemilio halbe jarbesold.

161 „ kostgeld pro $^1/_2$ Jahr bei Claus. Wursten.

27 „ dem baccalaureo Sigmund Krad im closter $1^1/_7$ jar-
besoldung $^1/_2$ taler s. discipulo.

50 „ dem jungen Jorgen Bogken kostgeld etc.

Die Renterei-Rechnung von 1541/42 weist gleichfalls
die Ausgaben für die vier Dorfprediger, Dr. Morlein und
für die Schule auf.

Die Rechnung von 1542/43 (Sig. Witzleben) hat unter
Stiftseinnahme nur 50 fl. aus dem Stift Arnstadt verzeichnet
dazu die Einnahme aus den Klosterschäfereien zu Arnstadt
Paulincella und Stadtilm, nämlich:

Kloster Arnstadt: 44 Stein 12 h.
„   Paulincella: 41   „   0 „
„   Ilm: 60   „ 19 „

Hier findet sich die interessante Notiz, daß den g. h.
von den beiden ersten Schäfereien $^2/_3$, der Ertrag der

letzteren ihm aber ganz gehört. Diese Notiz mag erklären, wie es kommt, daß die Stiftsüberschüsse von Ilm zum Teil gar nicht in der Rentereirechung stehen. Auch der Barüberschuß des Stiftes scheint in diesen Jahren völlig dem Grafen zugeflossen zu sein.

Dazu kommt noch die Einnahme von 50 fl. vom Abt zu Ilfeld, und auch 2 geistliche Lehen fallen zu Königsee der Rentereikasse zu:

1) 17 fl. 18 gr. von einem geistlichen lehen an 25 sch. vom rathe zu Konigssehe er Wilh. v. Gebesse.

2) 17 fl. 18 gr. vom rath zu Konigssehe her Hermann Riedmann.

Die Ausgaben für den gemeinen Kasten zu Arnstadt und Ilm, sowie Zinsabgaben an einzelne Pfarrer (Joh. Fink, Niclaus Tantz) und an das Hospital zu Königsee ($5^1/_2$ fl.) kommen hier vor. Die Ausgabe für Besoldung von 6 Prädikanten beläuft sich auf 196 fl., die Ausgaben für Erhaltung des Magisters und der Studenten im Barfüßerkloster auf 292 fl. 5 gr. „one das getreilich tuch zu kleidung und ander uncost“.

Außerdem finde ich für den Schulmeister zu Sondershausen 10 fl. in Ausgabe gesetzt.

Auffällig ist folgende Ausgabe:

500 fl. m. g. h. graff Popenn von Hennenbergk, als vor die halb vergleichung, vor die zwei canonicat, Strasburgk unnd Bambergk, so m. g. jungen hern graffen Hansen Güntern auffgelassen ich innhalts der recognicion entrichtet die wochen crucis exalt.

Die Renterei-Rechnung 1543/44 weist unter Einnahme nur noch die Wolleneinnahme aus den Stiften auf. Unter Ausgabe finden sich 20 fl. der Domina des Klosters zu Frankenhausen und 14 fl. 6 gr. demselben Kloster purif. Mar. [1]).

Hinsichtlich der Ausgaben für arnstädtische Geistliche findet sich nichts Neues:

---

[1] Cf. weiter unten bei Stift Frankenhausen.

Für die Klosterschule: 346   fl. 10 gr. 8 ♃
     „   „ Geistlichen: **208$^1/_2$ fl.**

Außerdem 3 fl. 9 gr. dem doctor Morlein den rest der zerunge nach Wittenberg, und das er etzlich tage magistrum Schillingstad in seiner cost gehalten bevel der rethe 7. okt.

Endlich für einen Studenten:

60 fl. Mathie Möllern hat zu Wittenberg studirt als vor 3 jahr zinße, zu einer vicarei vultum tuum dni genant zu Erfurd als mich. 40 und walp. 41, mich. 41 und walp. 42, mich. 42 und walp. 43.

Der Ergänzung halben sei hinsichtlich der Renterei-Rechnungen dieses Jahrzehntes noch folgendes hinzugefügt:

1) R e n t.-R e c h n u n g v o n 1 5 4 4 / 4 5 :

Einnahme nur aus Stift Ilm: 300 fl.

Dazu die Wollennutzung von Ilm, Arnstadt und Paulin-Cella, ferner der Getreidegewinn vom Stift Ilm 810 fl.

S. S. Einnahme: 23820 fl. 15 gr. 10$^1/_2$ ♃.

Die Zinsenausgabe des Staates beträgt allein:

12297 fl. 12 gr. 6 ♃ 1 h.

Unter eigentlich „christlichen" Ausgaben findet sich nur: 100 fl. für Georg Spenlein, Pfarrher St Bonifacii. Dazu gelegentlich 19 fl. (rund) und 17 fl. (rund) für den Licenciaten Joh. Schneidewein v. Wittenbergk, ferner 10 fl. Magist. Kauln, Schulmeister zu Frankenhausen. 3 fl. 5 gr. dem Schneider für Kleider ins Barfüßerkloster.

2) R e n t.-R e c h n u n g 1 5 4 6 / 4 7 :

Einnahme aus Stift Ilm: 400 fl.

Dagegen findet sich unter Ausgabe   :

1. an den Pfarrherrn Bonifacii: 100 fl.

2. an 6 studierende Stipendiaten zu Leipzig: 60 fl. (à 10 fl.)

Zusammen (incl. der Ausgabe für Leonh. Forster): 177 fl. 15 gr.

3) D i e R e n t.-R e c h n u n g v o n 1 5 4 7 / 4 8 weist allein aus Stift Ilm 300 fl. und dann noch 240 fl. in einzelnen Posten als Stiftseinnahme auf.

4) 1548/49 Rent.-Rechnung:

Einnahme vom Stift Ilm: 300 fl.

Dazu noch Getreide- und Wollen-Einnahme aus den Stiften.

Unter Ausgabe die gleiche Summe wie oben für den Pfarrer v. St. Bonifacii (100 fl.) und für 3 Studenten (Forster, Möller und Wacker zu Wittenberg und Leipzig) auf ein Jahr 90 fl. (à Person 30 fl.)

Von den Amtsrechnungen liegen uns solche des Amtes Arnstadt-Kevernburg vor:

sub Einnahme: 1543/44 38 sch. 19 gr. 3 ℈ 1 h. Ilmer Zinsen

39 „ 6 „ 5 „ 1 „ Zeller „

Die Ausgaben für „christliche" Zwecke sind etwa folgende:

2 fl. 3 gr. Doctor Morlein vor 3 fuder holtz ime vffin
    margt kauft bevhelich, der hern rethe.

1 „ 3 „ von doctor Langen fhurlohn gegen Arnstadt.

18 gr. sein knecht ader furmann vorzert.

5 „ dem kuchen jungen ime closter zu einem par schue
    etc.

Die Amtsrechnung Arnstadt-Kevernburg 1544/45:

36 fl. 9 gr. 2 a. ℈ Ilmer Zins

37 „ 1 „ 2 n. „ Zeller Zins.

Diese Stiftszinseinnahme hat ungefähr die gleiche Höhe wie früher. Aus diesen Rechnungsauszügen ersieht man, daß für Studierende staatlicherseits Geldbeihilfen ausgesetzt waren. Auch sonst finden sich urkundliche Belege, daß von anderer als staatlicher Seite Studierenden jährliche Unterstützungen gewährt wurden. (Cf. 1543, Arnst. Cantzlei Handelsbuch, S. 76: den studenten Johannes Frobenius u. Joh. Metzler, jeden 2 jahr lang, jedes jahr 25 fl. von den testamentarien Holtzeygen seligenzu Ilm testirt! Auch Anton Stange zu Dörnfeld hatte dem Knaben Heinrich 20 gr. zum Studium festgesetzt: Rechtshändel Buch 1538/46, S. A.)

----

1) S. A.

Prüfen wir also die Stiftsgutsverwendung der drei oberherrschaftlichen Stifte an der Hand der angezogenen Stifts- und Staatsrechnungen, so muß hervorgehoben werden, daß unter Graf Günther XL. das Bestreben unverkennbar ist, einen bestimmten, wenn auch gegenüber den Erträgen der Stifte geringfügigen Teil des oberherrschaftlichen Stiftseinkommens ad pias causas zu verwenden. Allerdings scheint es, als wenn die Stiftsverwaltungen schon gänzlich ihren kirchlichen Charakter gegenüber staatlichen Ämtern eingebüßt haben; es werden die Stiftsgüter als völlig staatliches Eigentum angesehen, der Gewinn aus ihnen kommt der Staatskasse und den Hofhaltungen zu gute, und die Staatskasse trägt selbst, was für christliche Zwecke zur Ausgabe bestimmt ist. Man darf deshalb, weil in den Staatsrechnungen größere Einnahmen aus den Stiften nicht verzeichnet sind, nicht meinen, daß der staatliche Vorteil ein geringer, oder überhaupt nicht vorhanden gewesen sei, denn thatsächlich war das Stiftseinkommen z. B. vom Stift Arnstadt bereits so geschmälert, daß seine Einnahmen gerade noch zur Deckung der ad pias causas festgesetzten Ausgaben ausreichten. Dabei muß anerkannt werden, daß staatlicherseits Aufwendungen für Schul- und Studienzwecke gemacht wurden, und zwar besonders für die ersteren.

B. Die unterherrschaftlichen Stifte.

Es erübrigt noch, daß wir, soweit das Urkundenmaterial es gestattet, einiges über die Verwendung der Stiftsgüter einzelner unterherrschaftlicher Klöster hinzufügen. Es handelt sich hierbei lediglich um die Stifte, welche in der weiter unten citierten Urkunde vom Jahre 1544 erwähnt sind, nämlich um Frankenhausen[1], Capelle[2] und Kelbra[3]. Die

---

1) Gegründet im Jahre 1215 von Friedrich, Gr. v. Beichlingen, s. Dobenecker, Reg. d. Thur. II, no. 1656.

2) Gegründet im Jahre 1193 von dem Edlen Godebold und seiner Gem. Bertradis, s. Dobenecker a. a. O. II, no. 939.

3) Gegründet im Jahre 1251, s. Winter, Die Cistercienser II, 39.

übrigen unterherrschaftlichen Klöster müssen mit Rücksicht auf den Umfang dieser Arbeit und aus sonstigen gewichtigen Gründen in diesem Zusammenhang unberücksichtigt bleiben. Am ehesten würde sich noch für Stift Jechaburg eine eingehende Darstellung mit Bezug auf unsere Frage lohnen. Leider ist es aber noch nicht einmal hinsichtlich der drei erstgenannten Stifte möglich, da die Stiftsrechnungen fast gänzlich fehlen, eine Prüfung der Einnahme- und Ausgabeposten vorzunehmen. Aus der noch vorhandenen Rechnung des Klosters Kelbra von 1544/45 (Georges Roßeler) mag wenigstens folgendes angeführt werden:

S. E: 553 fl. 11 gr. 4 ♃ 1 heller
S. A: 368 „ 10 „ 6 „
Überschuß: 185 „ 10 „ 1 heller

Dabei findet sich für die Jungfrauen verausgabt:
162 fl. 2 gr.

und für den Propst, Pfarrer, Schulmeister und Kirchner
82 fl.

Unter den Getreideausgaben kehren die an die Schosser beider Herren (Schwarzburg und Stolberg) immer wieder. Die Rechnung von 1571/72, die wir, da überaus dürftiges Material nur vorhanden ist, kurz anführen, verzeichnet bei einer Einnahme von:

757 fl. 12 gr. 1 ♃ 1 heller

und bei einer Ausgabe von 753 fl. 4 gr. 1 ♃ 1 heller als Ausg. für Kirchendiener: 92 fl. und an die Rentmeister beider Herren je: 311 fl. 4 gr. 1 ♃.

Überaus auffällig ist es nun, daß sich aus den unterherrschaftlichen Stiften gar keine Barüberschüsse in den gemeinsamen Rentereirechnungen angegeben finden. Es mag dies so erklärt werden, daß die Stiftseinnahmen sogleich den Amtskassen zuflossen, so zweifellos bei Stift Frankenhausen; denn die Amtsrechnungen von Frankenhausen weisen folgende Ausgaben auf:

1540: 1) Der Domina: 151 fl. 9   gr. 7^1/$_2$ ♃
       2) Den Kirchendienern: 113 „ 16^1/$_2$ „

1541/42: 1) Der Domina: 142 fl. 3   gr. 3   ♉
        2) Den Kirchendienern: 77 „ 14   „ 6   „
1545/46: 1) Ins Kloster   114 „ 8   „ 4   „
        2) Den Kirchendienern: 141 „ 16   „ 6   „
        (cf die Steigerung der Ausgaben für Kirchen-
diener!)

Die Getreiderechnung des Amtes Frankenhausen von
1540/41 macht es unzweifelhaft, daß die Fruchtvorräte in
der Klosterscheune und die Getreidezinsen dem Amt zuflossen. Ins Kloster wurde davon nach Bedarf abgegeben.
Was an Frucht aus dem Klostervorrat und Zinsen dem
Gut zufloß, erhellt z. B. aus folgenden Notizen der Rechnung von 1540/41:

1) Einnahme aus der Klosterscheune:
          13 fort.   6   scheff. Weizen
         113 malter 4   „   Rocken
          44 „ 1   „   „
2) Klosterzins (Rocken): 88   „ 11$^1/_2$ „   (13 Orte)
   Ausgabe der Domina
   etc: 18   „ 8   „   (für 14 Pers.)
            etc.

3) Einnahme: Gerste aus der Klosterscheune:
      43 malter 1 scheff.
   Ausgabe: 1   „   der Domina
        4   „   dem doctori (Pfarrer) zu Frankenhausen

4) Hafer aus der Klosterscheune:
      62 malter 11 scheff.

   Außerdem erhält die Domina:

2 malter Rübesamen,   2 thun keße
1 steyn 7 ₰ Unschlitt   14 sweine
  (vnhlett)   3 Stck. Rindvieh
2 thun puttern   10 Schafe etc.

Ähnlich wird nun auch hinsichtlich des Stiftes Capelle
verfahren worden sein, einigermaßen orientiert uns die oben
angeführte Urkunde über die Bestallung des Ritters Fr.
von Vippach vom Jahre 1539. 1542 wurde die Bestallung
erneuert. Unbedeutende Ausgaben für meines g. H. Kaplan
finden sich in der Arnsburger Rechnung 1545. Hinsichtlich

des Stiftes Kelbra war eine gesonderte Stiftskassenver-
waltung, da zwei Herren Ansprüche an das Stift machten
(Stolberg und Schwarzburg), vorhanden (siehe die Rechnung vom Jahre 1544/45).

Es unterliegt nach dem Gesagten keinem Zweifel, daß
die Herrschaft nach Einziehung dieser drei unterherrschaftlichen Stifte sich lediglich zum Unterhalt der noch
vorhandenen Klosterpersonen, sowie zur Dotierung einzelner
zu den Klöstern gehöriger Pfarreien für verpflichtet hielt.
Es mag auch hier zutreffen, daß anfangs die Überschüsse
in bar unbeträchtliche waren und daß die staatliche Aufsicht erst Ordnung und rationellere Bewirtschaftung bringen
mußte, aber mit den Jahren gestalteten sich die Einnahme-
verhältnisse und Barüberschüsse im Interesse der Staatskassen immer günstiger (vergl. oben die Stiftsrechnung
von Kelbra 1571/72). Aber auch schon in den Jahren
unmittelbar nach Säkularisation der Stifte (1540 ff.) dürfte
es als ausgemacht gelten, daß die staatlichen Aufwendungen
für die Klosterpersonen und die evangelischen Kirchendiener kaum in einem Verhältnis zu denjenigen Einnahmen
gestanden haben, welche die Amtskassen den Siften verdankten [vergl. z. B. die staatlichen Aufwendungen für die
Klosterpersonen und die evangelischen Kirchendiener nach
den Frankenhäuser Amtsrechnungen:

           1540 : 264 fl. (rund)
           1541/42: 219 „ („)
           1545/46: 255 „ („)][1]

Die Ursache für diese, dem gemeinen Nutzen des
Landes so überaus vorteilhafte Verwendung, besonders des
Stiftsgutes dieser drei unterherrschaftlichen Klöster, ist
wohl vornehmlich in der schwierigen Finanzlage des Landes

---

1) Hinsichtlich der Verwendung der Stiftsgebäude des Frankenhäuser Klosters sei wenigstens so viel erwähnt, daß seit 1552 die ursprüngliche Nonnenwohnung durch den städt. Rat unter Zustimmung
des Grafen als Knabenschule mit 5 Klassen eingerichtet wurde (cf.
Müldener, die Gesch. d. Klosters, S. 193).

Anfang der 40er Jahre zu suchen. Nur einiges möge zum Beleg hierfür angeführt werden. Die drückendsten staatlichen Verpflichtungen waren die der wiederkäuflichen Zinsen an Edelleute und besonders die in den Städten Erfurt und Nordhausen an geistliche Stifte fälligen. Die Summe aller Zinsausgaben in der Unterherrschaft machte allein, z. B. nach der Renterei-Rechnung von 1539/41 5560 fl. 1 gr. 5 ℥, nach der Renterei-Rechnung von 1542/43:

die Zinsen an die Edelleute: 4244 fl. 17 gr.
die Nordhäuser Zinsen: 889 „ 9$^1/_2$ „
die Erfurter Zinsen: 2266 „ 6 „ 2 ℥
die übrigen Zinsen: 2719 „ 6 „ 8 „

Eine Folge dieser drückenden finanziellen Lage des Landes war nun auch die Verordnung des Grafen Günther vom 1. Mai 1544, das Kreditwesen betreffend[1]), welche die Verwendung eines bedeutenden Teiles des Stiftsgutes der in Frage stehenden säkularisierten Klöster im Interesse besonders der Schuldentilgung des Landes auf längere Zeit festlegte. Die staatliche Finanzkommission, bestehend aus Benedictus Reinhart, der Rechten Doctor, Günther von Heringen und Oßwalt von Tottleben, hatten über die Schulden der Herrschaft dem Grafen Bericht erstattet, und der Graf verordnete darauf auf Grund ihrer Vorschläge („das sie darinnen unßern nutz und gedeien gesucht, und das dieß alles unßer graff und herschafften zu sunderlichen besten gemeint und gereichen thut" . . .) folgendes: „Nachvolgender empter und stiefft etc. einkommen als nemlichen, der zweier empter als Arnstadt und Keffernbergck, des ampts Klingen, des ampts Sonderßhaussen biß auff dreihundert gulden verweissung davir die heileitten zugebrauchen, des ampts Franckenhaußen aus dem halben ampt Schwartzburgck funfzcigk gulden, des ampts Keuhle biß auff vierhundertt gulden sechs groschenn, des Straußbergs des nohnnen klosters zu Franckenhaußen des nohnnen klosters zu Kelbra die helffte

_____

1) S. A. Reg. 3560.

des klosters Capella, nutzung alles getreidichs in allen ampten der undern herschafft, nutzunge des weinwachs biß auff funffhundert gulden, nutzung aller scheffereien außerhalb wollen und hamelgelt der obern herschaefft, nutzunge aller ferwerge, nutzung aller teichen, nutzung aller muhlen, nutzung des bierbrauens und der backoffen zcu unßer underhaltung haben wellen und hierüber unser graeff und herschaefft, mit keinnen neuen schulden weitter und ferner nicht belahden und beschweren wellen, und dieweill wir aus gedachter unser rehte verwendung vermarckt, auch ahne das gewust, das wir unserm gleubigern jherlichen zuverpensioniren 12 519 gulden schuldigck, als haben wir unserm rentmaister und lieben getreuen Sigmundt Witzleben nachvolgende einnahme, als 1500 gulden bei dem rath zu Franckenhaussen, 1374 gulden bei dem rath zu Arnstadt, 428 gulden bei dem rath zu Greussenn, 357 gulden bei dem rath zu Sonderßhaussen, 225 gulden bei dem rathe zu Ilmen, 57 gulden bei dem rath zu Plane, 6 gulden bei dem rath zu Konnigßehe, 357 gulden im ampt Kelbra, 400 gulden im ampt Keuhla, 300 g. im ampt Sonderßhaussen, 3500 gulden an allen zcohllen, 800 an nutzunge aller scheffereien der obern herschafft, 800 im stiefft Ilmen, 550 gulden im ampt schwartzburgck, 500 gulden aus Notleben und Erffurt den herffen [?], 600 gulden aus dem getreidich zu Ilmen, 500 g. aus getreide zu Arnstadt, 400 g. aus geholtz zu Arnnstadt, 500 gulden von weinkauf, 100 gulden aus getreidich zur Zoella, 60 g. verspruch gelt zu Northaußen, 300 gulden an dem Zoeller walde gerehn und partzell S. 13 604 gulden zcu bezcalung der zcinß verordent, mit dieser zcusage, das wir ader unßer gemahll noch niemandt von unsertwegen darein kein eingrieff thun soll etc. etc.‟

Über den Verbleib der zum Teil sehr wertvollen Klosterkleinode sei kurz gesagt, daß dieselben, soweit sie nicht im Bauernkrieg verloren gingen, mit Beginn der Säkularisation oder wohl auch schon früher durch staatliche Beamte an die zuständigen Ämter oder auch direkt an die Herrschaft laut Inventarverzeichnissen abgeliefert wurden (cf. Kloster Schlotheim, Frankenhausen, Kelbra u. s. w.).

Damit sind wir am Schluß dieser Abhandlung angelangt, und wir dürfen das Resultat derselben in folgende Punkte kurz zusammenfassen:

1) Das Stiftsgut der 6 schwarzburgischen Stifte: Paulinzella, Stadtilm, Arnstadt, Frankenhausen, Capelle und Kelbra mußte zur Zeit der Reformation des schwarzburgischen Gebietes in weit umfangreicherem Maße, als es, dem materiellen Interesse der jungen evangelischen Landeskirche entsprach, zum gemeinen Nutzen des Landes — wobei die Verwendung für die gräflichen Hofhaltungen mit eingeschlossen ist — gebraucht werden.

2) Gleichwohl soll nicht geleugnet werden, daß seitens der staatlichen Obrigkeit wenigstens ein Teil, wenn auch ein kleiner, ad pias causas (d. h. für direkt kirchliche Zwecke) verordnet wurde, wodurch wenigstens in einzelnen Fällen und anfänglich der materiellen Not der Kirche gesteuert wurde.

3) Ist es darum auch vom kirchlichen Standpunkte aus zweifellos zu bedauern, daß nicht von vornherein sogleich die Verwendung der Stiftsgüter der genannten Stifte eine den kirchlichen Interessen entsprechendere sein konnte, so hat doch auch die staatliche Obrigkeit, sobald sie die kirchlichen Stiftsgüter einzog, zugleich die Verpflichtung der materiellen Beihilfe an die Kirche thatsächlich anerkannt, indem sie, trotz der finanziellen Notlage des Landes, vom Anfang an, soweit möglich, diese Beihilfe auch wirklich gewährte.

V.
Die von Balenhusen.

Von

L. Armbrust.

Ein gutes Menschenalter ist verflossen, seitdem der
Landrat von Hagke Nachrichten über seinen Kreis Weißensee
und dessen adlige Bewohner herausgegeben hat. In der
Zwischenzeit ist eine Reihe von Urkundensammlungen und
anderen Quellen erschienen, in denen der Geschlechtsname
Balenhusen erwähnt wird. Es schien daher angebracht,
die neuen Erwähnungen mit den alten zu verbinden, auch
in einigen Archiven nachzuforschen. Daneben war der
Zweck dieser Arbeit, auf den Zweig der Ballhausischen
Familie im Hessenlande hinzuweisen und endlich eine
scharfe Scheidung von den Namensvettern, zumal von
denen im Leinegau herbeizuführen, die zuweilen in be-
irrender Nähe auftauchen[1]).

A. Die von Ballhausen im thüringischen Altgau.

1. Die freien Herren von Ballhausen
(1110—1206).

Zum thüringischen Altgau gehörten ehemals die Dörfer
Groß- und Klein-Ballhausen. Sie liegen dicht bei einander
im westlichen Teile des jetzigen Kreises Weißensee. Dort

---

1) An dieser Stelle möchten wir den Archiv- und Bibliotheks-
verwaltungen und den einzelnen Herren, die uns bei der Arbeit
unterstützt haben, nochmals unsern Dank aussprechen.

— d. h. nach etwas späterer Nachricht (um 1258) nur in Klein-Ballhausen — saß ehemals ein ansehnliches freies Geschlecht, dem der Ort seinen Namen lieh.

Das erste Mitglied der Familie, von dem man Kunde empfängt, hieß Henselin. Hinter dem kindlichen und bescheidenen Vornamen barg sich ein hervorragender Mann. Als er in Erfurt, der nächsten größeren Stadt, eine Schenkung Ludwigs des Springers, Grafen von Thüringen, bezeugte (1110), ward Henselin unmittelbar hinter dem Grafen Erwin von Tonna aufgeführt; darauf kamen fünf andere Freie, und dann erst Vasallen des Grafen Ludwig[1]).

Der nächste Vertreter des Geschlechtes, Adalbert, (R. No. 2 und 15, 16), brachte es bis zum gräflichen Titel. Bei seiner ersten Erwähnung freilich (1144) fehlte ihm diese Bezeichnung noch. Er stand sogar an der letzten Stelle unter den thüringischen Freien, die bei Erfurt eine Urkunde Heinrichs I., des Erzbischofs von Mainz, bezeugten. Ein Vierteljahrhundert später weilte er indessen mit seinem Sohne Konrad in Frankfurt an Kaiser Friedrichs Hofe, und da führte ihn der Kanzler unter den Grafen auf. Darauf ist aber nicht allzuviel Gewicht zu legen, denn andere Freie erfreuten sich zuweilen derselben Benennung.

Adalberts Sohn Konrad (R. No. 3—23) ward öfter und mit besserem Grunde in solcher Weise ausgezeichnet. Die Italiener, mit denen er teils als Krieger, teils als kaiserlicher Vertrauensmann viel zu thun hatte, ehrten ihn so; aber wohl nur deswegen, weil bei ihnen nach uraltem Herkommen die Bezeichnung Graf (comes) einer bestimmten Art höherer Beamten beigelegt wurde. Daß Konrad von Ballhausen den Stand der freien Herren mit dem der Reichsministerialen vertauscht hätte, ist nicht ausdrücklich überliefert. Den Weg dazu schlug er jedenfalls ein.

Konrad war zweifellos der glänzendste Vertreter des gesamten Ballhäuser Geschlechtes. Friedrich Rotbart, noch

---

1) Auszug aus Urkunden uud Chroniken im Anhange (R.), No. 1.

heutzutage für den Deutschen der Inbegriff kaiserlicher
Würde und kaiserlichen Glanzes, fesselte eine Anzahl
tüchtiger Persönlichkeiten an seinen Dienst, mehr durch
die Bewunderung und Verehrung, die er einflößte, als durch
große Versprechungen und reiche Geschenke. So widmete
sich auch Konrad von Ballhausen dem Kaiser mit Herz
und Hand. Schon ehe Landgraf Ludwig von Thüringen
zu Friedrichs Heere stieß[1]), befand sich Konrad in Ober-
italien und nahm am Feldzuge gegen die Lombarden ruhm-
vollen Anteil. Die Mailänder belagerten im Sommer 1160
die Feste Carcano. Der Kaiser Friedrich eilte zum Ent-
satze herbei. Am 9. August kam es zum Kampfe. Un-
widerstehlich war der Ansturm Friedrichs und seiner
wenigen Deutschen, unter denen Herzog Berthold von
Zähringen, ein Herzog von Böhmen und Graf Konrad von
Ballhausen besonders namhaft gemacht werden. Das ver-
goldete Kreuz und das Banner des feindlichen Fahnen-
wagens wurden erbeutet und viele Gefangene von dannen
geführt.

Konrad nahm darauf an der Belagerung von Mailand
teil und trat am 1. September des folgenden Jahres zum
erstenmal in einer kaiserlichen Urkunde als Zeuge auf,
zu Landriano im Gebiete von Mailand. Als Landgraf Ludwig im Spätsommer heimkehrte, blieb Konrad bei Friedrich
Rotbart und gewann im Laufe der Zeit eine einflußreiche
Stellung im kaiserlichen Rate. Nach der Einnahme der
lombardischen Hauptstadt gehörte er zu den sechs Deutschen
und sechs Lombarden, die den gedemütigten Mailändern den
Unterwerfungseid abnahmen. Er besorgte dies zusammen
mit dem Italiener Girardo de Cornazano, der auch während
der Belagerung die oben erwähnte kaiserliche Urkunde
mitbezeugt hatte.

An Mailands Römischem Thore erledigten sie zwischen
dem 8. und 10. März 1162 ihre gewiß nicht angenehme

---

1) Giesebrecht, Geschichte der deutschen Kaiserzeit, V, 1,
290. 295.

und gefahrlose Aufgabe. Der Podestà von Lodi, Acerbus Morena, der zu derselben Zeit den Schwur der Bürger am Neuen Thore entgegennahm, war der Geschichtsschreiber dieser Ereignisse. Er hielt neben dem Kaiser selbst und seinen bedeutendsten Mitarbeitern und Mitkämpfern den thüringischen Freien für hervorragend genug, um seine Persönlichkeit mit einigen Strichen zu zeichnen.

Konrad von Ballhausen war nicht so groß von Gestalt wie sein Landsmann Markward von Grumbach und andere Deutsche aus dem kaiserlichen Gefolge. Seine Abstammung verrieten jedoch die hellblonden Haare, deren Farbe dem Italiener geradezu weiß erschien, und die weiße Haut. Er hatte angenehme Gesichtszüge. Man betrachtete ihn als einen gebildeten und klugen Mann, weil er die italienische Sprache so gut verstand wie die deutsche. Er verband mit der nötigen Vorsicht rüstige Entschlossenheit im Felde. Bei aller Kriegstüchtigkeit rühmte man ihm ein freundliches und leutseliges Wesen nach.

So beteiligte er sich anscheinend auch nicht an den Erpressungen und Bedrückungen im lombardischen Lande die ein Markward von Grumbach für erlaubt hielt [1]).

Der Kaiser wußte Konrads Eigenschaften zu schätzen und ernannte ihn im Mai 1162 zum Statthalter (Podestà) von Ferrara. Das Amt war kein Ruhesitz für ausgediente Invaliden, sondern Hort und Stütze der kaiserlichen Macht in einem unruhigen Lande, unter einem heißblütigen Volke, das durch Ungerechtigkeiten erbittert und in den Waffen ebenbürtig war. Da galt es, neben der nötigen Thatkraft auch rechtzeitig Klugheit und Milde zu gebrauchen. So war es gewiß Konrads Verdienst, wenn die Stadt Ferrara sich nach einiger Zeit so beruhigt und gut kaiserlich er-

---

1) Giesebrecht, Geschichte der deutschen Kaiserzeit, V, 1, 386. 387. 413; V, 2, 523; VI, 423.

wies, daß Friedrich Rotbart ihren Bürgermeistern ein Privileg verlieh [1]).

Über besondere Fälle hatte der Podestà seinem kaiserlichen Herrn jedenfalls persönlich Bericht zu erstatten und dessen Befehle einzuholen. Wahrscheinlich brauchte man seine Teilnahme auch bei anderen Beratungen und Unternehmungen, denn nachher wie vorher hielt er sich häufig am kaiserlichen Hofe auf. Anfang April 1162 weilte er bei Friedrich Rotbart in Pavia, Mitte August in Turin Ob er dem Kaiser dann nach Deutschland folgte, ist zweifelhaft. Sein eigentliches Arbeitsfeld war und blieb Italien. Im Herbste 1163 traf er mit seinem kaiserlichen Herrn wieder in Lodi ein, um bei kirchlichen Feierlichkeiten und bei einer Reichsversammlung zugegen zu sein.

Beim Beginne des folgenden Jahres befand er sich in Friedrichs Gefolge zu Faenza und im Sommer zu Pavia, wo er die Krönung des sardinischen Schattenkönigs Bareso wohl mitgefeiert hat [2]). Einen oder zwei Monate darauf begab sich der Kaiser beinahe mit allen Deutschen, die in der Lombardei zu seiner Begleitung gehört hatten, ins Vaterland zurück. Markward von Grumbach, Gewalthaber in Brescia und Bergamo, behielt die oberste Leitung der lombardischen Angelegenheiten. Leider fehlt jede Andeutung, ob Konrad von Ballhausen damals zu den Heimkehrenden oder zu den Zurückgebliebenen gehörte. Daß das Amt des Podestà in Ferrara anderweitig besetzt wäre, ist nicht überliefert. Andererseits begegnet uns Konrad in den nächsten Jahren nur in der Heimat. Seine eigenen Angelegenheiten mochten seine längere Anwesenheit fordern. Ein heftiger Streit tobte nämlich in Thüringen: Landgraf Ludwig be-

---

1) Konrad Varrentrapp, Erzb. Christian v. Mainz, Berlin 1867, S. 126, No. 25 (1164 Mai 24.): mediante et auctore.. principe nostro Christiano s. pal. cancellario, qui eorum fidem et probitatem nobis adprobavit.

2) Giesebrecht, V, 1, 410.

kriegte den Erzbischof Konrad von Mainz. Die Mauern
der Stadt Erfurt, von der Ballhausen nicht sehr weit- entfernt lag, wurden dabei zerstört (1165)[1].

Im August 1166 hielt er sich beim Kaiser auf dem
Schlosse Boyneburg (südlich von Eschwege) auf, dann war
er wieder an der entgegengesetzten Mark des Thüringer
Landes, beim Magdeburger Erzbischof Wichmann. Und
im Sommer 1170 läßt er sich, wie schon oben erwähnt,
mit seinem Vater auf dem großen Frankfurter Hoftage
nachweisen.

Aber seine Thätigkeit in Italien war noch nicht abgeschlossen. Während seiner Abwesenheit neigte sich die
Stadt Ferrara wiederum dem neuen lombardischen Städte-
bunde zu und schloß sich endlich dem allgemeinen Widerstande gegen den Kaiser an (Dezember 1167)[2]. Wie
Konrad von Ballhausen ehemals die Triumphe des gewaltigen Hohenstaufen mitgefeiert hatte, so war es ihm
nun auch beschieden, die Niederlagen und Demütigungen
aus nächster Nähe anzusehen und seinen bescheidenen
Teil davon auf sich zu nehmen. Als Verfechter der Sache
des Kaisers weilte Erzbischof Christian von Mainz auf
italienischem Boden. Ihm schloß sich Konrad an. Als
Christian in die Streitigkeiten zwischen Genua und Pisa
eingriff[3], stand Konrad ihm zur Seite und gehörte zu den
Unterzeichnern des Vertrages mit Genua (am 6. März 1172).
Er folgte dem Erzbischof südwärts bis nach Toscana hinein und bezeugte zu Siena das Privileg, das sich die
Stadt Viterbo ausgebeten hatte. An der Belagerung Anconas
mag er sich ebenfalls beteiligt haben, obwohl sich kein Beweis dafür findet.

Als Kaiser Friedrich selbst über die Alpen kam und
im Herbste 1174 die Bestürmung Alessandrias begann,
reihte sich Konrad von Ballhausen wiederum in die Schar

1) Giesebrecht V, 2, 710.
2) Giesebrecht V, 2, 573. 574. 588. 590.
3) Giesebrecht V, 2, 708. 733 ff.

seiner Streiter. Kurz vor Weihnachten wurde sein Name
unter einen kaiserlichen Lehnbrief gesetzt, als man „vor
Rovoreto" lag; denn so liebten die Kaiserlichen die Stadt
Alessandria noch immer zu nennen. Er mußte es erleben,
daß Friedrich Rotbart vor der Lombardenfeste schwere
Verluste erlitt und ruhmlos abzog und ein Jahr später bei
Legnano von den Mailändern und ihren Verbündeten em-
pfindlich aufs Haupt geschlagen wurde. Da kamen denn
die Friedensverhandlungen, die schon so oft begonnen und
wieder gescheitert waren, in ein festes Gleis. Hierbei fiel
Konrad eine bedeutsame Rolle zu. Seine Charaktereigen-
schaften ebenso wie seine Kenntnis der italienischen Sprache
befähigten ihn zum Vermitteln. Als noch kurz vor dem
Abschlusse des Waffenstillstandes die Stadt Tortona erobert wurde, fand sie glimpfliche Behandlung. Ein Friedens-
vertrag kam mit ihr zu stande, und in des Kaisers Namen
beschwor ihn Konrad von Ballhausen. Darauf leisteten
sowohl die übrigen fürstlichen und adeligen Begleiter Friedrichs wie auch Konrad den Eid für ihre eigene Person.
Um dieselbe Zeit (im Dezember 1176) hielt es die Stadt
Cremona für geboten, ihren Sonderfrieden mit den Deutschen
zu machen. Zwanzig deutsche Fürsten, die von den Konsuln
Cremonas dazu ausgewählt waren, beschworen die kaiserliche Friedensurkunde. Es war eine hohe Ehre für Konrad
von Ballhausen, daß ihn neben den angesehensten Großen
und Bischöfen des Reiches die Wahl traf. Vorher hatte
er schon den Eid an des Kaisers Stelle abgelegt[1]). Höchst
wahrscheinlich ist es Konrad auch gewesen, der den Waffenstillstand zu Venedig (am 1. August 1177) in des Kaisers
Namen beschworen hat[2]). Ob er einige Jahre später ebenso
an dem endgiltigen Frieden beteiligt war, der den Lom-
bardenkriegen ein Ziel setzte, läßt sich bei dem Stande der
Quellen nicht mit Sicherheit behaupten.

---

1) Giesebrecht V, 2, 810. 811.
2) Giesebrecht V, 2, 841, nimmt dagegen den Grafen Heinrich
von Diez als Eidesleister an. Vgl. auch VI, 542. 544.

Nun schweigen die Urkunden und Chroniken über Konrad von Ballhausen lange, Jahrzehnte lang. Der Kaiser Friedrich, dessen Bart längst nicht mehr im germanischen Rot schimmerte, fand seinen Tod im fernen Morgenlande. Heinrich VI. bestieg den deutschen Königsthron, aber bereits nach sieben kurzen Jahren riß ihn der Tod wieder herab. Und dann begann der unselige Streit um die Krone zwischen Staufern und Welfen, Philipp von Schwaben und Otto IV. Thüringen, dessen Landgraf Hermann der staufischen Fahne nicht treu blieb, ward als bevorzugter Kriegsschauplatz übel mitgenommen. Der Kampf war um so erbitterter, da zu gleicher Zeit die Grafen und freien Herren ihre Selbständigkeit gegenüber der Landgrafschaft zu verteidigen hatten. Jedesmal, wenn der Landgraf Hermann die Partei wechselte, mußten freie Städte und kleine Dynasten den Übertritt mit ihrer Reichsunmittelbarkeit bezahlen. Da die Stadt Weißensee im Sommer 1204 eine Belagerung durchzumachen hatte[1]), so ist anzunehmen, daß das benachbarte Ballhausen und seine Besitzer besonders stark litten. Damals wird auch die Zeit gekommen sein, in der die Herren von Ballhausen ihre Freiheit aufgaben und in die landgräfliche Ministerialität eintraten.

Konrad, der diese Ereignisse noch erlebte, wurde dadurch vermutlich in seinem Gemütsleben aufs stärkste beeinflußt. Er begab sich, dem Zuge der Zeit folgend, in den geistlichen Stand. Als Stiftsherr zu Jechaburg, westlich von Sondershausen, läßt er sich (um 1206) noch einmal nachweisen. Mit den Vertretern des Stiftes hatte er wohl in seiner Heimat Bekanntschaft gemacht; denn Jechaburg besaß schon 1128 Güter in Ballhausen. Schwerlich hat er lange die verdiente Ruhe genossen. Aus dem Leben schied mit ihm der einzige Vertreter des Geschlechtes,

---

1) Knochenhauer und Menzel, Geschichte Thüringens zur Zeit des ersten Landgrafenhauses (1039—1247), Gotha 1871, S. 242 ff. 257—261.

der dem deutschen Könige seine Dienste weihte, der
auf der großen Bühne der Weltgeschichte eine Rolle spielte.

2. Eckhard I. von Ballhausen-Sömmern und seine Geschwister (— 1265).

Jahre vergehen, fast ein halbes Jahrhundert verstreicht,
und kein Mitglied der Familie tritt in das Licht der Geschichte. Beinahe gewinnt man den Eindruck, als ob das
Geschlecht vom Erdboden verschwunden wäre.

Das nächstfolgende Familienhaupt setzte in zwei Urkunden (von 1256 und 1262) seinem Namen Eckhard
von Ballhausen die Worte „genannt von Sömmern"
(Sumeringen) hinzu und führte auf seinem Siegel schlecht-
weg die Umschrift: Eckhard von Sumeriggen. Mit Lützen-
sömmern (Lutzeln-Sumeringen) hatte die Familie von Ballhausen noch im letzten Viertel des 13. Jahrhunderts einen
gewissen Zusammenhang, indem sie dort das Patronatsrecht
über die Kirche in Anspruch nahm.

So ist es kein allzu gewagter Schluß, wenn man in
der großen Lücke von 1206—1250 Hugo und Eckhard
von Sömmern als Zwischenglieder betrachtet.

Jener Hugo von Sömmern, dessen Vorname bei einem
Bruder und dem dritten Sohne Eckhards von Ballhausen-
Sömmern wiederkehrt, wird zum erstenmal in einer Urkunde von 1206 erwähnt[1]). Ob er damals, wie sein Ahn-
herr Heinrich (1169), noch freier Herr war, bleibt zweifelhaft. In der Umgebung des Landgrafen befand er sich zu
dieser Zeit nicht. Einige Jahre später indessen trifft man
einen Hugo von Sömmern häufig bei Hermann und Ludwig IV., und allmählich gleitet er dabei hinter den Schenken
von Vargula und andere Hofbeamte hinab. Er war landgräflicher Ministeriale geworden.

---

1) Dobenecker, Regesta Thuringiae II, No. 1313, 1488, 1637,
1638, 1720, 1866, 1908, 2184, 2233, 2261. — Nach J. H. Möller,
Erwerb und Besitz des Klosters Volkenrode, in der Zeitschr. f. Thür.
Gesch., Jena 1865, VI, 331 trat Hugo schon 1192 als Schiedsrichter
zwischen dem Kloster Volkenrode und Rudolf von Körner auf.

Höchst wichtig ist eine Urkunde von 1237 [1]). Darin wird berichtet, daß ein Hugo von Sömmern Beisitzer des Gaugerichts in Aspe (sö. Sömmerda) war. Als das Gericht einst vom Landgrafen Heinrich von Thüringen, unter Beistand des Grafen Christian von Kirchberg, geleitet wurde, fand Hugo von Sumeringen das Urteil, und alle übrigen Beisitzer sprachen ihren Beifall aus. Daraus zu schließen, nahm er unter den Schöffen eine angesehene Stellung ein, seine Ansicht erfreute sich allgemeiner Beachtung. Noch ein anderer Umstand ist vielleicht erwähnenswert. An demselben Gaugerichte in Aspe nahm 13 Jahre später keiner von Sömmern teil, wohl aber Eckhard und Hugo von Ballhausen.

Eckhard von Sömmern tritt von Anfang an als landgräflicher Ministeriale auf. Er wird zum erstenmal in einer Urkunde von 1225 genannt, und zwar unmittelbar vor Hugo [2]). Urkunden der Landgrafen Heinrich und Konrad bezeugt er öfter. Im fürstlichen Gefolge gelangt er auch ins Hessenland, nach dem Kloster Ahneberg bei Cassel (im September 1231) und trifft dort mit Helfrich von Rotenburg zusammen, auf den wir weiter unten noch zurückkommen werden.

In welchem Verwandtschaftsverhältnisse Eckhard und Hugo von Sömmern zu den folgenden Gliedern der Familie von Ballhausen standen, darüber mangelt jede Angabe. Sie können nach den Erwähnungen von 1225 bis 1237 mit Eckhard I. und Hugo I. von Ballhausen identisch sein. Solange die große Lücke in der ersten Hälfte des

---

1) P. Boehme, U.-B. des Klosters Pforte (Geschichtsqu. der Prov. Sachsen, XXXIII, 1, S. 156 No. 110 (1237 Nov. 23. Asp): .. quesitum est per sententiam et inventum per honestum virum Hugonem de Sumeriggen omnibus, qui tunc affuere, laudantibus, quod licitum est domino abbati in cansis suis, sive criminalem contineant questionem, fratrum suorum uti testimoniis.

2) O. Posse, Codex diplomat. Saxoniae reg., Leipzig 1898, I. Hauptteil, Bd. 3, No. 411, 423, 444, 447. — A. Wyss, Hessische Urkunden (Publ. aus preuß. Staatsarchiven, Bd. 3), I, S. 12 No. 13; S. 21 No. 24.

13. Jahrhunderts nicht besser ausgefüllt wird, bleibt unsere persönliche Ansicht, daß mit Konrad von Ballhausen die gerade Linie ausgestorben, und ein Seitenzweig, vielleicht auch ein ganz neues Geschlecht in den Besitz eingerückt ist.

Im Jahre 1246 ist von Konrad dem Roten von Ballhausen die Rede (R. No. 113 [6]). Er führt seinen Beinamen im Gegensatze zu einem andern Konrad, dem Sohne des Vogtes zu Ballhausen. Er ist vornehmen Standes, denn in der Zeugenreihe steht er vor einem Geistlichen. Trotzdem kann er nur mit Bedenken in die Familie von Ballhausen eingereiht werden. Seine Umgebung könnte ebenso gut auf die Familie Struz hindeuten.

Das folgende Jahr brachte mit dem Aussterben des alten Landgrafenhauses große Umwälzungen in Thüringen hervor. Stürmische Wirren suchten das Land heim, bis der Markgraf Heinrich von Meißen die Herrschaft gewann. Gleich darauf treten wir auch in der Ballhäuser Familiengeschichte wieder auf festen Boden.

Die Mitte des Jahrhunderts beschert uns nämlich drei von Ballhausen auf einmal, alle erwachsen und mitten in einer Schar von adligen Genossen stehend: Eckhard, Hugo und Berthold. Dem letzteren, den wir für den jüngsten von ihnen halten, lassen wir den Vortritt.

Als der Deutschmeister Albert von Hallenberg einem Müller in der Reichsstadt Mühlhausen eine Mühle in Erbpacht gab, bezeugte Berthold I. von Ballhausen den Vertrag (R. No. 24). Den weißen Mantel des Ordensritters trug er aber nicht.

Hugo I. von Ballhausen und sein Bruder Eckhard treten wenige Monate später als Berthold auf (R. No. 25). Und zwar sind beide Beisitzer des Gaugerichts unter der Espe, an dem einige Jahre vorher Hugo von Sömmern teilnahm. Eckhard und Hugo stehen ziemlich am Ende der Grafen und Herren, die in der Sitzung anwesend waren. Aber ihre Teilnahme am Gaugerichte beweist, daß die Er-

innerung an die alte Freiheit und an die Schöffenrechte
noch nicht erloschen war.

Ehe wir zu Eckhard übergehen, ist noch eine Be-
merkung von nöten. Vielleicht war auch eine Schwester
vorhanden, die den Ritter Konrad von Weidensee heiratete.
Konrads Söhne, Hugo und Johann, bezeichneten einmal
Eckhard I. von Ballhausen-Sömmern als ihren
Oheim von mütterlicher Seite (avunculus [R. No. 30]).

Und nun zu dem letzteren, dem Familienhaupte in
dieser Zeit (R. No. 25—39). Er war ein Bruder Hugos I.
und wohl auch Bertholds I., nach denen er zwei seiner
Söhne benannte. Vermählt war Eckhard mit Luitgard,
der Tochter des Ritters Helfrich von Rotenburg. —

Helfrich, an dessen hochgelegenes Heim noch jetzt
Trümmer über der Stadt Rotenburg an der Fulda erinnern,
wird seit 1216 erwähnt, mehrfach auch in landgräflichen
Urkunden. Im Gefolge des Fürsten gelangte er nach
Thüringen, nach Riethnordhausen nördlich von Erfurt
(1223) und nach der Wartburg (1229), meistens blieb er
aber im Hessenlande[1]. Für seine Erben war es von Be-
lang, daß er zwei Drittel seines Zehnten in Mönchehof
bei Cassel, welche Ritter Rüdeger von Heinebach von
ihm zu Lehen trug, dem westfälischen Kloster Hardehausen (bei Paderborn) verkaufte (1216). Zwei Jahrzehnte
danach übertrug er den dortigen Mönchen geschenkweise
die Hälfte seines Dorfes Metzebach (zwischen Spangenberg
und Rotenburg a. d. F.). Seine Gattin hieß Elisabeth,
seine Söhne Berthold, Heinrich und Hermann. Der letztere
war das jüngste aller seiner Kinder. Luitgard, schon
vor 1216 geboren, besaß noch zwei ältere Schwestern,
Bertha und Elisabeth. Zu seinem Seelenheile, dem seiner
drei Söhne, und seiner Gattin machte Helfrich von Rotenburg am 30. Juli 1252 dem Kloster Blankenheim (am linken

---

1) Cod. dipl. Sax. reg. I, 3, No. 316, 420, 444 (1231 Kloster
Ahneberg), 490 (1233 Marburg). Kuchenbecker, Analecta Hassiaca
IX, 154 (1235 Rotenburg a. d. Fulda).

Fuldaufer, in der Nähe von Rotenburg) reiche Schenkungen. Im September 1259 weilte er nicht mehr unter den Lebenden [1]). Wahrscheinlich fällt sein Todesjahr noch vor 1256.

Eckhard I. von Ballhausen-Sömmern war bereits 1255 Ritter. In welchem Grade er seine kriegerische Tüchtigkeit bewiesen, und an welchen Kämpfen er teilgenommen hat, darüber wird nichts berichtet. Dagegen findet sich ein gutes Dutzend von Zeugnissen über friedliche Geschäfte und milde Schenkungen.

Seine Neffen, die Ritter Hugo und Johaun von Weidensee, Reichsministerialen in der Stadt Mühlhausen, gewannen an Eckhard einen hilfreichen Freund. Die Bürger der Reichsstadt standen mit den Mannen der kaiserlichen Burg nicht im besten Einvernehmen. Es erhob sich blutiger Streit, und der Hof, den die von Weidensee auf der Reichsburg besaßen, ging mit den Wohnstätten anderer Adliger und mit der Burgkapelle in Flammen auf. Eckhard erschien nun in Mühlhausen, und in seiner Gegenwart wurde eine Sühue abgeschlossen (Juni 1256). Die Ritter von Weidensee blieben frei vom Bürgergeschosse, versprachen dafür aber, in Streitfällen vor dem städtischen Schultheißen zu erscheinen. Zugleich verzichteten sie auf Rache für die erlittene Unbill. Sie gingen also nicht als Sieger aus dem Kampfe mit dem Bürgertume hervor; bei den obwaltenden Umständen ließ sich wohl nicht mehr erreichen. Unter den zahlreichen Zeugen adligen und bürgerlichen Standes ward der Name Eckhards von Ballhausen an erster Stelle angeführt, gewiß ein Beweis des Ansehens, das er damals genoß. Diese Ehre widerfuhr ihm öfter.

Als Hugo und Johann von Weidensee (1258) einige Güter in Bollstedt (ö. Mühlhausen) dem Kloster Volkenrode, das nordöstlich von Mühlhausen zu suchen ist, verkaufen

1) Schmincke, Monimenta Hassiaca IV, 638; Westfälisches Urkundenbuch, Bd. 4: Urk. des Bistums Paderborn, Münster 1874, No. 250, 805; Wenck, Hess. Landesgesch., Urk. zum Bd. 3 S. 123, No. CXXXVI.

wollten, begaben sie sich nach Ballhausen. Dort wurde die Urkunde abgefaßt, und ihr Oheim Eckhard untersiegelte sie. Die biederen Neffen ersetzten den Kaufbrief aber bald darauf durch einen anderen, worin sie eine Unmenge ihres Bollstedter Grundbesitzes verschleuderten. Eine wahre Verschleuderungswut überfiel sie in diesen Jahren[1]). Eckhard von Ballhausen hielt sich von ihrem Treiben fern, sein Name und sein Siegel zierten keinen einzigen der späteren Verträge.

Vernünftigerweise ließ er selbst sich auf Güterverkäufe nur in sehr mäßigem Umfange ein. Dem Deutschordenshause zu Nägelstedt (ö. Langensalza) verkaufte er (1258) zwei Hufen daselbst, die er von der Kirche zu Raßdorf erworben hatte. Und dem eichsfeldischen Kloster Reifenstein trat er (1265) eine halbe Hufe, eine Baustelle (aream) und einen Garten zu Schwerstedt (sw. Weißensee) ab.

Auch auf die beliebten Tauschgeschäfte ging er nicht allzu oft ein. Nur mit einigen Klöstern tauschte er Güter. Was er von dem Peterskloster in Erfurt (1255) bekam, bleibt unbekannt, da die Urkunde des Klosters verloren ist. Er selbst gab Güter in Walschleben und Raßdorf (nw. Erfurt) und in Herbsleben an der Unstrut (im Gothaer Amtsgericht Tonna) hin. Der Tausch fand in Erfurt statt, in Gegenwart des Erzbischofs Gerhard von Mainz. Anderen Grundbesitz wechselte er (1258) mit dem Kloster Volkenrode, an demselben Tage, als seine Neffen ihren ersten Verkauf vornahmen. Die Mönche erhielten von ihm eine Hufe in Kirchheilingen (nö. Langensalza) und einen jährlichen Fruchtzins von $2^1/_2$ Maltern; Eckhard empfing dafür $1^1/_2$ Hufen und 4 Morgen Landes in Klein-Ballhausen. In Hochstedt (ö. Erfurt) hatte sowohl das Kloster wie Eck-

---

1) Herquet, U.-B. der Stadt Mühlhausen, No. 1035 (1259), No. 160 (1260), No. 1036 (1260; vgl. No. 152 vom Jahre 1258). Die Urk. vom 17. Oktober 1261 im Staatsarchiv Marburg (Kloster Lippoldsberg) ist wohl noch ein weiterer Beweis von Hugos Geldbedürfnisse.

hard Besitzungen, und zwar schlossen Eckhards Ländereien
ein Stück vom Klosterfelde ein und umgekehrt die Volke-
röder Äcker ein Stück Ballhäuser Landes. Durch Austausch
wurde nun für beide Eigentümer eine zusammenhängende
Flur hergestellt.

Nicht nach dem Umfange des gewechselten Besitzes,
wohl aber nach verschiedenen Angaben in der betreffenden
Urkunde ist ein Tausch mit dem niederhessischen Kloster
Breitenau von weit größerer Bedeutung. Das Geschäft fällt
in Eckhards letzte Lebensjahre, wenngleich der schriftliche
Vertrag durch die Nachlässigkeit des Schreibers von 1200
datiert ist. Als Aussteller wird bezeichnet: Eckhard von
Ballhausen, genannt Sack. Das war kein ehrenvoller Beiname; so schalt man armselige oder liederliche Menschen.
Aus welchem Grunde Eckhard zu solchem Vergleiche heraus-
forderte, entzieht sich unserer Kenntnis. Er besaß nach
dem Schriftstücke ein Anrecht an den Zehnten zu Holtt-
busen. Da es ein gutes Dutzend westfälischer und ein
halbes Dutzend hannoverscher Orte giebt, die früher Holt-
husen hießen und jetzt Holthausen oder Holtensen, so ist
es schwierig, sich für einen bestimmten von diesen zu entscheiden. Nur ein Umstand könnte vielleicht als Hinweis benutzt werden. Das Kloster Breitenau gab ihm für
das Anrecht an jenem Zehnten die Einnahmen zu Ober-
Stüter [1]), einem Dorfe, das im westfälischen Kreise Hattingen,
nicht sehr weit von Dortmund, zu suchen ist. In demselben
Kreise findet sich auch eine Ortschaft Holthausen. Die niedersächsische Besitzung mochte aus der Erbschaft seiner Gattin
Luitgard stammen. In der Urkunde ist der Ausstellort
nicht genannt, mehrere Zeugen weisen aber auf die Gegend
des Fuldastädtchens Melsungen hin, nämlich Herwig von
Bödiger, Werner von Salzberg, Giso Sprengel und Konrad
von Wehren. Salzberg, dessen Heimat freilich zwischen

---

1) G. Landau, Beschreib. des Hessengaues, Halle 1866, S. 181
liest Stuercen und sucht den Ort in der Nähe von Homberg a. d.
Efze (in Niederhessen).

Hersfeld und Schwarzenborn liegt, und Sprengel kommen in zwei Heidaer und Eppenberger Urkunden von 1269 vor, Bödiger ist an dem Emsflüßchen (w. Melsungen) gelegen. Eine Breitenauer Urkunde von 1253[1]) berichtet ferner, daß Werner von Salzberg ein Leben des Grafen von Felsberg in Dagobertshausen (sw. Melsungen) innehatte und Konrad von Wehren u. a. eins in Gleichen (w. Gudensberg). Auch die Anwesenheit Bertholds von Kreuzburg, auf den wir unten noch zurückkommen müssen, weist auf dieselbe Gegend. Es ist daraus der Schluß zu ziehen, daß die große Rotenburger Erbschaft Eckhard von Ballhausen-Sömmern zuweilen nach Niederhessen zog und dort mit Menschen und Verhältnissen vertraut machte. Der Mittelpunkt des Geschlechts für den Aufenthalt am Fuldastrande wurde die Burg S c h w a r z e n b e r g.

Etwa 20 km oberhalb Cassels, eine halbe Wegstunde nördlich von der Kreisstadt Melsungen, schmiegt sich ein Dorf malerisch an den Fuß der tannendunkelen Haar: Schwarzenberg. Ehemals bespülte die Fulda den unbedeutenden Hügel, auf dem die Häuser liegen; jetzt ist sie der Eisenbahn wegen um einige Schritt weiter abgeleitet. Zwischen der Kirche und der Schule fließt der „Burggraben", eine schmale und wasserarme Rinne; das Schulhaus aber deckt die Stätte der ehemaligen Burg. Selbst ein Kenner wird nicht vermuten, daß dort sich vor Zeiten ein historischer Bau erhoben hat, so gründlich haben Jahrhunderte und Menschenhände mit den Trümmern aufgeräumt. Schon Eckhards Söhnen ward Schwarzenberg zu einer Stätte des schwarzen Verderbens. Auch die Schenkungen, die der Vater als echtes Kind seiner Zeit den geistlichen Stiftungen zuwandte, lenkten das Unglück nicht ab.

An der frommen Freigebigkeit Eckhards hatte seine Gemahlin, Luitgard von Rotenburg, mindestens denselben

---

1) Die drei Urkunden befinden sich im Staatsarchiv Marburg.

16*

Anteil. Gleich die erste Schenkung (1256) betraf offenbar ein Stück ihres Erbgutes, nämlich Eigentum in Leimbach, einer Wüstung zwischen Altmorschen und Heinebach, nordwestlich von Rotenburg. Die glücklichen Empfängerinnen waren die Nonnen zu Heida, das man jetzt fälschlich Heidau schreibt. Eckhard sandte seinen Knecht („servum meum") Friedrich von Burschla nach Rotenburg, und vor dem dortigen Schultheißengerichte fand die Übergabe an das benachbarte Kloster statt.

Auch das öfter erwähnte Kloster Volkenrode ging nicht leer aus: das Vogteirecht über eine Hufe in Groß-Ballhausen fiel ihm anheim.

Um so weniger brauchten die Mönche im westfälischen Hardehausen zu befürchten, daß Eckhard etwa, nach dem Beispiele anderer Zeitgenossen, die Zuwendungen seines verstorbenen Schwiegervaters für ungiltig erklärte. Er leistete ihnen (1259) sogar Gewähr für den Besitz des Zehnten in Mönchehof, den sie größtenteils Helfrich von Rotenburg verdankten, und veranlaßte (1262) auch den Ritter Rüdiger Mönch von Rotenburg und dessen Kinder, auf jenen Zehnten zu verzichten. Dieser Rüdiger Mönch mochte der Erbe des Ritters Rüdiger von Heinebach sein, der den Zehnten von Helfrich von Rotenburg zu Lehen hatte und durch einen Teil des Kaufpreises abgefunden wurde (1216).

Zur Kenntnis Eckhards und seiner Familie ist es nicht ohne Bedeutung, zu untersuchen, für welche Zeitgenossen er Urkunden bezeugte, und was für Zeugen er wiederum für seine eigenen Rechtsgeschäfte heranzuziehen pflegte.

Im Jahre 1262 bezeugte er in Mühlhausen einen Lehnbrief der Grafen Erf und Widekind von Bilstein, die zwei Mühlhäuser Bürger mit Gütern ausstatteten. Die Beziehungen zu den Grafen von Bilstein wurden von erheblicher Wichtigkeit für das Ballhäuser Geschlecht, das mehrere hessische Güter von ihnen zu Lehen erhielt.

Ohne weitere Folgen blieb Eckhards Zeugnis bei einer Schenkung des Grafen Heinrich von Hohnstein, der einem Hospitale die Kirche zu Mehler (nö. Mühlhausen) überließ (1264).

In Eckhards eigenen Urkunden kehrt der Ritter Eckhard von Wartburg am meisten wieder, nicht weniger als sechsmal (1255, 1256, 1258, 1259, 1265, s. a.). Es mangelt aber an jeder näheren Bezeichnung, ob er als Verwandter, Freund oder Dienstmann zugegen war. Ebensowenig läßt sich Genaueres bei den Mühlhäuser Rittern Heinrich und Konrad Topelstein und bei Hermann Stock, Burgmann zu Weißensee, angeben. Ein Dienstverhältnis steht fest bei Friedrich von Burschla.

Berthold von Kreuzburg scheint Eckhards oder genauer Luitgards Schwager gewesen zu sein. Seine Frau hieß Bertha, wie die älteste Tochter Helfrichs von Rotenburg. Mit ihr zusammen verkaufte er $3^1/_2$ Hufen in Leimbach (an der Fulda)[1]), wo ja auch Eckhard und Luitgard Eigentum besaßen. Endlich kommt (1301) ein Helfrich von Kreuzburg vor[2]), von dem es sich jedoch leider nicht sagen läßt, ob er Bertholds ältester Sohn war.

Als nahen, sehr nahen Verwandten haben wir noch den Ritter Eberhard von Kalenberg anzusprechen. Freilich wird er in keiner Ballhäuser Urkunde angeführt. Allein er selbst bekundete (1256 am 17. März)[3]) dem Stifte Heerse, daß er eine Meierei in Meckbach (nö. Hersfeld)[4]) in Zeitpacht besitze. Dabei fügte man seinem Namen den Zusatz „genannt von Sömmern" (dictus

---

1) Heidaer Urkunde vom 13. Dez, 1266 im Staatsarchiv Marburg.

2) Schoettgen et Kreysig, Dipl. et script. I, 782; Wenck, Hess. Landesgesch., Urk. zum 2. Bde. S. 249 No. CCIL.

3) Westfäl. U.-B. IV, S. 364 No. 643.

4) In Meckbach hatte auch Helfrich von Rotenburg Einkünfte: Wenck, Hess. Landesgesch., Urk. zum 3. Bde., S. 124 No. CXXXVI (1252 Juli 30.).

de Sumeringen) hinzu, und der letzte Zeuge war Friedrich
von Burschla, der Knecht Eckhards von Ballhausen-Sömmern.
Auch der vorletzte Zeuge, Eberhards Blutsverwandter Hermann von Rengshausen, begegnet uns in demselben Sommer
in dem Ballhäuser Schenkungsbrief für Heida. Endlich
macht auch der Eingang der Urkunde den Eindruck, als
ob ihn Eckhards Schreiber Dietrich verfaßt hätte. Heerse,
Kalenberg und Menue, nach dem sich der erste Zeuge Ritter
Rupert nennt, sind im westfälischen Kreise Warburg zu
suchen.

Zum Schlusse noch ein Wort über den Wohnsitz Eckhards I. Thüringen blieb seine Heimat, Ballhausen sein
ständiger Aufenthalt (1256, 1258, 1262). Die größeren
Städte, wie Erfurt (1255) und Mühlhausen (1256, 1262),
besuchte er nicht oft.

Bei seinem Tode hinterließ er seinen Söhnen ein
doppeltes Feld der Thätigkeit: in Thüringen und in Hessen.

3. Eckhards I. Nachkommen bis zum Aussterben
   der thüringischen Hauptlinie (1255—1363).

Luitgard von Rotenburg gebar ihrem Gatten, Eckhard I.
von Ballhausen-Sömmern, mehrere Söhne, von denen einige
oder alle bereits 1255 am Leben waren, aber anscheinend
noch in jugendlichem Alter standen[1]). Erst 7 Jahre danach wird der älteste mit Namen genannt: Helfrich, wie
ja auch sein Großvater von mütterlicher Seite hieß. Und
abermals 3 Jahre später treten neben ihm vier jüngere
Brüder namentlich auf: Eckhard II., Hugo II., Berthold II. und Rudolf. Von ihnen hat sich keiner mehr
nach Sömmern genannt; Ballhausen blieb ihr Familienname
im Thüringischen.

Eckhards I. ältester Sohn Helfrich, der nur zweimal urkundlich erwähnt wird (1262 und 1265, [R. No. 36,

---

1) · · · puerorum meorum consensu. Urk. v. 1255 Nov. 1.,
R. No. 26.

38]), war im Jahre 1262 herangewachsen; denn er bezeugte damals mit seinem Vater zusammen den schon erwähnten Lehenbrief der Grafen Erf und Widekind von Bilstein. Helfrich hat sich um diese Zeit herum vermählt. Sein ältester Sohn, dessen Dasein 1273 zuerst bekundet wird, trug den in Thüringen so seltenen Namen Widekind (R. No. 40, 41, 49—51, 53, 59, 61). Ein zweiter Sohn hieß Berthold III. (R. No. 49—51, 59, 61). Beider Mutter war ohne Zweifel Bertha von Naumburg, die ich für eine Tochter des Grafen Widekind von Naumburg · (1219—1250) und der Gräfin Osanna halte. Demgemäß müßte sie eine jüngere Schwester des Grafen Volkwin und des Kanonikus Widekind zu Halberstadt gewesen sein[1]). Auf ihr Stammgut Naumburg, das im Kreise Wolfhagen, westsüdwestlich von Cassel, zu suchen ist, scheint Bértha bei ihrer Heirat verzichtet zu haben. Nach dem frühen Tode ihres ersten Gemahls, Helfrichs von Ballhausen, verheiratete sie sich zum zweiten Male mit dem Edelherrn Giso von Ziegenberg. Dadurch wurde sie ihrer niederhessischen Heimat endgiltig zurückgegeben. Auch ihre Söhne erster Ehe, Widekind und Berthold, vergaßen auf diese Weise ihre thüringische Abstammung. Sie erfreuten sich (1286 und später) der Gesellschaft und Obhut ihres Stiefvaters Giso von Ziegenberg, Widekind freilich mehr als Berthold.

Ebensowenig wie Helfrich, dem ältesten Sohne Eckhards I. von Ballhausen, war seinem jüngsten, Rudolf, langes Leben beschieden. Nur ein einziges Mal (1265) geschieht seiner Erwähnung (R. No. 38).

Die übrigen Brüder, Eckhard II. (R. No. 38, 40—43, 45, 46, 56, 61, 62—64, 68—70), Hugo II. (R. No. 38. 40, 41 [42], [45], [46], 56, 61) und Berthold II. (R. No. 38, 40, 41, [42], 44, [45], [46], 56, 58, 66) können

---

1) Wyss, Hess. Urk. I, S. 5 No. 6, S. 46 No. 47; Wenck, Hess. Landesgesch., Urk. zum 2. Bde., S. 153 No. CXVII, S. 159 Anmerk., S. 161 No. CXXVIII, S. 173 No. CXLIV, S. 197 No. CLXXVI.

nur neben einander angeführt werden. Jahrzehnte lang
sind sie unzertrennlich, oft auch mit ihrem Neffen Widekind vereinigt, bis des Schicksals rauhe Faust sie für immer
auseinanderreißt.

Von Anfang an waren ihnen keine Rosen auf den
Pfad gestreut. Allerdings gehörten sie auch zu den Adligen, die ihre Bauern bedrückten und darum selbst kein
besseres Los verdienten. Schon ihr erstes Auftreten zeugte
von Kämpfen, wenn auch noch harmloser Art. Das alt-
berühmte Nonnenkloster Gandersheim, an den Ausläufern
des Nordwestharzes gelegen, hatte Besitzungen in Bali-
hausen und in der Umgegend[1]). Die Vogtei über die
Güter zu Tennstädt (Kreis Langensalza) war von der Äbtissin denen von Ballhausen zu Lehen gegeben. Diese
mißbrauchten aber ihre Vogteirechte, legten den Pächtern
und Bauern hohe Naturalabgaben auf und trieben sie vorher ein, ehe das Kloster seine Einkünfte aus Tennstädt
bezogen hatte. Wenn dann der Gandersheimer Beamte
kam, standen Felder und Scheunen, Ställe und Kasten leer,
und aus ungefüllten Schläuchen wußte selbst die Kloster-
kunst nichts mehr herauszupressen. Das war ärgerlich. Die
Minderung des eigenen Einkommens bildete daher für die
Äbtissin gewiß einen eben so starken Grund zum Ein-
schreiten, wie die in den Vordergrund gestellte Bedrückung
der Unterthanen. In Großen-Ehrich (Schwarzburg-Sondershausen) wurde der Zwist durch einen Vergleich beigelegt
(1273). Den Brüdern Eckhard, Hugo und Berthold von
Ballhausen standen dabei zwei Freunde ihres Vaters zur

---

1) 1480 verkaufte Hermann von Hausen zu Groß-Ballhausen
Güter an das Kloster Volkenrode, darunter eine Schaftrift, die ehemals gandersheimisches Lehen gewesen war. Schoettgen et
Kreysig, Dipl. et script. I, 820. — Von der Mühle in Balhusen hatte
das Kloster bedeutende Einkünfte, viel brachten auch Magnum und
Parvum Dennestede ein, wo ein officialis und ein hovemannus
erwähnt wird. Harenberg, Hist. eccl. Gandershem. dipl., Hann.
1734, S. 531.

Seite, der Weißenseeer Burgmann Hermann Stock und Edelher von Arnstadt, außerdem Heinrich von Döllstädt. Das Kloster setzte seinen Willen durch und erlangte das Versprechen, daß allen Beschwerden abgeholfen werden sollte.

Ebenso mußten die drei Brüder in einer anderen Angelegenheit den Rückzug antreten. Es handelte sich um das Patronatsrecht über die Kirche in Lützensömmern, das sie dem Nonnenkloster Kapelle (im heutigen Fürstentume Schwarzburg-Rudolstadt) streitig machten. Erst wurde die Sache fünf Schiedsrichtern zur Untersuchung übertragen, und dann entschied (1277) der geistliche Richter Ulrich in Jechaburg zu Gunsten des Klosters Kapelle. Der Erzbischof Werner von Mainz bestätigte den Spruch.

Aber die Gebrüder gingen nicht im Interesse für ihr Stammland ganz und gar auf, sie pflegten die hessischen Beziehungen ebenso gut. Dem Kloster Heida an der Fulda, dem schon die Eltern ihre Neigung thatkräftig bewiesen hatten, wandten nun (1275) auch Söhne und Enkel (Widekind) eine Hufe, also etwa 30 Morgen Landes zu, deren Ertrag bisher der Ritter Guntram von Morschen[1]) von ihnen zu Lehen gehabt hatte. Und Ritter Eckhard II., nunmehr das Haupt der Familie, verhieß den Nonnen, binnen Jahresfrist die Hufe aus dem Lehnsverbande zu befreien, wenn sie nicht zu den Alloden der Familie gehören sollte. Darüber waren die Inhaber also selbst nicht klar. Solche Unklarheit über Eigentums- oder Lehensverhältnis ihrer hessischen Güter sollte ihnen später verhängnisvoll werden.

---

1) Ritter Guntram von Morschen (Gundramus miles de Morsen, de Morsone) bezeugte am 27. November 1250 eine Urkunde des Grafen Gottfried von Reichenbach und am 12. Juli 1254 eine solche des Schultheißen von Homberg an der Efze. Wenck, Hess. Landesgeschichte, Urk. zum 3. Bde., S. 122 No. CXXXIV; Kuchenbecker, Analecta Hassiaca, Bd. 11, S. 141. Sonst ist mir sein Name nicht begegnet.

Die beiden für Heida ausgestellten Urkunden bieten Gelegenheit zu mancherlei Betrachtungen. Die eine nennt ausdrücklich S c h w a r z e n b e r g als Ausstellort, die andere weist durch die Namen der Zeugen auf dieselbe Gegend. Da sind Hermann von Spangenberg und zwei Ludwige von Slutwinsdorf, die nach Spangenberg (ö. M e l s u n g e n an der Fulda) gehören; Siegfried von Haldorf und Helwig von Adelshausen kommen auch in anderen Melsunger Urkunden dieser Zeit vor; da sind endlich Pfarrer und Schultheiß des kleinen Fuldastädtchens. Die Anwesenheit des landgräflichen Schultheißen macht es zur Gewißheit, daß die von Ballhausen damals noch in ungetrübter Freundschaft zum Herrn des Hessenlandes, Heinrich dem Kinde, standen.

Allmählich fühlten sie sich auf dem herrlichen Sitze an der Fulda völlig heimisch, und der junge Widekind war, soweit man sehen kann, der erste, dem auch der Name   v o n   S c h w a r z e n b e r g   beigelegt wurde (1289). Dem Anscheine nach weilte er damals zum Besuche in der Nordostecke Hessens, bei seinem Stiefvater Giso von Ziegenberg, und ritt mit seinen Stiefbrüdern Hermann und Johann von Ziegenberg weiter nach dem Kloster Mariengarten bei Göttingen. Nicht ein einziger Thüringer befand sich in seiner Gesellschaft, nur hessische Ritter, wie Konrad von Berlepsch, Ritter aus dem Leinegau, wie Johann von Harste, und Göttinger Bürger.

Von Widekinds Oheimen ist in dieser Zeit wenig die Rede. Nur einmal (1276) bezeugen sie gemeinschaftlich einen Lehenbrief ihres Neffen Luitpold von Heimburg. Und Bertholds II. Gattin M e c h t h i l d, die aus dem Halberstädter Ministerialengeschlechte v o n G a t e r s l e b e n stammte, gab in demselben Jahre ihre Einwilligung zu einer frommen Schenkung ihrer Brüder. Im übrigen mochten die thüringischen Wirren die von Ballhausen stark in Anspruch nehmen. Dort kämpfte in den achtziger Jahren Landgraf Albrecht der Unartige mit seinen Söhnen, und wieder galt Vergils Spruch: Wenn die Fürsten rasen, dann seufzen die

Unterthanen unter den Schlägen. Die Landgrafen reichten, sich zur Versöhnung die Hände, aber die Ritterschaft verlernte sobald das Reiten und Rauben nicht. Wurde auf den Straßen des Altgaues ein Frachtwagen überfallen oder von der Weide eine Kuhherde weggetrieben, dann mochte man — wenn es erlaubt ist, aus späteren Umständen zu schließen — auf den Schilden der Schnapphähne zuweilen auch die Ballhausischen Widderhörner erblicken.

Allein der deutsche König, Rudolf von Habsburg, hatte den ernsten Willen, Bürger und Bauern zu schützen[1]). So ernannte er den Erzbischof Heinrich II. von Mainz zum Hauptmann und Rektor der thüringischen Lande, und Heinrich erschien persönlich in Erfurt und gebot Landfrieden. Albrecht von Thüringen gab dem Erzbischof die Erlaubnis, innerhalb seiner Landgrafschaft Burgen und Befestigungen anzukaufen und neu anzulegen (1287)[2]). Nach Heinrichs Tode übernahm erst König Rudolf, der seit dem Dezember 1289 fast ein ganzes Jahr lang in Erfurt weilte, die Hauptmannschaft in Thüringen und übertrug sie dann dem edlen Herrn Gerlach von Breuberg (1290—97)[3]). Dieser brachte Schloß Ballhausen (R. No. 55, 60, 79) in seine Gewalt. Ob es dabei sonderlich friedfertig zugegangen ist? Die Quellen schweigen darüber. Man erinnere sich indessen, daß König Rudolf 66 Ritter- und Raubburgen der Erfurter Gegend unschädlich machen ließ. Ballhausen wurde nicht zerstört, denn Gerlach von Breuberg verpfändete das Schloß dem Erzbischof Gerhard II. von Mainz. In seinem ersten

1) Th. Lindner, Deutsche Gesch. unter den Habsburgern und Luxemburgern, Stuttg. 1890, I, 74. 75; O. Dobenecker, Rudolfs I. Friedenspolitik in Thüringen, in der Zeitschr. f. Thür. Gesch. XII (N. F. IV), Jena 1885, S. 529 ff.

2) Gudenus, Cod. dipl. I, 819.

3) Gerlach v. Bruberg, conservator pacis in Thuringia ex parte regis Romanorum 1290 sabbatho festo Paschae exspirante. Wolff, Chronik des Klosters Pforta, II, 223. 224; Regesten des Geschlechts Salza, Leipzig 1853, No. 90 S. 95 (1296), No. 92 S. 97 (1297 März 20.).

Regierungsjahre versprach König Adolf von Nassau, Ballhausen in den Händen Gerhards zu lassen, es sei denn,
daß er dem Erzbischof 1000 Mark dafür bezahlte. Aber
woher sollte Adolf eine so bedeutende Summe nehmen?
So blieb die Burg einstweilen mainzisch. Nach der Tragödie von Göllheim setzte Gerhard zwei seiner Getreuen,
Friedrich von Rosdorf und Dietrich von Hardenberg, als
Amtleute hinein (1299). Eine derartige Verwaltung und
die ganze mainzische Herrschaft über Ballhausen war aber
nicht von langer Dauer. In den allerersten Jahren des
14. Jahrhunderts nahm sie ein Ende.

Es mangelt an einem vollgiltigen Beweise dafür, daß
es sich hierbei um das Schloß Klein - Ballhausen, um den
Sitz unseres Geschlechtes handelte. Jedenfalls ging aber
die Familie von Ballhausen etwa um diese Zeit ihrer
Stammburg verlustig und gelangte auch nicht wieder in
den Besitz derselben. Ebenso büßte sie fast alle übrigen
Güter in der Nähe ein. Nur selten noch ist von den
letzteren die Rede. Ein Beispiel mag sofort folgen.

Johann, der Sohn Wilhelms von Weißensee, verkaufte
eine halbe Hufe in Schwerstedt an das eichsfeldische Kloster
Reifenstein. Die Ländereien waren ein Ballhausisches Lehen.
Eckhard, Hugo und Berthold gaben ihre lehnsherrliche Einwilligung zum Verkaufe gegen das mäßige Entgelt von
einer Mark Silbers. Der niedrige Preis sollte zugleich
ihrem Seelenheile dienlich sein. Auf dem öffentlichen Gerichte in Weißensee sprachen sie ihren Verzicht aus (am
4. Dezember 1292). Sie hatten also keine Verfolgung mehr
zu besorgen.

Man geht schwerlich fehl in der Annahme, daß sie
fortan öfter auf Schwarzenberg an der Fulda ihre Zuflucht
suchten und von dort aus in Gemeinschaft mit Widekind
und Berthold, Helfrichs Söhnen, ihrem Thatendrange folgten.
Aber nur von den letzteren beiden kann es als wirklich
ausgemacht gelten, daß sie zu den hessischen Raubrittern
gezählt wurden. Schwarzenberg gegenüber erklomm die

alte Kasseler Landstraße einen steilen Hügel, und auf dem
Strome glitten die Frachtkähne langsam dahin; beides war
geeignet, verwilderte Gemüter zu räuberischen Anschlägen
zu verführen. Es kam hinzu, daß die von Ballhausen über
die Natur mancher ihrer Besitzungen im Fuldathale unklar
waren, nicht immer wußten, ob sie Allode oder Lehen darin
sehen sollten. Ihrem Eigennutze ist es zuzutrauen, daß sie
sich nicht gründlicher unterrichteten, sondern allemal das
Vorteilhafteste annahmen. Anderseits versäumte der hessische
Landgraf Heinrich das Kind keine Gelegenheit, seine Unterthanen gegen Gewaltthat zu schützen und nebenher auch
seine landesfürstliche Macht zu erweitern und zu mehren.
Zwei Ziele verfolgte er daher unablässig: die Ritterburgen
sollten keine Raubnester werden, und der Adel seine Lehen
vom Landgrafen empfangen, sonst drohte Feuer und Schwert.
Im Jahre 1293 erstürmten oder zerstörten die Landgräflichen
nicht weniger als 18 feste Häuser in Hessen, darunter auch
Schwarzenberg (R. No. 57). Seitdem hörte der Zusammenhang zwischen den drei Gebrüdern von Ballhausen
und ihren beiden Neffen bis auf geringfügige Spuren auf.

Der jüngste von den drei Ballhäusern, Berthold II.,
war der Wechselfälle des weltlichen Lebens satt. Schon
im Sommer des nächsten Jahres (1294) begegnet er uns
als Laienbruder im Kloster Volkenrode, nordöstlich von
Mühlhausen. Im Laufe der Zeit brachte er es dort bis
zum Stallmeister (1306). Auf seinen Anteil an den Familien-
besitzungen muß er beim Eintritte ins Kloster verzichtet
haben.

Hugo II. ist nach der Zerstörung von Schwarzenberg
so gut wie verschollen. 1301 wird er noch einmal genannt, aber ohne Angabe des Wohnsitzes und sonstiger
Lebensumstände.

Eckhard II. besaß in Thüringen noch einige Güter.
Wahrscheinlich fielen ihm auch bald neue Lehen zu. Ehe
wir auf seine ferneren Schicksale und Verhältnisse näher
eingehen, haben wir die seiner Neffen, Widekinds und

Bertholds III., zu betrachten. Mit diesen stand es recht
übel, da sie durch längeren Aufenthalt, Besitz und Verwandtschaft vorwiegend an Hessen gefesselt waren. So
lag ihnen der Gedanke, sich mit dem Landgrafen Heinrich
zu versöhnen, besonders nahe. Versöhnung bedeutete da
aber so viel wie bedingungslose Unterwerfung. Über die
Hälfte der Ballhausischen Besitzungen im Hessenlande konnten Widekind und Berthold III., nachdem Berthold II. ins
Kloster getreten war, verfügen. Und das thaten sie dann
auch. In Cassel wurden die Verhandlungen mit dem
hessischen Landgrafen geführt (1295). Der Edelherr Giso
von Ziegenberg, der Stiefvater Widekinds und Bertholds,
stand beiden getreulich zur Seite. Allein er konnte ihr
Los nicht ändern, zumal da er selbst ein ähnliches Schicksal erfahren hatte, seine Burg von den Scharen Heinrichs des Kindes erobert war[1]). Widekind und Berthold mußten ihre Eigen- und Lehngüter, die größtenteils
aus der Rotenburgischen Erbschaft stammten, zu einem
geringeren Teile wohl auch Naumburgischer Herkunft waren,
an Heinrich I. und dessen Erben abtreten: die Hälfte des
Allods in Körle (nö. Melsungen) und in Rotenburg an der
Fulda und das Allod neben der Burg Rotenburg. Die
letzteren waren vom Landgrafen bereits mit Beschlag belegt und an zwei seiner Getreuen, den Ritter Tammo von
Alnhusen (Ellnhausen w. Marburg) und einen gewissen
Wollkopf, als Lehen ausgegeben. Ferner verzichteten Widekind und Berthold auf die Hälfte des Grundes und Bodens,
der bisher die Burg Schwarzenberg getragen hatte, jetzt
eine wüste Trümmerstätte, sowie auf die Hälfte vom Zehnten
in Elgershausen (sw. Cassel) und einen Malter Weizen
jährlicher Abgabe in Venne, einer Wüstung bei der Stadt
Gudensberg. Endlich veräußerten sie auch ihre Bilsteinschen Lehen an das Kind von Hessen, nämlich einen
Hof in Waldau mit ihrem Anteile am Zehnten, 8 Malter

---

1) Landau, Hess. Ritterburgen IV, 312. — R. No. 57.

jährlichen Kornzinses zu Krumbach (beide s. Cassel), Geldeinkünfte in Fuldhagen, einer Wüstung in derselben Gegend,
ein Viertel vom Zehnten in Melsungen [1]) und alle Geldeinkünfte daselbst.

Von einer Entschädigung, welche für die bedeutenden
Abtretungen bewilligt wurde, verlautet nichts. Widekind
und Berthold hofften jedenfalls auf eine Neubelehnung mit
dem größeren Teile des ehemaligen Eigen- und Lehngutes.
Der Landgraf wird durch eine verloren gegangene Gegenurkunde seine Gnade bewiesen haben.

Der Graf Otto von Bilstein, der letzte seines Geschlechtes, kümmerte sich zunächst nicht um die Ordnungs-
und Eroberungspolitik Heinrichs des Kindes, sondern betrachtete Eckhard II. und Hugo II. von Ballhausen und
ihre Neffen noch geraume Zeit als rechtmäßige Inhaber
seiner Aktivlehen. Erst im Jahre 1301 verkaufte er diese
letzteren an den Landgrafen [2]). Heinrich gewann dadurch
noch größere Gewalt oder vielmehr ein unbestreitbares
Recht über die Bilsteinschen Lehen der Familie Ballhausen-
Schwarzenberg.

Eckhard und vielleicht auch Hugo hausten in der
thüringischen Heimat und trachteten nicht mehr nach
Gütern im Hessenlande, ihre Neffen Widekind und Berthold III. blieben also die einzigen, die im stande waren,
das Geschlecht am Fuldastrande fortzupflanzen. Irgend
eine weitere Nachricht über beide hat sich aber bis jetzt
nicht gefunden.

In der Gegend des alten Stammsitzes hatte die Ball-
hansische Familie jede Bedeutung verloren. Der Priester
Siegfried von Groß-Ballhausen, der freilich den größten An-

---

1) Eine Urkunde von 1301 (vergl. weiter unten) verlegt den
Zehnten nach dem benachbarten Dorfe Obermelsungen, wohl irrtümlich.

2) In dem Kaufbriefe werden Widekind und Berthold III. als
Brüder Eckhards II. und Hugos II. bezeichnet. Der gemeinschaftliche Besitz hatte offenbar diesen Irrtum hervorgerufen.

teil an Wundermärchen nimmt, hat einen Abschnitt der
Zeitgeschichte bis 1304 hinterlassen[1]. Er wirft zuweilen
seine Blicke auch auf die Nachbarschaft seines Wohnortes;
auf die Gebrüder von Ballhausen deutet er jedoch mit
keinem Worte hin.

Und doch hielt sich Eckhard II., soweit sich erkennen läßt, häufig in geringer Entfernung auf. Allerdings
ist zu bemerken, daß nicht alle folgenden Urkunden mit
völliger Sicherheit auf Eckhard II. zu beziehen sind. Es
fehlt hier und da an hinlänglichen Kennzeichen, um seine
Persönlichkeit festzustellen. Unbedingt kann behauptet
werden, daß er gegen Ende des Jahres 1308 noch am
Leben war. Außerdem scheinen die folgenden Thatsachen
ihn zu betreffen.

In der Saalegegend, im heutigen Kreise Querfurt, bezeugte er — unverkennbar durch den Rittertitel — ein
Kaufgeschäft zwischen den Klöstern Reinsdorf und Beutitz,
und der Abt von Goseck, mit dessen Nachfolgern das Geschlecht später noch mehr zu schaffen hatte, war neben
ihm Zeuge (1302). Wir schließen daraus, daß Eckhard II.
damals schon vom Land- bezw. Markgrafen mit Gütern
zu Markröhlitz (im Kreise Querfurt) und in der Nachbarschaft ausgestattet war. Aber erst Eckhards II. Nachkommen sind im Besitze dieser Lehen ganz sicher nachzu-
weisen. Im Sommer des nächsten Jahres treffen wir ihn
in der Reichsstadt Mühlhausen, in der er öfter weilte. Er
bezeugte hier — wiederum als Ritter ausgezeichnet — eine
Schenkung für das eichsfeldische Kloster Anrode und lieferte
wenige Wochen später den Beweis, daß er auch in der alten
Heimat noch begütert war. Dem Deutschordenshause zu
Nägelstedt überwies er nämlich ein tüchtiges Stück Land
nebst 2 Höfen in Clettstedt (nö. Langensalza). Sein Sohn
Eckhard III. beteiligte sich an der Schenkung. Als erster
Zeuge wird Heinrich von dem Haine genannt, wohl ein

---

1) M. G. Scriptores XXV, 711.

Mitglied der Familie Hagen (bezw. Westernhagen), mit der
der junge Eckhard III. von da ab regen Verkehr unterhielt.
Mit der Stadt Erfurt vermied Eckhard II. dem Anscheine nach jede Verbindung. Wenn man nach einem
Grunde hierfür sucht, so braucht man nur auf einen Umstand hinzuweisen. Die Erfurter waren samt König Rudolfs
Kriegern einstmals ausgezogen, um die thüringischen Ritter-
burgen zu bestürmen. Jetzt bot sich Gelegenheit zur Rache.
Der Land- und Markgraf Friedrich wurde Erfurts Feind.
Und bei diesem Fürsten, der gerade auf der Wachsenburg
in der Nähe von Arnstadt Hof hielt, befand sich im Herbste
1308 ein Ritter Eckhard von Ballhausen, also wohl Eck-
hard II. Ehe es aber zum offenen Kampfe mit der Stadt
Erfurt kam, dachte Eckhard II., der an der Schwelle des
Greisenalters stand, an Tod und Seelenheil. Die Nonnen des
Mühlhäuser Brückenklosters sollten sein und seiner Gemahlin
Bertrade Jahrgedächtnis feiern, darum machte er ihnen
eine bedeutende Zuwendung in Clettstedt (am 8. Dezember
1308). Seine drei Söhne Giselher, Eckhard III. und
Eckhard.IV. hatten natürlich nichts dagegen einzuwenden.

Wenige Wochen später erfüllte ein Eckhard von Ball-
hausen — da der Rittername fehlt, kann man zweifelhaft
sein, ob Eckhard II. oder III. — neben Hermann von
Westernhagen und Johann von Esplingerode, die ehrenvolle
Aufgabe, zwischen der Reichsstadt Mühlhausen und einem
Vogte des Herzogs Heinrich von Braunschweig zu vermitteln.
Es handelte sich um einen Totschlag. Die unter Mühlhäuser
Gerichtsbarkeit stehenden Bauern von Eberolderode (Elberode, eine Zeit lang auch Mönchhof genannt?) und Eigenrode (ö. Dingelstedt) hatten den herzoglichen Kaplan, der
zugleich Pfarrer des erstgenannten Dorfes war, ermordet.

Der Krieg zwischen dem Markgrafen Friedrich und
den Erfurtern brach aus. Den Bürgern halfen zwei starke
Bundesgenossen: der Feldhauptmann des deutschen Königs,
Heinrichs VII., und der Landgraf Johann von Hessen. Die
Verbündeten zogen (im Sommer 1309) alle miteinander

XXI.   17

gegen (Lützen-?) Sömmern und Ringleben und verbrannten
die Orte [1]).

Seitdem verschwindet Eckhards II. Name aus den
Geschichtsquellen. Ob das mit diesem Kriege zusammen-
hängt, oder ob er schon vorher, vielleicht im Dezember
1308, gestorben ist, wissen wir nicht.

Eckhards II. Sohn Giselher (R. No. 69. 83) wird
nur zweimal erwähnt. Das eine Mal (1308) nimmt er in
Mühlhausen an der Stiftung teil, die seine Eltern zu ihrem
Seelenheile errichten. Das andere Mal (1331) schließt er
neben anderen Verwandten einen Vergleich mit dem Kloster
Homburg bei Langensalza. Es kamen dabei Güter in Bothenheilingen (Kreis Langensalza) in Betracht.

Eckhard III. und Eckhard IV., die anderen Söhne Eckhards II., scharf zu scheiden, kostet viel Mühe. Ich habe
folgenden Unterschied zu bemerken geglaubt. Eckhard IV.
hält sich in der Gegend von Markröhlitz (Kr. Querfurt) auf,
während Eckhard III. in den Dienst des Herzogs Heinrich
von Braunschweig tritt und der Familie von Hagen nahe steht.

Eckhard III. (R. No. 64. 65. 69—72. 74. 75) tritt
zum ersten Male im Jahre 1303 auf. Neben seinem Vater
spendete er damals dem Deutschen Hause zu Nägelstedt
Ackerland und 2 Höfe. Wie bei dieser Gelegenheit ein
Heinrich von dem Haine bei Eckhard III. war, so bezeugte
der letztere (1306) zusammen mit den Gebrüdern Heinrich
und Rüdiger von Hagen eine Urkunde Dietrichs und Heinrichs von Hagen, die mit dem eichsfeldischen Kloster Reifenstein Güter tauschten. Als seine Eltern (1308) für ihr
Seelenheil sorgten, war er mit der Schenkung einverstanden.
Vielleicht ist es auch Eckhard III. (und nicht Eckhard II.)
gewesen, der (am 9. Jan. 1309) zwischen Berthold Fuchs,
dem herzoglich braunschweigischen Vogte, und der Stadt
Mühlhausen vermittelte. Denn der Rittertitel, den Eck-

---

1) Sächsische Weltchronik (Deutsche Chroniken II), S. 312;
Cronica S. Petri Erfordensis moderna (M. G. SS. XXX) S. 441—443.

hard II. führte, fehlt, und das vorgesetzte Wort „Herr"
(dominus) könnte man ja als eine Erinnerung an die
frühere Freiherrlichkeit des Geschlechtes oder als einfachen Ehrentitel auffassen.

Einen Monat später befand er sich in Oberhagen, das
man wohl auf dem Eichsfelde zu suchen hat. Die Gebrüder Heinrich, Rüdiger und Hermann von Hagen machten dem Deutschordenshause zu Wahlhausen (im Kreise
Heiligenstadt) eine Schenkung, die auf Bitten der Ordensbrüder Eckhard III. mit seinem Siegel bekräftigte. Im
Herbste des Jahres 1311 finden wir ihn in Eisenach im
Gefolge der Herzogin Agnes, Gemahlin des Herzogs Heinrich von Braunschweig und Schwester des Markgrafen
Friedrich von Meißen. Jetzt hatte Eckhard III. den Ritterschlag empfangen. Als Ritter bezeugte er dann (1314) eine
Urkunde des Herzogs Heinrich für die Marienkirche vor
der Stadt Eimbeck und (1315) die Empfangsbescheinigung
zweier braunschweigischer Ritter, die demselben Herzoge
Vogteien und andere Güter verdankten.

Eckhard IV. von Ballhausen (R. No. 69. 76. 77),
der dritte Sohn Eckhards II., tritt wenig hervor. Bei der
Stiftung von 1308 wird er neben seinen Eltern und Brüdern
erwähnt. Im Herbste des Jahres 1315 war er Ritter. Am
24. Oktober übertrug er dem Kloster Homburg bei Langensalza den Zehnten in Bothenheilingen, den Hermann von
Greußen von ihm besaß. Dies scheint aber nur der Verzicht
auf einen Bruchtheil vom Zehnten gewesen zu sein. Denn
ein Ritter Ludwig von Ubach verkaufte nicht allzulange
vorher denselben Zehnten an das Kloster Homburg [1]).
Günther von Salza, unter Gerlach von Breuberg stellvertretender Friedenshauptmann in Thüringen [2]), bezeugte Eckhards Schenkung an erster Stelle. Kaum drei Wochen

---

1) Förstemann, Urk. des Klosters Homburg in den Neuen
Mitteil. histor.-antiquar. Forschungen VIII, 2, S. 83 No. 55.
2) Regesten des Geschlechts Salza, Leipzig 1853, S. 95 No. 90.
(1296).

danach, am 11. November 1315, bezeugte Eckhard IV. einen Kaufbrief auf dem Schlosse Neuenburg bei Freiburg an der Unstrut. Nach einer Andeutung in der Urkunde mag er zu den dortigen Burgmannen gehört haben. Als Vogt auf der Burg waltete Rudolf von Cannawurf. Derselbe, sowie Eckhard von Cannawurf[1]) und Mitglieder der mutmaßlich verwandten Familien von Haldeck und von Üchtritz werden von jetzt ab öfter neben den Ballhäusern genannt. Vielleicht ist der Schluß erlaubt, daß Rudolf von Cannawurf eine Tochter Eckhards II. von Ballhausen heimgeführt und dem ältesten Sohne, wie es damals üblich war den Vornamen seines Schwiegervaters beigelegt hat.

Allem Anscheine nach haben Eckhard III. und IV. von Ballhausen kein hohes Alter erreicht. Wenige Jahre später taucht Eckhard V. (R. No. 80. 83. 85. 86) auf, vermutlich Eckhards IV. Sohn, auffälligerweise bereits 1322 Ritter. Sein Siegel ist (1322 und 1336) kenntlich an einer Rose unter den Widderhörnern. Sein Wohnsitz war Rollicz (Markröhlitz im Kreise Querfurt). In einer Urkunde von 1331 bezeichnet er Giselher von Ballhausen, Eckhards II. Sohn, als seinen Vetter, d. h. Vatersbruder; Friedrich und Apel von Wangenheim dagegen nennt er seine Oheime, also waren sie wohl Brüder seiner Mutter. Man darf es nicht als gewiß hinstellen, daß dieser Eckhard von 1331 mit dem von 1322 und 1336 identisch ist, aber zeitliche und örtliche Verhältnisse sprechen dafür. Darum werden hier die wenigen Nachrichten aus den 3 Jahren zusammen aufgeführt.

Im Jahre 1322 verkaufte Eckhard V. seinen Zehnten zu Korbetha (n. Weißenfels) an das Kloster Beutitz (w·

---

1) R. No. 86 (1336). 94 (1363) — Wolff, Chronik des Klosters Pforta II, 509. 510. — II, 298: Gebrüder Günther und Rudolf von Cannawurf (1304). — Über die mutmaßliche Verwandtschaft der von Cannawurf mit denen von Scheidungen, Haldeck und Üchtritz vergl. von Wangenheim, Regesten des Geschl. Wangenheim, II 57 No. 95 Anm.

Weißenfels). Unter den Zeugen befanden sich neben Albert Knut noch Hermann, Heinrich und Tammo von Haldeck, deren Stammburg bei Freiburg an der Unstrut lag. Vor ihnen wird der Ritter Peter Porzik genannt, später Marschalk des Landgrafen Friedrich[1]). Neun Jahre danach verzichtete Eckhard V. auf seine Ansprüche an den Zehnten in Bothenheilingen (Kreis Langensalza), den Eckhard IV. 16 Jahre früher dem Kloster Homburg überlassen hatte. Jetzt kam auch noch ein Gut an demselben Orte in Betracht. 8 Mark Silbers brachte Eckhard V. der Verzieht ein, dem sich alle seine Erben anschlossen, vorzüglich sein „Vetter" Giselher von Ballhausen. Unter den Zeugen befanden sich mindestens vier Wangenheimsche Burgmannen (Schnoyse und Schaf). Zu Eckhards V. Lehen, die ihm der Markgraf Friedrich von Meißen übertragen hatte, gehörte unter anderen ein Wald bei Mücheln im Kreise Querfurt. In Weißenfels versprach Eckhard (am 10. Jan. 1336) dem Markgrafen, ihm oder seinen Erben den Forst zurückzugeben, sobald eine entsprechende Entschädigungssumme (118 Schock Groschen) dafür gezahlt würde. Wie es scheint, unterblieb aber Bezahlung und Rückgabe. Im Monat Mai desselben Jahres kam Eckhard V. nach Merseburg und traf mit Rudolf von Cannawurf und anderen den dortigen Bischof Gebhard bei einem Kaufgeschäfte.

Ein volles Dutzend von Jahren schweigen nun die Quellen von den Eckharden. Dann erscheint (1348) mit Eckhard VI. (R. No. 90. 91) eine ganz neue Generation auf der Bildfläche. Die fehlende Ritterwürde und die drei vorher nie erwähnten Brüder Marold, Peter und Friedrich (R. No. 90. [91]. 94) lassen keinen Zweifel an dieser Annahme zu.

Am 24. August 1348 stiftete nämlich der Pfarrer Günther zu Markröhlitz einen Vergleich zwischen dem Kloster Goseck (Kreis Querfurt) und den Gebrüdern Eck-

---

1) Wangenheim, Reg. des Geschl. Wangenheim I, S. 78 No. 82. S. 79 No. 83 (1329). S. 82 No. 89 (1337).

hard, Marold, Peter und Friedrich von Ballhausen [1]). Der
Streit, der auf diese Weise beigelegt wurde, betraf ein
Untergericht und unbedeutenden Grundbesitz in der Feld-
mark von Goseck. Wegen zweier Hufen mußten die Brü-
der sich erst noch einem Schiedsgerichte unterwerfen. Unter
den Zeugen fällt wieder einer von Haldeck auf, Heinrich,
Petzolds Sohn; daneben Tammo von Üchtritz, auf dessen
Geschlecht schon einmal hingewiesen ist (Seite 252 und
Anm. 2).

Die Lehen, welche die vier Ballhäuser (1349) besaßen,
lagen zu einem großen Teile in Markröhlitz (Kr. Querfurt).
Dazu gehörten die beiden Gehöfte, auf denen sie selbst
wohnten, 15 Bauernhöfe und das Ortsgericht, in der Dorf-
mark 18 Hufen Landes und 8 Acker Holz. In Podelwitz
(bei Leipzig? oder Pödelist, Kr. Querfurt?) hatten sie einen
Teil des Lehnholzes; auch von dem Forste in Mücheln
(Kr. Querfurt) stand ihnen noch immer etwas zu, vielleicht
ebensoviel wie 1336. In Lunstädt (Kr. Querfurt) waren
sie mit einer Hufe, einem Hofe und einer Wiese belehnt,
in den unbekannten wüsten Dörfern Slaukar und Preps
mit dem Gerichte. Wenn das Land fruchtbar war, und
die Besitzer keine zu hohen Ansprüche machten, dann
konnten sie von diesen Lehengütern wohl ihren Lebens-
unterhalt bestreiten. Freilich war es im damaligen Ritter-
stande eine seltene Kunst, sich nach der Decke zu strecken.

Und diese Kunst verstanden die Ballhäuser nicht.
Solange noch etwas da war, verbrauchten sie es, und dann
machten sie Schulden. Eine Urkunde von 1363 — Eckhard VI. war damals wohl schon tot — entwirft uns davon ein anschauliches Bild. Peter und Friedrich borgten
40 Schock schmaler Groschen von ihrem Bruder Marold.
Dieser hielt sie aber für so wenig zahlungsfähig, und er
lebte selbst in so knappen Verhältnissen, daß er sich

---

1) F. B. von Hagke, Weißensee, S. 316, führt denselben Vergleich schon einmal zum Jahre 1334 an. Ich habe nichts darüber
gefunden.

sofortige Rückgabe des Geldes ausbedang, sobald er darum
mahnte, und außerdem die vier Bürgen seiner Brüder ebenfalls zu sofortiger Zahlung verpflichtete. Die vier Bürgen
waren Hans und Albrecht Knut, Henzel von der Vesten
und Eckhard von Cannawurf. Peter und Friedrich von
Ballhausen hatten ihrem Bruder schon früher vor dem Abte
Hans von Goseck gelobt, daß er ihre damaligen und zukünftigen Schulden nicht zu bezahlen brauchte; und was
er an Geld und Gut besonders besäße, das sollte er nicht
mit in die Teilung bringen, wenn er sich von ihnen trennen
wollte. Trotzdem würden sie ihm sein Erbteil gütlich
geben. Peters und Friedrichs Überschuldung war demnach
so groß, daß Marold eine Gütertrennung in Erwägung zog.
Eine innige brüderliche Liebe herrschte schwerlich unter
den dreien, wenn sie auch nicht zu der Gattung der feindlichen Brüder zu rechnen waren. Sie mögen noch ein paar
Jahre gelebt und geliehen, verbraucht und verloren haben,
aber in den Quellen herrscht Schweigen über sie[1]). Sang-
los, klanglos versinken sie im Strome der Vergessenheit.

4. Der Ausgang des Schwarzenberger Zweiges (1329—1420).

Um einige Jahrzehnte länger läßt sich die hessische
Linie des Geschlechtes verfolgen. Ihre Stammväter können,
wie oben nachgewiesen ist, nur Widekind (1273—1301)
oder Berthold III. (1286—1301) gewesen sein.

Fast ein Menschenalter vergeht, ehe wieder ein Schwarzenberg auftaucht, der zweifellos dem Zweige der Ballhäuser
am Fuldastrande angehört[2]). 1329 bezeugte der Knappe

---

1) Bis 1415 hatte Konrad von Tannrode Besitzungen in Rolitz.
(Wolff, Pforta II, 539). Vergeblich habe ich mich bemüht, festzustellen, ob die von Tannrode die Lehensnachfolger derer von Ballhausen gewesen sind.

2) Die Untersuchung wird dadurch sehr erschwert, daß in
Oberhessen, in der Grafschaft Ziegenhain und manchmal noch näher
am Fuldagebiet ein Werner, Friedrich oder Johann von Schwarzen-

Johann I. von Schwarzenberg (R. No. 82. 92) eine
Urkunde des westfälischen Klosters Hardehausen, das bis
gegen das Ende des 13. Jahrhunderts Besitzungen in Mel-
sungens nächster Nähe hatte, nämlich den Hof Schwerzel-
furt unter dem Wildesberge.

Johann I. besaß in Schwarzenberg und Umgegend
Güter als hessische Lehen, aber ach! wie waren sie
zusammengeschmolzen seit den Tagen der Väter! Im Dorfe
Schwarzenberg selbst war ein Teil des Grundbesitzes in
andere Hände übergegangen. So besaßen dort (1354) Elisabeth von Taboldshusen (Dagobertshausen, ssw. Melsungen)
und deren Söhne zwei Hufen [1]. Statt der Burg, die einstmals ihre Zinnen stolz gen Himmel streckte, nannte Johann
von Schwarzenberg nur noch Haus und Hof sein eigen
oder vielmehr sein landgräfliches Lehen; denn Allode besaß er höchst wahrscheinlich überhaupt nicht mehr. Dort
hatte er seine bescheidene Wohnstätte, dabei eine kleine
Wiese, ein Ländchen und ein Bergstück. Vor der Stadt

---

berg angeführt wird, der zu einer anderen Familie gehört. Johann
ist noch dazu Zeitgenosse Johanns I. —
    Man vergleiche die Urk. des Grafen Gottfried von Reichenbach
[-Ziegenhain], Heiligenberg (w. Melsungen) 1263 „Wernhero de
Suarzinberg; Wenck, Hessische Landesgesch. Urk. zum 3. Bde.
S. 131 No. 148. — Urk. des Grafen Gottfried von Ziegenhain,
Rauschenberg 1285 Juli 6. „Fridericus de Suarzinburg armi-
geri"; Wenck, Hess. Landesgesch., Urk. zum 2. Bde. S. 218 No. 207.
Derselbe Friedrich läßt sich 1275—1308 nachweisen; Wyss, Hess.
Urk. I, an verschiedenen Stellen, II, 121. 137. — Urk. der Äb-
tissin Mechthildis zu Eschwege, 1310 Juli 26: „frater Conradus
dictus de Suarchenberg"; Jul. Schmincke, U.-B. des Klosters
Cornberg, in der Zeitschr. f. hess. Gesch. N. F. I. Suppl. S. 152
No. 52. Dieser Konrad könnte noch am ersten zur Familie Ball-
hausen-Schwarzenberg gehören. — 1336 Juni 8. „Johan von
Swartzenberg ein wapendreger"; Wyss II, 642; L. Baur, Hess.
Urk. II, 711 Anmerk. — Urk. Kaiser Karls IV.: Prag 1360 Januar 12.
„Johannes de Swarzenberg ... comites" (natürlich noch ein
anderer Johann); Baur, Hess. Urk. V., 396 No. 422.
    1) Urk. vom 15. Jan. 1354 im Staatsarchiv Marburg (Georgs-
kloster in Homberg).

Melsungen stand ihm noch der sechzehnte Teil vom Zehnten
zu, der bis zur Ablösung (1835) der Schwarzenberger Zehnte
hieß. Er war einem Melsunger Bürger namens Korsener auf
Lebenszeit zu Lehen gegeben; nach Korseners Tode fiel
er an Johann von Schwarzenberg zurück. Ferner gehörte
diesem der Zehnte zu Wendesdorf, einem armseligen Dorfe
(heutzutage Wüstung) am Steinwalde oberhalb Röhrenfurts,
und gegenüber auf dem rechten Fuldaufer eine Hufe zwischen
Melsungen und Schwarzenberg, ihrer Gestalt halber Zungen-
hufe genannt, eine Hufe in Körle, eine Stunde Weges strom-
abwärts, und endlich fünf Viertel (etwa Scheffel) jährlichen
Kornzinses im Dorfe Krumbach, am Nordabhange der Söhre.
Von sämtlichen Eigengütern, die Widekind und Berthold
ehemals dem Landgrafen Heinrich I. abgetreten hatten, war
einzig und allein die Körler Hufe eine schwache Erinnerung,
aber natürlich jetzt auch hessisches Lehen. Und wie hatten
sich die Bilsteinschen Lehen, der Melsunger Zehnte und
die übrigen Güter verringert! Von den kärglichen Überresten, die man kaum für das ganze Vermögen halten kann,
ernährte Johann sich, sein Weib K a t h a r i n a und seine
Kinder J o h a n n II. und G i s e l a. Und der Besitz war
nicht einmal den Erben sicher, sondern nur Johanns I.
persönliches Lehen.

Landgraf Heinrich II. von Hessen hatte nun aber ein
Einsehen und belehnte (1351) Katharina und ihre vorhandenen und zukünftigen Kinder erblich mit dem oben
geschilderten Besitztume und befreite ihr Haus von Diensten
und außerordentlichen Steuern.

Von der K i r c h e zu Schwarzenberg, die 1269—84
in dem Pfarrer Reinhard oder Reinher und 1313 in Rupert
eigene Prediger besaß[1]), fiel in dem Lehnbriefe kein Wort.
Die Ansprüche derer von Ballhausen auf die Kirche konnten
auch unmöglich schwer wiegen; denn als 1284 Helwig von
Adelshausen den Schwarzenberger Kirchzehnten an sich riß,

---

1) Urk. vom 23. April 1269 (Kloster Eppenberg) und vom
1. September 1313 (Martinsstift in Cassel) im Staatsarchiv Marburg.

ließ der Official der Propstei Fritzlar die Sache durch die
Pfarrer von Körle und von Melsungen untersuchen und
wies Helwigs Übergriffe zurück, ohne Widekind' und Berthold von Schwarzenberg und deren Oheime im mindesten
zu Rate zu ziehen oder zu erwähnen. Darum hielten sich
Landgraf Heinrich II. und dessen Sohn, der unter dem
Namen Otto der Schütz berühmt geworden ist, für berechtigt, das Patronatsrecht über die Schwarzenberger
Kirche dem Martinsstifte in Cassel zu schenken[1]). Papst
Urban V. bestätigte die Schenkung und beauftragte (1366)
den Bischof Ludwig von Halberstadt, das Martinsstift in
den Genuß der ihm erteilten Rechte zu setzen. Das mochte
für die Schwarzenbergische Familie Nachteile und Demütigungen im Gefolge haben, aber schießlich handelte es sich
doch um eine kirchliche Stiftung, welcher das Mittelalter
mit Nachsicht begegnete. So erteilte J o h a n n II. von
Schwarzenberg (R. No. 92. 99) seine Zustimmung, zu seinem
Seelenheile und dem seiner inzwischen verstorbenen Eltern.
Er verzichtete (1372) ausdrücklich auf sein bisheriges Anrecht am Schwarzenberger Kirchlehen und an den Kirchen,
die dazu gehörten (in den Dörfern Schwarzenberg und
Röhrenfurt).

Nun war aber Johann II. nicht der einzige Erbe, sondern
es lebte noch ein jüngeres Mitglied der Familie, H e l f r i c h
(R. No. [101]. 103—107), ein Vetter oder ein Bruder Johanns, der erst nach 1351 geboren war. Auf diesen
Jüngling scheint man weiter keine Rücksicht genommen
zu haben.

Landgraf Heinrich II. und sein Nachfolger Hermann
hatten in den siebziger Jahren des 14. Jahrhunderts mit
der Ritterschaft und den Städten Hessens arge Kämpfe zu
bestehn, und da wurden die wenigen Treuegebliebenen auf
Kosten der Feindseligen und der Lauen mit Gnaden und
Gütern ausgestattet. Ritter Walther von Hundelshausen

---

1) Kuchenbecker, Anal. Hass. IX, 210. R. No. 96. 97.

der Jüngere gehörte, im Gegensatze zu anderen Mitgliedern seiner Familie, zu den Freunden des Landgrafen. Darum belehnte ihn Hermann der Gelehrte (1379) mit einer Geldsumme, die in erster Linie aus den Einkünften des Gerichtes und Gutes zu Schwarzenberg und anderen Gefällen des Dorfes bestritten werden sollte. Wenn man die Urkunde von 1417, die unten noch zu besprechen ist, vergleicht, so war dies ein gewaltthätiger Eingriff in die Rechte der Familie Schwarzenberg. Helfrich faßte es auch so auf und begab sich zum Erzbischof Adolf I. von Mainz, dem er seine Kraft und sein Schwert zur Verfügung stellte. Adolf war der Erzfeind Hermanns des Gelehrten [1]). An den Kriegen des Erzbischofs gegen Hessen hat Helfrich ohne Frage teilgenommen. Im Sommer 1385 ernannte Adolf den jungen Schwarzenberg und dessen Leibeserben zu Burgmannen auf dem Bischofsstein im oberen Eichsfelde. Dies sollte die Belohnung sein für geleistete Dienste und diejenigen, welche er dem Erzstifte noch leisten würde. Ein festes Haus freilich, das dann als Burglehen galt, mußte er sich dort erst bauen. Helfrich ging in seiner Gegenurkunde unbedenklich auf diese Bedingungen ein, nahm auch nicht den mindesten Anstoß an der Spitze, die sich gegen Hermann den Gelehrten richtete. Was der Landgraf nämlich von den Schwarzenbergischen Lehen- und Eigengütern an sich risse, sollte Helfrich, sobald er es zurückgewönne, dem Stifte zu Lehen auftragen, überdies auch 200 Gulden baren Geldes.

Mit dem braunschweigischen Herzoge Otto dem Quaden und dem Landgrafen Balthasar von Thüringen verbündet, begann der Erzbischof zwei Jahre später seinen Hauptfeldzug gegen Hessen. Er eroberte und teilte mit seinen Bundesgenossen drei hessische Städte: Rotenburg an der Fulda, Melsungen und Niedenstein. Bei Melsungen endete

1) Vgl. W. Friedensburg, Landgr. Hermann II. von Hessen und Erzb. Adolf I. von Mainz, in der Ztschr. f. hess. Gesch. N. F. XI, 138 u. s. w.

das von den drei Fürsten besetzte Gebiet unmittelbar an
der Schwarzenberger Feldmark. Ob Helfrich sich wieder im
Dorfe seiner Väter festgesetzt oder Einkünfte von da bezogen hat, ist unsicher. Bei der Nähe der befreundeten
Streitkräfte durfte er das aber wohl wagen. 1392 befand
er sich in der Stadt Melsungen und untersiegelte dort einen
Schenkungsbrief für das Georgshospital. Sein Siegel zeigte
noch die Ballhausischen Widderhörner, aber sie waren flach
und winzig geworden im Laufe der Jahre, ein Symbol für
den Niedergang des Geschlechts.

Nach dem Tode des Erzbischofs Adolf vermochte der
gedemütigte Landgraf von Hessen sein Haupt zu erheben.
Sieben Jahre lang hatte er seine drei Städte in Feindes-
händen gesehen, jetzt erhielt er sie zurück (1394). Zahlreiche Urkunden mit genauen Einzelbestimmungen sind aus
der Zeit des Friedensschlusses erhalten, aber vom Schicksale
des Dorfes Schwarzenberg und seines Herrn berichtet keine.
Helfrich hielt jedenfalls an seinen Ansprüchen zähe fest.
Erst nach dem Tode Hermanns des Gelehrten schloß er mit
dem Landgrafen Ludwig I. einen Vertrag, worin er auf
Schwarzenberg endgültig verzichtete (1417). Er überließ
den hessischen Fürsten das G e r i c h t und das Dorf, nach
dem er sich nannte, und andere Güter, die dort und im
Gerichte Melsungen lagen, erklärte die Lehenbriefe für
kraftlos und versprach deren Rückgabe.

Viertehalb Jahre danach entschädigte ihn Erzbischof
Konrad von Mainz. Er belehnte ihn mit zwei Hufen Landes
zu Bartdorf unter dem Bischofssteine (Groß-Bartloff auf
dem Eichsfelde), mit einer Hufe im Luttergrunde bei Groß-
Bartloff und 5 Gulden Geldes zu Schnellmannshausen (s.
Treffurt a. d. Werra). So wurden Helfrichs Interessen
einzig und allein auf das mainzische Eichsfeld beschränkt.
Die Hoffnungen und Bestrebungen seiner Jugend hatte er zu
Grabe getragen, und bald folgte er ihnen nach, der letzte
Sproß eines edlen Geschlechts.

5. Schloß Klein-Ballhausen und Ballhäuser ohne
erkennbaren Zusammenhang mit dem Haupt-
geschlechte.

Sowohl im Dorfe Groß- wie in Klein-Ballhausen befand
sich ehemals je eine Burg. Nach der Überlieferung, die
schwer auf ihre Glaubwürdigkeit zu prüfen ist, lag das
Schloß Groß-Ballhausen auf der Stätte des jetzigen Grünen
und Roten Hofes. Durch Erbteilung in der Familie von
Hausen sollen diese beiden Gehöfte auf den Trümmern der
alten Burg entstanden sein.

In einer Urkunde (um 1258) wird Eckhard I. von
Klein-Ballhausen genannt. Hier war also der Sitz
des Geschlechts. Und gerade über das Schloß Klein-Ballhausen vermögen wir einige bestimmtere Angaben zu
machen [1]. Vor Jahren waren im Dorfe noch Trümmer und
Gräben vorhanden, die an die Feste erinnerten. Die Gräben
hat der jetzige Besitzer, Minister Lucius von Ballhausen,
einebnen und auf der alten Burgstätte sein neues Herren-
haus errichten lassen. Es liegt dicht beim Dorfe und bildet
mit diesem einen ununterbrochenen Zusammenhang.

Wenn es schon mit Schwierigkeiten verbunden ist, die
Lage der beiden Burgen festzustellen, so stößt die Darstellung
ihrer älteren Geschichte noch auf größere Hindernisse. Das
rührt von folgenden Ursachen her.

So lange Eckhard I. um die Mitte des 13. Jahrhunderts
in Ballhausen Urkunden ausstellte, ist mit hoher Wahrscheinlichkeit das Schloß Klein-Ballhausen als sein Wohnsitz
anzunehmen. Diese Wahrscheinlichkeit hört bereits bei
seinen Söhnen auf, da ihre Verträge samt und sonders an
anderen Orten abgeschlossen wurden. Dann wird die Burg
Ballhausen im Zusammenhange mit dem Erzbischof von
Mainz und verschiedenen Fürsten und Adligen genannt.
Nun erhebt sich aber die heikle Frage, ob Groß- oder
Klein-Ballhausen gemeint sei. Denn erst gegen die Mitte

---

1) Nach gütigen Mitteilungen des Herrn Steuerinspektor Hoffmann, Kataster-Kontrolleur zu Weißensee in Thüringen.

des 14. Jahrhunderts beginnt man die beiden festen Häuser
regelmäßiger durch Vorsetzung der Eigenschaftswörter „groß"
und „klein" zu unterscheiden. Man möchte vermuten, daß
anfangs nur e i n e Burg vorhanden gewesen, Klein-Ballhausen,
und daß das Schloß Groß-Ballhausen erst erbaut wäre, nachdem das Cistercienser-Kloster (1326) von da nach Großen-
Furra verlegt war. Allein da jene Vermutung in den
Quellen auch nicht durch die leiseste Andeutung unterstützt wird, so sind mit Sicherheit auf die Burg Klein-Ball-.
hausen nur diejenigen Überlieferungen zu beziehen, welche
genügende Unterscheidungsmerkmale aufweisen. In den
folgenden Zeilen mußten aber zunächst noch andere Angaben berücksichtigt werden, wenn ihre Beziehung auf
Klein-Ballhausen auch nicht unbedingt feststeht. Sie geben
jedoch Aufklärung über Personen, die zuweilen den Namen
von Ballhausen führen.

Auf irgend eine Weise, vielleicht durch Kauf, gelangte
zu Beginn des 14. Jahrhunderts, also nach dem Aufhören der mainzischen Herrschaft, H u g o v o n H e r b s-
l e b e n in den Besitz des Schlosses Ballhausen. Beim
Friedensschlusse mit der Stadt Erfurt, die ja mit dem
Landgrafen Friedrich von Thüringen einen Kampf zu
bestehn hatte, stand Hugo von Herbsleben zu seinem
Landesfürsten im besten Verhältnisse, er gehörte zu den
20 Bürgen des Vertrages, die sich zum Einlager verpflichteten (1310)[1]. Aber dann trübte sich die Freund- ·
schaft, es kam sogar zu Gewaltthaten und offener Fehde
zwischen dem Fürsten und Hugo und dessen Söhnen. Im
Laufe des Streites veräußerten die letzteren das Schloß
Ballhausen an die Grafen von Hohnstein, von denen es
nach längeren Zwistigkeiten und Verhandlungen endgültig
in die Hände der thüringischen Landgrafen überging

---

1) H. F. A. v. Wangenheim, Regesten und Urk. des Geschl.
Wangenheim I Hannover 1857, II Göttingen 1872, II, 21 No. 23
(1310 Mai 29.).

(1319)[1]). Dort wahrte nunmehr ein landgräflicher Vogt den Nutzen seines Herrn[2]).

Ein Gut in Ballhausen, das Hugo von Herbsleben bisher eigentümlich besessen hatte, behielt er bei der Versöhnung als landgräfliches Lehen. Hier richtete er sich mit den Seinen wieder häuslich ein. Wenn in einer Urkunde (1317) „Hugo in Ballhausen" genannt wird[3]) neben den Söhnen Heinemanns von Herbsleben, so ist jener kein anderer als Hugo von Herbsleben. Das beweisen auch die dabei angeführten Besitzungen in Engeleben, einer Wüstung bei Vehra an der Unstrut, wo die von Herbsleben begütert waren. Und einer der Zeugen, unverkennbar durch den sonderbaren Namen Albert Nacht, bezeugte sonst (mindestens dreimal) Herbslebensche Verträge.

Sieben Jahre später, im März 1324, wird „Hugo von Ballhausen" mit seinen Söhnen Apele (= Albert), Jo[hann] und Hugo zusammengestellt. Das ist wieder Hugo von Herbsleben. Denn abermals sind es Güter in Engeleben, über die er verfügt; und nach einer Urkunde vom folgenden Monate[4]) hießen die Söhne Hugos von Herbsleben ebenfalls Albert, Johann und Hugo. Endlich ist Dietrich Zopf, der Lehensmann jenes Hugo von Ballhausen, zugleich Vasall Rudolfs und Johanns von Herbsleben; und sämtliche vier Zeugen bescheinigen (1323) auch eine Urkunde der eben erwähnten Herren von Herbsleben.

Hugo von Herbsleben, dessen Tod 1326 berichtet wird[5]), muß bereits im Sommer 1324 verstorben sein. Denn im September desselben Jahres verpfändete Markgraf Friedrich das Gut zu Ballhausen an die Ritter Hermann Gold-.

---

1) Jovins, Chronic. Schwarzburgicum, 5. Teil, Kap. VIII (Schoettgen et Kreysig, Diplomataria et script. hist. Germ. I, 315 D.). R. No. 76.

2) C. Beyer, U.-B. der Stadt Erfurt II, No. 14 (1322 Juni 8.).

3) G. A. B. Wolff, Chronik des Klosters Pforta, Leipzig 1843—46 II, 408 (1323). 417 (1326).

4) Wolff, Pforta II, 414.

5) Wolff, Pforta II, 417 (1326 Nov. 9.): Albert, Sohn Hugos in Hervisleben seligen Angedenkens.

acker und Tytze von Weberstedt. Er behielt sich aber
das Recht vor, die Besitzung nach 4 Jahren mit 682 Mark
lötigen Silbers wieder einzulösen[1]). Das hat er später
jedenfalls gethan, und die von Herbsleben sind wieder in
den Genuß des Lebens gelangt.

Im Jahre 1348 schrieb Heinrich Topelstein, Hauptmann
der Bürger zu Mühlhausen, an Günther von Herbsleben
über eine vorübergehende Erwerbung, die „Hugos Sohn
von Ballhausen" gemacht hätte[2]). Daß auch hier nur ein
Nachkomme Hugos von Herbsleben gemeint sein kann, er-
leidet keinen Zweifel.

Noch beinahe zwei Jahrzehnte später saß Heinrich
von Herbsleben mit seinem Sohne auf Ballhausen[3]). Unter
dem Namen Heinrich von Gebesee, wie sich bereits 1296
einer seiner Vorfahren nannte[4]), belehnte er die Gebrüder
Albrecht und Berlt von Hopfgarten mit einem Siedelhofe
zu Ballhausen, und sie schlugen (1365) dort ebenfalls ihre
Wohnstätte auf[5]). —

Über die Feste Klein-Ballhausen seien hier
noch einige Nachrichten hinzugefügt, die nach mensch-

---

1) U.-B. der Vögte von Weida, Gera und Plauen (Thür. Geschichtsqu., N. F. II. Band), Jena 1885—92, I, 268 No. 562 (1324
Sept. 4. Gotha).

2) Herquet, U.-B. der St. Mühlhausen No. 1001 (1348 Juni 10.).

3) Brückner, Hennebergisches U.-B., Meiningen 1845 ff., V,
154 No. 265 (1365 Mai 25.).

4) Wangenheim, Regesten II, 18 No. 19 (1296 März 4.): fra-
trum nostrorum, videlicet Alberti de Herversleybin et Henrici de
Gebese. — 1303 Freitag in der Osterwoche verkaufen Heinrich von
Herversleyben, genannt von Gebese, Johann und Heinrich, seine
Söhne, Ritter, dem Kloster Germerode Land zu· Welsbeche. Jul.
Schmincke, U.-B. des Klosters Germerode, in der Zeitschr. f. hess.
Gesch. N. F. I. Suppl. S. 73 No. 177.

5) F. B. von Hagke, Urkundl. Nachrichten über den Kreis
Weißensee, S. 316, 317, 396, 397. Ebendaher stammen auch die
folgenden Nachrichten, soweit keine andere Quelle angegeben ist. —
Nach Lehenbriefen von 1661 und 1690 besaßen übrigens die von
Werthern in Klein-Ballhausen sowohl ein Rittergut als auch
einen freien Siedelhof und einen freien Hof.

lichen Ermessen volle Zuverlässigkeit beanspruchen. 1336 versetzte sie der Markgraf Friedrich dem Grafen Dietrich· von Hohnstein auf 8 Jahre für 300 Mark lötigen Silbers. 4 Jahre später ward dem Ritter Rudolf von Reischach die Belehnung mit den Häusern „Wenigen-Balnhusen" und Tennstädt zugesagt, und (1344) nach dem Ablaufe der ganzen Versatzfrist bestätigte ihm der Landgraf, daß die Briefe über die „Veste zu Balenhusen" ihre Kraft behalten sollten. Im dauernden Besitze blieben die Reischachs nicht. Ob allerdings (1398) „Tylen von Wertirde gesessin zcu Wenigin-Balnhussen" [1]) die Feste oder das Gut gehörte, entzieht sich unserer Kenntnis. Dietrich von Hopfgarten und Reinhard und Peter Rost waren darauf die Inhaber des Schlosses Ballhausen. Sie gaben es (1402) um 300 Mark an Hartmann von Spira und dessen Söhne weiter. Hartmann .besaß es nicht länger als 5 Jahre. Es wurde um 305 Mark eingelöst, dann aber zu demselben Preise sofort wieder an andere Ritter verpfändet. 5 Mark mochten die von Spira daran verbaut haben. Denn durch den fortwährenden Wechsel des Besitzers litt der bauliche Zustand der Burg; niemand hatte offenbar Lust, für sein gutes Geld dem Nachfolger ein prächtiges und festes Bauwerk herstellen zu lassen.

Vom Ritter Heinrich Rußer lösten nach vier kurzen Besitzjahren (also 1411) Christian und Heinrich von Weberstedt das Schloß „Wenigen-Balnhusen" für 305 Mark ein, und Landgraf Friedrich der Jüngere ließ die Verpfändung auf den Namen jener beiden umschreiben. Die Burg befand sich jetzt in einem noch schlechteren Zustande, denn die beiden Weberstedter verbauten in kurzer Zeit 236 Gulden und erhielten vom Landgrafen (1413) die Versicherung, daß ihnen diese Bausumme bei der Einlösung des Pfandes zurückgezahlt werden sollte. Nach 2 Jahrzehnten hatte die Baufälligkeit eingestandenermaßen bedeutend zugenommen. Darum verschrieb Friedrich der Jüngere (1436)

---

1) Beyer, U.-B. der Stadt Erfurt II, No. 1122 (1398 Juli 15.).

Christian und Georg von Weberstedt zum Verbauen an
der Feste „Wenigen-Balnhusen" 100 Schock alter Groschen.
So hielt das alte Bauwerk wiederum einige Jahre. 1453
entschied Herzog Wilhelm von Sachsen einen Streit zwischen
den Kindern von Weberstedt und anderen Adeligen, die
Ansprüche auf Gut und Schloß erhoben. Dabei ging den
Weberstedtern, die eine hohe Schuldsumme nicht bezahlen
konnten, die Burg verloren. Die von Reckerode, Bendeleben und Heilingen begegnen uns dort, und seit dem Ende
des 15. Jahrhunderts die von Werthern. 1531 und 1534
wird das Schloß Klein-Ballhausen als wüst bezeichnet.
Alles Ausflicken hatte nichts geholfen, der Bau war dem
dem Zahne der Zeit zum Opfer gefallen. — —

Es bleibt übrig, noch einen Blick auf mehrere Träger
des Namens Ballhausen zu werfen, die abseits wandeln,
aber zum Teil doch wohl dem Geschlechte der Eckharde
zuzurechnen sind.

Schon in der letzten Hälfte des 13. Jahrhunderts wollen
sich einige Glieder in den Hauptstamm nicht einfügen, ver-
schmähen es auch, mit ihm irgend eine sichtbare Gemeinschaft zu unterhalten.

G e r b o t von Ballhausen (R. No. 47. [52]) tritt zuerst
(1278) in der Umgebung der Grafen von Schwarzburg auf
und bezeugt dann, mit dem Ritternamen ausgezeichnet,
höchst wahrscheinlich die Urkunde einer adligen Witwe
für einen Erfurter Augustinermönch (1286). Bei dieser
Gelegenheit wird ihm aber nicht sein voller Vorname Gerbot
beigelegt, sondern der Schreiber begnügt sich mit einem
einfachen G. Mehr erfährt man über ihn nicht.

Ein H e r m a n n von Ballhausen, den wir als Hermann II.
bezeichnen wollen, taucht seit 1308 in der Gegend von
Mühlhausen auf (R. No. 67. 73). Er nahm in den Reihen
des landsässigen Adels eine Stelle ein. Bei der ersten
Erwähnung wird er ein Verwandter Günthers von Willerstedt
genannt, der in Mühlhäuser Urkunden mehrfach vorkommt.
Vermutlich war es dieser Hermann II., der seinen Tod durch

Mörderhand fand. Die Rache übernahm Friedrich von
Kühnhausen. Dessen Oheime Ludwig und Konrad stifteten
(1314) einen Vergleich zwischen ihm und dem eichsfeldischen
Kloster Reifenstein, das mit den Mördern durch irgend ein
Band verknüpft sein mußte.

Geraume Zeit nach der Mordthat wird Hermann III.
von Ballhausen in Urkunden der Ritter von Weberstedt
angeführt, die mit dem hessischen Kloster Kaufungen in
Verkehr standen (1334 und 1336, R. No. 84. 87. 88).
Der Stammsitz des Geschlechtes Weberstedt lag westlich
von Langensalza, also unfern der Reichsstadt Mühlhausen.
Unmittelbar in die letztere verweist eine dritte Erwähnung
Hermanns III. Er selbst und seine Frau Gertrud, geborene von Botichenrode, gaben (1336) die Erklärung ab,
daß mit ihrer Einwilligung Konrad von Botichenrode, Domherr zu Dorla, eine Wiese an das Deutschordenshaus in
der Neustadt Mühlhausen veräußert habe. — Im Jahre
1324 erwarb ja Tytze von Weberstedt, der mit dem Ritter
Dietrich von Weberstedt in der Urkunde von 1334 wohl
eine und dieselbe Person ist, das Gut Ballhausen. Daher
liegt die Möglichkeit vor, daß Hermann III. von Ballhausen
entweder Hermann Goldacker war, der zweite Pfandinhaber
des Gutes, oder noch wahrscheinlicher ein aus Ballhausen
gebürtiger Dienstmann derer von Weberstadt.

Mögen nun die hier aufgezählten Ballhäuser mit dem
Geschlechte der Eckharde verwandt sein oder nicht, es er-
leidet keinen Zweifel, daß sie zum Landadel gehören.

Nicht so fest steht das bei dem Geistlichen Konrad III. von Ballhausen (R. No. 93. 98). Wie sein be-
rühmterer Namensgenosse machte er Jechaburg (w. Sondershausen) zur Stätte seines frommen Wirkens (1363—67).
Er bekleidete dort die Vikarstelle an der Marienkapelle. —

Es gab auch bürgerliche Geschlechter, die sich
von Ballhausen nannten. Damit ist jedoch keineswegs bewiesen, daß sie mit den Adligen dieses Namens nicht durch
Bande des Blutes verknüpft waren. Denn mehr als einen

Sprößling von Ritterfamilien erblickte man in den Städten
bei einer bürgerlichen Hantierung oder wenigstens mitten
im Strome des städtischen Lebens. So erwarb, um nur
ein Beispiel statt vieler anzuführen, der 'Knappe Tilo von
Rusteberg (1359) das Göttinger Bürgerrecht (vgl. weiter
unten S. 282). Warum sollten also nicht unter den folgenden Ballhäusern Abkömmlinge des Rittergeschlechtes verborgen sein?

In der Reichsstadt Mühlhausen lebte um 1282 Hermann I. von Ballhausen als Ratsherr ¨(R. No. 48). Er
mußte noch ziemlich jung oder erst kürzlich in den Rat aufgenommen sein. Denn in der betreffenden Urkunde steht sein
Name erst an der vorletzten Stelle unter seinen Amtsgenossen.

Wenige Jahre später (1290) hielt sich an demselben
Orte Ludwig Ansinendank von Ballhausen mit seiner
Frau Christine auf (R. No. 54). Den merkwürdigen
Beinamen verdankte er augenscheinlich einer Redensart,
die er im Munde führte.

Aber nicht nur Mühlhausen, sondern auch Erfurt hatte
eine gleichnamige Familie aufzuweisen.

Als Schlußglied dieser ganzen Kette lebte hier ein
Heinrich von Ballhausen (1363–80, R. No. 95. 100.
102). Er war Ratsherr und besaß einen Kramhandel, den
man (sicherlich nach dem Hauszeichen) „zu den Affen"
nannte. Nachdem er sein Geschäft verkauft hatte, nahm
er, zusammen mit zwei anderen Erfurter Bürgern, Land
vom Grafen Heinrich von Schwarzburg zu Lehen. Ob seine
Frau Thele ihn mit Kindern beschenkt hat, ist unbekannt.

B. Namensvettern.

1. Struz und Schalun.

Man wird wohl nicht fehlgehn, wenn man die Familien
Struz und Schalun nach Groß-Ballhausen versetzt. Wenigstens
haben sie zu Klein-Ballhausen keinerlei Beziehungen. Dagegen verfügten die Schalun zu verschiedenen Malen über
Güter in Groß-Ballhausen.

In der Ausdehnung ihres Grundbesitzes und im Ansehen ihrer Mitglieder kamen beide Geschlechter dem Hause der Eckharde nicht im entferntesten gleich, dem Stande nach trat aber kein Unterschied zwischen ihnen hervor. Denn freier und ritterlicher Herkunft waren auch die Familien Struz und Schalun. Wenn zwischen ihnen und den eigentlichen Ballhäusern Verwandtschaft bestehn sollte, so kommt hierfür allein die Familie Struz in Betracht (R. No. 14. 108 [1]. 117 [10] — 119 [12]. 121 [14]). Und auch da sind nur sehr schwache Anzeichen vorhanden. Heinrich Struz wird in der kaiserlichen Urkunde von 1166 dicht vor Konrad von Ballhausen als Zeuge aufgeführt; und die Gebrüder Heinrich und Konrad genannt Struz von Ballhausen verzichten 1302 auf ihre Ansprüche an das Kloster Volkenrode und an dessen Leute (personas). Wenn man in Betracht zieht, daß Eckhard I. von Ballhausen dasselbe Kloster mit dem Vogteirechte über eine Hufe in Groß-Ballhausen beschenkte, und daß Berthold II. um 1300 Laienbruder in Volkenrode war, so glaubt man ja Spuren eines gewissen Zusammenhanges zu erkennen. Allein vom Nebelflecken bis zur Sonne ist ein weiter Weg.

1216 war Heinrich Struz unter den Zeugen, die der Versöhnung des Markgrafen Dietrich von Meißen mit der Stadt Leipzig beiwohnten. Konrad Struz bekleidete den Rang eines Diakonen zu Heusdorf bei Apolda (1291). Auch sonst kommt der Name Struz wohl vor, aber nicht bezeichnend genug, um auf den Wohnort Ballhausen bezogen zu werden. —

Die Urkunde von 1302 wird unter anderen durch Heinrich Schalun bezeugt (R. No. 84 [?]. 109 [2] — 116 [9]. 120 [13] — 123 [16]). Auf den ersten Blick erkennt man den fremdländischen Ursprung dieses Namens, während Struz urdeutsch anmutet. Mit Schalun bezeichneten unsere Altvorderen die Stadt Chalons in der Champagne und ebenso die Kleiderstoffe und Decken, die von da stammten. Der

Beiname konnte also ebenso gut einen Händler treffen wie einen wohlhabenden Mann, dessen Wams aus französischem Zeuge geschnitten war. Das letztere ist hier wahrscheinlicher[1]). Über den vornehmen Stand und das Wesen H e i n - r i c h s I. mit dem Beinamen S c h a l u n giebt eine Urkunde von 1220 Auskunft. Er hatte $11^1/_2$ Hufen zu Vehra an der Unstrut (sw. Weißensee) vom Grafen Lampert von Gleichen zu Lehen genommen, aber selbst wieder an mehrere andere ausgegeben. So stand er also auf der Leiter des Lehnswesens nicht auf der untersten Stufe. Das Recht des Stärkeren übte er rücksichtslos aus. Er belästigte und schädigte die Bewohner des Hofes, den das Kloster Pforta in Vehra besaß. Schließlich konnte der Abt Frieden und Wohlfahrt der Seinigen nur dadurch sichern, daß er die Hufen Heinrich Schaluns durch Kauf erwarb.

Die Familie Schalun war anfänglich freien Standes, denn sie nahm (1233) am Gaugerichte teil, zu welchem damals noch den übrigen, seit alters unfreien Ministerialen der Zutritt verwehrt war[2]). Auch sonst beweist Heinrichs Stellung in den Zeugenreihen, dicht hinter den edlen Herren von Vippach, seine vornehme Abstammung (1234, 1235).

Ein Jahrzehnt später werden H e i n r i c h S c h a l u n v o n B a l l h a u s e n und dessen Bruder S i e g f r i e d angeführt, vermutlich Söhne Heinrichs I. 1263 war Heinrich II. Ritter. Er suchte damals mit anderen Rittern einen Streit zwischen dem Kloster Pforta und denen von Salza zu schlichten. Der Zankapfel war wiederum der Unglücksort Vehra oder wenigstens die dortige Fischerei und andere Besitztümer des Klosters. In derselben Angelegenheit wird Heinrichs Name (Schalun von Ballhausen) noch zweimal erwähnt, im Frühjahr und Herbste 1266.

---

1) Eine Ableitung von dem Ortsnamen Scalun, Schallune (Hof vor Seehausen in der Altmark, vgl. Riedel, Cod. dipl. Brandenb. A, V, 302; XVI, 322) befriedigt weniger, weil vor den Familiennamen niemals de oder „von" gesetzt wird.

2) O. von Zallinger, Die Schöffenbarfreien des Sachsenspiegels, Innsbr. 1887, S. 256.

Heinrich III., zum erstenmale (1297) in Sangerhausen vorkommend, hatte einen Bruder, Namens Dietrich. Vielleicht verdient es Beachtung, daß bei ihnen (1313) der Name der Herkunft, von Ballhausen, vorangestellt wird, und dann folgt erst: genannt Schalun.

In der Kaufunger Urkunde von 1334 ist Heinrich genannt Schollen möglicherweise aus Schalun entstellt.

Mit dem Geistlichen Dietrich Schalun, Rektor zu Langensalza (1341), wollen wir die Reihe beschließen, obwohl sich die Familie noch Jahrhunderte lang verfolgen ließe und auch gegen Ende des Mittelalters (1483, 1496) in Ballhausen Güter besaß. Aber die eigentlichen Ballhäuser waren ja um diese Zeit längst ausgestorben, und etwaige Beziehungen schon vorher durch die räumliche Entfernung noch unwahrscheinlicher geworden.

2. Die von Ballenhausen im Leinegau.

Ein Balo, seinen Feinden ein „Verderbenbringer", schlug sich ein Haus im Leinegaue auf. In späteren Jahrhunderten nannte sich ein freies Geschlecht nach diesem Orte: von Balenhusen. Der Name ist von dem der thüringischen Familie nicht zu unterscheiden, aber soweit der Leinegau von dem Altgau entfernt ist, so tief ist die Kluft zwischen beiden Geschlechtern.

Das niedersächsische Ballenhausen liegt etwa 2 Wegstunden südlich vom Leineberge, auf dem das Gaugericht (Goding) abgehalten wurde; und von diesem Godinge führt ja die Stadt Göttingen den Namen. Trotz der Nähe der Stadt haben die Freien von Ballenhausen, soweit sich ermitteln läßt, keinen Verkehr mit ihr gepflogen, sie fühlten sich mehr zu Adel und Geistlichkeit hingezogen.

Als Stammvater des Geschlechts ist anscheinend Unoko (1135 bis etwa 1152) zu betrachten (R. No. 124 [1]. 126 [3]). Der Vorname ist ungewöhnlich, aber nicht einzig dastehend; auch ein Graf von Wernigerode hieß so [1]). Unoko von Ballenhausen tritt zum erstenmal auf, als von anderer Seite über Güter in seinem Heimatdorfe verfügt wurde. Ein anderer Freier, namens A z o,, über dessen Verwandtschaft mit Unoko nichts gemeldet wird, übergab dem benachbarten Kloster Reinhausen ein vollständiges Gut in Ballenhausen: Haus, Hof, beinahe 100 Morgen Landes und Mitbenutzung der Mark in Feld und Wald. Seine Erben waren damit einverstanden, da das Kloster sich verpflichtete, Azos Unterhalt zu übernehmen [2]). Als erster unter den Laien bezeugte der Freie Unoko die Schenkung. Neben ihm standen drei andere Freie, von denen Degenhard nnd Helmwig möglicherweise die Ahnherren der noch jetzt in der Nachbarschaft begüterten Freiherren von Bodenhausen sind [3]).

Heinrich der Löwe bestätigte (1168) die Besitzungen des Klosters Reinhausen, unter anderen die 3 Hufen Azos in Ballenhausen, ferner noch eine Hufe daselbst, die ein gewisser Othwin den Mönchen zugewandt hatte, und endlich den Ballenhäuser Berg [4]). Die Feldmark von Ballenhausen war an und für sich nicht sehr umfangreich; so konnte die Familie von Ballenhausen sich nicht durch Reichtum auszeichnen, aber Mangel litt sie um diese Zeit noch weniger.

Unoko, diesmal nach seinem Wohnsitze von Ballenhausen genannt, war in der Lage, dem Grafen Poppo von Blankenburg ein Darlehen von 4 Mark zu geben; er knüpfte

---

1) Samml. ungedr. Urk. u. anderer zur Erläuter. der niedersächs. Gesch. gehör. Nachr. Bd. I, Gött. 1749—52; Bd. II, Hann. 1754. II, 34 (1006 April 9.).

2) In welcher schmählichen Weise die Mönche sich der Unterhaltungspflicht zu entziehen suchten, das erläutert die verfälschte Urkunde, die Scheidt hat abdrucken lassen. Vgl. R. No. 124 (1).

3) Vgl. R. No. 129 (6) von 1225 und Orig. Guelf. III, 505 (1168): Item in Alwardeshusen unum mansum, quem Helmwicus in concambio dedit pro manso in Bodinhusen; endlich bezeugt ein Helewicus de Bodenhusen 1148 eine Urkunde, worin Erzbischof Heinrich I. von Mainz eine Schenkung an das Kloster Ichtershausen bestätigt: Anemüller, U.-B. des Klosters Paulinzelle (Thüring. Geschichtsq., Bd. VII, N. F. Bd. IV), Heft 1, Jena 1889, S. 32 No. 23.

4) Origines Guelficae, Hann. 1752, III, 505 (1168 Juni 2.).

die Bestimmung daran, daß das Geld dem Kloster Reinhausen zurückgezahlt würde. Daß der unruhige Poppo statt dessen die Güter des Abtes Reinhard und seiner Mönche ausraubte, war Unokos Schuld nicht.

Ein jüngerer Zeitgenosse Unokos, vielleicht sein Sohn, war Reinhard von Ballenhausen. Er befand sich (1151) in der ansehnlichen Versammlung, vor welcher der Erzbischof Heinrich I. von Mainz den Grafen Hermann von Winzenburg mit dem Schlosse Schonenberg belehnte (R. No. 125 [2]). Reinhard wußte seine Freiheit noch zu bewahren; reicheres Einkommen hätte ihm die Stellung eines Ministerialen gebracht, aber die persönliche Unabhängigkeit war dann für immer dahin.

Nach einem starken Menschenalter soll Otto I. von Ballenhausen gelebt haben (R. No. 127 [4]). Die Urkunde, in der er als Zeuge angeführt wird, trägt aber die Merkmale der Fälschung. Da indessen viele von den übrigen Zeugen auch in anderen Urkunden derselben Zeit genannt werden, warum sollte gerade Ottos Name aus der Luft gegriffen sein? Sicherlich ist es aber unrichtig, wenn er zu den Ministerialen gezählt wird.

Denn der erste Dienstmann in der Familie war Heinrich I. von Ballenhausen (R. No. 128 [5]. 129 [6]. 136 [13]. 138 [15]). Vermutlich befand er sich in mainzischen Diensten. Mit dem Erzbischof Siegfried traf er (1221) in Erfurt zusammen, kam also in die nächste Nähe seiner thüringischen Namensvettern. Da er wohl noch ein junger Mann war, erhielt er seinen Platz ganz am Ende der Zeugenreihe. Der eichsfeldische Vitztum Terricus von Rengelrode und der thüringische Vitztum des Erzbischofs Terricus von Apolda, sowie Berthold von Geismar und andere standen vor ihm.

Vier Jahre danach hatte Heinrich den Ritterschlag empfangen. Er hielt sich in der Heimat auf und bezeugte mit Helmwig und Degenhard von Bodenhausen und anderen Rittern aus der Nachbarschaft eine Urkunde des Abtes von Reinhausen.

Es mag noch derselbe Heinrich sein, der um die Mitte
des Jahrhunderts in Gemeinschaft mit seinen Rosdörfer
Verwandten den Zehnten in Dramfeld verkaufte. Käufer
war der Abt Dietmar von Reinhausen. Dramfeld, nicht zu
verwechseln mit Dransfeld, liegt südwestlich von Göttingen,
dicht beim ehemaligen Kloster Mariengarten.

Zum letzten Male erscheint er in Nordhausen (1256) im
Gefolge des Grafen Heinrich von Hohnstein. Da dieser
Heinrich von Ballenhausen aber nicht mit der Ritterwürde
ausgezeichnet ist, so bleibt es eine offene Frage, ob hier
nicht ein jüngeres Familienglied in Betracht kommt.

Heinrichs Zeitgenosse, Otto II. von Ballenhausen
(R. No. 130 [7]. 131 [8]), war noch nicht in den Stand der
Ministerialen hinabgestiegen. Daß aber an den Wurzeln seiner
Freiheit schon die Not nagte, das beweist die Veräußerung
seines Gutes Settmarshausen (zwischen Göttingen und Drans-
feld), welches er wohl durch Heirat oder Erbschaft erworben
hatte. 120 Mark Silbers war der Preis, den das Kloster Ame-
lunxborn, in der Gegend von Holzminden gelegen, dafür bezahlte. Den Zehnten vom neuen Rodelande trug der Ritter
Johann von Settmarshausen von Otto zu Lehen; Johann ver-
zichtete jetzt gegen eine Entschädigung von 9 Mark. Den
Zehnten von der alten Settmarshäuser Feldmark aber gaben
Hermann von Uslar und dessen Lehnsleute zu Gunsten des
Klosters auf. Ottos II. Söhne Hermann I. und Dietmar
erklärten sich einverstanden, Graf Albert der Jüngere von
Everstein bestätigte zu Uslar das Kaufgeschäft, alles schien
in schönster Ordnung. Da erhoben sich plötzlich ungeahnte
Schwierigkeiten. Ritter Ludwig von Rohrberg, der ein
Stückchen südlich von Ballenhausen, im jetzigen Kreise
Heiligenstadt, seine Heimat hatte, machte auf Settmarshausen
ein angebliches Erbrecht geltend; er war also ein Ver-
wandter Ottos II. Gewaltsam setzte sich Ludwig in den
Besitz des Gutes, das erst nach längeren Streitigkeiten und
Klagen vom Kloster Amelunxborn zurückgewonnen wurde.
Aber noch war der Besitz nicht sicher. Der Abt mußte
nach einigen Jahren (1245) abermals in den Beutel greifen,

um Otto III. und Arnold von Ballenhausen und deren Mutter Mechthild abzufinden (R. No. 133 [10]). Diese, vermutlich Schwägerin (Schwester?) und Neffen Ottos II., hatten ebenfalls ein Anrecht auf Settmarshausen.

Und endlich waren da noch Bertram und Florenz von Ziegenberg, die erst 1250 vor dem Vogte Hermann von Ziegenberg und den Burgmannen von Münden ihren Verzicht erklärten[1]). Hoffentlich hat das Kloster dann Ruhe gehabt.

Otto III. (II.?) führte ums Jahr 1246 die Bezeichnung Vogt von Ballenhausen (R. No. 134 [11]. 135 [12]). Er mochte die Vogtei über die Güter des Klosters Reinhausen in seinem Heimatsorte ausüben. Wichtiger ist es, daß die 3 Urkunden, in denen er vorkommt, kaum eine andere Person erwähnen, als Ritter und Knappen von Hardenberg. Hermann der Ältere und Hermann der Jüngere sind ihres Vornamens halber besonders hervorzuheben.

Hermann I. von Ballenhausen, Ottos II. Sohn, trat im Jahre 1253 neben eichsfeldischen Adligen als Zeuge auf (R. No. 130 [7]. 136 [13]. 137 [14]). Die Urkunde stellten die Grafen Konrad und Friedrich von Klettenberg aus, die in Ballenhausen begütert waren. Die Geldnot, in der Otto II. steckte, bedrängte auch seine Söhne. Hermann verkaufte mit seinem Bruder Dietmar zusammen dem Kloster Reinhausen den Zehnten im benachbarten Alwardeshusen (jetzt wüst).

Dietmar (R. No. 130 [7]. 132 [9]. 136 [13]) setzte die Verkäufe fort und fand an dem gleichnamigen Abte von Reinhausen einen willigen Abnehmer. So gingen anderthalb Hufen in Alwardeshusen und dann noch eine halbe Hufe daselbst in das Eigentum der Mönche über. Zur Veräußerung gaben Dietmars Erben ihre Zustimmung, nämlich Otto und Arnold von Rusteberg. Die Vornamen der letzteren machen es wahrscheinlich, daß sie zu Mechthild von Ballenhausen und deren Söhnen in einem näheren

---

1) Falke, Cod. trad. Corbeiens. S. 867 No. 247.

Verwandtschaftsverhältnisse standen. Oder sind sie gar dieselben Personen wie Otto und Arnold von Ballenhausen?

Dietmar war in jüngeren Jahren mit seinem Vermögen nicht gerade haushälterisch umgegangen. So schenkte er 1241, damals bereits Ritter, dem Kloster Lippoldsberg an der Weser (sw. Uslar) den ganzen Zehnten zu Bunekenhusen, das jetzt als Wüstung zur Feldmark von Großenschneen (s. Göttingen) gehört. Er hatte den Zehnten von dem Edelherrn Hermann, Vogte von Ziegenberg, zu Lehen. Beide, Hermann von Ziegenberg wie Dietmar, verzichteten darauf, um Vergebung für ihre Sünden zu erlangen. Ob sie sich gemeinsam gegen das Kloster vergangen hatten, oder ob die Redewendung ganz allgemeinen Sinn hat, bleibt unklar.

Es ist schon oben berührt, daß Dietmar keine Nachkommen besaß, sondern daß zwei Mitglieder der Familie Rusteberg ihn beerbten. Über Hermann I. liegt keine ähnliche Nachricht vor.

Den folgenden Ballenhäusern weist Johann Wolf, der Geschichtsschreiber der Hardenbergischen Familie[1]), einen Platz in diesem noch jetzt blühenden Geschlechte an. Dafür sprechen auch mancherlei Umstände. Der Knappe Hermann II. von Ballenhausen (R. No. 139 [16]. 140 [17]. 143 [20]. 145 [22]) führt (1279) auf seinem Siegel den Namen Hermann von [Hard]enberg; 13 Jahre später nennt er sich ebenso, wenn auch von dem Geschlechtsnamen nur der letzte Buchstabe G übrig geblieben ist. Sein Wappen stimmt mit dem Dietrichs von Hardenberg, des nachmaligen mainzischen Amtmanns auf Ballhausen in Thüringen, zum Verwechseln überein. Und gerade diesen Dietrich von Hardenberg nennt Hermann II. von Ballenhausen seinen Oheim väterlicherseits (patruum). Wenn man auch die schwankende Bedeutung der Verwandschaftsnamen in Betracht zieht, so

---

1) Johann Wolf, Gesch. des Geschl. v. Hardenberg, 2 Bde., Göttingen 1823/25, I, 73. 74.

muß man hier doch Wolf[1]) beistimmen. Die eigentlichen Ballenhäuser ·sind demnach bald nach der Mitte des 13. Jahrhunderts ausgestorben, und die Überbleibsel ihrer Besitzungen erbte teils ein Mitglied der Familie Hardenberg, teils Otto und Arnold von Rusteberg.

Hermann II. aus dem Hause Hardenberg führt in den Urkunden den Geschlechtsnamen von Ballenhausen. 1279 gab er die Erklärung ab, daß mit seinem Willen sein Oheim Dietrich von Hardenberg den halben Zehnten von Lutteringehusen (bei Hardegsen) dem Nonnenkloster Fredelsloh (zwischen Moringen und Dassel) verkauft habe. Als Zeuge steht Werner von Hardenberg da. Außer ihm ist Hartwig von Rohden bemerkenswert, weil er 13 Jahre später wiederum eine Urkunde Hermanns II. bezeugt. In dieser letzteren verpfändete Hermann von Ballenhausen, von Geldnot gepeinigt, das Dorf Krumelen, das vor Zeiten bei Moringen lag, für 4 Mark dem Propste von Fredelsloh. Die Wiedereinlösung für dieselbe geringe Summe behielt er sich vor. Die Lage der beiden Wüstungen Krumelen und Lutteringehusen weist eher auf ursprünglich hardenbergische als auf ballenhausische Besitzungen hin. Hermann II. scheint es bis zum Ritterschlage garnicht gebracht zu haben, am 14. April 1303 lebte er nicht mehr.

In naher Verwandtschaft mit ihm stand vermutlich Bruder Dietrich von Ballenhausen, Mönch im Kloster Walkenried (R. No. 141 [18]). Es verlohnt sich der Mühe, hier zu wiederholen, daß der Ritter Dietrich von Hardenberg der Oheim Hermanns II. von Ballenhausen war, und daß er vom Erzbischof Gerhard von Mainz zum Amtmann von Ballhausen in Thüringen bestellt wurde. Ein anderer Dietrich von Hardenberg war übrigens Kanonikus in Hildesheim [2]).

Hermann II. hinterließ einen unmündigen Sohn mit

---

1) Wolf kannte freilich kaum 3 von den älteren Mitgliedern der Familie Ballenhausen.

2) Würdtwein, Subsidia diplomatica, Heidlb. 1772 ff. I, 231 (1341 Januar 9.).

Namen Werner (R. No. 142 [19] —146 [23]). Im Jahre
1303 war Werner Knappe, also mindestens 14 Jahre alt.
Hildebrand von Hardenberg hatte die Vormundschaft übernommen, erregte aber bald die Unzufriedenheit seines
Mündels und Neffen (nepotis). Der Vormund verkaufte
nämlich nach und nach Besitztümer, auf die auch seine
Verwandten ein Anrecht hatten. Neben mehreren Hardenberger Vettern und Basen erklärte sich Werner von
Ballenhausen (1303) damit einverstanden, daß in Holtensen
bei Moringen eine Hufe an das Kloster Amelunxborn veräußert würde. Im Beginne des nächsten Jahres verfügte
Hildebrand ebenso über den Zehnten von Rosdorf (wsw.
Göttingen), den er und seine Miterben von dem Edelherrn
Gerhard vom Berge zu Lehen trugen; Gerhard hatte ihnen
aber kurz vorher das Lehenrecht geschenkt[1]). Der Käufer
des Zehnten war das Kloster Walkenried am Südharze.
Dem Kaufbriefe nach bekannte Werner von Ballenhausen
in Gegenwart und mit Ermächtigung seines Vormundes
Hildebrand, daß er kein Anrecht auf den Rosdorfer Zehnten
besäße; wenn das dennoch der Fall wäre, so begebe er sich
seines Rechtes und verspreche, den Kauf nicht anzufechten.
Obwohl Werner also Verzicht geleistet hatte, mußte die
Sache wohl nicht ganz in Ordnung sein, denn die außer-
gewöhnlichen Anstalten und Bestätigungen zeugten von
einem bösen Gewissen: Am 24. Januar 1304 wurde die
Urkunde in Göttingen ausgestellt und von Hildebrand besiegelt, am 27. hängten noch 6 andere Adlige ihre Siegel
daran, und abermals 3 Tage später beurkundete und bestätigte der Dechant Johann von Nörten den Verkauf und
Werners Verzicht. Der letztere aber sah sich nach mäch-
tiger Hilfe um. Zunächst wandte er sich an den Braunschweiger Herzog Albrecht II. Allein Albrecht überzeugte
sich schließlich, daß nicht er, sondern der Erzbischof von
Mainz Oberlehnsherr und Eigentümer des Rosdorfer Zehnten

---

1) Walkenrieder U.-B. II, S. 24 No. 641 (1304 Jan. 3.
Minden).

war [1]). Dabei beruhigte sich Werner nicht. Wenn wir nicht irren suchte er darauf den Grafen Otto von Everstein für seine Sache zu erwärmen [2]). Als das ebenfalls mißlang, stellte er sich unter die Vormundschaft der hessischen Edelleute Werner und Heinrich von Schweinsberg. Mit ihnen begab er sich (1307) nach Cassel und suchte die Entscheidung des Prinzen („lantgravius iunior") Johann von Hessen nach. Am Verkaufe des Rosdorfer Zehnten ließ sich nichts mehr ändern, doch errrang Werner von Ballenhausen auf diesem Wege eine anständige Entschädigung, nämlich 26 Mark reinen Silbers. Damit konnte er eher zufrieden sein als mit dem Füllen, das ihm der Abt von Walkenried für den Verzicht versprochen hatte.

Hierauf scheint allmählich wieder ein leidliches Verhältnis zu den Hardenberger Verwandten eingetreten zu sein. Denn Werner verkaufte (1310) an Hildebrand, dessen Bruder und zwei Vettern das Dorf Krumelen und andere Güter. Auf dem Dorfe lag jetzt eine so hohe Pfandsumme, daß Werner beim Verkaufe nichts mehr ausbezahlt erhielt.

Damit verschwindet er aus den Geschichtsquellen. Der Geschlechtsname von Ballenhausen lebte noch fort; die Inhaber gehörten aber zu anderen Familien. —

H e i n r i c h II. von Ballenhausen (1330—1350, R. No. 147 [24] —149 [26]), Scholastikus der Nörtener Kirche, war ein Glied des Rittergeschlechts v o n G r o n e. Er ward zuweilen auch Heinrich von Grone genannt (1341) [3]); in diesem Falle schließt die Hinzufügung des Titels „Scholastikus der Nörtener Kirche" jeden Zweifel aus. Gunzelin und Johann von Grone bezeichnet er bei anderen Gelegen-

---

1) Walkenrieder U.-B. II, S. 40 No. 663 (1305 Juli 1. Uslar) lieet aliquando ex inductu erroneo aliter fnit informatus. Werners Name wird dabei nicht genannt.

2) B. Chr. v. Spilcker, Beitr. zur älteren dtsch. Gesch, Arolsen 1827—33, II, 245 No. 284 (1305 Nov. 18.): Wernerus de Wallenhusen Z. in einer Urk. des Grafen Otto v. Everstein.

3) Joh. Wolf, Diplomat. Gesch. des Petersstiftes zu Nörten Erf. 1799, U.-B. S. 37 No. 33: Henricus de Grona ecclesie nostre scholasticus (1341).

heiten (1347, 1350) als seine Brüder. Eine Zeit lang war
er Kaplan zu Göttingen und hatte hier auch seinen Wohnsitz, nämlich in einem Hause des Deutschritterordens, das
bei der Marienkirche am Leinekanal lag. Im Frühlinge des
Jahres 1334 wohnte er an diesem Orte bereits nicht mehr[1]).
Wenigstens gilt dies von einem Priester Henric van Grone;
wir irren wohl nicht in der Voraussetzung, daß derselbe mit
Heinrich von Ballenhausen eine und dieselbe Person ist. Der
letztere blieb Kaplan in Göttingen, schlug aber seine Heim-
stätte in Ballenhausen auf, ob als Pfarrer an der dortigen
Kirche oder aus einem anderen Grunde, das verschweigen
die Quellen. Mit dem Rate der Stadt Göttingen stand er
in geschäftlicher Verbindung (1347). Den jüngeren Mitgliedern der Familie von Grone diente er einmal als Sach-
walter. Denn auf Veranlassung von Gunzelins Sohne, Udo
von Grone, übergab er dem Kloster Mariengarten ein Viertel
vom Zehnten zu Deiderode (nö. Hedemünden) gegen 14
Mark Silbers; er machte aber die Lösung gegen dieselbe
Summe zur Bedingung. Herzog Ernst von Braunschweig
bestätigte den Vertrag (1350). —

Nicht mehr als Heinrich von Grone hatte die Göttinger
Bürgerfamilie von Bolnhusen mit dem alten Adelsge-
schlechte von Ballenhausen zu thun. Jene tritt erst auf,
als dieses längst ausgestorben war. Die Präposition „von"
wird bei dem bürgerlichen Namen öfters ausgelassen. Eine
Herleitung von dem hannoverschen Ortsnamen Bollensen
wäre an und für sich möglich. Da aber gerade in Göttinger
Urkunden das Dorf Ballenhausen bei Reinhausen auch
Bolnhusen genannt wird, so erheben sich keine Bedenken
dagegen, die Heimat der Bürgerfamilie hierhin zu verlegen.

Heyse von Bolnhusen oder Bollenhusen läßt sich von
1377—1400 nachweisen, Tile von 1383—95. Beide nahmen

---

1) G. Schmidt, U.-B. der St. Göttingen I, 113 No. 131 (1334
Mai 12.). Vgl. I, 172 No. 183 (1350 Okt. 19.), aber auch I, 96
Anm. 1 (1327 Sept. 30.), wo ein anderer Heinrich von Grone vor-
kommt, dessen Geschwister Dietrich, Ludolf und Osteken heißen.

eine angesehene Stellung in der Stadt ein. 1392 waren sie zusammen Vorsteher der Kaufmannsgilde (magistri gildae mercatorum), 1395 Tile Mitglied des Rates, und Heyse 5 Jahre später Provisor des Bartholomäushospitals zu Göttingen. Vielleicht gehörte der Priester Heinrich Bollenhusen (1397) zu derselben Bürgerfamilie [1]). Ein Tile Bollnhusen trat 1445 zum letztenmal unter Göttinger Bürgern auf. In dem benachbarten Rosdorf dagegen war noch 1507 ein Bartold Bollnhusen „Alderman" [2]). —

Daß Otto und Arnold von Rusteberg die Erbschaft Dietmars von Ballenhausen antraten, ist oben bemerkt. Seit dieser Zeit fallen nicht selten Beziehungen der Familie von Rusteberg zum Dorfe Ballenhausen ins Auge. Besonders wichtig ist dafür das Braunschweiger Lehensverzeichnis vom Herbste des Jahres 1318 [3]): Während Arnold von Rusteberg mit dem Dorfe Deiderode nebst allem Zubehör belehnt wurde, wo ja später Udo von Grone einen Teil vom Zehnten besaß, und mit einer Hufe vor dem Schlosse Friedland, empfing Bruno von Rusteberg unter anderem den Zehnten von Ballenhausen zu Leben. Es war vielleicht einige Zeit danach, als die Hälfte vom Ballenbäuser Zehnten auf

---

1) G. Schmidt, U.-B. der St. Gött. I, 266 Anm. 3 (1377); I, 304 No. 291 (1379 Juni 11.); 1, 328 No. 306 (1383); I, 367 No. 335 (1390 ¦März 1.); I, 372 No. 346 (1392 Febr. 1.); I, 417 No. 384 (1400 Mai 25.). — I, 299 Anm. 1 (1397 Okt. 23.) Heinrich. — Franz Lübeck, Chronik v. Göttingen, Blatt 93a (Urk. v. 1395 Aug. 24.), Handschr. „Göttingen 4" in der Universitätsbibliothek Göttingen.

2) Franz Lübeck, Chronik von Göttingen, Bl. 114b, 202b. — Ein Ritter Asquinus de Bollenhusen, anscheinend ganz anderer Herkunft, bezeugte 1258 eine Urkunde des Grafen Burghard von Wölpe. Th. Schramm, 16 Barsinghäuser Urk. in der Ztschr. f. Niedersachs. Jahrg. 1858, Hann. 1860, S. 114 No. 4.

3) Sudendorf, Urk. zur Gsch. der Herzöge von Braunschw.-Lüneh. Hann. 1859 ff., I, 171 No. 303 und Anm. v. — Mit 3 Hufen in Ballenhausen wurde Berthold von Ludolfshausen belehnt, mit der Vogtei über 4 Hufen daselbst (die des Klosters Reinhausen?) Bruno von Bodenhausen.

Otto von Rusteberg, einen Bruder Arnolds[1]), als lebens-
längliches Lehen überging. Demselben wurden vom Herzoge auch zahlreiche Güter in Friedland übertragen.

Andere Besitzungen in Ballenhausen hatten Heinrich
von Rusteberg und dessen Frau Gertrud inne, verkauften
sie indessen (1345) an das Kloster Reinhausen[2]).

Der Knappe Tile von Rusteberg erwarb (1359) das
Bürgerrecht der Stadt Göttingen. Nach seinem Tode wurden
seine Söhne Arnd und Hans Feinde der Stadt und erlitten
durch die Fehde mancherlei Schaden in "Bolnhusen". Tiles
Witwe Jutta, einer Schwester des Ritters Berthold von
Winzingerode, gelang es dann aber, den Göttinger Rat zu
einer billigen Entschädigung zu bestimmen[3]).

Der halbe Zehnte zu Ballenhausen blieb in der Familie
Rusteberg bis zu deren Aussterben (1437), dann gelangte
er an die von Bodenhausen[4]). Die letzteren verfügten aber
später auch über ein Gut und über ein Vorwerk von 4 Hufen
in Ballenhausen[5]). Ob das mit ihrer Vogtei zusammen-
hing?

C. Siegel.

Das Siegel der Familie von Ballhausen im Altgau
ist in mehrfacher Hinsicht bemerkenswert. Das Wappen-
bild stellt zwei Widderhörner dar. Desselben Abzeichens
bediente sich eine große Gruppe von thüringischen Geschlechtern: die Stranz von Döllstädt, die von Ballstädt,
von Lichtenberg, von Zimmern, angeblich auch die von
Kreuzburg und von Mülverstedt. Mit einem Widderhorne
begnügten sich die von Salza, von Straußfurt und von

---

1) 1317 Jan. 6. Gebrüder Arnold, Heyso und Otto von Rusteberg. Urk. im Staatsarch. Marburg (Kloster Lippoldsberg).

2) Urk. im Staatsarch. Hannover (Kloster Reinhausen).

3) G. Schmidt, U.-B. der St. Gött. I, 313 No. 297 (1381 Aug. 14.)
u. S. 313 Anm. 1.

4) v. Haustein, Urkundliche Gesch. des Geschl. von Haustein,
I, Reg. No. 226.

5) Urk. vom 15. Juni 1483 im Staatsarch. Marburg (Wilhelmi-
tenkloster zu Witzenhausen).

Güntersleben [1]). Zum Teil läßt sich noch nachweisen, daß es sich um verschiedene Zweige einer und derselben Familie handelt, so bei denen von Salza und von Straußfurt, denen von Kreuzburg und von Mülverstedt; bei anderen ist der Zusammenhang, der etwa früher bestanden hat, gänzlich aufgelöst.

Was die von Kreuzburg und von Mülverstedt betrifft, so fehlt dem Gehörn auf ihrem Siegel die bezeichnende Umbiegung nach außen, das sind also nicht Widder-, sondern Steinbock- oder Ziegenhörner [2]). Unmöglich kann man aber darin, wie Herquet will, das Geweih des späteren Mülverstedtischen Hirschkopfes erblicken.

Die Stranz von Döllstädt hatten ursprünglich (noch 1280) wie die von Salza nur ein Widderhorn im Wappen [3]), später aber führten sie durch Aufnahme des zweiten Hornes eine vollständige Übereinstimmung mit dem Ballhausischen, Ballstädter und Lichtenberger Siegel herbei. Auf Tafel II, Fig. 1 und 2 sieht man die Siegel Hermanns Stranz von Döllstädt des Älteren und des Jüngeren vom Jahre 1302 [4]). Sie bäugen an einer und derselben Urkunde des Magdeburger Staatsarchivs. Auf den ersten Blick springt die große Ähnlichkeit mit den Ballhausischen Siegeln in die Augen. Außer der Umschrift, die beide Male S. HERMANI STRANZ DE TVLLESTE(T)E zu lauten scheint, zeigt sich nur ein einziger unbedeutender Unterschied: die Widderhörner des Stranzischen Wappens springen in ihren

---

1) W. Rein, Mittelalterl. Familiengruppen, im Korrespondenzbl. des Gesamtver. dtschr. Geschichtsver. 1860, VIII, No. 46; 1861, IX, No. 4. — W. Rein, Thuringia sacra. I, 77. 100; II, 77. 86 u. s. w. — A. von Mülverstedt, Der abgestorbene Adel der Prov. Sachsen, in Siebmachers Wappenb., Nürnb. 1884, VI, 6. 7. 98. 163.

2) Siegel Ludwigs v. Mülverstedt-Kreuzburg (1268, 1274) bei Herquet, U.-B. von Mühlhausen, Taf. VIII, Fig. 43; Siegel Bertholds von Kreuzburg (1266 Dec. 13.) im Staatsarch. Marburg (Kloster Heida).

3) Schoettgen et Kreysig, Dipl. et script. I, Tafel III, Fig. 2. — Ztschr. f. thüring. Gsch. IV, S. 215 No. 4 u. S. 199 ff. — Mülverstedt, Tafel CVI u. S. 163 Anm.

4) Die Photographien der beiden Siegeltafeln verdanke ich der Güte des Herrn Archivar Dr. Theuner zu Münster in Westf.

Wurzeln weiter auseinander, sind also von Anfang an
stärker gekrümmt. Außerdem sitzen sie noch auf einem
verbindenden Stirnteile, an dem die Wollhaare des Widders
hängen. Der freie Raum an der unteren Spitze des Schildes
ist durch eine kleine Figur ausgefüllt, das persönliche Abzeichen des Siegelinhabers. Nur beim zweiten Siegel unserer
Abbildung ist das Abzeichen erkennbar: eine Rose. Nach
Mülverstedts Wappenbuche führte (1299) Hermann der
Ältere die Rose, Hermann der Jüngere dagegen eine Figur,
die einem M oder N gleicht. Stranz war übrigens nur der
Beiname einzelner Glieder im Hause Döllstädt. So heißt
es (1266): Giselher von Döllstädt und sein Bruder Hermann Stranz; und nach einer ungedruckten Urkunde von
1289 wurde das Patronatsrecht der Döllstädter Nikolaus-
kirche durch Hermann Stranz, Heinrich und Giselher von
Döllstädt dem dortigen Nonnenkloster geschenkt[1]. — —

Das älteste Ballhausische Siegel, das noch erhalten ist, bängt an einer Urkunde vom 19. Juni 1256
(Stadtarchiv Mühlhausen). Es unterscheidet sich in keiner
Weise von den ersten, die wir bringen (Tafel I, Fig. 1
und 2). Sie sind auch nur wenige Wochen jünger, vom
1. August desselben Jahres. Der Aussteller der beiden
Urkunden heißt Eckhard von Ballhausen; in der
Umschrift seiner Siegel ist dagegen zu lesen: SIG(IL.)
EKEHARDI DE SVMERIGGEN. Das Siegel Eckhards I.
von Ballhausen-Sömmern bietet die Widderhörner in der
größten und schönsten Ausführung. Vorzüglich in der oberen
Rundung liegt ein Schwung, wie er später nicht wiederkehrt.
Die Wollhaare der Widderstirn zieren als artige Fransen
die Wurzel der Hörner. Zur Ausfüllung des leeren Raumes
ist in die untere Spitze eine Art von Nagelbohrer einge-
zeichnet, zugleich ein persönliches Merkmal des Siegel-
führers. Das Siegel Eckhards I. von 1265 (Tafel I, Fig. 3)
an einer Urkunde des Magdeburger Staatsarchivs befestigt,
scheint von einem anderen Stempel herzurühren, obwohl in

----

1) Rein, Thur. sacra, II, 156 No. 191. — Urk. von 1289 im
Staatsarch. Gotha.

der Stellung der Buchstaben keine Abweichung hervortritt. Die Hörner sind etwa um 1 mm kürzer, ihre Ausläufer um eine halbe Drehung mehr nach innen gezogen. Auch erscheinen die Querreifen wagerechter als an den früheren Siegeln, und an der Hornwurzel fehlt der feine Strich, von dem die Schlußfransen ausgehn. Durch Abnutzung des Petschaftes läßt sich das nicht alles erklären.

Am Siegel E c k h a r d s II. vom Jahre 1275 (Tafel I, Fig. 4 und 5) wie an dem seiner Brüder sind die Widderhörner kleiner und steifer geworden. Der Stempelschneider Eckhards II. hat statt der feinen Fransen rohe Einschnitte in den Wurzeln der Hörner angebracht. Zum persönlichen Abzeichen dient ein Maueranker. Die Umschrift lautet: S^V. EKEHARDI DE BALLENHVSEN.

Beim Siegel B e r t h o l d s II., das an derselben Urkunde von 1275 hängt (Tafel I, Fig. 6), sind die Fransen unter den Hornwurzeln ganz weggeblieben. Zum persönlichen Abzeichen wählte er die Büste eines Gewappneten. Als Umschrift liest man: S^V. BERTOLDI DE BALLE[NHVSEN].

Das Siegel des dritten Bruders, H u g o s II., findet sich auf Tafel II, Fig. 3 abgebildet. Es stammt von einer Urkunde des Magdeburger Staatsarchivs aus dem Jahre 1292. Der Beschädigungen halber ist man nicht im stande, zu entscheiden, ob Zacken oder Fransen die Hornwurzeln abschließen. Von der Umschrift erkennt man S[IG. HV]GONIS DE BALLENHVSEN. Das eigentümliche Merkmal bildet ein Stern in der unteren Spitze.

Ein späterer E c k h a r d von Ballhausen — ich habe ihn als Eckhard V. bezeichnet — führt in den Jahren 1322 und 1336 eine Rose unter den Widderhörnern (R. No. 80. 85)[1]. Es ist also eine ausgeprägte Eigentümlichkeit der Familie, jeden Siegelinhaber durch ein besonderes Merkmal zu kennzeichnen.

Von dem hessischen Zweige des Geschlechtes führen wir das Siegel H e l f r i c h s v o n S c h w a r z e n b e r g aus

---

1) Schoettgen et Kreysig, Dipl. et script., Tom. II, Tab. V, Fig. 56.

dem Jahre 1392 vor (Tafel II, Fig. 4). Jedes der beiden
Widderhörner ruht auf einem schräggestellten Fuße. Sie
sind von einem Schildrande umgeben, der auf einem kreis-
runden Felde liegt, während alle Siegel der älteren Verwandten die Herzform zeigen. Anscheinend lautet die
Umschrift kurz und bündig: HELFRICH ·VŌ SWARCZ-
BERG. Für ein persönliches Abzeichen fehlt der Raum.
Die dauernde Trennung von der thüringischen Heimat und
vom Stamme der Familie mochte auch diese Eigenheit
ins Vergessen gebracht haben. — —

Das eigentliche Geschlecht von Ballenhausen im
niedersächsischen Leinegau hat kein einziges Siegel hinterlassen. Das Siegel von 1279, das wir Tafel II, Fig. 5
bringen, gehört Hermann II. von Ballenhausen aus
dem Hause Hardenberg an. Es ist ein Helmsiegel. Als
Helmzier dienen 2 riesige Schlüssel. Der dreiteilige, nach
oben gerichtete Bart ist nach auswärts gekehrt, die kleinen
Griffe sitzen wie Ohren an den Helmseiten. Der Vorname
Hermann läßt sich am Rande leicht bestimmen, vom übrigen
ist dagegen nur noch . . . enberg zu entziffern. Es leidet
indessen keinen Zweifel, daß man zu lesen hat: S. HERMANI
DE HARDENBERG. Die jetzigen Grafen von Hardenberg,
deren Stammsitz zwischen Göttingen und Northeim liegt,
führen zwar seit vielen Jahrhunderten ein recht unähnliches
Wappen; nur in dem einer einzigen Linie sind noch Schlüssel
in ziemlich bescheidener Weise verwendet. Allein ihr an-
fängliches Siegel (1241) zeigte, ebenso wie das der Herren
von Rosdorf, nichts weiter als zwei Schlüssel derselben Art
und Gestalt. Dietrich von Hardenberg führte im Jahre
1270 — von der Umschrift abgesehen — sogar genau dasselbe Siegel wie sein Neffe Hermann II. von Ballenhausen [1].

---

1) Kuchenbecker, Erbhofämter der Landgratsch. Hessen, Beil.
S. 11. — Joh. Wolf, Das Geschl. der Herren von Rosdorf, Gött.
1812, S. 37. 38. — Joh. Wolf, Gesch. des Geschl. v. Hardenberg,
I, 76 und Fig. 1 und 2 der beigefügten Tafel.

Auszüge aus Urkunden [1]) und Chroniken zur Geschichte derer von Balenhusen.

Von
Dr. L. Armbrust in Marburg.

A. Das thüringische Geschlecht von Ballhausen.

No. 1.

1110 Juli 26. Erfurt. Ludwig der Springer, Graf zu Thüringen, und dessen Angehörige schenken dem Kloster Reinhardsbrunn die Kirche zu Sangerhausen. Zeugen: . . . (Äbte); Graf Erwin von Tonna, Henselin von Balnhusen, Gerhard Bruder Dietrichs, Hermann von Gudensberg, Gerhard von Willerstedt, Bebo von Spira; von den Vasallen des Grafen Ludwig: Adelbert von Heilingen, Gerhard von Mülverstedt.

Posse, Codex diplomaticus Saxoniae regiae I, 2, No. 25 (25. Juli 1110). — F. B. von Hagke, Nachrichten über die Städte, Dörfer und Güter des Kreises Weißensee, Weißensee 1867, S. 311. 394. — Dobenecker, Regesta diplomatica necnon epistolaria historiae Thuringiac I, No. 1058. — Das Werk von Hagke ist noch an vielen anderen Stellen mitbenutzt, wird aber nur hier genau angeführt, sonst durch ein einfaches H bezeichnet.

No. 2.

1144 Juni. Erfurt. Erzbischof Heinrich I. von Mainz bestätigt Schenkungen an das Peterskloster in Erfurt. Zeugen: der Bischof von Zeitz; zwei Grafen; mehrere Äbte und Pröpste; die Freien: Wigger von Wartburg, Meinhard von Mühlberg, Adelbert von Balenhusen; die Ministerialen: Berthold von Tüttleben u. s. w.

Codex dipl. Sax. reg. I, 2, No. 180 S. 126. — H. — Dobenecker I, No. 1490.

No. 3.

1160 August 9. Um Carcano, eine Feste Oberitaliens, zu entsetzen, greift Kaiser Friedrich I. die Mailänder an. Bei ihm befinden sich nur sehr wenige Deutsche, unter ihnen Herzog Berthold von Zähringen, ein Herzog von Böhmen und comes Conradus de Ballamixe. „Imperator vero cum suis Theotonicis et aliquibus aliis robuste contra Mediolanenses irruens fere usque ad carozolum ipsorum, ubi erat multitudo peditum Mediolanensium, eos impulit et magnam ipsorum peditum copiam . . . interfecit et boves ipsius carozoli occidit ipsumque carozolum incidit et crucem deauratam,

---

1) Diejenigen Regesten, welche auf die Archive in Hannover, Magdeburg und Marburg verweisen, habe ich persönlich aus den Originalen angefertigt. Von den übrigen Urkunden sind mir durch die verschiedenen Archivverwaltungen Abschriften oder Auszüge gütigst zur Verfügung gestellt worden.

que super perticam carozoli erat, atque vexillum ibi positum abstulit et multos ex ipsis tam equites quam pedites ad tentoria duxit."

Chronik des Lodesen Otto Morena: M. G. Scriptores XVIII, 626.

No. 4.

[1161] September 1. Landriano im Gebiete von Mailand. Konrad de Bellaluce Zeuge bei Kaiser Friedrich I. in einer Urkunde für den Grafen Rubald von Lavagna und dessen Neffen.

Stumpf-Brentano, Reichskanzler III, No. 354 S. 503. — Dobenecker II, No. 216.

No. 5.

1162 März 7.—10. Nachdem sich Mailand ergeben hatte, wählte Kaiser Friedrich I. sechs Lombarden und sechs Deutsche aus, die den Unterwerfungseid der Mailänder entgegennehmen sollten. „Et usque ad sabbatum proximum fecimus iurare quasi universos Mediolanenses, quos invenimus . . . . comes vero Conradus de Ballanuce et Girardus de Cornazano fecerunt fieri sacramenta per portam Romanam.

Acerbi·Morenae continuatio: M. G. Scriptores XVIII, 636.

No. 6.

1162 April 6. Pavia. Cunradus de Ballenhusen Zeuge in einem Vertrage Kaiser Friedrichs I. mit Pisa. Konrads Name steht am Ende der Fürsten und freien Adligen, dicht vor den Hofbeamten.

M. G. Leges IV, 1, S. 286, 44. — Dobenecker II, No. 230.

No. 7.

1162 Mai. Kaiser Friedrich I. setzt in der Lombardei Deutsche zu Gewalthabern ein: „comitem Conradum de Ballanuce (alias: Balamite) preposuit Ferrarie." Charakteristik Konrads: „Comes Conradus de Bellamitte (alias: Belamite; Ballanuce) erat stature non magne, albus, formosa facie, capillis albis, litteratus et sapiens, dulcis et affabilis, providus et in bello strenuus, tam lingua Theotonica quam Ytalica doctus et in consiliis imperatoris maxime potens."

Acerbi Morenae continuatio: M. G. Scriptores XVIII, 639. 641.

No. 8.

1162 August 18. Turin. Udo II., Bischof von Zeitz, Markward von Grumbach, Conradus de Balnhusen Zeugen in dem Lehnbriefe Kaiser Friedrichs I. für den Grafen Raimund von Barcelona. Konrads Name steht hinter den Fürsten und Adligen, aber vor den Hofbeamten.

M. G. Leges IV, 1, S. 308, 18. — Dobenecker II, No. 237.

No. 9.

1163 Oktober 28. Rückkehr Kaiser Friedrichs I. nach Lodi: „Die vero Lune, que fuit quarta dies ante Kalendas Novembris predicti anni reversus est de terra Theotonica christianus augustus in

civitate Lande cum Beatrice . . . comite Gabardo, Marcoardo et
comite Conrado de Bellanuce (ahas: Balamite, Ballunuce) . ."
Acerbi Morenae continuatio: M. G. Scriptores XVIII, 642.

No. 10.

1164 Januar 5. Faenza. Curandus de Balhusen Zeuge
bei Kaiser Friedrich I. in einer Urkunde für das Kloster San Bene-
detto di Polirone.

Stumpf, Reichskanzler III, No. 4003 und S. 548. — Dobenecker II,
No. 271. — Giesebrecht, Geschichte der deutschen Kaiserzeit VI, 424.

No. 11.

1164 August 10. Pavia. Konrad von Bellaluce (Bellelucen)
Zeuge bei Kaiser Friedrich I. für den Pfalzgrafen Hildebrand von
Tuscien.

Stumpf, Reichskanzler III, No. 150 S. 202. — Dobenecker II,
No. 277.

No. 12.

1164 September. Kaiser Friedrich I. kehrt mit fast allen Deutschen
heim. „Sequenti vero mense Septembris imperator cum imperatrice
causa legendi exercitus in terram Theotonicam cum omnibus fere,
qui secum ex Theotonicis in Longobardia fuerant, perrexit; suosque
missos et procuratores per omnes fere Longobardie eivitates, qui sua
iura suasque rationes, quas in Longobardia habere debebat, colligerent,
dimisit."

Anonymi Laudensis continuatio: M. G. Scriptores XVIII, 643.

No. 13.

[1164 Oktober — 1168.] Erzbischof Wichmann von Magdeburg
gestattet dem Wichard von Deliniz, eine Kirche in Lochau (bei Merseburg) zu erbauen, und überweist derselben zwei Dörfer. Zeugen:
Rokerus vicedominus Magdeburgensis ecclesie[1]), Godefridus, Hartmodus, Otto, Bertholdus, Anno Magdeburgensis ecclesie canonici;
Bertholdus de Grizlav, Conradus de Ballenhusen, Fredericus
de Lesnik, Fredericus de Langebuie.

G. A. von Mülverstedt, Regesta archiepiscopatus Magdebur-
gensis, Magdeburg 1876 ff., 1, No. 1398 S. 566. — Kehr, U.-B. des
Hochstiftes Merseburg (Geschichtsqu. der Prov. Sachsen, Bd. XXXVI),
Halle 1899, No. 105 S. 89. — Dobenecker II, No. 374.

No. 14.

1166 August 20. Schloß Boyneburg (ssw. Eschwege). Kaiser
Friedrich I. bekundet, daß er dem Erzbischof Wichmann und der
Kirche zu Magdeburg ein Schloß und eine Abtei übertragen habe.
Zeugen: ... (Bischöfe und Fürsten); ... (Grafen); ... (Geistliche);
Marquardus de Grumbac, burgravius Magdeburgensis Burcardus,
Theodericus burgravius de Kirburc, Heinricus de Buch, Conradus
Makecherve, Heinricus de Erdenbronnen, Heinricus Struz, Con-
radus de Balnehusen, Gero de Seburg und andere.

---

1) „Dieser Rocker kommt als Vitztum des Erzstiftes Magdeburg in Urkunden von 1160—68 vor." v. M.

Cod. dipl. Sax. reg. I, 2, No. 337 S. 229. — Dobenecker II, No.
324. — von Mülverstedt, Reg. Magd. I, No. 1455 S. 600. — O. v.
Heinemann, Codex diplomaticus Anhaltinus I, No. 497 S. 361. — H.

No. 15.

1170 Juli 25. Frankfurt. Kaiser Friedrich I. bestätigt einen
Gütertausch zwischen dem Abte Burghard von Fulda und dem
Landgrafen Ludwig von Thüringen. Zeugen: ... (Bischöfe und
Pürsten); comes Emico de Liningen, comes Boppo de Hollinde,
comes Rodulphus de Cigenhagen et comes Gozmarus frater eius,
comes Boppo de Hanestein, comes Bertholdus de Schowenburc,
comes Everhardus de Leine, comes Albertus de Balnehusen
et filius eius Conradus, Marquardus de Grumbach, Sibodo de
Frankenstein et alii quam plures.

Cod. dipl. Sax. reg. I, 2, No. 369 S. 257. — H. — Dobenecker II, No. 401.

No. 16.

1170 Juli 25. Frankfurt. Kaiser Friedrich I. bestätigt dem
Stifte St. Petersberg bei Goslar dessen Besitz und Reichsunmittelbarkeit. Zeugen: dieselben wie in No. 15. (Fälschung!)

Bode, Urkundenbuch der Stadt Goslar (Geschichtsquellen der
Prov. Sachsen, Bd. XXX), Halle 1893 ff., I, No. 268 S. 299. — Dobenecker II, No. 402.

No. 17.

1172 März 6. Erzbischof Christian I. von Mainz schließt einen
Vertrag mit Genua. Unter den Zeugen: Graf Macharins, die beiden
Vettern des Erzbischofs Friedrich und dessen Bruder, Graf Erwin
[von Tonna], Konrad von Balnehusen, Konrad Suevus, Otto
von Vesperde.

Konr. Varrentrapp, Erzbischof Christian I. von Mainz, Berlin
1867, No. 95 S. 135.

No. 18.

1172 März 19. Siena. Erzbischof Christian I. von Mainz bestätigt die Rechte und Besitzungen der Stadt Viterbo. Unter den
Zeugen: Graf Erwin [von Tonna], Reimbot und Friedrich Grafen
von Beichlingen, Konrad von Balnehusen, Otto von Vesperde
und italienische Grafen und Markgrafen.

Konr. Varrentrapp, Erzb. Christian, No. 96 S. 135. — Dobenecker II,
No. 442.

No. 19.

1174 Dezember 21. Vor Rovoreto. Kaiser Friedrich I. belehnt
den Grafen Wilhelm mit der Grafschaft Forcalquier. (Sententia de
non alienandis bonis comitatuum.) Zeugen: .... Conradus de
Balhusen als letzter der Deutschen, aber vor den italienischen
Markgrafen und Adligen.

M. G. Leges IV, 1, 337. 338, 23. — Dobenecker II, No. 489.

No. 20.

1176 Dezember 12. Cremona. Notariatsprotokoll über den Vertrag des Kaisers Friedrichs I. mit den Cremonesen. „Ipse impe-

rator die quodam dominico, qui fnit duodecimus intrante mense
Decembris, et in quodam casamento de ecclesia beate Agathe de
burgo Cremone iuravit per sancta dei euangelia per Conradum de
Bellaluce, cui ad hec omnia parabolam dedit . . . Item et Conradus de Bellaluce similiter et pro se iuravit.“

M. G. Leges IV, 1, 355, 8; 356, 13. — Dobenecker II, No. 510.

No. 21.

[Ende 1176—77] [1]). Vertrag zwischen dem Kaiser und der Stadt
Tortona. „Dominus imperator per mterpositam personam, scilicet
per Conradum de Belalus (alias: Belaliis) super animam suam
fecit iurare, quod civitas Terdona de eetero non destruetur . . . .
Sieut Conradus de Belalus (alias: Belaliis) iuravit pro domino
imperatore et pro se, sic et principes et nobiles subscripti iuraverunt
pro se.“

M. G. Leges IV, 1, 392, 1; 393, 14. — Dobenecker II, No. 511.

No. 22.

1177 August 1. Venedig. Friedensschluß des Kaisers mit dem
Papste und dem Könige von Sicilien, Waffenstillstand mit den
Lombarden. „(Forma iuramenti decem magnatum imperii): Ego
C. Moguntinus, ego Ph. Coloniensis, ego V. Magdeburgensis, ego
B. (Arnold!) Treverensis archiepiscopi, ego D. Pactaviensis, ego C.
electus Warmaciensis, ego A. imperialis aule protonotarius, ego C.
quondam Mantuanus episcopus, ego G. cancellarius et ego C. comes
(Anm.: Conradus de Balnhusen) iuramus in animabus nostris
super hec sancta dei euangelia, quod pacem ecclesie atque imperii et
pacem regis Siciliae usque ad quindecim annos et treuguam Lom-
bardorum usque ad VI annos, sicut statutum est et scriptum per
mediatores utriusque partis, bona fide servabimus absque fraude“ . .

M. G. Leges IV, 1, 367. — Dobenecker II, No. 524.

No. 23.

[Um 1206.] Propst Werner von Jechaburg bekundet, daß der
Streit mit dem Kloster Walkenried um einen Gütertausch beige-
legt sei. Zeugen: Christian Dechant, Friedrich Scholastikus, . . .
Friedrich von Nordhausen Priester, Konrad von Ballenhusen,
Heinrich von Salza Priester etc.

Stumpf, Acta Moguntina, S. 137. — Dobenecker II, No. 1323.

No. 24.

1250 Januar 5. Der Deutschmeister Albert von Hallenberg
übergiebt dem Müller Heinrich aus Gottern die Mühle bei der
Kilianskirche in Mühlhausen. Zeugen: . . . (Brüder vom Deutschen
Orden); Henricus de Kornre, Rodolfus Winmann, Fridericus Trut-

---

1) Das Protokoll, das unter anderem in einer Urkunde Kaiser
Heinrichs VI. vom 4. Februar 1193 enthalten ist, wird gewöhnlich
vom 4. Februar 1183 datiert. Stumpf, Reichskanzler III, No. 410
S. 575 und Giesebrecht, Deutsche Kaiserzeit VI, S. 536 setzen den
Schwur aber Ende 1176 oder 1177. Später (etwa 1183) scheint der
Vertrag Zusätze erhalten zu haben. M. G. Leges IV, 1. 391.

lindis, Henricus Wederoldi, Tidericus Baldeberti, Meinardus frater suus, Bertoldus de Ballenhusen, Conradus de Effeldere etc. Ķ. Herquet, Urkundenbuch der ehem. freien Reichsstadt Mühlhausen in Thür. (Geschichtsquellen der Prov. Sachsen, Bd. III), Halle 1874, No. 107 S. 33.

No. 25.

1250 Juli 4. Der Propst des Nonnenklosters zu Wechterswinkel vollzieht die Übergabe eines Dorfes und dreier Hufen an das Kloster Pforte vor Dietrich Grafen von Berka: „cum nos (Graf Dietrichı vice et mandato gloriosi domini nostri Misnensis et Orientalis marchionis, Thuringie lantgravii et Saxonie comitis palatini presideremus in Maspe[1]) iudicio provinciali, quod landinch vulgariter appellatur, secundum morem terre figurato iudicio et sententialiter instaurato... Acta sunt hec anno domini $M^{0}CC^{0}L^{0}$, IIII° Nonas Iulii in presentia eorum, quorum nomina sunt subscripta: Theodericus de Vipeche scultetus comitatus in Maspe, Guntherus comes in Keuirnberc, Albertus comes de Rauenswalt, Heinricus comes de Swarcburg, Guntherus comes de Blankenberc, Theodericus burgravius de Kyrchperc, Albertus comes de Clettenberc, Heinricus de Helderungen, Theodericus de Vipeche, Lutolfus et frater eius Heinricus de Alrestete, Heinricus et frater eius Ludewicus de Meldingen, Hugo de Salza, Albertus de Eueleiben, Heinricus et frater eius Rudolfus et Bertoldus de Yscerstete, Ekehardus et frater eius Hugo de Balnhusen, Heinricus de Kornre et alii quam plures."

P. Böhme, Urkundenbuch des Klosters Pforta (Geschichtsqu. der Prov. Sachsen, Bd. XXXIII, 1), Halle 1893, No. 129 S. 152.

No. 26.

1255 November 1. Erfurt. Ekkehardus de Ballenhusen dictus de Summeringen miles vertauscht mit Erlaubnis seiner Gattin Lucardis und unter Zustimmung seiner Söhne dem Abte Andreas und dem Peterskloster in Erfurt Güter. Eckhard gab ihm folgenden hin: in Walschleben (nw. Erfurt) Güter, die jährlich 3 Vierdunge einbrachten, in Raßdorf, einer Wüstung bei Witterda (nw. Erfurt), 4 Hufen und in Herbsleben an der Unstrut (A.-G. Tonna) ½ Hufe. Zeugen: venerabilis dominus Gerardus archiepiscopus Moguntinus, Fridericus praepositus Northusensis, dominus Heydenricus abbas Bursfeldensis, magister Bertoldus eiusdem archiepiscopi scriptor; Fridericus de Drivordia senior, Bertoldus vicedominus, Heinricus pincerna dictus de Appolt, Ecckehardus de Wartperg milites et ahi fide digni.

Joh. Fr. Schannat, Vindemiae litterariae, Fulda u. Leipzig 1723, II, 12 No. 20. — H.

No. 27.

1256 Juni 19. Sühne der Gebrüder Johannes und Hugo von Weidensee mit der Bürgerschaft von Mühlhausen wegen Zerstörung ihres Hofes auf der Burg. Zeugen: Ekehardus de Balhusen,

---

1) Die Gerichtsstätte Maspe (1237 Asp) soll bei Mark-Vippach, sö. Sömmerda, nach Sprötau hin, zu suchen sein.

Th. de Rettelheim, Hugo de Cornre, Cun. de Ammera, Th. de Cornre, C., Heinricus fratres dicti Dopelstein milites; Fridericns villicus etc. Anhängend die Siegel der Ritter von Ballhausen, Körner und Weidensee, sowie das sehr verstümmelte Stadtsiegel.

Herquet, U.-B. der Stadt Mühlhausen, No. 135 S. 46.

No. 28.

1256 August 1. Ballhausen (Kreis Weißensee). Ekehardus de Ballenhusen miles teilt dem Schultheißen, den Burgmannen und Bürgern zu Rotenburg an der Fulda mit, daß er seine Eigengüter in Leimbach, einer Wüstung südlich von Altmorschen, dem Kloster Heida (bei Altmorschen) übertragen habe. Seinen Knecht Friedrich von Burschla (servum etiam meum Fridericum de Burslo) ordnet er ab, um an seiner Statt vor ihnen (loco mei vobis presentibus) die Güter dem Kloster zu übertragen. Datum Ballenhusen anno domini M̊ C̊C̊ LVI⁰, Kal. Augusti. Anhängend das Siegel Eckhards v. B. Vgl. Tafel I Fig. 1.

Original im Staatsarchiv Marburg (Kloster Heida).

No. 29.

1256 August 1 ¹). Heida. Ekehardus de Ballenhusen ac Lucardis nostra contectalis der beider Söhne übertragen ihr Eigentum in Leimbach dem Kloster Heida. Zeugen: Bertholdus de Cruceburg, Ekehardus de Warberg, Hermannus de Reingotshusen, Rudegerus Monachus milites et alii fide digni. Datum Heyde anno domini M̊C̊C̊LVI⁰, Kal. Augusti. Das Siegel Eckhards v. B. anhängend. Vgl. Tafel I Fig. 2.

Original im Staatsarchiv Marburg (Kloster Heida).

No. 30.

1258 Januar 28. Ballhausen. Die Ritter Hugo und Johannes von Weidensee, Gebrüder, verkaufen dem Kloster Volkenrode (nö. Mühlhausen) Güter zu Bollstedt (ö. Mühlhausen). Sie selbst besiegeln die Urkunde, außerdem wird sie versehen mit dem Siegel avunculi nostri domini Ekehardi de Ballenhusen. Zeugen: Ekehardus de Warburg, Heinricus et Conradus dicti Toppelstein, Hermannus Stoc milites; Wideroldus rector ecclesie de Ballenhusen.

Herquet, U.-B. der Stadt Mühlhausen, No. 1034. — H.

No. 31.

1258 Januar 28. Ballhausen. Der Abt Albert und das Kloster Volkenrode tauschen Güter mit Ritter Eckhard von Ballenhusen. Das Kloster erhält von Eckhard: 1 Hufe in Kirchheilingen (ö. Bothenheilingen, nö. Langensalza) und 2½ Malter triplicis annonae. Er empfängt dafür: 1½ Hufen und 4 Morgen in Klein-Ballhausen. Außerdem giebt er seine Ländereien in Hochstedt (ö. Erfurt) hin,

---

1) Der Schenkbrief ist ursprünglich an einem anderen Tage ausgestellt, denn die Worte Kal. Augusti stehen auf einer Rasur; merkwürdigerweise auch der Name des Klosters: sancte Marie virginis in Heyde.

die innerhalb der Klosterflur liegen, und erhält das Klosterland,
das zwischen seinen Ländereien daselbst liegt. Acta sunt hec in
Ballenhusen anno domini M̊C̊CLVIII, quinto Kal. Februarii.
Orig. im Hauptstaatsarchiv Dresden, No. 576. — Auszug bei
J. H. Möller, Erwerb. u. Besitz. des Klosters Volkenrode, in der
Ztschr. f. thüring. Gsch., Jena, 1865, VI, 307. — H.

No. 32.

1258 März 13. Ballhausen. Ritter Eckhard von Ballenhusen verkauft dem Deutschordenshause zu Nägelstedt (ö. Langensalza) von seinen Gütern daselbst 2 Hufen, die er früher von der
Kirche zu Raßdorf (Wüstung bei Witterda nw. Erfurt) erworben hat.
Zeugen: Hugho de Widense, Guntherus dictus Slirzeil, Hermannus
dictus Sthoc, Heinricus dictus Topelstein milites; frater Lambertus, frater Heinricus de Scirbede, frater Bertholdus commendator
dom. Theut. in Negilstete; Meinhardus laicus, Theodericus scriptor
Ekehardi de Ballenhusen. Acta sunt in Ballenhusen anno domini
M̊C̊CLVIII, tercio Id. Marcii.
Orig. im Haupt-Staatsarchiv Dresden, No. 578. — H.

No. 33.

[Um 1258][1]) Oktober 2.—7. Eckhard Ritter de Minori
Ballenhusen schenkt das Vogteirecht über 1 Hufe in Ma[iori
Ballenhusen] dem Kloster Volkenrode. Zeugen: Wideroldus plebanus
in Maiori Ballenhusen; Ekehardus de Wartpurc, Volmarus de Wige-
leiben, Cun[radus dictus Topelstein?] . . . . Non. Octobris.
Orig., stark beschädigt, rechte Seite abgerissen, im Haupt-
Staatsarchiv Dresden, No. 1624 ss. — Auszug bei J. H. Möller in
der Ztschr. f. thüring. Gsch. VI, 306. — H.

No. 34.

1259 September 18. Ritter Eckhard von Ballenhusen,
dessen Frau Lukkardis und beider Söhne erklären sich mit einer
Schenkung Helfrichs von Rotenburg seligen Angedenkens einverstanden. Dieser, der Schwiegervater Eckhards v. B., hatte den Cisterciensern zu Hardehausen (bei Paderborn) den Zehnten in Mönchehof
(bei Cassel) übertragen. Eckhard leistet den Mönchen, wenn nötig,
Gewähr für den Besitz. Zeugen: dominus Gumpertus frater et
monachus eiusdem monasterii, dominus Iohannes plebanus in Surthen-
burg; dominus Albertus de Ebeleyuen, Ekkehardus deWarthberg,
Heinricus dictus Thobelstein milites; Theodericus scriptor et multi alii
fide digni.
Westfälisches Urkundenbuch, Bd. IV, Münster 1878—89, No.
805.

No. 35.

1262 Oktober 15. Ballhausen. Ekkehardus de Ballenhusen
dictus de Sumeringen[2]) miles bekundet, daß der Ritter Rüdiger

---

1) Pfarrer Widerold kommt auch am 28. Jan. 1258 vor (Regest
No. 30).
2) Westfäi. U.-B.: Sinnering.

genannt Mönch von Rotenburg und dessen Söhne den Hardehäuser Mönchen gegenüber auf alle Ansprüche an den Zehnten in Mönchehof Verzicht geleistet haben.
Westfälisches Urkundenbuch, IV, No. 915.

No. 36.

1262. Die Grafen Erf und Widekind von Bilstein belehnen Ernst von Kranichfeld und Gernod von Brunne, Bürger zu Mühlhausen, mit 6 Hufen in Holbach (sw. Ellrich am Harz). Zeugen: Fridericus nobilis vir senior de Drivordia et frater ipsius, dominus Eckehardus nominatus de Ballenhusen et Helfericus filius suus, Camerarius de Molehusen, Swicherus, Eckehardus Molendinarius dictus, Henricus et Theodericus de Cornre .... Wal[t]herus de Hunoldeshusen, Hugo de Widense etc. Das Stadtsiegel von Mühlhausen ist an beiden Ausfertigungen der Urkunde abgefallen.

Joh. Wolf, Gesch. des Eichsfeldes, I, Urk. No. XXXVII, S. 32. — Herquet, U.-B. der Stadt Mühlhausen, No. 166. — H.

No. 37.

1264 Oktober 11. Graf Heinrich von Hohnstein schenkt dem Hospital zu N. (Weißensee?) die Kirche in Mehler (nö. Mühlhausen). Zeugen: Eckhard von Ballhausen, Hartung von Kirchberg, Friedrich von Ehrich, Dietrich von Werthern, Eckhard von Berga, Hermann von Furra, genannt Farch; und Herr Heidenreich, Graf Heinrichs Kaplan.

Jovius, Chronicon Schwartzburgicum, cap. XV, bei Schoettgen et Kreysig, Diplomataria et scriptores, Altenburg 1753 ff., I, 179 B. — H.

No. 38.

1265 Mai 30. Ritter Eckhard von Ballenhusen bekundet daß er im Einverständnisse mit seiner Gattin Lickard und mit Erlaubnis seiner Söhne (Helferici, Eckehardi, Hughonis, Bertoldi et Rudolfi ac aliorum omnium puerorum meorum) dem Kloster Reifenstein (auf dem Eichsfelde, s. Worbis) eine halbe Hufe, ein Grundstück (aream) und einen Garten in Schwerstedt (sw. Buttstädt, Kreis Weißensee) verkauft habe. Zeugen: Eckehardus de Wartperg, Elherus de Arnsted, Conradus dictus Thopelstein, Berengerns de Webersted, Conradus et Henricus filii dicti Couradi Thopelstein et multi alii fide digni. Acta sunt hec anno domini M°C°C°LXV, III. Kal. Iunii. Siegler: der Abt von Volkenrode und der Aussteller. Beide Siegel beschädigt.
Original im Staatsarchiv Magdeburg. — H.

No. 39.

[Um 1265.] Eckh[ardus] miles de Ballinh[usen] dictus Sak bekundet, daß er sein Anrecht am Zehnten in Holtthusen dem Kloster Breitenau (am Zusammenflusse der Eder und Fulda) angewiesen und dafür die Klostergüter in Stuetren superiori (Ober-Stüter, westfäl. Kreis Hattingen) mit Ausnahme des Grundes und Bodens (praeter aream) erhalten habe. Zeugen: dominus Bertoldus de Cruceborc, Herwicus de Bodegerne, Eckh[ardus] de Wartberc, Wer[n]herus de Salzberc, Giso dictus Sprengel, Eckh[ardus] de Stuerten, Cunradus de Wernehe et alii

quam plures fide digni ... Acta sunt anno domini M̊CC̊'). Siegler:
Eckhard von Ballhausen. Siegel abgefallen.

Original im Staatsarchiv Marburg (Kloster Breitenau).

No. 40.

1273 November 14. Ehrich. Eckehardus, Hugo et Bertholdus fratres de Ballenhusen et Widekindus noster nepos
machen bekannt, daß ihr Zwist mit der Äbtissin Margaretha von
Gandersheim beigelegt sei. Von den Gandersheimer Gütern, die sie als
Vögte zu Tennstädt (Kreis Langensalza) von der Äbtissin zu
Lehen tragen, lassen sie den ganzen Jahresertrag freiwillig nach und
geben ihn als bezahlt auf (relaxavimus omnem annonam et solutam
dimisimus), weil sie Verwalter und Bauern (villicos et colonos) dadurch bedrückt hätten. Sie wollen auch in Zukunft den Vogtei-
leuten nicht eher Abgaben auferlegen, bis das Kloster seine Einkünfte
bezogen hat, und beim Eintreiben milde vorgehn, dagegen eifrig
dafür sorgen, daß das Kloster seine Abgaben erhält. Dies alles
war in Gegenwart der Äbtissin festgestellt. Die Aussteller versprachen
die Befolgung dieser Bestimmungen dem Edelherrn Gottschalk von
Plesse, dessen Sohne Otto, dem Kämmerer Heinrich und Hermann
von Uslar, dem Schultheißen Friedrich und dem derzeitigen Vogte
Bruning in die Hand. Zeugen: dominus Gotscalcus nobilis de Plesse,
Otto filius suus, Theodericus plebanus sancti Georgii in Gandersem,
Thidericus plebanus orientalis ecclesie in Tennenstede, Heinricus camerarius, Bruningus advocatus, Fridericus sculthetus in Erich, Arnoldus
de Wulfenchen, Hermannus Stock, Heinricus de Tennenstede et alii
quam plures. Siegel der Aussteller et Heinrici de Lebenstede, Ede-
leri de Arnestede, Hermanni de Vslaria et Heinrici de Tullenstede
militum ... Datum et actum Eriche anno domini M°CC°LXX°III'',
XVIII° Kal. Decembris.

J. Chr. Harenberg, Historia ecclesiae Gandershemensis diplomatica, Hannover 1734, S. 784; vgl. auch S. 531, 775, 1550. — H.

No. 41.

1275 Juli 26. Eckhard, Hugo und Berthold [von Ball-
hausen] „una cum Widekindo nostro fratruele" bekennen, daß
sie eine Hufe in Rangenrode (Wüstung in der Gegend von Morschen),
die jährlich 6 solidos denariorum zu zahlen hatte — diese Einkünfte
hatte der Ritter Guntram von Morschen von ihnen zu Lehen —
dem Kloster Heida zum ständigen Eigentum übertragen haben.
Zeugen: dominus Her[mannus] miles de Spangenberg, Sifridus miles
de Haldorf; Arnoldus plebanus in Milsungen; Ludewicus de Sluwines-
dorf, Henricus Winze, Gerhardus scultetus in Milsungen, Ludewicus iunior de Sluwintesdorf, Herelwicus (!) de Otolueshusen et
alii quam plures. Acta sunt hec anno domini M̊CC̊LXXV, in crastino b. Iacobi apostoli.

---

1) Die Schrift deutet aber auf die Mitte des 13. Jahrhunderts,
ebenso die Namen einiger Zeugen; Berthold von Kreuzburg läßt
sich in Urkunden von 1256, 1266 und 1267 nachweisen, Konrad von
Wehren 1267 und 1275, Herwig von Bödiger 1238, Eckhard von
Wartburg 1255—1265, Werner von Salzberg und Giso Sprengel je
zweimal 1269, ersterer auch 1253, letzterer 1255, 1259, 1260, 1267.

Eckhards und Bertholds Siegel anhängend, das Hugos fehlt. Vgl. Tafel I Fig. 5 und 6.

Original im Staatsarchiv Marburg (Kloster Heida).

No. 42.

1275 Juli 26. Schwarzenberg (n. Melsungen an der Fulda). Eckehardus miles de Ballenhusen verpflichtet sich mit seinen Brüdern, die Einkünfte von 6 sol. den., die der Ritter Guntram von Morschen von ihnen einstmals zu Lehen gehabt, und die sie jetzt den Nonnen zu Heida überlassen haben, binnen Jahresfrist aus dem etwaigen Lehensverhältnisse zu befreien. Augenblicklich vermögen sie nämlich nicht zu entscheiden, ob es sich um Eigentum oder Lehen handelt. Datum anno domini M̊CCLXXV apud Svarzenberg, in crastino beati Jacobi apostoli. Eckhards Siegel anhängend. Vgl. Taf. I Fig. 4.

Original im Staatsarchiv Marburg (Kloster Heida).

No. 43.

1276 April 22. Luitpold, Sohn des verstorbenen Luitpold Truchseß von Heimburg, giebt Güter im Dorfe Urbach (w. Ebeleben, in Schwarzburg-Sondershausen) den Söhnen des Northäuser Bürgers Gottschalk von Holzmarkt zu Lehen. A. 1276, X. Kal. Maii. Zeugen: avunculi mei Eckehardus de Balnehusen et fratres eius.

Urkunden des Stiftes Walkenried (Urkundenbuch des historischen Vereins für Niedersachsen Heft II und III), Hannover 1852, S. 287 No. 440.

No. 44.

1276 [Januar — September]. Gatersleben (b. Aschersleben). Mechthild, Ehefrau des Ritters Heinrich von Dunstedt, Margarethe, Ehefrau des Ritters von Alerstedt und Mechthild, Ehefrau Bertholds Ritters von Ballenhusen, geben ihre Zustimmung zu der Schenkung, die ihre Brüder Rudolf, Dietrich. Johann und Johann von Gatersleben dem Stifte Quedlinburg zugewendet haben.

O. von Heinemann, Codex diplomaticus Anhaltinus, II, 352 No. 487.

No. 45.

1277 Januar 4. Ulrich, geistlicher Richter und Scholastikus zu Jechaburg, macht bekannt, daß der Streit zwischen dem Propste des Klosters Capelle (in Schwarzburg-Rudolstadt) und Herrn Eckhard von Ballenhusen und dessen Brüdern über das Patronatsrecht der Kirche in Lützen-Sömmern (Luzelensumeringen) einem Schiedsgericht übertragen sei, nämlich domino Reinoldo plebano de Sumeringen sancti Gangolfi, domino Henrico de Gruningen militi, Heinrico de Sumeringen militi, Heidenrico dicto Velkenero de Gruzen militi, Bertoldo de Rotteleiben militi. Er (Ulrich) hätte dann Magister Heidenreich, Pfarrer in Markt-Greußen (Sondershausen), zugezogen und im Einverständnisse mit den Schiedsrichtern das Patronatsrecht dem Kloster Capelle überantwortet. Acta sunt hec anno domini MCCLXXVII in octava innocentum. (Michelsen hält dies für den 8. Jan. des folgenden Jahres.)

A. L. J. Michelsen, Codex Thuringiae diplomaticus. Jena 1854, S. 18 No. VIII; Jovius, Chronicon Schwartzburgicum, III, cap. I bei Schoettgen et Kreysig, Dipl. et script. I, 191. — H.

No. 46.

1277 September 23. Mainz. Erzbischof W[erner] von Mainz bestätigt den obigen Spruch über das Patronatsrecht der Kirche von Sumeringen, das dem Ritter E c k h a r d und dessen Brüdern v o n B a l n h a u s e n somit verloren geht. Datum Maguntie anno domini millesimo CCLXXVII, VIIII. Kal. Octobris. (Michelsen deutet dies als den 18. Sept., dann müßte aber XIIII. Kal. Octobris in der Urkunde stebu.)

Michelsen, Cod. Thuringiae dipl., S. 17 No. VII.

No. 47.

1278 September 25. Die Grafen Günther IX. und Heinrich X. von Schwarzburg treten ihrem Bruder Günther XI., Domherrn zu Magdeburg, das Dorf Sebergen ab. Zeugen: Ludwig von Brandenstein, Heinrich und Otto Gebrüder von Greußen, G e r h o t v o n B a l n h a u s e n , Heinrich von Ranis, Hermann, Konrad und Dietrich Gebrüder von Beulwitz.

Jovius, Chronicon Schwartzburgicum, II, cap. XVIII bei Schoettgen et Kreysig, Dipl. et script., I, 183 C. — H.

No. 48.

1282 März 27. Mühlhausen. Sühne zwischen den Mühlhäuser Bürgern von Göttingen und von Küllstedt wegen Ermordung Gottfrieds von Küllstedt. Als vorletzter der Mühlhäuser Ratsherren wird H e r m a n n v o n B a l l e n h u s i n genannt.

Herquet, U.-B. der Stadt Mühlhausen, No. 296 S. 118.

No. 49.

1286 Januar 6. B e r t a d e N o u o C a s t r o (= Naumburg s. Wolfhagen in Niederhessen) verkauft auf den Rat ihres Gemahls, des Herrn Giso Ritters von Ziegenberg, und mit Zustimmung ihrer Söhne W i d e k i n d und B e r t h o l d [von Schwarzenberg] dem Deutschen Hause in Marburg ihren Leibeigenen Herwig von Möllrich. Zeugen: Conradus de Uslathe miles, Gozwinus de Osterhusen, Heinricus Vingerhut scultetus und Bürger von Fritzlar.

Die letzteren und Giso von Ziegenberg sind Siegler. Siegel abgefallen.

Wyss, Hessische Urkunden (Publ. aus Preuß. Staatsarchiven III. Bd.) I, 338 No. 456; Guden, Codex diplomaticus, IV, 953 No. LXXVIII.

No. 50.

1286 Januar 6. Ritter Giso von Ziegenberg verbürgt sich für die Zustimmung seines zweiten Stiefsohnes B e r t h o l d [von Schwarzenberg] zu obigem Verkaufe.

Wyss, Hess. Urk., I, 339.

No. 51.

1286 Januar 6. Giso Ritter von Ziegenberg und dessen Stiefsohn W i d e k i n d [von Schwarzenberg] verbürgen sich eidlich dafür, daß B e r t h o l d [von Schwarzenberg], ihr Stiefsohn bezw. Bruder, obigen Verkauf für gültig erklären und bis zum Sonntage Quasimodogeniti (April 21.) in eigener Person zu Fritzlar auf den Leibeigenen H. v. M. Verzicht leisten wird. Wenn dies am 22. April nicht geschehen ist, wollen die beiden Aussteller sich in Fritzlar stellen und dort so lange bleiben, bis ihr Versprechen erfüllt ist. Datum anno MCCLXXXVI, in Epiphania domini.

Guden, Codex diplomaticus, IV, 954 No 79. Kurz erwähnt bei Wyss, Hess. Urk., I, 339.

No. 52.

1286 Februar 17. Agnes, Witwe des Ritters von Wirbach, gestattet dem Augustinermönche B. genannt Quadrans im Brühl vor Erfurt, einen von ihr erhaltenen Zins an den Pfarrer zu St. Martin daselbst zu verkaufen. Zeugen: G[erbot] d e B a l n h u s e n, C. de Mulde milites; G. de Erfort et H. de Lychstete cives in Salvelt et alii.

C. Beyer, Urkundenbuch der Stadt Erfurt (Geschichtsquellen der Prov. Sachsen, XXI. Band), Halle 1889, I. Bd., No. 361.

No. 53.

1289 Mai 26. (in crastino Urbani pape). Hermann und Johann, die Söhne des Ritters Giso von Ziegenberg, verzichten auf alles Anrecht an ihr Allod und ihre Mühle zu Martageshusen (Marzhausen n. Witzenhausen) zu Gunsten des Klosters Mariengarten (s. Göttingen). Siegler: Ritter Johann von Helfenberg und die Stadt Münden. Zeugen: Conradus de Berleuessen, Henricus de Reingoldeshusen milites; Johannes de Herste advocatus in Fridelant, W i d e k i n d u s d e S w a r z e n b e r g[1]) und andere.

Orig. im Staatsarchiv Hannover (Mariengarten, No. 53).

Gedruckt bei Scheidt, Histor. u. diplomat. Nachr. vom hohen u. niederen Adel in Teutschland. Hannover 1754, S. 88. — Gust. Schmidt, U.-B. der Stadt Göttingen (Niedersächs. U.-B., Heft VI), I, 23 No. 31.

No. 54.

1290 Juli (1.—6.). Das Brückenkloster in Mühlhausen verkauft an L o d e w i c u s dictus A n s i n e n d a n c d e B a l n h u s e n, dessen Frau C h r i s t i n e und Erben zwei Acker Landes.

Herquet, U.-B. der Stadt Mühlhausen, No. 363 S. 151

No. 55.

1292 Juli 1. Aachen. Der römische König Adolf (von Nassau) macht dem Erzbischof Gerhard von Mainz verschiedene Versprechungen:... Item castrum B a l l e n h u s e n, obligatum ipsi .. archiepiscopo et sue ecclesie Maguntine per nobilem virum Gerlacum de Bruberg, non repetemus ab ipsis, nisi mille marcis argenti puri primitus sibi datis .... Datum Aquisgrani Kal. Julii, indictione

---

1) Scheidt setzt hinter diesen Namen: „famuli", ein Wort, das im Originale fehlt; es entspricht aber den Thatsachen, denn alle folgenden sind Göttinger Bürger, denen solch eine Bezeichnung nicht zukommt.

20 *

V., anno domini MCC nonagesimo secundo, regni vero nostri anno primo.

Guden, Codex dipl.I, 862. -- H. Reimer, U.-B. der Herren von Hanau (Publikationen aus Preuß. Staatsarchiven, Bd. 48). 4 Bde. Leipzig 1891 ff., I, 526 No. 725. — H.

No. 56.

1292 Dezember 4. Die Gebrüder Eckhard, Berthold und Hugo genannt von Balnhusen bekunden, daß Johann, der Sohn Wilhelms von Weißensee, eine halbe Hufe in Schwerstedt (Kreis Weißensee), die er von ihnen zu Lehen hatte, dem Kloster Reifenstein (auf dem Eichsfelde) für fünf Mark Silbers und einen Vierdung verkauft und das Lehen in ihre (der Ballhäuser) Hände zurückgegeben hat. Die 3 Brüder haben nun vom Kloster eine Mark Silbers erhalten es dafür in das Eigentumsrecht der halben Hufe ein, auf die sie vor dem Gerichte (in publico plebiscito) zu Weißensee verzichtet haben. Zeugen: dominus Berthons viceplebanus in Swegerstete; Heidenricus de Cruzen, Berthous de Melre milites; Cunradus de Sumeringen, Theodericus de Eilichen, Gerhardus de Varnrode, Heinricus de Swegerstete. Thimo de Bichelingen et plures alii fide digni. Acta sunt hec anno domini MCCLXXXXII, pridie Non. Decembris.

Siegler: die Aussteller. Von Eckhards Siegel ein Stück anhängend, das Bertholds fehlt ganz, das Hugos anhängend, aber durch einen Querriß entstellt. Vgl. Taf. II Fig. 3.

Original im Staatsarchiv Magdeburg. — H.

No. 57.

1293. . . . Bie dissen getzyten woren in dem lande zu Hessen vile roupslosse unde mortkuten, die dan ire lehene nicht umbe den fursten entphaen wulden, sundern sie woren des lants fygent, etzliche uffenberliche, etzliche heymelichin. Die bestreid der lantgrave unde gewan sie; etzliche brach er zu grunde nidder, etzliche besatzste er mit den synen, unde in sunderheid dusse nachgeschrebin XVIII slosse: Blancksteyn, die tzwey Hoenfelssche, die tzwey Gudenberge, de Kesseberg uff der Eddern, Aldenburg, Rulkirchen, Rudelssen, Swartzenberg, Helffinberg, Wulffeshussen, Ruckershussen, Landessburg, Czigenberg, Pederssheyn, Ulrichsteyn unde Eyssenbach. Unde in sulcher masse hat he gar eyne reyne strasse gemacht unde gehalten.

So oder ähnlich erzählen: Wigandi Gerstenbergeri Chronicon Thuringico — Hassiacum (bei Schmincke, Monimenta Hassiaca, Cassel 1747—65, II, 433, und bei Ayrmann, Sylloge anecdotorum, Frkf. 1746), die hessische Reichronik (bei Kuchenbecker, Analecta Hassiaca. Marburg 1731, VI, 260. 261), die Excerpta chronici Riedeseliani Hassiaci (bei Kuchenbecker, Anal. Hass., VI, 461).

No. 58.

1294 Juli 4. (III. Non. Julii.) Die Gebrüder Günther und Friedrich, Vögte zu Salza, bekunden, daß Eckhard von Görmar einen Hof in Görmar (ö. Mühlhausen), den er von ihnen zu Leben hatte, dem Kloster Volkenrode (nö. Mühlhausen) verkauft hat. Dafür nimmt Eckhard v. G. 10 Äcker seines Eigengutes in Urbach

(Schwarzb.-Sondersh.) von den Vögten von Salza zu Lehen. Zeugen:
fr. Heinricus provisor hospitalis in Salza, Heinricus Alboldi ·sacer-
dotes et monachi; Heinricus magister marstabuli, Bertoldus de
Balnhusen conversi in Volkolderode; Gernodus de Wigeleiben et
Hermannus de Nuwenmarte milites.

Schoettgen et Kreysig, Dipl. et script., Bd. I (Historia monasterii
Volcolderodensis diplomatica), S. 776 No. 65.

No. 59.

1295 September 28. Cassel. Widekindus et Bertholdus
fratres de Swarcenberg bekennen, daß sie dem Landgrafen
Heinrich (I.), Herrn des Hessenlandes, seiner Gemahlin Mechthild
und beider Erben verkauft haben: einen Hof in Waldau mit ihrem
(nostra) Teile des Zehnten daselbst, alle ihre Geldeinkünfte in Fuldhagen, acht Malter jährlicher Abgabe in Krumbach, die Hälfte des
Zehnten in Elgershausen, einen Malter Weizen in Venne, die Hälfte des
Allods in Körle, das halbe Grundstück des Schlosses Schwarzenberg
(mediam partem aree castri Swarcenberg), den vierten Teil vom
Zehnten in Melsungen, alle Geldeinkünfte (omnem monetam)[1] daselbst,
das halbe Allod in Rotenburg mit dem Allod neben der Burg Rotenburg, die Ritter Thammo und Vollecop vom Landgrafen zu Lehen
haben[2]). Da die Aussteller kein Siegel besitzen, siegeln die Stadt
Cassel und Herr Giso von Ziegenberg. Zeugen: Ludewicus miles
dictus Kalp, Thammo de Alenhusen, Johannes Rithesel milites;
Wernherus de Gesmaria, Heinricus Conradi et Conradus de Gudensberg scabini in Casle et a. qu. pl. f. d. Datum in Oasie anno
domini MCCXC quinto, quarto Kal. Octobris.

Wenck, Hessische Landesgeschichte: Urkunden zum III. Bde.,
S. 163 No. 192.

No. 60.

1299. Die Ritter Friedrich von Rosdorf und Dietrich von
Hardenberg, Amtleute (officiati) des Erzbischofs Gerhard von Mainz,
bekunden, daß ihnen vom Erzbischof sein Schloß Mühlberg (nw.
Arnstadt) nach Lehnrecht verliehen ist, rückkäuflich zu 500 Mark.
Außerdem hat Gerhard sie zu Amtleuten (officiatos) eingesetzt in
Seebach (nw. Langensalza), Gleichenstein (Eichsfeld), Ballenhusen
und Bischofs-Gottern (= Großen-Gottern sö. Mühlhausen). Bezahlen
sollen die beiden den Burgmannen von Seebach 10 Mark und 9 Malter,
Ludwig von Kühnhausen 7 Mark nach dem Inhalte der ihnen über-
gebenen erzbischöflichen Urkunde, dem von Spangenberg 30 Mark.
Nach dem Rückkaufe Mühlbergs sollen auch die übrigen 4 Burgen
dem Erzbischof zurückgegeben werden.

---

1) Von einer Münzstätte in Mls. war bisher nichts bekannt.
H. Dr. Buchenau in Weimar hat jedoch im Kaufunger Funde eine
Münze entdeckt, die er nach Mls. (um 1240) verlegt. Er wird im
nächsten Jahrg. der Bl. f. Münzfreunde Näheres berichten. — Anscheinend zeigt die Münze das ältere Wappen der Ritter v. Rotenburg, Ringe (gegen Ende des 13. Jahrh. führten die R. v. R. aber
2 Querbalken im Schilde.)
2) Sämtliche Ortschaften sind zwischen Rotenburg a. d. Fulda
und Cassel zu suchen.

Joh. Wolf, Gesch. des Geschlechts von Hardenberg. Göttingen 1823—25, I, Urk. No. XXVII S. 30. — Würdtwein, Diplomataria Moguntina, Mainz 1788, I, 110.

No. 61.

1301 Mai 14. Graf Otto von Bilstein bekennt, daß er (cum consensu domine nostre Katerine) dem Landgrafen Heinrich (I.), Herrn des Hessenlandes, dessen Gattin Mechthild und den Söhnen beider seine Aktivlehen zwischen der Werra und dem Hainchen bei Altmorschen (usque ad silvam, que Hecheno appellatur) verkauft hat. Unter anderen haben Lehen vom Grafen Otto von Bilstein Eckhard Ritter, Berthold, Widekind und Hugo Brüder von Swarzenburg Güter in Waldau, Volthagen und Crumbach, den halben Zehnten in Ober-Melsungen und andere Güter. . .

Wenck, Hessiche Landesgeschichte, Urk. zum II. Bd., S. 248 No. CCIL.

No. 62.

1302 Oktober 28. (Actnm et datum anno domini millesimo trecentesimo secundo, quinto Kal. Novembris). Das Kloster Reinsdorf (nö. Nebra) verkauft dem Kloster Beutitz (w. Weißenfels) 14¼ Hufen Landes in verschiedenen Dörfern. Zeugen: abbas in Goska, dominus Conradus scolasticus Cicensis nec non Conradus sancti Othmari et Johannes sancti Wentzelai ecclesiarnm rectores in Nuenburgk; ac strenui viri Eckehardus de Ballenhusen, Heinricus de Glina milites cum pluribus al. f. d.

Schoettgen et Kreysig, Dipl. et script., II, 387 No. LV.

No. 63.

1303 August 13. Mühlhausen. Johann Kämmerer von Mühlhausen, seine drei Söhne und eine Tochter schenken dem Kloster Anrode (Eichsfeld) 1¼ Hufen Landes bei Helmsdorf (osö. Dingelstädt). Zeugen: dominus Gotfridus prepositus pontis Molhusen; Albertus Proyso, Echardus de Balnhusen milites; et Bartoldus de Worbeze opidanus in Molhusen et al. pl. fid. d.

Joh. Wolf, Eichsfeldisches Urkundenbuch. Göttingen 1819, S. 40 No. XLI. — Herquet, U.-B. der Stadt Mühlhausen, No. 540. — H.

No. 64.

1303 September 8. Ritter Eckehart von Ballenhusen und sein Sohn Eckehart übereignen dem Bruder Gottfried von Kornre (Körner), Landkomtur von Thüringen, und den gemeinen Brüdern des Deutschen Hauses zu Neylstete (Nägelstedt ö. Langensalza) auf Bitten Richards von Vrimar 1 Hufe Landes, 12 Acker in der Flur von Cletstete (Clettstedt nö. Langensalza) zu, nebst zwei dazu gehörigen Höfen. Zeugen: Heynrich von deme Hayne, Ditmar Schutze von Heylingen, Richart von Vrimar, Hartunc sein Bruder, Heynrich von Bremendorf. Geben noch der geburt unses herrn tusent jar druhundert jar in deme dritten jare, an unser vrowen tage der lezzeren. Siegel fehlt.

Original im Hauptstaatsarchiv Dresden, No. 1738.

No. 65.

1306 Januar 18. (in die beate Prisce virginis mart.). Die Gebrüder Dietrich und Heinrich von Hagen tauschen Güter mit dem Kloster Reifenstein (Eichsfeld). Zeugen: Theodericus dictus Saxon, Henricus et Rudegerus fratres dicti de Indagine, Eckehardus de Ballenhusen, Conradus dictus Lupus et quam pl. al.

Joh. Wolf, Politische Geschichte des Eichsfeldes. Göttingen 1792—93, Bd. I, Urk. No. 69. — H.

No. 66.

1306 März 30. Johann, Dietrich und Heinrich Kämmerer von Mühlhausen bezeugen den Verzicht Heinrichs von Mehler auf 1½ Hufen in Groß-Mehler (nö. Mühlhausen), die sein Vater Werner dem Kloster Volkenrode (nö. Mühlhausen) zur Entschädigung gegeben hatte. Zeugen: Bertoldus dictus Rappe et Johannes frater ipsius, frater Bertoldus de Balnhusen magister marstabuli, frater Henricus magister hospitum et frater Ernestus conversi de Volkolderode ac alii qu. pl. f. d.

Herquet, U.-B. der Stadt Mühlhausen, No. 564.

No. 67.

1308 Februar 5. (anno domini M⁰CCC⁰ octavo, Non. Februarii). Günther von Willerstedt söhnt sich mit dem Kloster Reifenstein aus, nachdem ihm für die 8 Hufen in den Feldern des Dorfes Hüpstedt (sö. Worbis) 4 Mark Silbers gegeben sind, zugleich um Sicherheit von seiten seines Verwandten Hermann von Ballhausen zu erkaufen (nec non et in emendam cognati mei Hermanni de Ballenhusen plenariam).

Joh. Wolf, Eichsfeldisches U.-B., S. 43 No. XLV. — H.

No. 68.

1308 Oktober 24. Wachsenburg (nw. Arnstadt). Landgraf Friedrich von Thüringen, Markgraf von Meißen und des Osterlandes, schenkt Getreide- und Geldzinsen zu einer Vikarei in der Domkirche zu Meißen. Praesentibus nobilibus viris Gunthero et Heinrico comitibus de Schwarczburcg, Gunthero comite de Keuernberc, H. comite de Stalberc; et honorabilibus viris H. de Zwein praeposito Misnensi et magistro Walthero curiae nostrae prothonotario; Witoldo de Foresto, Eckehardo de Balinhuse, Conrado de Bukkewitz militibus et qu. pl. al. f. d.

Gersdorf, Cod. dipl. Saxoniae reg., II. Hauptteil (U.-B. des Hochstifts Meißen), Leipzig 1864, I, 274 No. 344.

No. 69.

1308 Dezember 8. Eckardus miles de Balnhusen verzichtet zusammen mit seiner Gattin Bertrade und im Einverständnisse mit seinen Söhnen Giselher, Eckhard und Eckhard zu Gunsten des Brückenklosters in Mühlhausen auf zwei Hufen in Clettstedt (nö. Langensalza), die Dietmar von Pfertingsleben erblich besitzt. Sie (Eekh. und Bertrade) verzichten auch auf das Herbergerecht und jegliches andere Anrecht an jenen Gütern, zum Heile ihrer Seelen, damit nach ihrem Tode ihr Andenken von den Nonnen um so feierlicher begangen werde. Zeugen: Cristanus de Langelo senior, Cristanus iunior de Langelo, Berthons de Bischoverode et Ernestus frater suus et al. qu. pl. f. d.

Herquet, U.-B. der St. Mühlhausen, No. 599.

No. 70.

1309 Januar 9. Sühnevertrag zwischen Berthold Fuchs, Vogt des Herzogs Heinrich von Braunschweig in Hagen, und der Stadt Mühlhausen per strennuos viros dominum Ekkehardum de Balnhusen, Hermannum de Westernhayn et Johannem de Espelingerode intermedios. Es handelte sich um einen Totschlag, den die unter Mühlhäuser Gerichtsbarkeit stehenden Bauern von Eberolderode (Wüst. Elberode?) und Eigenrode (ö. Dingelstedt) an dem herzoglichen Kaplan und Pfarrer von Eberolderode begangen hatten.

Herquet, U.-B. der St. Mühlhausen, No. 600.

No. 71.

1309 Februar 4. Oberhagen (auf dem Eichsfelde?). Rüdiger, Heinrich und Hermann, Gebrüder, genannt de Indagine, schenken dem Deutschen Ordenshause in Walhusen (Wahlhausen im Kreise Heiligenstadt) eigentümlich 1 Mansus in der Flur Kemstete (Kehmstedt in der Grafschaft Hohnstein) und einen Hof ebendaselbst, den Boso Cristeninge, Bürger von Nordhausen, von ihren Vorfahren zu Lehen hatte, sowie ein Brombeergesträuch (rubetum), das 2 Gänse zinst, und das die Brüder Konemundus und Henricus, einst Bewohner von Kemstete, von ihnen erkauft. Auf Bitten der Ordensbrüder bekräftigt Ekkehardus de Balnhusen die Schenkung mit seinem Siegel, das aber beschädigt ist. Datum in Indagine Superiori pridie Nonas Februarii anno domini M̊ CCC nono.

Original im Hauptstaatsarchiv Dresden, No. 1853.

No. 72.

1311 Oktober 23. Eisenach. Die Herzogin Agnes von Braunschweig giebt, gleichzeitig im Namen ihres Gemahls Heinrich, ihre Einwilligung zu dem Ehevertrage, den ihr Bruder, Markgraf Friedrich von Meißen, zwischen Johannes dominus de Werle atque Slavie, und ihrer Tochter Mechthildis aufgerichtet. Zeugen: Fridericus filius [Agnetis], Eckehardus de Ballenhusen, Siffridus de Eltze, milites, Thidericus de Dorstat, notarius qui de parte [Agnetis] interfuerunt; Hartmodus de Bylewicz, Heinricus de Myla, Hermannus dictus Goldacker, milites, Nicolaus notarius, [Friderici marchionis Misnensis]; Thesmarus de Reberge, miles, Stacius de Babecin, Johannis domini de Werle procuratores. Datum Isenaco anno domini M̊ CCC⁰ undecimo, X⁰ Kalendas Novembris. Mit anhängendem Siegel der Herzogin.

Original im Hauptstaatsarchiv Dresden, No. 1944.

No. 73.

1314 Januar 25. Ludwig und Konrad von Kühnhausen stiften einen Vergleich zwischen Friedrich, ihres Bruders Sohne, und dem Kloster Reifenstein über den Totschlag Hermanns von Ballenhusen. Die Mönche sollen dem Neffen (patruo nostro) sechs Mark reinen Silbers in bestimmten Terminen bezahlen, Friedrich dagegen das Kloster in allen Dingen fördern. Zeugen: Theodericus de Westhusen, Heinricus de Worbizche, Herwardus castrenses in Scarphinstein et qu. pl. al. f. d. Datum anno domini MCCCXIIII, in con-. versione beati Pauli apostoli.

Siegler: die Aussteller. Beide Siegel fehlen.
Original im Staatsarchiv Magdeburg.

No. 74.

1314 Juli 16. Urkunde Herzog Heinrichs von Braunschweig für die Marienkirche vor der Stadt Eimbeck. Zeugen: dominus Johannes de Nancxen noster capellanus; Eckehartus de Ballenhusen, Henricus Mudzeval, milites; Eckebertus de Hattorp famulus; Conradus de Lyndowe noster notarius et quam plures al. f. d. Datum anno incarnationis domini millesimo trecentesimo quartodecimo, decimo septimo Kal. Augusti.

Urk. im Staatsarchiv Hannover (Marienst. Eimb., No. 12). — Abgedruckt in der Sammlung ungedr. Urkunden zur niedersächsischen Geschichte, I. Bd. Gött. 1749—52, II. Bd. Hann. 1754, II, 149 No. VIII.

No. 75.

1315 Februar 16. Die Ritter Ludolf von Medem und Burghard von Wildenstein bekennen, daß ihnen Herzog Heinrich von Braunschweig die Vogtei zu Berka (Kreis Northeim) und Vogtei und Dienst zu Mittlingerode und Eisdorf (Kreis Osterode am Harz) verpfändet und den Turm, der abgebrochen werden soll, und das Gericht zu Berka überliefert hat. Zeugen: her Eckehard von Ballenhusen, her Thiderich von Oldendorph un her Heinrich Mudzeual ritdere.

Sudendorf, U.-B. zur Geschichte der Herzöge v. Braunschweig und Lüneburg und ihrer Lande. Hann. 1859 ff., Bd. I, 147 No. 259.

No. 76.

1315 Oktober 24. (sexta feria ante Symonis et Jude proxima). Eghardus de Balnhusen miles übereignet dem Abte und Convente zu Homburg (bei Langensalza) den Zehnten in Bothenheilingen (Kreis Langensalza), den Hermann von Greußen von ihm besaß. Zeugen dominus Guntherus de Salcza, Guntherus et Henricus iuniores de Saleza; Theodericus de Mila canonicus s. Marie Erford[ensis], Hermannus de Novo Foro, Fridericus de Hopffgarthen, Hartungus de Hongede.

E. G. Förstemann, Urkunden des Klosters Homburg, in den Neuen Mitteilungen aus dem Gebiet histor.-antiquarischer Forsch. Halle u. Nordhausen 1842, VIII. Bd., 2. Heft, S. 82 No. (XXI b) 53. — H.

No. 77.

1315 November 11. (Acta sunt hec anno domini MCCCXV, in die sancti Martini episcopi et confessoris). Berthold und Dietmar Hund verkaufen einen Hof in Bronstorf (Braunsdorf sw. Merseburg) dem Deutschordenshause daselbst und haben auf den Hof Verzicht geleistet vor den Burgmannen auf dem Schlosse Neuenburg (bei Freiburg a. d. Unstrut). Siegler: Ritter Rudolf von Cannawurf, derzeit Vogt in castro Nuwenburgk. Zeugen: predictus dominus Rudolfus de Canewerfen, Eckhardus de Balenhusen,

Joannes de Amelungestorf milites; Conradus ,de Lisnic et al. qu. pl. f. d.

Joh. Pet. von Ludewig, Reliquiae manuscriptorum omnis aevi diplomat um ac monumentorum. Frf. et Lips. 1723, tom. V, 96 dipl. 71. — H.

No. 78.

1317 August 10. Johann in Canbur (Camburg in Sachsen-Meiningen)[1]), Hugo in Balnhausen und die Söhne Heinemanns von Herbsleben erklären, daß sie dem Abte Albert und seinem Kloster in Pforta für 10 ℔ Erfurter Denare in Dorf und Flur Endeleiben (Wüst. Engeleben bei Vehra) 3 Höfe und 17 Morgen nach den 3 Fluren nebst Weidenbäumen, Wiesen, Weideplätzen und anderm Zubehör verkauft hätten. Das Eigentumsrecht der Güter habe ihnen bisher zugestanden; Berthold von Nordhausen, oppidanus in Endeleben, habe sie von ihnen zu Lehen gehabt. Ebenso hätten sie dem Kloster 5 Morgen in derselben Feldmark verkauft. Nach dem Tode der jetzigen Nutznießer sollten auch diese Ländereien ans Kloster übergehn. Siegler: die Aussteller. 1317 am Tage des heiligen Lorenz. Zeugen: Bruder Heinrich genannt Clowe, Br. Conrad genannt von Heseler, Mönche in Pforta; Br. Heinrich genannt von Vileborn, Br. Conrad genannt Ysenhut, Laienbrüder ebendort; Albert genannt Nacht und dessen patrui Heine und Tycel; Bertold Gunthers, Albert von Botzseyger, oppidani in Eimoldeleyben und andere mehr.

G. A. B. Wolff, Chronik des Klosters Pforta. Leipzig 1843—46, II, 370.

No. 79.

[Um 1319[2]).] Die Grafen von Hohnstein geben dem Landgrafen Friedrich von Thüringen das Schloß Ballhauseu mit dem Recht, wie sie es unlängst von Hugo von Herbsleben gekauft hatten. Dafür sollen Hugo und dessen Söhne beim Landgrafen, „an dem sie sieh bishero auch vergriffen hatten", Gnade finden und das Gut, das sie noch zu Ballhausen eigentümlich besitzen, vom Landgrafen zu Leben nehmen.

Jovius, Chronicon Schwartzburgicum, V. Teil, Kap. VIII bei Schoettgen et Kreysig I, 315 C. D. — H.

No. 80.

1322 Mai 25. Eckehardus miles dictus de Ballenhusin verkauft im Einverständnisse mit seinen Erben den Zehnten in Dorf und Gemarkung Corbetha (w. Leipzig), que dari solet de sex mansis et viginti quinque areis insuper et in deputato viginti duas sexagenas decimarum, dem Kloster Beutitz (w. Weißenfels). Zeugen: dominus Petrus dictus Porzik miles, Hermannus, Heinricus, Tammo dicti de Haldecke, Albertus dictus Knut et al. qu. pl. f. d. Datum et actnm anno domini millesimo tricentesimo vicesimo secundo, in die Urbani martiris atque pontificis gloriosi.

Schoettgen et Kreysig, Dipl. et script. II, 395 No. LXXVI.

---

1) Wolff hält es für Cannawurf bei Heldrungen.

2) von Hagke, Nachr. vom Kreise Weißensee, S. 315, 396 führt einen ähnlichen Vertrag schon zum Jahre 1315 an.

Das Siegel Eckhards v. B. daselbst abgebildet tab. V, No. 56:
Widderhörner, darunter eine Rose; Umsehr.: S V. Eckehardi de
Ballenhusen.

No. 81.

1324 März 8. Hugo von Balnhusin mit seinen Söhnen
Apeleio[1]) und Hugo erklärt, daß Dietrich genannt Zcoph, sein
Lehensmann (feodarius), Güter im Dorfe Endeleiben (Wüst. bei
Vehra), Haus, Hof und Garten und 4 Äcker auf jeder Flur an den
Klosterbruder Konrad genannt Isinhud, Wirtschaftsverwalter in
Vehra (sw. Weißensee), für 3 Mark Silbers verkauft habe. Das
Eigentumsrecht über diese Güter übergiebt Hugo zu seinem Seelen-
heile und aus Liebe gegen Dietrich Zcoph, den Bruder Konrad und
das ganze Kloster Pforta. Siegler: der Aussteller. Zeugen: die Brüder
Hermann und Dietrich genannt von Weringishusen, Lutiger Rop,
Albert Nacht u. a. m. Geschehen im Jahre des Herrn 1324, feria
quinta post dominicam Invocavit, 8 Tage vor den Iden des März.

G. A. B. Wolff, Chronik des Klosters Pforta, II, 410.

No. 82.

1329 Oktober 27. Ulrich, Kanonikus der Paderborner Kirche,
und Ludolf, Knappe, Gebrüder genannt Marschalk, beurkunden, daß
vor ihnen ihre Blutsverwandten Konrad Priester von Osede und dessen
Sohn Werner auf alle Rechtsansprüche an das Cistercienser-Kloster
Hardehausen (bei Paderborn) verzichtet haben. Zeugen: Bernhard,
Pfarrer in Billinghausen (Belnchosen), Johannes genannt Swarthen-
berg, Knappe, u. a. — Siegel beider Aussteller abgefallen. 1329
in vigilia beatorum apostolorum Symonis et Jude.

Original im Staatsarchiv Münster.

No. 83.

1331 Juni 24. (an sancti Johanns tage des teuffers). Ritter
Eckhard von Ballhausen, gesessen zu Rollicz (Markröhlitz,
Kreis Querfurt) bezeugt, daß er und alle seine Erben, namentlich
sein Vetter Gysseler von Balnhusen, mit dem Abte und Con-
vente von Homburg (bei Langensalza) sich verglichen haben wegen
ihrer Ansprüche am Zehnten (teczmass) und Gut zu Bothen-
heilingen (Kreis Langensalza). Nach Empfang von 8 Mark lötigen
Silbers verzichtet E. v. B. völlig. Das bekräftigen auch durch
Anhängung ihrer Siegel seine Ohme, die Gebrüder Friedrich und
Apel von Wangenheim. Zeugen: er Apel von Wernrode und sein
Bruder Reinhard, er Konrad Schnoyse, herr Albrecht Sehaff ritter;
Ticzel und Bertold Schoff, Heyne Vogdt.

Förstemann, Urkunden des Klosters Homburg, in den Neuen
Mitteilungen aus dem Gb. histor.-ant. Forsch. Halle und Nordhausen 1842, VIII, 2, No. 54 S. 83. — F. H. A. von Wangenheim,
Regesten u. Urk. des Geschl. Wangenheim, I. Hann. 1857, II. Gött.
1872, I, No. 84 S. 79. — H.

No. 84.

1334 Dezember 26. Ritter Dietrich und Knappe Ulrich, Ge-

---

1) So Wolff nach dem Transsumtbuche. Im Originale wird
wohl Apele, Jo. (= Johannes) und Hugo gestanden haben.

brüder, und deren Vetter Ritter Heinrich von Weberstedt verkaufen 8 Malter Roggen und 16 Malter Hafer jährlich aus ihrem Kaufunger Lehen in Ober-Heroldshausen (Heroldishausen, Kreis Langensalza) dem Stifte Kaufungen. In presencia Frederici militis de Weberstede fratris predictorum, Hermanni de Balnhusen; Johannis plebani in Heroldeshusen; Thilonis de Heylingen, Gebehardi, Henrici dicti Schollen et Dytmari dicti Schotten et aliorum.

Herm. von Roques, U.-B. des Klosters Kaufungen. Cassel 1900, I, No. 186 S. 178.

No. 85.

1336 Januar 10. Weißenfels. Ritter Eckehardus de Balnhusen verspricht, einen Wald bei Muchele (Mücheln im Kreise Querfurt), den ihm der Markgraf Friedrich von Meißen übertragen hat, an denselben oder dessen Erben zurückzugeben, wenn diese ihm oder seinen Erben 118 Schock Groschen dafür zahlen würden.

Datum Wizsenuels anno domini M°ĊĊĊ XXXVI°, feria IIII. infra octavam Epiphanie. Mit anhängendem Siegel Eckhards v. B.; unter den Widderhörnern steht eine Rose. Vgl. Reg. No. 80.

Original im Hauptstaatsarchiv Dresden No. 2717.

No. 86.

1336 Mai 16. Merseburg. Hermann von Reder verkauft dem Bischof Gebhard und dem Kapitel zu Merseburg seinen Anteil an Schloß Ostrau (bei Zeitz) für 600 Mark. Zeugen: nobiles viri dominus Henr. de Waldenberg, dominus Albertus burgravius de Liznik; ac honorabilis vir dominus Otto de Diczkow dicte Mersaburgensis ecclesie scolasticus; nec non famosi viri Thider. vicedominus de Appoldia, Rüdolfus de Kanewerf et Ekkehardus de Ballenhusen milites et qu. [pl.] al. f. d.

Kehr, U.-B. des Hochstifts Merseburg (Geschichtsqu. der Prov. Sachsen, Bd. XXXVI), Halle 1899, No. 912 S. 768.

No. 87.

1336 Juni 15. Ritter Friedrich von Weberstedt verkauft 6 Malter Frucht aus seinen Gütern zu Großen-Gottern (sö. Mühlhausen) und Ober-Heroldshausen an das Stift Kaufungen. Presentibus honestis viris Rudolfo Longo de Weberstete; domino Johanne plebano in Heroldeshusen superiori; Bertoldo de Guttern, Hermanno de Balnhusen, Gebehardo famulo dominorum predictorum et Dythmaro famulo domine abbatisse et aliis.

H. v. Roques, U.-B. des Klosters Kaufungen, I, No. 192 S. 184.

No. 88.

1336 November 10. Konrad von Botichenrode, Domherr zu Dorla, verkauft dem Deutschordenshause in der Neustadt Mühlhausen eine Wiese zu Graba (b. Mühlhausen). „Ouch so bekenne ich Gerlach von Botichenrode und Hermann von Ballenhusen min swager und Gerdrut min swester, daz der kouf geschehen ist mit unseme guten willen."

Herquet, U.-B. der Stadt Mühlhausen, No. 892 S. 434.

No. 89.

1348 Juni 10. Erfurt. Heinrich Topilsteyn, Hauptmann - der Bürger zu Mühlhausen, schreibt an Günther von Herbsleben, er habe die vier Hufen, die er in Groß-Vargula (ö. Langensalza) besessen, und einen Hof an hern Hugis sune von Balnhusen und dann an Heinrich von Mehler verkauft.

Copiarium monast. ord. S. Augustini Erfordensis. No. 165 (Staatsarchiv Magdeburg). — Herquet, U.-B. der Stadt Mühlhausen, No. 1001 S. 503.

No. 90.

1348 August 24. Abt Otto, Prior Heinrich und die gesamten Insassen des Klosters Goseck (nö. Naumburg a. d. Saale) bekennen: Der Pfarrer Günther zu (Mark-)Röhlitz (Kreis Querfurt) hätte einen Vergleich gestiftet zwischen ihnen und „hern Eckeharde von Balnhusen und her Marolde, Peter und Friedrich sinen brödern". Die letzteren sollen bis auf weiteres im Genusse des Gerichts zu . . . Lancatz (?) bleiben; dem Abte haben sie zwei halbe Acker abgetreten für einen Weg, der am Grundbesitze des Klosters entlang führt. Sie verzichten auf ein Landstück (der gelenge, dy da lit m den velde zcu Gotzk) und werden vom Abte belehnt mit einer halben Hufe, die vormals Friedrich Zehntner hatte. Um 2 Hufen dagegen, die ehemals Herr Hermann von Goseck besaß, müssen die Brüder sich einem Schiedsgerichte unterwerfen. Des setzen wir zcu gezeugen den gestrengen rither her Ultzen von Ostrowe; und dy bedirben lute her Heyniche Petzoldes von Haldeck, her Thame von Uchteritz, her Ernfride von der Sale met iren insigeln und andre frome lute den noch me. Ouch henge wi . . Abtei- und Conventssiegel an . . . gegeben noch gotes geburte tusint jahr drihundert jar in deme achte und virzcigesten jahre, am sancte Bartholome tage des heylgen aposteln.

J. Mart. Schamelius, Histor. Beschreib. des zw. Naumb. und Weißenfels gelegenen Benediktinerklosters Gosegk. Naumburg und Zeitz, 1732. S. 78. — H.

No. 91.

1349. Eckhard von Balnhusen und seine Brüder haben von dem Herrn [dem Landgrafen Friedrich dem Strengen] in der Flur des Dorfes Rolicz (Mark-Röhlitz im Kreise Querfurt) 18 Hufen und 2 Höfe, in denen sie wohnen, ebenso 15 gewöhnliche Höfe uud 8 Acker Holz; ebenso einen Teil des Lehnholzes bei Podelwicz [1] ferner das Gericht in Rolicz und in den wüsten Dörfern Slaukar und Preps; ebenso Holz in Muchele (Mücheln im Kreise Querfurt); in Lunstete (Lunstädt im Kreise Querfurt) 1 Hufe, 1 Hof und 1 Lehnwiese.

Lehnbuch Friedrichs des Strengen von 1349, Copial 24, fol. 41b im Hauptstaatsarchiv Dresden, S. 153 No. 82 in der demnächst erscheinenden Ausgabe.

No. 92.

1351 September 14. Landgraf Heinrich II. von Hessen, sein

---

1) Podelwitz bei Leipzig? Ein anderes liegt bei Grimma, ein Pödelwitz bei Pegau und ein Pödelist im Kreise Querfurt.

Sohn Otto und Erben belehnen, auf Bitten ihres getreuen Dieners
J ohann von Swartzinberg, dessen Frau Katharina, beider
Kinder Johann und Gisela, „und die sie noch mit eyn gewinnin
mügen", und ihre Erben mit Haus und Hof zu Schwarzenberg, worin
Katharina augenblicklich wohnt, mit kleiner Wiese, Berg und Ländchen dabei, mit dem sechszehnten Teile des Zehnten· vor der Stadt
Melsungen, „daz Swartzinberge von Corissenner ledig worden ist",
ferner mit dem Zehnten zu Wendisdorf (einer Wüstung nw. Melsungen),
mit einer Hufe zwischen Melsungen und Schwarzenberg, Zcunkinhûbe
genannt ,einer Hufe zu Körle (n. Melsungen) und 5 Vierteln jährlicher
Korngülte in dem Dorfe Krumbach (sö. Cassel). Güter und Gülte
sollen ein rechtes Lehen sein, zu ewigem Besitze, wie sie Johaun v. S.
bisher besessen hat; Haus und Hof frei vom Dienste und aller Bede.
Siegler: die Aussteller; beide Siegel abgefallen. Nach Godis geburt
drutzenhundert jar, darnach in dem ein und vumfzegisten jare, an
des heylgin crucis tage, als ez erhabin wart.

Original im Staatsarchiv Marburg.

No. 93.

1363 August 10.   Hermann Barthe zu Großen-Ehrich (Schwarzburg-Sondershausen) verkauft dem „klugen Manne" Herrn Conrade
von Balnhusen, Vikar des Altars der Kapelle u. l. Fr. zu Jechaburg (w. Sondershausen), um 5 Mark Nordhäuser Pfennige 1 Markt-
scheffel Korns an jährlichem Zinse von 10 Äckern des Gandersheimer
Lehens zu Ehrich und von einem Acker Eigenlandes zu Kranichborn
(sw. Sömmerda) auf Wiederkauf. Nach Cristi geborte drizehn hundert
jar, dry und sechzig jar, an deme tag sancti Laurentii des heiligen
mertirers.

St. Al. Würdtwein, Diplomataria Moguntina, Mainz 1788, tom. I,
No. LXXXV S. 158.

No. 94.

1363 August 14. Die Gebrüder Peter und Friedrich genannt
von Ballenhusen bekennen, daß ihnen ihr Bruder Marold 40
Schock schmaler Groschen geliehen hat. Sie versprechen Rückgabe,
sobald sie gemahnt werden. Bürgschaft für die Geldsumme leisten:
Hannes Knût von Hordorf (Kreis Oschersleben), Henczil von der
Vestin. Albrecht Knût, gesessen zu Sperge (Spergau ssö. Merseburg).
und Eckhard von Kanwerf, gesessen zu Dobich (Dobichau im Kreise
Querfurt). Sollte einer der 4 Bürgen sterben, so, wollen Peter und
Friedrich, falls Marold darum ersucht, einen anderen an die Stelle
des Verstorbenen setzen. Ferner bekennen die beiden Aussteller,
„das wir hern Marolde unse brudere glabit habin vor apt Hanse zcu
Gosk (Goseck nö. Naumburg a. d. Saale), das ome got gnedik si,
das he unse schulde, dy wi schuldik sin edir noch schuldik werdin,
her Marolt nicht gelde sal; und was her hât von gute eder von gelde,
das sal her nicht brengin in dy teylate, wen her sich von uns wolde
teyle, sundir wi wollen ume gutlich geben sŷn erbeteil". Siegler:
die beiden Aussteller und die 4 Bürgen. Das erste Siegel fehlt, das
zweite ist beschädigt. Gegeben noch Cristi gebort driczcenhundirt
jar und in dem dri· und sechzcigisten jare, an dem heligen abunde
unser vrowen alzu zcu hŷmele vur.

Original im Hauptstaatsarchiv Dresden, No. 3728.

No. 95.

1363 Dezember 6. Heinrich von Balnhusen unter den Ratsherren der Stadt Erfurt.

C. Beyer, U.-B. der Stadt Erfurt. Halle 1897, Bd. II, No. 567.

No. 96.

1366 März 30. Avignon. Papst Urban (V.) bestätigt die Schenkung der Landgrafen Heinrich (II.) und Otto von Hessen, die dem Martinsstifte in Cassel unter anderem das Patronatsrecht über. die Kirchen in Heiligenrode, Schwarzenberg und Witzenhausen zugewandt haben. Datum Avinion, III. Kal. Aprilis, pontificatus nostri anno quarto.

Kuchenbecker, Analecta Hassiaca, V, 28—32.

No. 97.

1366 Mai 20. Avignon. Bischof Ludwig von Halberstadt ordnet die Ausführung des obigen päpstlichen Privilegs für das Martinsstift an, das somit in den Besitz des Patronatsrechtes über die Schwarzenberger Kirche gesetzt wird. Datum et actnm Avi[ni]one in hospitio habitacionis nostre, sub anno a nativitate domini millesimo trecentesimo sexagesimo sexto, indict. quarta, die vicesima mensis Maii, pontificatus sanctissimi in Christo patris et domini nostri Urbani divina providentia pape quinti anno quarto.

Kuchenbecker, Anal. Hass., V, 32—37.

No. 98.

1367 August 23. Das Kapitel zu Jechaburg verfügt über ein Gehöft, das von einem Vikare bewohnt wird. Zeugen: Theod. de Wertere, Heinr. de Melhusen et Conrad. de Balnhusen dicte nostre ecclesie vicariis et al. pl. testibus f. d. Datum anno domini MCCCLXVII, in vigil. s. Bartholomei apostoli.

Würdtwein, Dipl. Mogunt., I, No. XC S. 168.

No. 99.

1372 Oktober 21. Johann von Swartzinberg bekennt für sich und seine Erben, daß damals, als Landgraf Heinrich (II.) und sein Sohn Otto sel. das Kirchlehen des Dorfes Schwarzenberg mit den Kirchen, die dazu gehören, dem Martinsstifte auf der Freiheit zu Cassel gegeben hätten, er (Johann) zum Heile seiner Eltern und seiner eigenen Seele seine Einwilligung erteilt habe. Er verzichtet also auf sein bisheriges Anrecht an dem erwähnten Kirchlehen in diesem Briefe, der gegeben ist noch Christi geburd drytzenhundirt jar, dor noch in deme tzwey und sibbintzigisten jare, an deine nehsten donnerstage noch sente Gallen tage, under myme ingesigel. . .

Kuchenbecker, Anal. Hassiaca, V, 45.

No. 100.

1376 März 13. Heinrich von Balnhusin und Thele, dessen Frau, verkaufen den Kram zu den „affin an der strasse gelegen mit alle dem gemache" an Konrad von Aldindorf und Margarethe, dessen Frau.

Beyer, U.-B. der Stadt Erfurt, II, No. 769.

No. 101.

1379 September 2. Cassel. Ritter Walther von Hundelshausen
der Jüngere bekennt, vom Landgrafen Hermann von Hessen 10 Mark
Geldes' jährlichen Zinses, je für eine Mark 56 Schillinge Pfennige
Casselscher Währung zu rechnen, als Mannlehen erhalten zu haben.
Die Summe soll der jedesmalige Amtmann oder Schultheiß zu Melsungen dem Ritter am Walpurgistage auszahlen und zwar aus den
Einkünften des Gerichtes und Gutes und den Gefällen zu S c h w a r z e n -
b e r g , und erst wenn diese nicht reichen, aus den Gefällen des Gerichtes Melsungen. Der Zins ist ablösbar für 100 Mark, die dann
aber wieder in Lehngut angelegt werden müssen [1]. . . . an fri-
tage nest nach sente Johanis tage, als yme sin houbit abe geslagen
wart, anno domini millesimo Ċ°Ċ°Ċ° septuagesimo nono.
Original im Staatsarchiv Marburg.

No. 102.

1380 März 24. Graf Heinrich von Schwarzburg, Herr zu
Leutenberg, belehnt die Erfurter Bürger Hans und Hartung von
Drevorte und H e i n r i c h v o n B a l l e n h u s e n mit 4½ Hufen Landes zu Sûntremde, nachdem die bisherigen Inhaber, Ritter Hartmann von Holbach, Reinhard von Holbach und Hartmann Vitztum,
dieselben vor ihm aufgelassen hätten.
Beyer, U.-B. der Stadt Erfurt, II, No. 826.

No. 103.

1385 Juli 29. Fritzlar. Erzbischof Adolf I. von Mainz nimmt
H e l f f r i c h S w a r t z e n b e r g und dessen Lehenserben für die Dienste,
die er (Helfrich) dem Mainzer Erzstifte geleistet hat und noch leisten
wird, zu Mannen und Burgmannen auf dem Bischofssteine (bei
Groß-Bartloff, s. Heiligenstadt) an.   Dort sollen sie eine „Hobestat"
(Herrenwohnung) bauen zu ihrem Burglehen. Sowie der Landgraf
von Hessen Helfrich an Lehen- oder Eigengütern Unrecht thut, und
Helfrich oder seine Erben erlangen die Güter zurück, so sollen sie
dieselben nebst 200 Gulden der' Stifte zu Lehen auftragen und für
immer als Mainzisches Lehen behalten. Datum Fritzlare sabbato
post diem sancti Jacobi apostoli, anno domini millesimo trecentesimo
LXXX quinto.
Mainzer Ingrossaturbuch Adolf I., Lib. II, No. 10 S. 353.
Kreisarchiv Würzburg. — Angeführt von Friedensburg in der Zeitschrift f. hess. Gesch. N. F. XI, 138.

No. 104.

1385 Juli 29. H e l f r i c h v o n S c h w a r z e n b e r g stellt dem
Erzbischof Adolf I. von Mainz einen Revers desselben Inhaltes aus.
Liber registri litterarum ecclesiae Moguntinae No. 6 S. 172 ʳ.
Kreisarchiv Würzburg. — Angeführt von Friedensburg in der Ztschr.
f. hess. Gesch. N. F. XI, 138.

---

1) Später (vor 1384 Okt. 27.) wurde W. v. H. der Lehen zu
Ermetsassen (Harmuthsachsen, Kr. Witzenhausen), Milsungen und
S w a r t z i n b e r g durch ein Lehending verlustig erklärt. Datum-
loser Brief des Ldgr. Hermann an die St. Göttingen (im Stadtarchiv
Göttingen.)

No. 105.

1392 Januar 5. Konrad Langirman und Kunne, dessen Frau, schenken dem Georgs-Hospital zu Melsungen (an der ·Fulda) zwei Stücke Landes. Siegler: Junker Helfrich [von Schwarzen- berg]. Siegel anhängend (vgl. Tafel II Fig. 4). Gegeben nach Christi geburt dryczenhundirt in deme zwey und nuynczigstem jare an deme czwelften obinde.

Original im Staatsarchiv Marburg (Stadt Melsungen).

No. 106.

1417 April 13. Helfrich Swarcenberg überläßt dem Land- grafen Ludwig I. von Hessen Gericht und Dorf Schwarzenberg und andere Güter, die daselbst und im Gerichte Melsungen liegen, und verspricht die Rückgabe der [Lehen-]Briefe, die keine Gültigkeit mehr haben sollen. Siegler: der Aussteller. Siegel fehlt ... feria tertia post festum Paschae.

Original (kaum noch lesbar) im Staatsarchiv Marburg.

No. 107.

1420 Oktober 5. Heiligenstadt. Erzbischof Konrad von Mainz belehnt seinen lieben Getreuen Helffrich von Swartzenberg und dessen Leibes-Lehenserben mit zwei Hufen zu Bartdorff (offen- bar Groß-Bartloff) unter dem [Bischofs-]Steine (Kreis Heiligenstadt), einer Hufe zu Litterichshusen[1]) und 5 Gulden Geldes zu Schnell- mannshausen (n. Kreuzburg a. d. Werra), die der Provisor Ludwig von Bynsffort und dessen Bruder Andreas inne gehabt haben, zu rechtem Mannlehen. Helfrich hat ihm den Lehenseid geschworen. Sollte er noch mehr Lehen erhalten, hat er sie binnen eines Viertel- jahrs bei seinem Eide zu empfangen und „beschrieben zu geben". Siegler: der Aussteller. Siegel anhängend. Datum Heilgenstad sab- bato die post diem beati Michaelis archangeli anno domini millesimo CCCC° vicesimo.

Original im Staatsarchiv Marburg.

B. Namensvettern.
1. Schalun und Struz.

No. 108 (1).

1216 Juli 20. Erzbischof Albert von Magdeburg und Bischof Eckhard von Merseburg errichten eine Sühne zwischen dem Mark- grafen Dietrich von Meißen und der Stadt Leipzig. Unter den Zeugen: Heinricus Struz.

Cod. dipl. Saxoniae regiae, II, 8 (Urkunden der Stadt Leipzig), 2 No. 3. — Vgl. auch Regest No. 14 (1166 August 20.), worin Hein- ricus Struz dicht vor Konrad von Ballhausen angeführt wird.

---

1) Wüstung Lutereckshusen? Letztere lag im Luttergrunde bei Groß-Bartloff (w. Mühlhausen). Wenige Tage früher (am 26. Sept.) hatte der Erzbischof die Gebrüder von Ershausen mit 16 Äckern zu Lutereckshusen belehnt. Joh. Wolf, Polit. Gesch. des Eichs- feldes, I, Urk. No. 99.

No. 109 (2).

1220 [vor November 10]. Abt Ludwig von Hersfeld überläßt mit Einwilligung seines ganzen Konventes und Kapitels dem Kloster Pforte gegen Zahlung von 40 Mark und einen jährlichen Zins 11½ Hufen in Vehra (sw. Weißensee). Diese Hufen trugen ursprünglich die Grafen Albert und Hermann von Orlamünde von Hersfeld zu Lehen, von jenen wieder Graf Lampert von Gleichen, von dem letzteren Heinrich Schalun und von dem mehrere andere. Durch Heinrich Schalun hatte aber der Hof des Klosters Pforte in Vehra schwere Belästigungen zu erleiden. Darum kaufte Abt Winemar von Pforte, um für den Frieden der Seinigen zu sorgen, den Grafen von Orlamünde die 11½ Hufen für 250 Mark ab.

P. Boehme, U.-B. des Klosters Pforte, S. 111 No. 85.

No. 110 (3).

1233 Januar 7. Mittelhausen [1]). Heinrich Raspe, Landgraf von Thüringen, bekundet einen Vergleich zwischen seinem Ministerialen, Ritter Éverher von Weißensee, und dem Kloster Pforte über einen Damm in der Unstrut und streitigen Grundbesitz in Vehra (sw. Weißensee). Zeugen: ... (Geistliche); comes Albertus de Clettenbere, Albero de Vipeche, Theodericus de Vipeche, Heinricus Scalun, Albertus de Ebeleiben, Burchardus de Bruchtirde, Heinricus de Cranisburne, Cunradus de Unrowe et al. qu. pl.

P. Boehme, U.-B. des Klosters Pforte, S. 130 No. 104.

No. 111 (4).

1234. Graf Heinrich von Schwarzburg und dessen Söhne Heinrich und Günther bestätigen einen Vertrag zwischen dem Kloster Georgenthal (w. Ohrdruf) und den Einwohnern von Udestedt (nö. Erfurt) über Zinsen, Weide u. s. w. Zeugen: Heinrich Abt zu S. Peter in Erfurt; Albert Graf von Wihe, Hermann von Vippach und sein Bruder, Heinrich Scalun, Ludwig und Hermann von Meldingen.

W. Rein, Ungedruckte Regesten zur Gesch. v. Weimar, Jena, Erfurt und Umgegend, in der Zeitschr. f. thüring. Gesch., Jena 1863, V, 240.

No. 112 (5).

1235. Stotternheim. Ludolf v. G. Gn. Vogt in Stotternheim (n. Erfurt), Volmars Sohn, überläßt mit seiner Mutter Helburgis und seinem Bruder Heinrich zusammen dem Kloster Georgenthal zwei Mark Zins in Stotternheim, eine Wiese und ein Feld bei Barkhausen (zw. Stotternheim und Udestedt). Zeugen: Heinrich der Jüngere von Rosla, Giseller von Tulstete, Theoderich von Vippach und sein Bruder Hermann, Heinrich Scalun, die Gebrüder Heinrich und Gerhard von Stuternheim.

W. Rein, Ungedr. Regesten, in der Zeitschr. f. thür. Gesch. V, 240.

---

1) in placito provinciali; Mittelhausen liegt nö. Erfurt.

No. 113 (6).

1246. Graf Heinrich von Velseck (aus dem Hause der Grafen von Gleichen) bezeugt, daß Hartungus et Henricus de Swegerstete nostre proprietatis homines dem Kloster Reifenstein (Eichsfeld) zwei Gärten in Schwerstedt (Kreis Weißensee) verkauft haben. Zeugen: Henricus Schallun de Ballenhusen, Siffridus frater eius, Conradus Rufus de Ballenhusen, Conradus filius advocati ibidem; Conradus plebanus de Swegerstete; Henricus iuxta Viale, Widoldus et filius eius, Theodericus Papa et frater eius et ceteri qu. pl.

Joh. Wolff, Eichsfeldisches U.-B., Gött. 1819, No. VI S. 6. — H.

No. 114 (7).

1263. Eberher von Salza bekundet, daß nach Vermittelung der Schiedsrichter, domini Theoderici de Vibeche, domini Gisilheri de Tullestethe militum, fratris Heinrici de Libenstete, fratris Heinrici magistri in Vher conversorum de Porta, domini Ludolfi de Stutirnheim, domini Heinrici de Gruningen, domini Theoderici Meys de Wissensehe, domini Heinrici Schalun de Ballinhusen militum et Johannis de Sprech magistri forensis in Wissense, das Kloster Pforte ihm und seinen Geschwistern 10 Mark für die streitige Fischerei in der Unstrut bei Vehra, für ein Weidicht daselbst und zwei Wiesen in der Flur von Straußfurt (Kr. Weißensee) bezahlt habe.

P. Boehme, U.-B. des Klosters Pforte, No. 173 S. 190.

No. 115 (8).

1266 April 3. Landgraf Albrecht von Thüringen bekundet den Vergleich, den die Anordnung der (in dem vorigen Regest benannten) Schiedsrichter, u. a. des Ritters Heinrici Shaiun de Ballinhusen, herbeigeführt hat, sowie noch eine weitere Vereinbarung.

P. Boehme, U.-B. des Klosters Pforte, No. 190 S. 203. — H.

No. 116 (9).

1266 nach November 4. Abt Albero und der Konvent des Klosters Pforte einerseits und Eberher von Salza andererseits verpflichten sich auf die zwischen ihnen geschlossenen und vom Landgrafen Albrecht bekundeten Vergleiche. Darin wird wieder das Schiedsgericht des Ritters Heinrici Schalun de Ballenhusen und der übrigen erwähnt.

P. Boehme, U.-B. des Klosters Pforte, No. 193 S. 207.

No. 117 (10).

1291 Januar 13. Heusdorf (bei Apolda). Dietrich der Ältere Schenk von Apolda verzichtet mit seinen Söhnen auf die Vogtei des Klosters Heusdorf. Unter den Zeugen: Gothefridus dictus Roithe, Cunradus dictus Struiz dyacones.

W. Rein, Thuringia sacra. Weimar 1865, II, 178 No. 158.

21*

No. 118 (11).

1291 April 26. Heusdorf. Ritter Heinrich von Ischerstete genannt von Lesten bekundet, daß er ein Viertel der Mühle in Wickerstedt und einen Hof dem Kloster Heusdorf verkauft hat. Zeugen: socer noster Bertoldus de Gruzen; . . Gothefridus dictus Roite . . sacerdotes; Conradus Struiz dyaconus etc.

W. Rein, Thuringia sacra, II, 179 No. 160.

No. 119 (12).

1291 Mai 28. Heusdorf. Stiftung eines ewigen Lichtes. Unter den Zeugen: . . . Gothefridus dictus Roite sacerdotes; Cunradus dictus Struiz dyaconus.

W. Rein, Thuringia sacra, II, 180 No. 161.

No. 120 (13).

1297 Dezember 14. Sangerhausen. Hedwig, Witwe des Ritters Gozwin zu Sangerhausen, entsagt ihren Ansprüchen auf zwei Hufen zu Frömmstedt (nw. Weißensee), die ihr verstorbener Bruder dem Deutschen Hause in Griefstedt (nö. Weißensee) gegeben hatte. Unter den Zeugen: Henricus dictus Schalûn.

Wyss, Hessisches U.-B. (Publ. aus Preuß. Staatsarch., III. Bd.) 1, 475 No. 632.

No. 121 (14).

1302 Juli 26. Die Gebrüder Heinrich und Konrad genannt Struz de Ballinhusen verzichten auf ihre Ansprüche an das Kloster Volkenrode und dessen personas. Unter den Zeugen: . . . milit
es; Henricus dictus Schalûn.

Schoettgen et Kreysig, Dipl. et script., I, 782. — H.

No. 122 (15).

1314 (1313?) November 23. Graf Heinrich von Beichlingen urkundet für das Kloster Volkenrode. Zeugen: dominus Bruno sacerdos vicarius in Swerstete, Henricus et Theodericus fratres de Balnhusen dicti Schalun[1]).

Schoettgen et Kreysig, Dipl. et script. I, 789.

No. 123 (16).

1341 Dezember 21. (in die sancti Thome apostoli). Die Brüder Heinrich und Friedrich, Herren zu Salza, überlassen dem Abte Hermann zu Homburg (bei Langensalza) und seinem Kloster ½ Hufe in Schönstedt zu eigen, die Beringer von Weberstedt von ihnen zu Lehen trug und jetzt an das Kloster verkauft hat. Zeugen: Johann Propst des Nonnenklosters zu [Langen-]Salza, Berthons Vikar auf dem Berge daselbst, Burkhard von Hauenthal; Dietrich Schalun, Rektor daselbst.

Förstemann, Urkunden des Klosters Homburg, in den Neuen Mitteilungen aus dem Gebiete histor.-antiqu. Forschungen VIII, 2, No. 104 S. 101.

---

1) Vgl. auch Regest No. 84 (1334 Dez. 26.) Henrici dicti Schollen.

2. Die von Ballenhausen im Leinegau.

No. 124 (1).

1135 Januar 6. Der Freie A z o übergiebt im Einverständnisse
mit seinen Erben der Kirche in Reinehuson (sö. Göttingen) drei
Hufen und ein Grundstück mit Gebäuden und aller Nutzung in
Wiesen und Wäldern, in Dorf und Feldmark B a l l e n h u s o n (s.
Göttingen). Er stellt die Bedingung, daß er von demselben Allode
das Notwendige an Kleidung erhält, während die Kirche zu seinem
Lebensunterhalte zwei Pfründen hinzufügt, nämlich die eines Mönches
und die eines Chorknaben[1]. Keine weltliche Person darf jemals das
Landgut zu Lehen empfangen, sondern es soll nur zum Nutzen der
Klosterbrüder dienen, sonst fällt es den Erben anheim, und die
Schenkung ist nichtig. Siegler: Reinhard, 1. Abt des Klosters R.
Siegel anhängend. Zeugen: Reinhardus primus abbas cum fratribus
suis Reinboldo, Sigibodon[e], Jezelino, Symone, Alboldo et ceteris;
laicorum verum nomina sunt hec: liberi U n o c o, Thechenhardus,
Helmwicus, Heremarus; ministeriales Aekbertus, Hardwicus[2] cum
alliis multis. Acta sunt hec anno dominice incarnationis MCXXXV,
VIII. Id. Ianuarii, indictione XIII, regnante piissimo imperatore
Lothario, anno regni eius XI, imperii vero III, domino Adelberto
archiepiscopo.

Original im Staatsarchiv Hannover (Kloster Reinhausen No. 1).
Vielfach abweichend bei Scheidt, Vom hohen und niedern Adel,
Mantissa documentorum, Hann. 1755, S. 304 No. XXX. — H.

No. 125 (2).

1151 (vor September 1.) In comecia cognati nostri Wickeri in
pago Marprachtissin[3]). Erzbischof Heinrich I. von Mainz belehnt
den Grafen Hermann von Winzenburg mit dem von dem Grafen
erbauten Schlosse Schonenberg. Zeugen: . . . (Geistliche); de laicis:
Heinricus comes Hassie, comes Wickerus de Horeburg et frater
eius Gotfridus de Ameneburg, Boppo comes de Richenbach, Adelbertus
comes de Eberstein, Arnoldus de Hagenawe, Sigcbodo de Scowen-
burg, Dudo prefectus de Rusteberg et Gebehardus frater eius;
Retherus comes de Insula, Boppo de Blanckenburg, Heinricus comes
de Bodenburg, Widekindus advocatus de Minden, Heroldus de Bornen,

---

1) Original: . . quatenus ab
eodem allodio necessaria sui vestitus accipiat, additis ab ecclesia ad victum suum d u a b u s
prebendis, monachi videlicet ac
pueri.

Scheidt: quatenus ab eodem
allodio necessaria sui vestitus ac-
cipiant milites domini, ab ecclesia caetera ad victum suum
cum caeteris praebendis mo-
nachis videlicet ac pueris deput-
tentur.

Scheidt hat offenbar eine zu Gunsten des Klosters verfälschte
Abschrift benutzt.

2) Die beiden letzteren Namen fehlen bei Scheidt.

3) Harburg, nach dem sich Graf Wicker nannte, lag bei Breiten-
Worbis (Eichsfeld).

Heroldus de Roden . . . Wernherus de Hersethe, Reinhardus de
Ballinhusen; de ministerialibus: Wernherus dapifer . . . Udal-
ricus de Rusteberg, Reinbodo de Pingwia et compl. al.

Codex dipl. Saxoniae regiae I, 2, No. 228.

No. 126 (3).

[Um 1152[1])]. Unoco de Ballinhuson leiht dem Grafen
Poppo von Blankenburg vier Mark, mit der Bestimmung, daß die
Summe dem Kloster Reinhausen zurückgezahlt würde.

Reinhardi Reinehusensis abbatis opusculum de familia Reinhardi episcopi Halberstadensis bei Leibnitz, Scriptores rer. Bruns-
vicensium, Hann. 1707, I, 704.

No. 127 (4).

1189. Erzbischof Konrad von Mainz nimmt Kloster Weende
(n. Göttingen) in seinen Schutz. Zeugen: . . . (2 Pfalzgrafen und Geistliche); langravius de Bavaria (!), Albertus comes de Eversten, Sege-
bodo de Scartfelde, Bernhardus et Godescalcus de Plesse, Hermannus
et Bernhardus de Rothe, Thidericus de Gladebike, Hermannus advocatus de Grona, Hildebrandus, Elvericus de Uslere, Heinricus et
Helwicus de Bodenhusen; ministeriales: Hetheinricus et Helwicus
de Rusteberge, Conradus et filii eius duo Conradus et Helwicus,
Conradus de Berkevelde, Othelricus de Rusteberge, Johannes de Lut-
tere, Hartmannus et Conradus fratres de Rorberghe, Otto de
Ballenhusen, Meinhardus et Heinricus de Rostorp et al. qu. pl.

Cod. dipl. Saxoniae reg. I, 2, No. 549 S. 378. Wie Posse hier
näher ausführt, ist die Urkunde eine Fälschung. Die Zeugen sind,
wie ich hinzufügen möchte, aus verschiedenen Urkunden zusammen-
gesucht und dabei Freie und Ministerialen durcheinander gewürfelt:
Hartmann von Rohrberg ist noch 1196 unter den Edlen (Dobenecker,
Reg. Thur. II, No. 1013), ein Otto von Ballenhausen noch im
13. Jahrh. (vergl. weiter unten). Da sich aber auch andere von den
Zeugen um diese Zeit nachweisen lassen, z. B. Heinrich von Bodenhausen und Konrad von Berkefeld 1189, Johannes von Luterahe
1175 (Stumpf, Acta Mog. 87), Udalrich von Rusteberg 1151, Graf
Albert von Everstein 1184, 1187, 1194, Heidenreich und Helmwig
von Rusteberg 1171, Konrad von Rohrberg ca. 1201, so ist anzunehmen, daß auch ein Otto von Ballenhausen um 1189 gelebt hat.

---

1) Graf Poppo von Blankenburg kommt im vorigen Regest
(1151) vor, auch in Urkunden des Klosters Homburg von 1143
(Förstemann, Urk. des Klosters Homburg, in den Neuen Mitteil., VII,
4, S. 43 No. 3; S. 54 No. 16); ferner 1158 (v. Spilcker, Grafen von
Everstein, U.-B. S. 19 No. XV) u. s. w. Seine Bedrückungen des
Klosters Reinhausen können aber erst 1152 nach der Ermordung des
mächtigen Grafen Hermann von Winzenburg begonnen haben. Und
1168 fand das Kloster noch einen stärkeren Schützer an Heinrich
dem Löwen. Eine Zeit lang vor 1168 muß Unoko das Geld unbedingt verliehen haben.

No. 128 (5).

1221 Juli 25. Erfurt. Erzbischof Siegfried von Mainz ˙stellt˙ eine Urkunde für das Kloster Hilwartshausen aus. Zeugen: . . . (Geistliche); comes Lambertus in Glichen, Gerhardus de Eppenstein, Fridericus de Kelberouwe, Heinricus de Metze, Terriens vicedominus de Ringclderode, Terriens vicedominus de Apolde, Helewicus de Reinoldeshusen, Bertoldus de Geismaria, Heinricus de Ballenhusen. Datum Erford anno gracie M̊CͦCͦXXÎ, Id. Iulü, pontificatus vero nostri anno XX.

Original im Staatsarchiv Hannover (Hilwartshausen 23).

No. 129 (6).

1225. Eine Urkunde des Abtes N.[1]) von Reinhausen wird bezeugt durch: Helmwicus senior de Bodinhusen, Thegenhardus filius eius, Bertoldus Cozel (?), Henricus de Ballenhusen, Henricus Picus, Thidericus de Lengethe milites.

Original im Staatsarchiv Hannover (Reinhausen).

No. 130 (7).

[Um 1226. jedenfalls vor 1239 Mai 27.][2]). Uslar. Otto von Balenhusen und seine Ehefrau verkaufen, unter Zustimmung ihrer Söhne Hermann und Thietmarus und anderer ˙ihrer Miterben, für 120 Mark ihr Gut Sedemanneshusen [Settmarshausen sw. Göttingen) an das Kloster Amelunxborn. Dieses Kaufgeschäft ist bestätigt: comite Alberto iuniore comitiam tenente et iudicio ibi presidente. Den Zehnten von dem Rodelande (novali), das dem Kloster

---

1) Abt Heinrich von R. kommt schon um 1201 (Dobenecker, Reg. Thur. II, No. 1211) und noch 1220 vor. In der letzteren Urk. erwähnt er unter den Klostergütern: in Ballenhusen marcam in decima. Or. im St.A Hannover.

2) 1239 Mai 27. Erfurt, bekundet Erzbischof Siegfried von Mainz, daß die Grafen von Everstein den Zehnten des Dorfes Sithmanneshusen, den von Mainz zu Lehen hatten, in die Hände des Erzbischofs zurückgegeben haben. Der letztere überträgt den Zehnten dann dem Kloster Amelunxborn, auf Bitten Hermanns von Uslar, der zur Entschädigung der Mainzer Kirche zwei Hufen in Dransfeld anweist und als Lehen zurückerhält. Datum Erfordie anno M CͦC XXX VIIÎ, Kal. Iunii, pontificatus nostri anno nono. Falke, Cod. trad. Corb., S. 860. — Hermann und Ernst von Uslar kommen u. a. in Urkunden von 1222, 1233, 1235 vor. Falke, S. 781, 860, 900. Ein Graf Albert von Everstein, dessen Vater ebenfalls Albert hieß, wird 1226 genannt (v. Spilcker, Grafen von Everstein, U.-B. S. 56 ff.). Er fehlt schon 1230 m der Reihe seiner Brüder, weil er in den geistlichen Stand getreten war. Freilich wird 1255 ein anderer Albert, der 1240 zuerst vorkommt, ausdrücklich Albertus iunior genannt. Dieser kann hier aber nicht in Betracht kommen. Vgl. No. 131 (8).

mitverkauft ist, trug ein gewisser Ritter Johann von Settmarshausen [1])
von dem vorgenannten Otto zu Lehen und verzichtete jetzt darauf
für 9 Mark. Den Zehnten von dem Gute selbst (predio) trugen die
Brüder Heinrich und Berthold von Bertoldeshusen zu Lehen und
verkauften nun denselben für 19 Mark an das Kloster und verzieh-
teten darauf ihrem Lehnsherrn Hermann von Uslar gegenüber.
Facta sunt hec Uslarie coram Hermanno et Ernesto et clerico par-
roebie et qu. pl. al. Hermannus vero de Uslaria solo divine remu-
nerationis intuitu pro remedio anime sue comitibus de Everstene,
a quibus in beneficio tenuerat, resignavit.

Amelunxborner Copialbuch VII B. 111 fol. 19 im Landes-
hauptarchiv Wolfenbüttel.

No. 131 (8).

[Vor 1227 Juni 24[2])]. Landgraf Ludwig (IV.) von Thüringen,
Pfalzgraf von Sachsen, macht die Beilegung des folgenden Streites
bekannt. Ein Gut Siddemanneshusen (Settmarshausen sw. Göttingen),
das die Kirche zu Amelunxborn (zwischen Eimbeck und Holzminden)
von dem Freien Otto von Balinhusen und dessen Söhnen mit
Einwilligung ihrer Erben gekauft hatte, gab sie dem Geistlichen
Berthold als Entschädigung für eine Sehenkung, die diesen gereute.
Dem Geistlichen wurde aber das Gut durch den Ritter Ludwig von
Rorinberg, der ein Erbrecht darauf zu haben behauptete, entrissen.
Der Bischof von Hildesheim entschied schließlich den Streit zwischen
Berthold, der von dem Kloster Ersatz seines Schadens forderte, und
dem Abte Gottschalk von Amelunxborn[3]); der letztere nahm das
Gut gegen eine Geldzahlung wieder ein.

Joh. Friedr. Falke, Codex traditionum Corbeiensium, Lips. et
Guelpherbyti 1752, S. 866. — Cod. dipl. Sax. reg. I, 3, No. 402
S. 282.

No. 132 (9).

1241 März 8. Gieselwerder (an der oberen Weser). Erzbischof
Siegfried von Mainz bekundet, daß der edle Herr Hermann, Vogt
von Ziegenberg, den Zehnten von Bunekenhusen (Wüst. in der Feldmark von Großenschneen, s. Göttingen), den er von der Mamzer
Kirche zu Lehen trug, in die Hände des Erzbischofs zurückgegeben
habe, wie ihn in seine (Hermanns) Hände zurückgegeben hatte Thetmarus miles de Ballenhusen, von Hermann damit belehnt
gewesen war. Dietmar sowohl wie Hermann forderten nun von dem
Erzbischof, daß er den Bunekenhuser Zehnten der Kirche zu Lippoldsberg (an der oberen Weser) übergäbe zur Vergebung ihrer Sünden;
denn eben deswegen hätten sie darauf verzichtet. Siegfried vollzog
die Übergabe. Siegler: der Aussteller. Siegel anhängend. Zeugen:

---

1) Derselbe kommt 1246 in Hedemünden vor. Scheidt, Vom
hoh. u. nied. Adel, Mant. doeum. No. 135 S. 486.

2) Am 24. Juni 1227 brach Landgraf Ludwig zum Kreuzzuge
auf, bei dem er den Tod fand.

3) Abt Gottschalk, den Joh. Geo. Leuckfeld, Chronologia abba-
tum Amelunxbornensium, 1223 sterben läßt, kommt in Urkunden
von 1222, 1226 und 1233 vor. Falke, Cod. trad. Corb. S. 781, 859,
860.

Heinricus prepositus Heylegenstadensis, Volcmarus abbas Bursuel-
densis; Conradus comes de Euerstein, Godescalcus de Plesse, Giso
de Cygemberge, Hermannus de Uslaria, Heidenricus vicedominus de
Rusteberg et al. qu. pl. Datum apud Insulam anno incarnationis
dominice millesimo ducentesimo quadragesimo primo, VIII. Idus
Mareü, pontificatus nostri anno duodecimo.

Original im Staatsarchiv Marburg (Kloster Lippoldsberg). —
Ganz kurz erwähnt bei G. Landau, Hessische Ritterburgen und ihre
Besitzer, Cassel 1832—39, IV, 302.

No. 133 (10).

1245. Propst Heinrich in Heiligenstadt erklärt, daß O t t o
v o n B a l e n h u s e n, dessen Bruder A r n o l d und M e c h t h i l d,
beider Mutter, nach Empfang von 6 Mark reinen Silbers auf ihr
Anrecht an die bona Sedemanneshusana verzichtet hätten. Zeugen:
Guntherus de Hardenberge et filius Hermannus, Hermannus, Bernhardus et Thidericus iiiii domini Bernhardi de Hardenberge et Gun-
terus de Bouenten. Actum anno MCCXXXXV.

Falke, Cod. trad. Corh. S. 867.

No. 134 (11).

1246. Hermann der Ältere, Bernhard und Dietrich, Gebrüder,
ebenso Hermann der Jüngere und Günther, Gebrüder, alle genannt
von Hardenberg, übertragen für 7 Mark und 9 Vierdunge dem
Kloster Amelunxborn das Eigentum an 2 Hufen in Schnedinghausen
(zwischen Moringen und Northeim), die das Kloster von Johann
dicto de eadem villa für 16½ Mark gekauft, und die Johann von
denen von Hardenberg zu Lehen hatte. Zeugen: Hermannus senior,
Bernardus et Thidericus fratres, item Hermannus iunior et Guntherus
fratres, omnes dicti de Hardenberch, O t t o advocatus d e B a l e n_
h u s e n et al. qu. pl. Actum anno dominice incarnationis M̊CC̊X̊LV̊I̊.

Amelunxborner Copialbuch VII, B 111, fol. 31—31¹ im Landes-
hauptarchiv Wolfenbüttel.

No. 135 (12).

1247. Dieselbe Übertragung und dieselben Zeugen, unter denen
auch wieder O t t o advocatus d e B a l e n h u s e n. Der Lehnsträger
der beiden Hufen wird hier Johannes dictus de Snetingehusen genannt. Actum anno gratiae millesimo ducentesimo quadragesimo
septimo.

Amelunxb. Copialb. VII, B. 113, S. 1397 u. 1398 im Landes-
hauptarchiv Wolfenbüttel.

No. 136 (13).

[Um 1247—1254¹).] Abt Thetmarus von Reinhausen zählt seine

---

1) Abt Dietmar von Reinhausen kommt in einer Plesser Urk.
v. 1247 (Wenck, Hess. Landesgesch., Urk. z. JI. Bd., S. 166
No. CXXXVI) und in einer Nörtener Urk. vom 24. Mai 1254 vor.
Joh. Wolf, Diplomat. Gesch. des Petersstiftes zu Nörten, Erfurt
1799, U.-B. No. III S. 5. — Alheidis von Plesse, die Dietmar ebenfalls erwähnt, nennt eine Urk. von 1244; Falke, cod. trad. Corb.
S. 863.

Erwerbungen für sein Kloster auf.: .. den Zehnten in Alwardeshusen (einer Wüstung bei Reinhausen) für 44 Mark von H e r m a n n o et T h e t m a r o fratribus d e B a l l e n h u s e n .. 13 Mark für 1½ Hufen in demselben Dorfe dem genannten T h e t m a r o d e B a l l e n h u s e n, 6 Mark für ⅓ Hufe in Alwardeshusen mit Einwilligung seiner Erben Otto und Arnold von Rusteberg . . . in Dranvelde (Dramfeld sw. Göttingen) den Zehnten für 50 Mark von H e i n r i c o milite d e B a l l e n h u s e n und Friedrich Priester von Rosdorf und seinen Schwestern.

Copie im Staatsarchiv Hannover (Reinhausen).

No. 137 (14.)

1253. Die Grafen Konrad und Friedrich von Klettenberg[1]) geben ihre Zustimmung zu einem Verkauf ans Kloster Walkenried. Zeugen: Ywanus de Meinwarderode, Hermannus de Uderde, Bertoldus de Nethelrede milites; Thitmarus de Makkenrod, H e r m a n n u s d e B a l l e n h u s e n.

Urk. des Stiftes Walkenried (U.-B. des Histor. Ver. für Niedersachs. Hft. II) Hann. 1852, No. 298 S. 205.

No. 138 (15).

1256 April 23. Nordhausen. Heinrich Graf von Hohnstein eignet der Kirche b. virginis des Klosters zu Nordhausen die Pfarrei Bennungen (w. Sangerhausen) zu. Zeugen: praepositus Hermannus in Bischofferode, decanus Dittmar, cellerarius et canonicus Hermannus de Wilrode frater suus, et filius Theodericus de Wilrode, H i n r i c u s d e B a l n h u s e n. Datum Northusen a. incarn. dom. 1256, IX. Kal. Maii.

Copie in F. No. 1020, No. 14 im Geh. Haupt- und Staatsarchiv Weimar. — H.

No. 139 (16).

1279 März 20. H e r m a n n genannt v o n B a l l e n h u s e n erklärt, daß mit seinem Willen sein Oheim (patruus) Ritter Dietrich' von Hardenberg den halben Zehnten im Dorfe Lutteringehusen (bei Hardegsen) dem Nonnenkloster in Fredelsloh (sw. Eimbeck) verkauft hat für 10 Mark reinen Silbers, indem er für ihn (Hermann) und sich selbst auf alles Anrecht verzichtete in die Hände der Grafen Otto, Heidenreich und Werner von Lauterberg, von denen der Zehnte zu Lehen ging. Siegler: der Aussteller. Siegel anhängend. (Vgl. Taf. II Fig. 5). Zeugen: Wernerus de Hardenberg, dominus Ludolfus plebanus de Novali, Hartwicus de Novali, Iohannes de Ascha et al. qu. pl. f. d. Datum et actnm anno domini M° CC° LXX° IX°, in vigilia sancti fabbatis Benedicti.

---

1) Dieselben hatten Grundbesitz in Ballenhausen. Urk. des Stifts Walkr., No. 166. 169 (1229 und 1230).

Original im Staatsarchiv Hannover (Fredelsloh 41). — Ge-. druckt bei Joh. Wolf, Geschichte des Geschlechts von Hardenberg, Gött. 1823, Bd. I, Urk. No. XVI S. 16.

No. 140 (17).

1292 Januar 10. Der Knappe Hermann, genannt von Ballenhusen, verpfändet das Dorf Krummelen (Wüstung bei Moringen) dem Propste von Fredelsloh und dessen Kirche für 4 Mark reinen Silbers. Das Dorf soll Hermann wieder zufallen, wenn der Propst sein Geld zurückempfängt. Zeugen: dominus Thidericus dictus Pininc miles, Hardewicus de Novali, Georius de Radolveshusen et qu. pl. al. f. d. Actum et datum anno domini millesimo CC⁰ LXXXX⁰ secundo, feria quinta proxima post Epyphaniam domini. Siegel beschädigt, von der Umschrift nur G + Sᵛ erhalten.

Original im Staatsarchiv Hannover (Fredelsloh 61).

No. 141 (18).

1302 Januar 26. Herzberg (am Südharze). Herzog Heinrich von Braunschweig gewährt dem Abte und Konvente in Volkolderod (Volkenrode nö. Mühlhausen) Freiheit von aller Bede für ihre in Cornere (Körner zwischen Mühlhausen und Schlotheim) gelegenen Güter, die sie vom Grafen Otto von Lutterberch (Lauterberg im Harze) erkauft, sowie für eine Hufe ebendaselbst, die sie von Friedrich genannt Surezich gekauft. Der Herzog erläßt die Steuer zu seinem Seelenheile, dem seiner Vorfahren und seiner Gemahlin Agnes. Zeugen: Hermannus abbas Walkenridensis, frater Theoderiens de Balenhusen, monachus ibidem; Ecbertus de Hattorp, Hartmannus de Munningherode, Jordanus de Barkeuelde milites; magister Bruno notarius. Datum Hertesberch anno domini, millesimo CCC̊ secundo in crastino conversionis sancti Pauli apostoli. — Das anhängende gelbe Wachssiegel ist beschädigt.

Original im Hauptstaatsarchiv Dresden No. 1695.

No. 142 (19).

1303 April 14. Der Knappe Hildebrand von Hardenberg verkauft dem Kloster Amelunxborn eine Hufe in Holtensen (bei Moringen) mit Einwilligung seiner Brüder Bernhard, Kanonikus in Hildesheim, Hermann, Kanonikus in Minden, und Bernhard des Jüngern, seiner Schwestern Adelheid und Mechthild, seiner Vettern (patruelium nostrorum), der Knappen Johann und Burghard von Saldern, Wernheri nepotis nostri famuli dicti de Balnhusen . . . . Nos vero Bernhardus de Hardenberg iun., Iohannes et Borchardus de Saldere et Wernherus de Balnhusen, Alheidis et Mechtildis dicte de Hardenberge, quia propriis caremus sigillis, contenti erimus predictorum. Datum et actum anno domini millesimo trecentesimo tertio in die beatorum martyrum Tiburtii et Valeriani.

Joh. Wolf, Gesch. des Geschlechts von Hardenberg, Gött. 1823—25, Bd. 1, Nachtr. No. 9 S. 13.

No. 143 (20).

1304 Januar 24. und 27. Göttingen. Die Gebrüder Hildebrand und Bernhard von Hardenberg und die Gebrüder Johann und Burghard von Saldern, Vettern (patrueles) verkaufen dem Kloster Walkenried den Rosdorfer Zehnten. Item W e r n e r u s , filius H e r m a n n i de B a l l e n h u s e n, bonae memoriae, cognatus· noster, praesente me Hildebrando tutore suo et auctoritatem praestante, recognovit, se nichil iuris habere in decima praedicta, et si quod ius ei de facto, iure vel consuetudine competeret vel competere posset, renunciavit fide data promittens non contra facere vel venire aliqua ratione. Presentibus Iohanne et Theoderico dictis de Gruna . . . militibus etc. Siegler: Hildebrand von Hardenberg nono Kal. Februarii; — Durch sechs andere Adlige (auch Johann und Dietrich von Grone) besiegelt sexto Kal. Febr.

Urk. des St. Walkenried (U.-B. f. Niedersachsen, Heft 3), No. 642 S. 25. — Joh. Wolf, Gesch. des Geschl. v. Hardenberg, I. Bd., Urk. No. XXXIII S. 41. — Scheidt, Vom hoh. u. nied. Adel, Mantissa documentorum, S. 537.

No. 144 (21).

1304 Januar 30. Nörten. Der Dechant Johann zu Nörten ·beurkundet und bestätigt dasselbe, auch den Verzicht W e r n e r s v o n B a l l e n h a u s e n.

Urk. des St. Walkenried, No. 643 S. 27.

No. 145 (22).

1307 Februar 12. Cassel. Johann, dei gratia terrae Hassiae lantgravius iunior, bezeugt, daß W e r n h e r u s filius quondam H e r m a n n i de B a l n h u s e n vor ihm und in Gegenwart seiner Vormünder Ritter Werner und dessen Bruder Heinrich von Schweinsberg auf jedes Anrecht an den Rosdorfer Zehnten verzichtet habe, mochte dieses Recht auf Lehen, auf Erbschaft (paternae successionis) oder auf einem anderen Umstande beruhen. Das Kloster Walkenried, dem Werners Oheime (patrui) Hildebrand und Bernhard von Hardenberg und Johann und Burghard von Saldern den Zehnten verkauft hätten, sollte durch Werner v. B. keinerlei Anfechtung erfahren. Da Werner älter als 14 und jünger als 25 Jahre war, so · gab er dem Landgrafen die Hand darauf, den Verkauf und` alle Abmachungen anzuerkennen. Zum Zeugnis giebt der Landgraf diesen von ihm untersiegelten Brief dem Abte von Walkenried. Der letztere dagegen schenkt Werner von B., damit dieser, seine Freunde und Blutsverwandten das Kloster W. im Besitze des Zehnten immer schützen und es in seinen Geschäften fördern, ohne Rechtszwang, vielmehr aus Freundschaft 26 Mark reinen Silbers, an Stelle eines Füllens, das er Werner bei dessen erstem Verzichte versprochen hatte. Zeugen: dominus Wernherus de Westerborg, Wernherus de Sweinsberg milites (zugleich Mitsiegler), dominus Gerlacus de Griphede, dominus Hermannus de Bulzingesleyben milites; Hermannus de Romerode et Heinricus de Sweinsberg famuli et al. qu. pl. f. d.

. des St. Walkenried (U.-B. f. Nieders., Heft 3), No. 685 S. 50Urk

No. 146 (23).

1310 Februar 26.· Wernherus famulus de Ballenhusen bekennt, daß er das Anrecht an dem Dorfe Crumelen (bei Moringen), welches . . . husen und seine rechten Erben von ihm für 20 Mark zum Pfande hatten, für die erwähnte Summe und 5 Lot, die er von 2 Höfen in der neuen Rodung (oder Großen- bezw. Lütgenrode? de duabus curiis in novali) besaß, ferner einige Einkünfte, die Heidenreich genannt Geier (Vultur) in Lenglern, Nörten und Billingshausen (nw., n. und nö. Göttingen) auf Lebenszeit besaß, verkauft hat dem Ritter Hildebrand von Hardenberg, Bernhard, dessen Bruder, den Gebrüdern Johann und Burghard von Saldern, ihren Vettern (patruis), und ihren rechten Erben. Heidenreich Geier soll die bisherigen Einkünfte auf Lebenszeit von den 4 Käufern erhalten. Zeugen: dominus Hermannus de Hardenberg, dominus Otto de Boventhe milites; . . husen, Hutgetswin, Henricus magister; Vastmodus de Lodingessen, Conradus de Wallenstede famuli et al. qu. pl. f. d. Siegler: Ritter Hermann von Hardenberg, quod Wernherus de Ballenhusen noster consanguineus dilectus proprio sigillo caruit. Siegel fehlt. Datum anno domini MCCCX, quinta feria ante dominicam Esto mihi.

Original im Staatsarchiv Hannover. — H.

No. 147 (24).

1330 Juni 4 (in octava Pentecostes). Hen[riens] dictus de Ballenhusen, scol[asticus] ecclesie Northun[ensis], kommt in einer Urkunde des Klosters Mariengarten (ssw. Göttingen) vor, neben Heidenreich und Dietrich von Uslar, Dietrich von Bodenhausen, Johanns Sohn, Heinrich, Pfarrer zu S. Jacobi in Göttingen, u. a.

Original im Staatsarchiv Hannover (Mariengarten No. 147).

No. 148 (25).

1347 Februar 24. Der Rat der Stadt Göttingen verkauft dem Herrn Hen[rico] in Ballenhusen, Bruder des verstorbenen (quondam) Ritters Ghuuselin von Grone, „nostro cappellano", für eine schon entrichtete Geldsumme 3 Mark reinen Silbers jährlicher Rente auf Lebenszeit. Zahltag: Epiphanias. Datum sub sigillo nostre civitatis a. d. MCCCXLVII, in die· b. Mathie apostoli.

Gust. Schmidt, U.-B. der Stadt Göttingen (U.-B. des Historischen Vereins für Niedersachsen, Heft VI), I, 159 No. 168.

No. 149 (26).

1350 September 29. Ernst, Herzog zu Braunschweig, Albrechts sel. Sohn, erkennt auf Bitten „hern Hinrikes van Ballenhusen, des scolemesters to Northene, de hern Ghuntzeles un Janes broder was gheheten van Grone[1]), dem kloster to dem Garden" (Mariengarten) 14 Mark lötigen Silbers Göttinger Währung zu an dem

---

1) In einer Urkunde von 1341 heißt es darum: Henricus de Grona ecclesie nostre scholasticus. Joh. Wolf, Gesch. des Petersstiftes zu Nörten, Erf. 1799, Urk. No. XXXIII S. 37.

vierten Teile des Zehnten zu Deiderode (w. Friedland), den Heinrich v. B. dem Kloster gegeben hat. Heinrich selbst hat den Viertelzehnten erhalten „van Uoden weghene van Grona", seines Vettern, der der Sohn Gunzels von Grone war. Geben Udo von Grone oder dessen Erben dem Kloster 14 Mark Silbers, so erhalten sie auch den vierten Teil des Zehnten zu Deiderode zurück. Siegler: der Aussteller; halbes Siegel erhalten. . . . na Goddes bord dritteynhundert jar in dem viftighesten jare in sinte Michelis daghe.
Original im Staatsarchiv Hannover (Mariengarten No. 172).

Übersicht über die von Ballenhausen.

Unoko 1135— um 1152.   Azo? 1135.

Reinhard 1151.

Otto I. um 1189.

Heinrich I. 1221—56?   Otto II. um 1226.

Hermann I. Dietmar
um 1226—53. um 1226 —
          um 1254.

                                  x
                         Gem. Mechthild 12⟨
                         Otto III. und Arnol
                         1245.   1245.
                         (v. Rusteberg?)

Dietrich,   Hermann II. v. Hardenbe⟩
Mönch in Walkenried Ballenhausen 1279— vor 130
1302.

Heinrich II. von Grone-Ballenhausen 1330—50.   Werner 1303—10.

Göttinger Bürgerfamilie von Bolnhusen.

Heyse 1377—1400.   Tile 1383—95.

Heinrich, 1397
Priester.

Tile 1445.

Bartold, Aldermann in Rosdorf bei Göttingen 1507.

Übersicht über die von Ballhausen.

Henselin 1110.
Adalbert 1144—70.

Konrad I. 1160—1206.

Konrad II. der Rote? 1246.

Eckhard I. von Sömmern. 1225—65. Gem. Luitgard v. Rotenburg 1216—65.
Hugo I. 1225—1250.
Berthold I. 1250. Gem. Konr. v. Weidensee.
Schwester?

Eckhard II. 1265—1309. Gem. Bertrade 1308.
Hugo II. 1265—1301.
Berthold II. 1265—1306.
Rudolf 1265.
Gem. Mechthild v. Gatersleben 1276.

Helfrich 1262—65. Gem. Bertha v. Naumburg 1286 (in 2. Ehe verm. mit Giso v. Ziegenberg).

Giselher 1308—31. Eckhard III. 1303—15. Eckhard IV. 1308—15.

Gerbot 1278—(86).
Hermann II. 1308—14.

Widekind v. Schwarzenberg 1273—1301.
Berthold III. v. Schwarzenb. 1286—1301.
Eckhard V. 1322—36.
Hermann III. 1334—36.

Johann I. v. Schwarzenberg 1329—51. Gem. Katharina 1351.
Eckhard VI. 1348—49. Marold 1348—63. Peter 1348—63. Friedrich 1348—63. Gem. Gertrud v. Botichenrode 1336.

Johann II. 1351—72. Gisela 1351. Helfrich v. Schwarzenberg 1385—1420.

Bürger in Mühlhausen. Hermann I. 1282. Ludwig Ansinendank 1290. Gem. Christine 1290.

Konrad III. 1363—67. (Vikar in Jechaburg).

Bürger in Erfurt. Heinrich 1363—80. Gem. Thele 1376.

No. 23a.

1232 Mai 9. Arnold, Propst der Kirche Marie ad gradus, und G., decanus s. Iohannis Maguntini, indices a domino C. Portuensi legato sedis apostolice subdelegati, entscheiden den Streit zwischen dominum Gůnzechinum abbatem s. Albani et dominum Helffricum de Rodenberg über Güter in Drotholinshusen (etwa Drutholueshusun, Wüst. n. Cassel?). Helfrich verzichtet und übergiebt die Güter zu seinem und seiner Gattin E[lisabeth] Gedächtnis der Kirche S. Alban, erhält sie dann aber gegen eine jährliche geringe Abgabe als Lehen zurück. Nach seinem Tode fällt die Hälfte dieses Lehens seinen drei Schwiegersöhnen Eckehardo de Sumeringen, Bertoldo do Cruczeberc et Hermanno burgravio Hersfeldensi zu. Zeugen: Arnoldus scolasticus et H. cantor sancti Stephani et G. cantor sancti Iohannis et magister G. canonicus sancte Marie ad gradus, C. de Erlebach custos sancti Albani Maguntini et S[ifridus] plebanus de Milsungen; Dudo de Flersheim, Iggebrandus Mog[untin]us et Burckardus Pernsac, milites et al. qu. pl. Actnm anno domini millesimo ducentesimo tricesimo secundo, VII. Idus Maii.

Liber copialis de anno 1410 des Klosters, später Stiftes S. Alban bei Mainz, im Kreisarchiv Würzburg (Mainzer Bücher versch. Inh. No. 9 fol. 78—80). — Das Original im Reichsarchiv München ist fleckig und darum unleserlich. — Die Identität Eckhards von Sumeringen mit Eckhard I. von Ballhausen steht also unzweifelhaft fest, ebenso seine Verschwägerung mit Berthold von Kreuzburg.

Nachtrag.

Am 21. August 1902 — die vorstehende, auf durchaus selbständigen Forschungen beruhende Abhandlung und ein Teil der Regesten waren bereits gedruckt — erhielt ich eine soeben erschienene Arbeit des Herrn Arch.-Dir. Schenk zu Schweinsberg in Darmstadt über Rotenburg a. d. Fulda. Dadurch wurde ich auf die obige Urkunde N. 23a hingewiesen, deren Abschrift ich mir vom Kreisarchiv Würzburg ausbat. Der Herr Verf. kritisiert auch meinen vor 6 Jahren gedruckten Aufsatz über die Burg Schwarzenberg. Er vergißt aber, daß ich bereits am 2. April 1901 mich bei seinem Archive nach ungedruckten Urkunden der Familien von Ballhausen (im Kreise Weißensee), von Sumeringen und von Schwarzenberg erkundigte, und daß ich ihm persönlich am 9. Sept. 1901 schrieb, ich würde meine Arbeit der Zeitschrift für thüringische Geschichte anbieten.

Erklärung der Siegeltafeln.

Tafel I.

Fig. 1. Eckhard I. von Ballhausen-Sömmern. 1256.
Fig. 2. Eckhard I. von Ballhausen-Sömmern. 1256.
Fig. 3. Eckhard I. von Ballhausen-Sömmern. 1265.
Fig. 4. Eckhard II. von Ballhausen. 1275.
Fig. 5. Eckhard II. von Ballhausen. 1275.
Fig. 6. Berthold II. von Ballhausen. 1275.

Tafel II.

Fig. 1. Hermann Stranz von Döllstädt der Jüngere. 1302.
Fig. 2. Hermann Stranz von Döllstädt der Ältere. 1302.
Fig. 3. H g II. von Ballhausen. 1292.
Fig. 4. Helfrich von Schwarzenberg. 1392.
Fig. 5. Hermann II. von Ballenhausen-Hardenberg. 1279.

VI.

Inventarium über fahrende Habe im Kloster Mönchröden bei Coburg,

aufgenommen am Mittwoch Francisci, den 4. Oct. im Jahre 1531.

Mitgeteilt

von

Pfarrer Dr. **Georg Berbig** in Schwarzhausen b. Thal.

Am 1. Juni 1531[1]) war die kurfürstliche Instruktion für die gleichzeitig gewählten Sequestratoren für sämtliche kursächsische Gebietsteile erschienen. Im Frankenland hatten der Ritter Hans Schott, Kunz Gotzmann, der Amtmann von Königsberg, Hans v. Sternberg, Klaus v. Heßberg und Kaspar Ramsperger die Sequestrationsgeschäfte übernommen. Was die Visitatoren bei der Besichtigung auf rein geistlichem Gebiete hinsichtlich der Lehre und des Lebens der Geistlichen und der Gemeinden, zu leisten hatten, das war den Sequestratoren mehr auf vermögensrechtlichem, verwaltungsmäßigem Gebiet übertragen. Sie hatten demnach die Aufgabe, den Vermögensbestand der Coburger Klöster genau aufzunehmen und festzustellen. Das war außerordentlich wichtig, seitdem die reiche Kirche des Mittelalters ins Wanken geraten, und ihre Güter selbst in landesherrlichen Besitz gekommen waren. Denn eine andere Möglichkeit

---

1) Vergl. C. A. H. Burkhardt, Gesch. d. sächs. Kirchen- und Schulvisitationen von 1524 bis 1545, Leipzig, Fr. Wilh. Grunow 1879, S. 109.

gab es nicht. Mit dem Summepiskopat des Landesherrn
ging die Materie, der weltliche Besitzstand der Kirche,
wenn auch allmählich, in die Verwaltung des Staates über.

Für den Coburger Bezirk kamen vier Klöster in Frage:
das Franziskanerkloster der Stadt (an Stelle des heutigen
Residenzschlosses), das Nonnenkloster Sonnefeld, das
Augustinerkloster Königsberg i. Fr. und die Benediktiner-
Abtei Mönchröden zwischen Coburg und Sonneberg.

Schon um die Mitte der zwanziger Jahre war die Auf-
lösung dieser genannten Klöster eine beschlossene Thatsache. Der Bauernkrieg verschonte zwar diese vier Klöster
vor einer gewaltsamen Zerstörung, dank des Schutzes
ihrer fürstlichen Patrone und der Umsicht und Festigkeit
der kurfürstlichen Pfleger und Beamten des Landes. Kein
Klostergebäude ward hier von den aufrührerischen Bauern
zerstört. Wohl aber hatte sich bereits 1525 am Donnerstag nach Misericordias Domini das Franziskanerkloster in
den Schutz der Stadt Coburg begeben, und zwar mit allen
beweglichen und unbeweglichen Gütern.

In demselben Jahre war auch die Selbständigkeit von
Mönchröden als Abtei gebrochen, vielleicht schon ein Jahr
vorher, beim Tode des letzten Abtes Nicolaus Hielbrand
1515—1524)[1].

Die Verwaltung des Klosterbesitzes war in die Hände
des ehemaligen Priors Veit Haff übergegangen. Ein Abt
wurde nicht wiedergewählt. Saalfeld und Würzburg hatten
jeden Einfluß auf Mönchröden verloren. Langsam erlosch
die versunkene Glut mittelalterlicher Askese, während die
Begeisterung für die Freiheit der Reformation von Tag
zu Tag wuchs. Wer nicht austrat aus dem Kloster — etwa
aus Altersrücksichten, und diese werden dabei die stärksten

---

1) Thomae, Licht am Abend. P. C. G. Karche. Jahrb. der
Herzogl. Sächs. Residenzstadt Coburg v. 741—1822, Cob. 1825,
S. 67: 1526 wurden die 8 Barfüßer-Mönche auf Befehl Kurfürst
Johanns aus ihrem Kloster nach Mönchröden gebracht, wo sie von
dem dahin verordneten Hofverwalter den benötigten Unterhalt be-
kamen.

gewesen sein, — der hörte doch auf, es mit seinen Gelübden
noch so ernst zu nehmen, wie ehedem, obschon man seitens
der weltlichen Obrigkeit überaus schonend und rücksichtsvoll
gegen die Mönche vorging.

Mönchröden war einst eine blühende Abtei vom Orden
des h. Benedictus. Sie war gegründet worden vom Burggrafen Hermann von Meißen und dessen Bruder, dem Grafen
Stercher i. J. 1149 [1]). Herold, Bischof von Würzburg, hatte
die junge, in seinem Bistum gelegene Stiftung mit der
Parochie Gauerstadt beschenkt. Zu Ehren B. V. Mariae
und S. Walpurgis war das Kloster gegründet.

Von Anfang an war es eine Klostergemeinschaft, besetzt mit zwölf Benediktinermönchen, denen ein Abt vorstand.
Ein lebendiger Verkehr bestand in Mönchröden mit dem
benachbarten Benediktinerkloster Banz und dem zu Saalfeld
und Erfurt. Erleichtert wurde dieser Verkehr durch die alte
Heeres- und Paßstraße, welche das Frankenland mit
Thüringen verband, und es ist gewiß, daß die Benediktiner
bei ihren Gründungen diese alten Verkehrstraßen geradezu
gesucht haben, in der praktischen Erwägung, ihre Missionen
auf diese Weise viel bequemer und schneller erfüllen zu
können. Diese Klöster waren also im besten Sinne auch
bei den Reisen der Fürstlichkeiten und hoher Herrschaften
zu jener Zeit unerläßlich. Wir finden gerade in Mönchröden,
daß die Gastfreundschaft ein angenehm hervortretender Zug
der Klosterinsassen war, ja daß bei Beschaffung des Inventars für solchen Besuch jederzeit Vorsorge getroffen werden
mußte. Bei Bemessung der Wegverhältnisse wird man finden,
daß Erfurt — Saalfeld — Mönchröden — Banz sehr be-

---

1) Dobenecker, Regesten I, No. 1619. Cf. die Ebracher
Handschr. des Michael de Leone: Monasterium in Roten fundatum
et ecclesiae Herbipolensi oblatum est a Hermanno praefecto seu
burggravio Missnensi et a Sygefrido episcopo Wirzburgensi dotatum
et institutum a. d. milesimo CXLIX et deinde MCLXXI a Heroldo
episcopo ibidem cum parochia Guberstat plurimis decimis et alibi
est dotatum.

queme und örtlich sehr sorgsam festgestellte Ruhestationen
bildeten, je eine Tagereise voneinander entfernt und für
Reisende mit Bequemlichkeiten aller Art ausgestattet, auf
die auch das Mittelalter so sehr hielt. '

Auf die Geschichte unseres Klosters hier einzugehen
ist nicht der Ort. Das mag die Aufgabe für eine andere
Arbeit sein. Aber was an „fahrender Habe" vom Kloster
noch vorhanden war, das sollen uns die folgenden Seiten
zeigen. Dank einer sehr genauen Inventarisierung v. J. 1531
sind wir in der Lage, darüber Rechenschaft zu geben. Die
Inventarisiernng erfolgte auf Anordnung der kurfürstlichen
Sequestratoren, weil bei Revision der Klostergüter befunden
worden war, daß die Haushaltung des bisherigen Verwalters
Veit Haff, des vorherigen Priors, eine wenig geordnete
gewesen war. Veit Haff hatte, wie es scheint, ganz will-
kürlich mit dem Klostergut gewirtschaftet, an Grundstücken,
Waldungen, Zinsen, verkauft und veräussert ohne vorher
auch nur die Genehmigung der Behörde eingeholt zu haben.
Vielleicht bezieht sich der Brief Luthers (cf. Förstemann,
Urk. II, 667) von der Veste Coburg auf diese Mißwirtschaft.

Nachstehendes Inventar, welches sich im Original,
wahrscheinlich von der Hand Valentin Müllers des Nachfolgers Veits Haff geschrieben, im herzoglichen Haus-
und Staatsarchiv zu Coburg vorfindet (E. V. 1 b. No. 14),
gewährt uns nunmehr ein außerordendlich anschauliches
Bild der einst vorhandenen Klosterschätze und Habe, insbesondere auch zum Schlusse der noch vorhandenen Kloster-
waldungen.

Die Kunstgeschichte wie die Cultur-, Kirchen- oder
Landesgeschichte dürfte an diesen Aufzeichnungen ein
Interesse haben.

Gehört das Kloster auch nicht zu den reichsten des
Ordens, so waren seine Schätze immerhin nennenswert,
insbesondere der Silberschatz, die Paramente, Meßgewänder,
und Ornate. Die Aufzählung der Pergamente und anderer
Aktenstücke bietet eine große Zahl von Regesten und Urkunden, welche sonst nicht bekannt sind, und damit einen

Einblick in den alten Besitzstand und in die verbrieften Rechte der früheren Zeit. Die Landesgeschichte erfährt eine Bereicherung durch die Namhaftmachung alter eingesessener Familien, insbesondere des fränkischen Uradels und ihrer Sitze.

Sehr wertvoll aber dürfte dies Inventarium dadurch sein, daß auch die Kulturgeschichte jener Zeit beleuchtet wird, durch die Aufzählung der Haushaltungs- und Wirtschaftsgegenstände bis ins kleinste Detail, vom Tuchvorrat, Zinn- und Erzwerk bis zu den Geräten in Werkstatt, Hof und Stall, denn das ganze Kloster wird in Augenschein genommen, das Schlafgemach des Abtes wie des Gesindes, die Wohnräume, ja Küche, Boden und Keller. Nur eines ist zu bedauern: ein genaues Verzeichniß des Bestandes der vorhandenen Klosterbibliothek fehlt. Hier hat sich der Schreiber des Inventarii sehr kurz gefaßt, entweder aus Gleichgültigkeit der alten Mönchslitteratur gegenüber, oder, was noch wahrscheinlicher ist, weil ein genaues Bücherverzeichnis in doppelter Abschrift im Kapitel der Urkunden und Briefe bereits genannt wird, doch ohne genaue Inhaltsangabe.

Die Inventarisierung ergab nun folgendes Resultat:

Erstlichen die Kleynodra[1]) so Er Veyt über-antwort vnd die hrn Sequestratoren Er Valentin[1] biss vf weytern Beuelch in verwarung zugestelt.

Acht Silbere Becher, vnd von dem eym ist das Zeychen vnten vffm Bodenn, bey er Veythenn komenn,

Zwey Sylbere pockeligenn[2], Ein kleyn Silbere pacem[3], mit keynem kethlein, Eyn Silbere Rauchfaßs, Zwey Silbere Messkendele[4], Ein Silbere Infulstab[5], Ein Evangeliū Buch, oben ganz mit Silber thün vberzogenn, mit eym Crucifix, vnd zweyen Bildern, Sant Maria vnnd Iohannes, Ein groß Silbere pacem, mit eynem Gamah[6] darein gefast, vnnd mit eyner anhangigenn Silbere Kethenn,

Sechs groß Buch, funff Sylbere vbergult mit steynen, darein gesetzt, vnd ein guldener mit elentklahenn[7], Ein vbergultig Ringle, mit eynem tefele, soll ein Demut[8] seyn, Ein Infell[9] mit vier pildernn, mit klein Bernie[10] gestickt, vnnd obenn gerumb mit Silbern vergulten Knopffen, vnd etlich schlechte steyn, In der Infell vbersetzt, Sind Zcalperle, Vnnd etlich gestickt Labwerck[11], vnnd perlein,

---

1) Wir haben absichtlich, entgegen den herrschenden Editionsgrundsätzen, die getreue Wiedergabe der Schreibweise des Inventars für gut befunden.

sind durch Er Veythenn herabgedrennt, vnnd durch ander geringere perle wider daran gesetzt etc.

Zwue schlechte Infell, ein Weysse, vnnd ein Rothe, sind mit etlichen Glasssteynen geschmückt,

Zwey Silbere Köpffle, vbereinander, mit vergulten füsslein, Ein Silbere Sigel, des Convents, Ein Silbere Secret des Convents, Zwölff kelg, mit Eylff patenenn, vnnd hat Er Veyt eyn keig, mit eyner Paten, denselbigen soll er laut des vertrags, wider ins Closter antwortenn, Ein kleyn Silbere püchsle, da das Sacrament jnnensteht, Eylff löffel, jn eynem Futter, mit Silbere Styln, uf die alten manir, Sind den parfoth[12] zu Coburgk gevest.

Die Ornat vnd Messgewanth, so noch vorhandeñ gewest vnnd genn Röthenn[13] gehört habenn,

Ein Roth Sameth Ornath, mit seyner zugehörung, nemlich, Ein Roth sameht Casêl[14], zwen Roth Sammeth leviten Rock[15], mit Iren stolen[17], Manipeln[18], Humeralen[19], albenn[20], Ein Roth Sammethen Mantell. Ein Roth Damaschken Messgewandt, mit Humeral, Casel, Alben, vnnd aller zugehörung. Eyn Weyß Damaschken Messgewandt mit seyner Weissen Casel, zweyen leviten Röcken, vnnd allem ander von Alben, stolen, Manipeln, humeraln, etc., zugehorung etc. Weyssen Damaschken Mantel, den hat er Veyten weyb wegk genohmen mit Willen der Sequestratorn.

Ein schwartz Samt Messgewandt, mit seyner zugehörung, von Er Adam vonn Schaumbergk Mutter. Ein alter blaer Sammt Mit aller zugehörung, vnnd viii Silbere spangen mit verplychenn goldt vbergult, Sind etwa iii Spangen vergangener zeyt davon kommen. Ein Rothe Attlas, Ein geplummete Seyden: Chorkappen vnd nichts mehr dabey. Ein Grunharriss[21] Messgewandt, mit seynem humeral, stolen, Alben. Ein Schwarz Burss Messgewandt, mit aller zugehörung, Ein Rothlundich[22] messgewandt mit aller zugehörung. Ein Alte Gelbe Seydne Messkasell, mit eym bloen Bodenu, Stol, vnnd mantell, Abei nichts mehr dabey. iiii Rothe alte Arrissze, ij Weysse leymaten[23], i Brawn Seydne, iiii Grune alte Seydne, i Schwarzer Harrisse, i Bioe Mosirte[24], i Brawn Seydne: messkaszel, haben aber kein zugehorung. Item, ii Grüner, ii Blauer Seydene, ii Brauner Harrissze, ii Rother harrissze, ii weysszer leymaten, ii Blawer leymat: Levithen Rocke, nichts dabey, ɼ guther gewirckter wulle fürhengk, für die Altaria, vnnd dabey guther vnnd geringer· Altartücher ɼɼiiij. Ein langk Roth Seydne tuch jn der Kyrchen, für die Communicanten. Es ist noch ein grosszer bauff von Kyrchen schmuck vorhandenn gewest, Aber bey Er Veyten aufgangenn.

Die Ornat vnd messgewandt szo von Coburgk herauss komen vnnd noch vorhandenn vbrig pliebenn,

Ein Blawer Samt mit eynem gelbenn Bodenu, vnnd aller zugehörung von humeral, Stol, Alben, Darzu zwen Levithen Rock, auch von blaun Samith, mit iren humeraln, Albenn, Stolen, Manipeln. Ein Roth samitisch Messgewandt, mit aller zugehörung. Zwen Samitisch Leuithen Röcke, mit iren Alben, One Humeral, Stol & Manipel. Ein Casell von Samit vnnd nichts mehr dabey, jst von den Sternbergern[25] herkomen. Ein Chor Mantell, vonn Rothenn Samith, hat vorn gehabt zwue Silbere spangen, vbergult Sind aber davon geschnithen ehe sie jns Closter komen· Ein Chormantell Mit verplychennem Goldt Ist etwa der Bachenn[26] gewest. Ein Brawner harrisszer Levithen Rock. Sechs alter Messkasell von manicherley farbenn, Mit altem verplychen Goldt vnnd one alle zugehörung.

Wiewol vermogens der Sequestration, vnnd naeh Bericht Er Veythenn die Bestenn vnnd mehren teyl der privilegia auff Schloss Coburgk sein sollen, doch sind dem Newen Verwalter nachvolgende Brive, so noch im Closter in eyner langen Schachtell liegend auch behendiget:

Die pergamene Briue,

Ein schutz vnnd Bestettigungs Brive, hertzogs Johanssen Churfürsten zw Sachsszen, vber das Closter Rothenn, vnnd desselben güther.

Zinszbrive Joachim vnnd Valentin von Rosenaw zu Ahorn jerlich ʀͦ gulden walpurgi vnnd ʀͦ gulden Michaeli, dene Barfüssern Bruder zu Coburgk

Zinzbrive Kethen Baudlerin zu Kembnathen vber ein jerlichen Zinszgulden, Walpurgi mit ʀʀ gulden Ablösung,

Zinszbrive Clanssen Boszen zw Nid Wolfsbach, iiij gulden jerlich Walpurgi gein Rothenn zugebenn vnnd mit · ſ gulden abzulöszenn,

Kauffbrive vber der Lewpoltin gütlein zu Kembnathen, wie es mit zinssen, fronenn, lehenschafften etc. von Jorgen Zentgraven zw Birkich vmb ſʀiii gulden erkaufft.

Schlicht Briv vber das guth zw Unterlauether, so Hans von Schaumberg vom Closter zulehenn hatt.

Er Jorgen, Hanssen & Christoffell von Schaumberg, zur Lawterburg, zw Effelt, Muckberg, Assmuss vnd Hanssen von Kunstatt zw Buch, Sigmunndt, Heintzenn, Iorgen, Ioachim, Valtein von Rosennau, Caspar vnd Jacob von Bach, Wilhelm, Hanssen, Valten Kembnather zw Weyssenbrunn & Wildenheid: Revers. Mertein von Coburgk zw Einbergk, Wolffen von Schonstat, doeselbst,

Ein Reverss mit iii anhangenden Innsigeln vber die güther zw Wernszdorf; Reverss Claussen Lubscheyt vber ein behauszung zw Niderlawther; Ein alter Reuers vber eine Sehestatt[27] jm Vischbach, jn papir gewickelt; Ein gar alter Reuers vber ein gutt zw Bertelssdorf, vnnd ein Brive vber die Hubtrecht doeselbst.

Lehennbriff vber die Wabstücke so Wolff von Schaumbergk zum Rawensteyn Burgvoyt, seynen vettern vnnd Burgkgnosszen etc., von Monch Rothen zulehenn hatt.

Kuntschefft vber den zehenden zw Gauberstat, wie weyt derselbig gegen Rotha vbergeben soll.

Gütliche vertrage vber den Vihezehenden, eyns heylichen Gütleyns zw Gaueberstatt.

Zinszbrive iij Ø jerlicher zinss, die dem pfarrer zw Gaueberstatt sollen gereicht werdenn, betreffendt,

Abscheid auss dem Ambt Coburgk, vber die pöck zw Gaueberstat, die nicht mehr zwgeben,

Vertrag, das ein pfarrer zw Gaueberstatt Selbdriett umb sonst zw Badenn hatt.

Resignatii parrochio jn Gaueberstatt, domini Syffriedi, jn curia Romana dolo impetrata,

Instrument frederici Sysselmans etc. vnnd die Acta vnnd quittanzen dabey von wegen hinterlegten gelds.

Schiedtbriv was mit dem heyligen Gutlein zum Schlettach gehalten werdenn soll.

Kaufbrif, darin apt Ulrich die pfandtwyssen zw podernndorff hanssen Brückner zur Newestat, umb 6 gulden verkaufft,

ij Iartags Briff, derer von Schonstat, vnnd wie Iohannes Schonstater Abbt [28], die versetztenn güther zw podernndorf wider abgelost.

Lehennbrif, sampt eynem Andern Brifflein, vber ein gütlein zw Schonstethenn, Item vber ein gütlein zum Hayn, vnnd in Wustenn am Rothenberg, dabey wie Conntz Zentgrave zw Coburgk das gütlein zum hayn, dem closter für ein jerlichen ewigen Iarzinss zuhalten gegebenn, alles beyeinand gebunden liegendt,

Vidimirte Kunthschafft vber die Schafftrifft zv podernndorff, Mit jnnliegend papir Kundtschafft,

Ein alter Bescheidt Brive vber der zehendenn Syharssdorff, jam vocat. Sichelssdorff, vnnd dabey ein Brif vber ein gutt zw Stambergk, ist itzo ein Wusten,

Vnnd obverzeichende Brive sind an irenn schrifftenn vnnd jnnsigeln meystenteils vnversehrt.

Darzu sind Ime dem Newen Verwalter, Etliche alte, Cassirte perment Brive, so nicht in grosser acht, jn einer langenn schachtell vberantwort. Nemlich:

Etliche lateynische Instrument, Decret, presentationes vnd confirmationes des Bischoffs zw Würtzburgk, vnnd Convents zw Rothénn, Etlicher verstorbnenn Ebbte zw Rothen, Alle zusammen gepunden.

Zinssbriff Er Iohanssen folckmar vber v guldenn jerlichen Walpurgzinss so jin Röthen schuldig gewest, Sind mit c gulden wider abgelöst.

Etliche Zinss vnnd SchuldBrive, vber crl guldenn, die Monch Röthen Contzen Zechen zw Niderwolfsbach vf gepürlich verzinssenn, schuldig gewest, Jst auch bezcalt vnnd abgelost.

Zinszbriff, daß Mönch Röthenn Er hanssen kauffmann, Vicarier zw Coburgk v gulden Walpurgi vnnd v guldenn michaelis schuldig gewest, Sind aber iic guldenn abgelöst.

Zinss Brive vber v gulden Walpurgi vnnd v gulden Michelzinsz, Er Seyffriden Grevin, auch zw Coburgk, auss Rothenn gereicht, Sind auch mit iic gulden abgelöst.

Kanff, quidt, geding, vnnd anders papir vnnd permente Briv, vber den hof zw Rudelssdorf,

Etliche Ablas, vnnd Bruderschafft Brif, zw tewtzsch vnnd Latein zusamen gepundenn,

Zinss brieff vber v guldenn, jerlichs Zinss, dem Rich. Almuszen zw Coburgk gebenn, die Abbt Niclaus mit ic guldenn abgelöst,

Mauicherley Copey vnnd Cassirte Brif, von wegen der hinterlegten Brif jm Closter, Paris vnnd Ernst von Brandensteyn, dessgleychen des Schossers frawe belangends. Lehenn und Revers Brif vber ein Wystenn zw Bertelsdorff, die phillip Kellner aus Weydenhofersgutt zw Nid. lauther kauft, Jst wid. abgelost.

KaufBrif vber die pfandtvyhsen, so abbt Niclaus von Jorgen Eberth vmb rrrvi uf widerlöszen kaufft, Jst auch abgelöst.

Wechssellbrif vber den zehenden zw Vnterwolfsbach vnnd den zehendenn zw Veylsdorff, alles vorlengst abgangen.

Jartag Brif vber Er Hermann Bruners jartag, so jerlich zw Gawberstat sollt gehaltenn worden sein.

Item Ein grosszer püschell mit alten lehenn Brifen, so

die verstorbnenn Ebbte, vber etliche des closters lehenn, vnnd. güther gebenn, zusammen gebundenn, haben eynsteyls noch jre anhangende jnnsigell, ettliche keyne, Seind dennoch, vievol zum teyle vnpündig gemacht, Nicht zuverwerffen.

Item etliche Lateinische Investitur vnnd Inductiones von Würtzburgk vber die pfarrer zw Gaueberstat.

Die vberantworten papir Brive, auch manicherley zwesammen gelegte, Acta vnnd Copey,

Erstlichenn Vill vnnd Manicherley Acta zwischen dem Closter vnd Contzen Ziglern, darzu ein gantz Büchle, Etliche quaternn, solche Acta, comportirt vnnd libellirt, jnnhaltende, Item, Abschrifft von des Gerichtlibels, dessgleychen, den letzten Abscheid, so Chur. Gn. jnn ɼɼɼ jar zw Coburgk geben, sampt Andern vill Copeyen.

Gerichts Acta, die Appelation vnnd alle andere sach, zwischenn Munchrothenn, vnnd dem Happachs Müller, des Wasserfluss halben, die Röthen gnant.

Acta zwischenn Röthen, Heintz von Rosenawe vnnd der Gemein zw Oszle, schaff und Viehtrybs halben,

Vill Brive vnnd Copey der Marcksilbers halben, darvmb das Closter von etlichen geschlechtern jm Land zw francken je zu zeythen hefftig angefochtenn, die auch in etlichen quatern sonderlich libellirt sind.

Manicherley acta beyeinand, zwischen Monich-Rothenn, desselben Armen Lewthen zw Kembnaten vnnd poderndorf dessgleychen denen von Schaumbergk zur Lauterburgk, tryffts halb.

Etliche Brif, Copey, Sampt der quittantzen, Röthenn vnnd das closter Steynach belangendt, von wegen etlicher erkaufften Ochssenn.

Acta manicherley vber den hewe, Obs vnnd hüner zehendt zw Weidach.

Gewalt vnnd Schreck Brive vber die pfandtwyssen ob dem Heydersssehe gelegenn.

Acta zwischen dem closter vnnd desselben Armen lewthen zw Weidach Eyus, denen von Newses andersteyls trybens halb, vnd dabey ii Copey, auch den Schaftrifft gein hergottsdorf belangendt,

Ein grosse Monatig frone Brif, Abbt Niclausen zugeschickt.

Etliche Schuldt vnnd Bekenthnuss, beyeinander, dass Abbt Niclaus, seliger, zum Kauff vmb Weydach vnnd den Eychhoff, etlich vill hundert gulden, entlehnet, womid diesselbige schuldt auch bezcalt, lawt der quittantzen, so einsteyls auch dabey sind.

Anlass wie erstbemelte güther, desgleychen die Cuntzen von dennen vonn Sternnbergk, kaufft, vnnd auch bezcalt. Acta zwischenn dem closter vnnd der Gemeinde zw Schewerfeld, wie es mit den Schaffen zun Eychhof, treybens halb, gehalten werden soll, dabey wie es mit den jungen Schröthenn [29] jm Rorssbach, von Inen mit hegenn, glebt soll werdenn, Jtem, wie es umb die Vogellheert zw Weidach vnnd Eychhof stehenn soll, Desgleychen Etliche Acta, zwischen Röthenn vnnd dem Muckperger, eyns ortlein holtzhalb jm Rorspach.

Etliche Briff vnnd Copey vber den Zebenden zum Karlszhayn, so etwan von der Bruderschaft, apostolorum, angefochtenn.

iij quittantzen, wie Kypffendorf bezcalt, dabey ein Kunthschafft, dass Kypffendorf weder Bethe noch stewer gebenn hatt, Mit ij Anlasszen, wie Heintz Orle sein Seldenn doeselbst zw Kypffendorf Monch-Röthenn zehendtbar gemacht.

Ein dicker hawff, mit villerley Quittantzen, dem closter vom Styfft Würtzburgk, von wegen Collecte Episcopal' Contributionum vnnd Exercitationium subsidii etc., gebann,

Manicherley vnnd vill Sennt- vnd Revers Brive beyeinander, von wegen der Lehenn, so

> die von Rosennawe
> die von Schaumbergk
> Wolff von Schonstat, etc. } vom Closter zu lehen habenn.
> Hanns Siebenhar, etc.
> Die von Brandenstein

Belangend: Die lehenn zw Wernssdorff

Der Knothen zw Bambergk, vnnd wie der hof zw Lawther dem closter verkewfft.

Etliche fürstliche Mandat, an Abbt Niclausen aussgangen vnnd sonderlichen Etliche Supplicationes, an Se Churf. gn., dess zehenden H pfennig halb, wie Röthenn derselbenn erlassen.

ij schriftlicher vertrag zwischen den Weymerssdorffernn jtem Claussen Köler zw Mittelbergk vnnd Veythenn Luthart zw Vischbach, Weserung vnnd ander gebrechen mehr halb,

Vill copey vnnd acta zwischen Röthenn vnnd Bastian Rappen zum Rothenhof, trifft, Sehestat, vnnd vogelhert berürend.

Acta zwischenn Röthenn vnnd denen von Neyda, der zinss halben zw Burgkharssdorff, iij Sim. Getreydtig i hun. Sendt Brif, herr hanssen vnnd Wolff vonn Sternnbergk das holtz zw Weydach betreffendt.

Etliche Copey von wegen der verwechsselten Ecker, so Etwa Jorg vonn Rosennaw vnnd Anna Schefferin zum Espach mit eynander gehalten,

Acta vnnd Copien, mit der Gemeinde zw Hawberstat, des Gemeinen pehren[30] vnnd Ochsszen halb, so vnverschont gehen sollen.

Etliche auscultirte copeyen vber die Gewbtbrive, der parfuszer Brüder zw Coburgk.

Verzeichnus vnnd senndt Brif, wie Apt Iohann zw Veylssdorff den zehenden zw Niderwolfsbach, widerumb ledig gemacht hat, Dann er ward Mönch Rothenn vmb viiͨ fl versetzt.

Acta { Der Schaffhalb zw Mernhawsen,
{ Der jungen Schrott willen doselbst,
{ des kyrchners zw Gawberstatt halb.

Senbd Briff darjnnen sich der Schosser zu Coburgk erpothenn, das Broth vnnd Trinckenn, so dene fronernn an der Hrn grosszen Sehe, ausszem Closter gebenn, zubezcalen. Vrphede[32] Hanssen lutzen zw Weydach, Abbt Niclaussen vnnd dem closter, gefengknus halb, Getbann.

Acta Röthenn, auch Casparnn vonn Rosennaw vnnd ettliche auss der Gemeinde zu Gawberstatt, Sendthabernu, Hawss[33], vnnd Hewczehenden, Betreffenden,

Manicherley Brif von den taffeln, Ornaten, Glockenn, Monstrantzen vnnd Andere Zyrung jn die Kyrchenn, wie diesselbig erkewfft, gezewgt,

Kunthschaft, das die Röthenner vorzeyten Bethe vnnd stewer freybe gewest sind. Item dabey, wie es itzo überwerdt, Mit eynen Verzeichnuss, daß die zugehörung ettlicher Seldenn[34] jmdorff Röthenn, meysteyls auss des Closters eygenthumb gemacht, vnnd damit merglich gebessert.

Kaufbrive, sampt eyner Vrphede, vber des sehneyders Seldenn zw Röthenn, so itzo Hans Lichtensteyner hat, mit etlichen anderń Copien.

Acta zwischenn Monch-Röthen vnd der Dorffschafft zur Thann, von wegen der Zinszs, der sie sich ins Closter zugeben wegertenn, Jtem Abschiedt, wie sie des Zentgraven holtz jn vnserm holtz, nach anweyssung hawen, auch den Zebenden von jrem Newegerodt feldernn, so Bethe vnnd sorg habenn, geben sollen.

Etliche Sendt Brif, an Rörhenmacher zw Nurmbergk, des Bruns[35] halb,

Auch sind zusammen gepunden, Etwa vill quittantzen dem Closter geben, Belangendt.

Meyster Leichart Orgellmacher ꝛꝛꝛѵiii gulden von der Orgell zumachen vnnd vmb etlich hinterlegt geldt vnd kleynot.

Er Veythen Alinger vf der Rosenaw, vber etlich hinterlegt vnnd geliehen geldt, Dessgleichen ꝛcii gulden, so Claus Zigenfelder zw Bewerfelte dem Closter hinterlegt, Jst aber Alles wiedergnügt.

Ursull langin
Elssen Helmothin
Iorgen Muckperger
Margrethen Bischoffin ⎬ Bekenthnus vnd q'ttantzen Lidtlons[36]
Iorgen prebls vnd hindlegtsgelds halb.
Des Brobsts zw Coburg
Contzen Happachs etc.

Copeyen des Vihezehends halb vom heyligen gütlein zw Gawberstat Jtem Anthony schneyders halb.

Zinss Brive Knunen Rückerin, zw Röthenn, vber ein jerlichen Zinssguldenn, petri Oathed. mit ꝛꝛ fl ablöszcig.

Zinss Brive Haussen Truckenbrots, zw Vnterlawther, vber ein jerlichen gulden zinssz, petri Chathed. Mit ꝛꝛ gulden auch ablöszcig.

Bekenthnus des Raths zw Coburgk über ꝛc guldenn, so Hans Friedrich Sathler zw Coburgk, dem closter jerlich mit ij guldenn, vf widereinloszen zuverzinszen schuldig.

Vier Kunthschaft[37] beyeinander,

Vber ein vierteyll des Zehendts zw Bertolssdorff, so Hans pawther gein Röthen umb ein jerlichen Iarsstag gebenn.

Vber ꝛѵi ssymmere Korn, vnnd iiij ₰ geldts, so Röthenn vf eym hof auch zw Bertelssdorff gehabt.

Vber des Körners Seldenn zw Röthenn, wie diesselbig nach seynem todt, dem Closter heymgefallenn.

Vber das Guth zw Oberlawther, so itzo Hans Greyffet, jnnen hat, voigteyhalb, so die von Hespergk, daruf habenn.

Acta zwischen Ganerbenn[38] vnnd gantzer Gemeinde zw Gawberstatt, von wegen des Gemeinen holtz, auszugebenn vnnd Ander Artickell mehr

Christoffeln Schütz
Petri Hartmans
Conradi Leymbachs ⎬ Conventualn zw Röthen, Abfertigungs-
Nicolai Büchels quittantz & vertragk[39].
Laurencij Große

Die Copey Bücher dem Verwalter auch gelassenn.

Ein Copey Buch, jn zwey teyll geteyllt, vnnd jn perment ge-

bundenn, darinn durch gnanten Verwalter abcopiret vnnd geschribenn
sind, alle Stifftung, privilegia, Briffe, Lehenschafft, Zinss, ge-
rechtickeytth, Servitut, Sampt allen obverzeichenden Acten vnnd
Copiis, so das Closter Altenthalbenn hatt.

    Jtem Ein ander Copiat, auch durch jne geschribenn, vnnd
Gelbe Compert [40] gepundten, darjnne mit vleyß libellirt, vnnd
zusammen gezogen sind, Alles das, soe sich mit kewffenn vnnd allenn
andern sachenn, vmb den Eychhoff vnnd Weydach, begebenn, mit
mannicherley aeten.

    Ein ander Copey Buch, so er auch geschribenn, vber alle,
des Closters Rittermessige lehenn, Sampt Irenn libellirtenn Copiis,
acten, Lehen, vnnd Reverssbrieffen, dabey alle ablossige Zinss, so
man dem Closter schuldig, vnd widerumb was das Closter Andern
jerlichen zuverzinssen pflichtig gewest, Mit jrenn Verschreybungen.

    Ettliche quaternn, vnnd auch in Büchlein vber die Acta, so
zwischenn dem closter vnnd Contz Ziglern ergangen,
hats auch geschrieben.

    Ein alt dick Copey Buch, jn ein gelbe Coopert, gepunden,
darjnn gar vill vnnd manicherley Copey, Acta vnnd Receß, das
Closter, auch ander lewth belangendt, geschrieben stehenn.

    Etliche quaternn zusamengepunden, vill Copey, Bekenthnus,
Schuldt, vnnd Kewffbrive etc. innhaltende, etwan bey apt Heinrich [41]
von Coburgk geschriebenn, vor ١ᶜlᵣᵣᵣ jaren.

Die Register.

    iiij Alt Register, so die verstorbnenn Ebbte, habenn schreybenn
lasszenn vber die lehennschafft vnnd zinss, des Closters Monch-
Röthenn, Sampt der Eynnahme, derselben Zinss.

    Ein kleyn alt pergamene Registere, vber des Closters Rither-
messige vnd Andere Lehenn.

    Ein Newe Manual, mit Rothem Leder, vberzcogenn, Item noch
ein grosses Register, vber alle lehennschafft, Gerechtickeyt, Zehendt,
Zinss, vnnd andere Servitut, des Closters. Darzu noch Ein Register,
gleychs jnnhalts, wiewol nit gar volendet.
Die hat der Verwalter alle drey geschriebenn.

    Ein gross lang Register, so Veyth haff meysteyls mit seyner
zinss Eynt Ahme gebrawcht.

    Etliche Getreydt Register vnnd wie die zehenden vorlang her,
hingelassen, dessgleychen kleyne Registerle wie die vihezehendt
Eingenohmen, vnnd verzeichen worden sindt.

    ij gleychlautende Register, vber alle Bücher jn der Liberey so
Röthenn zustendig, Jtem Computationes [42] der Verstorbenenn Ebbte.

    Ein kleyn Registerle, vber alle zugehörunge, zinssen vnnd
gerechtigkeyt der pfarrer zw Gawberstat.

Inventarium des Bethgewands.

    In der grosszen Camern neben der Obern Stuben jn der Kemb-
nathenn.

    Eyn HymelspannBeth Mit zweyen fürbenncken darjnnen,
Ein Strohesack, Ein vnterpethe Kempnitzer zychenn [43] Ein ober Bethe
parchet, Ein wulle Decke darauf, Eyn pfulln, Zwey küsse, vf jeder
zwue weysse zychen, zwey par leyhelach [44], das ein gut, dass ander
bösze vnd zerysszenn,

    Eyn hymell Span-Bethe, auch jn derselben Kamern, Mit eyner

vor Benck, vnnd eynem Schybcpethle, darinnen Ein unterpethe, mit eyner kempnitzer zychenn, ein parchet Uberpethe, Ein wullene Decke, Ein Pfulln, zwey kusse, jedes Mit einer gestreyfftenn, vnnd eyner Weysszen zychenn überzcogenn,

Jtem, zwue verschlossenn halbe trohen [45], vnnd eyn zyne Canne, sind auch in derselben Cameru.

Jm kleyn Beykemerle neben dysser Camerun, Ein Spanpethe Mit eyner vorpanck, vnnd halben tröhele [46] darinnen.

Ein vnterpethe ⎫
Ein deckpethe ⎬ von Kempnitzer zychenn,

Ein pfulln mit kolnischer ziehen uberzcogen, zwey küssen jnwendig mit seyden, vnd aussen mit zweyen weyszen zychenn uberzcogenn,

Zwey par gemeyner flesszener [47] leylach. Im Mittell gemach der Erekers Kamer,

Zwey Spanpehte jn dem Eynen, Ein vnter vnnd Ein Ober pethe, Kempnitzer zychenn, Ein abgenutzter polster Zwey küsszen mit jrenn zichenn, zwey par tücher, Im andern, Ein Unterpethe, kempnitzer, Ein Oberpethe kolnischer Zychen, Ein polster, zwey kyssen mit iren zychenn, zwey par tücher. Meysteyls abgenutzt, gereythert, zerysszenn,

Ein halbe verschlosszene trohen, zwey Benckle für die pethe, auch dabey.

In des Kochs Cameru,

Vier Schlechte grossze Span Bethe, darinnen: Acht Ober vnnd Vnterpehte von schlechtem abgenütztem gereth, gantz gering, zw jedem pethe, Ein groben pfülln, Zwey kysszen, mit jrem geringen zerfleyschtenn zyschenn i par grober Leyhelach, Wurcker tuch, alles uffs geringst.

In der gewelbten kamer neben dem kleyn gewolbten stübelein; Eyn Hymelspanpethe mit zweyen vorpencken

Zwey vnterpethe, Eyns kempnitzer vnnd das Ander parchet Zychenn, sind kurtz, Ein Oberpethe Barchat, Ein pfüll, Zwey kysszen, mit zweyen gestreyfften vnnd zweyen weysszen zychenn,

Ein leer Hymelbethe steht auch in dyser Camern hatt vor jn der Abtey Behawssung gestandenn, vnnd ist darjnnen gewest: Ein unterpethe Kempnitzer zychenn, Ein ober Bethe mit eynem trylich, zwey par newer leylach, Ein polster, zwei kysszen mit zugehörigen zychenn,

Ist hern Veythen vnnd seyner hawssfrawen gegebenn. Auch ist in dieser Cameru Ein Halbe verschlosszen trohele, Ein Schrauck mit verschrothen werek, vnnd mit vier schlosscrnn, Ein langer Tysch, doe man die Kleyder aufflegt.

In der Kempnathenn des Knechts stal.

Ein schlecht Spanpethe, darjun Ein Unter, Ein Ober pethe mit Eym par grober Leyhelach, Eym polster, zweyen Küsszenn.

In des Engelharts Stal

Ein schlecht Spanpethe, darinnen Ein Unter, Ein oberpethe, Ein paar leyhelach, Ein polster, zwey küsszen.

In der Meydt[48] Cameru

Zwey geringer Vnterpethe, Ein Oberpethe, Ein par tücher, Ein polster, Drey küsszen.

Das pethe in der Müle

Ein boß Spanbethe mit eynem Vnter vnnd Eym Ober pethe, Zweyer küsszen, zweien tüchern,

Ins Muppergers Camer

Ein Spanpethe, Eyn polster, Eyn Küssen, zwey leyhelach, Seind des Closters. Aber das Unter- und Oberpethe jst seyn, vnnd bemelte pethe ins kochs, Engelharts, Muppergeres Camer, dessgleychen in der Kembnaten, Mul vnnd Meydthawsz, sampt iren Küsszen, vnnd polsternn sind gestroht grobe ding.

Item Vier kleyner leere Spanbethe, für die Ordenns person gemacht, der stehen zwey anffm Newen Schlaffhawssz, vnnd die Andern zwey jn den kamernn der Ebtey behawszung.

Item Ein grobe Spannpethe hinten in den Camern, neben dem Sigestüble[49],

Ein kleyn nidrig fawlpethlein, mit eyner Moderatzen[50] hat jm stüble der Ebtey gestanden.

Von tyschtüchern vnd hantzweheln[51]

ɟı gemeyne vnnd wol abgenützte pose[52] Tyschtycher, Einsteyls von manncherley stücken, zusammen gesetzt, vnd geflickt.

ɾɒɪ̈ı handtzwelen, auch wolabgenützt, gestückt, Bosz vnd gut, vnnd bemelte tycher vnnd handtzwelen gehören in die Ebtey, haben im obbestimbten verschrothenn schranck gelegenn in der Kempnaten. Item ɒii tyschtycher vnnd iɾ̣ Handzwelhen, wolabgenützt. Gehören in das Sigestyble für das convent. Item iiij Newe Tyschtücher von groben gewürck, so der itzig verwalter hat machenn lasszen vnnd ii alte Tyschtücher, gantz zurysszen, mit ii alte Handtzwelhenn, auch bösz, Gehören in die gesindt stuben, Auch liegen in obbemelten Sehanck jn der Kempnaten iɾ̣ Altartücher vnnd ü Albenn, sind von Coburgk heranss komenn, ii lange Tyschtücher, haben etwa in Refenter gehört. Item lɾ̣ii strenge grobs Wirckes garrns. Sind zutuch vermacht, nach Innhalt der Rechnung.

Die Secke.

ɒ guther Newer Secke, mit streyffenn, die hat Er Veit machen lasszenn. ɒi Seeke von groben Newen tuch, hat der Newe Verwalter machen lasszenn, jnnhalts der Rechnung. Darzu sind noch vorhanden gewest, ɾɾiiij alter Secke, die sindt geflıckt vnd meysteyls abgenützt vnnd zerysszen. iij grosser langer Wolabgenützter hopffen, vnnd wollenn Secke. i ploen[53] vf die Wegenn, i leyne Garn für die pferde, Eyn leyne decke auf die pferde zu felde, Drey grasztücher für die meydt.

Das wulle vnd leyne tuch.

Ein gantz schwartz tuch, hat eingenetzt gehalten ɾɾɾ Elnn
Ein gantzes Kemble[54], das sindt eingenetzt gewest ɾɾɾ Eln̄
Ein stück gelbs füther tuchs, sind ɾ Elnn genetzt gewest
Ein gantz Weyß füther[55] tuch, hat eingenetzt gehalten ɾɾɾii Eln vnd ɪɒᵗ Ein stücke weyßz füther tuchs, sind ɾɾiiii Eln genetzt gewest. Ein halb stücke grobe leyne tuchs hat ɾɾɾiii Eln genetzt ge-

west. Ein halb stücke grobe leyne tuchs hatt ṛṿii Eln gehaltenn.
Ein halbe Stückle leyne grobs tuchs, zw Tyschtüchernn, für das
gesinde, ṛ Elnn.

Ist alles zu der grosszen gewelbte Stuben, in der Kembnathenn
jn eynem grossem verschlossznem sebanck gelegen.

Von zynwergk.

ii grosszen zyun, Sind von Coburgk mit den parfüssern
komenn. ṿ zyne eynwenigk kleyner, iii Differ[56] Suppen zyne. iii
Zirlige gemüsz zyne, ṿiii mittellmessig gemüsz zyne, ṿiii kleyner
gemüsz zyne, vf iii ader iiii person, ṛṛṿiii zynle für die einzcaln
person. iiii grosszer zyne teler zum gebrathenn, iii Mittellmessiger
zyne Brathteler, i kleyn zyne Brathteler, ṛ kleyner, salzenn vnnd
Essigk zinle Sind nicht jn eyner grössz.

i hohe grosse zyne Bewchete kandell mit eynem Zypff[57], i
kleyne kandell mit eynem Zypff, iiii große zyne kandell, Geht in
ein jgliche ij virteyll, iii Kandell, Geht in ein Jgliche ein virteyll,
1 Masskandell, i Kewllet[58] beuchet Masskandell, ii zyne Eychkopf,
Landt vnnd Coburger mass. ṿi alter pfrunkandell[59], so etwa jm Refenter gebrawcht worden.

Ein gross zyne Vierecket Gyszvas mit eynem eckigem Deckell.
1 Groß zyne Gieszvas, jm altem Refenter, ist itzo in der Oberen
stuben uf der Kempnaten.

Ein zyne Gyeszvas Mit eynem zum teyl vberzynthen schencklein,
Ein kleyn zyne Gyszvass in der sichstubenn, ṛii geschlagener zyne
tyschteler in der Ebbtey. ṿi Zyne Salzkendelein[60] in der Ebbtey
vnnd Sychstubenn. i Zyne Stendtnerle zw Bawmole[61] vnnd dabey
ein stückle gemenigts zynss von eynem Gyszvasz, ii par gemanek
Bleyer lewchter vf die Altaria, in der Kyrchen, i Sechs Ecket zyne
Breyth[62] ding, darauf man die Schüssel vffen tysch setzet. ṛṿi zyne
teler, acht jn die Ebbtey vnd die andern Acht für das Convent,
nynther jns Sigestyble. Item i Kärthen[63] Eychköpffle inn keller,
hat der newe Verwalter Thomassen Kandelgisszer zw Coburgk
machen lasszen, freytags naeh Antony A° ṛṛṛij.

Solche obbemelte Stücke sind alle, ader gar wenigsz auss-
genomen Coburger Zewgk.

Von meszwerck[64].

In der Kyrchen.

ii grosse Messelewchter, jglicher mit iii Lebenn[65], vffen hohen
altar. ii Mittellmessig Messlewchter, auch auff den hohen altar.
ṿ par messene zirlige lewchter, vff die Anderen Altar jn der
Kyrchenn. i gar kleyn par Messelewchter auch vff die Altaria.
ṿ kleyne messene lewchter jglicher mit i Rörenn. i Messe
Rawchfaszs Alles Röthen zustendig, darzu Ein Messe gefess,
zum heyligen Saet (Sacrament) vnd etliche monstrantzle, darein
heylthumb gefast, iii messe Rawchvesser Coburgk, ii messene Fewer
Sprytzenn, i gross Messe Beckenn mit eym englein, iiii großer
Messzener Beckenn, i Mittelhandtmesszne Beckenn, i hoher Messzer
kopf mit iiii henlein zum handtwaschen. i Andre Messzene Knopff,
mit ṿi kleyner Rörlin, i Messe lange Kandell, domit man anff-
geusset, so man die hendt weschet. i Messe lewchter mit iiii
Röhrhen. i Messze lewchter mit iii Röhrenn, iii kleyne Messzne-
lewchter jder mit i Röhrenn i hangender lewchter mit iii Rörenn

in der Ebteystubenn, i Messzne lewele zum Wasszer vf die hendt zugiesszenn. Ein messzene Barbir Beckenn von Coburgk, vnnd sunsten in der Badtstubenn auch ii messzene Barbir Beckenn, sampt den Wannen, ut Infra. i messzne Wage. ii messzene ampell, 1 kleyne messe pleye wage, iiii Stocke sampt schewben, vnnd iiii Korbenn, dormit man Bleyhe zum fensterwerck zewcht. 1 grosser Messener Morser, mit eynem Stempffell [67.] i Messene Schuster schmir Kessell, Eyn leymtygell. i Messzner tyschrincke. 1 Messze Becken, darinnen man würtz terret. riiii lass han [68], groß, klein, gutt, vnd böss. ii hocken Büchssen ii Büchssen, je eyne mit iii schüsszen.

Ein groß Backeysszen, mit eynem herzcogischem schilt. Eyn kleyn Backeyszen. Ein Frosch Backeyszenn.

Ere [69] heffen.

iiii großzer Ehertöpff zu rrrii moss, jglicher mit iii Beyn. iiii Mittellmessiger zu rvi Moos, mit iii Beyn. ii kleyner ehre töppfle, auch mit iii Beynen.

Von Kupfferwergk.

i Kupffere Monstrantzen ubergult i Kupffere Blaszen zum Brenweyn, i Kupffere Kessell mit i Rörenn, auch zum Weynbrennen. i Mitelmessiger kupffere Kessell zum lychtziehenn. i kupffere Becken pro Mandato, i Ander kupffere kessell, darein man heffen vnnd anders schuett, ii kleyne kupffere kesszelein. Dys hat Alles Er Michell zum Weynbrennen vnd Lychtzihen in seynem gewalt. one die Monstrantzen. i grosse kupffere Wann, vberzynt, dorynnen man Bath, in der Badtstubenn, i kleyne kupffere Wann, darein das Kaltwasser gelassen, auch in der Badtstubenn, i Kupffere kuelkessell, vi kupffere kandell, Gehen in zwue in jgliche viii virteyll, die andern sindt kleyner. rii Blechene trinckbecher, i Kupffere durchschlagk, ii kleyner durchschlege von kupffer, i kupffere kellenn. i Kupffer wasser wendtlein in der küchenn. iii kupffere kleyne kesselein, i kupffere Oelplaszenn, v kupferrnne kesszlein zum Wasszerbrennen, i Kupfer Kuellkesszclein, i weyth kupftere Blech zum kolen, i Kupffere newe flaschen, ist wol gros vnd ein andere, Blechetlaschen

Von Eysenwere vund Erstlichen Decknegel.

iimvie Schintell oder Decknegell, sind jn der langen trohenn, so mit eysen beschlagenn, vnd durch fecher aussgeteylt, in der Abbtey Behawszung gelegenn.

Bun, wath vnd podennegel [70]

iiiimiiii vnnd irrr Bun, Wath vnnd podennegell Sind jn nechstbestimter Trohenn, mit Eyssenn beschlagenn. Jtem in eynem Kübelein [71] so jn der iiij Camern, der Ebtey gestanden vnd in eynem pulpt [72], dabey, deszgleychen, jn der langen Sydell [73], so im Klein stüble, der Ebbtey steht, Gelegenn habenn, aber alle nit ein lenge noch gröss. Derhalb auch solche negell, jn die fecher obbestimbter trohenn, nach jedes Artt vnnd größe, vnterschyedlich gelegt Vnd davon ein Kübell gefüllt

Manicherley Eysen vnnd Werckzewge.

vii Eyssere Schauffell i fewrgabell, i Mystgabell, i Mysthockenn i Rodhawen [74]. i großer Tryfuß vnter die Kessell, i kleyner. ii, grosser, i kleyner Branthreyttell [75], iiii große hebeyssenn, v kleyner, vi hechell.

. ii Wenndthocken r Steymetzen Meyssel Breyt vnd schmal i Eyssere Brecher vf eynem Brethe, sampt eynem Brathspyszs, i nebiger [76] der Groß ist iii alter handtsegenn i langer i kurtzer Brathspyß, i langer Bornebiger [77] zun Borenn, i groß Eysszere Rincke, iii Eysszere Rineke an die Wellen, iiii Zcapffen in die Wellenn, i zubrogne Sege zcur Schneydtmüllenn i Eysszere Gestell, vmb ein ofen, viii kleyner Eyssere stehe, iiii Backeysen zw Oblathen, iii Steinbickell, ii groß schnidtmesser ii kleiner Schnidtmesszer ii füghöffel [78], ii fawsthöffell, ii alter Ramlöffell, iii Kelhöffell, i Diptal [79] i Hantpeyl iiii holtzpeyl oder Axen ii Bleyescher [80] eine gute vnnd ein Bösze, i Ampasz [81] i Huffzcangenn, i Durchschlaheeyszenn, r trehe Eyszenns gut vnnd Bösze, v lothkolbenn, i grosszer Eysszer Rineke vmb ein Mülstein, iii Eysszere Winkellmaszs v kellen gut vnnd Böss, i Mawer Hamer, ij Kethen [82] im Keler. ri Schifferhackenn, i Eyssere form dadurch man das Bleyhe zewcht. Item Etliche Alt Eyssenn Rorhenn, püchsszenn, Schloszszer vnd der vill, auch ander gerümpell mehr, welchs einsteyls von Coburgk heraus komen vnd im kemerle neben der Melkammer, auch auffm Newen schaffhausz in eyner Zcellen zur Zeyt der Jnventation gelegen hatt.

Eysen werckzeug in der küchen.

iiii große pfann, iiii mittel pfann, iiii pfann aber eyn wenigk kleyner, iii kleyner pfann, ii Eyssere kellenn iii große eyssere töpffel ii Eyssern Schawmlöffell. i holtzbeyel ii fleyschbeyell ii hackmesszer, ii Rost, i Treyfuss, ii Brathspyess zum Brether iii lange Brathspyß, i Rybe [83] Eyszenn, vii alt Bleche deckell.

Item ii groß verschlosszenn Schenncke, Ein kleyns schenckle vnd etliche fecher zum Breymelh [84].

In der Mül.

i grosse Sege. i handtsege, ii grosszer leffel. i grosszer kannebiger [85] i kleyner nebiger, i Schindtmesszer, i Meyssell, i Holmeyssell, i großer Eysere Schlegel ader schellhamer ii Hebeeyszen, i Steynacks ii Billenn [86], iii par eysszere Ringk, an die getruebe gehörig. ii Eysszere ziehehockenn. Item i Newesz vnnd ii alter Gryess Syber, i alt stepsiebp ii Rothensiber vnnd i Newe Sych, ist ein wenig weyther, ii Rockennpewtell, iiii Multer [87], i schwynn Wann [88].

Schneydmul

i grosse Breithe Sege. ii grossze feylenn darzu gehörig iiii Eysszer hockenn, i zymmerrmans klammer. i hultze Schlegell. Item lrrv Stubenpolen, klein vnnd gross, langk vnnd kurtz. riii Diell vi Eyche Diell vffm Newen Schlaffhauss.

Eyssen wergk und ander Gereth.

Ins Engelharts stall.

iiii wagenpferd, Wolahgetriebenn, zu frone vnnd ander notturfft des closters. Ein gesehirr ist abgethan, nach dem Eyn hoffmann vmb halbawe [89] bey Er Veythenn in das closter angenohmenn.

Item Was zu solchem geschirr vnnd pferdenn, kumyt, Kethen, Strenge, Rymawercke etc. gehörig.

i **Newer** Rüstwage, i alter Rüstwage, ii **SchleyffReder** i **Hewe Wagen,** i Mystwagen, iiii **Newer** Steynreder.

Darzu etliche alte Reder, i pflugke, ii **Egen,** v Kethen zum geschirr, ii hewe gabell, i Mysthock, i Mystgabell, i **Holtz Axcks,** i handBeyl, ii **hemme Selb** [90],

Ein kleyn alts stadelstehl [91], ii Wasserstutzenn, i schwingwann, i Bethe vts.

Etlich alt Eyssenn von schynnen vund Anderm **stücken** abgangen, Mit etlichem gerümpell wercke.

Item Etlich Rym vnnd **stücke** wergk zum **geschirr** gehoerend, darzu Sieben strenge vnd ander kleyne **stück,** sind alssbald in der langen trohen vnnd **dritten camer** der Ebbtey funden.

Item

Das lange groß Sehl zum Weyn abladenn.

Vnten in der gempnathen im stal.

ii pferde in der kembnathen, szw Reythen, vnnd in **Karren,** sampt dem **geschirr,** vnd was darzu gehoert. iiii **Reyth Setell, gut** vnd Bösze iii alte zerisszene Setell, oben in der iiii **Cameru der** Ebbtey. r Reytzewme auch oben in der Ebbtey Camer.

Ein schwyngwann, ii halftter, i **Karren,** ii schuttkarrhen mit ii Rederu.

Inventarium des Getreydts etc.

Auff allen Getreydt Bodenn, ist gar kein vorrath an getreydt gewest dann allein,

vii symmer vnnd ii vierteyll Weytzs, lagen uffm alten schlawffhawssz vnnd auf dem alten **Haffer Bodenu,** vff ii hewffle,

Item vi symmer **alts** leyns Stund in iiii messzern auffem Leynbodenn,

Item rr szym Ongeverlich **Als** hopffens **wurd aber** nit **ge**messzenn, vnd in der Melkamern, ii hewffle **korn** melhs vf iii szzmmere Ongeverd,

Doch sindt in **zeyt** dyeser Inventacion, vf gemeltem Bodenn fundenn, iii szre **News** weytzs, iii szre i virteyll **korns,** rriiii szre Wintergersten, r szre Sommergerste, rriii szre ii virteyl **haffern,** ii metzen Erbess r szre iii virteyl **Dinkels** lrr szre hopfenn, iiii szre Leyns, iiii szre hanfftkorner,

Ist aber eytell **Newe** getreydt gewest, von dem closter, vnnd etlichen zehendenn, jm rrri Jar erbawt, Vnd dem Newen **Verwalter** zuberechenn zugestellt.

So sind **auch** vf angezeygten Getreydt Bodenn:

iii fegeSieber, ii Leynbeyt Reyther, i HanfftSyeb, i LeynSyeb, i Achtteyll, v virteyll, i **Metzen** Coburger vnnd Newstater Maszs. v Kornschawffell, i fegkollenu [92]. Item ii vngegerbte Kuehewthe, ii vngegerbte Kalpfelh.

Die Keller.

Item, in Beden kelern ist kein sonnderlicher vorrat, vnnd zuvorausz am Weyn, vorhandenn gewest, Vnd hat der Newe Verwalter von stundt an Getranck von Weyn vnnd Byer vf sein Rechnung von Er Veythen, **annehmen** müsszen, **Lawt** seyner In-struction,

Doch hatt gnanter Veyt **Haff** an dem Rest des Weyns, so er schuldig plieben, alszbaldt **vergnügt.**

i fuder vnnd ɼ Eymer guts Virnen Weyns, welchen der Newe Verwalther angenohmen, vnd soll haf den vbrigen Weyn ịn der Summa ɼiiii Eymer, mit newen lawtern Francken Weyn auch vergnügen, vnnd das Closter denselben holen lasszen, inhalts des vertrags.

Küchenspeyß.

Jn der grosszen gewelbten stubenn, der kembnathenn, ii schock eɤer Ongeverlich, i schock halp Visch⁹³, ii schock plateysszen, iiii flack visch, ɼʊ Hammen, ii stückle schweyns fleysch. Aber keyn Dürfleysch ist da gewest, iii virteyl von eyner geschlachten kue, grüns fleyschs vnten jm Speyszgewelb. ɼʊ kleyn vnnd Mittellmessig weyset kessle jn der keszkamern neben der Ebtey, i stenterle mit hofen kessz, ɼɼ Schaffkeszs, groß vnnd klein, fertige vnnd hewerige, doch waren die Besten hinweck.

liɼ gemeine grossze Kue Kessz, newe vnnd alte, Oben jn der Keszs- ader fleysch Camern,

ɼii virteyll Speck, jn der Saltzkamern, ɼii schock Karpfen, Ongeverd, So ịm Closter vnnd Byngarten⁸⁴ gestanden.

Würtz jn eym Kleyn ledlenn ⁹⁵

Etlich Ingwer zehen vnnd einwenig

	Saffran	i loth
	Negele vf	i loth
gestoßen	Pfeffer	ii loth
	Ingwer	ii loth

angeschlagen

ist bereyts das mehr jn dye Küchen gegebenn
Ein lere Confect schachtell.

Buthern, im Speyß gewelb vnten jn der Kembnathen ii stenthner ⁹⁶ mit Buthernn. Der eyn hat gehaltenn ɼɼɼiij maß vnnd der ander i Kübele mit Buthern ist der Engelhartin gewest, hat geeycht gehalten ɼiiii maszs. i Stenthner mit Buthern, vber halb lere, hat der Hoffmann gebenn, vnnd gehalten ɼɼ maszs. iii lere Newe stenthner iii lere Buther kübell, i stübich mit honig, oben jn eyner kamer der Ebbtey gestandenn, hat ongeverlich gehaltenn ɼɼʊii maszs. Item iii Ø vngelewhter Buthernn jm milchkeleɼ.

Saltz in den Salz Camern funden.

iii halp vasz mit saltz vnnd Etliche leere Vesszer zw Saltz. ʊi Vierteyll kleyner zwybell Ongeverd. Item Grobe Gerstenn, Ein wenig Gryszs Weytze Melhes, jn der Melkamer. Deszgleychen jm Milehkeler: iii grosszer Hefen mit herbstmilch angestelt i Mittellmessiger Haf ⁹⁷ mit Herbstmilch, Etliche hefen mit Milch.

Im Vyhehauß

ɼii küe, Jungk vnd Alt i Kalben

ʊiii Küe hat der hoffman, gehören auch zum closter laut seyner bestallung. iii alte schweynsMutter iii grossze dreyjherige schweyn. Sind auffgelegt vnd gestochen wordenn laut der Rechnung ʊii zweyjherige schweyu, der sind iii auch auffgelegt ʊ Ierige, ʊiii halb jerige Sind verkaufft vnd verrechet,

Auch sind jm· Vihehawszs, i Buther Kesszell, i Kesszell oben jm ofen, i Mysthack, ii Hewenn, i Buther faszs, iii Newe vnnd etliche alte Butherkübell, i alte trohen, i Kuffen, i Sewefaszs, züber gut und Bösz, heffen, kesskybell, Sichell, Eine alte senszenn, Ein Bethe vtsupra.

Item ᵗi schock alt Huner, Im hunerhawsz ʋi junger herbsthuner die andern sind davor aufgangen.

Schaffhawsz zw Rothenn.ˋ

cʋi Jerling, cⅼrrrʋ tragender schaff rⅼiii hamell Summa iiⁱcrrrⅰiii schaff. Der Drietteyll ist des Scheffers vnd sind jn winther geschlagen vffs rrrii jar.

Zum Eychhof.

crrʋ Jerling, cⅼr tragender schaff rⅼiii hamcll Summa iiⁱcrrʋi schaff, Jn Winter geschlagen, Jst der Drietteyl des scheffers.

Brewehausz

Eyn gantzer Brewegezewgk Sampt Dhorloss, ii grosszer pyrkuffenn, i kleyne kuffenn, rⅰ kuellkuffenn, iiii tragzüber, i grossze kuffere Brewpfan, ʋi schuffenn ⁹⁸ Jtem iiii Neuer schuffenn.

Die Vesser zum Weyn.

iiii grossze fuderiche Weynvass, guther vnd Böszer, Sind Mit Buchstabenn, nemlich 𝕬. 𝕭. 𝕯. 𝕏 verzeichet.

i Sechs Eyhemerich weyt veszle ⁹⁹, iii halb vasz, Sind Inn francken, Sampt dem fuderichen, so mit 𝕏 verzeichet ii vier Eymerich veszle, Liegen jm keler gefült, i Dreyehemerich Veszle iiii kleyner veszle, stenn im Creutzgangk, 1 klein vezle mit weyn, leyth im keler.

Zum Bir

rʋ groß Byrvaszs, ʋ newe vngepichte vaszs, rriii halb vasz alt vnd newe. Etliche Veszle zum Weyn und Byr, Essigk. Item im keler i Bleche trichter ii grosszer hultze trichter vnd ⅰ Newer.

Von Tyschen, trohen, Schenken, Sydeln etc.

In der Kempnaten oben jn der großzen stuben,

Drey tysch vnverschlosszen, der eyn ist gemalt mit eynem schwartzen deckpreth i lange Sydeln ¹⁰⁰ mit zweyen schlosszenn, i kleyne Sydell mit einem Schlossz, i grossze Fürbanck i schlecht gueszvaszs behalter, mit eynem zyne Gieszvasz vnd eynem Becken darunter. ii vmbhenk hinter den tyschen, ii Polster umb den Eyn tysch.

In der Capelln: i zwifacher tysch; i kleyne taffel mit Bildern i Crucifix, Büchsszenn.

Auf dem Bodenn heraussen, Eyn lange Bancke, ein kurze Bencke, Zwen Gemeyner tysch, werdenn doch hin vnd her versetzt.

Oben auffem Bodenn: Eyn zyhe Rode, Eyn zyhe sehl, so auch zum weyn geprawcht wird.

In der kleynstuben: Eyn tysch mit eym zerbrochen schloszs. Ein alte truhen, mit eym schloß. Ein kleyns schenckle. Beneke. Eyn stul. Ein schanck mit verschrottem Wergk, vnd iiii schlusseln. nj der Kamer, neben bemeltem stühle.

In der grosszen stubenn: Ein grosszer verschlosszner

schanck, da man allerley tuch einlegt. Ein Behalter zun Eyern, Bencke. Ein unbeschlagner schaucke, solt jn Chor für die Paeeysten komen seyn.

In der Ebtey grosszen stubenn,
Zwen verschlosszne tysch. Ein Gyszvasz schenckle, Sampt eynem zyne Gyszvasz darjnnen. Ein grosszer stul, mit iiii messzin knopffen neben dem ofen, ii Sessel darjnnen man sitzt. i Kandell Breth, aber die Kandell sind in Keler. Ein Newe Banek Küsszen vnd ii alter sind nichts werth. Die Orhe[101], Lewchter, Becken uts.

Im klein stüble: Ein zwifacher vnverschlosszner tysch, Stet itzo jm schlaffhawsz stüble. i Gyszvasz Schenckle, i verschlosszne Sydell. i Kendelbreth i Sessel darjn man sytzt. ii Newe panekpolster mit Rothe vberzcogenn, werden in die stuben, woe man der Bedorff, getragen.

Ein schanck in der Camern darzwischenn mit ii schlosszen. Das hymelBethe so darinn gewest, steht itzo in der kembnathen.

Im hausz herauszen vffm Boden i verschlosszner Schank mit ii schlosszern zw kesz vnnd Broth. i Lange truhen mit eysszen Beschlagen darjnnen Rymewerek zw dene geschirren vnnd vil manicherley Negell liegenn. i truhen mit Eyssen Beschlagenn, darjnn hat der Newe Verwalter seyne Kleder vnnd hievor lang innegehabt, i alter tysch, mit eynem Schiffere forstein gemacht i stuell daruff man zwecht vnnd Barbirt. ii vorbenck für die Tysche. ȝvi lydere fewr Eymer, hangen am Durchzugk des hawsszs. i grosszer schancke, mit eynem Schloszs, der parvoten[102] gewest. i alte vnverschlosszne truhen, Oben jn der Eyszen Kamer, vnnd i Kleyns truhle dabey, darjnnen manicherley Eyssenwerck, uts. i kleyns schenkle ist auff der Borleben[103] gestandenn, Item i alte vntugliche truhen, darjun etliche Venedische schewbenn[104], Samp tetlichen schachteln zubrieffen, alles oben jn der Camern.

Unten jn der gesinde stubenn, fünff grossze schlechte tysche, mit jrem fürbencken, für das gesinde.

Im vntern stüble: i tysch vnverschlosszen, i Sydell vnverschlosszen, i Gysvasz Behelter, mit eynem verschlosszen Schenckle, i vorbanck für den tysch.

Im obern Stühle: i Tysch vnverschlosszen, i vorbanck, i verschlosszen Gyesvaszschenckle.

In der Melkamer: i schanck mit ii schlosszen, ii Melkasten, ii verschlosszen schencke in der Küchenn uts.

Sigesstüble[105].
i vnverschlosszner zwifechiger Tysch i verschlosszne Bancke, i vorbancke, i Schenckle zum Gyszvasz mit eynem Gyszvasz vts. Etliche getrehete schemell jm Closter ii schenckle jm stüble vnnd heraussen davor, sind verschlosszen. i alter schreyn, i Behelter jn der alten eyer kamer, i tysch jm alten Refenter. Item Ein eysere wolbeschlagner Geltkast, Ein trohen vnd alter kast, Alles hinten jm gewelbe, Ein langer schanck, herauszen vf der Borleben, zum Ornathen, vnd ein ander schanck in officina, zum Eyssenwerck. i kuffen zum krawst jm Milchkeler, i kuffen, fleysch einzusaltzen,

vnten jn der Kembnathen jm gewelb, i kuffen jn der Meydthawsz vts.

Liberey mit jrenn Büchern,

die MönchRöthen vnd das Closter zw Coburgk gehabt, Ist
aber nichts sonderlich darjnnen.

vi par abgenützter vnd eynsteyls zerbrochner schrawbenn, dormit grossze Bewe zuheben, jm Kemmerle neben der Liberey,

Stadell.

Jtem das getreydt jm stadell so vifs rrri Jar erbawt, sampt
allen nutzungen, desselben Iars, ausszerhalb, etlich auszgetroschen,
hof, vnd zehendts getreydts, ist dem newen Verwalter auch zugestellt, vnd nach dem Ausztreschen gewest: lrrriii szre Allerley
Weytzs. rlvi szre iii vierteyl Winter vnnd szommer korn, lviii szre
iii virteyll Szommer vnd Wintergersten, rrv szre ii virteyll Dinkeles,
icrri szre ii virteyll haffern, rri szre ii metzen Erbeszs.

Welchs getreydt, der hoffman zum halbenteyll, dem Closter
vberantwort, vnd das ander, auf desselben auszezcogenen Eekern,
ein geerndt worden ist.

liii klobenn, geprechts flachs, wie der zur zeyt der Inventation
befunden den andern hat Er Veyten frawen ausz zulasszung, wegk.
Item vill Büschell Wercks davon.

i guthe Barden hanffts geprecht, vf rvii puschell, klein vnnd
groszs, alts vnnd News, sampt der Vymel[106], so iii kloben gewest
vnd im rrriten erbawt.

Item Opffell vnnd Byrnn, so auffm newen und alten schlaff-
hawszs jn vii zcellenn vnnd auff iiii Bodenn gelegen.

Etlicher ander hauszrath, so auch vorhanden gewest iii gegerbte Ochzssenhewte, i gegerbte kuehaut, rii gegerbter Kelberhewt,
i schock heffen, vngeverd, kleyn grosz vnd Mittelmessig, jm kemerle
bey der styg jn der Ebbtey.

ii stückle wachs, vf vi ℔ ongeverd, sobaldt jn die kyrchen
komen, i Zcell jm Newen Schlaffhaußz mit fenstern vnnd Fenster
Ramen, Alles für den Newen Refenter zubereyth.

vii Newe hafenBenther, iiii Newe gemisse stützle, rii ℔ Bechs,
vi ℔ schmehr, lr ℔ Vnschlicht, rii schock kleyner vnd grosszer
Lycht, vi alter Bynstöcke iii Junger Bynstöcke mit Bynen, Die
hultze schüssel vnnd teler, so dyser zeyt jn der küchen vnd suensten
vorhanden, sint nicht gezcelt wordenn, auch nit vil noch köstlich
gewest

Item i hultze Wage mit dem eyssere Gewicht. i grossz
Vischgarn für den grosszen sehe[107] vnnd ettliche abgenützte hamen[108].

Item v glockenn vff den dornen[109], groß, mettellmessig vnnd
kleyn. i Zymbell jm Crewtzgangk, i Orchell jn der Kyrchen.

**Auf Montag nach Michaelis Jm XXXJto haben die Gestrengen
herr hans Schott Ritter etc, vnd Contz Gotzman, Amtman zw
konigspergk, als Bevelchhaber, Churfürstlichen Sequestration etc.
Alles geschülts, vnnd Schrotth ; zum Closter Münchröden gehörig In
gegenwart Er Veyt Haffen, Valentin Müllners, vnd Clausen Hamper-
verts Besichtiget, vnnd vermelt gehültz befunden, wie hernach volget,**

Erstlichenn,

Der Warth Bergk

so ein gross Bawe, vnnd kyffere holtz ist, wie wol sehr verhawenn Das daraus vorn gegen der straszen, ob des Michels Acker,

Ein ortle zw Brewholtz, für das Closter, vnd daselbst gein dem Mülgrahenu, aber ein Ortlc zw Brennholtz, fürn hoffman, gehawen wordenn ist

Darnach an der henge, gegen der Newen Wyszen am graben hinauf, ist desselben holtz gefelt,

Zu eyner hewe schopffenn für das Closter gein schaffhausen Jm xxxito.

Item Am selben Ortt,

Dem Castner, zw Coburgk, holtz zu eym stadell, von Er veythen vmb iii gulden verkewfft,

Dzgleychenn hatt er, Veyt doeselbst, holtzs zw Eym stadell, vnnd ander Fewerholtzs Caper Ramspergern auch zw Coburgk vmb vii gulden verkewfft.

Darnach An derselben henge gein dem Gnelesz, ist, befunden, dass vill Bawe vnnd schleysszen holtzs, abgehawen, Soll aber ein alter hewe seyn. Doeselbst hat Jacob von Bach xvi Bawe Reyser, ausz Bevelch des Ambts Coburgk, Jm xxxt gefelt, vnnd nichts dafür geben,

xt Bawe Reysser sind Ernst von Brandensteyn, desselben holtzs, oben anffn knock, ausz Bevelch des pflegers zu Coburgk Bewyszen, Sind auch nit Bezcalt wordenn,

Hinthen am Wartbergk, gegen der Thumerey, ist bey Abbt Niclausen, Baweholtz für das Closter, vnd desselben verwante gehawen,

Dessgleychenn ist bey guaut. Abbte, der Bawe vf der kembnathen, Im Mülgrabenn, desselben Orts, gefellt wordenn,

Oben auf der hohe, auch Im Warthbergk, vnd darnach Im Müllgraben, darneben, sind etwan, vier oder v schock Baweholtzs, vff Bevelch des herrn Schosszers vfs Schloss Coburgk kommen.

Auch sind etliche Bawe Reysser doselbst Im Mülgraben, für das Closter, vnd Ziglern, auch andere gebraucht wordenn.

Die schlege an der Ryss hinauf.

Auch ist In begriffuer Besichtigung Befunden, das Brunnholtz jm Müllgraben, bey der Ryss hinüber, Item das holtz, so sich auf der andern seythen, geym Stanbach erstreckt, Bey Abbt Niclausenn, vnnd doch meysteyls bey Er Vcythenn, hereyn Ins Closter zu Brennholtz gehawenn, vnnd davon vill Claffterholtzs gein Coburgk verfürth sey wordenn.

Auss demselben holtz sind etwa vill Bawe Eychenn fürss closter vnd seyne Verwanthe Armelewthe gehawen, auch der ein teyll verkewfft vnnd verschenckt.

Szonnderlichen,

Die frawe zw Eynet soll solcher Eychenn etwa i schock gekawfft vnd nichts dafür geben haben.

Oben gegen dem Stannbach, am Sannt, ist auch ein Ort Baweholtzs, vnnd anders abgehawen wordenn, das ist zum teyl zum pfarrhawss gein Einbergk, aus Bevelch der herrn Visitatorn komenn etc.

Item Etliche Rigellstangen, dene vonn Rosennaw, aus nachtbarlicher Bieth, Deszgleychen etliche Bün doeselbst gestewert.

Der Bernecker zw Coburgk, Jorg Syler zu Gleind vnnd Andere haben desselben holtzs auch ein teyll von Er Veythenn kewfft.

Soe hatt Er Veyt, neben dem Stannbach am Baweholtz hinauf ein langen Ortt, Jung Bawe vnnd Brennholtzs hawen lasszen.

Der Stannbach.

Ist vf Beden seythenn Befunden, das derselbig etwa merglich verhawen gewest, Aber nach Vnterricht Er Veytenn jst vnnd soll es für das Closter zu bawen, Bryther zw schneydenn, zw Barenn, vnnd ander notturfft, Auch für die Röthener, den ziglern etc. gebrawcht vnnd geschehen seyn.

Zu dem, so ist auch etlich Baweholtz darausz, zu manicherley nütze, verkewfft vnnd verschenckt wordenn.

Die Lichtleyten.

Ob dem Stannbach, oben auf der Lichtenleythenn, ist jn sölcher Besichtigung befundenn, das Veyt haf, Etwa vill Ecker, geraths Bawe vnnd Brunnholtzs dem Rath zu Coburgk durch sich selbst, vmb iᶜ vnnd ꝛꝛ guldenn, So doch eynes andern werths, verkawfft vnnd ꝛꝛ Jar Stamrecht darzu geben hatt.

Doeselbst auf der Höhe vnnd ebenn, hatt Valentin vom Lichtensteyn ʋ schock Baweholtzs gehawenn vnnd gesagt, Er habe des Churf. Bevelch aber kein aufgelegt, Auch Veyth Hafen nichts dafür geben,

Item, das Brennholtz an der Lichtenleythenn vorn vom Stannbach an, biszhininther In die Wolffskell habenn Abbt Niclaus, Veyt haf etc. hereyn Ins closter scheydten lasszen.

Ausz derselben langen Leythenn, sind etwan vill Bawe Eychenn, sonderlichen bey Er Veythen, für das closter vnnd desselben hintersesszenn gehawenn, auch andern Leuthenn verschenckt vnnd verkawfft wordenn.

Sonnderlich

ꝛʋii Eychenn dem Rathe zw Coburgk, ꝛii Eychen, heintzen von Rosenaw vnd der Gemeinde doeselbst zw Besszerung Irer Stege, ausz Bevelch des pflegers zw Coburgk, vnnd keyner Gerectickeyt.

ʋ Eychenn gein Lawther zuschranckenn. Die andern haben sie bezcalt ꝛ.

ꝛʋi Phillip Schottenn, ausz Bith geschennckt.

Die andern sind vn gezcelt,

Doeselbst auch, neben der Thennerfelth, ist ettlich Brewe vnnd schleyssenn holtz, für das closter, vnd seyne armelewth abgehawenn, vnnd etlich Bewm verkeufft worden.

Die Wolffskeel
vnd das holtz Im Schützenbach.

In vorbegryffner Besichtigung ist auch befunden vnnd angezeygt, Das ausz dem grosszen Ortt Bawe vnnd Brunnholtzs In der Wolffskell vnd Im schützenbach, der Zigler zw Röthenn, auf anweyszung vill Bawm vnnd holtzs abgehawen hatt.

Vorn neben der zwatzlerin ist auch ein Ortt Baweholtzs bey Er Veythenn abgehawen worden, Ist zum teyll gein der Newenstat zu der hern Bawe komenn, vnd das ander hat gnanter Verwalter,

Ja verwüster, Jorgen Roschleb zw Muckpergk, heintzen kremer zw Byrkich, vnnd andern, verkawfft.

Doeselbst ein wenigk hinauff hat Veyt Haff, Etwa iii schock, guts Baweholtzs Christofffeln von Schaumbergk zw Muckpergk, vmb xxiiii gulden zw seym Schlossz doeselbst verkawfft
vnnd
viii Bawe Reysszer, herfür warts, dem Lawther Müller zw Coburgk aus Bevelch des Schosszers gebenn.

Oben jm Schützenbach, an der henge, hat Veyt haff ein eben Ortle Bawe vnnd Brunholtzs, Clausen Eberth, zu Coburgk, ausz fürbieth seyns Eydams, der küchenschreybers, vmb xviii gülden verkawfft.

An derselbenn henge bisz an die Mörders Bewme, hatt Zigler zum teyll ein grosszen Ortt, Bawe vnnd Brunnholtzs, Wegkgeholtzt vnnd den andern vnnd merern teyll hat bemelter haff hanssen kremer zur Newenstat verkewfft, Doch ist das öber stöckich doeselbst eynsteyls bey Apt Niclausen abgehawen wordenn.

Das holtz ob der Mörders Bewme

Biszhinynther An der kremer holtz vnnd nawff an Wegk, hatt Er Veyt Etlichen pawern zw Wolffsbach, Rothenhof, Schaffhawszen etc verkawfft, der acker vmb xvi ℔. Wiewol die Bezcalung vf den Newen Verwalter gewyszenn, laut seyner Instruction.

Das Brunholtz auffem Sannt

Vonn der Thummerey, Stannbach, hinausz Biss an der Weymersz dorffer felde Ein grosszer Ortt holtz, ist bey abbt Niclausen abgehawen, vnd verkawfft worden.

Der kawlbergk

Ist bey apt Niclausen verkewfft vnd dem Closter an demselben Ortt mit eyn vnnd abziehen, grosszer abbruch, bey Veythen hafen geschehenn, darvmb auch dem Newen Verwalter Bevolhen, solchs vmb zimlich Zinss zu vertragen.

Die Birckleythenn

Hatt aptt Niclaus verkeufft, bisz hinauf, vber das öber Sehle Bey des Schulteszen zur Thann Bewme, do hatts Er Veyt hingebenn vnnd ist ein grosszer langer Bergk.

Doeselbst zunechst, ob dem Obern Sehle, ist ein eben grosszer Ort Baweholtzs bey Veythen haffen abgehaweu wordenn, vnnd ausz Beuelch des herrn Schosszers zw Coburgk zu iii Bewen gein der Newenstat komenn, Inn hoff.

Item, der Zentgraue zu Coburgk hatt an demselben Ort bey V schock Beweholtzs zw seyner Behawszung gein Coburgk aussha wrenn lasszen, aber nichts dafür gebenn, das übrig hatt Haff verkawfft, Also das derselbig Platz gantz blosz vnd kal befunden.

Obenn vnnd vorn an der Birkleythenn neben dene masszenn, jst auch ein grosszer Ortt vnnd platz gantz kal vnnd blosz befunden, denselben ortt, darjnn gut Bawe schleysszen vnd Brunholtz, gestandenn, hatt Veyt haff auch verkawfft, vnnd ettliche Schleysszen Bawme für das closter darausz hawen lasszenn.

Die Maszs jm Schützenbach

Neben der Byrckleythenn hat haff etwa jm ꝛꝛᵗᵗᵒ Jar auch eben wegk verkawfft.

Der Petzen Bergk

Szo ein grosszer langer Bergk vnnd bei ᶠᶜꝛꝛᴅ Acker ist, hatt Veyt haff durch vnd durch, Im ꝛꝛꝛᵗ Jar auch verkawfft, je ein acker vmb ꝛ Ø.

Den helle Bergk

Doeselbst neben dem Betzenpergk oben jm Vischbach hatt Abbt Niclaus verkawfft vnd ist wider mit jungen Brunholtz aufgewachsszen.

Tewtzchers Bergk

Ausz dem Tewtzschersbergk, so mit guthenn Eychenn aufgewachsszenn, vnnd mit Brunholtz gemengt ist, Seind etliche Eychenn zu der herrn grosszen Sehe komen.

Daraus hatt Er Veyt auch etliche Eychenn vnd Bawe Reysszer verkawfft vnnd verschenckt.

Sonderlichen

ᴠi Eychen, dem Weydneu vnd wernfelder zu Coburgk

ij Eychen zu Weynvesszer ins Closter, aber der Vesszer ist keyns hinein kommen.

Item hinten neben der Thennerfelth hinauff hatt Veyt Haff auch etliche Örtle mit Brunholtz den Kembnathern verkawfft.

Kulm

Der hochBergk, der kulm gnant, steht mit Brunholtz aufgewachsenn, Jst bey apt Johausen verkeuft worden.

Weyn Bergk

Jtem der Weinbergk hatt knörtzich Brunholtz von alten Eychestöckenn, vngeschlachte kyffernn, vnd Ander gering holtz, gehabt, das hatt Veyt haff dem hoffman zw Schaffhawsenn, vnd Bader zu Eymbergk verkauft,

Aber auff der Andern Seythenn gegen Kothenn, vnnd ob der Kochszleythen, ist gnanter Bergk mit Jungen Fichten vnnd thannen angeflogen.

Rothenhof

Des holtzs hinten am Weinpergk, gein den Rothenhof, hatt sich heintz vonn Rosenawe zu Öszle, vnnd wie er saget, mit Willenn Veyten hafens, vnterstandenn, vnnd etwa vil Bawe, Rörenn, vnnd Brunholtzs darausz gehawenn, Aber ausz Beuelch vnnd gütlich ansynnenn, der herrn Sequestratornn, Jst er heintz von Rosenawe davon gütlich angetrethenn, weyl man saget, Er solts kawfft habenn.

Kypffendorff

Item, das Brennholtz, hinter Kypfendorff hinnawszs, hat veyt haff auch eben wegk verkawfft, aō jm ꝛꝛꝛ, ist itzo ein zwey jeriger schrott ꝛꝛꝛ ᶦᵗᵒ.

Dyss verzeychnus jst in gegenwart herrn Veythen Haffs dermaszs, wie die begrieffen, verleszenn, welchs er nit jn abreden, sundern bekentlich gewest

Actum Dynstags nach Dyonisii jm ɪɪɪ ᵘᵗᵒ.

Aber des Closters höltzer vnnd schlege zw Weydach, Schlettach vnnd Mernhawsenn, sind dyszmals nit besichtiget wordenn, vōd meystens Jünge schlege, bey Abbt Niclausen vnnd Veythenn Haffen hingeben, vnnd verkaufft, Also das zw Weydach, wenig Bäwme auszgezcogenn gar kein Baweholtz mehr ist, des wüßt man sich zu richtenn.

1. Valentin Müller, auch gewesener Konventual, Nachfolger Veit Haffs.
2. Kleiner Pokal.
3. Ein zum Kusse dargereichtes Reliquientäfelchen.
4. Kleine Kanne für den Meßwein. `
5. Bischofstab.
6. Edelstein.
7. Elentklaue.
8. Demant, Diamant.
9. Der bischöfliche Hut.
10. Perlen.
11. Laubwerk.
12. Barfüßer Mönche.
13. Röthen für Mönchröden.
14. Meßgewand.
15. Prießterrock.
16. den zugehörigen.
17. Prießterbinde.
18. Breites Band, welches über den linken Arm des messelesenden Priesters gehängt wird.
19. Schultertuch.
20. Weißer Priesterumhang.
21. Harras = leichtes Wollengewebe, mhd. arras, von der Stadt Arras in den Niederlanden so genannt.
22. lundich = aus London stammend, englischer Stoff.
23. Leinwand.
24. bunt gefärbt.
25. von Sternberg auf Kallenberg bei Coburg.
26. Die von Bach, altes Coburger Adelsgeschlecht.
27. Fischteich.
28. Abt Johannes von Schonstett † 1418.
29. Junger Wels.
30. Saupehr = Zuchteber.
31. Waldung.
32. Schriftlicher Eid.
33. Zenthafer.
34. Gehöft.
35. Brunnens.
36. Dienstlohn.
37. Urkunden.
38. Gesamterben.
39. Namen der abgefundenen Klosterbrüder zu M.
40. Aktenstücke.
41. Heinrich v. Coburg, Abt zu M. 1343—1363.
42. Bezüge.
43. Überzug.
44. Bettücher.
45. Truhen.
46. Kleine Truhe.
47. Grobe Leinwand.
48. Mägde.
49. Krankenstüblein.
50. Matratze.
51. Handtuch.
52. böse.
53. Planc.
54. Webstück.
55. Futtertuch.
56. Tiefe Suppenschüsseln.
57. Ausguß.
58. keulenförmig.
59. Pfründenkanne.
60. Fäßchen.
61. Baumöl.
62. Tablet.
63. Halb Liter.
64. Messing.
65. Jedenfalls Löwen.
66. Schraube, Kurbel.
67. Stößer.
68. Zum Einschlagen in Pässer.

69. Von Erz.
70. Geschmiedete Dielen- und Wassernägel.
71. Kleines Faß.
72. Pult.
73. Sydell.
74. Von raden, Radehaue.
75. Brandhaken.
76. Nebiger
    Bornebiger $=$ Bohrer.
78. Hobel.
79. Doppelbeil.
80. Rundes Gefäß zum Bleischmelzen.
81. Amboß.
82. Ketten.
83. Reibeisen.
84. Breimehl zum Morgenimbiß.
85. Bohren.
86. Flachhaue.
87. Mäßchen.
88. Zum Reinigen der Frucht.

89.
90.
91.
92.
93.
94.
95.
96.
97.
98.
99.
100.
101.
102.
103.
104.
105.
106.

107.
108.
109.

VII.
Die beiden Burgen in Ilmenau.

Von

Geh. Justizrat **Schwanitz** in Weimar.

Der Vorstand des Vereins für Thüringische Geschichte und Altertumskunde hat mich vor einigen Jahren zufolge einer von Arnstadt aus gegebenen Anregung ersucht, vermittelnd dafür einzutreten, daß eine topographische Skizze des im sog. Amtsgarten zu Ilmenau — an der Stelle der jetzigen Fronfeste — befindlich gewesenen Käfernburger Schlosses für den gedachten Verein beschafft werde. Ich habe mich gern hierzu bereit erklärt und lege das Ergebnis meiner Bemühungen nunmehr vor. Die beiden Skizzen No. I und II verdanke ich der Güte des Großherzogl. Bezirksbaubeamten, Herrn Baumeister Veltwisch hier, das Bild No. III ist demjenigen Exemplar des Christ. Juncker'schen Werkes „Ehre der gefürsteten Grafschaft Henneberg", welches sich im Besitz des Herzogl. Gymnasiums zu Hildburghausen befindet, entnommen. Mit Dank habe ich auch die mir von dieser Seite zu teil gewordene freundliche Unterstützung anzuerkennen.

Behufs näherer Orientierung füge ich folgende Bemerkungen hinzu.

Zunächst gedenke ich, daß sich in Ilmenau z w e i Burgen befanden. Die eine, und zwar die älteste, hat sich unrühmlich bekannt gemacht durch die Raubzüge, die von ihr aus im Laufe des 13. Jahrhunderts vielfach in die nähere und fernere Umgebung unternommen wurden und unter denen insbesondere der Handelsstand der Stadt Erfurt schwer zu leiden hatte. Kein Wunder war es daher, daß

bittere Klagen hierüber an das Ohr des Königs Rudolf
von Habsburg drangen, als dieser sich zu Ende des Jahres
1289 und weiterhin einige Zeit in Erfurt aufhielt. Daß
diese Klagen nicht ungehört verhallten, ist bekannt. Der
König gab, so sagt Spangenberg in seiner Hennebergischen
Chronik (Straßburg, 1599) den Erfurtern „Leute zu, das
Raubschloß zu zerstören. Also zogen sie hin, gewonnens.
und fingen 29 Straßenräuber daroben: die wurden gen Erfurt
geführet und daselbst enthauptet[1]". Die Burg aber, die ge-
meiniglich als „die Wasserburg" bezeichnet wird, wurde
zerstört, und zwar so gründlich, daß in späteren Jahrhunderten sogar der Ort, an welchem sie gestanden hatte,
nicht mehr mit voller Sicherheit erkannt werden konnte.
Immerhin wird es jedoch, wie ich glaube, nicht zweifelhaft sein, daß sie auf der Westseite der Stadt an der —
ziemlich umfangreichen — Stelle, welche im Volksmunde
noch jetzt als der „Burggraben" bezeichnet wird, ihren
Platz gehabt hat. Dort haben sich denn auch noch in den
1860er Jahren einige, wenn auch nicht erhebliche, bauliche
und sonstige Spuren gefunden, welche meine Annahme
unterstützen. Es gilt dies insbesondere von einigen bei
Gelegenheit des Häuserbaues aus der Tiefe entnommenen
altertümlichen Gegenständen: Pfeilspitze von Eisen, Huf-
eisen und Streitaxt.

Näheres über jene Burg ist nicht bekannt. Ob sie,
wie behauptet wird, im Besitz der Grafen von Käfernburg
sich befunden hat, mag dahingestellt bleiben. Wohl aber
wird man annehmen dürfen, daß, nachdem diese ältere.
Burg geschleift worden war, an der Stelle, auf welcher
jetzt die Fronfeste steht, eine neue Burg erbaut worden
ist — mutmaßlich von den Käfernburgern. Mindestens
waren sie Besitzer dieser Burg, ehe dieselbe im Jahre 1343
käuflich an die Grafen von Henneberg überging. Es ist
nicht meine Absicht, auf ihre weiteren Schicksale des näheren
einzugehen. Ich bemerke nur, daß sie den Hennebergern

---

1) Vergl. Cron. s. Petri Erfordensis mod. in Mon. Erphesf. 293.

Fig. 3. Das Käfernburger Schloß in Ilmenau ums Jahr 1700.

Verlag von Gustav Fischer in Jena.

Fig. 1. Situationsplan des Amtsgartens mit Frohnveste zu

Nach den Seits-
wiesen der Ilm.

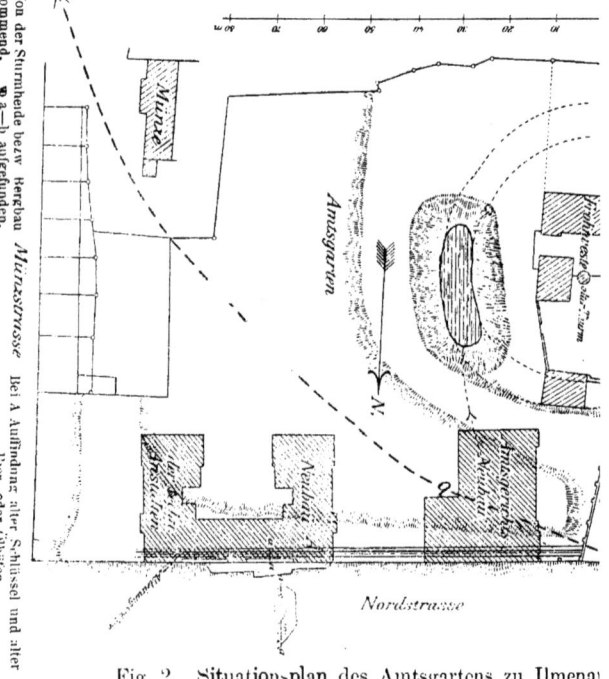

Fig. 2. Situationsplan des Amtsgartens zu Ilmenau

wiederholt für längere Zeit zum Wohnsitze diente, namentlich auch dem — um Ilmenau hochverdienten — Grafen
Boppo XII., dem Bruder des letzten regierenden Grafen
Georg Ernst († 1583). Nachdem jener im Jahre 1574 mit
Tode abgegangen war, klagte dessen hinterlassene Witwe,
die Gräfin Sophie, über die Baufälligkeit der — zu ihrem
Wittum gehörigen — Burg und erlangte demzufolge von
ihrem vorgenannten Schwager die Vergünstigung, ihren
Wohnsitz nach Burgbreitungen verlegen zu dürfen. Von
da ab ist die Burg mehr und mehr in Verfall geraten, und
dies um so mehr, da die Wittumsberechtigte, die Gräfin Sophie,
in der langen Zeit, die ihr noch zu leben vergönnt war
(bis 1631), sich in so wenig günstigen Verhältnissen befand, daß
sie, auch wenn sie gewollt hätte, nicht im Stande gewesen
wäre, für die bauliche Herstellung und dauernde Instånd-
haltung in genügendem Maße Sorge zu tragen. Die schweren
Zeiten des dreißigjährigen Kriegs waren vollends nicht
dazu angethan, Wandel zu schaffen. Ein Wunder ist es
daher nicht, wenn in der — mir vorliegenden — Ilmenauer
Amtsbeschreibung von 1647 „das alte Schloß" mit dem
Zusatz aufgeführt wird, „daß darauf noch ein gering Wohn-
haus stehe, darinnen sich der Landsknecht behelfen könne".
Wenn hiernach aber auch die bewohnbaren Räume auf
ein recht geringes Maß zurückgegangen waren, so war
immerhin, wie das unter III hier beigefügte Bild erkennen
läßt, zur Zeit seiner Aufnahme, also ums Jahr 1700, das
Mauerwerk noch recht vielgestaltig und hochragend. Jetzt ist
auch der letzte Rest desselben verschwunden. Geblieben ist
nur ein niedriges, dem Gerichtsdiener überwiesenes Gebäude, in dessen Anbau die Amtsgefängnisse sich befinden.
Was die beiden unter I und II angefügten Skizzen
betrifft, so gedenke ich noch besonders, daß dieselben sich
gegenseitig ergänzen. Der Situationsplan I stellt den
älteren Zustand dar. Er läßt die Neubauten, die der mit
II bezeichnete Plan erkennen läßt, noch unberücksichtigt,
weil sie zu der betreffenden Zeit (1896) noch nicht aus-

geführt waren. Ein Gleiches gilt von den beiden, für den inneren und resp. den äußeren Umwallungsraum bestimmten Wasserzuleitungen, die erst beim Graben des Grundes für das jetzige Amtsgerichtsgebäude aufgefunden worden sind. Dabei mag ausdrücklich erwähnt werden, daß unter dem auf No. I als „Amtsgericht" verzeichneten Gebäude das zuerst im Jahre 1634 eingerichtete und sodann nach dem großen Brande von 1752 neu aufgeführte „Herrschafts- und Amthaus" zu verstehen ist, in welchem sich neben den dem Landesfürsten vorbehaltenen und den dem Oberamtsrichter überwiesenen Wohnungsräumen insbesondere auch die Gerichtslokalitäten bis dahin befanden, wo das neuerbaute Amtsgerichtsgebäude bezogen wurde. Es geschah dies im Herbst 1898.

Zu dem Plan I bemerke ich noch weiter, daß die dort ersichtliche, zwischen „Amtsgericht" und „Fronfeste" den großen Amtsgarten durchschneidende Straße erst etwa im Jahre 1849 zur Erleichterung des Fuhrwerkverkehrs angelegt worden ist.

Die Burg lag übrigens, wie die beiden Skizzen ergeben, auf der Nordseite der Stadt, und zwar, was ich an dieser Stelle noch besonders betonen möchte, dicht an einer vor Jahrhunderten sehr wichtigen Heerstraße, — der Wein- straße, welche den Verkehr zwischen Thüringen und Franken vermittelte und von Erfurt in der Richtung von Branchewinde, Bücheloh, durch den fiskalischen Forstbe- zirk Eichicht und durch den Flurbezirk Unterpörlitz an der Nordseite der Stadt Ilmenau sich hinzog nach der Höhe des Gebirges zu. Die auf der Skizze II bezeichnete „Nordstraße" ist an dieser Stelle identisch mit der vormaligen Weinstraße. In der Nachbarflur Unterpörlitz ist diese letztere noch deutlich erkennbar und hier so breit und fest angelegt, daß schon aus solcher Beschaffenheit auf die große Wichtigkeit, die ihr in alter Zeit beigelegt wurde, geschlossen werden darf. Gerade diese Wichtigkeit aber mochte wohl den Gedanken nahe-

gelegt haben, eben an dieser Straße zum Schutze der
Stadt die Burg anzulegen und nach Möglichkeit zu be-
festigen. So erklärt es sich denn, daß, um gegen einen
von Nordosten drohenden feindlichen Überfall besser gesichert zu sein, in dieser Richtung noch ein äußerer
Wallgraben vor den innern, die ganze Burg um-
schließenden Wallgraben vorgelegt wurde. Das Nähere ist
aus den beiden Skizzen zu entnehmen.

Beide Wallgräben hatten eine ansehnliche Tiefe. Als
etliche Jahre vor Inangriffnahme des Amtsgerichts-Baues
zwei Schächte im äußeren Wallgraben in die Tiefe geführt
wurden, konnte „der gewachsene Boden" erst in einer Tiefe
von 8 Metern erreicht werden. Beide Wallgräben sind
jetzt eingeebnet.

Zum Schlusse gestatte ich mir noch eine Erläuterung
zur Skizze II. Wenn dort nämlich „der alte Turm"
markiert ist, so beruht dies darauf, daß bei einer etwa im
Jahre 1876 vorgenommenen Nachgrabung an der Stelle,
welche durch jenen Vermerk erkennbar gemacht ist, die
Grundmauer des alten Bergfrieds aufgedeckt worden ist.
Dieselbe ist damals wieder verschüttet worden. Auf meinen
eigenen Wunsch ist jedoch als Fingerzeig für spätere
Zeiten auf dem jetzt vorliegenden Situationsplan die Stelle
bezeichnet worden, an welchem der Turm seinen Standpunkt gehabt hat.

VIII.

Chorherrenstift und Kommende Porstendorf.

Von

O. Dobenecker.

In der Chronik des Klosters Lausnitz, die uns leider nur in einer Übersetzung des 15. Jahrhunderts erhalten ist [1]), wird über die Person des 7. Propstes [2]) eine Angabe gemacht, mit der die Forscher [3]) offenbar nichts haben anfangen können. Der 6. Propst Markward, der dem Kloster 18 Jahre vorgestanden hatte, legte im Jahre 1218 wegen Krankheit und Altersschwäche sein Amt nieder und bat seinen Diöcesanbischof Engelhard von Naumburg, mit ihm dem Kloster einen Nachfolger in der Propstei zu bestimmen. Der Konvent sah zunächst in dem Vorschlage des Bischofs einen Eingriff in sein freies Wahlrecht [4]), gab jedoch nach

---

1) Zuerst in einer mißlungenen Übertragung ins Neuhochdeutsche bekannt gegeben von A. Moser in der Schrift „Marienstein oder die Gründung des Klosters zu Laußnitz". Zeitz, 1833 (2. Ausg. Eisenberg, 1837), sodann aus der wiedergefundenen Handschrift von E. Hase in den Mitt. d. G. u. A. Gesellsch. des Osterlandes, VIII (1875), S. 65—101 veröffentlicht. Die Handschrift (Bibl. der Michaeliskirche in Zeitz) bricht mit der Erwähnung des 8. Propstes Rupert ab. Die lateinische Vorlage, die der alten Übersetzung zu Grunde liegt, ist bis jetzt nicht aufgefunden worden. Ihr Verfasser war nach S. 90 u. 98 der Chronik ein Augustiner, vielleicht ein Propst des Klosters (s. Reg. d. Thür. I, No. 1269).

2) Die Chronik nennt ihn den sechsten.

3) S. Hase in Mitt. d. G. u. A. Gesellsch. d. Osterl. VIII, 45; Löbe, G. d. K. u. Sch. des H. S.-Altenburg, III, 101; Dietze, G. des Kl. Lausnitz in Mitt. d. G. u. A. Ver. zu Eisenberg, XVII, 18 f.

4) Hase a. a. O. 45 hat diese Stelle der Chronik vollständig mißverstanden.

langen Verhandlungen nach und versprach, den zu wählen, den Engelhard zum Propste bestimmen würde. Der Bischof erklärte sich für Konrad, einen Augustinerbruder, der in Porstendorf a. d. Saale Pfarrer war. Von ihm berichtet der Chronist, er habe bei sich, nämlich in Porstendorf, viele Brüder gehabt [1]). Daß dies der einzige chronikalische Beweis für die Existenz eines Augustiner-Chorherrenstiftes in Porstendorf a. d. Saale ist, hat bisher trotz meiner Bemerkungen in den Regesta diplomatica Thuringiae [2]) noch niemand beachtet. Auch in der älteren Litteratur wird des Stiftes kaum Erwähnung gethan. Weder Hermann in seinem verdienstlichen Verzeichnis [3]) der thüringischen Stifter, Klöster und Ordenshäuser, noch Kronfeld [4]) erwähnt es. Nur K. Schulz in seinem Aufsatze [5]) über das Urteil des Königsgerichtes unter Friedrich Barbarossa u. s. f. nimmt auf die Urkunde des Bischofs Eckehard von Merseburg, in der das Stift genannt wird, Bezug, kennt aber die übrigen Urkunden nicht, aus denen die Geschichte der Gründung erhellt. Mit einem Verweis auf Schulzens Abhandlung begnügt sich der Herausgeber der Bau- und Kunstdenkmäler Thüringens, Heft I, S. 193, während Böhme in seiner lesenswerten Abhandlung „Pforte in seiner kulturgeschichtlichen Bedeutung während des 12. und 13. Jahrhunderts" das Stift nicht einmal erwähnt. Geradezu irre-

---

1) Diesser erstlich zcuu Borstendorff eyn pfarrer gewesen, mit ym vill anhengende brudere gehabt und in unsern closter alss eyn bruder des ordens, der mit ym vill gelebet nach der regele sancti Augustini uund in der heiligen regele und gehorsam sich gehaltenn auff das demuetigste, zculetzt mit kranckheit underdrugkt uund lagerhafftig gewordenn, ye doch widder kommen zenu krefften, sich widder zcun Marienn kein Laussenitz gewant, da got zcu dinenn, auch seinenn staudt von stunden andermalss angenommen.

2) Dobenecker, Reg. d. Thur., Bd. II, No. 2192 u. 2376. Ich citiere sie im folgenden nur als Reg. d. Thur.

3) Zs. d. V. f. thür. G. u. A., VIII, 1 ff.

4) Landeskunde des Großherzogtums S.-Weimar, II, 290.

5) Zs. d. V. f. thür. G. u. A., IX, 156.

führend ist die kurze Notiz im Staatshandbuch für das
Großherzogtum Sachsen-Weimar-Eisenach (1864 u. ö.) S. 214
(unter Porstendorf). Und doch läßt sich mit Hilfe einer
Anzahl von Urkunden die Geschichte des Stiftes in groben
Umrissen entwerfen.

Der Ort Porstendorf wird zuerst in Urkunden für das
Cistercienserkloster Pforte genannt. Als während der Friedensverhandlungen zwischen Papst Alexander III. und den Gesandten des Kaisers Friedrich Barbarossa zu Venedig auch die
kirchlichen Angelegenheiten Deutschlands geordnet wurden,
stellte am 10. Juli 1177 Alexander III. für Kloster Pforte
und dessen Besitzungen einen Schutzbrief aus, in dem
Porstendorf zum erstenmal Erwähnung findet[1]). Die Erwerbung der grangia in Borsendorph cum appendiciis suis
durch Kloster Pforte muß zwischen 1168 und 1177 erfolgt
sein, denn in der Bestätigungsurkunde, die 1168 Bischof
Udo II. von Naumburg ausgestellt hat[2]), wird Porstendorf
noch nicht unter den Besitzungen Pfortes genannt. Wie
aus einigen Urkunden hervorgeht[3]), rührt der Besitz des
Pforteschen Klosterhofes aus einer Schenkung der Gebrüder
Heinrich und Werner von Stechan her, die freilich nicht
unangefochten blieb, da der dritte Bruder Gerhard Falke
unter dem Vorwande, er sei Grieche, nicht Franke, die
nach fränkischem Rechte vollzogene Übergabe nicht gelten
lassen wollte. Das Königsgericht, das unter Vorsitz des
Kaisers Friedrich Barbarossa zu Altenburg abgehalten
wurde, wies diesen Einwand zurück und bestätigte dem
Kloster den Besitz in einer rechtshistorisch außerordentlich
wichtigen Urkunde, die in der Litteratur eine gewisse Rolle
spielt. Gerhard hat 1182 denn auch der Schenkung seiner
Brüder zugestimmt und zu Gunsten des Klosters auf eine
Weinabgabe, die für ihn seine Brüder bei der Schenkung

1) Reg. d. Thur. II, No. 523.
2) Ebenda II, No. 369.
3) Ebenda II, No. 598, 636 u. 637.

vorbehalten hatten, verzichtet. Schon damals wird eine Kirche in Porstendorf erwähnt[1]), die nicht zu dem Meierhofe Pfortes gehörte. Sie war mit dem Zehnten von 4 Hufen ausgestattet[2]) und muß als vollberechtigte Pfarrkirche gegolten haben, da die daselbst amtierenden Geistlichen als Pfarrer bezeichnet werden und der Friedhof Erwähnung findet[3]). Schließlich hatte Pforte in Porstendorf auch eine Mühle und ein Wehr angelegt[4]).

Neben dem Besitze des Klosters Pforte und außer der Pfarrkirche war noch ein Landgut dort, das sich in der Hand einer ritterlichen Familie befand. Ob diese mit der oben genannten Familie von Stechan in Zusammenhang steht, läßt sich nicht beweisen. Sie nannte sich „von Porstendorf". Zwei ihrer Mitglieder sind uns bekannt, die leiblichen Brüder Bruno und Konrad. Jener war in den geistlichen Stand eingetreten und wurde 1209 zum Bischof von Meißen gewählt, wo er als Bruno II. bis zum Jahre 1228 regiert hat. Konrad, der sich Ritter von Porstendorf nannte, verkaufte vor dem 26. Dezember 1209 dem Kloster Pforte von seinem Gute eine Hufe, die bald als zu Porstendorf, bald als zu Ummelstede oder Hummelstede, einer Wüstung bei Porstendorf, gehörend bezeichnet wird[5]). Jeder der beiden Brüder scheint auf dem Besitztum eine geistliche Stiftung ins Leben gerufen zu haben.

Der Bischof Bruno gründete auf seinem Gute in Porstendorf nach Einwilligung seiner Erben und mit Erlaubnis des Erzbischofs Sigfrid II. von Mainz als Diöcesanbischofs ein Augustiner-Chorherrenstift. In welchem Jahre die Gründung erfolgte, läßt sich nur annähernd bestimmen. Aus dem Wortlaute der Urkunde[6]) der vom Papste in dem Streite

---

1) Reg. d. Thur. II, No. 637.
2) Ebenda II, No. 870.
3) Ebenda II, No. 2315.
4) Ebenda II, No. 853 u. 854.
5) Ebenda II, No. 1437, 1921 und 1922.
6) Ebenda II, No. 2230.

zwischen dem Gründer und dem Hochmeister des deutschen
Ordens, Hermann von Salza, delegierten Richter scheint geschlossen werden zu müssen, daß Bruno es gestiftet hat, als er
bereits Bischof von Meißen war, demnach frühestens im Jahre
1209. Mit unbedingter Sicherheit kann angegeben werden,
daß die Gründung in die Zeit des Erzbischofs Sigfrid II.
von Mainz fiel, wie der Erzbischof selbst bestätigt. In
einer [1227] Febr. 11 zu Erfurt ausgefertigten Urkunde[1])
bekennt er, daß er den Propst und den Konvent der regu-
lierten Chorherren in Porstendorf ehemals besucht und
als Diöcesanbischof nach dem Tode des ersten Propstes
einen anderen bestätigt habe. Von den Namen der Pröpste
ist urkundlich nur einer überliefert. In einer leider undatierten Urkunde, die aber vor 1224 fallen wird[2]), erscheint als erster unter den Zeugen: Drusing, Propst von
Porstendorf. Ich glaube nachgewiesen zu haben, daß darunter der zweite Propst des Stiftes zu verstehen sein wird.
Als ersten Propst hätte man demnach jenen Konrad anzusehen, den wir im Eingange als Propst von Lausnitz kennen
lernten. Die Angabe des Erzbischofs Sigfrid, daß er defuncto
ipso preposito einen zweiten daselbst bestätigt habe, scheint
also nicht genau zu sein. Seit 1218 ist Konrad Propst in
Lausnitz und hat 2 Jahre lang diesem Augustiner-Nonnen-
kloster vorgestanden. Seine Amtsthätigkeit ist durch schwere
Krankheit unterbrochen worden. Ob er neben der Präpositur in Lausnitz eine Zeitlang das Stift Porstendorf verwaltet hat, erscheint unwahrscheinlich, so daß man vielleicht
ein Recht zu der Annahme hat, daß die Kunde von seiner
schweren Erkrankung Anlaß zu der Behauptung wurde, er
sei gestorben. Pflichttreue und Demut zeichneten ihn aus.

---

1) Reg. d. Thur. II, No. 2376.
2) Ebenda II, No. 2192. Wenn Kehrs Ansatz (UB. d. Hochst.
Merseburg, I No. 178) zu der Urkunde in Reg. d. Thur., II No. 1818,
die er mit Rücksicht auf den seit 1218 nachweisbaren Dekan Heinrich und das bis 1221 geführte Siegel zu ca. 1221 stellt, richtig ist,
so würde der Ansatz 1221—1224 lauten müssen.

An seine Stelle trat Drusing, der offenbar identisch ist mit
dem im Jahre 1214 genannten Pfarrer Drusing von Apolda,
der dem Kloster Lausnitz zur Wiederherstellung der durch
eine Feuersbrunst geschädigten Kirche 5 Mark schenkte [1]),
wahrscheinlich bereits dem Augustinerorden angehörte und
auch 1216 und 1217 in Heusdörfer und Naumburger Urkunden erwähnt wird [2]). Sein Wirken in Porstendorf ist nicht
von langer Dauer gewesen.

Kloster Pforte wird die Gründung des Stiftes mit
scheelen Augen angesehen haben. Gefährlicher wurde
ihm aber die Konkurrenz desjenigen Ordens, den als
erster unter den deutschen Stämmen aufgenommen und
mit Gütern ausgestattet zu haben, ein Ruhmestitel für
die Thüringer geworden ist. Ich meine den deutschen
Ritterorden. Obwohl Voigts Angabe [3]), daß schon im Jahre
1202 ein Provinzialkomtur des deutschen Ordens für die
Ballei Thüringen genannt werde, irrig ist [4]); obgleich auch
die zweite Urkunde, auf die Voigt Bezug nimmt, sich als
eine Fälschung erwiesen hat [5]), so steht doch fest, daß das
Heimatsland des größten Hochmeisters, den der Orden an
seiner Spitze gesehen hat, die älteste deutsche Ballei des
Ordens gewesen ist, und daß die deutschen Ritter schon
im Anfang des 13. Jahrhunderts in unseren Gegenden reiche
Güter erworben haben. Eine der frühesten Erwerbungen
war nächst Halle und Altenburg unser Porstendorf. Schon
im Jahre 1221 wird gleichzeitig mit dem Deutschordens-
priester Hugo, der in Zwätzen offenbar dem Ordenshause
vorstand, der Komtur Konrad von Porstendorf genannt [6]),
dem wir noch im Jahre 1225, bez. 1224 in einer Urkunde [7]) begegnen. Seit 1221 besteht also in Porstendorf

---

1) Reg. d. Thur., II, No. 1600.
2) Ebenda II, No. 1687, 1713 u. 1749.
3) Die deutsche Ordens-Ballei Thüringen, in dieser Ztschr., I, 95.
4) Reg. d. Thur., II, No. 1226a.
5) Ebenda II, No. 1588.
6) Ebenda II, No. 1983.
7) Ebenda II, No. 2254.

ein deutsches Haus oder eine Komturei neben dem Augustiner-Chorherrenstift [1]) und neben dem Pforteschen Mönchshofe. Der Gründer der Komturei ist wahrscheinlich kein anderer als Konrad, der Bruder Brunos, des Bischofs von Meißen. Vielleicht ist die Annahme berechtigt, daß er selbst in den deutschen Orden eingetreten ist, sein Gut dem Orden vermacht hat und zum ersten Komtur in Porstendorf bestellt worden ist. Der Niederlassung des deutschen Ordens mußte eine Verständigung mit dem Erzbischof Sigfrid II. von Mainz vorausgehen. Sie erfolgte am 5. Oktober 1221 [2]).

Wie einige Jahre später die landgräfliche Familie den Rittern, die sich in der Landgrafschaft und in ihren übrigen Landen niedergelassen hatten, weitgehende Förderung zu teil werden ließ, indem sie auf jedes Recht an den Ordensbesitzungen verzichtete und die Ritter von Zoll, Abgaben und dem Hospitalsrecht in dem landgräflichen Gebiete und in den landgräflichen Märkten befreite, so hat auch Sigfrid II. von Mainz als geistliches Oberhaupt Thüringens sich dem Orden willfährig gezeigt. Er bestimmte, daß kein Archidiakon den Orden mit irgend einem Mandate belästigen dürfe, wogegen der Orden unter Verzicht auf gewisse päpstliche Privilegien die Kleriker, die an den Kirchen des Ordens in der Mainzer Diöcese wirkten, unter näher bestimmten Einschränkungen bei einer „suspensio divinorum" der Jurisdiktion des Erzbischofs unterwarf. Der Deutschmeister Hermann [3]) verpflichtete sich überdies, betreffs der Kirche zu Porstendorf ohne erzbischöfliche Erlaubnis keine Veränderung vorzunehmen. Mit der Kirche zu Porstendorf ist offenbar das Stift gemeint, dessen Tage seit dem Auftreten der deutschen Ritter gezählt waren. Mit Genehmigung des Erzbischofs wurde es dem deutschen Orden übertragen, der sich aber verpflichten mußte, eine

---

1) Reg. d. Thur. II, No. 2192 N. 4.
2) Ebenda II, No. 1982 u. 1983.
3) Also nicht der Hochmeister gleichen Namens, vgl. ebenda II, No. 1983.

Reihe von Bedingungen zu erfüllen. Er mußte versprechen [1]),
den Gottesdienst nicht zu mindern, sondern zu vermehren,
und übernahm deshalb gegenüber dem Erzbischof und dem
Kapitel von Erfurt die Verpflichtung [2]), einen Diakonen und
einen Subdiakonen an der Porstendorfer Kirche zu unterhalten. Die Chorherren mußten Porstendorf verlassen, und
ihre Besitzung wurde von dem deutschen Orden in eine
Meierei verwandelt.

Die Aufhebung des Stiftes war, wie wir gesehen haben,
auf Grund eines Vertrages zwischen dem deutschen Orden
und dem Erzbischof von Mainz verfügt worden. Die Kon-
trahenten hatten auf den Gründer des Stiftes keine Rücksicht genommen. Kein Wunder, daß sich Bruno II. von
Meißen, als Gründer und Patron, schwer verletzt fühlte
und auf Wiederherstellung des Stiftes drang. Er wandte
sich mit seiner Beschwerde über den Hochmeister Hermann [3]) an den Papst Honorius III. Dieser delegierte als
Richter in dem Streite über das Stift Porstendorf den
Bischof Eckehard von Merseburg, den Propst Poppo zu
Neuwerk in Halle und den früheren Bischof Konrad von
Halberstadt, der im Kloster Sittichenbach als Mönch lebte
und im Dienste der Kirche eine reiche Wirksamkeit entwickelte. Sie luden die Parteien zur Verhandlung nach Leipzig
in das Thomasstift. Bischof Bruno erschien persönlich, als Be-
vollmächtigte des Hochmeisters einige deutsche Ritter. Bruno
forderte Wiederherstellung des Stiftes und erreichte, da die
Bevollmächtigten der Gegenpartei nicht mit genügenden
Vollmachten ausgerüstet waren, einen neuen Termin. Die
Parteien wurden diesmal von dem Bischof Eckehard und
dem Propste Poppo — Konrad von Sittichenbach war 1225

---

1) Reg. d. Thur. II, No. 2376.
2) Ebenda II, No. 2290.
3) Kehr, U.B. d. Hochst. Merseburg, I, No. 193 N. 4, erklärt
ihn irrig für den Deutschmeister Hermann Otter, vgl. Zs. d. V.
f. Thür. G. u. A., XX, 684.

Juni 21 gestorben[1]) — nach Halle in die Marienkirche
geladen. Etwa im Juli, August oder September 1225 kam
es dort zu neuen Verhandlungen, die zu einem Vergleiche
führten. Bruno verzichtete[2]) auf das Patronatsrecht, das ihm
in Porstendorf zustand, erkannte die ohne seinen Willen,
aber mit Genehmigung des Diöcesanbischofs geschehene
Übertragung des Stiftes Porstendorf auf den deutschen
Orden an und erhielt von diesem als Ersatz das Patronatsrecht über die Kirche zu Pulsnitz in der Meißener Diöcese.

Damit war auch die vollkommen einwandfreie recht-
liche Grundlage für die Komturei Porstendorf des deutschen
Ordens gewonnen. Trotzdem blieb der Ordensbesitz nicht
unangefochten. Die Nachbarschaft des Pforteschen Klosterhofes wurde Anlaß[3]) zu neuen Besitzstreitigkeiten. Da
inzwischen das Deutschordenshaus in dem benachbarten
Zwätzen sich wahrscheinlich als der beste Besitz in dieser
Gegend ausgewiesen hatte, so beschloß schon am 28. Jan. 1226,
wie eine diplomatische Notiz besagt[4]), der Deutschmeister Hermann, das dem Orden gehörige Gut an das Kloster Pforte
zu verkaufen. An die Stelle des Komturs Konrad, der
wahrscheinlich mit Tode abgegangen war, war inzwischen
Rudolf getreten, der neben Porstendorf auch das Deutsch-
ordenshaus in Altenburg verwaltete. Ihm und dem Komtur
Philipp von Halle übertrug der Deutschmeister Hermann
Otter die Aufgabe, den Streit mit Pforte beizulegen[5]). Zu
Merseburg wurde am 2. April 1226 zwischen Winemar,
Abt von Pforte, und den genannten Komturen die Ange-
legenheit geordnet. Kloster Pforte kaufte vom deutschen
Orden für die große Summe von 520 Mark Silbers dessen
Gut zu Porstendorf, mit Ausschluß der Hufen und Ein-
künfte, die außerhalb der Grenzen jenes Gutes lagen und

---

1) Vgl. v. Krosigk, U.B. der Familie von Krosigk, III, 299.
2) Reg. d. Thur., II, No. 2230.
3) Ebenda II, No. 2313.
4) Ebenda II, No. 2269.
5) Ebenda II, No. 2289.

dem Orden ausdrücklich vorbehalten wurden, übernahm eine
Reihe von Verpflichtungen, die seinerseits der Orden bei
der Übernahme des Gutes von den Augustinern hatte eingehen müssen, insbesondere versprach es, der Edlen Jutta
von Wildenfels, die wahrscheinlich aus der Familie der
Ritter von Porstendorf stammte, eine jährliche Rente von
9 Mark Silbers zu zahlen, dem Merseburger Domherrn
Johannes, der unter den Vermittlern des Vertrages genannt
wird, jährlich eine Fuhre guten Weines zu liefern und in
Porstendorf einen Diakonen und einen Subdiakonen zu
unterhalten. Die Komture Philipp und Rudolf sollten dagegen mit dem Abte von Pforte bei dem päpstlichen Legaten um Aufhebung der dem Verkaufe des Porstendorfer
Gutes entgegenstehenden und gegenüber dem Erzbischof von
Mainz und dem Erfurter Kapitel übernommenen Verpflichtungen bitten [1]).

Der Kaufkontrakt fand am 2. Juni 1226 zu Mantua
die Bestätigung durch den Hochmeister Hermann von Salza [2]),
tags darauf auch durch den päpstlichen Legaten Konrad,
Bischof von Porto und Sankt Rufina [3]), der am 5. Juni
auch dem Wunsche der Parteien Rechnung trug und Kloster
Pforte von den Verpflichtungen entband [4]), die es als Rechts-
nachfolger des deutschen Ordens vertragsmäßig hätte erfüllen müssen. Es brauchte hiernach Pforte an der Kapelle zu Porstendorf nur einen Priester und einen Scholar
zu halten, also nicht einen Diakonen und einen Subdiakonen,
wie bei der Aufhebung des Chorherrenstiftes bestimmt worden war, mußte aber von den Einkünften, die es auf diese
Weise sparte, einen Altar innerhalb des Klosterbezirkes
errichten, um an ihm Seelenmessen für diejenigen lesen zu
lassen, die der Kirche zu Porstendorf jene Güter zu ihrem
Seelenheile vermacht hatten; auch durfte es die Leichen

---

1) Urkunde u. Gegenurkunde, Reg. d. Thur. II, No. 2290
u. 2291.

2) Ebenda II, No. 2313.

3) Ebenda II, No. 2314.

4) Ebenda II, No. 2315.

der auf dem Friedhofe oder in der Kirche zu Porstendorf
Beigesetzten nach Pforte übertragen und dort beisetzen.

Trotz der von den Herren von Apolda hierauf gegen
Pforte — man erfährt nicht, weshalb — erhobenen Klage[1])
blieb es bei diesen von dem Hochmeister und dem Kardinal-
legaten bestätigten Abmachungen, denen anch der Erzbischof Sigfrid II. von Mainz in einer am 20. Juli 1230
zu Erfurt ausgefertigten Urkunde[2]) mit dem Vorbehalte
beitrat, daß die Kirche in Porstendorf, solange sie nur
unter Pforte stehe und den Cisterciensern daselbst keine
andere Seelsorge obliege als die Totenmessen für die daselbst Beigesetzten, in den an Porstendorf stoßenden Pforteschen Klosterhof samt den Reliquien der Heiligen verlegt,
die Gebeine der Verstorbenen aber nach dem Friedhof des
Klosters Pforte übertragen werden dürften, doch unbeschadet
der Erhaltung des Andenkens dieser und der Unterwürfig-
keit der verlegten Kirche gegen das Erzstift Mainz. Die
Verlegung der Kirche in den Pforteschen Wirtschaftshof
zu Porstendorf genehmigte schließlich auch Sigfrids II. von
Mainz Nachfolger, Sigfrid III., in einer zu Erfurt, 1231 März
10, ausgestellten Urkunde[3]).

Somit hatten die rührigen und wirtschaftlich tüchtigen
Cistercienser den Wettbewerb der Augustiner und der
deutschen Ritter überwunden und waren als alleinige Besitzer
in Porstendorf geblieben. Sie haben sich als solche in der
fruchtbaren und landschaftlich schönen Saalaue bis zur
Säkularisation ihres Klosters behauptet.

---

1) Reg. d. Thur. II, No. 2376.
2) Böhme, UB. des Kl. Pforte, No. 101.
3) Ebenda No. 103.

Litteratur.

III.

Georg Meyer, Das parlamentarische Wahlrecht. Nach des Verfassers Tod herausgegeben von G. Jellinek, Berlin, O. Häring, 1901. IV u. 734 SS. M. 16.

Georg Meyer, der in den Jahren seiner Jenaer Lehrthätigkeit, als Mitglied des Ausschusses des Vereins für Thüringische Geschichte u. A. mit der ihm eigenen Pflichttreue sich als ein unermüdlicher Förderer der Bestrebungen unseres Vereins bewährte, hat in dem nach seinem Tode durch die Hingebung seiner Witwe druckfertig gestalteten Werke uns ein standard-work über das parlamentarische Wahlrecht hinterlassen.

Wir möchten die Aufmerksamkeit der Leser unserer Zeitschrift auf das erschöpfende Werk lenken, da es auch über die Geschichte des Wahlrechts in den thüringischen Staaten Aufschluß gewährt.

Die allgemeine Entwickelung des parlamentarischen Wahlrechts in Deutschland von 1815 bis 1848 wird (S. 106 ff.) unter Anführung aller einzelnen einschlägigen Gesetze erörtert. Die Zusammensetzung des Landtages beruht auch in den thüringischen Staaten, die, dem Vorgange S.-Weimars (1816) folgend, konstitutionelle Einrichtungen getroffen hatten, auf einer ständischen Gliederung. Deputierte der Ritterschaft und andere ländliche Grundeigentümer, sowie solche der Städte bilden den Landtag. In Weimar war noch die Universität Jena und in Schwarzburg-Sondershausen der Kaufmanns- und Fabrikantenstand, sowie der Gelehrtenstand vertreten. - S. 125 ff. werden die gesetzlichen Bestimmungen (Verfassung, Wahlges.) über die Erfordernisse des aktiven Wahlrechts und der Wählbarkeit mitgeteilt. Die Bewegung des Jahres 1848 führte zu einer Umgestaltung des ständischen Wahlrechts. So hatte z. B. das Wahlgesetz für S.-Weimar vom 17. Sept. 1848 allgemeines Stimmrecht und direkte Wahl eingeführt, und auch die anderen Staaten Thüringens (S. 191 ff.) gelangten zu einer Änderung des Wahlrechts. — Während nach der Reaktivierung des Bundestages in vielen deutschen Staaten das Wahlrecht einseitig im Verordnungswege umgeändert worden war, rühmt Meyer (S. 201) von den thüringischen Staaten, daß die Einschränkungen des 1848 ausgedehnten Wahlrechts in durchaus verfassungsmäßiger Weise und in maßvollem Umfange vollzogen wurden. Über die Entwickelung der Wahlgesetzgebung seit Gründung des Norddeutschen Bundes verbreitet sich der Verfasser S. 244 ff.

Das 2. Buch (S. 411 ff.) behandelt die wichtigsten Probleme des Wahlrechts mit bewundernswerter Objektivität. Einzelne Teile sind wahre Kabinettsstücke einer feinsinnigen, maßvollen, von staatsmännischem Geiste erfüllten politischen Erörterung. Wir wünschen diesem Werke des der Wissenschaft und dem politischen Leben zu früh entrissenen Verfassers recht viele Leser. .

Eduard Rosenthal (Jena).

IV.

W. Stieda, Die Anfänge der Porzellanfabrikation auf dem Thüringerwalde. Jena, G. Fischer, 1902. 425 SS. VI.

Seit seiner Erfindung diente das Porzellan Zwecken der Luxusindustrie und bot es ein reiches und dankbares Feld für kunstgewerbliche Bethätigung. Noch heute pflegen wie ehedem kunstvolle Porzellanerzeugnisse staatlicher Manufakturen mit Vorliebe zu fürstlichen Gesehenken bestimmt zu werden, ein Zeichen gleichsam für die vornehme Stufe, auf welcher sich zum Teil die Porzellanindustrie bis heute behauptet hat. Aber die große volkswirtschaftliche Bedeutung, welche diese im Laufe der Zeit erlangte, wurzelt nicht sowohl in der Verarbeitung des Materials zu Luxuszwecken, als vielmehr in der Herstellung gewöhnlicher Gebrauchsware, die einen Massenkonsum ermöglicht. Vermöge der hervorragenden Eigenschaften, die es hierfür prädestinieren, hat sich in der ganzen Kulturwelt die Verwendung des Hartporzellans für Gebrauchsgeschirr im Haushalt in einem solchen Maße eingebürgert, daß es uns heute schwer fällt, uns eine Haushaltsführung ohne ausgiebige Verwendung von Porzellangefäßen vorzustellen. Und doch ist diese allgemeine Verwendung des Porzellans überaus jungen Datums. Wurde auch auf Grund der Böttgerschen Erfindung die erste deutsche Porzellanmanufaktur in Meißen bereits im Jahre 1710 errichtet und war die Fabrikation des weichen Porzellans sogar schon etwas früher in England, Frankreich und Italien aufgekommen, so entwickelte sich doch, obwohl eine ganze Anzahl von Hartporzellanfabriken in den genannten Ländern schon früher sich aufgethan hatte, ein eigentlicher Massenverbrauch, an dem vermöge der großen Verbilligung auch der ärmere Haushalt sich beteiligen konnte, erst während der zweiten Hälfte des 19. Jahrhunderts. In dieser Zeit erst verdrängte das Porzellangeschirr allgemein die bisher üblichen Zinngefäße. Vermöge der größeren Härte seiner Glasur sowie der überlegenen Schönheit seines Aussehens machte es auch dem irdenen Töpfergeschirr eine vernichtende Konkurrenz, so daß dessen Verwendung ganz auf untergeordnete Küchenzwecke in ärmeren Haushalten beschränkt wurde.

In der Porzellanfabrikation behauptet Deutschland einen hervorragenden Platz. Zur Zeit bestehen hier nicht weniger als 1503 Betriebe für Porzellanfabrikation und -veredelung mit zusammen 35 914 Personen, unter ihnen Betriebe mit 6 und mehr Personen 268, auf die allein 34 227 Erwerbsthätige entfallen. Von diesen 268 Fabriken liegen 112, zu einem erheblichen Teil erst in der zweiten Hälfte des 19. Jahrhunderts entstanden, im Gebiet der thüringischen Staaten, darunter einige, die Hunderte von Arbeitern beschäftigen. Nur der kleinere Teil der Fabrikate wird im Inlande abgesetzt, der weitaus größere Teil — von der auf 51,3 Mill. M. geschätzten Jahresproduktion Deutschlands nicht weniger als 33,6 Mill. M. —, geht ins Ausland.

Die Kleinheit der thüringischen Staaten brachten es mit sich, daß die hier im 18. Jahrhundert erstehenden Fabriken für ihre Produktion von vornherein nur in verschwindendem Maße in den engen Grenzen des Heimatsstaates Absatz zu finden vermochten. Für die Hauptmasse war man ganz und gar auf die Ausfuhr angewiesen. Aber nicht nur in allen Teilen des weiteren Vaterlandes fanden die Fabrikate Verbreitung, trotz der größeren Transportschwierigkeiten jener Zeit gingen sie vielmehr auch damals schon in ansehnlichen Mengen über die entfernten deutschen Grenzen zu Lande und zu Wasser: nach Holland, Skandinavien, Rußland, der Schweiz etc. Waren doch die „Türkenkoppchen" früh ein belichter Handelsartikel, der in großen Posten über Wien in die Türkei wanderte.

Gerade darin, daß in dem Porzellan ein neues Fabrikat erstand, das bei allgemeiner Brauchbarkeit und hohem Wert verhältnismäßig leicht und billig nach allen Richtungen und auf große Entfernungen mit Vorteil vertrieben werden konnte, lag die große Bedeutung des neu aufkommenden Produktionszweiges für die vorwiegend armen thüringischen Waldgebiete, deren Wohlstandsentwickelung und Bevölkerungswachstum bei Beschränkung auf Urproduktion und Lokalgewerbe nur allzu enge Grenzen gezogen waren. Hier boten die meist reichen Holzbestände ein billiges Brennmaterial, wie denn auch die erforderlichen Thon- und Erdarten im Lande selbst vorgefunden wurden. Zum zweiten Male ist hier in Thüringen das von Böttger seiner Zeit entdeckte Porzellan von zwei Männern, von Georg Heinrich Macheleid zu Sitzendorf in Schwarzburg-Rudolstadt, sowie von Gotthelf Greiner zu Limbach in S.-Meiningen, von jedem selbständig, — um 1760 — nochmals erfunden worden. Auf Grund dieser Erfindung entstanden bis zum Ende des 18. Jahrhunderts etwa ein Dutzend Fabriken auf thüringischem Gebiet, und wurde damit der Grund gelegt für eine gegenwärtig in hoher Blüte stehende Industrie, welche die Armut mancher abgelegenen Orte in Wohlstand verwandelt oder in begünstigteren Orten den vorhandenen Nahrungsquellen eine neue und ergiebige hinzugefügt hat.

Diesen Anfängen der thüringischen Porzellanfabrikation ist Stieda in mehrjährigem eifrigen Studium nachgegangen, dessen Ergebnisse in dem oben bezeichneten Werke niedergelegt sind. Die Arbeit, die er unternahm, war schon insofern wenig dankbar, als die vorhandenen archivalischen Nachrichten nicht nur gering, sondern überdies ganz außerordentlich zersplittert waren. Noch dürftiger und schwieriger beschaffbar erwies sich begreiflicher Weise der Vorrat sonstiger Spuren und Nachweise. Mit regem Interesse an gewerbegeschichtlichen Materien mußte derjenige, der an diese Darstellung herantrat, eine starke Vorliebe für Detailforschung verbinden, sollte er nicht ermüden bei einer Arbeit, die von vornherein auf Ergebnisse von weittragender Bedeutung nicht rechnen konnte. Man kann daher die thüringische Porzellanindustrie nur beglückwünschen, daß sich ihrer Geschichte ein Mann wie Stieda annahm, der alle Voraussetzungen für erfolgreiche Arbeit auf diesem Gebiete in sich vereinigte. Wenn bei der Unvollständigkeit der Quellen auch eifrigem Bemühen die Klarstellung gar vieler Einzelpunkte nicht gelingen konnte, darf doch der Verfasser mit Recht, wie er es thut, das Anerkenntnis beanspruchen, daß er „auf einem bisher fast brach gelegenen Felde viel Neues und Sicheres gebracht und den bisherigen Wirrwar auf dem Gebiete thüringischer Porzellane beseitigt habe".

Schon in den Anfang des 18. Jahrhunderts fallen die ersten Gründungsversuche, deren Schauplatz Saalfeld, Rudolstadt, Ilmenau und Coburg waren. Einige von ihnen führten zur Errichtung von bald wieder untergegangenen Fabriken, bei denen es sich jedoch anscheinend nicht sowohl um eigentliche Porzellan-, als um Fayence-Produktion handelte, wie dies anfänglich auch bei der Fabrik in Untermhaus bei Gera der Fall war. Erst mit der Thätigkeit der 1760 von Macheleid, einem Studiosen der Theologie, in Sitzendorf errichteten, bald schon nach Volkstedt verlegten Fabrik setzt die eigentliche Porzellanfabrikation in Thüringen ein. Es folgen Gera 1762, Wallendorf 1764, Kloster Veilsdorf 1765, Gotha 1767, Limbach 1772, Ilmenau 1777, Großbreitenbach 1779, Rauenstein 1783, Blankenhain 1790, Eisenberg 1795, endlich Pößneck 1799. Über die Gründungsgeschichte der einzelnen Fabriken, über ihre Leistungen und Schicksale werden wir überall so eingehend unterrichtet, wie es das beschaffte Material gestattet.

Die von Macheleid errichtete Fabrik, die einer Sozietät gehörte, an welcher der Fürst von Rudolstadt selbst sich mit einer Kapitalseinlage beteiligte, war seit 1767 an den Erfurter Kaufmann Nonne verpachtet. Aus der Sozietät mußte Macheleid selbst später ausscheiden und genoß er seitdem eine Pension, welche der Fürst ihm ausgesetzt hatte.

Bedeutungsvoller als die Wirksamkeit des als grillicht und eigensinnig geschilderten Macheleid war zweifellos diejenige Gotthelf Greiners für das allgemeine Aufblühen der thüringischen Porzellanindustrie. Freilich was die Erfindung des Porzellans betrifft, so gebührt ihr Ruhm — auch von Macheleids Verdiensten abgesehen — unseres Erachtens nicht Gotthelf Greiner allein. In den Ruhm der Erfindung teilt dieser sich vor allem mit seinem Vetter Gottfried Greiner, bis zu einem gewissen Grad wohl auch mit dem Coburger Töpfermeister Dümmler, die beide gemeinsam mit ihm die schließlich ergebnisreichen Versuche unternahmen. Ja, sein Vetter Gottfried war es, der sich zuerst auf die Erfindung des Porzellans legte und ihm die erste Anregung gab, da Gottfried selbst es an Zeit und Geld mangelte, allein die Versuche zu Ende zu führen. Übrigens handelte es sich bei Greiner wie bei Macheleid unserer Meinung nach im Grunde genommen immer nur um ein Nacherfinden. Denn aus welchen Bestandteilen das damals noch seltene Porzellan gewonnen wurde, wußte Macheleid aus den Vorlesungen des Jenenser Physikers Hamberger, und Gotthelf Greiner hatte nach eigenem Bekenntnis die Schriften aller Vorgänger und Zeitgenossen über diese Materie eifrig studiert, bevor ihm sein Werk gelang. In den berühmten Meißener Fabrikaten hatten sie überdies ein Vorbild, dessen Qualitäten zu erreichen das ausgesprochene Ziel ihrer Bestrebungen bildete.

Die Gründung Gotthelf Greiners, dieses überaus strebsamen, praktisch klugen und unternehmenden Mannes, war die Fabrik zu Limbach in S.-Meiningen. Er selbst war eines Glasmachers Sohn, auf den früh schon der Besitz der väterlichen Glashütte übergegangen war. Nachdem er die Limbacher Fabrik trotz mancher äußeren Schwierigkeiten zu großer Blüte gebracht hatte, überließ er sie 5 Jahre vor seinem 1797 erfolgenden Tode seinen 5 Söhnen.

Im Laufe der Zeit war es Greiner sogar gelungen, mehrere Porzellanfabriken in seiner Hand zu vereinigen. So erstand er 1782 von Herrn v. Hopfgarten die von diesem im Jahre 1777 oder 1779 in Großbreitenbach geschaffene Anstalt, um sie, nachdem er sie neu-hergerichtet hatte, seinem Sohne Friedemann zu übergeben. Unter dessen Leitung gelangte das Etablissement zu großer Blüte, und wenn sie auch unter dessen Nachkommen 1869 fallierte, so kam sie, nachdem sie in den Besitz der Bühlschen Familie übergegangen war, wieder zum alten Ansehen.

Von 1786—1792 hatte er überdies die Ilmenauer Fabrik von der weimarischen Schatullverwaltung in Pacht. Gegründet 1777 von dem Porzellanfabrikanten Christian Zacharias Grabner aus Groß-breitenbach, war diese infolge ausstehender Forderungen in fürstliche Verwaltung genommen worden. Schließlich sah sich die Schatulle, nachdem sie nach einem Brande auch noch kostspielige Neubauten hatte vornehmen lassen müssen, genötigt, die Fabrik selbst zu erwerben und an Greiner zu verpachten. 1792 trat an Stelle Greiners, der die Pacht aufgab, Nonne, der schon erwähnte Pächter der Volkstedter Anlage, welcher — anscheinend 1808 — die Fabrik sogar eigentümlich erwarb, um sie bei seinem Tode seinem Kompagnon und Schwiegersohn Roesch zu überlassen. Gegenwärtig noch floriert sie als Aktiengesellschaft, die 1896 gegen 500 Arbeiter beschäftigte.

Am ausführlichsten sehen wir die Wallendorfer Fabrik behandelt, weil für ihre Geschichte die Quellen am reichlichsten flossen. In der Geschichte der Porzellanfabrikation nimmt diese Anlage insofern eine bedeutsame Stellung ein, als die beiden Gremers, da Gotthelfs erste Konzession von 1762 für Limbach wegen mangelnder Sicherung des benötigten Holzes unverwertet blieb, hier in Gemeinschaft mit dem kapitalreichen Wolfgang Hammann ihre erste Unternehmung gründeten, und zwar auf dem gemeinsam gekauften dortigen Rittergute. 1770 trennte sich Gotthelf Greiner, nachdem sein Vetter Gottfried inzwischen gestorben war, von Hammann, um allein den eben erwähnten Betrieb in Limbach zu eröffnen, für den er 1772 eine inhaltlich befriedigende Konzession von der meiningenschen Regierung erlangte. Die Art, wie diese und die übrigen Fabrikgründungen zu stande kamen, entsprach überall den Gepflogenheiten jenes Zeitalters. Sie erfolgten im Geiste eines verständigen Merkantilismus. Nach gewissenhafter Prüfung ihrer persönlichen Leistungsfähigkeit erteilte man den Gründern ein mehr oder weniger exklusives Fabrikationsprivilegium für das Landesgebiet, gab ihnen Grund und Boden, wies ihnen eventuell auch vorhandene Gebäude, bisweilen sogar unentgeltlich, an, sicherte ihnen meistens das erforderliche Brennmaterial aus den Landesforsten, verlieh ihnen das Recht, die im Lande vorhandenen Fabrikationsmaterialien zoll- und geleitfrei graben und abfahren zu lassen gegen billige Entschädigung der Grundeigentümer, gewährte ihnen Freiheit von Steuern, Auflagen und Einquartierung, von Mühlen- und Handwerkszwang, gestattete ihnen, für den eigenen Bedarf und den der Arbeiterschaft einen gewissen Viehstand zu halten, in diesem Umfange auch zu backen, zu schlachten, zu mälzen, zu brauen und Branntwein zu brennen. Selbst die Schriftsässigkeit, d. h. die eigene Gerichtsbarkeit über ihre Leute, die durch einen zu bestellenden Justitiarius ausgeübt werden mußte, wurde ihnen vielfach gewährt. Bisweilen auch erhielten sie nur die Kanzleisässigkeit, d. h. den unmittelbaren

Gerichtsstand unter dem Fürsten. Alles dieses und was sonst in dieser Richtung geschah, trug nicht den Charakter rein persönlicher Begünstigung, lediglich in reiflicher Erwägung der wirtschaftlichen Vorteile vielmehr, welche man sich von derartigen Unternehmungen für Land und Bewohner nicht ohne Grund versprach, wurden ihnen solche Vorteile und Vorrechte eingeräumt.

Verschiedentlich beteiligten sich der Fürst und seine Familienglieder mit Kapitaleinschüssen an den Unternehmungen. Das Rudolstädter Beispiel erwähnten wir bereits. Die Fabrik von Kloster Veilsdorf an der Werra war sogar vollständig und ausschließlich eine Neuschöpfung des Prinzen Eugen von Hildburghausen, eines Bruders des seit 1745 regierenden Herzogs Ernst Friedrich III. Die Fabrik in Goha erstand der dortige Erbprinz von der Witwe ihres Begründers, um sie bald danach seinem ehemaligen Kammerdiener in Erbpacht zu geben. Prinz Eugen, der Besitzer von Veilsdorf, war offenbar ein Mann von mannigfachen wirtschaftlichen und geschäftlichen Interessen, der sich eingehend mit seiner Fabrik befaßte, dem es aber übrigens auch nicht darauf ankam, den regierenden Fürsten gelegentlich zu übervorteilen. Es scheint, als wäre seine Gründung die älteste Fabrik in Thüringen gewesen, so daß es uns nicht berechtigt erscheint, die Entstehung der thüringischen Porzellanindustrie so ganz und gar auf die Erfindungen von Macheleid und Gotthelf Greiner zurückzuführen, wie es St. thut. Wenn die Veilsdorfer Anstalt auch seinem fürstlichen Besitze anscheinend keine pekuniären Vorteile brachte, — vielleicht weil sie zu sehr auch Liebhabereien dienen mußte — so nahm sie doch später, als sie nach seinem Tode in andere Hände übergegangen war, einen großen Aufschwung. Die Käufer dieser Fabrik waren die Söhne Gotthelf Greiners, welche dieselbe zusammen mit den Besitzern des Rauensteiner Unternehmens — ebenfalls drei Greiners, die in der Firma Friedrich Christian Greiner vereinigt waren, betrieben. Später ging sie ganz auf Gotthelfs Söhne über. Hält man dies zusammen mit dem früher Erwähnten, so erkennt man, in welch erheblichem Umfange die Geschichte der Greiner'schen Familie mit der Geschichte der thüringischen Porzellanfabrikation verwoben ist.

Wir müssen darauf verzichten, auf den Zustand und die wechselnden Schicksale dieser und der übrigen Fabriken noch näher einzugehen. Wer an weiteren Einzelheiten ein Interesse nimmt, bleibt ja doch auf die Lektüre des Buches selbst angewiesen. Wir vermögen aber an dieser Stelle die Bemerkung nicht zu unterdrücken, daß unserem Urteile und Empfinden nach die Details des Verfassers vielfach so sehr ins Extreme gehen, daß sie höchstens noch ein lokal- und familiengeschichtliches Interesse bieten und bisweilen auch das nicht einmal. Dies gilt meines Erachtens vor allem von zahlreichen orts- und familiengeschichtlichen Bemerkungen und Daten, desgleichen von der Baugeschichte und der Schilderung der räumlichen Einteilung einzelner Fabrikanlagen. Irgend welchen wirtschaftsgeschichtlichen Wert in ihnen zu entdecken, ist uns nicht gelungen. Welche Beziehung hat denn — um dies Eine herauszugreifen — die ausführliche Schilderung, wie das von Hammann erstandene Rittergut Wallendorf von den Vorbesitzern durch Zusammenkauf geschaffen wurde, zu der Geschichte der Porzellanindustrie? Die Thatsache, daß Wallendorf behufs Gründung einer Fabrik angekauft wurde, begründet doch nur einen rein äußerlichen

Zusammenhang. Welches allgemeine Interesse kann ferner die genane Mitteilung all der Anweisungen in Anspruch nehmen, welche Prinz Eugen von H. für die Ausführung irgend einer Kaffeetasse oder eines Medaillonbildnisses gab, die er zu Geschenken bestimmte, oder gar die näheren Angaben darüber, wieviel Stufen im Gebäude der Ilmenauer Fabrik die Treppen zählten, die von einem Stock zum anderen, auf den Boden und in den Kellerraum führten, wieviel Fenster an jeder Seite die Dreherstube besaß, wieviel Repositorien zur Aufbewahrung der Formen vorhanden waren und wieviel Seiten- und Querpfosten das Gestell zum Trocknen des gedrehten Geschirrs enthielt? Wen kann es endlich interessieren, zu erfahren, daß dort 2 Abtritte auf einem Gange vorhanden waren, daß die Thür, welche das große Porzellanmagazin mit dem kleineren verband, „nur einen Drücker und über diesem noch einen Riegel hatte", sowie daß das Treppengeländer grau gestrichen war?!

In der Ausdehnung, in der es hier geschehen ist, will uns auch die Mitteilung des urkundlichen Materials nicht ganz berechtigt erscheinen. Manches Dokument ist denn gar zu bedeutungslos, als daß es sich lohnte, es im Wortlaut vorzuführen, zumal wenn sein Inhalt im Texte seine Verwertung gefunden hat. Als Beispiele, die sich beliebig vermehren ließen, nennen wir das Schreiben des Fürsten zu Schwarzburg an den Geheimrat von Holleben wegen Tilgung eines der Volkstedter Fabrik geliehenen Kapitals sowie die Abrechnung über die Tilgung, die einfache Bescheinigung des Verwalters Ludwig über die Beschäftigung eines gewissen Conrad Meyer in der Fabrik zu Kloster Veilsdorf, eine geschäftliche Anweisung des Hofrats Bertuch in Weimar an den Rent-Kommissar in Ilmenau zu Zahlungen für die Porzellanfabrik etc. etc. Vermögen wir schon den Wert der seitenlangen Inventur- und Sendungsverzeichnisse nicht recht einzusehen, so ist es uns ganz unerfindlich, warum St. verschiedentlich sogar Namenslisten der in einzelnen Fabriken beschäftigt gewesenen Künstler und Arbeitern, die er von Pfarrern aus den Kirchenbüchern ausziehen ließ, für mitteilungswert erachtet hat. Von manchem Arbeiter finden wir das Todesjahr, bisweilen selbst den Todestag registriert. Noch darüber hinaus gehen Mitteilungen wie die, daß ein 1798 als Dreher und Maler in Großbreitenbach beschäftigter J. W. L. Luther, den die Liste nennt, früher in Wallendorf thätig war und ein — ungenanntes — Mädchen aus Großbreitenbach heiratete! Weiter als es hier geschehen ist, kann die Specialisierung wirtschafts-historischer Forschung schwerlich getrieben werden!

Mehr Interesse hat es zu erfahren, wie schon am Ende des 18. Jahrhunderts die thüringischen Fabriken der Meißner Ware unlautere Konkurrenz bereiteten, indem sie die Meißener Fabrikmarke, zwei gekreuzte Kurschwerter, auf ihren geringeren und entsprechend billigeren Fabrikaten imitierten. Hiergegen suchte sich Sachsen durch Mandate zu schützen, welche Einfuhr und Verkauf so gezeichneten Porzellans verboten. Zeitweise dachte man sogar daran, nach preußischem Muster, auch die Durchfuhr in das Verbot einzubeziehen, doch sah man hiervon nach Erwägung der damit verbundenen Nachteile ab. Da die Mandate nicht genügend fruchteten, wandte sich schließlich der Churfürst mit erfolgreichen Beschwerden an die thüringischen Fürsten, die alsbald den Gebrauch derartiger imitierter oder doch durch ihre Ähnlichkeit mit dem Meißener

Zeichen zu unbeabsichtigter Verwechslung führender Marken wirksam verboten. Gotthelf Greiner ersetzte aus freien Stücken seine alten Fabrikmarken durch ein Kleeblatt. Zu einer gewissen Entschuldigung der thüringischen Fabrikanten, kann zum Teil wohl der Umstand dienen, daß ihre Abnehmer vielfach jene imitierten Marken des besseren Absatzes wegen ausdrücklich verlangten.

Erwähnenswert ist endlich die Thatsache, daß bereits aus dem Jahre 1814 ein Entwurf zu einem Kartellvertrage vorhanden ist, nach welchem die Beteiligten sich verpflichten sollten, gleiche Preise für ihre Fabrikate zu halten, ihre Erzeugnisse mit einem Stempel schon in der Masse zu zeichnen und die Arbeitszeugnisse für die entlassenen Arbeiter in einheitlicher Form auszustellen. Ob das beabsichtigte Kartell zustande gekommen ist, ließ sich nicht feststellen. Das letzte Kapitel gedenkt in Kürze der erfolgreichen Verpflanzung der Porzellanindustrie nach Böhmen durch thüringische Arbeiter und Fabrikanten.

Dürfen wir zum Schluß noch kurz der Darstellungsmethode gedenken, so möchten wir darauf hinweisen, daß das St.'sche Buch eine einheitlich zusammengearbeitete Schilderung des industriellen Entwickelungsganges nicht bietet, sondern nur eine Aneinanderreihung einzelner Fabrikgeschichten. Wir wollen nicht bestimmt entscheiden, ob eine zusammenfassende Darstellung durchweg möglich war. Jedenfalls hätte durch eine solche, soweit sie sich ermöglichen ließ, das Ganze an Übersichtlichkeit und Lesbarkeit außerordentlich gewonnen. Allerdings hätte die Einschlagung dieses Weges den Verzicht auf zahlreiche Details und somit eine wesentliche Kürzung bedingt. Aber mit einer gedrängteren und geschlosseneren Darstellung, zumal wenn mit ihr eine wesentliche Beschränkung des mitgeteilten Urkundenmaterials Hand in Hand gegangen wäre, hätte der Verfasser, ohne dem Inhalt Abbruch zu thun, seinem Buche sicherlich einen bedeutend erweiterten Leserkreises gesichert, ein Gewinn, mit dem wohl nicht nur dem Verfasser sondern auch der Sache gedient gewesen wäre. Aber auch in der vorliegenden Form erscheint uns im Hinblick auf die mäßige Ausbeute an wirtschafts- oder kulturgeschichtlich relevanten Momenten, welche St.'s Untersuchungen ergeben haben — und daß dem so ist, liegt nicht an dem Verfasser, sondern an der geringen Fruchtbarkeit des behandelten Gegenstandes — das Buch allzu umfangreich. Weniger wäre mehr gewesen!   J. Pierstorff (Jena).

V und VI.

Jordan, R.: Der Übergang der Kaiserlichen freien Reichsstadt Mühlhausen in Thüringen an das Königreich Preußen 1802. Festschrift der Stadt Mühlhausen zur Jubelfeier 1902, im Auftrage der städtischen Behörden verfaßt. Mühlhausen i. Thür., Druck der Danner'schen Buchdr., 1902. 124 SS. gr. 8⁰. Mit 1 Karte u. 6 Abb.

Overmann, A.: Die ersten Jahre der preußischen Herrschaft in Erfurt, 1802—1806. Mit 6 Abb. Erfurt, Keyser'sche Buchh., 1902. VIII u. 145 SS. 8⁰. (A. u. d. Titel: Festschrift zur Feier der hundertjährigen Zugehörigkeit Erfurts zu Preußen. Veranlaßt und unterstützt von der Stadt Erfurt.)

Daß in ursprünglich freien Reichsstädten, deren Selbständigkeit durch die als „Fürstenrevolution" von Treitschke bezeichnete Gewaltpolitik des Reichsdeputationshauptrecesses vernichtet worden ist, eine Jubelfeier unter dem Motto „Hundert Jahre unter Preußens Krone" abgehalten worden ist, ist ein glänzendes Zeugnis für die preußische Verwaltung und ein sprechender Beweis für die dem Staate des Großen Friedrich innewohnende Kraft, neu gewonnene Gebiete innig mit sich zu verschmelzen. In Mühlhausen und in Nordhausen, den alten thüringischen Reichsstädten, wie in dem vom Krummstabe ehemals beherrschten Eichsfelde und in Thüringens Metropole hat man sich kaum genug thun können, um dem Jubel darüber Ausdruck zu geben, daß man vor 100 Jahren unter die Fittiche des preußischen Aares genommen worden ist.

Eine Anzahl von Gelegenheitsschriften hat die Ereignisse, die vor einem Säkulum im dahinsiechenden alten Reiche den Zersetzungsprozeß beschleunigt haben, wiederum ins Gedächtnis zurückgerufen. Einige haben nicht nur ephemere Bedeutung. Unter den auf thüringischem Boden zur Jubiläumsfeier veröffentlichten Büchern verdienen die oben genannten besondere Beachtung.

Der Chronist der Stadt Mühlhausen, Professor Dr. R. Jordan, ist ein vortrefflicher Kenner der Geschichte Mühlhausens, wie eine große Anzahl von ihm verfaßter Schriften beweist. Ihm ist mit Recht die Abfassung der Festschrift von den städtischen Behörden übertragen worden. Er hat seine Aufgabe weiter gefaßt, als der Titel des Buches erkennen läßt; denn er behandelt zunächst die älteren Beziehungen Mühlhausens zu Brandenburg-Preußen und am Schluß auch Mühlhausens Schicksale unter Jerômes Herrschaft und während der Befreiungskriege. Wir erfahren daraus, daß schon der Große Kurfürst sein Augenmerk auf die Stadt gerichtet hatte. Im Jahre 1687 forderte er die beiden thüringischen Reichsstädte als Entschädigung für im Dienste des Reiches aufgewandte Kosten. Die Städte und ihr Gebiet sollten eine Verbindung seiner Staaten mit Umgehung Hannovers schaffen helfen. Angesichts der heftigen Opposition, die von den Reichsstädten erhoben wurde, ließ Brandenburg 1688 auf Rat Dankelmanns seine Ansprüche gegen eine Geldentschädigung fallen.

Nachhaltiger wurde Preußens Eingriff in die Geschicke der Stadt im Jahre 1733 unter Friedrich Wilhelm I. Immer wiederkehrende Verfassungsstreitigkeiten zwischen Rat und Bürgerschaft hatten in diesem Jahre zu ernsten Unruhen geführt. Zur Herstellung der Ordnung rückten im Namen des Kaisers preußische Truppen unter Leopold von Dessau und wolfenbüttelsche Mannschaften in Mühlhausen ein. Die Reichsexekution, die der Stadt rund 121000 Thaler Kosten verursacht hat, wurde offenbar auch der Anlaß, daß von 1738 bis 1796 ein preußischer Resident in der Stadt weilte. Schlimmer erging es ihr im siebenjährigen Kriege, der die Schuldenlast dieser kleinen Gemeinde um 300000 Thaler steigerte. Der berüchtigte preußische Rittmeister Kowatsch, der auch in Langensalza und in Nordhausen wie ein Brigant hauste, hat Mühlhausen zweimal ausplündern lassen. So gerieten die Finanzen in heillose Verwirrung. Der Krieg der deutschen Mächte gegen die Franzosen seit 1792 kostete der Stadt, die samt der Bewohnerschaft der zu ihrem Gebiet gehörigen Dörfer nicht ganz 15000 Köpfe betrug, wieder fast 200000 Thaler. Ihre Bedrängnis wurde immer größer. Und nun gelangte mehr und mehr „jene ruchlose Ländergier in Europa zur Alleinherrschaft", wie Treitschke die Politik jener Tage kennzeichnet, „die kein Recht anerkannte als das Recht des Stärkeren". Durch den Kleinmut von

Basel und durch das Ränkespiel von Grodno hat Preußen an seinem
Teile dazu geholfen· Säkularisation und Mediatisierung waren jetzt
die Schlagwörter der Diplomaten. Und doch ist diese würdelose
Ländergier für unser deutsches Vaterland schließlich segensreich geworden. Wurde doch die Politik des Reichsdeputationshauptschlusses,
wie wir retrospektiv erkennen, eine Vorstufe für die Einigung.
Lebensfähig waren die meisten der kleinen deutschen Reichsstände
längst nicht mehr. Wie Overmann für das geistliche Territorium,
so zeigt das Jordan auf das Anschaulichste für das reichsstädtische.

Der Abschnitt über die Zustände der Stadt am Ende der
Reichsfreiheit und das vierte Kapitel, das eine Beurteilung des
Unterganges reichsstädtischer Freiheit bietet, gehören zu den gelungensten Partien des Buches. Der Verfasser giebt darin einen
vortrefflichen Überblick über die wirtschaftliche Lage der Stadt, die
Verwaltung und Justiz, über Kirchen- und Schulwesen, über Stadtwehr und das Leben der Bürger und zeigt, daß das Urteil Häusser's   ·
und Maurers über den Verfall der Reichsstädte auch für Mühlhausen Geltung hat. Auch hier wurde geklagt über Verschuldung
und mangelhafte Justiz und Verwaltung; bitterer Hader herrschte
zwischen der Bürgerschaft und dem Stadtregiment. „Mühlhüsch
Gebot, hält's der Börger, so bricht's der Roth", so lautet ein charakteristisches Sprichwort.

Dahin war der Wohlstand vergangener Tage, verfallen das einst
blühende Gewerbe, geschwunden der Geist der Väter, das trotzige
Selbstvertrauen und der alte Freiheitsstolz. Die Wehrverfassung
war. zum. Gespött geworden. Treffend ist das Urteil des wackeren
Archivars Stephan, der als Augenzeuge die Verwaltung kennen gelernt hat: „Das reichsstädtische Regiment glich einem Greise, der
die Ruhe liebt, wenngleich er noch gern von den Thaten und Wagnissen seiner früheren Jahre erzählt."

So war es ein Glück, daß die Stadt unter die strenge, aber
gerechte Zucht des preußischen Staates genommen wurde, deren
Wert auch von dem Teil der Bürgerschaft schließlich anerkannt
wurde, der sich nur schweren Herzens, und der Gewalt weichend, in
die neuen Verhältnisse geschickt hat. Die westfälische Zeit, in der
mit den Resten der Selbständigkeit aufgeräumt und die Bewohner
durch hohe Steuern und Zwangsanleihen bedrückt wurden, hat sie
die Reichsstadt vergessen lehren, und während sie westfälisch war,
ist sie gut preußisch geworden. Die Wiedervereinigung mit dem
preußischen Staate wurde ihr eine Erlösung.

Mühlhausen hat allen Grund, dem fleißigen Verfasser der
Jubiläumsschrift, der im Mühlhäuser Anzeiger (1902) No. 179 und
191 noch einige Nachträge dazu gegeben hat[1]), dankbar zu sein für
die gediegenen und lehrreichen Forschungen, die in dem Buche
niedergelegt worden sind.

Eine willkommene Ergänzung zu Jordans Schrift bildet das
Buch A. Overmanns, des Nachfolgers des leider zu früh durch den
Tod entrissenen Erfurter Stadtarchivars C. Beyer, „Über die ersten
Jahre der preußischen Herrschaft in Erfurt 1802—1806"; denn der
Geschichte einer freien Reichsstadt tritt hier die Darstellung der
Verhältnisse einer unter geistlicher Herrschaft stehenden größeren und
wichtigeren Stadt beim Übergange an den preußischen Staat zur Seite.

---

1) Auch Ed. Heydenreich gab einige Ergänzungen.   Siehe
N. A. f. Sächs. Gesch., Bd. XXIII 1902, 357 f.

Gegenstand eingehender Forschung ist ein kleiner Zeitraum der Stadtgeschichte, der aber für die neuere Geschichte Erfurts ent-schieden die wichtigsten und folgenreichsten Jahre umfaßt. Die Untersuchung dieser Periode mußte fast ausschließlich auf Grund von archivalischem Material geführt werden. Um so wertvoller und gewinnbringender ist des Verfassers Arbeit, deren Ergebnisse in klarer und schöner Sprache niedergelegt werden und eine wesentliche Bereicherung der Geschichte der preußischen Staatsverwaltung und des preußischen Beamtentums bedeuten. Die Akten des Erfurter Stadtarchivs, des Staatsarchivs zu Magdeburg und des Geheimen Staatsarchivs zu Berlin wurden mit gutem Erfolg ausgebeutet. Für die Aufnahme, die die preußischen Reformen in der Bürgerschaft fanden, konnte das Zeugnis eines biederen Erfurter Bürgers, der handschriftliche tagebuchartige Aufzeichnungen hinterlassen hat, herangezogen werden.

Um die Verhältnisse, unter denen der Übergang an die preußische Herrschaft erfolgte, historisch zu beleuchten, giebt Overmann in einem wesentlich auf gedrucktem Material beruhenden Abschnitt ein Bild von Erfurts Entwickelung von den frühesten Anfängen bis zur Occupation durch Preußen. Auch Erfurts Lage war am Schluß dieser Periode trotz Dalbergs gut gemeinter Reformen in jeder Beziehung traurig. Verfassung, Verwaltung, Wirtschaftsleben, Universität und Schulen waren unter der Herrschaft des Kurfürsten von Mainz durchaus rückständig geblieben, und trotz gänzlicher Abhängigkeit von der geistlichen Herrschaft zeigten Erfurts Bürger bis zuletzt noch das Gebahren, wie es zur Zeit der „de facto", wenn auch nicht „de jure" völligen Selbständigkeit im Mittelalter berechtigt gewesen, zur Zeit der Einverleibung aber nur noch wesenloser Schein war.

Viel mußte also das preußische Bureaukratie leisten, wenn der Stadt aufgeholfen werden sollte. Dieser Aufgabe zeigten sich die Beamten durchaus gewachsen. Während gleich die ersten, namentlich die ärmeren Klassen belastenden Maßregeln der Militärverwaltung geradezu darauf angelegt schienen, in der Bevölkerung eine leidenschaftliche Opposition gegen die Besetzung durch Preußen wachzurufen, operierten die Civilbeamten der sogenannten Organisationskommission, die von den Militärs nicht einmal als gleichberechtigt angesehen wurden, viel glücklicher. Sie, nicht etwa erst die französischen Beamten, legten den Grund zu dem modernen Erfurt. In übersichtlicher und scharf disponierter Darstellung zeigt der Verfasser, wie die Organisationskommission in kurzer Zeit maßvoll und geschickt Reformen auf allen Gebieten durchführte oder anbahnte. So wurde die Säkularisierung der reichen katholischen Kirchengüter, wenn auch nach rein fiskalischen Gesichtspunkten, durchgeführt. Sorgfältig vorbereitet wurden weiter die Neuorganisation und die großen Reformen der Justiz, die in dem ganzen kurfürstlich Mainzer Gebiete in völligen Verfall geraten war. Waren doch nicht weniger denn zwölf zum Teil konkurrierende Gerichtsstellen in der Stadt vorhanden, die geradezu chaotische Zustände herbeiführten. Das Recht war nicht einheitlich, Justiz und Verwaltung waren auch hier noch nicht getrennt, und der Gerichtsstellen waren zu viel. Auf dem Gebiete der Justiz wirkten die preußischen Beamten, wie Overmann in einem vortrefflich gelungenen Abschnitte nachweist, Wunder. Sofort wurde die Folter aufgehoben, die preußische Gerichtsordnung am 1. Juni 1803 eingeführt und ein Jahr später mit der Einführung des bewährten preußischen Landrechts ein einheitliches Recht für Erfurt geschaffen, endlich auch die Trennung der Justiz und der Verwaltung verfügt.

Schwierig, aber folgenreich war die Reform der Stadtverfassung und Stadtverwaltung, die in der Form noch auf mittelalterlicher Grundlage beruhten, trotzdem der absolute Staat ihre Befugnisse längst beschränkt hatte. Die Mitglieder der obersten städtischen Behörde wurden königliche Beamte, ihre Anzahl wurde gehörig beschränkt, das Wahlrecht aufgehoben, nur ein Präsentationsrecht gewährt, auch hier die Justiz von der Verwaltung getrennt, so daß der Magistrat nur „Polizeimagistrat" blieb. In der Verfassung der Stadt ließ man dagegen das alte Institut der Specialgemeinden, über die uns Vollbaum unterrichtet hat, sowie das der fünf Hegemäler mit ihrer Aufsicht über die Fluren bestehen.

Das Kassenwesen wurde vereinfacht, was im Interesse des Staates, wie der Stadt lag; dagegen wirkte der rein fiskalisch gehaltene neue Tarif, der eine umfassendere und höhere Besteuerung zur allgemeinen Entrüstung der Bürgerschaft brachte, auf den Erfurter Handel ungünstig ein.

Auf dem Gebiete des Kirchen- und Schulwesens ging die Regierung sehr behutsam vor. Was reformbedürftig war, sollte geändert werden; doch setzte der Krieg von 1806 allen weiteren Maßnahmen ein Ziel.

Von besonderem Interesse sind des Verf. Ausführungen über die Ursachen, die zur Aufhebung der über 400 Jahre alten Hochschule, der einstigen Hochburg des Humanismus in Deutschland, geführt haben. Lebensfähig schien allerdings auch dieses Institut, das einst der Stolz der Erfurter gewesen, nicht mehr zu sein, doch hätte man ihm ein ehrenvolleres Ende gönnen sollen, als es aus fiskalischen Gründen leider geschehen ist. Definitiv wurde die Aufhebung erst 1816. Bezeichnend ist, daß man auch die Akademie zu opfern ursprünglich entschlossen war.

Daß alle Reformen gut gemeint, vortrefflich vorbereitet und, soweit die Zeitumstände es erlaubten, thatkräftig durchgeführt wurden, hat schließlich auch die damals lebende Generation trotz mancher berechtigter Klagen anerkennen müssen und hat sich 1814 gefreut, nach der Franzosenzeit, die ihr fast völligen Ruin gebracht, wieder unter den Schutz des schwarzen Adlers zu kommen.

O. Dobenecker.

VII.

Bergner, H.: Beschreibende Darstellung der älteren Bau- und Kunstdenkmäler der Kreise Ziegenrück und Schleusingen. Herausgegeben von der Historischen Kommission der Provinz Sachsen. Mit 156 in den Text gedruckten Abbildungen, 3 Tafeln u. 2 Karten. Halle, O. Hendel, 1901. VII und 260 SS. gr. 8⁰. (Beschreibende Darstellung der älteren Bau- und Kunstdenkmäler der Provinz Sachsen und Herzogtum Anhalt, XXII. Heft.) 7 M.

Die beiden südlichsten, von dem Kerne völlig abgetrennten Kreise der Provinz Sachsen haben weder im geologischen Aufbau, noch im Volkstum ihrer Bewohner, noch in ihrer historischen Entwickelung gemeinsame Züge aufzuweisen. Wenn die Beschreibungen ihrer Bau- und Kunstdenkmäler trotzdem in diesem Buche vereinigt worden sind, so haben praktische Erwägungen den Ausschlag dafür geben müssen. Thatsächlich zerfällt der Band in zwei ganz selb-ständige Teile, die aber nach einem und demselben Schema bear-beitet worden sind. Die Aufnahme und die Verarbeitung sind fast ausschließlich das Werk H. Bergners. Nur subsidiär dienten ihm Notizen, die der unermüdliche G. Sommer im Jahre 1879 gesammelt hatte. Anlage und Ausführung zeigen, daß die Arbeit den rechten Händen anvertraut worden ist.

In der Einleitung zu jedem der beiden Teile giebt Bergner auf Grund der besten einschlägigen Werke einen Überblick über die geologischen und allgemein geographischen Grundlagen der Land-schatten, schließt daran eine Betrachtung über die vorgeschicht-liche und geschichtliche Entwickelung der Kreise bis in die neuere Zeit an, um zuletzt die Kirchengeschichte im besonderen und einen Überblick über die allgemeine Litteratur zu bieten. Die Sagen werden mit Recht nur skeptisch behandelt.

Auf die Einleitung folgt in alphabetischer Folge der Orts-namen die Inventarisation der Bau- und Kunstdenkmäler, die in jedem Falle durch kurze historische Notizen über die Ortsgeschichte eingeleitet und durch in den Text eingefügte Abbildungen nach vortrefflich ausgeführten Federzeichnungen des Verfassers illustriert werden. Das Gesamtergebnis der Forschung wird sodann in einer kunststatistischen Übersicht nach bestimmten Kategorien gezogen. 3 Tafeln mit Abbildungen der Henneberger Grabdenkmäler in Schleusingen und je eine baugeschichtliche und Wüstungskarte für jeden Kreis, bei deren Herstellung dem Herausgeber die erprobte Kraft eines Reisehel zur Seite stand, schließen den Band.

Die Inventarisation und der kunsthistorische Überblick zeigen, wie verschieden die beiden Kreise sind. Der Kreis Ziegenrück ist arm an Kunstdenkmälern. Es hat ihm an einem Centralpunkt von jeher gefehlt. Kein Fürstensitz, kein wichtiges Kloster, keine größere Stadt war vorhanden. Die örtlichen Verhältnisse waren kümmerlich. Kriegsdrangsale und Feuersbrünste vernichteten nur zu oft die Ansätze zu einigem Wohlstand. Nur der eingesessene, verhältnismäßig zahlreiche Landadel war begütert und kunstsinnig. So zeichneten sich als Förderer der Kunst die Herren des Schlosses Wern-burg aus. Dazu kam, daß das Baumaterial, das man in der Gegend vor-fand und verwandte, der Schiefer, zu Kunstformen ungeeignet ist.

Reicher und anziehender sind dagegen die kirchlichen und pro-fanen Bauwerke und Kunstaltertümer im Kreise Schleusingen. Die Basilika in Vessra, die noch aus der ersten Hälfte des 12. Jahr-hunderts stammt, die Bertholdsburg in Schleusingen und die Schlösser in Kühndorf und Schwarza ragen besonders hervor.

Die vortrefflichen Bau- und Kunstdenkmäler der Provinz Sachsen haben durch Bergners Publikation eine wertvolle Erweite-rung erfahren. Mit reicher Sachkenntnis und technischem Geschick, das in den photographische Aufnahmen bei weitem übertreffenden Federzeichnungen zu Tage tritt, verbindet Bergner großen Fleiß und echt wissenschaftliche Gewissenhaftigkeit. Er hat sich bemüht, die vorhandene Litteratur möglichst vollständig zu verwerten, erschöpft hat er sie allerdings nicht; mancher Beitrag zur Ortsgeschichte ist ihm entgangen. So wird es ihn gewiß interessieren, zu erfahren, daß Wernburg einst als Raubburg in recht üblem Rufe stand. So heißt es in einer sehr wichtigen und umfangreichen Urkunde vom Jahre 1320, „raptorum in Werrinberg, qui pro maiori parte de rapinis nutriuntur", und weiter, „per gwerras dominorum in Wida cum marchione Mysnense, burggravio de Nornberg, dominis in Werrinberg". Auch vermisse ich einen Hinweis auf die Walsburg, die ebenfalls ein Raubschloß genannt wird (inspectis gwerris et rapinis continuis per raptores morantes in castris Honwalde, Werriberg et Waldisberg). Von einem Grafen von Arnshaugk sollte man trotz der Angaben einiger Chroniken nicht sprechen. Elisabeth von Arnshaugk wurde übrigens schon am 24. August des Jahres 1300 mit Friedrich dem Freidigen vermählt (s. Cron. Reinhardsbr. ad a.). Auffällig ist, daß Bergner (S. 120, N. 1) die Ausgabe der Cronica Reinhardsbrunnensis von Holder-Egger noch nicht kennt. Unverständlich ist es, wie er dazu kommt, das im Hersfelder Zehntverzeichnis als Ort des Friesenfeldes genannte Bisgofesdorph S. 131 auf Bischofsrod bei Schleusingen zu beziehen. Auch der Name Richoluesrode gehört nicht zu Bischofsrod. Die Arbeit von H. Quantz über „Neue La Tène-Bronzen aus Ranis" in dieser Zeitschr., Bd. 20, S. 663—668, wird dem Verf. als Ergänzung zu seinen Ausführungen über prähistorische Funde im Kreise Ziegenrück willkommen sein.

O. Dobenecker.

VIII.

Gutbier, H.: Die Grabdenkmäler der Bergkirche zu Langensalza. 30 Abbildungen mit erläuterndem Text. Herausgegeben vom Gewerbeverein zu Langensalza, 1901. Kommissionsverlag von H. Beltz in Langensalza. 30 Tafeln, 1 Plan und 41 SS. 4°. 6 M.

Die Bergkirche oder Kirche des hl. Stephanus in Langensalza, die urkundlich zum erstenmal im Jahre 1196 genannt wird, enthält in der Vorhalle, in den Gängen und im Altarraum eine Anzahl Grabdenkmäler, die das Interesse der Geschichtsfreunde zu erregen geeignet sind. Der rührige Stadtarchivar von Langensalza, Herr H. Gutbier, hat 30 Abbildungen davon in 29 trefflichen, von C. Hellfarth in Gotha hergestellten Lithographien und in einem Lichtdrucke auf Kosten des Gewerbevereins von Langensalza und mit Unterstützung der Historischen Kommission der Provinz Sachsen, der städtischen Behörden von Langensalza und des Vereins zur Erforschung und Erhaltung der Denkmäler der Provinz Sachsen veröffentlicht und dazu eingehende historische und genealogische Erklärungen gegeben. Letztere wenden sich zwar in erster Linie an solche Leser, die mit den Institutionen früherer Zeiten nicht vertraut sind, werden darum für den Geschmack des Historikers an manchen Stellen zu breit, dürften aber den Zweck, belehrend und aufklärend zu wirken, erreichen. Gutbier hat sich bemüht, aus allerhand Archivalien, Chroniken und darstellenden Werken Nachrichten über die auf den Denkmälern genannten Personen und ihre Zeit zusammenzubringen, und hat damit ganz interessante Beiträge zur Geschichte verschiedener Geschlechter, wie der von Salza, Stockhausen, Berlepsch, Haugwitz, Ertla, Wurmb, der Spitznase, Metzsch, Goldacker u. a. geliefert. Es darf aber nicht verschwiegen werden, daß dabei Irrtümer mit untergelaufen sind, ja daß einige Notizen im Widerspruch zu den auf den Grabdenkmälern überlieferten Angaben stehen.

So ist der thüringische Erbfolgestreit nicht schon, wie S. 1 behauptet wird, im Jahre 1260 beendet worden; wurde doch die Schlacht bei Wettin erst am 27. Oktober 1263 geschlagen. — Die

Umschriften in den Tafeln No. 7, 8 und 9 sind nicht richtig transskribiert und nicht richtig erklärt worden. In No. 7 ist S. 9.: Anno domini MCCCCLXXXVI. feria s e x t a ante Ambrosii; in Tafel 8, S. 11: Anno MCCCCLXXXVIIII (anstatt MCCCCLXXXIII.) und in Tafel 9, S. 12: feria V. (anstatt feria) zu lesen. Feria sexta ante Ambrosii ist ebensowenig der sechste Tag vor Ambrosius, als feria V. post Mariae als der fünfte Tag nach Mariä anzusehen ist. Bekanntlich bedeutet feria den Wochentag. Tafel 7 ist also zu datieren: 1486 März 30; Tafel 8, wo vor quinta zu ergänzen ist „feria" und demnach gelesen werden muß „Anno MCCCCLXXXVIIII. [feria] quinta post Lucie": 1489 Dezember 17, und Tafel 9: 1490 Donnerstag nach Mariä.   O. Dobenecker.

IX.

Thiele, R.: **Bilder aus Thüringens Sage und Geschichte.** Nach Konrad Stolles Chronik. Erfurt, C. Villaret [1902]. II und 96 SS. 8⁰.

Im Jahre 1900 gab R. Thiele im 39. Bande der Geschichtsquellen der Provinz Sachsen das Memoriale, thüringisch-erfurtische Chronik von Konrad Stolle[1]) neu heraus, jene kulturhistorisch interessante thüringische Chronik, die, im engsten Anschluß an Johann Rothes Düringische Chronik[2]) verfaßt, mit dieser und Hartung Kammermeisters Erfurter Chronik eine Fundgrube für Sagen aus Thüringens reicher Vergangenheit geworden ist. Aus dieser Quelle schöpfte der Herausgeber bereits, als er seine „Bilder aus Erfurts Vergangenheit" verfaßte[3]). Sie gab ihm auch die Anregung zur Herausgabe des oben genannten neuen Werkchens.

Mit liebevoller Hingabe, mit Umsicht und feinem Verständnis hat er sich seiner Aufgabe unterzogen, die er sich nicht leicht gemacht hat; denn er hat nicht etwa kritiklos seinen Gewährsmann ausschreiben wollen. Als guter Kenner der thüringischen Geschichte und der reichen Litteratur über diese macht er überall kenntlich, wie weit Stolles Angaben Glauben verdienen. So führt er uns an der Hand der Geschichte und der Sage durch die Vergangenheit der Thüringer und ihres schönen Landes, berichtet von ihrer Herkunft und erzählt von ihren Schicksalen bis zu dem letzten Landgrafen von Thüringen, d. h. bis zum Jahre 1440.

Des Verfassers Liebe zur thüringischen Heimat und sein Verständnis für historische Vorgänge treten in jedem der zehn Bilder, deren Lektüre angelegentlichst empfohlen werden kann, deutlich hervor.   O. Dobenecker.

X.

Wilhelm, Ottomar: Tauf- und Rufnamen im Herzogtum Coburg. Ein Beitrag zur Geschichte der deutschen Namengebung. Coburg, Druck von A. Rossteutscher, 1902. Pr. 33 SS. 4⁰.

Eine Geschichte der deutschen Namengebung, die ihrerseits ein Teil der Sitten- und Kulturgeschichte Deutschlands werden müßte, ist noch nicht geschrieben worden. Wilhelms Arbeit will einen Bei

---

1) Halle, O. Hendel. 1900. XII u. 568 SS. 8⁰.
2) Thür. Geschichtsqu., 3. Bd. Jena, Fr. Frommann, 1859.
3) Erfurt, C. Villaret. 1901. 52 SS. 8⁰.

trag dazu liefern, und dieser Beitrag ist dank der Gründlichkeit, mit
der das Thema hier behandelt worden ist, als ein wohlgelungener zu
bezeichnen.

Der Verf. hat unter Benutzung historischer Litteratur die Vornamen zunächst für die Bewohner der Stadt Coburg bis ins 16. Jahrhundert und zum Teil darüber hinaus verfolgt. Gute Dienste leisteten
ihm dabei die bis 1598 zurückreichenden Verzeichnisse der Schüler
der Coburger Rats- und Knabenschule. Zu bedauern ist, daß gleich-
artige Quellen für die weiblichen Vornamen nicht vorhanden sind,
so daß deren Bestand nur für die jüngste Vergangenheit aufgenommen werden konnte. Den gegenwärtigen Stand der Namengebung
im ganzen Herzogtum giebt eine 1901/2 an sämtlichen Schulen
vorgenommene Namenzählung wieder.

In einem lehrreichen Überblick behandelt er zunächst Bildung
und Geschichte unserer klang- und bedeutungsreichen altdeutschen
Namen und vergleicht sie mit den anderer indogermanischer Völker,
wobei in verständiger Auswahl die germanistische und kulturhisto-
rische Litteratur zur Beweisführung herangezogen wird.

Auf die Bedeutung der großen geistigen Strömungen und der
politisch-nationalen Entwickelungsreihen, die die Geschichte unseres
deutschen Volkes bestimmt haben, besonders des Humanismus, der
Reformation und des dreißigjährigen Krieges geht er sachkundig
ein und hebt scharf hervor, wie auch auf dem Gebiete der Namengebung Deutschland in eine wesentlich norddeutsch - protestantische
und eine süddeutsch- (und westdeutsch-)katholische Provinz zerfällt.

Auf diesem Hintergrunde behandelt Wilhelm nun in gründlicher Forschung die Entwickelung der Coburger Tauf- und Rufnamen bis zur Gegenwart und läßt dabei höchst interessante
historische Streiflichter auf die Zeitereignisse, die sich in der Namengebung widerspiegeln, fallen. Als Motive für die Wahl der Namen
findet er traditionelle, ethische, religiöse, patriotische, dynastische und
litterarische Hilfen, zu denen sich schließlich noch gesellen die der
Originalität und der Unauffälligkeit. Die statistischen Angaben und
die daraus gezogenen Folgerungen werden den Forschern auf diesem
Gebiete willkommen sein und mancherlei Anregungen geben.

Nur ergänzend möchte ich darauf hinweisen, daß in Thüringen,
wie zahlreiche Urkunden beweisen, schon im 13. Jahrhundert Familiennamen belegt sind, und daß auch für Coburg ein früherer Ansatz für die Zeit ihres Auftretens als das 14. Jahrhundert gerecht-
fertigt ist; kommt doch schon im Jahre 1225 ein Konrad Schott
(oder Schad) dort urkundlich vor.   O. Dobenecker.

XI.
Litterarische Mitteilung.

„Thüringens Sturz", dramatische Dichtung in 2 Teilen von Her-
    mann Größler. E. Pierson's Verlag, Dresden, 1902. Preis
    M. 3,—.

In Thüringens alte Heldenzeit führt uns das prächtige Drama,
das eine ernsthafte Talentprobe bedeutet. „Seiner thüringischen
Heimat" hat es der Dichter gewidmet, und etwas von dem kräftigen
Hauche des Thüringer Waldes durchflutet auch das interessante

Stück, das in zwei Teile zerfällt, deren jeder ein abgeschlossenes Schau- bezw. Trauerspiel bildet. Im ersten Teile „Amalberg" steht diese Königin, eine Tochter des gotischen Herrschergeschlechts, im Mittelpunkte der Handlung, sie greift in den Konflikt zwischen Baderich von Südthüringen und seinem Bruder Irminfried von Nordthüringen, der mit dem Tode des ersteren endet, ehrgeizig ein. Amalberg trägt sich mit großen Plänen, die deutsche Einheit unter ihres Gatten Vormacht erscheint ihr als leuchtendes Ziel. Im zweiten Teile „Irminfried" erleben wir den Zusammenbruch so großer Hoffnungen — die Ermordung des Königs durch die Franken. Die umfangreiche Tragödie ist geschickt aufgebaut und in charakteristischen, der Situation angepaßten Versen — gereimten Jamben, Blankvers, Strophen und Stäben — geschrieben. Das Drama des begabten Landsmanns Otto Ludwigs dürfte auch von der Bühne herab von starker Wirkung sein.

XII.

Übersicht der neuerdings erschienenen **Litteratur zur thüringischen Geschichte und Altertumskunde**[1]).

A. H.: Die Mission des Obersten v. Döring und das Telegramm des Landrats v. Wintzingerode vom 25./26. Juni 1866. Jahrb. f. d. deutsche Armee. 121, S. 343—352.

A. K.: Das 100-jähr. Wahrzeichen am Adlerturm. Eine Episode beim Einzug der preußischen Truppen am 5. Aug. 1802. Mühlhäuser Anz. (Fest-Nummer) vom 2. Aug. 1902.

Aktenstücke, Zwei, zur G. der Klosterschule Roßleben, zum erstenmale gedruckt. Progr. der Klostersch. zu Roßleben, 1901. 3 SS. 4⁰.

Amende, E.: Landeskunde des Herzogt. Sachsen-Altenburg. Altenburg, Tittel, 1902. VII u. 272 SS. gr. 8⁰. Mit 14 Abb.

Ansprachen, gehalten bei der Übergabe des neuen Lesehallengebäudes seitens der Carl Zeiss-Stiftung an den Lesehallenverein in Jena, 20. Sept. 1902. Inh.: 1. Ansprache des Stiftungskommissars, des Herrn Geh. Regierungsrat Vollert. 2. Ansprache des Herrn Professor Eduard Rosenthal, 1. Vorsitzenden des Lesehallenvereins. 16 SS. 8⁰.

A[rnold], E.: Zum Gedächtnis des „Vaters der sächsischen Geschichte" (J. Chr. Schöttgen). Leipziger Tagebl. (1901). No. 641.

Arnstadt. Thür. Monatsbl. X, 36—39, 66—68.

Baethcke: Die Kirche zu Georgenthal. S.-A. 7 SS. 8⁰.

Bau- und Kunst-Denkmäler Thüringens. H. XXVIII. Herzogtum Sachsen-Coburg und Gotha. Landratsamt Coburg. Amtsgerichtsbezirke Neustadt, Rodach, Sonnefeld und Königsberg in Franken. Mit 5 Lichtdrucken u. 45 Abb. im Texte. Jena, G. Fischer, 1902. 153 SS. gr. 8⁰.

[Benedi]ct: Nordbayerische Reste im Vogtlande. Vogtl. Anz. u. Tagebl. (1902). No. 81.

---

1) Vgl. die Übersichten über die neuen Erscheinungen zur Geschichte des Königreichs Sachsen von H. Ermisch im Neuen Archiv für Sächsische Geschichte u. Altertumsk. XXIII, 180—192 u. 361—372.

Berbig, M.: Ernst der Fromme. Gothaische Ztg. 1901. Dez. 24.
Derselbe: Die Würdigung der Verdienste Herzog Ernst d.
Fr. um das Schulwesen in der Litteratur. — Zeyß, A.: Joh. Ernst
Christian Hann. Prgr., Gotha, Thienemann, 1901. 29 SS. 8⁰.

Beschorner, H.: Denkschrift über die Herstellung eines
Ortsverzeichnisses für das Kgr. Sachsen. Der Auftr. der Kgl.
Sächsischen Kommission für Geschichte. Dresden, Dr. von W. Baensch,
1903. VII u. 68 SS. 8⁰.

Bethlehem, Das Thüringer. Thür. Monatsbl. IX. S. 103—105.

Beyer, C.: Zur Geschichte der Hospitäler u. des Armen-
wesens in Erfurt. Erfurt, Cramer, 1901. 60 SS. 8⁰.

Blanckmeister, F.: Karl von Hase. Festrede zur Enthüllung einer Gedenktafel an Hases Geburtshaus bei der Feier seines
100. Geburtstages in Niedersteinbach. Beitr. z. sächs. Kirchengesch.
H. XV. Leipzig, 1901.

Böhl, Ed.: Beiträge zur Geschichte der Reformation in Österreich. Hauptsächlich nach bisher unbenutzten Aktenstücken des
Regensburger Stadtarchivs. Jena, G. Fischer, 1902. VI u. 484 SS.
8⁰. Vgl. Zs. des V. f. Thür. G. u. A. XX, 327—432.

Bönhoff: Das Bistum Naumburg u. sein Gebiet im heutigen
Königr. Sachsen. Sächsisches Kirchen- u. Schulblatt. 1901. No. 38
—40. Sp. 470—476, 482—487, 498—502.

Bohne, E. Ch.: a) Diarium oder Tagebüchlein weg. d. kgl. preuß.
Einfalls in Nordhausen unter d. Commando des Gen.-Adjutanten und
Obristen von Tettau ... 1703. b) Nordhäusische Chronika; beigefügt ist
die Walkenriedische Chronika, so vormals von H. Eckstormio in Lat.
Sprache ausgefert. worden, nunmehr aber ins Teutsche übers. 1701.
Hrsg. von H. Heineck, Nordhausen, Ebert, 1901. 33. u. 85 SS.

Bojanowski, El. v.: Herder u. die Herzogin Louise. Halb-
monatshefte der deutschen Rundschau, hrsg. von J. Rodenberg
1901/1902. No. 8, 9, 10, 11.

Bosse, H.: Fürstl. Gymnasium zu Sondershausen. Katalog
der Lehrerbibl. T. 1. Sondershausen. OPr. 1901. 32 SS. 8⁰.

Bruchmüller, W.: Zur Colonisierung und Germanisierung
des südlichen Sorbenlandes. Leipziger Ztg. 1901. No. 133.

Brüll, Joh.: Fürst Hardenberg u. Kanonikus Wolf. Nach
ungedruckten Briefen. Heiligenstadt, 1901. GPr. 28 SS. 8⁰.

Buchner, O.: Die mittelalterlichen Grabplatten in Nord-
Thüringen mit besonderer Berücksichtigung der Erfurter Denkmäler.
(Studien z. d. Kunstgesch. H. 37.) Straßburg, E. Heitz, 1902. IX u.
180 SS. gr. 8⁰.

Bühring, J.: Zur Verbindung des Rennsteigs mit Karl dem
Großen u. dem Landgrafenumritt. Das Mareile III. Reihe (1902).
No. 4 u. Zum Landgrafenumritt. Ebenda No. 5.

Christmann, C.: Melanchthons Haltung im schmalkaldischen
Kriege. Hist. Studien, veröffentl. von E. Ebering. H. 31. Berlin,
E. Ebering, 1902. VIII u. 160 SS. 8⁰.

Clemen, O.: Beiträge zur Reformationsgeschichte aus Büchern
u. Handschr. der Zwickauer Ratsschulbibl. H. 2. Berlin, C. A.
Schwetschke u. S., 1902. IV u. 147 SS. 8⁰.

Derselbe: Ein Brief des Wolfgang Cyclopius von Zwickau (an den
Bischof Johann v. Naumburg). NA. f. Sächs. G. XXIII, 134—137.

Delbrück, B.: Eine Gedächtnisrede für den 1899 verstorbenen
Schulrat Dr. Friedrich Urtel. Jenaische Ztg. Jahrg. 229. No. 154
(1902, 4. Juli).

D e r h a m , J.: Saxe et Thuringe. Situation économique en 1901. Extrait du recueil consulaire belge T. 117. Bruxelles, P. Weissenbruch, 1902. 54 p. 8⁰.

D e v r i e n t , E.: Testament der Frau Margarete von Gera. Zs. f. Kulturgesch. (1902). S. 345 u. 346.

D e r s e l b e : Bericht über den Verein f. Thür. Gesch. u. A. Deutsche Geschichtsbl. III, 308 – 311.

D e r s e l b e : Ernst der Fromme. Thüringer Rundschau 1901. No. 49. Jena, d. 22. Dez. 1901.

D e r s e l b e : Saalfeld. Ebenda 1902. No. 15 u. Saalfelder Kreisanzeiger 1902. No. 87.

E b a r t , P. v.: Die Teilung des Herzogtums S.-Gotha-Altenburg im J. 1826. Goth. Tagebl. (1901). No. 264, 270, 272, 275, 279, 281, 285, 287.

D e r s e l b e : Camillo Richard Freih. v. Seebach. Ebenda (1902). No. 63, 64, 66.

D e r s e l b e : Georg Benda, Herz. Sachsen-Gothaischer Kapelldirektor. Bl. f. Haus- u. Kirchenmusik. VI. No. 1—3. Langensalza, 1902.

E c k e r m a n n , J. P.: Gespräche mit Goethe in den letzten Jahren seines Lebens, hrsg. von A. Bartels. Leipzig, Diederichs, 1901. XXIV, 490; 568 SS. 8⁰.

E h w a l d , R.: Ausstellung z. Feier des 300-jähr. Geburtstages Ernsts d. Fr. aus den von ihm begründeten Sammlungen, eröffnet auf Schloß Friedenstein am 26. Dez. 1901. Gotha, Perthes (1902).

E i c h h o r n , K.: Studien zum Chronicon Hennebergense. Meiningen. G. Einladungsschr. 1901. 28 SS. 4⁰.

[E i c h h o r n , K.]: Die erste F a h r p o s t durch die Grafschaft Camburg im Jahre 1690. Bl. f. Unterhaltung u. Belehrung, Sonntags-Beil. z. Jenaischen Ztg. 1902. No. 30 (27. Juli).

E r l e r , G.: Die Matrikel der Universität Leipzig. Im Auftrage der kgl. Sächs. Staatsreg. hrsg. A. u. d. T.: Cod. dipl. Saxoniae regiae II. Hauptt. Bd. XVIII. Leipzig, Giesecke u. Devrient, 1902. XIV u. 1001 SS. 4⁰.

E r m i s c h , H.: Codex diplomaticus Saxoniae regiae. Erster Hauptteil. Abt. B. Zweiter Band. Urkunden der Markgrafen von Meißen und Landgrafen von Thüringen. 1396—1406. Leipzig, Giesecke u. Devrient, 1902. XV u. 597 SS. 4⁰. (Besprechung im nächsten Heft.)

F e s t g a b e der Stadt Ilmenau zur XVII. Generalversammlung der Goethe-Gesellsch. 1902. Hrsg. von P. Pasig. Ilmenau, A. Schröter, P. Schulze, 1902. 20 SS. gr. 4⁰.

F e s t s c h r i f t zur 25-jähr. Jubelfeier des städtischen Museums in Nordhausen. Nordhausen, Haacke in Komm., 1901. 56 SS. 8⁰. Inh.: Heineck. H., Urkundl. Gesch. des städtischen Museums (1876 —1901). — Rausch, P., Führer durch das städt. Museum.

F i s c h e r , W.: Voigtland oder Vogtland. N. Vogtl. Ztg. 1902. No. 15.

D e r s e l b e : Ungedr. Plauen betreffende Urkunden aus dem Stadtarchive zu Eger. Mitt. des Altertumsv. zu Plauen i. V. XV, 9—16.

D e r s e l b e : Adam Viether aus Plauen, Lehrer an der Lateinschule zu Eger. Ebenda XV, 17—20.

: Zwei Urkunden betr. Georg Raute. Ebenda XV, 21—2 D e r s e l b e

F l e m m i n g , P.: Zwei Aktenstücke z. Geschichte der Klosterschule Roßleben. Roßleben, Prgr. S. 1—3. 4⁰.

Förtsch: Über die vor- u. frühgeschichtlichen Verhältnisse der Provinz Sachsen. Correspondenzbl. d. deutsch. Ges. f. Anthropologie etc. XXXI, S. 77—80.

Francke, [H. G.]: Die St. Peterskirche in Weida. Weidaer Ztg., Jahrg. 53, 20. Sept. 1901 u. Jahrg. 54, No. 4 vom 5. Jan. 1902.

Fritsch, K. v.: Über Taubach und andere Thüringer Fundstätten ältester Spuren und Reste des Menschen. Correspondenzbl. d. deutsch. Ges. f. Anthropologie etc. XXXI, S. 99, 101—103.

Fuchs, H.: Christoph Roßhirt: Des Fürsten Wilhelm, Grafen zu Henneberg, Leben, Amt u. seliger Abschied. Drei Geschichten von Besessenen, aus der Mitte des 16. Jahrh. Schleusingen, Prgr. 1902. 29 SS. 4⁰.

Fürsen, O.: Die kursächsischen Floßkontrakte mit der Stadt Halle. NA. f. Sächs. G. XXIII, 64—83.

G.: Die 300-jähr. Erinnerungs-Feier der Rückkehr Kurfürst Johann Friedrich des Großmütigen aus seiner Gefangenschaft und seines Empfanges am Fürstenbrunnen. Jenaische Ztg., Jahrg. 229, No. 240.

Gabitzsch, W.: Ein altes Eisenacher Stadtbild. Thür. Monatsbl. IX, S. 96—98.

Derselbe: Eisenach vor zweihundert Jahren. Thür. Monatsbl. X, S. 25 f., 105—108.

Gerischer: Der Sturm auf Kloster Zella. Eine Erinnerung an den 24. März 1848. Mühlhäuser Anz., 106. Jahrg. (1902). No. 69 u. 70.

Geschichte, Die, der Einverleibung Mühlhausens in Preußen. Mühlhäuser Anz. (Fest-Nummer) vom 2. Aug. 1902.

Gesellschaft, Thüringische, des Pfefferhandels zu Leipzig. Leipziger Tagebl. (1901). No. 484.

Goethe-Briefe. Mit Einl. u. Erläut. hrsg. von Ph. Stein. Bd. I: Der junge Goethe 1764—75. Bd. II: Weimarer Sturm u. Drang, 1775—83. Berlin, Elsner, 1901 u. 1902. XVI, 304 u. XVI, 312 SS. 8⁰.

Göpel: Das Kaiserschloß Mylau. Unsere Heimat, Illustr. Monatsschr. f. d. gesamte Erzgebirge u. Vogtland I (1902). 248—251, 277—279.

Grenadier-Bataillon, Das kursächsische, „Aus dem Winkel" bei Jena. Jahrb. für die deutsche Armee, 113, S. 39—42.

Gritzner, M.: G. des sächs. Wappens. Vierteljahrsschrift f. Wappenkunde, XXX (1902). 1—65.

Größel, J.: Das Kollektenbuch der Stadt Pegau vom J. 1670. NA. f. Sächs. G. XXIII, 115—124.

Größler, H.: Thüringens Sturz. Dramatische Dichtung in zwei Teilen. Dresden u. Leipzig, C. Piersons Verl., 1902. 280 SS. 8⁰. 3 M.

Grundkarte von Deutschland, nach v. Thudichums Vorgange als Grundlage für historische und statistische Forschungen bearbeitet. Sektion 415/441 (Borna-Altenburg). Hrsg. von der kgl. Sächsischen Kommission für Geschichte. Gez. von R. Lorenz. Dresden, Druck von P. Herrmann.

Günther, O.: Ein historisches Lied gegen Herzog Moritz von Sachsen. NA. f. Sächs. G. XXIII, 214—219.

Gutwasser, K.: Kursachsen u. Erfurt im 18. Jahrh. Leipzig, 1901. Inang.-Diss. 120 SS. 8⁰.

Habbicht, H.: Die ehemalige Zeug- u. Raschmacherei in Eisenach. Thür. Monatsbl. X, 95—99.

Hannach, E.: Erzb. Siegfried I. von Mainz als persönlicher u. politischer Charakter. Rostock. Diss. 1901. 62 SS. 8°.

Heerwart, El.: Friedrich Fröbels Heimatland. Thüringer Rundschau. 2. Jahrg. No 12 u. 13.

Heine, K.: Nordhausen u. Preußen. Nordhausen, L. Hornickel, 1902. VIII u. 119 SS. 8°.

Heineck, H.: 6. Juni 1902. Brandenburg-Preußen und Nordhausen in urkundlicher Darstellung. Zur Feier der 100-jähr. Zugehörigkeit der Stadt Nordhausen zur Krone Preußen. Festschrift. Commissionsverlag von C. Hanckes Buchhandlung. [Nordhausen, 1902]. IV u. 239 SS. 8°.

Heinemann, O. v.: Höckelheim [und Langensalza]. Braunschw. Magazin 1901. No. 20 f.

Heldmann, K.: Das Spital der h. Elisabeth und die Anfänge des deutschen Ritterordens in Marburg. Hessenland, XVI. Jahrg. No. 16. 1. Aug. 1902.

Helmrich, W. C.: Wanderbilder und Waldpartieen aus Jenas Umgegend und dem Saalthale. 2., um mehr als die Hälfte verm. u. verb. Aufl., Jena, G. Neuenhahn, 1902. 143 SS. 8°.

Hertel, O. u. L.: Die Pfersdorfer Mundart. Zs. f. hochdeutsche Mundarten III, 96—120.

Heydenreich, Ed.: Eine ungedruckte Urkunde des Münzmeisters Nicolaus Monhaupt. NA. f. Sächs. G. XXIII, 128 f.

Derselbe: Bau- und Kunstdenkmäler im Eichsfeld und in Mühlhausen. Vortrag, geh. auf der Frühjahrs-Versammlung des geschäftsf. Ausschusses der Provinzial-Denkmälerkommission der Provinz Sachsen in Heiligenstadt am 20. Mai 1902. Mit 2 Taf. u. 40 Holzschnitten im Text. Mühlhausen i. Thür., C. Albrecht, 1902. 35 SS. gr. 8°.

Hörnlein, R.: Festrede, gehalten am Geburtstage Sr. Hoheit des Herzogs, 2. April 1900 (über Herzog Bernhard v. S.-Meiningen). Hildburghausen, 1901. GPr. S. 3—12. 4°.

Hofmann, B.: Magister Andreas Reyher. Ein Gedenkbl. zu s. 300-jähr. Geburtstage. Thür. Schulbl. 1901. S. 65.

Derselbe: Thüringens Volksschule vor der Schulreformation Herzog Ernsts d. Frommen. Ebenda 1901. S. 179 ff. u. Forts. 1902.

Derselbe: Herzog Ernst d. Fromme. Gotha, Thienemann (1901). 29 SS.

Horn, E.: Sainte Elisabeth de Hongrie. Paris, Perrin, 1902. VII u. 288 SS. 8°.

Ißleib, S.: Hans von Küstrin und Moritz von Sachsen. NA. f. Sächs. G. XXIII, 1—63.

Jänner, G.: Sättelstädt u. s. Gewannflur. Goth. Tagebl. (1901). No. 30.

Jahre, Zweihundert, Regimentsgeschichte. Zum 200-jähr. Jubiläum des 5. Thüring. Inf.-Regiments No. 94 (Großherzog von Sachsen). Jenaische Ztg. Jahrg. 229 (1902). No. 251—254.

Jellinek, G.: Georg Meyer. Worte der Erinnerung. Heidelberg, J. Hörning, 1900. 14 SS. 8°.

Jena, die Universität und Stadt. Herausg. vom Verein zur Förderung des Fremdenverkehrs. Jena, Verl. d. Vereins, [1903]. 46 SS. 4°.

Jena, das weinumkränzte. Jenaische Ztg. Jahrg. 229 (1902) No. 92.

Johnson: Vogtl. Altertümer. Vogtl. Anz. u. Tagebl. (1901).

No. 215. 228, 240, 252, 263, 274, 286, 297, 302; (1902), No. 15, 20,
27, 39, 50, 59, 73, 76, 107, 121, 140, 151, 159, 163, 188, 207.
Jordan: Inscriptiones Mulhusinae. Die öffentlichen Inschriften
der Stadt Mühlhausen (Thür.). Gesammelt von W. Bader. Aus
alter Zeit. Zwanglose Beibl. zum Mühlhäuser Anzeiger (1902).
No. 38 u. 39.
Derselbe: Schollmeyer, J. G., Der heilige Kampf vom Jahre
1815. Ein Epos. Mühlhausen 1816. [Neu herausgeg.] Aus alter Zeit.
Zwangl. Beibl. zum Mühlhäuser Anzeiger. 1902. No. 35.
Derselbe: Zur Geschichte der Stadt Mühlhausen. Thür.
Beil. z. Jahresber. des Gymnasiums in Mühlhausen i. Th. 1902.
48 SS. 8⁰. Inh: 1) B. C. Graßhof, Von dem eigentlichen Alter der
ältesten Statutorum der Reichsstadt Mühlhausen. Hrsg. von Dr.
Jordan. S. 3—9. — 2) Zur Gesch. der städtischen Bibliothek. S. 9
bis 20. — 3) Verzeichnis der Inkunabeln der Ratsbibliothek. S. 20
bis 27. — 4) Thomas Münzers Witwe. S. 27—31. — 5) Zur Geschichte
der Unruhen 1523—25. S. 31—42. — 6) Caspar Federwisch und die
entwichenen Bürger. 1526. S. 42—48.
Derselbe: Der Uebergang der Kaiserlichen freien Reichsstadt
Mühlhausen i. Thür. an das Kgr. Preußen 1802. Festschrift der
Stadt Mühhausen zur Jubelfeier 1902 im Auftrage der städtischen
Behörden verfaßt. Mühlhausen i. Thür., Druck der Danner'schen
Buchdr., [1902]. 124 SS. gr. 8⁰.
Derselbe: General Czernischeff u. die Behörden der Stadt
Mühlhausen, nebst einigen andern Nachträgen zur Festschrift. Mühl-
häuser Anz. (Festnummer) vom 2. Aug. 1902.
Derselbe: Das Patent vom 6. Juni 1802. Mühlhäuser Anz.
106, Jahrg. (1902). No. 191.
Kalender, Thüringer, 1903. Hrsg. vom Thüringischen
Museum in Eisenach. Mit Zeichnungen von E. Liebermann-München.
Inh.: Herzog Bernhard von Weimar. Von Herm. Freih. v. Egloff-
stein. — Paulinzelle und Thalbürgel, Von E. Kriesche. — Der
Säulenbau im Kloster Georgenthal. Von Pfarrer Baethcke. — Der
ehemalige Lustgarten in Weimar. Von Dr. Burkhardt. — Die
Wiedenkirche zu Weida. Von Eggeling. — Altes Fachwerkhaus
in Arnstadt. Von P. Weber. — Thalerkanne aus dem Jahre 1636.
Von L. Pick. — Von der „Fruchtbringenden Gesellschaft". Von
P. v. Bojanowski. — Das Portal des Rathauses zu Gotha. Von
R. Ehwald. — Burg Lauenstein, die fränkisch-thüringische Grenz-
warte. Von Merat. — Waltershausen. Von A. Trinius.
Kawerau, G.: Luthers Rückkehr von der Wartburg nach
Wittenberg. Halle, O. Hendel, 1902. 68 SS. 8⁰. (Neujahrsbl. hrsg.
von der hist. Kommission der Pr. Sachsen. H. 26.)
Keilhau in Wort und Bild. Geschildert von Lehrern,
Schülern und Freunden Keilhaus. Hrsg. vom Bunde ehemaliger
Keilhauer. Leipzig, Druck von Thalacker u. Schöffer, 1902. 242 SS. 4⁰.
Kettner, Ad.: In Thüringen. Aus der Jugendzeit des Frei-
waldauer Amtshauptmanns Karl Ditters von Dittersdorf. Mit
Illustration. Altvater, Organ des mährisch-schlesischen Sudeten-
Gebirgs-Vereins. XX. Jahrg. (Freiwaldau 1901). S. 65—67.
Kirchenordnungen, Die evangelischen, des 16. Jahrh.,
hrsg. von E. Sehling. I. Sachsen u. Thüringen nebst angrenzenden
Gebieten. 1. Hälfte: Die Ordnungen Luthers. Die ernestinischen
und albertinischen Gebiete. Leipzig, Reisland, 1902. XXIII u.
746 SS. 8⁰.

Klarmann, J. L.: G. der Familie v. Kalb auf Kalbsrieth. Erlangen, F. Junge, 1902. XII u. 576 SS. 8°. Mit Karten.

Kleinteich, H.: Kranichfeld u. s. Umgebung. Historisch, topographisch u. naturgeschichtl. dargestellt. Denkschr. zur 250-jähr. Jubelfeier der Erhebung des Ortes zur Stadt am 21. Sept. 1901. Zugleich Führer u. Wegweiser durch den Ort u. die Umgegend. I. Heft: Geschichte u. Topographie. Mit einem topographischen Kärtchen u. 3 nach des Verfassers Handzeichnungen ausgeführten Autotypieen. Kranichfeld a. Ilm, G. Hahn, 1901. 150 SS. 8°. Dazu Supplement mit weiteren Quellennachweisen u. Ergänzungen. 1902.

Knetsch, K.: Von der Hochzeit des hessischen Lgr. Wilhelm d. M. zu Cassel 20. Okt. 1500; aus dem Henneberg. Gem. Archiv zu Meiningen. Vierteljahrsschr. f. Wappenkunde. XXIX, 247—252.

Derselbe: Die Familie Steitz zu Schmalkalden. Wellers A. f. Stamm- und Wappenkunde. III. S. 73—76.

Kortüm: Die Bauthätigkeit des kurfürstl. Statthalters Philipp Wilhelm von Boineburg in Erfurt. Denkmalpflege. III, 34—36, 43—45, 54 f.

Krüger, G.: Karl August v. Hase. Realencyklop. f. prot. Theol. VII, 453—61.

Lane, M.: Sachsen u. Thüringen. Jahresber. der Geschichtsw. Jahrg. XXIII. 1900. Berlin, Gärtner, 1902. II, 223—253.

Laurin, W.: Der Kampf um das Pleißnerland. Unsere Heimat. Illustr. Monatsschr. f. d. gesamte Erzgebirge u. Vogtland. I (1901), 89—91.

Derselbe: Rudolf v. Habsburg u. die Wettiner. Wiss. Beil. der Leipz. Ztg. 1901. No. 68.

Lemmens, L.: Zur Biographie der h. Elisabeth, Landgräfin v. Thüringen. Mitt. d. hist. V. der Diöz. Fulda. IV, 1—24.

Leonhardt: Führer durch Jena u. Umgegend. 2. Teil. Ausflüge in die nähere u. weitere Umgegend (mittleres Saalthal mit Nebenthälern u. Nachbarstädte)· 2. A. Mit Eisenbahnkarte, Wegekarte für die nähere Umgegend (1:33000) u. Spezialkarte für die weitere Umgegend (1:150000). Jena, Doebereinersche Buchh. Nachf. Raßmann, 1902.

Licht, B.: Ein Thüringer Kulturbild aus dem 16. Jahrh. Thür. Monatsbl. X, 108—110.

Liederhandschrift, Die Jenaer. Bd. I: Getreuer Abdruck des Textes; besorgt von G. Holz. Bd. II: Uebertragung, Rhythmik und Melodik; bearb. von E. Bernoulli u. F. Saran. Leipzig, Hirschfeld, 1901. 240 u. 200 SS. gr. 4°.

Lockner, G. H.: Meiningen als Münzstätte der Bischöfe von Würzburg. Blätter für Münzfreunde. XXXVII, Jahrg. (1902). No. 9.

Derselbe: Würzburger Pfennige aus der Münzstätte zu Stadtschwarzach. Ebenda.

[**Löbe**, R.]: Zum Gedächtnis an D. th. et phil. August Julius Löbe, Geh. Kirchenrat u. Pfarrer em. in Rasephas, geb. d. 8. Jan. 1805, gest. d. 27. März 1900. SA. aus dem Kirchl. Jahrb. f. d. Herzogt. Sachsen-Altenburg. 6. Jahrg.

Löber, E.: Die Glashütte am Einsiedelsbrunn. Thür. Monatsbl. X, 23—25, 99—101.

Lorenz, H.: Nachricht von einer verloren gegangenen, nach Wernigerode geflüchteten Kaiserkrone des Domschatzes zu Quedlinburg [auf Grund eines Befehls des Churf. Johann Friedrich d. Gr. von 1547 März 15]. Zs. des Harzv. XXXIV, 135—140.

Loth, R.: Erfurter Volksfeste. Thür. Monatsbl. IX. S. 111—115.

Derselbe: Abergläubische Vorstellungen in Erfurt. X. S. 17 f., 26—28, 80—82.

Lutze, G.: Die fürstliche Hofkapelle zu Sondershausen von 1801—1901. Sondershausen, Eupel, 1901. 40 SS. 4⁰ u. 5 Taf.

M., G.: Zur Erinnerung an das 200-jähr. Jubiläum des 5. Thüring. Inf.-Regiments No. 94 (Großherzog von Sachsen). Dem III. (Füsilier-)Bataillon zu Jena gewidmet. Jena, 28. Okt. 1902, G. Neuenhahn. 15 SS. 8⁰

Derselbe: Das alte Schloß [in Jena]. Beil. zu No. 33 der Jenaischen Ztg. 1902. Febr. 8.

Mahlmann, M.: Andreas Reyher. Gotha 1901.

Meßmer, Erh.: Sagen und Sänge vom Lauenstein und Loquitzthal. Mit Bildern von F. Müller in Münster. Berlin, Fischer und Franke, 1902.

Meyer, H. B.: Hof- und Zentralverwaltung der Wettiner in der Zeit einheitlicher Herrschaft über die Meißnisch-Thüringischen Lande. 1248—1379. Leipz. Studien IX. Bd. 3. Heft. Leipzig, B. G. Teubner, 1902. XI u. 151 SS. 8⁰.

Meyer, K.: Die Wasserversorgung der Stadt Nordhausen seit alter Zeit. Zs. des Harzv. XXXIV, 519—534.

Minnigerode-Allerburg, A. Frh. v.: Ein Südharzer Grundherr [Hans von Minnigerode] zur Reformationszeit. Zs. d. Harzv. XXXIV, 444—472.

Mitzschke, P.: Weimars Klassiker und die Stenographie. Festschrift zur X. Bundesversammlung des Thüringer Stenographen-Bundes Stolze-Schrey in Weimar 1902. S. 19-27.

Möller, H.: Ernst d. Fromme, Herzog zu Gotha. Gotha, P. Ott, [1901].

Derselbe: Ueber Elephas antiquus Flc. u. Rhinoceros Merki als Jagdtiere des alt-diluvialen Menschen in Thüringen u. über das erste Auftreten des Menschen in Europa. Zs. f. Naturw. LXXIII, S. 41—65.

Derselbe: Ueber Feuerstätten in Kalktuffsand von Taubach u. über die geologische Stellung der Weimar-Taubacher Kalktufflager. Ebenda. LXXIV, S. 237—272.

Mörtzsch, Otto: Die Ausrüstung sächsischer u. thüringischer Schlösser mit Feuerwaffen im Jahre 1436. Zs. f. hist. Waffenkunde. II (1902), 321 f.

Moltke, S.: Die Leipziger Kramer-Innung im 15. u. 16 Jahrh. Zugleich ein Beitr. zur Leipziger Handelsgeschichte. Hrsg. von der Handelskammer zu Leipzig. Mit einem Stadtbilde u. mehreren Tafeln. Leipzig, Verl. der Handelskammer, 1901. 186 SS. 8⁰.

Motz: Kirchenhistorien aus Langula. Mühlhäuser Anz. 1902. No. 232—234.

Müller, Ed. J. L.: Weimar. Ein Gedenkbuch. Wanderungen durch Vergangenheit und Gegenwart. Weimar, H. Grosse, 1902. IV u. 223 SS. 8⁰.

Nalbandian, W.: Leopold v. Rankes Bildungsjahre u. Geschichtsauffassung. Leipzig. Diss. 1901. 42 SS. 8⁰.

Naumann, L.: Skizzen u. Bilder zu einer Heimatsk. d. Kreises Eckartsberga. H. III. 96 SS. 8⁰.

Nebelsieck: Urkundliche Beiträge zur Geschichte des Bauernkrieges, Mühlhausen i. Thür. betr. N. Mitt. hist.-ant. Forsch. XXI; 182—205.

Noack: Alte Grabdenkmäler auf Gothaer Friedhöfen. Goth. Tagebl. 1902. No. 97; auch Denkmalpflege. IV. No. 4.

Nobbe, H.: Luthers Bergung auf der Wartburg vom 4. Mai 1521 bis 3. März 1522. Nach s. Briefen dargestellt. Wissensch. Beil. der Leipz. Ztg. 1902. No. 27 f. S. 105—110.

Obernitz, Gg. v.: Verzeichnis hervorragender Namen von Gelehrten, Schriftstellern, hohem und niederem Adel aus einem großen Teil der Stammbücher, welche auf der Großh. Bibliothek zu Weimar sich befinden. Vierteljahrsschr. f. Wappenk. XXIX, 285—389.

Obser, K.: Zu Wielands Uebersiedelung nach Weimar. Euphorion. VIII, 68—72.

Orgelbau, Ein, in einem Thür. Dorfe 1786—1787. Thür. Monatsbl. X, 3—5.

Overmann, A.: Die ersten Jahre der preußischen Herrschaft in Erfurt, 1802—1806. Festschrift z. Feier der 100-jährigen Zugehörigkeit Erfurts zu Preußen. Veranlaßt u. unterstützt von der Stadt Erfurt. Erfurt, Keyser'sche Buchh., 1902. VIII u. 145 SS. 8⁰.

Pabst, W.: Die Sammlung von Fußspuren vorweltlicher Tiere im Herzogl. Museum zu Gotha. Goth. Ztg. (1901). No. 252.

Peter, H.: Eisenachs Bewohner von 1630—1640. Ein Namensverzeichnis Eisenach, H. Kahle, 1901. 120 SS. 8⁰. A. u. d. T.: Beitr. z. G. Eisenachs. X.

Pfestorf, R.: Schnepfenthal. Thür. Schulbl. (1901). S. 9.

Picard, K.: Eine altes Stadtrecht von Schlotheim. N. Mitt. aus dem Gebiet historisch-ant. Forsch. XXI (Halle 1902). S. 105 bis 153.

Pick, A.: Faust in Erfurt. Eine kulturgesch. Untersuchung. Prgr. d. Kgl. G. in Meseritz. O. 1902. 48 SS. 8⁰.

Planitz, G.: Spalatins Verzeichnis der Pfarreien in Sachsen, Meißen, Thüringen u. Vogtland. Nach einem Aktenstück des S-Ernest. Ges. Archivs zu Weimar. Beiträge zur sächs. Kirchengeschichte. H. VI, 1—19.

R., L.: Marie Seebach in Gotha. Goth. Tagebl. (1901). No. 219.

Raab, C. v.: Das Amt Plauen im Anfang des 16. Jahrhunderts und das Erbbuch vom Jahre 1506. Beil. zu den Mitt. des Altertumsvereins von Plauen i. V. 15. Jahresschrift auf die Jahre 1901/1902. Plauen i. V., Neupert, 1902. 332 SS. 8⁰.

Derselbe: Die Beköstigung der Fröner. Mitt. d. Altertumsv. zu Plauen i. V. XV, 30—33.

Derselbe: Eine Urk. über Falkenstein i. V. Ebenda. XV, 34 f.

Derselbe: Fürstl. Nachtlager in Plauen 1471—1506. Ebenda XV, 41—45.

Derselbe: Noch ein Amtserbbuch von Plauen. Ebenda XV, 46 f.

Regesten des kl. Sonnenfeld v. 1260—1539 in Cistercienser-Chronik. XIII, 289 ff., 321 ff., 358 ff.; XIV, 10 ff., 48 ff., 78 ff.

[Reineck, C.]: Die Geschichte des Schloßgartens von Arnstadt. Arnstädtisches Nachricht- und Intelligenzblatt. 134. Jahrg. No. 109 u. 115 (1902, Mai 11 u. 18).

Derselbe: Bürgergärten von Alt-Arnstadt. Arnstädt. Nachr.- u. Intelligenzblatt. 134. Jahrg. (1902). No. 64 u. 70.

Richter, G.: Jena und sein Gymnasium. Eine Festrede.

Mit Beilagen. Jena und Leipzig, O. Raßmann (Doebereinersche Buchh. Nachf.), 1902. 78 SS. 8⁰.

Derselbe: Festbericht [über das 25-jährige Jubiläum des Gymnasium zu Jena]. G.Pr. Jena, 1902. S. 5—12.

Richter, P. E.: Zu den Beinamen Heinrichs d. Erlauchten. NA. f. Sächs. G. XXIII, 319—320.

Rodigast, G.: Zur Geschichte der Jenaer Schützengilde. Jenaische Ztg. Jahrg. 229 (1902). No. 204 (Beil.), 206, 207, 210 (Beil.).

Rogge, Bernh., Johann Friedrich Kurf. von Sachsen gen. der Großmütige. Eine Gedenkschrift zur vierhundertjährigen Wiederkehr seines Geburtstages. Halle a. S., 1902. VIII u. 125 SS. 8⁰.

Roller, O. C.: Eberhard von Fulda und seine Urkundenkopien. Cassel, Freyschmidt, 1901. 80 u. 73 SS. 8⁰.

Roques, H. v.: Urkundenbuch des Klosters Kaufungen in Hessen. Im Auftr. des historischen Vereines der Diöcese Fulda bearbeitet und hrsg. II. Bd. Cassel, Kommissionsverl. von M. Siering, 1902. XIII u. 614 SS. 8⁰. Nebst einer Uebersichtskarte der Besitzungen des Klosters.

Rügegerichte, Die, Ernsts d. Frommen. Goth. Tagebl. (1901). No. 296 u. 297.

Saran, F.: Zu den Liedern der Jenaer Handschrift. Beitr. z. G. der deutschen Sprache. XXVII, 191—199.

Schenk zu Schweinsberg, G. Frh.: Beiträge zur alten G. von Burg u. Stadt Rotenburg a. d. Fulda. Quartalbl. des hist. V. f. d. Großh. Hessen. N. F. Bd. III. Heft, 5. 1902. 1. Vierteljahrsheft.

Schmidt, E.: Volkmar Stoy. In Schmidt, Charakteristiken II, 251—260.

Schmidt, Fr.: Das ausgestorbene südharz. Geschlecht von Brücken in Brücken u. Wallhausen. Wellers A. f. Stamm- u. Wappenkunde. III. Jahrg. No. 6. S. 121—123.

Schmidt, L.: Zu Hartung Cammermeister. N. Mitt. hist.-ant. Forsch. XXI, 173—181.

Derselbe: Ein gleichzeitiger Bericht über den Prinzenraub. N. A. f. Sachs. G. XXIII, 129—331.

Schnehen, W. v.: Die Attacke der 2. Schwadron Cambridge-Dragoner bei Langensalza. Milit.-Wochenbl. (1901). No. 64.

Schneider, M.: Die Lehrer des Gymnasium illustre (1524 bis 1859). II. Teil (Schluß). Gotha. G.Pr., 1902.

Schöppe, [K.]: Privilegium der Böttcherinnung zu Nanmburg a. S. N. Mitt. hist.-ant. Forsch. XXI, 206—208 [Forts. folgt].

Schornbaum, K.: Markgraf Georg v. Brandenburg u. die sächsisch-hessischen Bündnisbestrebungen v. J. 1528. Beitr. z. bayer. Kirchengesch. VIII (1902), 193—212.

Schrödel, H. u. Möller, H.: Ernst der Fromme, Herzog zu Sachsen-Gotha u. Altenburg, ein Pädagog unter den Fürsten. Selbstverlag der Verfasser.

Schuchardt, B.: Carl Krügelstein, Arzt u. Physikus zu Ohrdruf b. Gotha (1779—1864) und die Aerzte-Familie Krügelstein überhaupt. Correspondenz-Blätter des allg. ärztl. Vereins von Thüringen. XXX (1901), 374—377 u. 425—432.

Schüddekopf, C.: Herzogin Anna Amalia von Sachsen-Weimar u. Abt Jerusalem. Braunschw. Magazin. 1901. No. 10.

Schling, Emil: Die evangelischen Kirchenordnungen des XVI. Jahrhunderts. Erste Abt. Sachsen u. Thüringen nebst angrenzenden Gebieten. Erste Hälfte. Die Ordnungen Luthers. Die ernestinischen und albertinischen Gebiete. Leipzig, Reisland, 1902. XXIII u. 746 SS. 4⁰.

Sieber, Ph.: Die Forsten des regierenden Fürstenhauses Reuß j. L. in der Zeit vom 17. bis zum 19. Jahrh. Ein Beitrag z. Gesch. des deutschen Waldes. Berlin, J. Springer, 1902. 171 SS.

Sorof: Zwei Aktenstücke z. G. der Klosterschule Roßleben, zum erstenmal gedruckt. Görlitz, 1901. Kloster S.Pr. 1901, S. 1 bis 3. 4⁰.

Stieda, W.: Ilmenau u. Stützerbach, eine Erinnerung an die Goethe-Zeit. Leipzig, H. Seemann Nachf., 1902. 97 SS. 8⁰.

Strenge, K. F. v.: Die Anfänge der Dorf- und Hufenverfassung in Thüringen. Vortrag in der Versammlung der Vereinigung für Gothaische Geschichte und Altertumsforschung, gehalten am 7. Januar 1902. Friedrichroda, Druck von Schmidt u. C. [1902]. 20 SS. 8⁰.

Thiele, G.: Hundert Jahre unter Preußens Aar. 1802—1902. Festschr. z. Feier der 100-jähr. Zugehörigkeit des Landkreises Mühlhausen i. Thür. zur Krone Preußen. Im Auftr. des Kreisausschusses verf. Mühlhausen i. Thür. (C. Albrecht, 1902). VIII u. 144 SS. 8⁰. Mit 7 Tafeln.

Thiele, R.: Bilder aus Thüringens Sage und Geschichte. Nach Konrad Stolles Chronik. Erfurt, C. Villaret, (1902). II u. 96 SS. 8⁰.

Derselbe: Die Schicksale der Erfurter Akademie nützlicher Wissenschaften nach der ersten Besitznahme Erfurts durch Preußen (1802—1803). Erfurt, GPr., 1902. 46 SS. 8⁰; s. a. unter Jahrbücher der Kgl. Ak. für Erfurt.

Trebs, Emil: Zur Deklination im Osterländischen. Zs. f. hochdeutsche Mundarten, hrsg. von O. Heilig u. Ph. Lenz. Bd. II. (Heidelberg, C. Winter, 1901). S. 354—371.

Trefftz, J.: Die brandenburgischen Kriegsdienste des Herzogs Johann Georg von Sachsen-Weimar. 1656—1660. In Forschungen zur brandenburg. u. preußischen G. XV, 49—71.

Tümpling, v.: Das Tümplingsche Fideikommiß-Familien-Archiv auf dem Thalstein bei Jena i. J. 1902. Korrespondenzbl. des Gesamtvereins. L (1902). No. 5. S. 79—83.

Verworn, M.: Ein Fund von Thüringer Brakteaten des 13. Jahrh. Berliner Münzbl. No. 247 f.

[g , O.] Wiprecht von Groitsch. Leipziger Tagebl. (1902). No. 9.Voi t

Derselbe: Die Einäscherung von Prießnitz. Eine Schreckensscene aus d. Schlacht b. Jena. Leipz. Tagebl. 1902. No. 430. S. 5870.

Volksdichter, Ein Thüringer [Berth. Sigismund]. Thür. Monatsbl. 9. Jahrg. S. 93—96, 105 ff.

Weber, P.: Was können die Stadtverwaltungen für die Erhaltung des historischen Charakters ihrer Städte thun? Vortrag, geh. auf der Generalversammlung des Thüringischen Städteverbandes am 27. u. 28. Juni 1902 zu Mühlhausen i. Thür. 31 SS. 8⁰.

Wengen, Fr. v. d.: Die Attacke der 2. Schwadron Cambridge-Dragoner b. Langensalza. Allg. Milit.-Ztg. 1901. No. 7—9 u. 39.

Derselbe: Der letzte Feldzug der hannoverschen Armee 1866. Berlin, A. Bath, 1901. 79 SS. 8⁰. (Aus Jahrb. f. d. deutsche Armee u. Marine.)

Westrem zum Gutacker, R. v.: G. des thüringischen Husaren-

Regiments No. 12. Berlin, Eisenschmidt 1901. VIII u. 143 SS. 8⁰.

Wilhelm, Ottomar: Tauf- und Rufnamen im Herzogtum Coburg. Ein Beitrag zur Geschichte der deutschen Namengebung. Prgr. Coburg. 1902. 33 SS. 4⁰.

Wintzingerode, Graf: Einige Briefe des Großh. Karl Alexander. Deutsche Revue. XXVII, II, 344–350.

Wittmann, H.: Der Klostersturm zu Saalfeld im Jahre 1525 nach Archivquellen dargestellt. Saalfelder Weihnachtsbüchlein. XLIX. Saalfeld, Wiedemannsche Hofbuchdr., 1902. 24 SS. 8⁰.

Wolff, G.: Vaterstädtisches. Mühlhäuser Anz. 106. Jahrg. (1902). No. 110 u. 111.

Wünscher, Harry: Sagen, Geschichten und Bilder aus dem Orlagau. Erstes Bändchen. Pößneck i. Th., Dr. u. Verl. der Fr. Geroldschen Buchdr. (E. Schertling), 1902. VIII u. 116 SS. kl. 8⁰.

X.: Das religiöse Element in der Landesordnung Herzog Ernsts d. Frommen. Ein Beitrag zur Charakteristik des Gesetzgebers. Goth. Tagebl. (1901). No. 138, 140, 142, 144, 146. 147.

Zeyß, A.: Herzog Ernst d. Pronune. Thür. Schulbl. (1901). S. 138.

Beiträge, Neue, zur Gesch. deutschen Altertums. Hrsg. von dem Henneberg. Altertumsf. V. in Meiningen. 16. Lief. Meiningen, Kommissionsverl. der Brückner' u. Rennerschen Hofbuchh. 1902. 32 SS. 8⁰. Mit 1 Taf. u. 1 Karte. Inh.: Die Steinsburg auf dem Kleinen Gleichberge bei Römhild. Von A. Götze.

Festschrift des Thüringisch-Sächsischen Geschichtsvereins, dem Vorsitzenden der Centraldirektion der Monumenta Germaniae, Herrn Geh. Oberregierungsrat Dr. Ernst Dümmler, dargebracht zur Feier seines 50-jähr. Doktor-Jubiläums am 5. August 1902. Halle a. S., Ed. Anton, 1902. 139 SS. 8⁰. 3 M. Inh.: Geschichtlicher Überblick über die Entwickelung des Thüringisch-Sächsischen Geschichts- u. Altertumsvereins von seiner Stiftung bis zur Gegenwart. Von G. Hertzberg. S. 1—17. — Der hallische Universitätskanzler Johann Peter von Ludewig. Von R. Brode. S. 18—38. — Über eine Sammlung Straßburger Ordnungen u. Mandate von 1518—1673 auf der Univ.-Bibliothek zu Halle. Von M. Perlbach. S. 39—84. — Die Thronkandidatur Hohenzollern u. Graf Bismarck. Von W. Schultze. S. 85—139. (Die Abhandlung von W. Schultze auch als Sonderabdruck zum Preise von 0,80 M. zugänglich.)

Festschrift des Geschichts- und Altertumsforschenden Vereins zu Schleiz zur Feier seines 25-jähr. Bestehens. Namens des Vereins hrsg. von Archivrat Dr. B. Schmidt. Schleiz 1902. 194 SS. 8⁰. Inh.: Die Herrschaft Schleiz bis zu ihrem Anfall an das Haus Reuß. Zum Herausg. S. 1—115. — Zur Gesch. der Stadtkirche (St. Georgen) zu Schleiz. Von J. Alberti. S. 117—136. — Adam Rathmann. Ein Schleizer Lehrerleben aus der zweiten Hälfte des 17. Jahrh. Von W. Böhme. S. 137—160. — 20.—25. Jahresber. Von R. Viercke. S. 161—194.

Geschichtsblätter, Mühlhäuser. Zs. des Mühlhäuser Altertumsvereins. Jahrg. III, 1902/1903. 80 SS. gr. 8⁰. Mit 3 Taf. u. 65 Holzschnitten. Inh.: Königin Luise und die Stadt Mühlhausen.

Ein Erinnerungsblatt an den Übergang der freien Reichsstadt Mühlhausen an den preuß. Staat. Von Geh. Archivrat Dr. G. Bailleu S. 1—4. — Fortschritte in der Datierung der Steinzeit. Von Prof. Dr. P. Höfer. S. 4—7. — Neueste Gräberfunde b. Mühlhausen aus der Bronzezeit. Von Lehrer K. Sellmann. S. 7 f. — Die Ministerialen u. Ritter von Germar. Von Bruno von Germar. S. 9—16. — Goethe in Mühlhausen. Von E. Schulze. S. 16. — Bau- u. Kunstdenkmäler im Eichsfeld u. in Mühlhausen. Von Prof. Dr. Ed. Heydenreich. S. 17—51. — Aus der Geschichte des Marstalles der freien Reichsstadt Mühlhausen i. Thür. Von R. Zenker. S. 52—54. — Malereien an Gebäuden in Mühlhausen u. am deutschen Hause auf der Pariser Weltausstellung 1900. Von R. Böhland. S. 54—57. — Zur mittelalterl. Topographie von Mühlhausen. Von K. Ausfeld. S. 57. — Ein Brief der Stadt Nürnberg an die Stadt Mühlhausen i. Th. Von Nebelsieck. S. 58 f. — Hessische eiserne Ofenplatten im Mühlhäuser Gewerbemuseum. Von Franke. S. 59 u. 61. — Jüdische Selbstverfluchung im Falle des Meineids 1712. Von Heineck. S. 61.

Jahrbuch, Jenaer. Mit Unterstützung der Stadt Jena hrsg. vom städtischen Museum. 1. Jahrg. Das Jahr 1901. Jena, Frommannsche Hofbuchh., 1902. VI u. 42 SS. gr. 8⁰. Inh.: Jena im Jahre 1901. Von E. Piltz. S. 1—16. — Das Herzogtum Sachsen-Jena. Von E. Devrient. S. 17—21. — Das Jenaer Schloß. Von P. Weber. S. 22—38. — Die i. J. 1901 erschienene geschichtl. Litteratur über Jena. S. 39. — Jahresbericht des städtischen Museums. Von P. Weber. S. 40—42.

Jahrbücher der Königlichen Akademie gemeinnütziger Wissenschaften zu Erfurt. N.F. Heft XXVIII. Erfurt, C. Villaret, 1902. 135 SS. 8⁰. Inh.: A. Abh.: R. Thiele, Die Schicksale der Erfurter Akademie nützlicher (gemeinnütziger) Wissenschaften nach der ersten Besitznahme Erfurts durch Preußen (1802—1803). Ein Erinnerungsbl. im Säkularjahr. S. 1—46 (s. a. unter Thiele). — Funck, Das römische Afrika. S. 47—63. — G. Oergel, Der nationale Gedanke im deutschen Humanismus. S. 65—84. — B. Jahresbericht der Akademie. Von Heinzelmann. S. 85—135.

Mitteilungen der Geschichts- u. Alterthumsforschenden Gesellschaft des Osterlandes. 1. Ergänzungsheft: M. Geyer, Verzeichniß der Handschriften in dem Archive der Gesellschaft. Altenburg, Hofbuchdr., 1901. 123 SS. 8⁰.

Mitteilungen des Geschichts- u. Altertumsforschenden Vereins zu Eisenberg i. Thür. S.-Altenburg. H. XVII (Bd. III, H. 2). Eisenberg, Komm. von H. Geyer, 1902. 72 SS. 8⁰. Inh.: Geschichte des Klosters Lausnitz. Von P. Dietze. S. 1—63. — Zur Eisenberger Propsteireihe. Von P. Mitzschke. S. 64. — Petersbergica. Von P. Mitzschke. S. 65—67. — H. XVIII (Bd. III, H. 3) 1903. Inh.: Gesch. des Klosters Lausnitz. Ports. Von Pfarrer P. Dietze. S. 1—56. — Über Joh. Gottl. Heineccius. Von Prof. Dr. O. Weise. S. 57—64. — Die Begründung der Porzellanindustrie in Eisenberg. Von Prof. Dr. O. Weise. S. 65—71.

Mitteilungen der Vereinigung für Gothaische Geschichte und Altertumsforschung. Jahrg. 1902. Friedrichroda, J. Schmidt & Co. 128 SS. 8⁰. Inh.: Tambach im Thüringer Wald. Unter Verwertung der Arbeiten u. Sammlungen des verstorbenen Rechnungsrates A. Fleischhauer zusammengestellt von F. Hering, Forstassessor. S. 1—99. — Die Anfänge der Dorf- u. Hufen-Verfassung in Thüringen. Vor-

trag in der Versammlung der Ver. f. Goth. G. u. A. gehalten am
7. Jan. 1902 von K. F. v. Strenge. S. 100—117. — Zur Geschichte
des Gymnasiums zu Gotha. Von M. Schneider. S. 118—122. —
Rezens., Vereins-Chronik u. Neue heimatkundl. Litteratur. S. 123
—128.

Mittheilungen des Vereins f. d. Geschichte u. Alterthums-
kunde von Erfurt. H. XXIII. (Erfurt, Komm. bei H. Güther, 1902.)
91 SS. 8⁰. Inh.: Schröer, Der Erfurter Todtentanz. Mit 45 Abb.
S. 1—62. — Zschiesche, Übersicht über die vor- und frühgeschichtlichen Wallburgen in Thüringen. S. 63—91.

Schriften des Vereins für Sachsen-Meiningische Geschichte
u. Landeskunde. 40. Heft. Inh.: Neue Landeskunde des Herzogt.
Sachsen-Meiningen, Heft 3. Von Dr. L. Hertel. Hydrographie.
Mit 2 Karten. 1902, Hildburghausen, Kesselringsche Hofbuchdr.,
1902. 318 SS. 8⁰. — 41. Heft. Inh.: Die Grafschaft Camburg.
Von Kirchenrat Dr. E. Eichhorn. — 42. Heft. Inh.: Ernst Rittweger, weil. Direktor des Gymnasium Georgianum zu Hildburghausen. Ein Bild seines Lebens und Wirkens, dargestellt von seinem
Sohne Dr. Karl Rittweger 1902. 88 SS. 8⁰.

                                        O. Dobenecker.

Das Germanische Museum zu Jena.

Das Germanische Museum zu Jena wurde im Sommer 1901 einer Neuordnung unterzogen. Bei der neuen Aufstellung und Gruppierung wurde einmal bezweckt, eine fortlaufende, systematische Übersicht der Typen der vor- und frühgeschichtlichen Waffen, Schmucksachen, Geräte, Werkzeuge in den einzelnen Epochen der Vorgeschichte zu geben — hierzu wurden die Einzelfunde und die im Museum ohne näheren Fundbericht vorhandenen Objekte verwendet —, andererseits lokal zusammenhängende Funde auch lokal zusammen aufzustellen. Schon im Verlauf des Sommers noch war es möglich, das Museum dem Publikum zum Besuch zu öffnen. Jeden Freitag von 2—4 und jeden ersten Sonntag im Monat von 11—1 Uhr können die Sammlungen besichtigt werden.

Infolge der Eröffnung des Museums wurde die Aufmerksamkeit wieder von neuem auf die reichen Sammlungen gelenkt, die Prof. Klopfleisch in den sechziger, siebziger und achtziger Jahren mit rastlosem Eifer und großer Sorgfalt zusammengebracht hatte. Viele von denen, die zu Klopfleisch in näherer Beziehung gestanden hatten, wendeten wieder ihr Interesse dem Jenaer Museum zu. So überraschte mit einer großer Schenkung Prof. Dr. Compter in Apolda. Die sämtlichen von ihm in der Lehmgrube der Ziegelei zu Nauendorf, 3 km nordnordöstlich von Apolda, gemachten Funde: neolithische Waffen und Werkzeuge aus Stein und Knochen in großer Zahl, Hüttenbewurfstücke, Tierreste, Urnen und Gefäßscherben einer bisher im Germanischen Museum zu Jena noch nicht vertretenen Gattung, des Rössener Typus, auf Cartons sorgfältigst und wohlgeordnet aufgezogen, füllen jetzt einen großen Schrank. Einen eingehenden Bericht über diese Funde hatte Compter 1893 in der Zeitschrift f. Thür. Gesch. und Alt., Bd. XVI, S. 391—415 gegeben.

Weitere Gaben gingen ein: von Oberlehrer Quantz (Geestemünde) Bernsteinstücke, unbearbeitet, aus der Umgebung von Geestemünde, ferner ein vollständiges bei Thiemsdorf (Pößneck) ausgegrabenes slavisches Skelett ohne Beigaben, vom Prof. Verworn (Göttingen) ein kleiner, gut profilierter Thonbecher, ein durchbohrter Knochenhammer, ein Bruchstück eines Löffels aus Thon, sämtlich Fundgegenstände aus den Herdgruben im Pennickenthal bei Wöllnitz, von stud. Stier eine bronzene Nadel, verbogen, mit plattem Knopf, aus den Herdgruben in Ammerbach, von Dr. G. Eichhorn (Jena) eine Sammlung von 27 Nachbildungen vor- und frühgeschichtlicher Töpferwaren der Provinz Sachsen, die unter der Aufsicht desselben in der Töpferei von Franz Eberstein in Bürgel hergestellt sind, Paradigmata für die Keramik der einzelnen prähistorischen

Epochen Mitteldeutschlands, von Carl Kunze (Hirschroda) Topfscherben und Steingeräte aus Hirschrodas Umgebung.

Außerdem wurden vom Museum angekauft aus Jenas Umgebung: Steinbeile, durchlochte Steinhämmer, Steinhacken, Feuersteingeräte, Topfscherben, mehrere ganze Urnen, Thonwirtel, ein Bronzekelt, eine bronzene la Tène-Fibel, ein Knochenhammer und eine kleine Sammlung römischer Gefäße und Bronzen, aus Neuß bei Düsseldorf, Xanten, Büngen und Köln stammend, in Summa circa 250 Nummern.   Dr. Gustav. Eichhorn.

Aus der Jenaer Gesellschaft für Urgeschichte.

Am 18. Februar 1901 wurde in Jena eine Gesellschaft für Urgeschichte gegründet, die allen denen, die den verschiedenen Gebieten der Urgeschichte wissenschaftliches Interesse entgegenbringen oder an deren Erforschung nach irgend einer Seite hin ausübend teilnehmen, die Gelegenheit zu persönlicher Aussprache und Anregung bieten will. Hierbei soll in erster Linie die thüringische Vor- und Frühgeschichte berücksichtigt, gleichzeitig aber auch, um eine Isolierung der Forschung zu verhüten, auswärtige Funde und Beobachtungen mit zur Sprache gebracht werden. Endlich wird hier auch der reiche Schatz prähistorischer Altertümer, den der verdienstvolle Prof. Dr. Klopfleisch im Germanischen Museum zu Jena sorgsamst gesammelt hat, und der in neuerer Zeit durch Schenkungen und Ankäufe vermehrt worden ist, mannigfache wissenschaftliche Verwertung finden. Die Gesellschaft hat sich nur insoweit organisiert, als sie 1) einen Vorstand von 3 Mitgliedern (einen Vorsitzenden, dessen Stellvertreter und einen Schriftführer) hat, der nach Ablauf jeden Jahres in der letzten Sitzung des Wintersemesters gewählt wird, 2) einen Jahresbeitrag (1 M.) für Bestreitung der notwendigsten Unkosten von jedem Mitglied erhebt. Während des Semesters findet jeden zweiten Montag im Monat abends 8 Uhr im kleinen Saal des Burgkellers zu Jena eine Sitzung statt.

Für das erste Jahr wurden in den Vorstand gewählt:

Prof. Dr. Ferd. Noack, Vorsitzender,
Dr. O. Dobenecker, stellvertretender Vorsitzender,
Dr. Gustav Eichhorn, Schriftführer.

Als Mitglieder traten ein:

Hofrat Prof. Dr. von Bardeleben,
Verlagsbuchhändler H. Costenoble,
Prof. Dr. med. et phil. P. Fraisse,
Prol. Dr. W. Keller,
Prof. Dr. Fr. Keutgen,
Prof. Dr. Alb. Leitzmann,
Prof. Dr. Georg Mentz,
Prof. Dr. Vikt. Michels,

Direktor Dr. Karl Konrad Müller,
Realschullehrer Quantz, Pößneck,
Prof. Dr. O. Schrader,
Privatdozent Dr. Leonh. Schultze,
Dr. Georg Steinhausen,
Prof. Dr. Max Verworn,
Prof. Dr. Karl Vollers,
Prof. Dr. Paul Weber.

I. Semester.

In der ersten **Sitzung im März** gab Prof. V e r w o r n als
Einleitung in die Arbeiten der Gesellschaft eine kurze Ü b e r s i c h t
über einige der wichtigeren prähistorischen Fund-
orte, die aus der näheren und weiteren Umgebung Jenas bekannt
geworden sind: Taubach, Lindenthaler Hyänenhöhle bei Gera aus
der paläolithischen Periode; Buttstedt, Klein-Romstedt, Hirschroda,
Eckolstedt aus der neolithischen Epoche; Hainichen, Thierschneck,
Crölpa aus der Bronzezeit; Jenzig, Münchenroda, Flurstedt, Lieb-
stedt aus der älteren Eisenzeit; Gleisberg, Pennickenthal, Thiemsdorf aus der vollentwickelten Eisenzeit; Weimar aus der Mero-
winger-Zeit; Klein-Romstedt, Camburg, Taubach, Thiemsdorf aus
der Slavischen Periode. Bei Anführung derselben wurden die
einzelnen Epochen der Vor- und Frühgeschichte kurz charakterisiert.
— Oberlehrer Q u a n t z demonstrierte aus seiner Sammlung: einen
Bronze-Halsring mit petschaftähnlichen Endknäufen aus einem Skelett-
grab in der Nähe von Ranis. — Prof. S c h r a d e r legte Funde vor,
die auf dem Ronneberg bei Zingst unweit Nebra, nördlich der Finne
gemacht worden sind: eine Nadel und 2 Flachkelte der älteren
Bronzezeit, ein bronzenes steigbügelähnliches Objekt.

Sitzung im Mai: Prof. N o a c k sprach über die Funde von
T a u b a c h, die im Germanischen Museum zu Jena aufbewahrt werden.
Auf diese für die Urgeschichte des gesamten Europa so wichtige
Stelle hatte Klopfleisch zuerst aufmerksam gemacht. Die Fund-
stellen sind Gruben, die auf Sand und Kalkstein abgebaut werden.
In dem weichen diluvialen Tuffsand — 4 bis 5 m unter dem heutigen
Ackerboden — liegen die von Menschenhand zerschlagenen Knochen
von Wisent, Höhlenbären, Riesenhirsch und Gerätfunde aus paläo-
lithischer Zeit. — Prof. K e u t g e n regte die Frage nach der Herkunft der Bronze an, deren man sich in Deutschland zur Bronzezeit beim Guß von Geräten bedient hat. — Straßenbauverwalter
H e i m (Camburg) zeigte einen bronzenen Fingerring, der bei Groß-
heringen kürzlich an einem freigelegten Skelette gefunden worden war.

Im Juni fand in Erfurt eine Beratung der Kommission zur
Herausgabe einer archäologischen Karte von Thüringen
statt. Die Jenaer Gesellschaft für Urgeschichte hatte eine Einladung zu derselben erhalten und wurde dortselbst vertreten durch
Prof. N o a c k und Dr. G. E i c h h o r n.

Sitzung im Juni: Dr. L. S c h u l z e besprach die vom Lehrer
Kramer aus Pößneck vorgelegten Knochen und Zähne vorgeschicht-
licher Tiere, die dem Pößnecker Thal, speciell der sogenannten Kies-
grube an der Altenburg entstammen. Anschließend hieran gab
Prof. W a l t h e r eine kurze Schilderung der diluvialen Fauna jener
Gegend. — Bibliotheksdirektor Dr. K. K. M ü l l e r berichtet über die
in Magdala unter seiner Leitung vorgenommenen Ausgrabungen der
Burg, die bis dahin so weit vorgerückt waren, daß ein Grundriß
der einstigen Burganlage im großen und ganzen vorgelegt werden
konnte.

Sitzung im Juli: Oberlehrer Q u a n t z hielt einen Vortrag über
die Steinkammergräber in der Umgebung von Geestemünde an der
Hand einer Anzahl selbstgefertigter Skizzen, knüpft daran an einige
Bemerkungen über die Feuersteinbearbeitung und über das Vor-

kommen des Bernsteins im Blixener Groden bei Geestemünde. Zum Schluß wurde hingewiesen auf eine kurze Abhandlung von Möller über Taubach.

Einer Einladung des Herrn Lehrer Möller in Weimar an die Mitglieder der Gesellschaft, den Ausgrabungen in Kalbs-rieth beizuwohnen, folgte Dr. G. Eichhorn am 27. Juli.

II. Semester.

Sitzung im November: Prof. Fraisse sprach über das alte Goldland Ophir und legte eine größere Anzahl besonders interessanter Schmuckgegenstände, Waffen und Geräte vor, die in ihren Formen und ihrer primitiven Herstellung an vorgeschichtliche Fundstücke erinnern.

Sitzung im Dezember: Lehrer Kramer (Pößneck) zeigte 2 kleinere Funde von prähistorischen Scherben vor, die bei Bremen gemacht worden waren. — Prof. Schrader machte auf die neue Fundtafel zur Ur- und Frühgeschichte Elsaß-Lothringens aufmerk-sam, die von R. Forrer bearbeitet ist. Die Anregung, sämtliche bis jetzt erschienenen derartigen Fundtafeln für die Gesellschaft zu erwerben und bei den Sitzungen auszuhängen, findet allgemeine Zustimmung. — Prof. Noack erstattet Bericht über eine neue andere Publikation Forrers: Achmimstudien I: Ueber Steinzeithockergräber in Oberägypten und europäische Parallelfunde. — Prof. Weber ver-weist auf einen vor kurzem erschienenen Aufsatz über das Salomonische Goldland Ophir, anknüpfend an Fraisses Vortrag in der vorigen Sitzung. Sodann schildert er in kurzen Zügen die verschiedenen Grundformen der bäuerlichen Hofanlage innerhalb des deutschen Sprachgebietes.

Sitzung im Januar 1902: Prof. Noack referierte über Schlitz: das steinzeitliche Dorf Großgartach und über neuerdings mitgeteilte Analysen altbabylonischer Bronzewerke, die ergeben haben, daß man anfänglich das Kupfer durch Beimischung von Arsen und Antimon gehärtet habe, Schlüsse, die kürzlich auch Mon-telius aus Analysen nordischer Bronzen gezogen hatte. Zinnbronze ist eine jüngere Erfindung und ist dem südwestlichen Asien zuzu-weisen. Von dort ist ihre Kenntnis schon vor Beginn des 2. Jahr-tausends v. Chr. an die Küsten Südeuropas gelangt. Hier hat sich im zweiten vorchristlichen Jahrtausend die große bronzezeitliche Kultur entwickelt, die man die mykenische zu nennen pflegt. Im Hinblick auf die Bedeutung neuerer und neuester klassischer archäo-logischer Forschung für die nordische Urgeschichte gab Prof. Noack in dieser und der folgenden Februar-Sitzung einen Über-blick über die bis jetzt gewonnene Kenntnis der mykenischen Kultur.

Statutengemäß wurde in der Februarsitzung, der letzten im ersten Geschäftsjahr, 1) der Kassenbericht vom Schriftführer Dr. G. Eichhorn gegeben; 2) der Vorstand neugewählt. Es werden wiedergewählt Prof. Noack als erster Vorsitzender, Dr. G. Eich-horn als Schriftführer; an Stelle von Prof. Dr. Dobenecker, der, mit anderen Arbeiten überlastet, eine Wiederwahl abgelehnt hatte, wird Prof. Mentz zweiter Vorsitzender. Als Mitglieder wurden im Ver-lauf des ersten Jahres in die Gesellschaft neu aufgenommen:

Kramer, Lehrer, Pößneck, Heim, Straßenbauverw., Camburg.
Wiedemann, Kommerzienrat in Dr. Richter, Geh. Hofrat, Gym-
 Apolda, nasialdirektor, Jena.

Matthes, Lehrer, Wenigenjena,	Freiberg, Kantor, Magdala,
Dr. Walther, Professor, Jena.	Dr. Graf, Arzt, Jena,
Dr. Hercher, Gymnasialprof., Jena,	Eichhorn, Pfarrer, Taupadel,
Dr. Dinger, Privatdozent, Jena,	Dr. Schmidt, Professor, Jena,
Dr. Gutzmer, Professor, Jena,	Dr. Florschütz, Arzt, Gotha,
Matthes, Apotheker, Jena,	Cand. phil. Becker, Jena.

Es zählt die Gesellschaft am Schluß des ersten Geschäftsjahres somit 35 Mitglieder. — Bei seinem Weggang von Jena nach Göttingen wurde Prof. Dr. Verworn, der eigentliche Begründer der Gesellschaft, zum Ehrenmitglied ernannt. Unser Mitglied Dr. Steinhausen verzog nach Kassel, Oberlehrer Quantz von Pößneck nach Geestemünde.

III. Semester.

In der **März-Sitzung,** der ersten im neuen Geschäftsjahr, beantragte Prof. Mentz an seiner statt als stellvertretenden Vorsitzenden der Gesellschaft Herrn Prof. Dr. Schmidt zu wählen. Es geschah.

Prof. Schrader behandelte sodann die Frage: Wer waren die Träger der mykenischen Kultur? und kommt zu dem Resultat, daß die mykenische Kultur ein älteres Stadium der homerischen darstelle, aus dem sich diese kulturhistorisch folgerichtig entwickelt habe, und kein stichhaltiger Grund angeführt werden könne, der den Griechen die mykenische Kultur abspreche.

Eine außerordentliche Sitzung hielt die Gesellschaft im **April** ab, da das Ehrenmitglied derselben, Prof. Verworn, aus Göttingen gekommen und der Gesellschaft über seine im vorigen Jahre auf italienischem Boden: in der Nähe des kleinen, im alten Picenum gelegenen Dörfchen Belmonte unternommenen ergiebigen und interessanten Ausgrabungen Bericht erstatten wollte. Verworn schickte der Demonstration seiner eigenen Fundgegenstände zunächst einen Vortrag voraus über die erste Eisenzeit an den Küsten der Adria.

In der **Mai-Sitzung** legte Lehrer Kramer (Pößneck) die unlängst bei Schlettwein gemachten prähistorischen Fundgegenstände vor und gab einen näheren Bericht über die Fundumstände. Beim Einebenen eines 2 m hohen, 3 m im Durchmesser haltenden Hügels auf dem sogenannten Lämmerberg bei Schlettwein stießen die Arbeiter auf eine schwarze Erdschicht und eine große Zahl menschlicher Knochen. Unter umsichtiger Aufsicht des Ortspfarrers wurden gerettet: 4—5 menschliche Skelette, die mit dem Gesicht nach Westen schauend beerdigt worden waren, ohne jede Steinumsetzung, ein bronzener Halsring, dünn, mit Haken- und Ösenverschluß, ein bronzener Halsring mit 3 kleineren angeschnürten bronzenen Ringen, mehrere Unterarmringe mit je 3 Wülsten vom späten Hallstatttypus. — Von der Gesellschaft eingeladen, gab Herr Lehrer Möller (Weimar) Bericht über die von ihm im Juli und August vorigen Jahres methodisch durchgeführte, höchst ergebnisreiche Ausgrabung des einen Hügels bei Kalbsrieth im Unstrutthal. Der 5 m hohe, weithin sichtbare Grabhügel barg weit über 100 Bestattungen aus den verschiedensten vorgeschichtlichen Epochen. Als besonders interessant war zu nennen das wohlerhaltene Steinkistengrab, zeitlich der neolithischen Periode angehörend, mit einem Hockerskelett, einem Schnurbecher, Feuersteinbeil, einer Kugelamphora und weiteren 3 verzierten Gefäßen, einer Doppelnadel aus Knochen, einer einfachen Knochennadel, 3 Eberzähnen.

An der VIII. am 1. Juni in Erfurt abgehaltenen Versammlung der an der Herstellung einer archäologischen Karte von Thüringen beteiligten Vereine nahm als Gast die Jenaer Gesellschaft, vertreten durch Dr. G. Eichhorn, teil.

In der Juni-Sitzung der Gesellschaft wurden 2 Photographien einer Herdgrube vorgelegt, die Prof. Verworn am Hainberg bei Göttingen aufgenommen hatte. Die sehr zahlreichen keramischen Reste weisen auf die Zeit der Völkerwanderung. — Aus der neuerschienenen Fachlitteratur referiert Prof. Noack über die neolithische Station Jablanica in Serbien und legt vor: die vorgeschichtlichen Altertümer der Provinz Sachsen mit Klopfleischs epochemachender Abhandlung über die steinzeitliche Keramik.

Der an die Gesellschaft ergangenen Einladung zur Feier des 50-jährigen Stiftungsfestes des Vereins für Thür. Gesch. u. Alt. zu Jena, am 21. und 22. Juni, leistete eine große Zahl der Mitglieder Folge.

In der Juli-Sitzung sprach Prof. Walther über die megalithischen Grabdenkmäler, die er auf seiner Reise durch Nordfrankreich besucht hatte. Im Anschluß daran gab Prof. Schmidt eine Übersicht über die Verbreitung und Anlage der megalithischen Grabdenkmäler überhaupt. — Lehrer Möller (Weimar) beendete seinen Bericht über Kalbsrieth und erörterte eingehend die Keramik des steinzeitlichen Kistengrabes, besonders das Vorkommen der Kugelamphora.

Während des Sommersemesters traten neu in die Gesellschaft ein: Justizrat Lommer, Orlamünde, Stabsarzt Dr. Schultes, Jena.

Dr. Gustav Eichhorn.

Bericht
über die Feier des fünfzigjährigen Stiftungsfestes des Vereins für Thüringische Geschichte · und Altertumskunde.

Von

O. Dobenecker.

Am 2. Januar 1902 waren 50 Jahre verflossen, seitdem in einer konstituierenden Versammlung unter dem Vorsitze des Professors Dr. Michelsen in Jena der Verein für Thüringische Geschichte und Altertumskunde ins· Leben gerufen worden war. Der Vorstand hielt es für eine Pflicht der Pietät, durch eine einfache und würdige Feier die Erinnerung an das Wirken jener Männer, die als Gründer, Leiter und Mitarbeiter den Zwecken des Vereins im Verlaufe eines halben Säkulums gedient haben, wach zu rufen. Die Ungunst der Jahreszeit gestattete jedoch nicht, den wirklichen Stiftungstag zu begehen; darum wurde beschlossen, die Feier mit der Hauptversammlung der Thüringischen Historischen Kommission und des Vereins, die im· Sommer 1902 abzuhalten war, zu verbinden.

Auf die Einladung des Vorstandes versammelten sich bereits am 21. Juni abends 7 Uhr die Mitglieder der Kommission zu einer Tagung, um später an einer zwanglosen Vereinigung der Gäste und einer Anzahl von Vereinsmitgliedern aus Jena teilzunehmen.

In der Kommissionssitzung waren vertreten: das Staatsarchiv zu Weimar durch Herrn Geh. Hofrat Dr. Burkhardt, das Gemeinschaftliche Hennebergische Archiv zu

Meiningen durch Herrn Professor E. Koch, der Verein zu
Roda S.-A. durch Herrn Kirchenrat D. Löbe, der Verein
zu Eisenberg S.-A. durch Herrn Pastor Löbe, der Verein
zu Hohenleuben durch Herrn Oberlehrer Auerbach, die
wissenschaftliche Abteilung des Thüringer Waldvereins
durch Herrn Archivrat Dr. Mitschke, die Thüringische Historische Kommission und der Verein für Thüringische Geschichte durch die Herren Prof. Dr. Rosenthal, Prof. Dr.
Dobenecker, Prof. Dr. Keutgen, Prof. Dr. Michels, Prof. Dr.
Mentz, Dr. Stoy und Geh. Justizrat Unger. Vertreten waren
zugleich die Hauptpflegschaften Weimar, Apolda, West-
kreis S.-A., Gera und Hohenleuben.

Verhandelt wurde der Reihe nach über die Weiterführung der Edition der Ernestinischen Landtagsakten, deren
1. Band vorgelegt wurde, über Publikationen zur thüringischen Wirtschaftsgeschichte, von denen als 1. Band das
Werk Stiedas über die Porzellanfabrikation auf dem
Thüringer Walde erschienen ist, über die Arbeiten an den
Stadtrechten von Eisenach und Saalfeld, über die beantragte Unterstützung des Druckes der Saalfelder Chronik
von Caspar Sagittarius, über die Vorarbeiten zur Veröffentlichung von Archivalien zur neueren Geschichte
Thüringens, besonders über Abfassung einer Biographie
Ernsts des Frommen, eines Urkundenbuchs für die Geschichte der Universität Jena und einer im wesentlichen
darauf beruhenden Geschichte der Universität, desgleichen
eventuell einer Publikation über Wilhelm IV. von Weimar.
Weitere Mitteilungen betrafen die Organisation der Kommission, deren Sekretariat Herr Professor Dr. Mentz übernommen hat, nachdem es seit der Begründung der Kommission Prof. Dr. Dobenecker geführt, wegen Überbürdung
aber im Mai 1902 niedergelegt hatte; ferner die Inventarisation kleinerer Archive, die Grundkartenfrage und die
früher beantragte Edition der Matrikel der Universität Jena.
Anträge waren gestellt, bezw. erneuert worden über Abfassung einer Bibliographie zur Geschichte Thüringens,

über Herstellung von Stadtplänen im Maßstabe 1:2000 und über Bearbeitung einer Erziehungsgeschichte der Ernestiner.

Am Sonntag den 22. Juni trafen von nah und fern Gäste ein, um an der Feier teilzunehmen. Den Festteilnehmern waren von $9^1/_2$ Uhr das ethnographische, das germanische und das städtische Museum sowie die Universitätsbibliothek zur Besichtigung geöffnet. Unter Führung der Vorsteher dieser Sammlungen, der Herren Professoren Dove, Noack und Weber, und des Herrn Direktor Dr. Müller nahmen viele Mitglieder des Vereins die in liebenswürdigster Weise gebotene Gelegenheit wahr, die reichen Schätze der Museen und der Bibliothek zu besichtigen.

Um $11^3/_4$ Uhr wurde in den akademischen Rosensälen, wo sich die Vertreter der Regierung, der Universität, der Stadt, mehrerer auswärtiger gelehrter Gesellschaften und eine stattliche Anzahl von Mitgliedern und Gästen versammelt hatten, von dem Vorsitzenden, Herrn Prof. Dr. Ed. Rosenthal, die Versammlung eröffnet, indem er zuerst des schweren Verlustes gedachte, den das Gesamthaus Wettin und das ganze deutsche Vaterland durch das Hinscheiden Sr. Majestät des Königs Albrecht von Sachsen erlitten hatte.

Hierauf übermittelte im Auftrage Sr. Königlichen Hoheit des Großherzogs S. Excellenz Herr Staatsminister Rothe die Glückwünsche und Grüße des Landesherrn. Der Großherzog, so führte er aus, werde das warme Interesse und die Teilnahme, die er fortgesetzt der Thätigkeit des Vereins zugewendet habe, auch weiterhin bekunden und sich die Förderung seiner Ziele stetig angelegen sein lassen. Auch seitens des Großh. Ministeriums überbrachte Excellenz Rothe herzliche Glückwünsche zu der Jubelfeier und die Zusicherung fortgesetzter wohlwollender Anteilnahme. Wie ein deutscher Eichbaum im Schatten des Waldes wachse und sich entfalte, so sei auch der Verein für Thüringische Geschichte im Schatten der Jenaer Universität während eines halben Jahrhunderts gesegneter Thätigkeit, durchdrungen von der Freude an der Wissenschaft und der Liebe zur Heimat, unter der Mit-

1*

wirkung hervorragender Männer emporgediehen. — Auf die Ansprache des Ministers erwiderte der Vorsitzende dankend; er betonte, daß der Verein wohl wisse, was er der verständnisvollen Förderung der Regierung zu verdanken habe.

Hierauf sprach im Namen der Jenaer Universität der Prorektor Herr Geh. Hofrat Prof. Dr. Goetz. Er wies auf die enge Fühlung hin, die die Universität mit dem Verein gehalten habe. Glänzende Namen seien mit beider Geschichte verknüpft, er erinnere nur an das Dreigestirn Seebeck — Muther — Lipsius. Er dankte für die wissenschaftliche Unterstützung, die der Universität durch den Verein zu teil geworden sei, und wünschte, daß auch in der Zukunft die Thätigkeit des Vereins einen so wesentlichen Kulturbeitrag bedeuten werde wie bisher, und daß der Verein sein hundertjähriges Stiftungsfest mit den gleichen Gefühlen der Befriedigung über das Erreichte werde feiern können. In seiner Antwort dankte Herr Prof. Rosenthal für diese Worte. Die Universität und der Verein seien in der That Geschwister, die zusammengehören. Er teilte mit, daß der Verein beschlossen habe, zu dem in 6 Jahren zu feiernden 350-jährigen Jubiläum der Universität Jena eine Geschichte der Universität zu verfassen. Die Vorarbeiten seien begonnen worden, und man dürfe die Fertigstellung dieses Werkes bis zu diesem Tage wohl erwarten. Noch ein zweites Werk werde seitens des Vereins in Angriff genommen; nämlich das Urkundenbuch für die Universität Jena, das für die Universitätsgeschichte die Grundlage bilden solle.

Im Namen der Stadt Jena begrüßte sodann Herr Oberbürgermeister Singer den Verein. Mit Recht, führte er aus, habe man früher der Stadtverwaltung den Vorwurf machen können, daß sie lange Zeit dem Verein wenig Teilnahme geschenkt habe. Erst in den letzten Jahren sei dies besser geworden; Beweis dafür sei, daß die Stadt mit einem Jahresbeitrage dem Verein beigetreten sei. Der Geschichte der Heimat hätten die städtischen Behörden ein größeres Interesse seit einiger Zeit entgegengebracht und im stillen Denkmäler der Vergangenheit gesammelt. In wenigen

Monaten werde das städtische Museum, in dem diese Zeugen
der Vergangenheit Jenas untergebracht würden, seine Räume
öffnen. Auch sei ihnen in dem neuen Universitätsgebäude
ein würdiger Platz gesichert. Vor der Öffentlichkeit spreche
er die Hoffnung aus, daß die Behörden sich von diesem
Wege nicht wieder abdrängen lassen würden. Zum Beweis
der guten Absicht verkünde er, daß der Gemeinderat ein-
stimmig 1500 Mark zu den Kosten des 2. Bandes des
Urkundenbuches der Stadt Jena zur Verfügung gestellt habe.

Der Vorsitzende sprach den wärmsten Dank des
Vereins für das großherzige Geschenk, sowie für die Bethätigung echt wissenschaftlicher Gesinnung aus, indem er
an die Worte des Nationalökonomen Lorenz von Stein er-
innerte, daß nur durch ein Zusammenwirken von Organi-
sationen, von Staat und Kommunen die Kultur dauernd gefördert werden könne.

Der sich anschließende Vortrag des Vorsitzenden über die
Geschichte des Vereins und der Vortrag des Herrn Dr. St. Stoy
über Ernst den Frommen, die mit großem Beifall aufgenommen
wurden, werden weiter unten zum Abdruck gebracht.

Nach der Festsitzung versammelten sich die meisten
Teilnehmer zum Festmahl im „Schwarzen Bären“.

Als Ehrengäste konnte der Verein in seiner Mitte
begrüßen S. Exc. Herrn Staatsminister Rothe, den Pro-
rektor und den Kurator der Universität, den Oberbürger-
meister und den Vorsitzenden des Gemeinderates, auch Ihre
Excellenzen Herr Staatsminister a. D. von Strenge und
Gemahlin beehrten die Feier mit ihrer Gegenwart. Als
Vertreter der Erfurter Akademie und des Vereins für die
Geschichte und Altertumskunde zu Erfurt nahm Herr
Pfarrer Oergel, als Vertreter des Vereins zu Kahla Herr
Justizrat Lommer und als Vertreter der Stadt Mühlhausen
i. Th. Herr Erster Bürgermeister Trenckmann teil. Von
den beiden ältesten Mitgliedern des Vereins, Herrn Geh.
Justizrat Schwanitz, der an der Festversammlung in den
Rosensälen teilgenommen hatte, und Herrn Geh. Hofrat
Archivdirektor Burkhardt, war der letztere zugegen; erst

nachträglich wurde bekannt, daß er gerade am 22. Juni 1852 dem Vereine beigetreten ist.

Eine große Anzahl von Toasten würzte das Mahl. Herr Prof. Rosenthal brachte ein Hoch auf S. Maj. den Kaiser und auf die thüringischen Fürsten, die Protektoren des Vereins, aus; Prof. Dobenecker begrüßte die Gäste, insbesondere S. Exc. Herrn Staatsminister Rothe, S. Magnificenz Herrn Prorektor Geh. Hofrat Dr. Goetz und Herrn Oberbürgermeister Singer.   Dann sprach S. Exc. Herr Staatsminister Rothe auf den Vorstand des Vereins, dessen Verdiensten um die Wissenschaft er warme Anerkennung zollte.   Es folgte ein Toast von Herrn Prof. Mentz auf die Damen, Herr Oberbürgermeister Singer gedachte der Universität Jena, S. Magnificenz der Herr Prorektor Geh. Hofrat Prof. Goetz erwiderte als Vertreter der Universität und feierte dann den Verein als historische Klasse der Jenenser Akademie der Wissenschaften.   Herr Geh. Staatsrat Eggeling brachte ein Hoch auf die Stadt Jena aus, und Herr Prof. Thümmel feierte den Festredner Herrn Privatdocent Dr. Stoy.   Während der Tafel wurden Huldigungstelegramme an die thüringischen Fürsten abgesandt, die dem Verein ihre Protektion zu teil werden lassen.   Danktelegramme sind darauf von den Herzögen von Altenburg und von Meiningen, von dem Erbprinzen von Hohenlohe-Langenburg, dem Regenten von Sachsen-Coburg und Gotha, und von den Fürsten von Rudolstadt, von Sondershausen und von Reuß j. L. eingelaufen.   Wir bringen als das ausführlichste hier das Telegramm des Regenten Hohenlohe zum Abdruck:

Langenburg, Württemberg.

Dem Verein für Thüringische Geschichte und Altertumskunde spreche ich für die freundliche Begrüßung herzlichsten Dank aus und verbinde damit aufrichtigste Glückwünsche zur schönen Jubiläumsfeier.   Die Pflege vaterländischer Geschichte schätze ich als ein wichtiges Mittel, im Volke die Liebe zur Heimat zu wecken, sehr hoch und wünsche dem Verein von Herzen auch für die Zukunft Gedeihen seiner edlen Bestrebungen.

Erbprinz Hohenlohe.

Herr Bibliotheksdirektor Dr. Müller berichtete über die Glückwünsche, die dem Verein anläßlich seines Jubiläums gesandt worden waren. Glückwunschschreiben sind eingelaufen von den Ministerien zu ˙Meiningen, zu Gotha, zu Gera, zu Greiz und zu Sondershausen, von dem Fürstl. Reußischen Staatsminister Exc. Engelhardt, von dem Landeshauptmann der Provinz Sachsen, von dem Ehrenmitglied des Vereins, Herrn Geh. Hofrat Prof. Schäfer in Heidelberg, von der Stadt Sondershausen, von Frau Geheimrat Wegele in Würzburg, ferner von dem Verwaltungsausschuß des Gesamtvereins der Deutschen Geschichts- und Altertumsvereine, von dem Mühlhäuser Altertumsverein, von dem Fuldaer Geschichtsverein, von dem Historischen Verein für Unterfranken und Aschaffenburg, von dem Historischen Verein zu Mittelfranken, von der Königl. Sächs. Kommission für Geschichte, vom Königl. Sächs. Altertumsverein, vom Museum für Völkerkunde in Leipzig, von der schlesischen Gesellschaft für vaterländische Kultur, vom Architekten- und Ingenieurverein zu Hannover, vom Altertumsverein der Stadt Worms, der Königl. Böhmischen Gesellschaft der Wissenschaften, vom nordböhmischen Exkursionsklub, vom Verein zur Geschichte der Deutschen in Böhmen, von der Direktion des Schweizerischen Landesmuseums in Zürich, vom Institut national genevois und vom Institut archéologique liégeois. Auf telegraphischem Wege sandten ihre Glückwünsche der Verein für Geschichte und Altertumskunde zu Roda, die Vereinigung für Gothaische Geschichte der Hennebergische altertumsforschende Verein, der Thüringer Wald-Verein, der Mansfelder Geschichtsverein, der Oberhessische Geschichtsverein, der Historische Verein für Niedersachsen, der für Oberbayern, der Sudetengebirgsverein, die Gesellschaft für lothringische Geschichte und Altertumskunde, die Gesellschaft für deutsche Erziehungs- und Schulgeschichte, der Verein Herold, das Germanische Nationalmuseum in Nürnberg, der Verein für die Geschichte der Stadt Nürnberg, die Oberlausitzische Gesellschaft der Wissenschaften, der Historische Verein der Pfalz, der Altertumsforschende Verein für Ronneburg, der Geschichts- und Altertumsforschende Verein zu Leisnig, die Staatswissenschaftliche Gesellschaft und die Fuchsturmgesellschaft zu Jena, die Gelehrte estnische Gesellschaft zu Dorpat, der Altertumsverein zu Wien, die Gesellschaft für Salzburger Landeskunde, die Gesellschaft für die Geschichte des Protestantismus in Österreich „aus dem Asylland vieler thüringischer Geistlicher", die Reale Accademia dei Lincei zu Rom und die Finische Litteraturgesellschaft zu Helsingfors.   Eine kunstvolle Adresse hatte der Harzverein seinem thüringischen Bruderverein gewidmet.   Durch Vertreter hatten überdies ihre Glückwünsche aussprechen lassen: der Geschichts- und Altertumsforschende Verein zu Eisenberg S.-A., der Vogtländische Altertumsforschende Verein zu Hohenleuben, der Thüringer Archivtag und die Wissenschaftliche Vereinigung zu Apolda.   Auch eine Anzahl der Mitglieder des Vereins, die an der Feier nicht teilnehmen konnten, gratulierten ihm in Briefen und Telegrammen, so die Herren S. Exc. Departementschef von Wurmb in Weimar, Oberlehrer Dr. E. Anemüller in Detmold, Kammerherr von Ebart in Gotha, Prof. Dr. Kühn in Eisenach, Archivrat Dr. W. Lippert in Dresden, Dr. G. Neuenhahn, der sieh in Wiesbaden befand, Realschuloberlehrer Quantz in Geestemünde, Oberlehrer Dr. P. Regel in Gotha, Legationsrat von Tümpling auf Thalstein und Prof. Dr. K. Wenck in Marburg.

Ein gemeinsamer Spaziergang nach dem Forst schloß sich an das Festmahl an, und eine kleine Anzahl der Teilnehmer vereinigte sich schließlich am Abend noch in der „Sonne", um hier den Abgang der letzten Züge abzuwarten.

Wir können den Bericht nicht schließen, ohne allen, die sich um das Zustandekommen des Festes bemüht, und allen, die bei dem Jubiläum ihr Interesse für die Bestrebungen des Vereins bewiesen haben, herzlichst zu danken.

II.

Die fünfzigjährige Wirksamkeit des Vereins für Thüringische Geschichte und Altertumskunde.

Vortrag, gehalten am Stiftungsfeste des Vereins den 22. Juni 1902 in den akademischen Rosensälen zu Jena.

Von

dem Vorsitzenden Prof. Dr. **Ed. Rosenthal.**

Hochansehnliche Versammlung!

Wenn nach Zeiten politischer Erregung eine Epoche die Ruhe eingetreten ist, erscheint der Boden für geschichtliche Betrachtung und Versenkung in die Vergangenheit besonders günstig. Nach den bewegten Jahren der Befreiungskriege hat so der Freiherr von Stein 1819 die Gesellschaft für deutsche Geschichtskunde gegründet, die die Herausgabe der Monumenta Germania historica ins Werk setzte. So ist in der Ruhe nach dem Sturme der Bewegung von 1848/49, in welcher der Versuch der Gründung des deutschen Staates gescheitert war, der Verein für Thüringische Geschichte und Altertumskunde ins Leben gerufen worden.

Die unmittelbare Anregung zur Gründung unseres Vereins ging aus von dem Archäologen Bernhard Stark, dem Gliede einer mit der Geschichte unserer Hochschule eng verbundenen Professorenfamilie, nachdem frühere Anregungen zu keinem greifbaren Ergebnisse geführt hatten.

Am 1. November 1851 lud Stark die Professoren Droysen (Historiker), Göttling (klass. Philologe), H. Rückert (germanist. Philologe), Michelsen (Jurist), Schwarz (Theologe), und Wegele (Historiker) für den folgenden Tag zu einer Besprechung über „eine Vereinigung der einzelnen Kräfte zunächst auf hiesiger Universität, dann im Bereiche Thüringens selbst zu einem Historischen oder Altertumsforschenden Vereine, in naher, aber selbständiger Verbindung mit dem in Halle bereits bestehenden". Diese 7 Herren verschickten [1]), nachdem sie sieh über einen Statutenentwurf geeinigt hatten, eine von Droysen verfaßte gedruckte Einladung zum Beitritt. „Schon mehrfach", so spricht sich diese über die Aufgaben des Vereins aus, „ist der Wunsch ausgesprochen worden, daß auch in den thüringischen Landen ein Verein entstehen möchte, der es sich zur Aufgabe macht, die Geschichte derselben zu erforschen, die vorhandenen Reste des Altertums zu erhalten, Urkunden, Chroniken, Überlieferungen zu sammeln, aus den gewonnenen Materialien besonders Wichtiges zu veröffentlichen".

Die Anregung fiel auf einen fruchtbaren Boden. Denn wenn auch außer dem erwähnten thüringisch-sächsischen Verein für die Erforschung des vaterländischen Altertums zu Halle, der mehr ein sächsischer [2]) geblieben war, schon die Geschichts- und Altertumsforschende Gesellschaft des Osterlandes zu Altenburg, der Vogtländische Altertumsforschende Verein zu Hohenleuben und der Hennebergische Geschichtsverein zu Meiningen bestand, so hatte dieser seine Thätigkeit einem fränkischen Landesgebiet zu widmen, während jene bestimmungsgemäß ihre Aufgabe in der Erforschung der Geschichte eines kleinen Bezirks Thüringens erblickten. So kann man nur staunen, daß, nachdem in so vielen deutschen Gauen bereits Geschichtsvereine eine er-

---

1) Einen „Bericht über die Stiftung des Vereins für Thüring. Geschichte und Altertumskunde" aus der Feder Rückerts, nebst den Statuten des Vereins, Namensverzeichnis der Mitglieder und Verzeichnis der an den Verein eingegangenen Geschenke enthält Bd. 1 Heft 1 der Zeitschrift des Vereins, Jena, Friedrich Frommann, 1852.
2) Vergl. Bericht, S. 5 f.

folgreiche Thätigkeit entfalteten, Gesamtthüringen noch immer eines Mittelpunktes für die Förderung seiner landesgeschichtlichen Studien entbehrte; Thüringen, das Herz Deutschlands, mit seiner reichen und wechselvollen Geschichte, die so innig verflochten war mit der Geschichte des Gesamtvaterlandes.

Weithin leuchtende Glanzpunkte im deutschen Geistesleben der Vergangenheit sind es, die auf thüringischem Boden in die Erscheinung treten. Hier erblühte des Minnesangs Frühling. An dem gastfreien Hof des kunstsinnigen Landgrafen Hermann, den schon Heinrich von Veldeke in seiner Eneide als einen Freund deutscher Dichtung rühmte, ließen Wolfram von Eschenbach, der größte deutsche Dichter des Mittelalters, und Walter von der Vogelweide ihre unvergänglichen Weisen ertönen. In Hermanns Auftrag schrieb Herbort von Fritzlar seinen Trojanerkrieg und Wolfram seinen Willehalm[1]). Dann ist wiederum im 16. Jahrh. die Wartburg die Stätte, wo Luther das erfolgreiche Werk der Bibelübersetzung unternahm, und die Reformation, jene gewaltige religiöse und geistige Bewegung, die eine neue Zeit einleitete, hat hier ihre Ursprungsstätte. Und um die Wende des 18. und 19. Jahrhunderts versammelt Karl August am Weimarer Musenhof die Heroen deutscher Dichtkunst, deren Ruhm die civilisierte Menschheit bis in die fernsten Tage durchleuchten wird. In unserem Jena erschlossen in dieser Epoche Fichte, Schelling, Hegel der Weltweisheit neue Bahnen.

Es fällt auf, daß man nicht schon längst auch hier den Versuch gemacht hat, durch Zusammenfassung der interessierten Kreise den Schauplatz all dieser gewaltigen Geistesthaten und so vieler bedeutsamer politischer Ereignisse, die sich auf diesem landschaftlichen Hintergrunde abspielten, geschichtlich zu ergründen. Denn

---

[1] Vergl. Scherer, Geschichte der deutschen Litteratur, Berlin 1883, S. 195.

Fr. Böhmer hatte schon 1844 geklagt, daß „leider gerade in Thüringen die Kenntnis der Landesgeschichte und die Teilnahme für dieselbe sogar erloschen sei[1]“. Ein Mittelpunkt für die Erforschung der Vergangenheit Thüringens war gerade hier anzustreben, wo die staatsbildende Kraft in ihrer überreichen Entfaltung eine größere staatliche Zersplitterung als in anderen Gauen Deutschlands erzeugt, bis in unsere Tage erhalten hatte und hier keine gemeinsame Centralgewalt auch den leitenden Mittelpunkt für diese Studien darbot, wie dies in anderen größeren deutschen Staaten der Fall war.

Die konstituierende Versammlung des Vereins fand am 2. Jan. 1852 im Saale des Bürgervereins unter dem Vorsitze des Rechtshistorikers Michelsen statt. Über die wissenschaftlichen Aufgaben des Vereins verbreitete sich in einem eindrucksvollen Vortrage Prof. Rückert, ein Sohn des Dichters.

Es war selbstverständlich, daß man zum Sitze des Landesvereins Jena mit seiner ernestinischen Gesamtuniversität erwählte, an der eine Reihe von Gelehrten wirkte, welche die Erforschung des geschichtlichen Lebens Thüringens in seinen verschiedensten Kulturgebieten am besten zu leiten in der Lage waren. Zugleich bestimmten aber die Statuten, die in der konstituierenden Versammlung zur Annahme gelangten, daß die jährliche Generalversammlung abwechselnd an einem Orte Thüringens abgehalten werden solle. So konnte das Interesse für die Vereinsbestrebungen durch Anknüpfung und Auffrischung persönlicher Beziehungen in den verschiedensten Teilen Thüringens geweckt und gefördert werden. Bei der Bildung des Vorstandes und Ausschusses durch die konstituierende General-

---

1) Vergl. Dobenecker, Die Bedeutung der Thüringischen Geschichte und der gegenwärtige Stand ihrer Erforschung (1886), in Zeitschrift des Vereins für Thüringiscse Geschichte, N. F. Bd. 5, S. 167.

versammlung wurden gewählt zum Vorsitzenden der Kurator
der Universität, Staatsrat Seebeck, zu dessen Stellvertreter Prof. Michelsen, zum Sekretär Prof. Rückert, zum
Kassierer Buchhändler Frommann, zu Mitgliedern des Ausschusses die Historiker Droysen, und Wegele, der National-
ökonom Fischer, der Philologe Göttling, der Theologe
Schwarz, der Archäologe B. Stark, sämtliche Lehrer unserer
Hochschule. Die Wahl Seebecks zum ersten Vorsitzenden
des Vereins muß als ein besonders glücklicher Griff ge-
priesen werden. Noch im Oktober des Gründungsjahres
trat an Stelle des nach Breslau berufenen Rückert Prof.
von Lilienkron in den Ausschuß ein.

Zum Ehrenmitglied des Vereins wurde der damalige
Erbgroßherzog von S.-Weimar Carl Alexander gewählt.

So waren hier zu gemeinsamem Wirken verbunden
Wegele, der künftige Geschichtsschreiber der deutschen
Historiographie, und Lilienkron, die dereinst berufen wurden
zur Leitung des großen nationalen Unternehmens, der Allgemeinen Deutschen Biographie, das die Historische Kommission bei der Bayerischen Akademie der Wissenschaften
ins Leben rief und an dessen Spitze heute noch der greise
Stiftsprobst von Lilienkron steht.

Der Verein stellte sich durch seine Statuten unter den
Schutz aller thüringischen Landesfürsten[1]). Zu korrespon-
dierenden Mitgliedern werden 40 auswärtige Gelehrte[2]) er-
nannt, darunter die ersten Namen wie Jakob und Wilhelm
Grimm, Moritz Raumer, Sybel, Dahlmann, Perthes, Arndt,
Pertz, Böhmer, General von Radowitz.

Die Aufgabe, die sich der Verein bei seiner Gründung
stellte, war die, „durch Sammlung und wissenschaftliche
Benutzung der heimischen Denkmäler die Geschichte

---

1) Vereinsstatut, 1852, § 2.

2) Die Namen derselben sind abgedruckt in der Vereinszeitschrift, Bd. 1, S. 201.

Thüringens in allen seinen früheren und jetzigen Bestandteilen allseitig zu erforschen und zu erweitern" [1]).

Um diese Aufgabe zu erfüllen, war die Bildung von
Sektionen [2]) für die einzelnen Zweige der Vereinsthätigkeit
(Geschichte, Landeskunde, Sprachkunde, Rechtsquellen,
Altertumskunde) ins Auge gefaßt, indem der Ausschuß in
Verbindung mit einzelnen sachverständigen Vereinsmit-
gliedern diese Zweige des geschichtlichen Lebens pflegen
sollte.

Schon in der ersten Sitzung (15. Jan. 1852) schritt
der Gesamtausschuß zur Organisation von Sektionen und
beauftragte folgende Herren mit der Bildung derselben. Prof.
Fischer mit der Bildung der Sektion für Landeskunde und
Statistik, Stark mit der für Kunstaltertümer, Michelsen für
Rechtsaltertümer, Droysen mit der für neuere Geschichte,
Wegele mit der für mittlere Geschichte, Schwarz für
Kirchengeschichte und Rückert für die Sprache und Litteratur.
Nach dem Weggang Rückerts trat Prof. von Lilienkron an seine Stelle. Ein solcher Organisationsplan ging
doch wohl etwas zu sehr ins Große und die immerhin
nicht sehr zahlreichen zur Verwendung stehenden persönlichen Kräfte und die Beschränktheit der finanziellen Mittel
gestatteten nicht eine gleichzeitige gedeihliche Wirksamkeit
auf diesen verschiedenen Gebieten. Es waren doch nur
einige Sektionen, in denen sich eine lebendige Sorgsamkeit
entfaltete. In der „Zeitschrift des Vereins", von der jetzt
die staatliche Reihe von 20 Bänden abgeschlossen vorliegen, fanden die verschiedensten Seiten des Kulturlebens
der Vergangenheit eine ertragsreiche Pflege. Wenn man
sich den reichen Inhalt dieser Jahrgänge, die erstaunliche
Vielseitigkeit der erörterten Materien vergegenwärtigt, dann
muß man bei objektiver Beurteilung zugestehen, daß in
ihnen nicht nur eine wesentliche Erweiterung unserer Kennt-

---

1) Vereinsstatut, 1852, § 2.
2) Daselbst § 10.

nis des politischen Lebens, daß Quellenkunde, Kirchen-, Litteratur-, Rechts- und Kulturgeschichte Thüringens durch diese Veröffentlichungen eine ganz bedeutende Erweiterung erfahren. Einzelne Spezialuntersuchungen hellen nicht nur das Dunkel, das die Geschichte einzelner Ortschaften und Bezirke umgab, auf, sondern setzen durch ihre Ergebnisse Institutionen der Vergangenheit in helle Beleuchtung und bieten wichtige Beiträge zur Gesamtgeschichte Thüringens und Deutschlands. Eine für unsere Stadt und Universität bedeutungsvolle Angelegenheit wurde durch die Zeitschrift des Vereins in Fluß gebracht. Schon im ersten Jahre beschloß der Vorstand die Aufforderung zur Errichtung eines Denkmals des Kurfürsten Johann Friedrich, des Stifters unserer Universität, zu erlassen. An die Spitze des gegründeten Denkmalvereins trat der Vorsitzende des Vereins, Seebeck, der dann auch bei der 1858 erfolgenden Enthüllung die Festrede hielt. Dank der Arbeitskraft Michelsens war es dem Verein möglich, neben den ersten Heften der Zeitschrift auch noch im ersten Jahre mit einer Herausgabe von Quellenpublikation hervorzutreten. Michelsen legte schon im August 1852 die erste Lieferung der Rechtsdenkmale aus Thüringen vor, die die bisher ungedruckten Stadtrechte von Arnstadt enthalten, deren Inhalt germanistisch zum Teil bedeutend war, mit einer staats- und rechtsgeschichtlichen Einleitung. Von diesen Rechtsdenkmalen erschienen im Ganzen 5 Lieferungen. Michelsen hat sich aber nicht darauf beschränkt, die ihm, dem Rechtshistoriker, nahe liegenden Rechtsdenkmäler zu edieren, sondern vorläufig auch die Herausgabe des thüringischen Urkundenbuchs übernommen, von dem allerdings nur eine Lieferung, die Urkunden des Klosters Capelle, erschienen ist. Seiner energischen Thätigkeit im Dienste der Vereinsaufgaben, denen sich die Mitarbeit eines Wegele und Lilienkron und anderer tüchtiger Forscher würdig anschloß, ist wohl das günstige Urteil zu danken, das den Leistungen des Vereins nach $2^1/_2$ jährigem Bestehen zu teil geworden ist.

In einem Aufsatze der Augsburger Allgemeinen Zeitung (1854)[1]) heißt es: „Es ist bereits von sachverständigen Männern ausgesprochen worden, daß wohl kein ähnlicher Verein seine Aufgabe so scharf und treffend sich gestellt und so energisch und getreu ausführt".

Es ging ein großer, nicht am kleinen haftender Zug durch die Leitung des Vereins, trotz der Kärglichkeit der zur Verfügung stehenden Mittel. Gleich in einer der ersten Ausschußsitzungen[2]) fand so ein Vorschlag des Präsidiums Annahme, in den künftigen Heften der Vereinszeitschrift möglichst Gleichartiges zu vereinigen nach Maßgabe der bereits gebildeten Sektionen und dabei sich nicht zu ängstlich an die vorrätigen Kassenmittel zu binden".

Ein hoffnungsfroher Optimismus, eine ideale Begeisterung für die Sache führte die in Jena so glücklich vereinten Kräfte zu schönen Erfolgen, denen, wie wir gesehen, die Anerkennung nicht versagt blieb. Aber, wenn auch fast alle Mitarbeiter auf jegliches Honorar verzichteten, die Druckkosten für die wissenschaftlichen Unternehmungen wollten doch bezahlt sein. Der geringe Jahresbeitrag der Mitglieder von 1 Thaler, der auch heute nach 50 Jahren trotz der starken Steigerung der Setzerlöhne und Papierpreise, auf der gleichen Höhe sich erhalten hat, kam nicht in Betracht, da den Mitgliedern die Zeitschrift unentgeltlich geliefert wurde. Der Verein war gezwungen Schulden zu machen und das Tempo seiner Publikationen zu verlangsamen. Die Gefahr war nahe gerückt, daß die dringendste Aufgabe des Vereins, die Herausgabe der thüringischen Geschichtsquellen, deren 1. Band, die Reinhardsbrunner Annalen von Wegele nahezu beendigt war, nicht zur Ausführung gelangen konnte, wenn nicht neue Geldquellen er-

---

1) Abgedruckt in der Gothaischen Zeitung vom 8. August 1854 Nr. 184.

2) 14. Juni 1852.

schlossen wurden. Ebensowenig durfte man auf eine Fest-
setzung und Beendigung des Planes hoffen, durch Bearbeitung aller noch vorhandenen alten Landeschroniken für
eine quellenmäßige Darstellung der thüringischen Geschichte
eine ganz sichere Grundlage zu gewinnen[1]).

Seebeck wandte sich, um eine Stockung in den litterarischen Unternehmungen zu verhüten, im Frühjahr 1854
an die Fürsten und Minister der thüringischen Staaten[2]),
legte mit staunenswerter Unermüdlichkeit offen und mann-
haft die Schwierigkeiten und die Bedeutung der Unternehmungen dar, und erbat von den Protektoren Unterstützung, denn er glaubte davon überzeugt sein zu dürfen,
„daß es für die thüringischen Staaten und deren erhabene
Fürstenhäuser ein recht wesentliches Interesse habe, ihre
ältere Geschichte, die noch vielfaches Dunkel decke, mit
Hilfe wissenschaftlicher Forschung in jeder politischen,
rechtlichen und kulturgeschichtlichen Hinsicht möglichst
erhellt zu sehen"[3]). Die Bittgesuche hatten Erfolg, die
Fürstlichkeiten machten Zuwendungen in der Höhe von
3 Louisdor bis 100 Thaler. Es waren mehrere hundert
Thaler auf diesem Wege dem Verein zugeflossen, und die
Schulden waren 1857 fast ganz gedeckt. So konnte 1857
der Kassierer[4]) Frommann dem Vorsitzenden melden „Unsere
Finanzen stehen gut, da wir im vorigen Jahr wenig ver-
druckt haben, und an außerordentlichen Zuschüssen
50 Thaler von der Großfürstin, 50 Thaler vom Herzoge vom
Altenburg in die Kasse geflossen sind". Die Zukunft der

1) Eingabe Seebecks an verschiedene Minister thüringischer
Staaten vom 1. April 1854. Vergl. auch G. Richter, Moritz Seebeck in Zeitschrift des Vereins N. F. V. S. 75.

2) Eine überzeugend begründete Eingabe Seebecks an den
weimarischen Minister von Watzdorf 4. Mai 1857 bei den Akten des
Vereins. Auszüge aus dieser bei G. Richter a. a. O.

3) G. Richter, a. a. O., S. 76.

4) Aschermittwoch (Akten, Herausgabe des U.B. betr. I) Der
Kassenbestand betrug an diesem Tage 464 Thaler 4 Groschen.

Publikationen war aber hierdurch nicht sicher gestellt. Und wieder war es Seebeck[1]), dessen eindrucksvollen und energischen Bemühungen es gelang, durch Vermittlung des Staatsministers von Watzdorf von der Großherzogin Großfürstin Maria Paulowna eine Unterstützung von 500 Thaler zu erwirken (1857). Diese hochherzige Gabe der fürstlichen Frau ermöglichte die Herausgabe der von Lilienkron bearbeiteten Chronik des Joh. Rohde. Von Schulden nicht mehr bedrückt war das Schiff des Vereins wieder flott gemacht und konnte von der sicheren Hand eines thatkräftigen und intelligenten Steuermanns gelenkt wieder einige Jahre ruhig seine Bahn weiter segeln.

1861 (15. Mai) legte Seebeck den Vorsitz im Verein nieder; er hatte schon früher erklärt, daß er nur bis zum Abschlusse der Bearbeitung der Geschichtsquellen und der Rechtsdenkmale das mitunter dornenvolle Amt weiter führen werde. Daß er seinem Nachfolger eine wohlgefüllte Kasse, einen Barvorrat von 427 Thalern[2]) hinterlassen konnte, war sein Verdienst und das des Buchhändlers Frommann[3]), der selbst in seiner Person den Zusammenhang mit einer großen Vergangenheit verkörpernd erfolgreich die Geschäfte des Vereins als Verleger besorgte und als Kassierer dessen Vermögen verwaltete und dem Verein oft mit Vorschüssen unter die Arme griff. Nach Seebecks Austritt aus dem Vorstand ging das Präsidium, nachdem der 2. Vorsitzende Michelsen der auch die Herausgabe der Vereinszeitschrift·

---

1) a. a. O., S. 77 f.

2) In der Vorstandssitzung v. 30. Okt. 1862 teilte der Vorsitzende Michelsen mit, daß die finanziellen Verhältnisse des Vereins nie so günstig beschaffen gewesen als in den Jahren 1861 und 1862, indem 1861 der Kassebestand 761 Thaler betragen habe und nach Abzug der erwachsenen Kosten in das Jahr 1862 ein Baarvorrat von 427 Thalern mit den eingegangenen Beiträgen herüber genommen worden sei, so daß nach Abzug der neu entstandenen Kosten circa 300 Thaler Baarbestand bleiben werden (Protokolle).

3) Über ihn vergl. Erich Schmidt, Charakteristiken. 1. Reihe 2. A. Berlin. 1902, S. 316 f.

besorgte, dasselbe $1\,^1/_2$ Jahr geführt hatte, auf diesen über
(30. Okt. 1862); zum 2. Vorsitzenden wurde später Frommann gewählt (10. Okt. 1863).   Schon Ende 1863 schied
Michelsen, der zum 1. Vorstand des Germanischen Museums
in Nürnberg ernannt worden war, aus dieser Stellung.
Mit ihm ist so ziemlich die erste arbeitsfrische und
ertragsreiche Epoche der Geschichte unseres Vereins zu
Ende.

Als (am 20. Juni) 1864 Klopfleisch die Öffnung eines Grab-
hügels bei Nerkewitz auf Kosten des Vereins beantragte, erklärte Frommann dies für unbedenklich, „da der Verein jetzt
Geld hat und sonst wenig Thätigkeit entwickelt", eine höchst
charakteristische Äußerung.   Jetzt war der Kreis jener
emsigen Arbeitsgenossen mit Lilienkron und B. Stark, der
nach Heidelberg übergesiedelt war, — auch der verdienstvolle Wegele war schon 1857 einem Rufe nach Würzburg
gefolgt, — die sich mit Begeisterung der Erforschung der
Thüringischen Geschichte geweiht, in alle Winde zerstreut.
Die Arbeit ruhte doch fast ausschließlich auf den Schultern
der Jenenser im Ausschusse, der, wie Seebeck berechnet,
„in seiner Arbeit eigentlich nur vom Hofrat Preller in
Weimar und vom Hofrat Funkhänel und vom Prof. Rein
in Eisenach sich einer mitfördernden Hülfe erfreute",
Adolf Schmidts wissenschaftliches Interesse, der dem Ausschusse mit Klopfleisch 1861 beigetreten war, lag auf einem
andern Felde.   1865 wurde kein Jahresbeitrag erhoben, da
kein Heft der Zeitschrift ausgegeben worden, obwohl
(17. Okt. 1864) eine Redaktionskommission gewählt worden
war.   1867 (18. Januar) lief bei Prof. Hermann eine Anregung des Archivrats Dr. Burkhardt ein zur Herausgabe
bezw. Fortsetzung des Codex Thuringiae diplomaticus.   In
einer Konferenz (20. Febr. 1867) wurde der Plan zwischen
beiden dahin vereinbart, daß der Codex Thuringiae dipl. in
4 Hauptabteilungen erscheinen solle:

1) Urkunden des landgräflichen Hauses und des Landes,
2) Urkunden der geistlichen Stiftungen,

2*

3) Urkunden der Städte und Ortschaften,
4) Urkunden thüringischer Familien (Grafen von Orlamünde, von Tautenburg etc.) bezw. Urkunden ver-
   mischten Inhalts.

Der Verein für Thüringische Geschichte sollte das
Werk in seinem Namen herausgeben und das Verlagsrecht
erhalten. Die Edition der Urkunden sollte Dr. Burkhardt
in Verbindung mit den Beamten des Weimarischen Archivs
übernehmen, doch wurde die Beteiligung bei der Herausgabe auch anderen, insbesondere Mitgliedern des Vereins
freigestellt. Man glaubte aber seitens des Vorstandes auf
denselben nicht eingehen zu können, hauptsächlich weil
dermalen nicht zu hoffen sei, daß die Herzoglich sächsischen Regierungen eine Geldbewilligung für diesen Zweck
gewähren würden, aber auch weil Kollisionen zwischen dem
Verein und der Archivverwaltung bei den modifizierten
B'schen Plänen unausbleiblich wären. Das ist die letzte
urkundliche Spur der Thätigkeit des Vereins vor seiner
Neubildung, die ich in den Akten fand.

Langsam war in den letzten Jahren der einst
rührige Verein dahingesiecht, und mit dem Tode Prof.
Hermanns verfiel er in einen etwa neunjährigen sanften
Schlummer.

Die Verwirklichung eines lange vergeblich ersehnten
Zieles, die Wiederaufrichtung von Kaiser und Reich hat
wieder eine Periode politisch mächtig bewegten Lebens
abgeschlossen. Und wiederum empfing die Geschichts-
schreibung durch tiefeingreifende politische Ereignisse neue
Impulse. Das Interesse für die Geschichte der engeren
und weiteren Heimat wuchs. Diese Strömung führte auch
zur Wiedergeburt unseres Vereins noch im Decennium des
großen Kriegs.

Am 12. Nov. 1876 versammelten sich auf Einladung
des einzigen noch übrigen Mitgliedes des alten Vorstandes,
des alten Frommanns, einige alte Mitglieder des Vereins,

denen sich einige neue beigesellten[1]). Man schritt zur Bildung des Vorstandes, wählte den Juristen OAGRat Prof. Muther zum 1. Vorsitzenden, Gymnasialdirektor Dr. Richter zum stellv. Vorsitzenden, Prof. Klopfleisch zum Schriftführer, später zum Konservator, und Dr. Karl Schulz, den jetzigen Bibliothekar des Reichsgerichts, dann zum Schriftführer; am 6. Juni 1877 wurde Buchhändler Eduard Frommann, der auch an Stelle seines Vaters den Verlag der Zeitschrift des Vereins übernommen hatte, zum Kassierer gewählt. In der Vorstandssitzung vom 5. Februar 1877 wurden in den Ausschuß gewählt die Professoren Georg Meyer, der bis zu seinem Weggang von Jena mit kurzer Unterbrechung mit der ihm eigenen Pflichttreue lebhaften und erfolgreichen Anteil an der Leitung der Vereinsgeschäfte nahm, dann der Germanist Sievers, der Theologe Lipsius und Oberbibliothekar Klette. Am 7. November 1877 traten noch hinzu Dr. Ulrich Stechele und der Historiker Prof. Dietrich Schäfer, der nach Klettes Abgang ihn als Vereinsbibliothekar ersetzte.

Es ist wohl kein Zufall, daß die Neubildung unseres Vereins zeitlich zusammentrifft mit der Gründung des hiesigen Gymnasiums, und ich vermute, daß die Persönlichkeit des neuen Direktors, dem auch gleich die Redaktion unserer Vereinszeitschrift übertragen wurde, die er bis zum Jahre 1885 geführt hat, auch bei der Renaissance des Vereins ihre Hand erfolgreich im Spiele gehabt hat. Treu hat Gustav Richter unserer Sache gedient bis zum heutigen Tage. Nach Lipsius' Tode übernahm er das Präsidium, in dessen Führung er mit der Würde der Repräsentation feines Verständnis für die Aufgaben unserer Landesgeschichtsforschung verbunden hat. Für die Interessen des

---

1) Vergl. R. A. Lipsius, Bericht über die Thätigkeit des Vereins für Thüringische Geschichte und Altertumskunde seit seiner Neubegründung am 12. November 1876 bis zur Generalversammlung in Gotha am 12. Oktober 1881. Zeitschrift des Vereins für Thüring. Gesch. u. Alt. Neue Folge, Bd. 2, S. 467 ff.

Vereins ist er stets mit Wärme und Entschiedenheit eingetreten. Der Verein dankt ihm besonders auch einige fein-
sinnige Denkmäler der Pietät, die er ͵in der Zeitschrift
verstorbenen Vorstandsmitgliedern gesetzt hat, ich erinnere
an die schönen, von warmer Sympathie durchhauchten Lebens-
bilder seiner Vorgänger im Vereinspräsidium, Seebecks [1])
und Lipsius' [2]), an die ehrende Charakteristik Michelsens [3]),
Eduard Frommanns und Martins. So war es uns allen höchst
schmerzlich, als Richter im September vorigen Jabres wegen
seines leidenden Gesundheitszustandes seine Stelle als
1. Vorsitzender niederlegte und auch, als wir auf meinen
Antrag dies Präsidium den Winter hindurch unbesetzt
ließen, nicht zur Weiterführung zu bewegen war. Doppelt
schmerzlich ist es mir, ihn nicht heute statt meiner
an dieser Stelle zu sehen, denn er war der berufene
Chronist des Vereins, dessen ältere Geschichte er in
den erwähnten Charakteristiken so anziehend dargestellt,
dessen jüngere Geschichte er an leitender Stelle mitge-
macht hat.

Ihm bei der heutigen Feier den innigsten Dank des
Vorstandes für sein Wirken auszusprechen, ist mir ein
Herzensbedürfnis. Ich verbinde damit den Wunsch, daß
ihm noch eine recht lange Thätigkeit als Mitglied unseres
Ausschusses beschieden bleibe.

---

1) Vergl. oben S. XVII, Anmerk. 1.

2) G. Richter, Lipsius' Lebensbild. Außer dieser Gedächtnisrede Richters wurde bei der vom Verein für Thüringische Geschichte
zu Ehren seines Vorsitzenden am 5. Februar 1893 in der Rose zu
Jena veranstalteten Gedächtnisfeier von des Verstorbenen Fakultäts-
genossen Prof. Dr. Nippold Lipsius' historische Methode in einer
warmen Gedächtnisrede gewürdigt. Beide Reden sind abgedruckt in
der Zeitschrift des Vereins für Thüring. Gesch. u. Alt. Neue Folge
Bd. 9, S. 3 f.

3) G. Richter, A. L. J. Michelsen und seine Bedeutung für
die thüringische Geschichtsforschung. Zeitschrift des Vereins für
Thüring. Gesch. u. Alt. Neue Folge Bd. 2 S. 441 f.

Der Verein nahm wie in alten Zeiten seine Abend-
zusammenkünfte [1]) mit Vorträgen wieder auf [2]).

Durch den plötzlichen Tod Muthers (25. November 1878)
war der neu aufstrebende Verein seines Leiters beraubt.
Auf Richters Vorschlag wurde Kirchenrat Lipsius zum 1. Vorsitzenden gewählt, der bis zu seinem Tode (19. August
1892) das Steuer des Vereins mit sicherer Hand führte.
Mit Wehmut gedenken wir, denen es noch vergönnt war,
mit ihm im Verein zu arbeiten, des vortrefflichen Mannes,
dessen hervorragende Geschäftsgewandtheit, dessen zielbe-
wußte Energie und dessen wissenschaftliches Ansehen dem
Verein, für den er unermüdlich wirkte, in hohem Maße zu
statten kam.   Ein halbes Jahr vorher schon war dem Vor-
stande ein durch seltene Pflichttreue ausgezeichnetes Mitglied durch den Tod entrissen worden: Am 27. Januar
1892 starb der Universitätsbibliothekar Dr. Martin, der die
Bibliothek des Vereins lange Zeit verwaltet und seit 1885
die Zeitschrift redigiert hatte.   Das von ihm herausgegebene Urkundenbuch der Stadt Jena und ihrer geistlichen
Anstalten ist ein sprechender Beweis für seine Gewissenhaftigkeit und Sachkenntnis.

Die Verwaltung der Bibliothek übernahm nach Martins
Hinscheiden der Direktor der hiesigen Universitätsbib-
liothek Dr. Müller, die Redaktion der Zeitschrift aber Dr.
O. Dobenecker.

Dem Vorsitzenden hatte seit 1885 Freiherr von Thüna als
Schriftführer zur Seite gestanden, dem durch planvolle Ordnung

---

1) Am 11. Dezember 1877 fand die erste Vereinszusammenkunft
statt, bei der Dr. Stechele einen Vortrag über die Herstellung eines
thüringischen Urkundenbuchs hielt.

2) Am 31. März 1878 hielt Dr. Schulz in einer solchen Zusammenkunft einen Vortrag über die Thüringische Landesordnung
Herzog Wilhelms des Tapferen von 1446. Auf Antrag des Geh. Rat
Hase war am 28. Februar 1879 im Interesse eines festen Zusammen-
schlusses der Mitglieder die Abhaltung von Monatsversammlungen
beschlossen worden.

unserer Akten und durch seine historischen Interessen der
dauernde Dank aller gesichert ist, die an der Verwaltung
unseres Vereins beteiligt waren und sein werden. Leider ver-
legte er bald seinen Wohnsitz nach Weimar, und ich folgte ihm
am 17. Januar 1887 im Schriftführeramt, das ich 1896 auf Prof.
Keutgen übertragen konnte. An Richters Stelle übernahm
Geh. Hofrat O. Lorenz die Funktionen des 2. Vorsitzenden,
legte dieser aber zu unseren großen Bedauern schon 1895 nieder.
Ihn ersetzte Staatsrat Prof. A. Brückner, der frühere Dorpater
Historiker. Die Erinnerung an den liebenswürdigen Kollegen
und seine stete Bereitwilligkeit zur Übernahme von Vorträgen wird uns unvergeßlich sein.

Hatte der Verein in seinen Anfängen auch schon in
der Herausgabe von Urkundenbüchern ein Hauptziel seiner
Bestrebungen erkannt, so war doch, wie oben gezeigt wurde,
der Codex Thuringiae diplomaticus über das von Michelsen
1854 herausgegebene 1. Heft nicht hinausgekommen. Privater
Initiative entsprang Reins Thuringia sacra, die nach Reins
Tode keine Fortsetzung fand.

Der Verein hatte gleich nach seiner Neubildung die
Herausgabe eines thüringischen Urkundenbuchs ins Auge
gefaßt, um die Forschung auf dem Gebiete Thüringer Landesgeschichte auf eine feste Grundlage zu stellen.

Dr. Stechele[1]) wurde mit der Bearbeitung des Planes
beauftragt, der von Prof. Schäfer revidiert und vom Vorstand
veröffentlicht wurde. „Kein Territorium in Deutschland",
so heißt es in dem Prospekt, „hat einen größeren Urkunden-
schatz als Thüringen, wo einst 150 Klöster waren, die
städtischen Gemeinwesen sich so reichlich entwickelten,
mächtige Dynastengeschlechter blühten, frühzeitig eigentümliche ständische Vertretungen sich ausbildeten und ein
großer Teil des norddeutschen Adels seine Wiege hatte."

---

1) Der Vorstand des Vereins ersuchte (18. Juli 1878) die Behörden und Archivvorstände, den mit den Vorarbeiten betrauten Dr.
Stechele zu unterstützen.

Man plante, die Urkunden der Dynastengeschlechte, der Städte, der Stifte und Klöster und des Adels herauszugeben. Als 1. Band wurde ein Urkundenbuch der Stadt Jena und ihrer geistlichen Anstalten ins Auge gefaßt. Dieses, von 1182 bis 1485 reichend, wurde von Dr. Martin, Universitätsbibliothekssekretär in Jena, 1888 veröffentlicht. Nach dem Tode des pflichteifrigen Mannes erwarb der Verein einige Vorarbeiten für den 2. Band aus dessen Nachlaß. Es gelang uns, in Dr. Ernst Devrient eine tüchtige junge Kraft zu gewinnen, der wir die Bearbeitung des 2. Bandes anvertrauen konnten. Noch im Laufe dieses Jahres wird das Werk unseren Freunden zugeben.

Als 2. Urkundenwerk war das von Arnstadt ins Auge gefaßt, dessen Herausgabe der verdienstvolle Vorstand des Ernestinischen Archivs in Weimar, Geh. Hofrat Burkhardt übernahm, nachdem Dr. Balzer von dem ihm gewordenen Auftrag auf seinen Wunsch entbunden worden war. Wir haben die große Freude, aus den Händen des Geh. Hofrat Burkhardt, unseres Kollegen im Ausschusse, des in unermüdlicher Schaffensfreudigkeit Wirkenden, vor einigen Wochen den jüngsten Sprossen unserer archivalischen Publikationen, den 1. Band der Ernestinischen Landtagsakten zu empfangen.

Auf das Arnstädter Urkundenbuch folgte 1885 der 1. Teil der Urkunden der Vögte von Weida, Gera und Plauen nebst ihrer Hausklöster (40 Bogen), dessen 2. Teil 1892 folgen konnte (46 Bogen), ein Werk, das in dem heutigen Schleizer Archivrat Dr. Berthold Schmidt, einem Schüler von Prof. Schäfer, einen auf der Höhe seiner Aufgaben stehenden Herausgeber fand.

An die Verwirklichung des Planes des Urkundenwerks konnte die Vereinsleitung aber erst schreiten, nachdem die Mittel für die Durchführung gesichert waren, denn erfahrungsgemäß konnte man bei solchen Publikationen auf einen starken Absatz nicht rechnen. Die Mitgliederbeiträge reichten aber wie heute kaum zur Deckung der Kosten der Vereinszeitschrift, ein Honorar konnte den Mitarbeitern an dieser nicht gegeben werden.

Der Vorstand legte in einer Eingabe an die Regierungen der thüringischen Staaten diese Verhältnisse dar und erbat eine fortdauernde jährliche Unterstützung von denselben, durch deren Gewährung die Durchführung des Urkundenwerks bedingt sei.

Es war ein glücklicher Umstand, daß damals die Leitung des weimarischen Kultusdepartements sich in den Händen Stichlings befand, des Enkels Herders, der, von einer hohen Auffassung von den Aufgaben des Staates beseelt, als sachkundiger Historiker — verdanken wir ihm doch eine wertvolle Monographie über die Mutter der Ernestiner[1]) — dem Plane volles Verständnis entgegenbrachte.

Umgehend gab er seiner Bereitwilligkeit zur thunlichsten Förderung des Unternehmens Ausdruck. Nähere Aufschlüsse über die erforderlichen Kosten und über die Urkundenbücher, die den beiden geplanten folgen sollten, wurden vom Vorstand eingefordert, da es für die einzelnen Regierungen von Wert war, zu erfahren, ob und in welchem Umfange Urkunden aus ihrem Staatsgebiet ediert werden sollten. Bei den Verhandlungen der weimarischen Regierung mit den übrigen thüringischen waren mancherlei Schwierigkeiten zu überwinden, sie zogen sich bis gegen die Mitte des Jahres 1880 hin. Auf der 2. Generalversammlung zu Arnstadt (13. Juni 1880) konnte die Gewährung einer Unterstützung von 2550 M. vorläufig auf 3 Jahre seitens der Regierungen von Weimar, Coburg-Gotha, der beiden Schwarzburg und der beiden Reuß verkündet werden. Weimar zahlte 1000 M., obwohl der Vorstand nur um einen Zuschuß von 750 M. gebeten hatte. Aber trotz dieser so überaus dankenswerten Zuschüsse konnte der Verein nicht ohne Sorge in die Zukunft schauen. „Ein

---

1) G. Th. Stichling, Die Mutter der Ernestiner. Ein Lebensbild von der Grenzscheide des 16. und 17. Jahrhunderts, Weimar 1860.

Jahresbeitrag von 2550 M.", so heißt es in dem vom Vorsitzenden 1883 erstatteten Berichte [1])," reicht gerade aus,
um einen mäßigen Band von 30—40 Bogen zu drucken
und bescheiden zu honorieren. In diesem Betrage sind aber
die Auslagen für die Vorarbeiten, Diäten und Reisever-
gütungen an die Bearbeiter noch nicht mitbegriffen". Später
kamen noch Meiningen und Altenburg hinzu, und die Jahres-
subvention stieg damit auf 3800 M.

Wir sind von herzlichem Danke gegen die Regierungen
und Landtage der thüringischen Staaten erfüllt, die uns an-
dauernd in die Lage versetzten, die urkundlichen Grundlagen für die Geschichte der Thüringer Lande zu veröffentlichen.

Da die größeren Mittel nicht in jedem Jahre aufge-
braucht wurden, denn nicht in jedem Jahr konnte ein Band
druckfertig gestellt werden, während wieder in anderen
Jahren eine größere Zahl von Werken zur Veröffentlichung
bereit lagen, war eine gute Disposition über die Finanz-
kräfte Vorbedingung günstigen Gedeihens des Vereins. Daß
diese Vorbedingung erfüllt wurde, dankt der Verein unserem
Kassenführer Herrn Dr. Gustav Fischer, der nach Eduard
Frommanns Tode († 9. Mai 1881) in den Vorstand eintrat
und den Verlag der Veröffentlichungen des Vereins übernahm. Alle Kollegen im Vorstand wissen, welche wertvolle
unentbehrliche Förderung uns in der 21-jährigen Mitarbeit
Dr. Fischers zu teil geworden ist. Der praktische Blick
des Leiters eines wissenschaftlichen Verlags von europäischem
Ansehen geht bei ihm Hand in Hand mit einem feinen
Takte in der Beurteilung unserer wissenschaftlicher Aufgaben, der unseren Unternehmungen in so reichem Maße
zu statten kommt.

Eine voraussehende, weitblickende Finanzgebahrung
war aber auch besonders geboten, als auf Antrag von Prof.

---

eitschrift des Vereins, Neue Folge Bd. 3, S. 563.

Dr. Schäfer 1882 die Herstellung eines thüringischen Ur-
kundenrepertoriums beschlossen wurde. In Dietrich Schäfer,
unserem einzigen noch lebenden Ehrenmitgliede, der es be-
dauert, heute nicht unter uns weilen zu können, da er gestern
ein Referat in der badischen ersten Kammer erstatten
mußte, hatte der Verein einen Leiter seiner wissenschaftlichen
Unternehmungen von ganz hervorragender Tüchtigkeit und
Energie gewonnen. Er hat seine organisatorische Kraft
dann als Tübinger Professor bei der Einrichtung der
würtembergischen Kommission für Landesgeschichte, deren
Geschäfte er führte, glänzend bewährt und ist jetzt als
Heidelberger Historiker ein angesehenes Mitglied der badischen
historischen Kommission.

Die Schwierigkeiten, die sich bei den Vorarbeiten zu
den geplanten Urkundenbüchern ergeben hatten, waren sehr
große, indem es unmöglich war, bei der „überaus großen
Mannigfaltigkeit, Zersplitterung und Verzettelung der historischen Litteratur und der archivalischen Fundstellen, wie
sie sich gerade in Thüringen im Zusammenhange mit der
territorialen Vielgestaltigkeit herausgebildet hat, die Vollständigkeit beim Sammeln des Materials auch nur einigermaßen zu sichern und die Tragweite eines beginnenden
Unternehmens wenigstens annähernd sicher zu überblicken" [1]).

Nachdem ein Arbeitsplan von Prof. Schäfer und Dobenecker aufgestellt war, der selbstverständlich im Laufe der
Jahre einige Abänderungen erfahren hatte, konnte dieser
mit der Repertorisierung Michaelis 1883 beginnen. Alle zur
Geschichte Thüringens gedruckten Briefe und Urkunden
sollten in Regestenform geboten werden. Von dem Plan,
das Werk bis 1648 fortzusetzen, ist man bald abgekommen,
da seine Verwirklichung mehrere Decennien angestrengter
Arbeit erfordert haben würde, und man setzte zunächst das
Jahr 1350 als Zeitgrenze fest.

---

1) V. Schäfer in der Deutschen Zeitschrift für Geschichtswissenschaft, N. F. Jahrg. 1896/7, S. 349 f.

Das Regestenwerk rückte in den Mittelpunkt aller Vereinsunternehmungen. Es war eine gewaltige Arbeit, die da zu leisten war. Mit einer unermüdlichen Gewissenhaftigkeit, mit echt deutschem Gelehrtenfleiße hat sieh Dobenecker in seine Aufgabe vertieft. Als die Früchte dieser selbstlosen Hingabe zu Tage traten, da war auch die Anerkennung der Kritik eine einmütige.

1896 konnte der 1. Halbband der Regesten [1]) erscheinen. Bis dahin waren über 22 000 Regesten hergestellt worden, und zwar, um den Bedürfnissen der Lokalforschung besonders zu dienen, in möglichst sorgfältiger und eindringender Behandlung des Stoffes. In dieser Beziehung heißt es in einer Besprechung in der Deutschen Zeitschrift für Geschichtswissenschaft [2]), ist „das denkbar Tüchtigste und Vollkommenste geleistet worden". Auch auf den Inhalt geht Dobenecker ein, erklärt ihn, weist die handschriftlichen Quellen nach, ordnet die Drucke nach ihrem Werte, weist die Litteratur über die einzelnen Fragen nach und setzt so den Benutzer in den Stand, das wissenschaftlich Feststehende von dem Zweifelhaften klar zu unterscheiden. Damit ist ja die eigentliche Aufgabe eines Regestenwerks überschritten, aber das Verfahren ist gerade in Rücksicht auf die Thüringer Verhältnisse von allergrößtem Wert [3]). Der 2. Band, die Periode von 1152—1227 umfassend, erschien 1900. Für beide Bände hat Dobenecker sehr ausführliche die Benutzbarkeit wesentlich erhöhende Namensregister von 87 bezw. 102 Seiten bearbeitet. Und ich darf hier die Worte widerholen, mit denen ein kompetenter Beurteiler nach Erscheinen des 1. Bandes seine Kritik schloß: „bis auf die gediegene Ausstattung ein standard work

---

1) Regesta diplomatica nec non epistolaria historiae Thuringiae, Band 1. ca. 500 — 1152. Namens des Vereins für Thüringische Geschichte und Altertumskunde bearbeitet und herausgegeben von Otto Dobenecker, Jena, Gustav Fischer, 1896.

2) Vergl. Schäfer, a. a. O.

3) Schäfer, a. a. O. S. 351.

ersten Ranges. Man kann dem thüringischen Geschichtsverein von ganzem Herzen Glück wünschen zu dieser Publikation, die ihn in die vorderste Reihe unserer trefflichsten
deutschen Lokalvereine stellt" [1]). Diesem Urteil Schäfers
tritt ein Urteil des Marburger Historikers Wenck zur Seite,
der sagt [2]): „Während Thüringen bisher in der Bereit-
legung seiner urkundlichen Materialien hinter anderen
deutschen Landschaften weit zurückstand, wird es nun
durch diese Arbeit treuesten Fleißes, umfassender Gelehrsamkeit und scharfsinniger Einzelforschung mit einem
kräftigen Rucke in die erste Reihe gehoben."

Ich spreche unserem verehrten Kollegen Dobenecker
im Namen des Vorstandes den allerherzlichsten Dank aus
für diese monumentale Musterleistung, durch die er nicht
nur sich, sondern auch unserem Verein den wissenschaftlichen
Lorbeer errungen, durch die er nicht nur der Erforschung
der thüringischen, sondern auch der der deutschen Reichs-
geschichte des Mittelalters eine reichhaltige Fundgrube erschlossen hat.   Während bisher Dobenecker von einem
Teil seiner amtlichen Verpflichtungen — er gehört seit etwa
16 Jahren dem Lehrkörper unseres Gymnasiums an — befreit war und unser Verein die Kosten einer Stellvertretung
trug, hat das Ministerium namentlich in Hinblick auf den
Mangel genügender zur Vertretung geeigneter Lehrkräfte diese
Befreiung nicht weiter genehmigt.   Da nun die Fortsetzung
des Regestenwerks, die eigentlich eine volle Arbeitskraft
erfordert, notwendig ins Stocken geraten muß, wenn für
Dobenecker nicht die Möglichkeit einer Minderung seiner
amtlichen Wirksamkeit ermöglicht wird, wurde der Vorstand
wiederholt in diesem Sinne bei S. Exc. dem Herrn Staatsminister Rothe vorstellig, der eine wohlwollende Berücksichtigung unserer Bitte in Aussicht stellte.

---

1) Schäfer, a. a. O. S. 352.
2) Zeitschr. des Vereins für Thüring. Gesch., N. F. Bd. 10,
S. 337.

Die glückliche Lösung dieser Frage ist eine Vorbedingung der gedeihlichen Durchführung unseres Arbeitsprogramms, die man in wissenschaftlichen Kreisen mit Entschiedenheit erwartet.

Dann können wir wohl auch hoffen, daß Dobenecker, der beste Kenner unserer Landesgeschichte, eine Darstellung der Geschichte Thüringens, nach der sich alle Kreise sehnen, schenken wird, wie sie z. B. Württemberg und Bayern in den Werken von Stählin und Riezler schon besitzen.

In einer anderen Beziehung, als unser Bibliothekar, hat sich Schäfer große Verdienste um unseren Verein erworben. Mit großer Mühe ordnete er die Bibliothek und leitete eine Vereinbarung mit der Verwaltung der Universitätsbibliothek in die Wege, nach welcher sich der Verein verpflichtete, die Bibliothek samt allen in Zukunft durch Tauschverkehr zu erwerbenden Schriften an die Universitätsbibliothek abzutreten. Die Verwaltung derselben übernahm dagegen die Verpflichtung, die Bücher zu ordnen, zu katalogisieren und dadurch der wissenschaftlichen Benutzung zugänglich zu machen. Der Aufgabe, den unterbrochenen Schriftenaustausch mit auswärtigen Vereinen wieder aufzunehmen und zu erweitern, unterzog er sich mit großem Erfolge, und auch sein Nachfolger als Vereinsbibliothekar, Herr Direktor Dr. K. K. Müller, wandelt in seinen Bahnen.

So steht unser Verein gegenwärtig mit 238 Vereinen und gelehrten Instituten im Austauschverkehr, der unserer Universitätsbibliothek mehrere Tausende, zum Teil sehr wertvolle Schriften zuführt und der Benutzung der Forscher auf den verschiedensten Wissenschaftsgebieten erschließt.

Die Sammlung und Erhaltung der vaterländischen Monumente und Altertümern aller Art nahm der Verein gleich bei seiner Gründung in sein Programm auf. 1853 wurde dem Professor Rein in Eisenach die Obsorge für die kunstgeschichtlichen Denkmäler im Namen des Vereins für den Bezirk Eisenach übertragen.

Nach der Neubelebung des Vereins wurde eine Reper-

torisierung aller thüringischen Kunstdenkmäler ins Auge
gefaßt. Unser Vorstand wurde von den Regierungen mit
der Ausarbeitung eines Planes betraut und eignete sich
das in seinem Auftrage von Professer Klopfleisch verfaßte Gutachten an. Die Regierungen setzten eine besondere Kommission für diese Aufgabe ein. Prof. Klopfleisch widmete sich diesen Vorarbeiten für die Herausgabe der Bau- und Kunstdenkmäler Thüringens, die dann
durch Lehfeldt in raschem Tempo ausgeführt wurde und
jetzt nach Lehfeldts Tode von Prof. Voß zu Ende gebracht
werden soll.

Eine Erweiterung seines Arbeitsgebiets strebte der
Verein an durch eine nähere Verbindung mit den in
Thüringen zerstreuten Lokalgeschichtsvereinen. Auf der
Generalversammlung zu Pößneck (30. September 1894) hatte
schon der Vorsitzende Richter in Übereinstimmung mit
einer früher von Prof. Lorenz gegebenen Anregung darauf
hingewiesen, daß der Verein jetzt mehr Publikationen zur
neueren Geschichte in Angriff zu nehmen habe, und daß es gelte,
„die Entwicklung der sozialen und gewerblichen Gliederung
in Zünften und Gilden, der gutsherrlichen und bäuerlichen
Verhältnisse, den Niederschlag des wirtschaftlichen und
sozialen Lebens in den Stadtrechten, Grundbüchern, Flur-
karten und dergl. zu verfolgen" [1]). Dieses Ziel konnte nur
erreicht werden, wenn es gelang, alle historisch interessierten
Kreise in Thüringen zu veranlassen mit Hand anzulegen.
Er erklärte eine „planmäßige Beeinflussung und Leitung
der ortsgeschichtlichen Forschungen" für eine Aufgabe der
größeren provinziellen Vereine. Und mit Recht! Hatten sich
doch in anderen Staaten und Provinzen, ich erinnere an
die badische Historische Kommission, an die der Provinz
Sachsen, an die des Königreichs Württemberg, auch historische Kommissionen gebildet, die eine sehr erfolgreiche
Thätigkeit entfalteten.

---

1) Zeitschr., Bd. 10, S. 612.

Wir schritten nun also auch zur Gründung einer thüringischen Historischen Kommission, indem Prof. Kauffmann, Bibliothekar Steinhausen, Oberlandesgerichtsrat Unger mit Dobenecker und mir, dem der Vorsitz übertragen wurde, beauftragt wurden den Verein in dieser Kommission zu vertreten und Statut und Arbeitsprogramm auszuarbeiten. Wir hatten die Freude, daß sich die Geschichtsvereine in Arnstadt, Eisenberg, Gotha, Greiz, Hildburghausen, Hohenleuben, Kahla, Meiningen, Roda, Schleiz, Schmalkalden, Sondershausen uns anschlossen — nur der Altenburger Verein hielt sich ferne.

Nach mehrfach wiederholten Beratungen fand am 7. März 1896 hier die konstituierende Versammlung statt. Die Kommission besteht aus 4 Vertretern des Vereins für Thüringische Geschichte und je einem Vertreter der dem Verbande angehörigen Vereine. Die Hauptarbeitslast ruhte auf den Schultern des Schriftführers Dobenecker, nach dessen vor einigen Monaten erfolgtem Rücktritte Prof. Mentz seine Geschäfte übernahm, während Prof. Michels für Steinhausen eintrat. Die Leitung der Veröffentlichungen zur neueren Geschichte hat Dr. Stephan Stoy übernommen.

Zur Förderung der von der Kommission geplanten Inventarisierung der Archive der Gemeinden, Stiftungen, Korporationen und Privaten wurde Thüringen in 20 Bezirke eingeteilt und jeder einem neuen Mitglied der Kommission als Hauptpfleger unterstellt. Für jeden Amtsgerichtsbezirk sollte ein Vertrauensmann (Pfleger) ernannt werden. Diesen wurde von der Kommission eine eingehendere Anweisung für Durchforschung, Ordnung und Verzeichnung der Archivalien zugestellt und Muster für die Inventarisierung kleiner Archive von den Kollegen Keutgen und Mentz ausgearbeitet. Mit einer Veröffentlichung der Archivalien des Kirchenarchivs in Jena und des „Museums" des Lithographen Hunger und der der Gemeinde Lobeda ist bereits in der Vereinszeitschrift begonnen worden. Andere Verzeichnisse liegen schon zur Veröffentlichung bereit.

3

Wir waren in der erfreulichen Lage, gerade im Jubi-
läumsjahre zwei Werke der Öffentlichkeit zu übergeben,
den 1. Band der Ernestinischen Landtagsakten, die Landtage von 1487—1532 umfassend. Auf Grund einer Vereinbarung mit der Königl. Sächsischen Historischen Kommission
zu Leipzig hat diese die Bearbeitung der Landtagsakten
vor der Teilung 1485/1486 übernommen. Die rasche Herstellung dieser Edition verdanken wir unserem schaffens-
frohen, rüstigen, sich uns nie zu ernster Mitarbeit versagenden
Geh. Hofrat Burkhardt. Diese wertvolle Quellenedition ist
aber nicht nur für die Geschichtsforscher, sondern für jeden
Freund unserer Landesgeschichte wertvoll, denn auf Grund
eine Vereinbarung mit der Kommission giebt Burkhardt
in einer ausführlichen Einleitung Aufschluß über die Verhältnisse des Hofs, des Steuer- und Münzwesens, über Territorial-
gesetzgebung, Gewerbe und Handel.

Sodann konnten wir unseren Freunden den 1. Band der
Beiträge zur Wirtschaftsgeschichte Thüringens darbieten,
in dem Prof. Stieda in Leipzig die Anfänge der Porzellanfabrikation auf dem Thüringer Walde in ausführlicher, auch
kulturhistorisch interessanter Darstellung schilderte. Nachdem Versuche zur Bildung einer selbständigen thüringischen
Gruppe der Gesellschaft für deutsche Erziehungs- und Schulgeschichte [1]) nicht zum Ziele geführt hatten, wurde auf
Antrag Richters von der Thüringischen Historischen Kommission die Sammlung von Materialien zur Schulgeschichte
Thüringens übernommen. Der Vorsitzende der Thüringischen Historischen Kommission organisierte im Verein
mit Prof. Rein eine besondere thüringische Gruppe aus
tüchtigen und bewährten Schulmännern aller Teile Thüringens.

Ein erstes Heft der Mitteilungen der Ortsgruppe
Thüringen ist bereits erschienen. Die Schriftleitung übernahm Prof. Mentz.

---

1) Mitteilungen der Gesellschaft für deutsche Erziehungs- und
Schulgeschichte, Berlin 1898, Bd. 8, S. 373 f.

Das Jubiläumsjahr wird aber noch weitere litterarische Gaben bringen, so das Urkundenbuch von Paulinzella, dessen 1. Heft 1889 erschienen ist. Der ganze Urkundentext, über 30 Bogen, ist schon im Druck fertiggestellt. Diese von Archivrat Anemüller in Rudolstadt begonnene Edition ist dann von seinem Sohne, dem Gymnasialoberlehrer Dr. Anemüller in Detmold, weitergeführt und zu Ende gebracht worden. Endlich hat auch Herr Dr. Devrient den 2. Band des Jenaer Urkundenbuchs so weit gefördert, daß derselbe, wie schon hervorgehoben wurde, in einigen Monaten wird ausgegeben werden können. Daneben haben Sie den reichhaltigen 20. Band unserer Zeitschrift vor einigen Wochen als eine nachträgliche Gabe für 1901 empfangen und eben konnten wir auch die Schar unserer neugewonnenen Mitglieder mit dem 1. Heft des 21. Bandes begrüßen, dessen anziehender Inhalt Ihnen gewiß einige genußreiche Stunden schaffen wird. Es ist eine reiche Ernte, die uns in diesem Jubeljahr beschieden wurde. Sie werden es deshalb mit Nachsicht beurteilen, wenn andere Gaben, die Ihnen zugedacht waren, wie das Stadtrecht von Eisenach von Prof. Kühn und das Stadtrecht von Saalfeld von Prof. Koch, erst im nächsten Jahre als vollausgereifte Früchte vom Baume unserer Thüringischen Historischen Kommission werden gepflückt werden.

Auch an der Herstellung einer archäologischen Karte für Thüringen hat sich unser Verein beteiligt.

Ich weiß Sie alle, meine hochverehrten Anwesenden, eins mit mir in dem Wunsche, daß auch in der Zukunft unserem Vereine eine reiche Wirksamkeit im Dienste der Thüringer Heimat und des deutschen Vaterlandes und damit auch im Dienste der Wissenschaft beschieden sei. Lassen Sie unsere Wünsche für die Zukunft unseres Vereins zusammenfassen in den Worten unseres Dichters:

„Stehe in dem Sturm der Jahre,
Daure in der Zeiten Flucht!"

3*

III.

Herzog Ernst der Fromme.

Festvortrag, gehalten bei der Feier des fünfzigjährigen Stiftungsfestes des Vereins für Thüringische Geschichte und Altertumskunde in den akademischen Rosensälen zu Jena den 22. Juni 1902.

Von

Dr. Stephan Stoy.

Ein Zufall ist es nicht, daß in demselben Jahre, in dem das „Germanische Museum" gegründet wurde, auch der „Verein für Thüringische Geschichte und Altertumskunde" ins Leben trat. Die gleichen geistigen Kräfte und Impulse waren wirksam. Denn nicht nur in Zeiten der Erhebung und des Ruhmes, sondern auch in solchen der Erschlaffung und der getäuschten Hoffnungen versenkt sich die Volksseele in die früheren Zeiten seiner Geschichte, um seinen Werdegang zu verstehen und Trost und Hoffnung zu schöpfen. Uns Thüringern war leider das traurige Los beschieden, zu keiner einheitlichen staatlichen oder auch nur provinziellen Selbständigkeit und Eigenart zu gelangen, aber ein gemeinsames Stammesgefühl ist uns doch erhalten geblieben trotz aller fortgesetzten Teilungen und Zerreißungen, die immer wieder die hoffnungsvollen Keime wirklicher Staatengründung zerstörten. Es war daher erlaubt und geboten, bei dem fünzigjährigen Jubiläum unseres Vereins das Lebensbild eines Fürsten zu zeichnen, dessen 300-jähriger Geburtstag soeben unter Teilnahme S. Majestät des Kaisers gefeiert worden ist, eines Fürsten aus dem Hause der Ernestiner, der in seiner Zeit eine sehr bedeutende und eigentümliche Rolle gespielt hat.

Geboren als das 9. Kind unter 12 Geschwistern, verlor
Herzog Ernst den Vater, den Herzog Johann von Weimar,
bereits im 4. Lebensjahre. Die Mutter Dorothea Maria,
der Stichling als der „Mutter der Ernestiner" ein schönes
litterarisches Denkmal gesetzt hat, leitete von da an ausschließlich die Erziehung ihrer stolzen Knabenschar. Klug,
tapfer, energisch, hellen Blickes für alles Gute, ist sie ihren
Kindern der beste Segen geworden, die alte Weisheit be-
während, daß die bedeutenden Menschen am stärksten von der
Mutter beeinflußt sind. Ihr ratend und helfend zur Seite steht
ein charakterfester Gelehrter, der große Geschichtschreiber
des Protestantismus, Hortleder. Unter solcher treuer Pflege
wächst Ernst heran, zäh und energisch wie der echte Ernestiner, auch darin ein rechter Sproß dieses Geschlechts, daß
er von früh an für alles Religiöse und Theologische leb-
hafteste Neigung und tiefes Verständnis zeigt.

Da tritt die große Krisis des deutschen Volkes ein,
der dreißigjährige Krieg bricht aus. Getreu den großen Tra-
ditionen des Hauses ergreifen die Ernestiner mutig die Partei
des Winterkönigs und halten trotz der Niederlage am Weißen
Berge tapfer aus. Die Prinzen haben ihren Glauben mit
ihrem Blute bezeugt. Als der Retter des Protestantismus,
Gustav Adolf, naht, sind wieder die Ernestiner an seiner
Seite zu finden. Auch Herzog Ernst ist jetzt als Kriegs-
mann thätig, begleitet den großen Schwedenkönig nach
Süddeutschland, ist hervorragend beteiligt bei der Besiegung
Tillys am Lech, streitet mit gegen Wallenstein bei Nürnberg und hilft seinem Bruder Bernhard den Sieg bei Lützen
erringen.

So tapfer sich Herzog Ernst überall gezeigt, hier im
Kriegshandwerk lag weder seine Neigung, noch seine Bedeutung. Dies zeigte sich, als 1633 sein Bruder Bernhard
das Herzogtum Franken von der Krone Schweden zu Lehen
erhielt und Ernst von diesem als Verwalter eingesetzt
wurde. Denn wenn auch schon 1634 nach der Schlacht
von Nördlingen das Herzogtum wieder aufgegeben werden

mußte, schon dieses eine Jahr hatte gezeigt, daß Ernst ein
Verwaltungstalent ersten Ranges war. Und doppelt interessant
ist dieser Versuch unseres Helden hier, in Würzburg, weil
hier ein lutherischer Fürst ein katholisches Fürstentum zu
verwalten und zu reformieren unternahm.

Dem Evangelium sollte dauernd eine Stätte bereitet
werden, gewiß, aber die Milde, mit der Ernst hier vorging,
ist sehr bemerkenswert. Den Katholiken empfiehlt er den
Besuch des protestantischen Gottesdienstes, er verbietet
auch die öffentlichen Prozessionen, ruft aus Thüringen
Lehrer herbei, die Domkirche wird den Lutherischen übergeben, aber ebenso ist er bedacht, die Besoldungen der
katholischen Lehrer und Pfarrer zu verbessern, unterstützt
er das Kollegium der Jesuiten. Die neuen Schulen, die er
überall gründen will, sollen paritätische sein, die Lehrer
naeh dem Verhältnis der Religion der Schüler katholischer
oder protestantischer Konfession sein, und das Lesebüchlein
soll für beide Konfessionen passend sein.

Allein dabei bleibt er nicht stehen, er will auch die
gesamte Methode des Unterrichts verbessern. Detaillierte
Vorschläge werden vom Herzog Ernst aufgesetzt und der
Jenenser Universität zur Begutachtung vorgelegt. Nur der
plötzliche Umschlag der politischen Verhältnisse durch die
Nördlinger Schlacht hindert die Ausführung dieser edlen
Absichten. Ernst mußte Würzburg verlassen. Aber der
zurückkehrende Fürstbischof mußte von seiner Verwaltung
rühmen, daß Herzog Ernst „besser als er selbst, wenn er
gegenwärtig sein können, hausgehalten" hätte.

So kehrt denn Herzog Ernst in seine Lande zurück, um
sie in gemeinsamer Regierung mit seinen Brüdern Wilhelm und
Albrecht zu verwalten. Dem von Kursachsen mit dem Kaiser
abgeschlossenen Prager Frieden treten die Ernestiner bei, ein
besseres Los dem Protestantismus zu erkämpfen den
Schweden überlassend, und machen ihr Land dadurch erst
recht zum Schauplatz wilder Kämpfe und Verwüstungen.
Aber selbst in diesen schweren Zeiten läßt Herzog Ernst

nicht ab von seinem großen Ziele der Bildung und Besserung. der Jugend. Er beruft den Evenius, der schon in Würzburg sein treuer Berater gewesen war, nach Weimar und wird nicht müde, mit ihm und den Jenenser Professoren bessere Methoden, für den Lateinunterricht zumal, zu erörtern. Sein großes Ziel ist, in Weimar ein auf solchen Grundlagen eingerichtetes Gymnasium zu errichten.

Da entschließen sich die Brüder nach Ernestinischem Brauche, ihre Länder zu teilen. Herzog Ernst bekommt den gothaischen Anteil. Am 24. Okt. 1640 zieht er in seine Hauptstadt Gotha ein.

Und nun beginnt jene großartige Reformthätigkeit Herzog Ernsts, durch die er den Namen des „Frommen" sich erworben, die ihn heraushebt selbst aus den anderen tüchtigen, von ähnlichen Gedanken geleiteten Regenten der damaligen Zeit. Ein wahrhaft heiliger Ernst liegt über allen seinen Maßnahmen; er fühlt sich seinem Gott verantwortlich für die Seele jedes seiner Unterthanen. Daher eine Fürsorge, die keine Ruhe sich gönnt und das Leben des Menschen vom frühen Morgen bis zum späten Abend begleitet und reglementiert. Streng gegen sich selbst, verlangt er die gleiche Selbstzucht von jedem Unterthanen. Gottesfurcht soll in jedes Menschen Herzen wohnen. Es ist ein fest gefügter Bau, den er aufführt, jeder Stein ist dem anderen angepaßt und mit ihm verankert, es giebt keine Lücke, und die Idee, die ihn erfüllt, wird streng und konsequent bis zur letzten Schlußfolgerung durchgesetzt. Heiter und glanzvoll sieht der Bau nicht aus, er ist herb und streng, von puritanischer Nüchternheit, aber solid und rein, durchweht von edelstem Wohlwollen und pflichttreuer, gottgeweihter Arbeit.

Trostlos sind die Zustände des Landes. Pfarren und Schulen zerstört oder verwüst, Prediger und Lehrer verroht oder behindert in ihrer Wirksamkeit, das Volk in Not und Elend verwahrlost und entsittlicht. Mit fester Hand greift Herzog Ernst ein. Zuerst gilt es den wahren Zustand des Landes zu erkennen. Durch Rundschreiben und Visitation verschafft er sich diese Kenntnis. Sein Lebensziel ist, die Jugend zu echter Gottesfurcht und treuer Arbeit zu erziehen, aber gewartet darf nicht werden, bis dieses so erzogene Geschlecht herangewachsen ist, auch die Erwachsenen müssen sogleich sittlich gebessert werden. So entsteht unter eifrigster Anteilnahme des Herzogs Ernst in vielfacher Anlehnung an die Ordnung des Johann Casimir von Coburg nach eingehendsten Beratungen im Konsistorium die berühmte Katechismus-Information. Nichts bezeichnet so klar seine Absichten, nichts läßt so deutlich seine ganze Art des Denkens, nichts so scharf seine Regierungsgrundsätze erkennen wie diese Katechismus-Information. Ernst fühlt auch selber mit Stolz, daß diese sein eigenstes Werk ist, er tritt daher überall dafür ein und sucht ihre Nachahmung zu erreichen. Er empfiehlt sie Kursachsen oder Braunschweig, aber auch den nordischen protestantischen Königreichen und wird nicht müde, ihren Segen zu preisen.

Durch Lehrbücher und methodische Anleitungen, die auf des Herzogs Befehl ausgearbeitet und immer wieder neu aufgelegt und verbessert wurden, sollten die Informatoren in den Stand gesetzt werden, ihre Aufgabe nach den Absichten des Herzogs zu erfüllen. Da waren „Seelenregister" anzufertigen über sämtliche Pfarrkinder mit Angabe über ihren christlichen Lebenswandel und Teilnahme am heiligen Abendmahl. Alle wurden in Klassen eingeteilt, je nach ihrer geistigen Fähigkeit, den Katechismus zu verstehen. So oft eine Klasse an die Reihe kam, hatte jeder derselben pünktlich zu erscheinen. Jede Versäumnis wird bemerkt. Bis in Äußerlichkeiten der Stellung, der Aussprache etc. wird vorgeschrieben, was zu thun ist. Je nach den Fortschritten kann ein jeder von der niederen Klasse zur höheren aufrücken. Wer alles gelernt, wird entlassen, muß aber durch stets wiederholte Examina nachweisen, daß er seinen Katechismus nicht verlernt hat. Auch Hausarbeiten werden den einzelnen gegeben. Und das Alles galt für die Erwachsenen! Mindestens 20 solcher Stunden mußte jede Klasse haben, und nur während der Erntezeit durften sie ausgesetzt werden.

An seinem Hofe gilt die gleiche Ordnung. Er sorgt auch, daß seine Hofbedienten und Schloßsoldaten solche Katechismusstunden haben. In jedem Hause soll nach der Abendmahlzeit ein Hauptstück des Katechismus wechselsweise recitiert werden; Predigt und Katechismus sollen das Tischgespräch sein.

Es leuchtet ein, daß nur strenge Oberaufsicht und nie ruhende Mahnung und eignes Beispiel im stande waren, alle diese Gebote durchzuführen. Rügegerichte und andere Einrichtungen traten ergänzend zur Seite, und so geschah es, daß trotz Klagen über Versäumnisse und Lässigkeit das Informationswerk sich fest einbürgerte und segensreich wirkte. Boehne, der diese Bestrebungen Ernsts des Frommen mit großer Sachkunde und liebevollem Verständnis uns erschlossen, hat gewiß recht, wenn er diesen Maßnahmen nicht nur moralische Besserung der Unterthanen, sondern auch wirtschaftlich segensreiche Folgen zuschreibt. Wie auch wohl sollte dieses verwahrloste und verwilderte Geschlecht zu Gottesfurcht, Arbeit, Treue und jeder Tugend erzogen werden, wenn nicht durch festen Zwang und sichere Gewöhnung? So unerträglich uns Modernen eine solche Bevormundung sein muß, für die damalige Zeit war sie die einzige Rettung, und alle die Übertreibungen und Mißgriffe im einzelnen verblassen vor der edlen Reinheit dieses fürstlichen Willens.

Mandate gegen den Luxus, gegen Unmäßigkeit in Essen und Trinken, die Verschwendung bei Taufen und Hochzeiten vervollständigen das Bild. Die Reinheit und Zucht der Familie sucht Herzog Ernst unablässig durch Ermahnung und Mandate, dann auch durch treffliche Bücher, die auf seine Veranlassung abgefaßt werden, zu bewahren und zu mehren. Nicht minder in weltlichen Dingen ist er der treue fürsorgende Berater seiner Unterthanen, giebt ihnen Ratschläge,

wie sie bei Feuersgefahr oder ansteckenden Krankheiten
sich zu verhalten haben. Wie ein Vater, bald mahnend
und aufklärend, bald strafend und drohend, sorgt er für das
geistige und leibliche Wohl seiner Unterthanen.

Die Schule ist ihm daher, getreu den Mahnungen seines
geliebten Dr. Luther, die wichtigste und heiligste Sache
seines Regentenberufs, denn für die Seele jedes Kindes
fühlt er sich verantwortlich. Was Ernst der Fromme für
die Schule gethan hat, ist groß und wahrhaft bewundernswert. Er ist der Schöpfer unserer deutschen allgemeinen
Volksschule. So trostlos der Zustand ist, in dem er gerade
in dieser Beziehung sein Land vorfindet, er ruht nicht, bis
jedes Dorf seine Knabenschule, die Städte und größeren
Dörfer auch noch ihre Mägdleinschulen haben. Jedes Kind
hat die Schule zu besuchen, die es nicht eher verlassen
darf, bis es durch ein Examen das erreichte Ziel nachgewiesen hat. Der Lehrerstand wird durch bessere Besoldung
und bessere Vorbildung gehoben. Die Methode des Unterrichts wird reformiert, in Schriften und Instruktionen bis
ins einzelste genau festgesetzt und in steter Arbeit verbessert; der „Schulmethodus" ist geradezu die Grundlage
der gothaischen und andrer deutschen Volksschulen geblieben.

Natürlich ist die Religion, speciell der Katechismus,
das Rückgrat des ganzen Unterrichts, aber sehr bemerkenswert ist es, welches Gewicht auf Lesen, Schreiben und
Rechnen gelegt wird. Und ein Markstein in der Geschichte
der Erziehung ist es, daß im Jahre 1656 der Unterricht
„von den natürlichen Dingen" in den Lehrplan aufgenommen wird. Stets werden Bücher, die die betreffenden
Ideen darstellen, auf des Herzogs Befehl verfaßt und gedruckt, Schriften, die zum Teil in geradezu klassischer
Weise ihre Aufgabe erfüllen. Die Fürsorge des Herzogs
erstreckt sich auch auf die aus der Schule Entlassenen,
die Anfänge unserer Fortbildungsschule sind hier zu finden.

Streng durchgeführte Visitationen überwachen das

ganze Schulwesen, die letzte Instanz ist das Konsistorium, dessen Vorsitz in den wichtigsten Fällen der Herzog selbst führte.

So ist er auch hier die Seele, nichts entgeht ihm, stets sieht er selber nach dem Rechten, visitiert, spornt an, tadelt, treibt, belohnt. Denn nichts war ihm so ans Herz gewachsen wie seine Schule.

Bekannt ist, wie Ernst der Fromme auch dem gothaischen Gymnasium sein wärmstes Interesse widmete und auch diese Anstalt zu einer Musteranstalt zu machen bemüht war, mit bestem Erfolge, wie der Ruhm des Gothaischen Gymnasiums in damaliger Zeit und seine steigende Frequenz bezeugen.

Es versteht sich von selbst, daß Herzog Ernst auch für die Universität Jena, die er mit seinen Brüdern gemeinsam besaß, das wärmste Interesse zeigte. Er ist es in erster Linie gewesen, der durchsetzte, daß die Güter Remda und Apolda der Universität vermacht wurden, und wenn die Professoren, was bei den Kriegsnöten nur zu oft eintraf, zu klagen hatten über Ausbleiben ihres Gehaltes, so wendeten sie sich an Herzog Ernst, der ihnen, wenn irgend möglich, gern half. Für seine Landeskinder, die die Universität bezogen, sorgte er in geradezu väterlicher Weise. Jeder mußte sich erst bei seinem Seelsorger abmelden, dann in Jena anmelden bei einem Inspektor, den er eigens für die Gothaner eingesetzt hatte. Dieser hatte dafür zu sorgen, daß sie fleißig die Kollegia besuchten und einen ehrbaren, ordentlichen Lebenswandel führten. Er mußte sich auch vergewissern, ob sie die Predigt anhörten und auch sonst die religiösen Übungen, wie er sie vorgeschrieben, erfüllten. Denn fromm, gottesfürchtig, verständig und gelehrt sollten sie werden, ohne Gottesfurcht war aber Gelehrsamkeit nur „lauteres Gift". Er durfte mahnen, im Falle dauernden Ungehorsams mußte er an das Konsistorium nach Gotha berichten.

Was die Landeskinder zu hören und wie sie ihr

Studium zu betreiben hatten, war genau festgesetzt, ebenso
auch ihnen auf das strengste eingeschärft, allen Anforderungen
und Anordnungen der Universität nachzukommen. Aber nicht
nur den Studenten schreibt er vor, wie sie zu studieren
haben, auch für die Docenten stellt er Maximen auf, wie
sie die Materien ihres Faches vorzutragen haben, bei den
Theologen so gut wie bei den Juristen.

Die Zustände an der Universität selber verfolgte er
dabei mit scharfem Auge. Deshalb sucht er die Disciplin
zu heben, und nichts ist ihm so verhaßt wie das ärgerliche
Wesen des Pennalismus, das gerade damals auch in Jena
auf dem Höhepunkte stand. Er sucht nicht bloß seine
Landeskinder von diesem Wesen fernzuhalten und zu bewahren, sondern er überlegt auch in Konferenzen mit den
Professoren Mittel und Wege, wie diesem Übel zu steuern
sei. Von Erfolg sind diese edlen Bemühungen, die er auch
auf den Reichstagen nicht aus dem Auge verliert, nicht zu
sehr begleitet gewesen, weil die Verhältnisse stärker waren
als er. Wie groß sein Interesse an der Universität war,
kann man auch noch daraus ersehen, daß er noch in seinem
Testamente die Hochschule seinem Nachfolger aufs wärmste
empfahl und für die Stipendiaten aus Gotha 10000 Gulden
bestimmte.

Überblickt man alle diese Bestrebungen Ernsts des
Frommen, so wird man nicht verkennen können, daß sie
leiden an einem Übermaß von Verordnungen. Es ist gleichsam ein Reglementieren in alles und jedes; der einzelne
wird an einem Gängelbande geleitet, der Lehrer so gut
wie der Geistliche, der Student wie der Erwachsene. Und
doch muß man zugestehen, daß Herzog Ernst dazu die triftigsten
Gründe hatte, die eben in der Natur dieser Zeit lagen.
Der sittliche Ernst, mit dem er alle diese Fragen anfaßt
und behandelt, ist einfach bewundernswert, und ein anderes
Mittel, Religion und Zucht dem verwilderten Volke wieder-
zubringen, war schwer denkbar.

Und was er von seinen Unterthanen verlangt, er selber

hat es an der eigenen Person und bei seinen Kindern nicht
weniger streng geübt. Alles bei ihm ist einheitlich und
charaktervoll. Man muß die Instruktionen lesen, die er
für seine Familie aufgesetzt hat, um zu sehen, wie ernst
er alle diese Dinge auffaßte. Da wird genau für seine
Kinder der Tag geregelt von früh bis spät am Abend, genau ist festgesetzt, was sie zu jeder Tageszeit zu thun und
zu lassen haben, selbst die Spielzeit wird reglementiert.
Für jeden Präceptor oder Bedienten oder Koch und selbst
die Mutter ist eine eigene Instruktion verfaßt, nach der sie
streng sich zu richten haben. So wird z. B. der Mutter
in 18 Paragraphen genau vorgeschrieben, wie sie in der
Kinderstube sich zu betragen hat, nur tritt die Kinder-
erziehung fast zurück hinter der Sorge für saubere Wäsche.
Auch die Stalljungen, die Köche, sie alle haben genau nach
festgelegten Instruktionen ihr Tagewerk zu verrichten.

In diesen Instruktionen und überhaupt in seinen Verordnungen spricht sich am klarsten sein Denken und Fühlen
aus. Hier fließen ihm die Worte beredt vom Munde, streng
und schlicht, mit echter Religiosität und tiefer Herzens-
wärme befiehlt, mahnt, bittet und droht er. Nie hat ein
Fürst seine Regentenpflicht strenger aufgefaßt und sein
ganzes Leben dieser großen Aufgabe geweiht. Das Wort
Gottes ist ihm überall Richtschnur, ihm fühlt er sich verantwortlich für jedes Thun. Die Übertreibungen fehlen nicht
und sind leicht zu erkennen, aber der Wille ist rein und gut.

Ein Landesvater wollte er sein und war er. Nie giebt
es ein Auseinanderfallen von Worten und Thaten. Was
er sagt, denkt er und lebt danach. Der Zwang und die
genaue, stete Einteilung jedes Tages, die er seinen Landes-
kindern vorschreibt, für ihn gelten sie erst recht. Die
Religiosität ist ihm reinste Herzenssache, er lebt und webt
in diesen religiösen Übungen. Und wie er selbst diese
bessernde, reinigende Kraft verspürt, so soll auch jeder
seiner Unterthanen ihrer teilhaftig werden und sein Leben
Gott weihen.

Von früher Kindheit an mit ganz besonderer Wärme allen religiösen Fragen zugethan, ist Ernst der Fromme, auch hier ein echter Ernestiner, später geradezu ein Gelehrter geworden, der alle theologischen Streitfragen und Gedanken beherrschte. Sein Christentum ist wesentlich praktisch, an den dogmatischen Fragen hängt nicht sein stärkstes Interesse, auf praktische Bethätigung im Lebens kommt es ihm hauptsächlich an. Die Verwandtschaft seiner Ideen, wie er sie in seinem Lande durchzuführen suchte und nach denen er selber lebte, mit Spener und dem Pietismus ist augenfällig.

Daneben hatte er aber allen theologischen Streit. fragen die größte Aufmerksamkeit geschenkt. Die Zeiten sind schwer, und gerade der lutherische Protestantismus ist von allen Seiten bedroht. Er hat sich nicht nur gegen den Calvinismus zu verteidigen, sondern auch sich der übermächtigen Angriffe des Katholicismus zu erwehren. Kann man es in dieser Lage den lutherischen Theologen verdenken, wenn sie in erbittertem Kampfe ihren Standpunkt wahren, dabei wohl auch des Guten einmal zuviel thun? Herzog Ernst steht mitten drin in all diesen Kämpfen, und sowie ein größeres litterarisches Werk den Protestantismus angreift, so sinnt er auf Mittel und Wege, es zu widerlegen und die Wahrheit der Lehre Luthers zu beweisen. Auf den Reichstagen wahrt er daher die Verbindung mit dem lutherischen Schweden auf das sorgfältigste und sieht mit Bekümmernis die Gegensätze zwischen Brandenburg und Schweden.

Aus diesen Gedanken heraus entsteht dann jener eigentümliche und groß angelegte Plan des Collegium Hunnianum, ein Werk, das gerade in neuester Zeit in die Öffentlichkeit gezogen ist. Man hat geglaubt, den frommen Herzog als Eideshelfer heranziehen zu dürfen zu jenen Bestrebungen, die auf eine Vereinigung der gesamten protestantischen Kirchen hinauslaufen. Ist es nun wirklich an dem, ist Herzog Ernst eingetreten — und konnte er eintreten für eine derartige Union aller Protestantischen?

Das Buch, das dem Herzog die Anregung zu dem Plane und seiner Ausführung gegeben hat, ist im Jahre 1632 bereits erschienen. Der Verfasser ist der Superintendent Nikolaus Hunnius in Lübeck, und sein Buch führt den Titel „Consultatio oder wohlmeinendes Bedenken, ob und wie die evangelisch lutherischen Kirchen die jetzt schwebenden Religionsstreitigkeiten entweder friedlich beilegen oder durch christliche und bequeme Mittel fortstellen und endigen mögen".

Dargelegt wird nun in dem Buch, wie weder mit der katholischen Kirche noch mit der reformierten oder anderen Sekten ein Friede gemacht werden kann. Es heißt geradezu im 19. Kapitel: „mit den Päbstlichen kann man sich in Vertrag und geistliche Brüderschaft nicht einlassen" im 20. Kapitel: „Mit den Reformierten oder Calvinianern kann man keinen geistlichen Vertrag machen; und endlich „auch mit den Phontinianern und den neuen Propheten kann man keinen geistlichen Vertrag anstellen". Was also ist zu thun? Es muß ein Kollegium von Gelehrten und frommen Leuten eingerichtet werden, — denn alle bisherigen Versuche, wie Concilia, Religionsgespräche etc. haben nichts erreicht, — etwa zu zwölf Personen. Die Kraft eines einzelnen Mannes reicht dazu nicht aus, auch die Professoren an den Universitäten können es nicht wegen ihrer sonstigen Verpflichtungen, nur ein Kollegium vermag es von dazu besonders qualifizierten Gelehrten. Diese haben die Pflicht, alle vorkommenden Religionsstreitigkeiten zu erörtern, in Schriften zu verfassen und den Kampf durchzuführen, solange bis das Gewissen der Gegner bezwungen ist. Weiter sollen sie gelehrte größere Bücher und Kompendien verfassen und sollen über die Reinheit der Lehre wachen. Angestellt werden sie und bezahlt von den betreffenden Fürsten, die sich zu diesem Kollegium vereinigen. Eingehende Visitationen sorgen dafür, daß alles zum besten bestellt ist. Die Dotation dieser Körperschaft — 200000 Thaler sind etwa erforderlich — erscheint nicht schwer, wenn mehrere Fürsten und Städte und auch Privatpersonen dazu bereit sind.

Diesen Plan greift jetzt, durch viele schlimme Er-
fahrungen dazu bewogen, Herzog Ernst auf. Seine Gedanken
fußten ganz auf diesen Vorschlägen von Hunnius. Wie er
selbst die größten persönlichen Opfer zu bringen bereit ist,
so erwartet er eine ähnliche Opferwilligkeit auch bei den
anderen Fürsten. In Reinhardsbrunn als einem gesunden
Orte, in der Mitte von Deutschland gelegen, denkt er sich
den Sitz des Kollegiums. Dort soll auch eine große Bibliothek angelegt werden und der Gehalt der einzelnen so groß
bemessen sein, daß jeder seine ganze Arbeitskraft dem. Institute widmen kann und ein neuer Nachwuchs stets herangezogen wird.

Schon die Begründung und die Ausgestaltung dieses
Gedankens beweist, daß Herzog Ernst nie und nimmer an
eine Vereinigung der protestantischen Kirchen, wie sie von
unseren Tagen jetzt verlangt wird, gedacht hat. Streng auf
lutherischem Standpunkt stehend, will er das L u t h e r t u m
schützen und kräftigen im Kampfe gegen seine Widersacher.
Diese Widersacher sind ihm in erster Linie die Katholiken,
die eben damals auf der ganzen Linie zu neuen Angriffen
übergingen. Es ist die Zeit der großen Konversionen, wo
nicht nur Gelehrte und Staatsmänner, sondern auch Fürsten
von ihrem protestantischen Glauben abfielen und zum Katholicismus übertraten. Gerade dieser letztere Punkt, der
Abfall fürstlicher Personen, erregt die schwersten Sorgen bei
Herzog Ernst.   .

Kann aber die lutherische Kirehe diese Aufgabe er-
füllen, wo sie selbst durch Lehrstreitigkeiten zerrissen ist,
Streitigkeiten, die mit einem unglaublichen Eifer durchge-
fochten werden? Er denkt, ganz wie Hunnius, hier eine
Übereinstimmung herbeiführen zu können durch litterarische
Niederkämpfung der Gegner.

Was die protestantischen Theologen damals besonders
bewegte, waren die synkretistischen Streitigkeiten, die sich
an den Namen von Georg Calixtus in Helmstädt hefteten.
Dieser fromme und gelehrte Mann hatte betont, wie Katho-

liken, Lutheraner und Calvinisten in den Fundamental-
fragen des Glaubens übereinstimmten. Es braucht hier
nicht untersucht zu werden, wie weit Calixtus recht hat,
nur das leuchtet doch ein, daß er den lutherischen Protestantismus in einem Augenblick, wo er selber einen Existenz-
kampf durchkämpfte, schwächte, und schon aus diesem Grunde
ist es begreiflich, wie namentlich die kursächsischen Theologen die Ideen des Calixtus mit tödlicher Feindschaft be-
fehdeten. Gelang es, diesen Aufruhr und Streit auszu-
gleichen, was Ernst ja auch sonst durch Specialgesandt-
schaften an die betreffenden Höfe versucht hat, so war dem
Luthertum ein großer Dienst gethan, und eben das sollte
auch das Collegium Hunnianum mit seinen Gelehrten
bewirken. Es soll also das Luthertum in geschlossener
Rüstung seinen Gegnern gegenüberstehen, sowohl den
Katholiken wie den Reformierten gegenüber. Denn auch
die Reformierten hatten damals im verstärktem Maße den
Kampf gegen die Lutheraner aufgenommen, eine Feindschaft, die von den Lutheranern voll heimgezahlt wurde.
In eingehenden Beratungen unter Vorsitz des Herzogs wird
im April d. J. 1670 der Plan dieses Kollegiums durchge-
sprochen. Auch der Jenenser Professor Musäus wird herbei-
gezogen. Man verhehlt sich nun nicht die großen Schwierigkeiten, aber man ist von der Wichtigkeit der Sache so
durchdrungen, daß man glaubt, ihrer Herr zu werden. Der
Herzog hat auch noch dem einen oder anderen seinen
Plan vorgelegt, teils Zustimmung, teils Ablehnung erfahren, und hier ist es besonders die Universität Gießen,
die sehr klare Einwendungen erhebt, aber die Sache nimmt
ihren Verlauf.

Eine sehr wichtige Frage betraf das Verhältnis zu
Kursachsen, welches das Direktorium des Corpus evangelicum
auf den Reichstag führte und infolgedessen den größten
Einfluß auf die deutschen evangelischen Stände hatte.
Wenn man schließlich gleichwohl von ihm absah und zuerst
hauptsächlich an die nordischen Königreiche ging, so sollte

4

damit allerdings Sachsen nicht ausgeschlossen bleiben, wie man ja auch, während die Gesandtschaft des Herzogs im Norden weilte, durch eine besondere Gesandtschaft vorsichtig bei dem Kurfürsten und seinen Räten sondierte. Aber man hielt eben die nordischen Königreiche für wichtiger und mußte es auf die Gefahr ankommen lassen, dadurch bei Sachsen anzustoßen.

Sehr eigentümlich berührt es, wenn man im Rate des Herzogs erwog, ob man nicht alte Forderungen, die man gegen Schweden sowohl als gegen Dänemark erheben konnte, benutzen und so diese Kronen williger machen könnte, auf die Pläne des Herzogs einzugehen. Man läßt sich die betreffenden Dokumente aus dem weimarischen Archive kommen, welche die Schenkung des Herzogtums Franken an Bernhard, den Bruder Ernsts des Frommen, betrafen, wie man ebenso die Anrechte Johann Ernsts an Dänemark hervorsuchte. Schließlich fühlt man aber doch, daß die Verquickung dieser strittigen Fragen mit den vorliegenden Plänen der guten Sache nur schaden würden.

Sehr eingehend werden die finanziellen Schwierigkeiten erwogen. Es ist sehr bemerkenswert, daß man auch in diesem Punkte vollständig den Gedanken von Hunnius folgt. So werden nicht nur die Fürsten und Städte mit gewissen Summen in Rechnung gestellt zur Unterhaltung des Kollegiums, sondern man rechnet auch mit einer allgemeinen Kollekte, die auf 30—50 000 Thaler eingeschätzt wird. Dänemark hätte etwa 10—25 000 Thaler beizutragen, die gleiche Summe Schweden. Kursachsen wird mit 5—10 000 eingesetzt, und — höcht bezeichnend — die gleiche Summe will auch Gotha allein aufbringen. Weiter werden herangezogen die Fürsten von Weimar, Altenburg, Darmstadt, Wolfenbüttel, Celle, die Markgrafen von Durlach, Ansbach und Bayreuth und die Herzöge von Holstein und Mecklenburg. Schwarzburg, Waldeck und die Hohenlohes werden mit 1000—1500 Thalern angesetzt. Die großen Städte, wie Nürnberg, Straßburg, Augsburg, Frankfurt, sollen je 3—4000 Thaler zahlen, die übrigen Reichsstädte zusammen 6—9000 Thaler. So glaubt man auch nach dieser Seite gesichert zu sein, die Instruktionen werden verfaßt, und am 4. Mai verläßt die Gesandtschaft Gotha.

Man wendet sich zunächst an den Herzog von Braunschweig - Wolfenbüttel — der Herzog als Landesherr der Helmstädter Universität ist besonders wichtig. Auf besondere Beachtung rechnet man hier, weil Herzog Ernst 100 000 Gulden vorgeschossen hat. Freilich entspricht die Aufnahme den Erwartungen nicht. Der Herzog ist in einen ärgerlichen Konflikt mit seinem Nachbarn, dem Großen Kurfürsten von Brandenburg, gekommen, und Truppen sind bereits zusammengezogen; man hat daher alle Ursache, vorsichtig zu sein, um den calvinistischen Eifer des hohen Herrn nicht zu erregen, und die Antwort lautet daher so gut wie ablehnend.

Darauf wendet man sich an den Herzog von Holstein. Auch hier sucht Herzog Ernst ein rein persönliches Interesse des holsteinischen Herzogs zu benutzen, der die Absicht hatte, ein orientalisches Seminar an seiner Universität Kiel zu errichten; Herzog Ernst ließ durchblicken, daß er dies Unternehmen zu unterstützen geneigt sein könnte. Gleichwohl war auch hier das Resultat ein negatives, der Herzog erklärte, bei seiner Lage zwischen den nordischen Reichen sehr vorsichtig sein zu müssen.

So bricht man wieder auf und gelangt am 7. Juni nach Kopenhagen. Der König, jung und von größerem Interesse für Jagd als für andere Dinge, ist erst am 28. Juni zu einer Audienz zu bestimmen. Es wird eine Kommission ernannt, der auch am 4. Juli die herzoglichen Propositionen vom Kirchenrat Verporten ausführlich dargelegt werden, aber trotz allen Drängens erhält man erst am 13. August die königliche Resolution, in der man sich wohl mit der Idee einverstanden erklärt, aber zugleich die großen Schwierigkeiten betont und warten will, wie Schweden in dieser Angelegenheit sich entscheiden wird.

4*

Am 30. August sind die Reisenden in Stockholm. Wieder liegen die Verhältnisse sehr ungünstig, der König ist minderjährig, zudem abwesend von, Stockholm, und zwischen den Räten besteht heftige Eifersucht und Unfriede. Man ist genötigt, längere Zeit auf Reisen zu gehen, bis endlich der König in die Residenz zurückkommt und ihm die Angelegenheit vorgetragen werden kann. Die eingesetzte Kommission ist nun an sich wieder durchaus nicht abgeneigt, der Idee des gothaischen Herzogs zuzustimmen, namentlich die Bischöfe erkennen die Notwendigkeit und Berechtigung der Idee voll an, aber schon sie machen aufmerksam auf die große Schwierigkeit, die darin bestehen wird, wie Kursachsen seine Stellung nehmen wird. Etwa alternieren im Vorsitz mit dem Kurfürsten könne das Königreich Schweden nicht, weil dieses nur inter pares möglich sei. Die weltlichen Räte berühren eine andere heikle Frage, die Stellung von Kurbrandenburg. Der große Kurfürst werde bei seinem calvinistischen Eifer in dieser lutherischen Vereinigung eine Ligue sehen, wie auch der Kaiser dadurch sich bedroht sehen könnte, und der Kurfürst von Brandenburg stehe in großen Allianzen. Mit der Vertröstung, das Werk gegebenen Falles unterstützen zu wollen, muß man sich zufrieden geben.

Auf dem Heimwege besucht man noch.Güstrow, allein auch an diesem Hofe, wo die damaligen Unsitten der Trinkgelage im höchsten Schwange waren, erzielt man kein besseres Resultat. Man will sich, lautet der Bescheid, mit einheimischen und fremden Gelehrten in Verbindung setzen und später sich resolvieren.

Nach Ablauf eines vollen Jahres kehrt die Gesandtschaft nach Gotha zurück, das Ergebnis ist ein durchaus ungünstiges, von keiner Seite ist eine direkte Unterstützung zugesichert worden. Aber Herzog Ernst läßt sich nicht schrecken. Wie er selber in eigenhändiger Urkunde das Kollegium fundiert und dabei 200 000 Thaler ausgeworfen hat, so hat er noch im Jahre 1671 versucht, auf die betreffenden Höfe günstig einzuwirken. Die definitive Entscheidung des Wolfenbüttler Hofes lautet einfach hinausschiebend, und auch vom schwedischen Hof hat er trotz eines Ermahnungsschreibens an den Feldmarschall Wrangel, das er einem Kondolenzbriefe bei dem Tode von dessen Frau beifügt, keinen günstigeren Bescheid erhalten. Die Erklärung liegt in den politischen Verhältnissen. Nur wenige Jahre, und die Schlacht von Fehrbellin wird geschlagen.

Trotzdem hat Herzog Ernst noch am 23. Oktober 1672 gedacht, das Kollegium einzurichten und einen Fundationsbrief darüber ausgestellt und die Hoffnung nicht aufgegeben, daß der Nutzen des Kollegiums auch noch die übrigen lutherischen Fürsten und Stände zum Beitritt bewegen würde. 50 000 Thaler Kapital von den ausgesetzten 200 000 Thalern sollen zur Aufbesserung von Pfarrer- und Lehrergehältern im Altenburgischen und Coburgischen verwendet werden, sowie zur „Unterhaltung und Fortpflanzung unserer evangelischen Kirchen und Schulen in anderen Landen".

Gescheitert ist das Projekt des Collegium Hunnianum und mußte wohl scheitern, weil bei der damaligen Lage der Welt die religiösen Impulse nicht mehr die entscheidenden waren, sondern die politischen Verhältnisse überall das entscheidende Wort sprachen. Aber man soll die Idee des Herzogs Ernst des Frommen nicht einfach phantastisch nennen, es lag in Wahrheit ein großer berechtigter Gedanke darin. So konnte nur ein Kollegium einer Anzahl gelehrter und geeigneter Männer Unternehmungen vollbringen, wie sie Herzog Ernst im Sinne hatte. Sein Kollegium wäre quasi gewesen eine protestantische Akademie, eine Vereinigung der sämtlichen lutherischen Universitäten. Große Werke über Kirchengeschichte und Ähnliches hätte eine solche Akademie trefflich ins Leben rufen können.

Wie fruchtbar der Gedanke Herzogs Ernst war, die

litterarischen Werke der Gegner durch eingehende groß
angelegte Gegenschriften zu widerlegen, das hat in glänzender
Weise Seckendorf in seinem Commentarius de Lutheranismo
bewiesen, jenem zweiten großen Geschichtswerke des Protestantismus, dessen Anregung und Anlage direkt auf Herzog
Ernst zurückgeht. Auch die Mitwirkung eines Spener war
ins Auge gefaßt.

Bedenklicher ist der Gedanke, daß dieses Kollegium
von 12 Männern berufen gewesen wäre, alle Streitfragen
der theologischen Welt vor ihr Forum zu ziehen. Denn
so war die Absicht: keine Streitschrift sollte künftig·mehr
erscheinen, ohne daß dieses Kollegium sie approbiert hätte.
Und wer in letzter Linie hatte die Direktion dieses Kollegiums?
Niemand anders als die staatlichen Gewalten, die diese
12 Gelehrten erwählt und besoldet hätten und die Visitation, wie sie von Ernst gedacht und formuliert war, ausüben sollten. Es wäre dadurch ein Zustand geschaffen
worden, der die freie Regung des Geistes unterbunden
hätte. Wie es die theologische Fakultät von Gießen in
einem anderen Falle, wo Herzog Ernst die Absicht hatte,
die Predigten den einzelnen Geistlichen genau vorzu-
schreiben, ausgesprochen hat, das wäre hier jetzt er-
standen: das geistliche Papsttum, das Luther vernichtet,
würde jetzt als weltliches Papsttum ins Leben gerufen
worden sein.

An der ungünstigen politischen Konstellation ist die
Idee des Collegium Hunnianum gescheitert. Es mutet
einen seltsam an, diesen religiösen Idealismus zu sehen in
einer Welt der schärfsten politischen Gegensätze, und doch
hatte Ernst mit seiner Idee mitten ins Schwarze getroffen.
Der Katholicismus ist damals auf den höchsten Gipfel
seiner Macht gelangt. In Italien und Spanien durch die
Kämpfe eines früheren Jahrhunderts restauriert und zur
Alleinherrschaft gekommen, jetzt auch in Deutschland sieg-
reich behauptet, ist er in Frankreich in Ludwig XIV. zu

imponierender Macht emporgestiegen. Daneben beherrschte er mit seinen Ideen die litterarische Welt, übte daher eine Kraft der Anziehung, die ohnegleichen ist. Und jetzt, in eben diesem Momente, wo Ernst eine Vereinigung der lutherisch-protestantischen Kirchen Deutschlands und der nordischen Reiche ins Werk zu setzen sich bemühte, hat der Katholicismus das weitausgreifendste Unternehmen seit Philipps II. von Spanien Zeiten zu unternehmen versucht. Ludwig XIV. schließt, in tiefstem Geheimnis noch, mit Karl II. von England ein Bündnis, dessen tiefste Triebfeder die Rekatholisierung Englands ist.

Im Mai des Jahres 1670 — die Gesandtschaft Herzogs Ernst des Frommen ist auf dem Wege nach Dänemark — wird das englisch-französische Bündnis abgeschlossen. So weltfremd die protestantischen Absichten und Ideen Ernst des Frommen erscheinen, sie erfassen in Wahrheit den tiefsten Kern der Situation.

Der Protestantismus des gothaischen Herzogs hat noch etwas vom alten Schwung und der alten Kraft des Dr. Luther. Nicht nur auf ein Ausleben in Frieden und ein Verteidigen seiner Stellung kommt es ihm an, sondern er fühlt noch die Kraft und die Berechtigung der Propaganda in sich. So wird berichtet, daß unter seiner Regierung mehr als 40 Mönche und andere vornehme katholische geistliche Personen öffentlich in Gotha zum Protestantismus übergetreten seien. Wie mutig und fest hat er auf den Reichstagen die Forderungen der Evangelischen Österreichs unterstützt, um ihr hartes Los zu erleichtern! Und noch in seinem Stiftungsbrief für das Kollegium Hunnianum vom Jahre 1672 bestimmt er, daß die Zinsen, die übrig bleiben, zum Besten dieser österreichischen Evangelischen verwendet werden.

Sein Plan der näheren Verbindung mit Abessinien ist mit diktiert von dem Gedanken der Ausbreitung des Protestantismus. Auch seine Beziehungen zu dem Moskauer Zaren

führen auf die Teilnahme zurück, die er der dortigen protestantischen Gemeinde zuwendet, für deren Kirche und Schule
er ebenfalls noch in seinen letztwilligen Verordnungen Summen
ausgesetzt hat. Da war es wohl ein denkwürdiges Zeichen
der Stellung, die Ernst der Fromme in der Welt einnahm, daß
eine moskauische Gesandtschaft 1674 in Gotha eintraf.

In diesen religiösen und kirchlich-pädagogischen Bestrebungen offenbart sich am deutlichsten die Eigenart des
frommen Herzogs, aber es giebt kaum ein Gebiet des
staatlichen Lebens, wo er nicht schöpferisch aufgetreten
wäre. Das Justizwesen hat er in seinem Lande streng geregelt und verbessert, und die Prozeßordnung, die er am Jenaer
Hofgericht eingeführt, ist lange Zeit maßgebend geblieben.
In der Verwaltung schafft er eine streng durchgeführte
Centralisation. Die oberste Behörde seiner Landesregierung
ist der geheime Rat, durch den es dem Fürsten ermöglicht
wurde, überall nach dem Rechten zu sehen und die Über-
wachung aller Anordnungen durchzuführen. Nichts entgeht
dem wachsamen Auge des nie rastenden Fürsten. Es liegt
in dem Charakter der Zeit, ist aber auch durch die Natur
der Verhältnisse durchaus berechtigt, daß auch hier alles
und jedes reglementiert wird. Mit welcher Thatkraft hat
der Fürst die verwüsteten Äcker und Güter der Kultur
zurückgeführt! Die einzelnen Gewerbe werden von oben
geleitet und bestimmt, aber wo immer eine Lücke sich
zeigt, sorgt der Herzog, daß sie ausgefüllt wird. Die tüch-
tigsten Leute sucht er an die rechte Stelle zu setzen, und
wo er ein versprechendes Talent entdeckt, spart er keine
Kosten. So hat er auch den berühmten Veit von Seckendorf entdeckt, unterstützt und ausgebildet. Noch in den Wirren
des 30-jährigen Krieges sucht er auf dem Thüringer Walde
die Glasindustrie zu heben und läßt zu diesem Zwecke
sogar Glasbläser aus Venedig kommen. Der für sein Land
und den Export wichtigen Waidfarbe hat er überall auf den
Reichstagen und in Sonderverhandlungen ihr Absatzgebiet
zu erhalten und gegen die Konkurrenz zu schützen gesucht.

Der Hauptreichtum seines Landes bestand in den
Forsten des Thüringer Waldes. Um diese besser verwerten
zu können, hat er mit zäher Ausdauer die Projekte einer
Schiffbarmachung der Werra und ihrer Verbindung mit
der Saale verfolgt, wie er auch Werra und Main durch
einen Kanal zu verbinden beabsichtigte. Aber Neid und
Unverstand ließen diese großen Projekte nicht zur Ausführung gelangen. Aber den Triumph erlebte der Herzog
doch, daß nach dem großen Brande von London vom
Jahre 1666 bedeutende Massen von Stämmen und Brettern
nach Bremen verflößt werden konnten, die dann nach London
verfrachtet wurden.

Der Bau seines Residenzschlosses, dem er sehr be-
zeichnender Weise den Namen Friedenstein gab, auf der
althistorischen Stätte des gewaltigen Grimmensteins ist eine
bedeutende That. Und wie schmückt er ihn und stattet
er ihn aus mit Kapelle, Zeughaus, Münzsammlung; Bibliothek! Der sonst so sparsame Fürst hat für solche Zwecke
immer Summen flüssig. Wie charakteristisch ist es für
ihn, daß er alljährlich einen großen Schatz anlegt, um für
alle möglichen Fälle gesichert zu sein! Ihm entgehen die
Zeichen der Zeit nicht, und so ist er in steter Fortbildung
und Verbesserung seiner Wehrverfassung bedacht, sein Land
zu schirmen und vor neuen Kriegsgefahren zu schützen.

Bei allen diesen Plänen und ihrer Ausführung hat
Ernst der Fromme Mitarbeiter gehabt und zum Teil sehr
bedeutende, wie einen Reyher, einen Simon Glass, einen
Ludwig und einen Seckendorf, um nur die wichtigsten zu
nennen. So groß das Verdienst der einzelnen in jedem
Falle ist, es muß doch gesagt werden, daß der Herzog selber
die Seele aller Pläne und ihrer Ausführung war. Sei es
in pädagogischen Fragen oder in Justizsachen, bei dem
lateinischen und griechischen Unterricht wie bei dem juristischen Studium, bei seinen kirchlichen wie bei seinen weltlichen Anordnungen hat er die leitenden Ideen, die seine
Mitarbeiter ausführen müssen, und er selbst ruht nicht eher,

als bis seine Gedanken wirklich vollständig zum Ausdruck
gekommen sind. Vier- und fünf mal wohl sind ihm Sachen
vorgelegt worden und umgearbeitet, ehe er sie billigte. Das
große Werk des Geschichtschreibers des Protestantismus,
Hortleder, geht so gut auf seine Anregung mit zurück, wie
das andere große protestantische Geschichtswerk, Seckendorfs Commentarius, direkt auf seine Veranlassung geschrieben ist. Das zweite große Werk dieses Gelehrten,
„der teutsche Fürstenstaat" ist in Wahrheit nichts anderes
als die Beschreibung der Verfassung und Zustände, wie sie
durch Ernst den Frommen in Gotha geschaffen worden
waren. In ganz der gleichen Weise, wie es Herzog Ernst verlangte, wird auf die Religiosität der erste Nachdruck gelegt. Und will es nicht viel besagen, daß hier Seckendorf
ebenso, wie sein Fürst sein ganzes Lebelang es gehalten,
für die Stände eintritt — in einer Zeit, wo sonst überall
die Fürstenmacht die Stände niederdrückt und ihre Gewalt
bricht? Das große Bibelwerk, das Ernst der Fromme ins
Leben rief, es trägt mit Recht seinen Namen. So sicher
weiter Ernst der Fromme bei seinen pädagogischen Bestrebungen von Commenius und Ratke beeinflußt ist, so
soll man darüber doch nicht vergessen, daß erst die einheitliche Ausgestaltung und die Umsetzung in die Wirklichkeit das Entscheidende sind. Das Goethesche Wort

Selbst erfinden ist schön;
Aber glücklich von Andern Gefundenes
Freudig erkannt und geschätzt,
Nennst du das weniger dein?

es gilt auch hier, und an Ernst des Frommen Namen haftet
Verdienst und Ruhm aller Ideen und ihrer Ausführung.

Gerade weil Herzog Ernst in allen Sachen ein so ausnehmend hervorragendes Verwaltungstalent zeigte und in
jeder Weise als großer Regent dasteht, um so auffallender
ist die Erscheinung, daß er in seinem Testamente die Teilung
seiner Lande unter seine verschiedenen Söhne verfügt. Ein
wunderbares Glück hatte es noch einmal bewirkt, daß sich

in Thüringen ein größeres Staatswesen bildete: 1669 fällt
der Eisenacher Anteil und 1672 der altenburgische und
coburgische Teil an Herzog Ernst. Seine relogiös-pä-
dagogischen Einrichtungen, die er im eigenen Lande getroffen
hat, werden sofort auch dort durchgeführt, aber der Gedanke des Staatsmannes, daß es die Aufgabe war, hier zu
erhalten, was ein gütiges Geschick noch einmal ihm in den
Schoß gelegt, fehlt. Der Vater siegt über den Staatsmann.
Freilich kann er für sich anführen die alte Tradition des
Ernestinischen Hauses, die immer und immer die Länder
geteilt hat; aber gerade die Bedeutungslosigkeit, zu der dadurch das Ernestinische Haus verurteilt wurde, hätte warnen
sollen. Bestärkt in seinen Gefühlen als Vater ist er aber
noch geworden durch eine betrübende Erscheinung der damaligen Zeit, daß die nachgeborenen Söhne der Fürstenge-
schlechter in ruhelosem Ehrgeiz sich verzehrten, in fremde
Dienste traten, dem Vaterlande und, was Ernst dem Frommen
besonders schmerzlich war, dem Glauben der Väter ab-
trünnig wurden. Diesen Gefahren wollte er in seinem
Hause vorbeugen, und so zerschlug er lieber die letzte
größere Ernestinische Staatenbildung.

Am 16. Mai 1676 entschlief er.

Was Goethe ein Jahrhundert später von seinem Herzog
— auch einem Ernestiner — in jenen wunderbaren Worten
der venetianischen Epigramme sagte, wir können es von
Ernst dem Frommen Wort für Wort wiederholen:

> Klein ist unter den Fürsten Germaniens
>   freilich der meine;
> Kurz und schmal ist sein Land, mäßig nur,
>   was er vermag.
> Aber so wende nach innen, so wende nach außen
>   die Kräfte
> Jeder, da wär's ein Fest,
>   Deutscher mit Deutschen zu sein!

IV.
Mitgliederverzeichnis.

Vorstand:

1) Vorsitzender: Professor Dr. Ed. Rosenthal
2) Stellvertretender Vorsitzender und Herausgeber der Zeitschrift: Professor Dr. O. Dobenecker
3) Bibliothekar und Konservator: Bibliotheksdirektor Dr. K. K. Müller
4) Schriftführer: Professor Dr. F. Keutgen
5) Schatzmeister: Verlagsbuchhändler Dr. G. Fischer

in Jena.

Ausschuß:

Geheimer Hofrat Dr. C. A. H. Burkhardt, Archivdirektor in Weimar.

Professor Dr. G. Mentz
Professor Dr. V. Michels
Buchdruckereibesitzer Dr. G. Neuenhahn
Geheimer Hofrat Professor Dr. G. Richter, Gymnasialdirektor
Privatdocent Dr. St. Stoy
Geheimer Justizrat A. Unger, Oberlandesgerichtsrat
Professor Dr. P. Weber

in Jena.

Ehrenmitglied:

Schäfer, Geheimrat Professor Dr. Dietrich, Heidelberg.

Korporative Mitglieder:

Jahresbeitrag 20 M., für welche sie sämtliche Schriften des Vereins erhalten:

1. Arnstadt, Magistrat.
2. Coburg, Magistrat.
3. Eisenach, Stadtgemeinde.
4. Erfurt, Magistrat.
5. Gotha, Stadtrat.
6. Hildburghausen, Magistrat.
7. Jena, Gemeindevorstand.
8. Mühlhausen i. Th., Magistrat.
9. Nordhausen, Magistrat.
10. Rudolstadt, Stadtrat.
11. Ruhla W. A., Gemeinderat
12. Saalfeld, Magistrat.
13. Sondershausen, Magistrat.

Ordentliche Mitglieder:

Allstedt.
Nicolai, D., Geh. Kirchenrat.
Stadtgemeindevorstand.

Altenburg S.-A.
v. Helldorf, Exc., Staatsminister.
Kipping, R. O., Lehrer.
Matthes, Dr. Isol., Professor am Herzogl. Realgymnasium.
Voretzsch, Dr. phil. Max, Prof. am Herzogl. Realgymnasium.

Apolda.
Compter, Prof. Dr.
Elle, Robert, Buchbindermeister.
Eulenstein, Karl, stellvertretender Vorsitzender des wissenschaftlichen Vereins.
Fischer, Rektor.
Gönna, v. d., Hugo, Posamentier.
Gönna, v. d., Otto.
Kürsten, Dr. O., Realschullehrer.
Meyer, Albert, Stadtbaurat.
Müller, H. F., Kommerzienrat.
Neumärker, Archidiakonus.
Stier, Karl, Großh. Schulrat.
Wiedemann, Johann, Fabrikant.
Wiedemann, Emil, Kommerzienrat.

Arnstadt.
Bloedau, Karl Kurt, v., Regierungsrat.
Boese, Franz, Kaufmann.
Brehme, Franz, Kaufmann.
Czarnikow, N., Bankdirektor.

24. Gymnasium, Fürstliches.
25. Hallensleben, Oberlehrer.
26. Hülsemann, R., Justizrat.
27. Klörs, Heinr., Oberlehrer am Gymnasium, Pfleger.
28. Krieger, Max, Major a. D.
29. Krieger, Th., Ökonomierat.
30. Lederer, Dr. F., Prof.
31. Leib, Dr., Direkt. der Bürgerschule.
32. Leupold, A., Kommerzienrat.
33. Maempel, L., Rentier.
34. Maempel, Karl, Amtsrichter.
35. Maempel, Hugo, Major.
36. Museumsgesellschaft, Vorsitz.: Schulrat Direktor Dr. Fritsch.
37. Müller, Prof. Dr.
38. Osswald, Dr., Geh. Sanitätsr.
39. Osswald, Dr. med.
40. Rieck, Rud., Kommerzienrat.
41. Schmidt, Aug., Rentner.

Auma.
42. Hörschelmann, Amtsrichter.

Bamberg.
43. Marschalk von Ostheim, Emil, Freih. von.

Beichlingen b. Cölleda.
44. Werthern, H. Graf von.

Bergedorf b. Hamburg.
45. Hoecke, Leutnant a. D.

Bergsulza b. Stadtsulza.
46. Binder, C., Pfarrer.

Berlin.
47. Bibliothek, Königliche.
48. Goetze, Dr. A., Direktorialassistent am Königl. Museum für Völkerkunde.

49. Gutbier, H., Fabrik chirurg.
    Artikel.

50. Kind, D. theol. Dr. phil.,
    August, Pred. a. d. neuen
    Kirche.

51. Völker, Fräul. stud. Klara

    Bernburg.

52. Heß, E., Pfarrer.

    Blankenhain i. Th.

53. Kaestner, R., Oberamts-
    richter.

    Borsch b. Geisa.

54. Malkmus, Ferd., Pfarrer.

    Bromberg.

55. Schmidt, Dr. E., Gymnasial-
    lehrer.

    Buchheim b. Eisenberg.

56. Loebe, Rudolf, Pfarrer.

    Bürgel b. Jena.

57. Stoebe, Pfarrer.

    Buttstädt.

58. Diöcese Buttstädt.

59. Gemeindevorstand.

60. Schulz, Richard, Lehrer
    emer.

    Charlottenburg.

61. Kehrbach, Dr. K., Prof.

62. Scheit, Dr. med. Th., Arzt.

63. Lorentz, Dr.

    Coburg.

64. Wilhelm, Dr. O., Prof.

    Dermbach.

65. Jänisch, Landbaumeister.

    Detmold.

66. Anemüller, Dr., Bibliothekar.

    Dielsdorf b. Markvippach.

67. Gutzeit, Reinh., Pfarrer.

    Döbritschen bei Gr.-Schwab-
    hausen.

68. Heyge, Karl, Pfarrer.

69.

70.
Dö

71.

72.

73.

74.

75.

76.

77.

78.
79.
80.

81.

82.

83.

84.

85.

86.

87.

88.

89.

90.

91.

El

92.

Erfurt.

93. Sonnekalb, Paul, Schriftsteller.
94. Wilson, L., OLGRat.

Flurstedt b. Apolda.

95. Alberti, Pfarrer.

Freiburg i. Br.

96. Simson, Dr. L. v., Prof.

Geestemünde.

97. Quantz, Oberlehrer.

Gehren.

98. Hülsemann, Edw., Amtsricht.

Geisa a. Rh.

99. Kiel, Dr. A. J., Landtagsabgeordneter.
100. Saalfeld, Karl, Oberförster.

Georgenthal.

101. Baethcke, Pfarrer.

Gera R. j. L.

102. Auerbach, Oberlehrer.
103. Eisel, Rob., Kurator des städtischen Museums.
104. Ministerium, Fürstliches, Abt. für Kirche u. Schule.
105. Voß, H. von, Rechtsanwalt.

Gerstungen.

106. Stegmann, Dr., Medizinalrat.
107. Stölten, Lic. theol., Superintendent.

Gotha.

108. Bamberg, Dr. v., Oberschulrat.
109. Berlet, Exc., Landgerichtspräsident.
110. Bibliothek, Herzogliche.
111. Bierschenk, F. W., Kommerzienrat.
112. Böttner, R., Landrichter.
113. Dannenberg, Dr., Medizinalrat.
114. Dietzsch, Dr., Geh. Regierungsrat.

115. Doebel, J., Finanzrat.
116. Ebart, v., Kammerherr, Kabinettssekr. S. H. d. Herzogs. Pfleger.
117. Emminghaus, Dr., Direktor.
118. Florschütz, Dr. Physikus a. D.
119. Georges, Dr.H., Prof.,Herzgl. Bibliothekar.
120. Goldschmidt, Dr., Handelsschuldirektor.
121. Grützmüller, Landgerichtsrat a. D.
122. Haeseler, v., Kammerherr.
123. Haus- u. Staatsarchiv, Hzgl.
124. Heinrich, Otto, Bankdirekt.
125. Heller, C., Rechtsanwalt.
126. Hellfarth,Buchdruckereibes.
127. Hennicke, Dr., Gymnasiallehrer.
128. Heß, H., Finanzrat.
129. Hollstein, Lehrer.
130. Ketelhodt, v., Exc., Geh. Staatsrat, Minister des Herzogl. Hauses.
131. König, Dr. C., Lehrer an der Realschule.
132. Landschütz, Direktor.
133. Hofkirche, Herzogliche.
134. Liebetrau,Oberbürgermeist.
135. Müller, Herm., Superintend.
136. Ostertag, K., Bürgermeister.
137. Perthes, B., Hofrat.
138. Perthes, Emil, Buchhändler.
139. Pick, Prof. Dr.
140. Regel, Dr. P., Oberlehrer am Gymnasium.
141. Ritter, Bankdirektor.
142. Rohrbach, Dr. C., Realschuldirektor.
143. Samwer, Dr. C., Bankdirektor.
144. Schapitz, Finanzrat.
145. Schmidt, Staatsrat.

146. Schneider, Dr. G. Bankdirektor.
147. Schreiber, Schulrat.
148. Schwarz, Dr., Sanitätsrat.
149. Strenge, v., Exc., Staatsminister a. D.
150. Thienemann, E.F., Hofbuchhändler.
151. Vereinigung für Gothaische Geschichte und Altertumsforschung.
152. Bibl. des Herzog Ernst-Seminars.

Göttingen.
153. Verworn, Dr. Prof.

Göttern b. Magdala.
154. Wächter, Pfarrer.

Greiz.
155. Steinhausen, Landrichter, Justizrat.
156. Verein für Greizer Gesch.
157. Verwaltung der Stadtschulbibliothek.

Großrudestedt.
158. Spieß, Superintendent.

Hainichen b. Dornburg.
159. Schröder, Arno, Pfarrer.

Halle a. S.
160. Lotholz, Dr., Gymnasialdirektor a. D.

Hamburg.
161. Füßlein, Dr. Gymnasialoberlehrer.

Hannover.
162. Doebner, Dr., Archivdirekt. und Geh. Archivrat.

Heilsberg b. Remda.
163. Bankwitz, Walther, Pfarrer.

Hildburghausen.
164. Hertel, Dr. Ludwig, Oberlehrer.

165. Humann, Dr. A., Superintendent.
166. Verein für Sachs.-Meiningische Geschichte u. Landeskunde.

Hörselgau b. Fröttstedt.
167. Perthes, F., Pfarrer.

Hohenleuben.
168. Voigtländ. Altertumsforsch. Verein.

Jena.
169. Abbe, Prof. Dr.
170. Alberti, Rechtsanwalt.
171. Ambronn, Prof. Dr.
172. Anton, Prof. Dr.
173. Auffarth, Archidiakonus.
174. Bachstein, Ernst, Kaufmann.
175. Bauer, Fräul. C.
176. Baensch, Prof. Dr.
177. Bergmann, Stadtschreiber.
178. Beyer, Uhrmacher.
179. Beyer, Lehrer.
180. Bezold, Möbelfabrikant.
181. Bibliothek des Gymnasiums.
182. Binswanger, Geh. Medizinalrat Prof. Dr.
183. Bleyer, Optiker.
184. Blomeyer, Senatspräsident.
185. Blomeyer, Frau, Amtsrat.
186. Böckel, Dr. jur.
187. Böttcher, Max, Buchhändl.
188. Braasch, D., Superintendent.
189. Brüger, v., Dr., Exc., Wirkl. Geh. Rat, OLG-Präsident.
190. Buchner, Dr., Museumassist.
191. Butz, W., Direktor.
192. Cartellieri, Dr. Alex, Prof.
193. Cosack, Stadtbaumeister.
194. Delbrück, B., Dr. Prof.
195. Devrient, Dr. Ernst.
196. Dienemann, Lehrer.

197. Dobenecker, Dr. O., Prof.
198. Dobschütz, v., Prof. Dr.
199. Dornbluth, Rentner.
200. Dove, Prof. Dr.
201. Duden, Prof. Dr.
202. Dultz, Arzt.
203. Dyckerhoff, Frau Amtsrichter.
204. Eggeling, Dr., Geh. Staatsrat.
205. Eichhorn, Dr. Kirchenrat.
206. Eichhorn, Dr., Arzt.
207. Elster, A., Dr. jur.
208. Engau, Bezirksvorsteher.
209. Eschke, R., Univ.-Bibliothekar.
210. Ett, Pfarrer a. D.
211. Eucken, Rud., Prof. Dr., Geh. Hofrat.
212. Feder, Zahnarzt.
213. Feuerstein, Arzt.
214. Fischer, Dr. Gustav.
215. Flegel, H., Kanzleirat.
216. Förtsch, Prof.
217. Fraisse, Prof. Dr.
218. Frommann, Frau Generalsuperintendent.
219. Gang, Steueramtsrendant.
220. Geltzer, Prof. Dr. A., Geh. Hofrat
221. Giese, Dr. Bezirksarzt, Privatdozent.
222. Giese, jun., Zimmermeister.
223. Goetz, Prof. Dr. G., Geh. Hofrat.
224. Graf, Dr. Arzt.
225. Gresitza, Werkmeister.
226. Grohé, Dr., Assistent.
227. Groß, Assistenzarzt.
228. Hädrich, Gustav, Kaufmann.
229. Haerdle, H., Buchhändler.
230. Harseim, Wirkl. Geh. Kriegsrat a. D.
231. Hartung, Otto, Mühlenbesitzer.
232. Häußler, Magazinverwalter.
233. Heinrich, Dr. Hilfsbibliothekar.
234. Heinrich, P., Bezirksverwalter.
235. Helmrich, C., Aktuar am Oberlandesgericht.
236. Hertel, Dr., Professor Assistenzarzt.
237. Heß, Referendar.
238. Heuschkel, Dr. Oberlehrer.
239. Hilgenfeld, Prof. Dr., Geh. Kirchenrat.
240. Hochhausen sen., Buchbinder.
241. Hunger, Lithograph.
242. Jacobi, Kaufmann.
243. Jacobs, Dr., Rechtsanwalt.
244. Jobst, Major a. D.
245. Jungherr, Geh. Justizrat.
246. Jurk, Ernst, Buchhändler.
247. Kaiser, Hotelier.
248. Kämpfe, Anton, Buchdruckereibesitzer.
249. Kanold, Rentner.
250. Kästner, Buchbindermeist.
251. Keller, Prof. Dr.
252. Keutgen, Prof. Dr.
253. Klee, Dr., Med.-Assessor.
254. Kniep, Prof. Dr.
255. Knorr, Dr. Prof. Geh. Hofrat.
256. Koblinski, Redakteur.
257. Koch, Rud., Bankier.
258. Koch, Wilh., Bankier.
259. Köcher, E. F., Lehrer.
260. Köhler, Dr. A.
261. Köhler, Kommerzienrat.

262. Kohlmann, Postassistent.
263. Kötschau, Prof. Dr.
264. Krell, Pastor emer.
265. Kronefeld, Frau Dr.
266. Langenbeck, Prof. Dr.
267. Lambeck, H., Prof.
268. Leist, Prof. Dr., Geh. Justizrat.
269. Leschbrand, Dr. C.
270. Liebmann, Senatspräsident.
271. Lichtwer, Rechnungsrat.
272. Lincke, Prof. Dr.
273. Lipsius, Lic., Privatdocent.
274. Lommer, Geh. Oberjustizrat.
275. Loening, Prof. Dr., Geh. Justizrat.
276. Marschall, Gärtner.
277. Matthes, Rentner.
278. Mentz, Dr. G., Prof.
279. Meyer, Redakteur.
280. Michels, Prof. Dr.
281. Möbus, Bürgerschullehrer.
282. Mosdorf, Wirt.
283. Müller, Prof. Dr. G., Geh. Hofrat.
284. Müller, Dr. K. K., Direktor der Univ.-Bibliothek.
285. Müller, Maurermeister.
286. Netz, Karl.
287. Netz, Gustav.
288. Neuenhahn, Dr. Gustav.
289. Nippold, Dr. Prof.
290. Noack, Prof. Dr.
291. Oschatz, Louis, Mühlenbes.
292. Peter, Gymnasiallehrer.
293. Petrenz, Dr. Otto.
294. Pfeiffer, Institutsdirektor.
295. Pierstorff, Dr. J., Prof. Geh. Hofrat.
296. Piltz, Ernst, Institutslehrer.
297. Planer, Dr. Hermann.
298. Pohle, Wilh., Buchdruckereibesitzer.

299. Raßmann, Buchhändler.
300. Reichardt, Dr. phil., Oberlehrer am Gymnasium.
301. Rein, Prof. Dr.
302. Richter, Dr. G., Geh. Hofrat.
303. Riemann, Oberlandesgerichtsrat.
304. Rodigast, Rentner.
305. Rosenthal, Dr. E., Prof.
306. Rückert, B.
307. Schellbach, Oberlandesgerichtsrat.
308. Scheller, Max, cand. hist.
309. Schlösser, Prof. Dr.
310. Schmidt, Dr. Emil, Prof.
311. Schneider, Lehrer.
312. Schoele, Gastwirt.
313. Schott, Dr., Fabrikbesitzer.
314. Schott, Prof. Dr.
315. Schultze, Dr. Alfred, Prof. OLGRat.
316. Schultze, Dr. Leonhard, Privatdozent.
317. Seesemann, Lehrer.
318. Seidel, Dr. M., Prof. Geh. Medizinalrat.
319. Seyerlen, Geh. Kirchenrat Prof.
320. Siebert, Dr., Medizinalrat.
321. Singer, H., Oberbürgermstr.
322. Staeger, Prof. Dr.
323. Stäps, Justizrat.
324. Stark, Frl. Clara.
325. Stichling, Alex, Oberlandesgerichtsrat.
326. Stintzing, Prof. Dr., Geh. Med.-Rat.
327. Stoy, Dr. Heinrich, Institutsdirektor.
328. Stoy, Dr. Stephan, Docent an der Universität.
329. Strobel, F., Buchhändler.
330. Strohschein, Frl. Johanna.

331. Strupp, Rechtsanwalt.
332. Stütz, Dr. E., Apotheker.
333. Thümmel, Prof. Dr.
334. Timler, C., Architekt.
335. Timler, Heinrich, Kaufmann.
336. Türck, Dr., Herm.
337. Unger, OLGRat, Geh.Justizrat.
338. Veit, Zimmermeister.
339. Vogel, Polizeisekretär.
340. Vollers, Prof. Dr.
341. Vopelius, Bernhard, Buehdruckereibesitzer.
342. Wagenmann, Prof. Dr.
343. Wagner, Dr., Bürgermeister.
344. Wagner, Lehrer.
345. Weber, Prof. Dr.
346. Weimar, Hugo.
347. Weise, Lithograph.
348. Wilhelm, Prof. Dr.
349. Willkomm, Hilfsbibliothek.
350. Winkelmann, Prof. Dr., Geh. Hofrat.
351. Wittich, Lehrer.
352. Wolsborn ,Pfarrer emer.
353. Woltersdorf, Referendar.
354. Zeiß, Dr. H., Justizrat.

Ilmenau.
355. Book, Richard, Glashüttenbesitzer.
356. Böttcher, Dr. A., Prof.
357. Hassenstein, Dr., Direktor der Wasserheilanstalt.
358. Naumann, Herm., Kommerzienrat.

Immenrode b. Schernberg.
359. Einicke, G. Pfarrer.

Kahla S.-A.
360. Stadtrat.
361. Verein für Geschichte und Altertumskunde.

Kapellendorf.
362. Weiner, Franz, Pfarrer.

Keilhau b. Rudolstadt.
363. Wächter, Dr. O.

Köln a. Rh.
364. Aldenhoven, K., Hofrat, Direktor des Museums.
365. Blumschein, Dr. G., Oberlehrer a. d. Oberrealschule.

Königsberg i. Pr.
366. Sommerfeld, Dr. G., Realgymnasiallehrer (für 1903 abgemeldet).
367. Stieda, Dr. L., Geheimrat.

Kreuzburg Oberschlesien.
368. Bartenstein, Regierungsass.

Kunitz.
369. Böhme, E., Pfarrer.

Langensalza.
370. Gutbier, H., Stadtarchivar.

Lausanne.
371. Kuhlenbeck, Dr., Rechtsanwalt.

Leipzig.
372. Beyer, Dr., in Leipzig-Eutritzsch.
373. Hase, Dr. Oskar v., Hofrat.
374. Schulz, Prof.Dr.K., Oberbibl. am Reichsgericht.
375. Stieda, Dr. W., Prof.

Madelungen b. Eisenach.
376. Schneyer, H., Pfarrer.

Magdala.
377. Freyberg, K., Lehrer.

Marburg a. L.
378. Universitätsbibliothek, Kgl.
379. Wenck, Dr. Karl, Prof.

Marienwerder.
380. Baltzer, Dr. M., Direktor des Gymnasiums.

5*

Maua b. Göschwitz.
381. Stoeßner, C. Otto, Pfarrer.
Meiningen.
382. Bibliothek, Öffentliche Herzogliche.
383. Domrich, Dr., Geh. Med. Rat
384. Hennebergischer Altertumsforschender Verein.
385. Koch, Prof. E., Vorsteher des Henneberg. Archivs.
386. Linschmann, Th., Pfarrer.
387. Trinks, Staatsrat.
Mellingen.
388. Förtsch, Geh. Kirchenrat.
Miltenberg a. M.
389. Erdmann, Hans.
Mügeln b. Oschatz.
390. Opel, Postmeister.
Münchenbernsdorf.
391. Liebeskind, Paul, Oberpfarrer.
Naumburg a. S.
392. Schöppe, Redakteur.
Neidhardshausen b. Zella (Felda).
393. Löber, Pfarrer.
Neustadt b. Coburg.
394. Magistrat.
Neustadt a O.
395. Magistrat.
396. Wünscher, Archidiakonus.
Neustädt b. Gerstungen.
397. Pfaff, H., Pfarrer.
Nirmsdorf b. Buttstädt.
398. Kunze, Pfarrer.
Nischwitz b. Mannichswalde S.-A.
399. Bergner, Dr., Pfarrer.
Nordhausen.
400. Harzverein für Geschichte und Altertumskunde.

Oberhausen (Rheinland).
401. Herthum, Dr., Realschullehrer.
Ohrdruf.
402. Freytag, H., Assessor.
Oldenburg im Großh.
403. Menge, Dr. Rudolf, Oberschulrat.
Orlamünde.
404. Lommer, Justizrat.
405. Stadtrat.
Pforta b. Naumburg a. S..
406. Boehme, Prof. Dr.
407. Siefert, Dr. G., Oberlehrer.
Pößneck.
408. Berger, Robert, Kommerzienrat.
409. Härtel, R., Apotheker, Fabrik. med. Verbandstoffe.
410. Herrmann, Richard, Kaufmann.
411. Keßow, Lehrer.
412. Magistrat.
413. Museum (vertreten durch Lehrer Kramer).
414. Weißer, Dr., Sanitätsrat.
Potsdam.
415. Obernitz, v., Major a. D.
Roda S.-A.
416. Dobenecker, R., Bezirksschulinspektor.
417. Kropff, v., Landrat.
418. Stadtrat.
419. Verein für Geschichte und Altertumskunde.
Ronneburg S.-A.
420. Bibliothek der Stadtschule.
421. Altertumsforsch. Verein für Ronneburg und Umgegend.
Rostock i. M.
422. Universitätsbibliothek.

Rothenstein b. Jena.
423. Plöthner, Pfarrer.

Rudolstadt.
424. Ackermann, Ed., Redakteur.
425. Bangert, Dr. W., Prof., Pfleger.
426. Bloß, C., Hofmusikus.
427. Bock, E., Buchhändler.
428. Brecht, Geh. Baurat.
429. Eichhorn, Buchhändler.
430. Franke, Lehrer.
431. Großmann, Hotelier.
432. Haushalter, Prof. Dr.
433. Hauthal, Staatsrat.
434. Heinze, Lehrer.
435. Hickethier, Lehrer.
436. Hörcher, Prof. Dr.
437. Körbitz, Dr., Staatsrat.
438. Krause, Prof. Dr.
439. Ortloff, Günther, Kommissionsrat.
440. Ose, stud. phil.
441. Rein, Dr., Seminaroberlehrer.
442. Röhner, Baurat a. D.
443. Rübesamen, Dr., Oberlehrer.
444. Schinzel, Gottwert, Architekt.

Saalfeld.
445. Freysold, Justizrat.
446. Groß, Geh. Justizrat.
447. Heym, Dr. Oberlehrer.
448. Liebscher, Bürgermeister.
449. Schneider, Geheimrat.

Schleiz.
450. Geschichts- und Altertumsforsch. Verein.
451. Schmidt, Dr. B., Fürstl. Archivrat.

Schlotheim.
452. Ketelhodt, Freih. v., Amtsrichter.

Schmalkalden.
453. Verein für Henneberg. Geschichte.

Schnepfenthal b. Waltersh.
454. Ausfeld, Dr., Schulrat
455. Gerbing, Frau, geb. Ausfeld.
456. Thomas, Ed., Prof. Dr.

Sondershausen.
457. Bärwinkel, Dr. Felix, Landrat.
458. Bärwinkel, Prof. Dr., Verwalter des fürstl. Archivs.
459. Hülsemann, H., Amtsgerichtsrat.
460. Maempel, Fr., Amtsgerichtsrat.
461. Trautvetter, Dr., Bankdirektor, Landrat a. D.
462. Verein für Deutsche Geschichte und Altertumskunde.

Stadtilm.
463. Speerschneider, J., Amtsrichter.

Stadtlengsfeld (Felda).
464. Ziemendorf, Dr., prakt. Arzt.

Steinach S.-M.
465. Freysold, Herzogl. Forstassessor.

Stetten, Post Sondheim (Rhön).
466. Kaiser, H., Pfarrer.

Stotternheim.
467. Schwabe, Kirchenrat.

Suhl.
468. Kunze, F., Lehrer und Schriftsteller.
469. Kroebel, Amtsgerichtsrat.

Taupadel b. Jena.
470. Eichhorn, Aug., Pfarrer.

Thalstein b. Jena.

471. Tümpling, v., Legationsrat a. D.

Tiefenort.

472. Anhalt, Adjunkt.

473. Schröter, Hausvater (Rettungshaus).

474. Renner, Dr., Bezirksarzt.

Triptis.

475. Magistrat.

Udestedt b. Vieselbach.

476. Ritter, Otto, Superintendent.

Uelleben.

477. Lerp, C., Pfarrer.

Unterwirbach b. Blankenburg i. Th.

478. Bastheimer, Emil, Lehrer.

Vacha.

479. Buhler, Superintendent (tritt für 1903 aus).

480. Stößner, Superintendent.

481. Löber, Dr. Paul, Bezirksarzt.

Vieselbach.

482. Schmidt, Otto, Justizrat.

483. Starcke, Dr. med., Amtsphysikus.

Weida.

484. Meder, Adjunkt.

485. Pfeifer, Louis, Fabrikant.

Weimar.

486. Bachmann, Landgerichtspräsident.

487. Bibliothek, Großherzogliche.

488. Bojanowski, v., Geh. Hofrat.

489. Buchenau, Dr., Oberlehrer.

490. Burkhardt, Geh. Hofrat Dr., Direktor des Staatsarchivs.

491. Conservator der Bau- und Kunstdenkm. Thüringens, (dz. Prof. Dr. Georg Voß, Berlin-Grunewald).

492. Devrient, Dr. Hans, Oberlehrer am Gymnasium.

493. Dollstädt, Kommerzienrat.

494. Egloffstein, Freih. v., Dr., Kabinettsekretär.

495. Flöl, Dr. W., Justizkommissar.

496. Gohren, Dr. v., Geh. Regierungsrat.

497. Groß, v., Exc., Staatsminister a. D.

498. Gymnasium, Großherzogl.

499. Habbicht, Heinrich, Oberpostsekretär a. D.

500. Henß, Adolf, Hofbuchbinder.

501. Jüngst, Pfarrer.

502. Kaehler, Dr. O., Prof.

503. Krause, Staatsrat.

504. Kriesche, Oberbaurat.

505. Langlotz, Direktor.

506. Lengefeld, v., Dr. phil., Selma.

507. Mardersteig, Rechtsanwalt.

508. Mirus, Präsident.

509. Möller, Oberlehrer.

510. Müller, A., Geometer.

511. Müller, W., Revisor.

512. Müller, Hofjuwelier.

513. Schwanitz, Geh. Justizrat.

514. Slevoigt, Geh. Regierungsrat.

515. Spinner, Dr., Oberhofprediger, Kirchenrat.

516. Staatsministerium, Großh. Depart. des Kultus.

517. Stadtgemeinde.

518. Stadtkirchengemeinde.

519. Thelemann, Hofbuchhändl.

520. Trefftz, Dr., Archivar.

521. Thüna, Dr. Freih. v., Bezirksdirektor a. D.

522. Virek, Prof. Dr.

523. Walther, Kuno, Kirchenrat.

. Wernekke, Realgymnasial-
direktor.

. . Wurmb, v., Minister des
Äußeren und Inneren.

Weißensee i. Thür.

. Magistrat.

Wenigenjena.

'. Bauer, Oberstleutnant a. D.

. Brauckmann,Institutsdirek-
tor.

). Gemeindevorstand.

). Hollenbach, Dr. Rektor.

.. Jäger, Lehrer.

. Schlag, Zimmermeister.

Wien.

533. Bibl. des Historischen Museums der Stadt Wien.

Wiesenthal b. Dermbach.

534. César, Pfarrer.

Würzburg.

535. Regel, Dr. Fr., Prof.

Zabrze i. Sohles.

536. Schellwitz, Hauptmann a. D.

Zeulenroda.

537. Stadtgemeinde.

Ziegenhain.

538. Fuchsturmgesellschaft.

V.

Verzeichnis

der Vereine, Institute und Redaktionen, mit denen der Verein für Thüringische Geschichte und Altertumskunde in Schriftenaustausch steht.

Landesgebiet	No.	Sitz	Name des betr. Vereins u. s. w.
Deutsches Reich			
Preußen	1	Berlin	Verein für Geschichte der Mark Brandenburg.
	2	Berlin	Brandenburgia. Gesellschaft für Heimatkunde der Provinz Brandenburg.
	3	Berlin	Märkisches Provinzial-Museum.
	4	Berlin	Verein für die Geschichte Berlins.
	5	Berlin	Der deutsche Herold.
	6	Brandenburg	Historischer Verein zu Brandenburg a. H.
	7	Prenzlau	Uckermärkischer Museums- und Geschichtsverein.
	8	Stettin	Gesellschaft für Pommersche Geschichte und Altertumskunde.
	9	Greifswald	Rügisch-Pommerscher Geschichtsverein zu Greifswald und Stralsund.
	10	Danzig	Westpreußischer Geschichtsverein.

Landesgebiet	No.	Sitz	Name des betr. Vereins u. s. w.
Deutsches Reich			
Preußen	11	Marien-werder	Historischer Verein für den Regierungsbezirk Marien-werder.
	12	Königsberg i. Pr.	Altertumsgesellschaft Prus-sia.
	13	Königsberg i. Pr.	Verein für die Geschichte von Ost- und Westpreußen.
	14	Frauenburg	Historischer Verein für Er-meland.
	15	Lötzen	Litterarische Gesellschaft Masovia.
	16	Posen	Historische Gesellschaft für die Provinz Posen.
	17	Posen	Towarzystwo Przyjaciol Nauk Poznanskie (Ge-sellschaft der Freunde der Wissenschaften).
	18	Kurnik (Posen).	Graf Dzialinski'sche Bi-bliothek.
	19	Thorn	Copernicusverein für Wissen-schaft und Kunst.
	20	Breslau	Verein für die Geschichte und Altertum Schlesiens.
	21	Breslau	Schlesische Gesellschaft für vaterländische Kultur.
	22	Breslau	Schlesische Gesellschaft für Volkskunde.
	23	Breslau	Verein des Museums schle-sischer Altertümer.
	24	Breslau	Königl. Regierungspräsi-dium (Kunstdenkmäler der Provinz Schlesien).
	25	Freiwaldau	Mährisch-schlesischer Su-detengebirgsverein.

Landesgebiet	No.	Sitz	Name des betr. Vereins u. s. w.
Deutsches Reich Preußen	26	Görlitz	Oberlausitzer Gesellschaft der Wissenschaften.
	27	Magdeburg	Verein für Geschichte und Altertumskunde des Herzogtums und Erzstifts Magdeburg.
	28	Salzwedel	Altmärkischer Verein für vaterländische Geschichte.
	29	Wernigerode	Harzverein für Geschichte und Altertumskunde.
	30	Halle-Merseburg	Historische Kommission der Provinz Sachsen.
	31	Halle a. S.	Thüringisch-sächsischer Verein für Erforschung des vaterländ. Altertums.
	32	Eisleben	Verein für Geschichte und Altertümer der Grafschaft Mansfeld.
	33	Sangerhausen	Verein für Geschichte und Naturwissenschaft von Sangerhausen und Umgebung.
	34	Mühlh.i.Th.	Mühlhäuser Altertumsverein.
	35	Erfurt	Verein f. Geschichte u. Altertumskunde von Erfurt.
	36	Erfurt	Königliche Akademie gemeinnütziger Wissenschaften.
	37	Schmalkalden	Verein f. Hennebergische Geschichte u. Landeskunde.
	38	Kassel	Verein für Hessische Geschichte.
	39	Fulda	Fuldaer Geschichtsverein.
	40	Fulda	Historischer Verein der Diöcese.

Landesgebiet	No.	Sitz	Name des betr. Vereins u. s. w.
Deutsches Reich			
Preußen	41	Hanau	Hanauer Geschichtsverein.
	42	Wiesbaden	Verein für Nassauische Altertumskunde und Geschichtsforschung.
	43	Homburg v. d. H.	Verein für Geschichte und Altertumskunde.
	44	Frankf. a.M.	Verein für Geschichte und Altertumskunde.
	45	Frankf. a.M.	Stadtbibliothek.
	46	Trier	Stadtbibliothek.
	47	Aachen	Aachener Geschichtsverein.
	48	Bonn	Verein von Altertumsfreunden im Rheinlande.
	49	Köln a. R.	Historischer Verein für den Niederrhein.
	50	Köln a. R.	Stadtarchiv.
	51	Düsseldorf	Düsseldorf.Geschichtsverein
	52	Elberfeld	Bergischer Geschichtsverein.
	53	Essen	Historischer Verein für Stadt und Stift Essen.
	54	Dortmund	Histor. Verein für Dortmund und die Grafschaft Mark.
	55	Soest	Verein für evangelische Kirchengeschichte der Grafschaft Mark.
	56	Münster	Verein f. Geschichte u. Altertumskunde Westfalens.
	57	Münster	Redaktion des litterarischen Handweisers für das katholische Deutschland.
	58	Hannover	Historischer Verein für Niedersachsen.
	59	Hannover	Verein für Geschichte der Stadt Hannover.

Landesgebiet	No.	Sitz	Name des betr. Vereins u. s. w.
Deutsches Reich			
Preußen	60	Hannover	Architekten- und Ingenieurverein.
	61	Osnabrück	Verein für Geschichte und Landeskunde von Osnabrück.
	62	Lüneburg	Museumsverein für das Fürstentum Lüneburg.
	63	Stade	Verein für Geschichte und Altertümer der Herzogtümer Bremen und Verden und des Landes Hadeln.
	64	Lehe a. d. W.	Heimatbund Männer von Morgenstern.
	65	Emden	Gesellschaft für bildende Kunst und vaterländische Altertümer.
	66	Kiel	Gesellschaft für Schleswig-Holsteinsche Geschichte.
	67	Kiel	Anthropologischer Verein in Schleswig-Holstein.
Bayern	68	Ansbach	Historischer Verein für Mittelfranken.
	69	Augsburg	Historischer Verein für Schwaben und Neuburg.
	70	Bamberg	Historischer Verein zu Bamberg in Oberfranken.
	71	Bayreuth	Historischer Verein für Oberfranken.
	72	Hof	Nordoberfränkischer Verein für Natur-, Geschichts- und Landeskunde.
	73	Landshut.	Historischer Verein für Niederbayern.
	74	München	Kgl. Bayer. Akademie der Wissensch. Hist. Klasse

No.	Sitz	Name des betr. Vereins u. s. w.
75	München	Historischer Verein von Oberbayern.
76	München	Münchener Altertumsverein.
77	München	Redaktion des Historischen Jahrbuchs der Görres-Gesellschaft.
78	Neuburg a. d. D.	Historischer Verein Neuburg a. d. D.
79	Nürnberg	Germanisches Nationalmuseum.
80	Nürnberg	Verein für die Geschichte der Stadt Nürnberg.
81	Regensburg	Historischer Verein für Oberpfalz und Regensburg.
82	Speyer	Historischer Verein für die Pfalz.
83	Würzburg	Historischer Verein für Unterfranken u. Aschaffenburg.
84	Chemnitz	Verein für Chemnitzer Geschichte.
85	Dresden	Kgl. Sächs. Altertumsverein.
86	Dresden	Verein für die Geschichte Dresdens.
87	Freiberg	Freiberger Altertumsverein.
88	Leipzig	Verein für die Geschichte Leipzigs.
89	Leipzig	Deutsche Gesellschaft zur Erforschung vaterländischer Sprache und Altertümer.
90	Leipzig	Museum für Völkerkunde.
91	Leisnig	Geschichts- u. Altertumsverein.

Landesgebiet	No.	Sitz	Name des betr. Vereins u. s. w.
Deutsches Reich			
Königreich Sachsen	92	Meißen	Verein für die Geschichte der Stadt Meißen.
	93	Plauen i. V.	Altertumsverein.
	94	Zwickau	Altertumsverein für Zwickau und Umgegend.
Württemberg	95	Friedrichshafen	Verein für Gesch. d. Bodensees u. seiner Umgebung.
	96	Hall	Historischer Verein für das Württemberg. Franken.
	97	Ravensburg	Redaktion des Diöcesan-Archivs von Schwaben.
	98	Stuttgart	Kgl. Statist. Landesamt. (Württemb. Geschichts- und Altertumsverein. Historischer Verein für das Württemb. Franken. Verein für Kunst und Altertum in Ulm und Oberschwaben. Sülchgauer Altertumsverein.)
	99	Stuttgart	Kgl. Landesbibliothek.
Baden	100	Donaueschingen	Verein für Geschichte und Naturgeschichte der Baar und der angrenzenden Landesteile.
	101	Freiburg i. Br.	Gesellschaft zur Beförderung der Geschichts-, Altertums- und Volkskunde von Freiburg i. Br.
	102	Freiburg i. Br.	Kirchlich-historisch. Verein. für d. Erzdiöcese Freiburg.
	103	Heidelberg	Historisch-philosophischer Verein.
	104	Heidelberg	Kommission für die Geschichte der Stadt.

Landesgebiet	No.	Sitz	Name des betr. Vereins u. s. w.
Deutsches Reich			
Baden	105	Mannheim	Altertumsverein.
Großherzt. Hessen	106	Darmstadt	Historischer Verein für das Großherzogtum Hessen.
	107	Gießen	Oberhess. Geschichtsverein.
	108	Gießen	Vereinigung für hessische Volkskunde.
	109	Mainz	Verein für Erforschung der rheinischen Geschichte und Altertümer.
	110	Worms	Altertumsverein.
Mecklenb.-Schwerin	111	Rostock	Verein für Rostocks Altertümer.
	112	Schwerin	Verein für Mecklenburgische Geschichte und Altertumskunde.
Oldenburg	113	Oldenburg	Oldenburgischer Landesverein für Altertumskunde und Landesgeschichte.
Braunschw.	114	Braunschweig	Stadtbibliothek und Stadtarchiv.
	115	Wolfenbüttel	Redaktion des Braunschweigischen Magazins.
Sachsen-Altenburg	116	Altenburg	Geschichts- und Altertumsforschende Gesellschaft des Osterlandes.
	117	Eisenberg	Geschichts- und Altertumsforschender Verein.
	118	Kahla-Roda	Verein für Geschichts- und Altertumskunde zu Kahla und Roda.
	119	Papiermühle b. Roda	Weller's Archiv für Stamm- und Wappenkunde.
Sachsen-Gotha	120	Gotha	Vereinigung für Gothaische Geschichte und Altertumsforschung.

Landesgebiet	No.	Sitz	Name des betr. Vereins u. s. w.
Deutsches Reich			
Sachsen-Meiningen	121	Meiningen	Hennebergischer altertums-forschender Verein.
	122	Meiningen	Verein für Meiningische Geschichte und Landeskunde.
Anhalt	123	Dessau	Verein für Anhaltische Geschichts- und Altertums-kunde.
Schwarzb.-Sondersh.	124	Arnstadt	Museumsgesellschaft.
Reuß j. L.	125	Hohen-leuben	Vogtländischer altertums-forschender Verein.
	126	Schleiz	Geschichts- und Altertums-verein.
Reuß ä. L.	127	Greiz	Verein für Greizer Geschichte.
Waldeck	128	Arolsen	Geschichtsverein für Waldeck und Pyrmont.
Fr. Städte	129	Bremen	Historische Gesellschaft des Künstlervereins.
	130	Hamburg	Verein für Hamburgische Geschichte.
	131	Lübeck	Verein für Hansische Geschichte.
	132	Lübeck	Verein für Lübeckische Geschichte und Altertums-kunde.
Reichslande	133	Metz	Gesellschaft für Lothringische Geschichte und Altertumskunde.
	134	Straßburg	Historisch - litterar. Zweig-verein des Vogesenklubs.
Österreich-Ungarn	135	Agram	Kroatischer archäologischer Verein.
	136	Agram	Kr. Hrvatsk-Slavonsk Dal-matinsk Zemalysk Arkiv.

Landesgebiet	No.	Sitz	Name des betr. Vereins u. s. w.
Österreich-Ungarn	137	Bregenz	VorarlbergerMuseumsverein.
	138	Budapest	Ungarische Akademie der Wissenschaften.
	139	Eger	Verein für Egerländer Volkskunde.
	140	Graz	Historischer Verein für Steiermark.
	141	Hermann-stadt	Verein für Siebenbürgische Landeskunde.
	142	Ung.-Hradisch	Redaktion des Pravěk.
	143	Innsbruck	Ferdinandeum für Tirol und Vorarlberg.
	144	Klagenfurt	Geschichtsverein f. Kärnten.
	145	Krakau	K. K. Akademie der Wissenschaften.
	146	Böhmisch-Leipa	Nordböhmischer Exkursions-Klub.
	147	Linz	MuseumFrancisco-Carolinum.
	148	Prag	Kgl. böhmische Gesellschaft d. Wissenschaften, Philos.-Histor.-Phil. Kl.
	149	Prag	Verein für Geschichte der Deutschen in Böhmen.
	150	Raigern b. Brünn	Benediktinerstift.
	151	Salzburg	Gesellschaft für Salzburger Landeskunde.
	152	Spalato	Kais.-Kgl. archäol. Museum.
	153	Trient	Direkt. d. Archivio Trentino.
	154	Wien	K. K. Akademie der Wissenschaften. Philologisch-historische Klasse.
	155	Wien	Verein für Landeskunde von Nieder-Österreich.

Landesgebiet	No.	Sitz	Name des betr. Vereins u. s. w.
Österreich-Ungarn	156	Wien	Altertumsverein.
	157	Wien	Gesellschaft für die Geschichte des Protestantismus in Österreich.
	158	Wien	Akademischer Verein deutscher Historiker.
	159	Wien	Archiv für Brakteatenkunde. Herausgegeben von Rud. v. Höfken.
Schweiz	160	Aarau	Historische Gesellschaft des Kantons Aargau.
	161	Basel	Historische u. antiquarische Gesellschaft.
	162	Bellinzona	Redaktion des Bollettino Storico.
	163	Bern	Allgemeine geschichtsforsch. Gesellschaft der Schweiz.
	164	Bern	Historischer Verein des Kantons Bern.
	165	Frauenfeld	Historischer Verein des Kantons Thurgau.
	166	Freiburg	Deutscher geschichtsforsch. Verein des Kantons Freiburg.
	167	St. Gallen	Historischer Verein.
	168	Genf	Institut National Genevois.
	169	Genf	Société d'histoire et d'archéologie de Genève.
	170	Glarus	Historischer Verein des Kantons Glarus.
	171	Luzern	Historischer Verein der 5 Orte Luzern, Zug, Uri, Schwyz, Unterwalden.
	172	Zürich	Antiquarische Gesellschaft.
	173	Zürich	Schweizerische heraldische Gesellschaft.

Landesgebiet	No.	Sitz	Name des betr. Vereins u. s. w.
Schweiz	174	Zürich	Schweizerische Gesellschaft für Volkskunde.
	175	Zürich	Schweizerisches Landes-museum.
Nieder-lande	176	Amsterdam	Koninklijke Akademie van Wetenschappen. Afdee-ling: Letterkunde.
	177	Amsterdam	Koninklijke oudheidkundig Genootschap.
	178	Assen	Museum van Oudheden in Drenthe.
	179	Groningen	Archiv.
	180	Groningen	Gesellschaft pro excolendo jure patrio.
	181	Herzogen-busch	Het Provinciaal Genoot-schap van Kunsten en Wetenschappen in Noord-Brabant.
	182	Leeuwarden	Friesch Genootschap van Geschied-, Oudheid- en Taalkunde.
	183	Leiden	Maatschappij van Neder-landsche Letterkunde te Leiden.
	184	Middelburg	Het Zeeuwsch Genootschap der Wetenschappen.
	185	Utrecht	Historisch Genootschap.
	186	Utrecht	Provinciaal Utrechtsch Genootschap van Kunsten en Wetenschappen.
	187	Zwolle	Vereeniging tot beoefening van Overijsselsch Regt en Geschiedenis.
Luxem-burg	188	Luxemburg	Institut Grand Ducal de Luxembourg. Section his-torique.

Landesgebiet	No.	Sitz	Name des betr. Vereins u. s. w.
Luxemburg	189	Luxemburg	Verein für Luxemburger Geschichte, Litteratur und Kunst.
Belgien	190	Antwerpen	Académie d'archéologie de Belgique.
	191	Antwerpen	Archieven der stad van Antwerpen.
	192	Arlon	L'institut archéologique du Luxembourg.
	193	Brüssel	Société des Bollandistes.
	194	Löwen	Redaktion der Revue d'histoire ecclésiastique.
	195	Lüttich	L'institut archéologique liégeois.
	196	Maredsous	Abbaye de Maredsous.
	197	Namur	Société archéologique.
	198	St. Nicolas	Cercle archéologique du Pays de Waes.
Dänemark	199	Kopenhagen	Jydsk - Historisk - Topografisk Selskab.
Norwegen	200	Christiania	Norsk Historisk Forening.
	201	Christiania	Foreningen for norsk Folkemuseum.
Schweden	202	Göteborg	Kongl. Vetenskaps - och Vitterhets-Samhälle.
	203	Stockholm	Kongl. Svenska Vitterhets-, Historie- och Antiquitets-Akademie.
	204	Stockholm	Svenska Fornminnes Föreningen.
	205	Stockholm	Riksarkiv.
	206	Stockholm	Nordisk Museum.
	207	Upsala	Humanistisk Vetenskapssamfund.
Rußland	208	Dorpat	Gelehrte estnische Gesellschaft.

Landesgebiet	No.	Sitz	Name des betr. Vereins u. s. w.
Rußland	209	Fellin	Litterarische Gesellschaft.
	210	Helsingfors	Finnische Altertumsgesellschaft.
	211	Helsingfors	Finska Litteratur Sällskap.
	212	Mitau	Kurländische Gesellschaft für Litteratur und Kunst.
	213	Petersburg	Commission impériale archéologique.
	214	Petersburg	Kaiserlich russische Archäologische Gesellschaft.
	215	Reval	Esthländische Litterarische Gesellschaft.
	216	Riga	Gesellschaft für Geschichte und Altertumskunde der Ostseeprovinzen Rußlands.
Rumänien	217	Bukarest	Academia Romana.
Italien	218	Bergamo	Ateneo di Scienze, Lettere ed Arti.
	219	Como	Società Storica per la Provincia e antica Diocesi di Como.
	220	Genua	Società Ligure di Storia Patria.
	221	Lucca	Reale Accademia Lucchese di Scienze, Lettere ed Arti.
	222	Rom	Reale Accademia dei Lincei.
	223	Rom	Reale Società Romana di Storia Patria.
	224	Siena	Reale Accademia dei Rozzi.
Frankreich	225	Amiens	Société des Antiquaires de Picardie.
	226	Besançon	Académie des sciences, belles-lettres et arts de Besançon.
	227	Châlon sur Saône	Société d'histoire et d'archéologie.

Landesgebiet	No.	Sitz	Name des betr. Vereins u. s. w.
Frankreich	228	Château-dun	Société dunoise archéologie histoire, sciences et arts.
	229	Dijon	Commission des antiquités du départ. de la Côte-d'Or.
	230	Grenoble	Académie delphinale.
	231	Nimes	Académie de Nimes.
	232	Paris	Société nationale des antiquaires de France.
	233	Romans	Bulletin d'histoire ecclésiastique et d'archéologie religieuse des diocèses de Valence, Digne, Gap, Grenoble et Viviers.
	234	Saint-Brieuc	Société d'émulation des Côtes-du-Nord.
	235	Toulouse	Société archéologique du midi de la France.
England	236	Cambridge	Cambridge Antiquarian Society.
	237	Newcastle upon Tyne	The Society of Antiquaries of Newcastle upon Tyne.
Vereinigte Staaten von Amerika	238	Baltimore	Johns Hopkins University.
	239	Lincoln, Nebr.	Nebraska State Historical Society.
	240	Philadelphia	The American Philosophical Society, held at Philadelphia, for the Promotion of Useful Knowledge.
	241	Washington	Bureau of ethnology.
	242	Washington	Smithsonian Institution.
Canada	243	Toronto	Canadian Institute.

Frommannsche Buchdruckerei (Hermann Pohle) in Jena. — 2377

ZEITSCHRIFT DES VEREINS

FÜR

THÜRINGISCHE GESCHICHTE

UND

ALTERTUMSKUNDE.

NEUE FOLGE. VIERZEHNTER BAND.

DER GANZEN FOLGE ZWEIUNDZWANZIGSTER BAND.

Mit 1 Karte und 147 Abbildungen im Texte.

JENA,

VERLAG VON GUSTAV FISCHER.

1904.

Inhalt.

Zur Rechtsgeschichte des thüringischen Adels.

Von

Rudolf His.

1. Freier und dienstmännischer Adel.

Otto von Zallinger hat nachgewiesen, daß in Ostfalen, dem Vaterlande des Sachsenspiegels, im 12. und 13. Jahrhundert die große Mehrzahl der alten Herrengeschlechter den freien Stand aufgegeben hat und in die Ministerialität übergetreten ist [1]).

Schon von vornherein durfte man annehmen, daß die gleiche Entwickelung, wie in Ostfalen, sich auch in Thüringen vollzogen habe, wo die Lage des Adels eine ganz ähnliche war, wie in den benachbarten sächsischen Gegenden.

Auch hier saß ursprünglich ein sehr zahlreicher freier Adel, der mit der endgültigen Unterwerfung der Sorben eine früher reichlich fließende Einnahmequelle verloren hatte, gerade zu einer Zeit, wo die von Westen her vordringende höfische Kultur das Leben des Adels zu verteuern begann. Auch hier war die Möglichkeit, Leben zu erhalten, für den freiherrlichen Adel sehr beschränkt, da die Sitte es ihm ebensowenig wie in Ostfalen gestattete, von Standesgenossen

---

1) v. Zallinger, Die Schöffenbarfreien des Sachsenspiegels, 1887.

Lehen zu nehmen [1]). So kamen für den freien Adel als
Lehensherren nur das Reich und die Fürsten in Betracht:
die Erzbischöfe von Mainz und Magdeburg, die Bischöfe
von Naumburg, Merseburg und Halberstadt, die Äbte von
Fulda und Hersfeld, der Landgraf von Thüringen, sowie
die in Thüringen begüterten Welfen und Askanier[2]). Die
Fürsten aber gaben die verfügbaren Lehen lieber an
Ministeriale, da sie diese in stärkerer Abhängigkeit halten
konnten.

So trieb die Not manchen freien Herrn zur Ergebung
in die Ministerialität, und der Entschluß zu einem solchen
Schritte mochte bei der verhältnismäßig hohen Stellung, die
der ganze Ministerialenstand in der Staufenzeit erlangte,
nicht mehr allzuschwer fallen.

So finden wir denn auch in Thüringen im 12. und
13. Jahrhundert zahlreiche Übertritte freiherrlicher Geschlechter in die Ministerialität[3]).

Zunächst zwei Beispiele aus der Erfurter Gegend. Otto
von Walschleben heißt 1170 frei, liber[4]); seit 1217
dagegen zeigt seine Stellung in den Zeugenreihen, daß er

---

1) Ich kenne nur zwei Beispiele einer Lehensverbindung unter
freien Herren: 1169 (Dobenecker II, No. 381) ist Heinrich von Heldrungen Vasall der Grafen von Beichlingen; 1259 (Walkenried. Ub.
No. 337) Heinrich von Heldrungen Lehensmann des Grafen von
Honstein.

2) Zu den Askaniern gehören die Grafen von Orlamünde, die
als Fürstengenossen gelten und daher freie Herren und selbst Grafen
zu Vasallen haben.

3) Die folgenden Ausführungen stützen sich fast durchweg auf
Belege in Dobeneckers Regesten. — Bei den Mainzer Urkunden ist
Vorsicht geboten, da diese unter der Rubrik Ministeriales bisweilen
nur die Mainzer Stiftsdienstmannen aufzählen. So führt eine
Mainzer Urkunde von 1158 (Dobenecker II, No. 153) den Reichs-
ministerialen Werner von Bolanden und die fuldischen Dienstleute
Hartung von Scharfenberg und Hartung von Erfa unter den
Freien an.

4) Dobenecker II, No. 415.

den freien Stand aufgegeben hatte [1]). Er tritt von nun an mehrfach im Gefolge des Mainzer Erzbischofs auf und scheint zu den Ministerialen dieses Fürsten gehört zu haben.

Etwa gleichzeitig haben die Herren von K ü h n h a u s e n den Übertritt vollzogen. Bertold von Kühnhausen wird 1170 noch ausdrücklich als frei bezeichnet [2]); auch 1184 scheint er noch dem freien Stande angehört zu haben [3]). Dagegen erscheint er in der Zeugenreihe einer undatierten Paulinzeller Urkunde, die spätestens ins Jahr 1191 zu setzen ist, h i n t e r dem (Hersfelder?) Ministerialen Adelher von Arnstadt und gibt sich dadurch deutlich als Dienstmann zu erkennen [4]).

Die Herren von B e r l s t e d t bei Weimar, also ein ost-thüringisches Geschlecht, werden 1184 und 1186 unter den Freien genannt [5]), auch 1191 sind sie sicher noch frei: eine Zeugenreihe dieses Jahres nennt Ludolf von Berlstedt v o r Volrad von Kranichfeld, der einem freiherrlichen Geschlecht angehörte [6]). Ebenso noch im Jahre 1200, wo Ludolf von Berlstedt v o r Albrecht von Wippra erscheint, denn dieser war freier Herr und gehörte zum Hause der Edlen von Hackeborn [7]). Bald darauf aber müssen die von Berlstedt in die Ministerialität übergetreten sein. 1214 erscheint Ludolf von Berlstedt h i n t e r dem Reichsministerialen Heinrich Vogt von Weida [8]) und einige Jahre später (1221) wird er selbst ausdrücklich als Ministerial bezeichnet [9]): wahrscheinlich gehörte er zur landgräflichen Dienstmannschaft [10]). Sind die Herren von Berlstedt, wie

---

1) Dobenecker II, No. 1747, 2111, 2215, 2224, 2377.

2) Dobenecker II, No. 398. 3) Dobenecker II, No. 670.

4) Dobenecker II, No. 1031.

5) Dobenecker II, No. 700. 760. 6) Dobenecker II, No. 881.

7) Dobenecker II, No. 1178. Vgl. v. Mülverstedt, Regest. Stolberg. 1141).

8) Dobenecker II, No. 1590. Ebenso No. 1613 (a. 1215).

9) Dobenecker II, No. 1976. 10) 1225 wird er irrtümlich noch einmal zu den Freien gerechnet (Dobenecker II, No. 2261).

von mehreren Forschern auf Grund gewichtiger Anzeichen behauptet wird [1]), gleichen Stammes mit denen von A l l e r - s t e d t, so wird auch für dieses Geschlecht freie Abkunft wahrscheinlich, obwohl die von Allerstedt schon bei ihrem ersten Auftreten (1157) Reichsministerialen sind [2]).

Bei den Herren v. V i p p a c h (nw. Weimar) können wir fast genau das Jahr ihrer Ergebung in die Ministerialität feststellen. 1221 wird Albero von Vippach als nobilis und liber bezeichnet [3]); 1225 erscheint er mitten unter Ministe- rialen [4]). Sein Sohn Hermann wurde 1233 Burgmann des Mainzer Erzbischofs zu Erfurt [5]).

Aus dem Norden Thüringens kann man die Geschlechter von Bendeleben und von Honstein als Beispiele anführen.

Die l i b e r a e t w i z z i n t h a f t f e m i n a Aksuit nomine de Bendeleve (B e n d e l e b e n b. Sondershausen) macht 1136 eine Schenkung an das hessische Kloster Lippoldsberg [6]). Ein Verwandter der Familie, Hathemar von Bendeleben, ficht 1155 die Schenkung an, wird aber mit einer Geld- zahlung abgefunden [7]). Der Sohn dieses Hathemar, Egelolf, erscheint 1203 unter den landgräflichen Dienstmannen[8]); wahrscheinlich hatte sich sein Übertritt schon vor 1198 vollzogen. In diesem Jahre finden wir Egelof von Bende- leben am Schluß einer Ministerialenreihe, auf die dann auf- fälligerweise noch die zwei Grafen von Schwarzburg und Klettenberg folgen: diese mögen später nachgetragen worden sein [9]).

Burchard von H o n s t e i n, benannt nach derselben Harzburg Honstein, die auch einem Grafengeschlechte den

---

1) Rein, Thur. Sacra I, 72; v. Mülverstedt, Regesta Stolbergica 1136).
2) Dobenecker II, No. 152. 3) Dobenecker II, No. 1973, 1976.
4) Dobenecker II, No. 2261. 5) UB. Erfurt I, No. 108.
6) Dobenecker I, No. 1312. 7) Dobenecker II, No. 101.
8) Dobenecker II, No. 1247. 9) Dobenecker II, No. 1085.

Namen gab, steht in einer Zeugenreihe von 1178 vor dem Schöffenbarfreien Eckehard von Liebenrode, war also damals jedenfalls noch freier Herr [1]). In einer Urkunde von 1215 wird dagegen sein gleichnamiger Sohn ausdrücklich als Ministerial bezeichnet [2]): wahrscheinlich ist die Ergebung in den Jahren 1209—1215 vor sich gegangen [3]). Im Jahre 1217 heißt Burchard Vasall (fidelis) des Grafen von Honstein, was ebenfalls auf Zugehörigkeit zum niederen Adel hinweist [4]). Eine landgräfliche Urkunde von 1216 nennt Burchard von Honstein allerdings wieder „liber", aber man wird darauf kein allzu großes Gewicht legen dürfen [5]). Die übrigen Urkunden, in denen Burchard auftritt, geben über seinen Stand keinen sicheren Aufschluß. Erst 1242 vermögen wir einen Burchard v. Honstein sicher als Dienstmann zu bezeichnen [6]). Ein Bruder des jüngeren Burchard ist Hermann von Arnswald, der in einer landgräflichen Urkunde von 1227 unter Ministerialen aufgeführt wird [7]). Dienstherren der Honsteiner waren die Grafen v. Honstein: 1215 und 1219 wird Burchard von Honstein unter den Burgleuten dieses Schlosses genannt [8]).

Sogar ein ehemaliges Grafengeschlecht treffen wir später unter den thüringischen Dienstmannen: es sind die Grafen von Wartberg [9]). Der Stammvater Wigger (1138—1189)

---

1) Dobenecker II, No. 539. Eckehard von Liebenrode wird in einer Urk. von 1214 (Dobenecker II, No. 1604) als schöffenbarfrei (qui insigni gaudebat libertatis titulo et qui in foro iuris unus erat scabinorum) bezeichnet.

2) Dobenecker II, No. 1644.

3) Im Jahre 1209 (Dobenecker II, No. 1448) scheint er noch frei gewesen zu sein.

4) K. Meyer, Z. d. Harzvereines XXVIII, S. 421, No. 92.

5) Dobenecker II, No. 1680.

6) K. Meyer, a. a. O. S. 440, No. 145.

7) Dobenecker II, No. 2421.

8) K. Meyer, a. a. O. S. 420, No. 91; Dobenecker II, No. 1845.

9) Vgl. Rein, Z. f. thür. Gesch. IV, S. 190 ff und Thur. Sacra I, S. 72.

aus dem Hause der Grafen von Bilstein führt den Grafentitel nicht ständig und verwaltete vielleicht gar keine
eigentliche Grafschaft. Er war mit einer fuldischen Ministe-
rialin, der Tochter Christians von Goldbach, vermählt [1]).
Nach strengem Recht hätten somit seine Kinder Dienstmannen werden müssen. Trotzdem behielt sein Sohn
Burchard den freiherrlichen Stand und den Grafentitel
Er nennt sich comes de Wartberg (1182), wird einmal auch
castellanus de Wartberc genannt und scheint demnach
landgräflicher Burggraf auf der Wartburg gewesen zu sein.
Auch die Enkel und Urenkel Wiggers führen noch den
Grafentitel, aber die nächste Generation gab diesen und
zugleich den Freiherrenstand auf: Albert II., zuerst 1279
noch Graf von Wartburg genannt, heißt 1283 bloß noch
miles und muß demnach zwischen 1279 und 1283 sich in
die Ministerialität ergeben haben [2]). Dieser Übertritt erfolgte also wesentlich später als die übrigen uns bekannten
Fälle.

Kenner der thüringischen Orts- und Adelsgeschichte
werden jedenfalls die angeführten Beispiele mit leichter
Mühe vermehren können. So ist z. B. bei den Herren
von Liebenrode im Norden, bei denen von Döllstädt
und von Hausen im Süden Thüringens der Übertritt in
die Ministerialität sehr wahrscheinlich. Für uns mögen
diese Fälle genügen.

Das Ergebnis der geschilderten Entwickelung war
schließlich, daß am Ausgang des 13. Jahrhunderts von dem
einst so zahlreichen freiherrlichen Adel Thüringens — von
den Grafen und Burggrafen abgesehen — nur noch 5 Geschlechter übrig waren: die Herren von Frankenstein
im äußersten Westen, im Osten Thüringens die Herren

---

1) Dobenecker I, No. 1354. Christian von Goldbach war Freier,
aber mit einer Stiftsministerialin verheiratet (Dobenecker I, No. 1161).

2) Belege bei Rein a. a. O.. Auch später führt Albert von
Wartberg noch bisweilen den Grafentitel: 1291 (UB. Pforte I, No. 297)
und 1292 (vgl. Landau, Z. f. thüring. Gesch. II, S. 357).

von Heldrungen, Kranichfeld und Tannroda und das halb osterländische Geschlecht der Lobdeburger.

Aber der stark zusammengeschmolzene freiherrliche Adel erhielt gerade in jener Zeit einigen Zuwachs durch einzelne neufreiherrliche Familien, die sich aus der Ministerialität zu dem höheren Stande emporgehoben hatten: es sind die Herren von Treffurt, von Salza und von Blankenhain. Von ihnen wird später noch die Rede sein.

Für den Gegensatz zwischen hohem und niederem Adel im 14. Jahrhundert ist von Interesse eine Urkunde von 1371, die ein Schuldversprechen der Landgrafen Friedrich Balthasar und Wilhelm gegenüber einigen Erfurter Juden enthält[1]). Die Landgrafen stellten eine größere Anzahl von Bürgen: „dese edilu unde gestrengen hern, hern F., bischofe zcu Merseburg, hern F. von Orlamünde, herre zcu Drozsig, herren G. von Querenfurte, herre daselbins, herre C. von Thannenrode den elderen, herre daselbins, herre H. von Helderunge, herre daselbens, herre F. von Schonburg, herre zcu Gluchowe, er K. von Wiczeleyben, ern N. von Kokericz, ern von Eckirsberge" u. s. w. Hier ist auffallend die verschiedene Bedeutung der Formen herre und er. Der von Schönburg ist der letzte Bürge aus freiherrlichem Stande, die folgenden sind Angehörige des niederen Adels. Sie müssen sich mit der unbetonten Form er begnügen, während die voraufgehenden Fürsten, Grafen und Herren durch das vollklingende herre ausgezeichnet werden.

2. Dienstleute und einfache Ritter.

Die unfreie Ritterschaft, aus der bekanntlich unser niederer Adel hervorgegangen ist, teilt sich in die beiden Klassen der Ministerialen und der einfachen Ritter. Der Unterschied liegt in erster Linie in ihrer Tätigkeit: während die einfachen Ritter bloß Kriegsdienst leisten, und zwar

---

1) UB. Erfurt II, No. 666.

hauptsächlich als Burgmannen, steht bei den Ministerialen der Hofdienst im Vordergrund. Ministerialen kann daher nur derjenige Herr haben, der über einen Hofstaat mit den vier Ämtern des Marschalls, Truchsessen, Kämmerers und Schenken oder wenigstens einzelnen dieser Ämter verfügt. Dazu kommt ein lehnrechtliches Merkmal: nach der Zählung des Sachsenspiegels bilden die Ministerialen den fünften Heerschild; die einfachen Ritter nehmen den sechsten ein und stehen häufig in Lehensabhängigkeit von jenen. Die Kluft zwischen den beiden Gruppen, in früherer Zeit kaum bemerkbar, erweitert sich seit der Mitte des 13. Jahrhunderts, und in Südostdeutschland kommt es so weit, daß den Rittern sogar die Ebenbürtigkeit mit den Ministerialen abgesprochen wird [1]).

Diese Sätze verdanken wir wiederum den Forschungen Zallingers [2]), der seine Darstellung vorwiegend auf baierische und österreichische Quellen gründet. Sehen wir zu, inwieweit Zallingers Ergebnisse für unser Gebiet Geltung beanspruchen können.

Die Ministerialen heißen in Thüringen „Dienstmannen" „Dienstleute" [3]); der Ausdruck „Dienstherren", der in Österreich seit dem 13. Jahrhundert üblich wird [4]) und der sich auch in der Mark Brandenburg belegen läßt [5]), kommt in Thüringen nicht vor. Ministerialen finden wir im Dienste des Reiches, der geistlichen und weltlichen Fürsten. Auch Grafen sprechen von ihren

---

1) Siegel, Wiener Sitzungsber., phil.-hist. Kl. CII, S. 280; v. Zallinger, Ministeriales und Milites S. 21.

2) In der vorhin genannten Schrift.

3) „Dienstmanne" z. B. im thüringischen Landfrieden von 1338 (Erhard, Mitteil. z. Gesch. d. Landfrieden, 1829, S. 30); „dinstlute" in Urk. von 1315 (Reitzenstein, Regesten von Orlamünde S. 129).

4) v. Zallinger, Die ritterlichen Klassen im steirischen Landrecht, Mitt. d. Inst. f. öst. Gesch.-Forsch. IV, S. 393 ff.

5) Riedel, C. dipl. Brandenb. II, 320 (a. 1350). Das Wort wird hier durch die wittelsbachischen Markgrafen eingeführt worden sein.

„Ministeriales", so 1217 der Graf von Honstein, 1270 die Grafen von Käfernburg, 1294 der Graf von Gleichenstein [1]). Dem entspricht es, wenn wir an den Höfen der Grafen auch einzelne Hofämter finden: wir kennen Truchsessen der Grafen von Schwarzburg (um 1200), von Rabenswald (1237) und von Beichlingen (1263) und einen Marschall des Grafen von Käfernburg (1283) [2]). Einmal wird auch ein Ministerial einfacher Edelherren, der Herren von Lobdeburg, erwähnt (1266) [3]). Auch anderwärts kommen Ministerialen von freien Herren bisweilen vor, in Nord- und Westdeutschland, wie es scheint, häufiger, im Südosten nur ausnahmsweise [4]).

Eine Stufe unter den Dienstmannen stehen auch in Thüringen die einfachen Ritter, milites, auch wohl castrenses, auf deutsch Ritter oder einfach Mannen genannt. Zum ersten Male begegnet die Unterscheidung in einer landgräflichen Urkunde vom Jahre 1206 [5]): comes Ernestus (von Gleichen) mediatorem se exhibens accersitis . . quibusdam regis ministerialibus et nostris aliisque quam plurimis bone fame militibus ex utraque parte . . commune iniere consilium. 1270 übergeben die Grafen Günther und Günther von Käfernburg dem Erfurter Peterskloster Güter zu Alach „in presentia ministerialium et militum nostrorum" [6]). In einer Urkunde Günthers

1) K. Meyer a. a. O. S. 421, No. 92. — Diplomat. des Erfurter Petersklosters (Berlin, Kgl. Bibliothek), f. 103. — Wolf, Gesch. d. Eichsfeldes I, Urk. No. 60.

2) Dobenecker II, No. 1480; UB. Pforte I, No. 110; Mencke, Scriptores I, S. 537, 685.

3) Avemann, Grafen und Burggrafen von Kirchberg, Urk. No. 146.

4) v. Zallinger, Ministeriales und Milites S. 5. Vgl. W. Öchsli, Die Anfänge der schweizerischen Eidgenossenschaft (1891), S. 164.

5) Dobenecker II, No. 1313 aus Cod. dipl. Sax. reg. I, 3, No. 98.

6) Diplomat. des Petersklosters, f. 103.

von Salza (1272) [1]) treten als Zeugen auf Tuto von Stein und
Ludwig von Almenhausen, m i n i s t e r i a l e s, Konrad von
Heilingsleben, Albert Falanga, Heinrich von Eppenrode,
Giseler sub monte [2]), Bertold Surezzic, Gerlach Schrimpf,
Friedrich Mellere, m i l i t e s d e S a l z a. Was milites de
Salza bedeutet, ist zweifelhaft: man könnte sowohl an Burgmannen der landgräflichen Burg Salza, wie an ritterliche
Unfreie der Ministerialen von Salza denken. Letztere Annahme ist wahrscheinlicher [3]). Aber das ist jedenfalls klar,
daß diese milites den Ministerialen als eine niedrigere Klasse
gegenübergestellt werden.   Ähnlich eine Urkunde desselben Günther für Homburg (1284): dominus Ludewicus de
Almenhusen, d. Burghardus de Newnheilingen, d. Conradus
ipsius .. germanus, m i n i s t e r i a l e s, itemque d. Bertoldus
de Salza dictus Surezzich, d. Johannes de Thungesbrucken,
. . m i l i t e s [4]). Im Jahre 1294 verkauft Graf Heinrich von
Gleichenstein an den Erzbischof von Mainz das Land Eichs-
feld cum .. vasallis, m i n i s t e r i a l i b u s, c a s t r e n s i b u s
et hominibus [5]). Eine landgräfliche Urkunde von 1280 nennt
als Zeugen: Hermann Kämmerer von Fahner, Günther von
Salza, Heinrich von Allerstedt, T h u r i n g i e m i n i s t e -
r i a l e s, dann Siegfried von Hopfgarten und Heinrich vom Hain,
ebenfalls rittermäßige Leute [6]). Der Ausdruck „Thuringiae
ministeriales" ist bemerkenswert: die von Allerstedt sind
nicht landgräfliche, sondern Reichsministeriale.   Endlich
führe ich noch die Zeugenreihe einer landgräflichen Urkunde
von 1294 an: Heinrich Kämmerer von Mühlhausen, Heinrich
von Gottern, Heinrich von Webelo (?), m i n i s t e r i a l e s,

---

1) Schöttgen und Kreysig, Diplom. et scriptor. I, S. 762, No. 34.
2) Von Salza.
3) Vgl. Urk. von 1320 (Regesten von Salza, No. 156): Berthons
dictus Schrimph, Hartungus de Hungede, m i l i t e s d o m i n o r u m
de Salza.
4) N. Mitteil. d. thür.-sächs. Vereines VIII, S. 2. 96.
5) Wolf, Gesch. d. Eichsfeldes I, Urk. No. 60.
6) UB. d. Vögte v. Weida I, No. 201.

Dietrich und Giseler, Söhne Elisabeths, Eberhard von Kutz-·
leben, Dietmar Netsche, m i l i t e s [1]).

Für die Standesunterschiede im 14. Jahrhundert ist
lehrreich der Landfriede Friedrichs des Ernsthaften von
1338, den der Markgraf „nach rate der greven, der frien,
der herren unde d i n s t m a n n e, m a n unde stete" errichtet [2]). Auch in ihrem weiteren Verlaufe unterscheidet
die Urkunde aufs bestimmteste den D i e n s t m a n n von
dem R i t t e r oder r i t t e r m ä ß i g e n K n e c h t.

D i n s t l e u t e, r i t t e r e und k n e c h t e werden auch
in einem Landfrieden von 1382 auseinandergehalten [3]).

Die angeführten Belege stammen fast alle aus der
Zeit nach der Mitte des 13. Jahrhunderts: ein Beweis, daß
auch in Thüringen erst jetzt eine schärfere Sonderung der
Ministerialen von den einfachen Rittern eintritt. Das wird
durch verschiedene sonstige Anzeichen bestätigt. Gerade
in dieser Zeit wird es üblich, den Titel ministerialis als
auszeichnenden Zusatz zum einzelnen Namen zu führen, was
auf ein starkes Standesbewußtsein der Dienstmannschaft
hindeutet. Vgl. z. B. 1264 nos Iohannes et Albertus
germani nec non ministeriales de Herversleiben [4]), 1282
nos Beroldus ministerialis de Ischirstete [5]), 1288 Bertoldus
ministerialis de Isserstete [6]), 1306 nos Ludolfus ministerialis
de Gruningen [7]).

Aber noch mehr! Zur selben Zeit beginnen die
Ministerialen sich in eigentümlicher Weise des Titels „Herr"
zu bedienen. Herr, dominus kann im 13. und 14. Jahrhundert bekanntlich Verschiedenes bedeuten, den Geistlichen,
den dem Herrenstande angehörigen freien Herrn oder auch

---

1) Schöttgen und Kreysig, Diplom. et Script. I, S. 775.
2) Erhard, Mitteil. z. Gesch. d. Landfrieden S. 30.
3) Cod. dipl. Saxon. reg. I B 1, 79.
4) UB. Pforte I, No. 178.
5) UB. Erfurt II, Nachtr. No. 8.
6) Struv, Hist.-polit. Arch. II, S, 132.
7) Ilfelder Kopialb. (Mitt. v. Herrn K. Meyer in Nordhausen).

jeden, der die Ritterwürde erlangt hat, und man muß deshalb bei jeder Urkunde zuerst feststellen, wie sie das Wort. versteht. Da ist es nun merkwürdig, daß viele Urkunden nur den Ministerialen den Herrentitel zugestehen, ihn dagegen den niederen Rittern versagen.

1273 nennt eine Urkunde Heinrichs von Treffurt als Zeugen: dominus Ludovicus de Almenhusen, Albertus miles dictus Stange[1]). Beide Zeugen sind Ritter, aber nur der Ministerial von Almenhausen heißt „Herr“. Eine dem gleichen Jahre angehörige Urkunde des Kirchberger Burggrafen führt zuerst den „dominus“ Meinhard von Lehesten, dann „Heidenricus miles“ an[2]). Ebenso wird in einer landgräflichen Urkunde von 1275 der Truchseß von Schlotheim als „dominus Guntherus de Slatheim“ ausgezeichnet, es folgen Heinemann vom Hain, Albert Bolerus, landgräflicher Vogt, Hermann Stranz von Döllstedt, Hermann von Mihla, m i l i t e s[3]). Weiter 1277 Jechaburger Urkunde: „d o m i n u s Henricus de Gruningen, miles“, es folgen Heinrich von Sömmern, miles, Heidenreich Velkener von Greußen, miles, Bertold von Rottleben, miles u. a.[4]).

1288 Urkunde der Grafen von Gleichen: „d o m i n u s Thidericus de Wechmar“, Friedrich v. Möbisburg, Dietmar von Büßleben, milites[5]).

1292 Urkunde Dietmars des Älteren von Willerstedt, d o m i n u s Ditmarus iunior et filius suus Bertoldus, Hermannus miles de Rode[6]).

1324 d o m i n u s Lodewicus de Gruzen (Greußen), Heinricus Geze, Bertoldus de Semerde, Heimicus Hezebolt milites[7]).

In all den angeführten Belegen gehören die als dominus bezeichneten Zeugen angesehenen Ministerialen-

---

1) Wolf, Gesch. d. Eichsfeldes I, Urk. No. 44.
2) Mencke, Scriptor. I, S. 694. 3) UB. Erfurt I, No. 278.
4) Michelsen, Cod. Thuring. diplom. No. 27.
5) Mencke, Scriptor. I, 542. 6) UB. Erfurt I, No 428.
7) Michelsen, a. a. O. No. 8.

geschlechtern an: die von Wechmar sind Hersfelder, die
übrigen landgräfliche Dienstmannen.

Denselben Sprachgebrauch zeigt eine deutsche Urkunde
des Grafen von Käfernburg vom Jahre 1341 [1]) mit folgender
Zeugenreihe: Graf Günther von Schwarzburg, Herr Otto
von Fahner, Herr Rudolf von Mellingen, Ludwig von Sondershausen, Burchard von Mülverstedt, Beringer von Witzleben,
Ritter. Ähnlich eine Honsteiner Urkunde von 1344 [2]):
Die Grafen von Honstein stellen der Stadt Nordhausen
eine größere Anzahl Bürgen aus verschiedenen Ständen:
den Grafen Friedrich von Orlamünde mit Gernot von Oberweimar, Ritter, Konrad von Häseler, Gernot von Croms-
dorf, Gernot von Weimar, Dietmar von Mellingen; den Grafen
Günther von Schwarzburg-Arnstadt, den Grafen Heinrich
von Gleichen mit je einem Ritter und zwei anderen Mannen;
den Grafen Heinrich von Honstein-Sondershausen mit
9 Mannen; ferner Friedrich von Werther, Ritter, und
Friedrich von Dennstedt, Knecht, „ern" Günther von Willerstedt mit Heinrich aus dem Brühl, „ern" Rudolf von Ebeleben mit Dietrich von Badra; ferner die eigenen Mannen
der Aussteller: Heinrich Hacke u. s. w. Auch diese Urkunde
scheidet in anschaulicher Weise die „Herren", d. h. Ministerialen, Günther von Willerstedt und Rudolf von Ebeleben,
von den einfachen Rittern, wie z. B. Gernot von Oberweimar.

Mitunter wird dominus nur bei einzelnen Ministerialen hinzugesetzt, während es bei anderen fehlt: so ist in
der vorhin angeführten Urkunde von 1275 Hermann Stranz
von Döllstedt landgräflicher Dienstmann, so gut wie der
Truchseß von Schlotheim, und wird in einer späteren Urkunde auch als dominus bezeichnet [3]). So nennt eine Urkunde
von 1282 als Zeugen dominus Hugo et Ludewicus de

---

1) Rein, Thur. sacra I, 129.
2) Reitzenstein, Regest. v. Orlamünde, No. 161.
3) Urk. von 1296 (UB. Erfurt I, No. 457): dominus Hermannus
senior dictus Stranz, dominus Hermannus frater suns, milites, . . .
item Dietmarus miles dictus am Cygenberge.

Almenhusen, Hartungen de Herversleiben milites [1]), hebt also nur den ersten als dominus hervor, obwohl alle drei land-gräfliche Ministerialen sind. Man darf vermuten, daß an diesen Stellen nur solche Dienstmannen domini genannt wurden, die Häupter des Geschlechtes oder wenigstens einer Linie desselben waren.

Das Wort dominus wird bei den Dienstmannen noch in anderer Weise verwendet, nämlich dem Namen nach-gestellt und mit dem Ortsnamen durch „in" verbunden, z. B. Albertus dominus in Heilingen. Diese Art des Gebrauchs läßt sich nur bei freien Herren und Dienstmannen, niemals bei einfachen Rittern, nachweisen und bietet daher ein Mittel für die Abgrenzung des Ministe-rialenstandes nach unten. Die Ausdrucksweise ist etwas jünger als die vorhin beschriebene: sie tritt erst am Aus-gang des 13. Jahrhunderts hervor.

1293 Albertus dominus in Heilingen [2]).

1298 nos Hugo de Herversleyben, dominus in Rinke-leyben [3]).

1306 Erfurter Urkunde: viri strenui Hermannus et Hermannus fratres Camerarii, domini in Vanre, Hermannus Stranz de Tullestete, Henricus dictus vonme Cyegenberge et Henricus dictus Pfefir, milites [4]).

1316 Theodericus et Hugo fratres filii quondam Theoderici beate memorie domini in Almenhusen [5]).

1317 Ludolfus dominus in Ebeleiben gibt an Kloster Ilfeld eine Hufe, die Ludolf von Bachra, miles und castellanus noster, von ihm zu Lehen hat [5]).

1317 Berthons miles dapifer et Iohannes domini in Slatheym geben demselben Kloster eine halbe Hufe, Lehen des genannten Ludolf von Bachra [5]).

---

1) Schöttgen und Kreysig, Diplom. et script. I, S. 770.
2) Schöttgen und Kreysig, Diplom. et script. I, S. 774.
3) UB. Erfurt I, No. 471.
4) Rein, Thur. sacra I, No. 138.
· 5) Ilfelder Kopialb. (frdl. Mitteil. von Herrn K. Meyer in Nordhausen).

1323 Urkunde des Grafen Heinrich von Honstein.
Zeugen: viri strenui Lutolphus dominus in Ebeleiben et
Heinricus . . Funke, milites [1]).

1328 Henricus de Erfa miles, dominus in Mulverstete,
urkundet mit Genehmigung seiner Brüder Hartungus et
Hartungus domini in Erfa [2]).

1331 Graf Günther von Schwarzburg stellt als Bürgen
den Fridericus dominus in Wangeheim [3]).

1332 Fridericus de Wiczzeleyben dominus in Eylgers-
burg [4]).

1342 Henricus miles dominus in Denstethe [5]).

In dieser Anwendung bezeichnet dominus den Besitz,
insbesondere den (Eigen-, Lehens- oder auch Pfand-)Besitz
einer Burg [6]). Die Familien, die sich in dieser Weise nennen,
bilden den später sogenannten schloßgesessenen Adel
und unterscheiden sich dadurch von den einfachen Rittern,
die regelmäßig auf der Burg eines anderen als Burgmannen
wohnten [7]).

Eine scharfe Scheidung von Dienstmannen und Rittern
zeigt sich im Lehnregister Markgraf Friedrichs des Strengen
von 1349/50 [8]). Das Buch zählt zuerst die Lehen auf, die an
„Herren" (domini) vergeben sind, dann folgen die übrigen
Lehen, nach Bezirken eingeteilt. In dem Abschnitt über
die Herren finden wir außer Grafen und Edelfreien auch eine
ganze Reihe von unzweifelhaft dienstmänni-

---

1) Schöttgen und Kreysig, a. a. O., S. 794.
2) UB. Mühlhausen, No. 825.   3) UB. Erfurt II, No. 95.
4) Ebenda, No. 104.   5) Rein, Thur. sacra II, S. 79.
6) 1320 Ludolphus de Alrestete, dominus castri in Alrestete
(Regesta Stolberg., S. 1140).
7) v. Mülverstedt, Regesta Stolberg., S. 1137 ff.
8) Ausgabe von W. Lippert und H. Beschorner (Publikation d.
Kgl. sächs. Kommission f. Geschichte), erscheint demnächst. Herr
Archivrat Lippert in Dresden war so liebenswürdig, mir die Aushänge-
bogen des Werkes zu überlassen.

s c h e n   G e s c h l e c h t e r n.   Es sind die Geschlechter
Slune, von Fahner, Marschälle von Gosserstedt, Schenken
von Saaleck und von Käfernberg, dann die von Ebeleben,
Willerstedt, Herbsleben, Seebach, von Allerstedt, von Wangenheim und von Farnrode, also großenteils dieselben Geschlechter, die wir auch sonst in Besitz des Herrentitels
fanden.   Die fünf erstgenannten sind die Inhaber der alten
landgräflichen Erbhofämter: Slune ist ein Beiname der Truchsessen von Schlotheim, und die von Fahner verwalteten das
Kämmereramt.   Auch die nächstfolgenden sind altangesehene
landgräfliche Ministerialenfamilien[1]), die von Allerstedt
sind Reichsdienstmannen, die von Wangenheim fuldische
Ministerialen.   Die von Farnrode scheinen zur landgräflichen
Dienstmannschaft gehört zu haben.   Man darf nicht glauben,
daß das Kapitel über die Herren erschöpfend sei, d. h. alle
dienstmännischen Vasallen des Landgrafen umfasse.   Es
fehlen eine ganze Anzahl echt dienstmännischer Geschlechter,
z. B. die von Erfa oder von Vippach, und das ist bei der
etwas flüchtigen Anlage des ganzen Lehnbuches auch nicht
zu verwundern.   Aber es ist sehr bezeichnend, daß das
Lehnbuch unter der Rubrik „Herren“ so viele Dienstmannen,
dagegen k e i n e n e i n z i g e n R i t t e r anführt.   Eine fast
derselben Zeit angehörige Aufzeichnung der markgräflichen
Kanzlei (wahrscheinlich 1347 entstanden)[2]) zählt unter der
Rubrik „Registrum m i n i s t e r i a l i u m in Thuringia“ außer
den genannten noch folgende Geschlechter auf: Salza[3]),
Heilingen, Vippach (landgräfliche Dienstmannen), Viztume
von Eckstedt und Apolde, Schenken von Apolde (Mainzer),
Erfa (Fuldaer Ministerialen), Weberstedt. Auch dieses Register
dürfte nicht vollständig sein: man vermißt z. B. die Orla-

---

1) Die von Willerstedt sind e i n e s Stammes mit den Truchsessen von Schlotheim.

2) Abgedruckt bei Lippert und Beschorner, a. a. O. S. 263 ff.

3) Über dieses Geschlecht nachher.

münder Ministerialen. Einfache Ritter fehlen auch diesem Verzeichnis fast ganz[1]).

Das Emporsteigen der thüringischen Ministerialen übt seinen Einfluß auf die Hof- und Landesverwaltung aus. An Stelle der dienstmännischen Erbhofbeamten treten um die Mitte des 13. Jahrhunderts Beamte aus der Schicht der einfachen Ritter. So erscheint 1246 anstatt eines der Erbmarschälle von Eckartsberge, Trebra, Gosserstedt oder Ebersberg der Ritter Hellwig (von Goldbach) als Marschall im Gefolge des Landgrafen [2]). Die Ministerialen sind zu vornehm geworden, um noch ständig den Hofdienst zu versehen. Sie bleiben aber dem Namen nach im Besitz der Ämter, beziehen die damit verbundenen Einkünfte und üben die betreffenden Funktionen vielleicht noch bei festlichen Gelegenheiten aus [3]).

In Süddeutschland ist im 13. Jahrhundert der Stand der Ministerialen dermaßen gestiegen, daß sogar der Ausdruck edel, früher ein Prädikat der freien Herren, auf sie angewandt wird [4]). Auch in Thüringen finden sich Beispiele für diesen Sprachgebrauch.

Eine Urkunde von 1266 bezeichnet die Ministerialen von Allerstedt als nobiles [5]). In einer Urkunde des Erfurter Petersklosters von 1272 werden die Dienstmannen von Kühn-

---

1) Ausnahme: die von Weberstedt gehörten, wenigstens im 13. Jahrh., zur Schicht der einfachen Ritter. 1283 ist Hermann von W. Vasall des landgräflichen Dienstmanns Hermann von Ballstädt (Schwarzes Georgenth. Koph., A. Gotha, Fol. 31).

2) Mon. Germ. L. L. Sect. IV, t. 2, S. 630.

3) Vgl. H. B. Meyer, Hof- und Zentralverwaltung der Wettiner, 1902, S. 29 ff.

4) v. Zallinger, Die Rechtsgeschichte des Ritterstandes und das Nibelungenlied, S. 37; Roth v. Schreckenstein, Z. f. Gesch. d. Oberrh. XXXXI, S. 288 ff.; Ritterwürde und Ritterstand, S. 360 ff.

5) Böhme, Die Totteilung und ihre Folgen, S. 53, No. 7. Auch in einer undatierten Urkunde der Vitztume von Apolde wird der von Allerstedt als nobilis vir bezeichnet (UB. Pforte I, No. 248; vgl. noch ebenda No. 2).

hausen als nobiles bezeichnet. 1299 nennt der Erzbischof
von Magdeburg den Schenken Heinrich von Apolde nobilis
vir [1]). Im Jahre 1290 stellt Fridericus nobilis de Hetstede
den Gothaer Augustinern eine Urkunde aus [2]). Im letzteren
Fall ist der Titel um so auffallender, als Friedrich von
Hettstedt nicht einmal Ministerial, sondern einfacher Ritter
ist. Aus dem 14. Jahrhundert haben wir eine Urkunde
des Grafen von Gleichen, die die von Witterda als nobiles
viri bezeichnet (1329) [3]), ferner zwei Urkunden des Abtes
von Fulda, in denen er die von Erfa, von alters her Dienstmannen seines Klosters, „nobiles viri“, „edele herren“ nennt
(1354 und 1390) [4]).

Merkwürdig ist auch die Zeugenreihe einer Urkunde
von 1362 [5]), die wiederum die strenge Scheidung der beiden
Klassen des niederen Adels vor Augen führt: „di ediln
her Fritzsche von Wangenheim, er Otto von Ebeleyben und
die gestrengen er Kristan von Witzeleyben, er Dietrich von
Honsperg, er Otto von Stutirnheim, Heinrich von Loucha,
ritter“.

3. Aufsteigen dienstmännischer Geschlechter zum Herrenstande.

Eine Sonderstellung nehmen drei thüringische Ministe-
rialengeschlechter ein, denen es gelungen ist, sich über ihre
Standesgenossen zu erheben und eine den freien Herren
ähnliche Stellung einzunehmen: es sind die Herren von
Treffurt und von Salza im Westen, die von Blankenhain im Osten des thüringischen Landes.

Als Stammvater des treffurtischen Geschlechts [6])
pflegt man den 1104 genannten Pilgrim anzusehen. Der
erste Treffurter aber, dessen Stand mit Sicherheit ermittelt

---

1) N. Mitt. d. thür.-sächs. Ver. VIII, 2, S. 94; Gesch. d.
Geschlechts der von Hanstein I. Urk. No. 50.

2) Sagittarius, Hist. Goth. S. 153.   3) UB. Erfurt II, No. 79.

4) Thur. sacra S. 150. Schannat, Fuld. Lehnhof S. 205.

5) Rein, Thur. sacra I, No. 205.

6) Vgl. die zuverlässige Arbeit von Landau in der Zeitschr. d.
Ver. f. hessische Gesch. IX, S. 145—240.

werden kann, ist der landgräfliche Ministerial Reginhard II. (1186—1192)[1]). Friedrich II., wahrscheinlich Reginhards Sohn, hielt sich öfters in der Umgebung des Landgrafen auf und wird 1221 in einer landgräflichen Urkunde ausdrücklich als ministerialis bezeichnet[2]). Auch die Nachkommen Friedrichs unterscheiden sich zunächst noch nicht von den anderen Dienstmannen. Sie gehen mit einfachen Grafen, wie denen von Gleichen[3]) oder von Bilstein[4]), ja sogar mit den Edelherren von Frankenstein[5]) Lehensverbindungen ein und werden in den Zeugenreihen häufig anderen Ministerialen nachgestellt[6]). Wenn seit der Mitte des Jahrhunders die Treffurter auch mehrfach den anderen Ministerialen voran stehen, so kann das auf Zufall beruhen[7]). Auffallend aber ist eine Urkunde Günthers von Salza von 1272, die als Zeugen anführt: dominus Fridericus de Drifordia et Heinricus filius suus, Tuto de Lapide, Ludovicus de Almenhusen, ministeriales[8]). Die Urkunde gibt Friedrich von Treffurt den Titel Herr, den sie den anderen versagt. 1262 nennt der Graf von Bilstein den Friedrich von Treffurt geradezu nobilis vir[9]), und eine Urkunde des folgenden Jahres erwähnt die nobiles Hermannus et Hermannus filius suus de Spanginberg, die ebenfalls dem Treffurter Hause angehören[10]). Im Jahre 1364 erscheinen

---

1) Dobenecker II, No. 760, 897. 2) Dobenecker II, No. 1976.
3) Graßhof, Orig. Muhlhusan., S. 181, No. 9 (a. 1257).
4) Landau, a. a. O. S. 163 (a. 1288). 5) Landau, S. 177.
6) Z. B. 1246 Friedrich von Treffurt hinter dem Truchsessen von Schlotheim (Mon. Germ. L. L. Sect. IV, :t. 2, S. 630); 1254 derselbe hinter dem Truchsessen von Borna (Thuringia sacra, S. 488); 1255 wieder hinter dem von Schlotheim (Z. d. Ver. f. hess. Gesch., N. F. X, S. 371; Schannat, Vindem. litter. I, S. 122); 1266 hinter dem Schenken von Vargula (Rein, Thur. sacra II, 157); 1267 hinter dem von Isserstedt (ebenda II, 158); 1272 hinter Hermann Stranz von Döllstädt (Walkenried, UB. No. 412).
7) Urkk. von 1258 (Sagittarius, Hist. Goth., S. 64f.), 1259 (ebenda S. 67), 1265 (ebenda S. 71) u. ö.
8) Schöttgen und Kreysig, Dipl. et script. I, S. 763.
9) UB. Mühlhausen, No. 160. 10) Landau, S. 192
2*

„die edeln lude her Herman von Drifurte, herre zu Bielstein, und frouwe Margrete sin eliche frouwe[1]). Aber daneben stehen auch wieder zahlreiche Zeugnisse einer anderen Auffassung: in einer Urkunde von 1279 heißt Hermann von Spangenberg ministerialis[2]), 1299, 1304, 1313 und 1338 werden Angehörige des Geschlechts als strenui bezeichnet[3]). Vielleicht hielten es die einzelnen Linien des Hauses Treffurt verschieden mit dem Gebrauch dieser Titel. So wird die Linie der Scherfe meines Wissens nie mit dem Prädikat nobilis bedacht, während bei der spangenbergischen Linie sich dasselbe, naeh der Angabe Landaus[4]), regelmäßig vorfindet.

Auch die Herren von Salza[5]), bekannt insbesondere durch den Deutschordensmeister Hermann, sind ursprünglich nicht freie Herren gewesen, obwohl man diese Behauptung in alten und neuen Büchern häufig zu lesen bekommt. Ob der Reichsministerial Heidenreich (1157)[6]) ein Angehöriger des Hauses war, möge dahingestellt bleiben. Sicher ist, daß später mehrere Glieder des Geschlechts als Ministerialen der Welfenherzöge bezeichnet werden[7]). Von den Welfen scheinen sie später, wenigstens zum Teil, an die Landgrafen gekommen zu sein: Hermann von Salza (der Ordensmeister?) heißt 1237 ausdrücklich ministerialis domini lantgravii[8]),

---

1) Wenck, Hess. Landesgesch. III, UB. No. 422.

2) UB. Kaufungen I, No. 54.

3) 1299 Urk. Heinrichs von Treffurt; Zeugen: strenui viri dominus Hermannus Wolpheri de Drivordia, Giselherus de Graba, milites (UB. Mühlhausen, No. 490). 1304: strenuorum militum Hermanni de Drivordia dicti Scherf, Joh. de Amera etc. (UB. Kaufungen I, No. 101). 1313: G. relicta quondam strenui militis Reinhardi dicti Oboli nostri patrui (ebenda No. 125). 1338: strenui et famosi viri domicelli Hermanni de Drivordia (ebenda No. 197).

4) a. a. O., S. 238. Ich vermag die Richtigkeit dieser Angabe auf Grund des mir vorliegenden Materiales nicht nachzuprüfen.

5) Vgl. die Regesten des Geschlechts Salza, Leipzig 1853 (ober-flächlich und unkritisch). 6) Dobenecker II, No. 152.

7) Dobenecker II, No. 2450 und Register unter Salza.

8) Schannat, Vindem. liter. I, S. 121.

Günther von Salza ist 1278 und 1281 ebenfalls landgräflicher Ministerial [1]). Auch die Stellung in den Zeugenreihen weist deutlich auf Zugehörigkeit zum Dienstadel.
So steht z. B. 1251 Hugo von Salza h i n t e r dem Truchsessen Bertoh von Schlotheim, Albert von Herbsleben und
Kunemund von Mihla [2]), 1275 Günther von Salza hinter
dem Schenken Dietrich von Vargula [3]). Zu den Grafen
von Gleichen stehen die Gebrüder Günther und Friedrich
1292 im Vasallenverhältnis [4]).

Erst am Anfang des 14. Jahrhunderts beginnen die
von Salza aus den übrigen Dienstmannengeschlechtern her-
auszutreten. In den Zeugenreihen stehen sie jetzt häufig an
der Spitze der Ministerialen oder am Ende der freien
Herren [5]). 1307 urkundet der Abt von Hersfeld für den
„e d l e n M a n n" Friedrich von Salza [6]); in Urkunden des
Jahres 1336 [7]) ist von dem nobilis vir dominus Henricus
de Salza, dem „edlen man hern Heinrich herre zu Salza",
die Rede.

Aber noch im 14. Jahrhundert werden die Herren von
Salza mehrfach zum niederen Adel gezählt. Noch im Jahre
1308 nennt Markgraf Friedrich die Gebrüder Günther und
Friedrich ministeriales nostri [8]). Besonders schwer wiegt
eine v o n e i n e m A n g e h ö r i g e n d e s G e s c h l e c h t s
s e l b s t, von Friedrich von Salza, im Jahre 1311 ausge-
stellte Urkunde: ihre Zeugen sind „die edeln Herren" Graf
Günther von Schwarzburg, Graf Günther von Käfernburg,

---

1) UB. Mühlhausen, No. 268; UB. Ballei Hessen I, S. 296,
No. 396.

2) Sagittarius, Histor. Goth., S. 57.

3) Leuckfeld, Beschreibg. von Kelbra, S. 84.'

4) Ilfelder Kopialb. (Mitteilg. v. Herrn K. Meyer in Nordhausen).

5) z. B. UB. Erfurt I, No. 499, 557, 559; Regesten von Salza,
No. 150.

6) Reg. v. Salza, No. 111.

7) Kuchenbecker, Anal. hassiaca XII, 368; UB. Erfurt II,
No. 147.

8) Schöttgen und Kreysig, Diplom. et script. I, S. 785, No. 91.

Burggraf Dietrich von Altenberge, „und die erbern rittere" Ludolf von Allerstedt, Günther von Salza, des Ausstellers Bruder, und der Kämmerer Otto von Fahner[1]).

Eine markgräfliche Urkunde von 1320[2]), eine gräflich honsteinische von 1330[3]) zählen die von Salza noch immer zum dienstmännischen Adel. Die markgräfliche Kanzlei scheint sich besonders hartnäckig dagegen gesträubt zu haben, sie als Herren anzuerkennen: so noch 1346 und 1347[4]). Die Markgrafen scheinen den Herren von Salza den hohen Adel erst gegönnt zu haben zu einer Zeit, da sie gar keine unabhängige Herrschaft mehr besaßen. 1360, 1365[5]) und dann wieder 1402, 1405[6]) und öfter werden die Herren von Salza auch in den markgräflichen Urkunden als Herren bezeichnet.

Die Herren von Blankenhain (südlich von Weimar), ebenfalls ein ehemaliges Dienstmannengeschlecht, haben sich etwa gleichzeitig mit denen von Salza zum freiherrlichen Adel emporgearbeitet. Sie sind ein bloßer Nebenzweig der Familie von Mellingen (sö. von Weimar)[7]) und traten infolgedessen erst spät auf.

1272 steht Heinrich von Blankenhain hinter dem orlamündischen Marschall von Tiefurth[8]). 1308 zählt Landgraf Friedrich den Ludwig von Blankenhain zu

---

1) Or. Dresden No. 2056 (frdl. Mitteilg. von Herrn Archivrat Dr. Lippert). 2) Cod. dipl. Sax. reg. II 1, No. 309.

3) Urk. von 1330 Sept. 1 (A. Sondershausen).

4) Reg. v. Salza No. 221, 227. Auch das ca. 1347 entstandene Verzeichnis der Edeln und Ministerialen (s. o. S. 16) führt die Herren von Salza unter den Dienstmannen auf.

5) Reg. v. Salza, No. 249. Thur. sacra, 153.

6) Reg. v. Salza, No. 307, 310.

7) Die von Mellingen sind Mainzer Dienstmannen. Mit Förtsch (Gesch. d. Gemeinde M., S. 6) nehme ich trotz der Verschiedenheit der Wappen nur eine Familie dieses Namens an. Anders Funkhänel, Z. f. thüring. Gesch. II, S. 178 f, 480 ff; Rein, Korrespondenzbl. d. Ges.-Vereins, 1860, S. 47, 75; 1861, S. 251 u.; v. Mülverstedt in Siebmachers Wappenbuch VI[6], S. 106 f. Taf. 69.

8) Mencke, Scriptores I, S. 693.

seinen Ministerialen [1]), und auf dienstmännischen Stand
deuten auch die Lehensverbindungen mit den. Grafen von
Honstein (1312), den Burggrafen von Kirchberg (1281 [2]).
Noch die folgenden Jahrzehnte zeigen uns die Blanken-
hainer als Angehörige des niederen Adels. 1315 zeugen
in einer Urkunde Bussos von Elsterberg (aus dem
Hause Lobdeburg) „der edle man . . herr Herman von
Luchtenberg (ebenfalls ein Lobdeburger), herr Ludwig von
Blankenhain, herr Heinrich von Arnstedt" [3]); 1331 in einer
Orlamünder Urkunde hinter mehreren „edeln Herren" „die
gestrengen rittere Ludewig, herre zu Blankenhain" u. s. w. [4]).
Daneben steht allerdings ein Diplom des Grafen von Schwarzburg, das schon im Jahre 1309 den Ludwig von Blanken-
hain als n o b i l i s vir bezeichnet [5]).

Das mehrfach angeführte Verzeichnis vom Jahre 1347
nennt Ludwig und Heinrich von Blankenhain unter den
n o b i l e s in Thuringia, und von nun ab werden die von
Blankenhain s t ä n d i g zu den Herren gerechnet. Landgraf
Balthasar nennt 1392 Ludwig und Heinrich von Blankenhain „edle Herren" [6]), in einer anderen Urkunde desselben
Fürsten (1396) [7]) steht Ludwig Herr zu Blankenhain vor
dem Edelherrn Friedrich von Heldrungen.

Alle drei Familien, die von Treffurt, Salza und Blankenhain, haben sich aus dem Ministerialenstand emporge-
schwungen, alle drei haben dann eine Zeitlang eine Mittel-
stellung eingenommen, dergestalt, daß man sie bald zu den
Dienstmannen, bald zu den freien Herren rechnete. Die
Treffurter sind überhaupt nie über diese Zwitterstellung
hinausgekommen, während die Herren von Salza und von

---

1) Schöttgen und Kreysig, Diplom. et scriptor. I, S. 785.
2) Honstein: 1312 (Ilfelder Koph., Mitteilg. von Herrn K. Meyer
in Nordhausen). Burggraf von Kirchberg: 1281 (A. Weimar).
3) UB. Jena I, No. 85. 4) UB. Erfurt II, No. 94.
5) UB. Erfurt I, No. 551.
6) Cod. dipl. Saxon. reg. I B 1, No. 455.
7) Ebenda 2, No. 36.

Blankenhain schließlich allgemein als fréie Herren anerkannt
worden sind. Einen Anhalt für die technische Bezeichnung
dieser Mittelstufe bildet vielleicht der thüringische Landfriede von 1338[1]). Landgraf Friedrich II. errichtet diesen
Frieden „nach rate der greven unde frien, der herren
unde dinstmanne, man unde stete“. Die „Herren“ erscheinen hier als besondere Klasse zwischen den Dienstmannen und den freien Herren: es liegt die Annahme nahe,
daß mit diesem Namen eine Mittelstufe gemeint sei, wie
sie die Herren von Treffurt, Salza und Blankenhain einnahmen. Auch das mehrfach erwähnte Verzeichnis von
1347 nennt die domini neben den nobiles: registrum dominorum et nobilium in terra Missnensi, in terra Orientali;
auch hier sind vielleicht unter den domini Geschlechter
verstanden, die aus alter Ministerialität hervorgegangen
sind[2]).

Fragt man nach dem Rechtsgrund, auf dem die Trennung dieser Familien von ihren früheren Standesgenossen
beruhte, so ist der Gedanke einer förmlichen Freilassung jedenfalls abzuweisen. Wohl kennen wir aus
der Stauferzeit einen Fall einer solchen formellen Standeserhöhung eines Dienstmannes: er betrifft den Reichstruch-
sessen Markward von Annweiler, der von Heinrich VI. zum
freien Herrn erhoben wurde[3]). Auch bei anderen süddeutschen Reichsministerialen, die wir später unter den
Edelherren finden, mag ein solcher Akt vorgekommen sein.
Aber einmal gehören diese Fälle einer ganz anderen Gegend[4]),

---

1) Erhard, Mitteilungen zur Geschichte d. Landfrieden, S. 30.
2) Wie die Herren von Eilenburg, Schönburg u. a.
3) Ficker, Vom Heerschilde, S. 150 ff. Dazu A. Schulte, Z. f.
deutsches Altert. XXXIX, S. 195. — Bekanntlich kennt auch der
Sachsenspiegel (3, 80 f.) die Freilassung eines Reichsministerialen zum
Rechte des Schöffenbarfreien. Da der ganze Stand der Schöffenbarfreien sieh der neueren Forschung als eine Fiktion des Spiegels
ergeben hat, so ist schwer zu sagen, was Eike hier gemeint hat.
4) Ficker, S. 151, meint, in Sachsen dürfte sich ein Übergang
vom Ministerialen zum freien Herrn schwerlich nachweisen lassen.

einer ganz anderen Zeit an als die unsern: was im 12. Jahrhundert in Süddeutschland vorkam, wäre für Thüringen um 1300 herum kaum denkbar. Vor allem aber widerstrebt das merkwürdige Schwanken der urkundlichen Titel dem Gedanken einer förmlichen Freilassung. Wenn dieselbe Person bald als nobilis, dann als Dienstmann, dann wieder als freier Herr bezeichnet wird, so kann die Standeserhöhung nicht auf einem formellen Akt beruhen. Der einzige Grund für die Sonderstellung der drei Familien liegt vielmehr auf staatsrechtlichem Gebiet. Es sind Geschlechter, die sich auf ihrem Besitz frei von fremder Landeshoheit erhielten. Urkunden des 14. Jahrhunderts zeigen uns die Herrn von Salza und Blankenhain im völkerrechtlichen Verkehr den Grafen und Freien völlig gleichberechtigt: wie diese schließen sie Verträge und Bündnisse mit Fürsten und Städten, wie diese beteiligen sie sich an der Errichtung von Landfrieden [1]). Bei den Treffurtern läßt sich dies nicht nachweisen; daß aber auch sie eine exempte Stellung einnahmen, ist sehr wahrscheinlich. Noch lange nach ihrem Aussterben wurde ihr Besitz als „Ganerbschaft Treffurt" gesondert verwaltet.

Von den drei neuen Herrengeschlechtern Thüringens hat keines das Mittelalter überdauert.

Am frühesten verschwinden die Treffurter [2]). Derjenige Zweig des Geschlechtes, der die thüringischen Besitzungen, insbesondere Treffurt selbst erhalten hatte, verlor diese Gebiete durch Eroberung 1333 und endgültig 1336 an die verbündeten Fürsten von Thüringen, Hessen und Mainz und starb um 1370 aus. Länger hielt sich der hessische Zweig des Geschlechtes, der zu Spangenberg seinen Sitz hatte. Er verkaufte die Herrschaft Spangenberg 1350 an den Landgrafen von Hessen, erhielt sie aber nebst der Herrschaft Bilstein von den Landgrafen in Pfand-

1) z. B. Regesten von Salza, No. 157; UB. Erfurt II No. 131, 136; UB. der Vögte von Weida I, No. 853.
2) Landau a. a. O.

besitz. 1376 ist auch diese Linie der Treffurter ausgestorben.

Die Herren von Salza verkauften ihre Herrschaft
1344 zur Hälfte an den Landgrafen Friedrich II., zur
anderen Hälfte 1345 an den Erzbischof von Mainz, doch
erhielten sie einen Teil ihres Besitzes als Lehen zurück[1]).
Diese Unterwerfung unter fremde Landeshoheit hat aber
den Stand der Herren von Salza nicht erniedrigt. Anders
als 70 Jahre früher die Grafen von Wartberg wurden sie
nach wie vor bis zu ihrem Aussterben (1409) zu den edlen
Herren gerechnet.

Die Herren von Blankenhain haben sich bis zu ihrem
Aussterben im Jahre 1446 im Besitz ihrer Herrschaft und
ihres Standes behauptet[2]).

In Thüringen dürften die drei genannten Familien die
einzigen sein, bei denen sich ein Übergang von der Ministerialität zum Herrenstande nachweisen läßt. Richten wir
aber den Blick über die Grenzen Thüringens hinaus in die
Markgebiete, so bieten sich noch weitere Beispiele in
den Vögten von Weida, den Herren von Schönburg[3]), von
Kolditz und von Eilenburg. Da es sich hier um interessante
und noch wenig beachtete Tatsachen handelt, so mag auf
die Geschichte dieser Geschlechter noch kurz eingegangen
werden.

Unter allen Ministerialenfamilien Deutschlands ist keine
höher gestiegen als die Vögte von Weida: sie sind die
Vorfahren der heutigen Fürsten von Reuß. Der älteste bekannte Vertreter des Geschlechts ist Erkenbertus de Weida,
der 1122 mit dem Titel ministerialis auftritt[4]). Wer die

---

1) Regesten von Salza, S. 151—154.
2) Sagittarius, Historie der Grafschaft Gleichen, S. 181.
3) Auch die Herren von Waldenburg, deren Besitz später
an die Schönburger fiel, sind, wie es scheint, dienstmännischer Abkunft.
Unàrg von Waldenburg ist noch 1296 Reichsministerial (UB. der
Vögte v. Weida I, No. 295).
4) UB. der Vögte von Weida I, No. 1.

Dienstherren derer von Weida waren, zeigt eine Urkunde Heinrichs des Löwen 1154, die Heinrich von Weida als ministerialis noster bezeichnet[1]). Mit dem Sturz des Welfenherzogs 1180 ging das Eigentum an diesem, wie an andern Ministerialengeschlechtern, über an das Reich. Vgl. Arnoldi Lubicensis chron.: multi ministerialium ducis . . ut Henricus de Witha . . recesserunt ab eo et ad imperium se transtulerunt[2]). Als Reichsministerial wird Heinrich von Weida in einer Urkunde von ca. 1196 ausdrücklich bezeichnet[3]). Eine Urkunde Kaiser Friedrichs I. 1188 nennt ihn sogar n o b i l i s   v i r[4]), und wenn dieser Titel auch auf den Irrtum eines kaiserlichen Kanzleischreibers zurückgeführt werden muß, so beweist er doch das große Ansehen, das das Geschlecht schon damals genoß. 1214 tritt uns zum erstenmal der Titel V o g t   v o n   W e i d a, advocatus de Wida[5]) entgegen: die Familie erlangt die Vogtei über das Reichsgut in jener Gegend. An ihrem Stande ändert sich dadurch noch nichts; die Vögte von Weida, später Vögte von Gera und Plauen genannt, bleiben Ministerialen und unterscheiden sich dadurch von den in ähnlicher Stellung befindlichen Reichsburggrafen der Nachbargebiete, den Burggrafen von Kirchberg, Altenburg und Leisnig, die alle dem Herrenstande angehören. So zählt eine Urkunde König Friedrichs II. für das Kloster Lausnitz 1220 den Heinrich von Weida zu den ministeriales regni[6]). Auffallend ist die Anrede in einer anderen Urkunde desselben Fürsten von 1232[7]): dilectis ac n o b i l i b u s sibi Heinricis, seniori, regni nostri advocato, . . d o m i n o   d e   P l a w e n, et iuniori, s t r e n u i   m i l i t i s eius filio, advocato de Plawen. Hier nennt der König Heinrich den Älteren in demselben Satze nobilis und strenuus miles. Bemerkenswert ist an dieser Urkunde auch der Titel dominus de Plawe, der zeigt, daß

---

1) Ebenda No. 10. 2) Mon. Germ. S.S. XXI, S. 137.
3) UB. d. Vögte von Weida I, No. 36: ministeriales imperii et nostri Heinricus de Wida . .
4) Ebenda I, No. 28. 5) Ebenda I, No. 40.
6) Ebenda I, No. 49. 7) Ebenda I, No. 58.

das Amt schon damals begann, sich in 'eine Herschaft zu
verwandeln. Die Urkunden der folgenden Jahrzehnte rechnen
die Vögte von Weida ausnahmslos zum niederen Adel. So
schreibt König Rudolf 1281 s t r e n u o v i r o Heinrico
advocato de Plawe [1]), König Albrecht 1302 s t r e n u o v i r o
Heinrico advocato de Wida [2]). In einer Urkunde Markgraf
Friedrichs des Freidigen für Großenhain [3]) 1291 erscheinen
als Zeugen: nobilis vir Albertus burgravius de Lisnic,
Heinricus de Zweyne, noster protonotarius, Heinricus iunior
de Plawen, Heinricus advocatus de Wida senior, Thimo
Knut .. Der Vertreter des geistlichen Standes, der markgräfliche Schreiber, schiebt sich hier, wie sehr häufig in
jener Zeit, zwischen den hohen und den niederen Adel ein:
die Vögte von Weida und Plauen sind dem letzteren zu-
gewiesen.

Erst um das Jahr 1300 ist es den Vögten gelungen,
als H e r r e n anerkannt zu werden. Das zeigt sich zuerst
in den Urkunden Landgraf Diezmanns. Während eine Urkunde von 1306 ian. 23 [4]) den Vogt Heinrich von Weida
noch ausdrücklich als strenuus vir den vorher genannten
nobiles viri gegenüberstellt, erscheint derselbe Heinrich in
einem n u r d r e i T a g e s p ä t e r ausgestellten Briefe
zwischen einem nobilis und mehreren strenui in der Mitte [5]).
Eine Urkunde Diezmanns vom 26. Februar desselben Jahres
rechnet Heinrich zu den no biles [6]). Eine Urkunde König
Johanns von Böhmen 1312, ein Beschluß des Landfriedens-
gerichts von 1322 führen die Vögte gleichfalls als nobiles auf [7]).
Am spätesten scheint die Kanzlei Markgraf Friedrichs I.

---

1) Ebenda, No. 205.   2) Ebenda, No. 347.
3) Ebenda, No. 256.   4) Ebenda, No. 378.
5) Wegele, Friedrich der Freidige S. 443 (nach einer schlechten
Kopie): nobilis vir dominus Henricus comes de Stalberg, dominus
advocatus de Wyda, strenui: Rodolfus pincerna de Dornberg, Iohannes
miles de Gelnowe.
6) UB. d. Vögte I, No. 381: presentibus viris nobilibus
Heinrico comite de Stalberg, Heinrico advocato de Wyda, itemque
Rudolpho pincerna de Dornburg, Iohanne de Geilnowe ..
7) Ebenda, No. 429, 524.

sich zur Anerkennung ihres Herrenstandes bequemt zu haben. Eine Urkunde der Markgräfin Elisabeth von 1322 nennt als Zeugen unse liben frunde greve H. von Swarzburch, A. burcgreve von Aldenburg, her Walter tumprobst von Mysnen, Heinrich Ruze, der Voit von Plawe, Henrich Voit von Gera der eldere, her Hans Groze von Doblyn der eldere [1]): sie schiebt also wiederum den Geistlichen zwischen die Herren und Dienstmannen ein, zu den letzteren rechnet sie unsere Vögte.

Diese Urkunde ist — was die markgräfliche Kanzlei anlangt — der letzte mir bekannte Fall dieser Art. In einer Urkunde des folgenden Jahres, die Elisabeths Sohn, der junge Markgraf Friedrich ausstellt, erscheinen die Vögte von Gera und Plauen unter den viri nobiles, vor dem Dompropst von Meißen und dem niederen Adel [2]). Eine letzte Erinnerung an die ursprüngliche Ministerialität findet sich in einer Urkunde König Ludwigs des Bayern von 1329, in der er die Vögte tamquam (imperi) principales ministeriales et vasalli nobiles anredet [3]).

Den Grafentitel haben die Vögte, oder, wie sie sich jetzt nennen, die Reußen, erst 1671 angenommen. Die Erhebung in den Reichsfürstenstand erfolgte bei den verschiedenen Linien des Hauses in den Jahren 1778, 1790 und 1806 [4]).

Die Stammburg der Herren und späteren Fürsten von Schönburg [5]) liegt zwischen Naumburg und Weißenfels an der Saale. Die ältesten Vertreter des Geschlechts, die uns seit dem Jahre 1171 entgegentreten, sind teils Reichsdienstmannen, teils Naumburger Ministerialen und nennen sich bald von Schönburg (Schönberg), bald auch von Rudelsburg [6]). Es gab zwar auch ein freiherrliches

1) Ebenda, No. 526.   2) Ebenda, No. 541.

3) Ebenda, No. 669.   4) Ficker, Reichsfürstenstand S. 239.

5) Franstadt und v. Schönberg, Gesch. des Geschlechtes von Schönberg I A (2. Ausg.) und II; C. A. Tobias, Regesten des Hauses Schönburg (Zittauer Schulprogr. 1865). Die ältere Geschichte des Geschlechtes ist noch sehr zweifelhaft.

6) Siehe Dobenecker II, Register unter den Stichworten Schönburg und Rudelsburg.

Geschlecht von Schönburg, doch scheint dieses mit unserer
Familie nicht verwandt zu sein. Auch dieses altfreiherr-
liche Geschlecht finden wir übrigens später (sicher seit 1225)
in der Ministerialität [1]).

Unsere Schönburger, mit denen wir es hier allein zu
tun haben, werden fast das ganze 13. Jahrhundert hindurch
zu den Ministerialen gezählt: 1268 stehen sie in einer
Zeugenreihe hinter den Schenken von Vargula [2]), 1279 und
1292 hinter den Vögten von Weida [3]), die ja damals
auch noch zum Dienstadel gehörten. Anders eine Urkunde
Landgraf Diezmanns von 1293, die Hermann und Friedrich
von Schönburg zwischen den Burggrafen von Altenburg
und den Kirchberger Burggrafen, also zwei freie Herren,
in die Mitte stellt [4]). Eine Urkunde Friedrichs von
Dresden vom Jahre 1300 nennt Friedrich von Schönburg
ausdrücklich n o b i l i s v i r; auf ihn folgen die milites Jordan
von Brand, Heinemann von Naundorf [5]). Auch hier ist es
wieder die markgräfliche Kanzlei, die sich am längsten
gegen die Anerkennung der Standesänderung sträubt: noch
1308 führt sie Friedrich von Schönburg unter den strenui
milites et famosi an [6]). Auch die Markgrafen haben schließlich
sich in die Veränderung geschickt. Das beweist z. B. eine
markgräfliche Urkunde von 1345, die sich durch genaue
Klassifizierung der Zeugen auszeichnet: an der Spitze nennt
sie die illustres, die Fürsten Herzog Rudolf von Sachsen

---

1) Dobenecker II, No. 2235.
2) UB. der Vögte von Weida I, No. 146.
3) Ebenda, No. 191, 270. 4) Ebenda, No. 280.
5) Cod. dipl. Sax. reg. II, 15, 214, No. 300.
6) UB. der Vögte I, No. 401. — Ob Johann und Dietrich
von Schönberg, die eine markgräfliche Urk. vom Stephanstag 1343
(A. Sondershausen) zu den Dienstmannen zählt, zu unseren Schön-
burgern gehören, kann ich nicht sagen. Die Standesänderung betrifft übrigens nur die pleißenländischen Schönburger. Die osterländische Linie, die in der alten Heimat des Geschlechts zurück-
blieb, erscheint bis zu ihrem Erlöschen (im 14. Jahrh.) unter dem
niederen Adel. Vgl. v. Schönberg, Gesch. des Geschlechtes von
Sch. II, S. 165—167.

und Graf Albrecht von Anhalt, dann die n o b i l e s Friedrich den Älteren von Schönburg, Herrn zu Pürstein, Friedrich den Jüngeren von Schönburg, Herrn zu Crimmitzschau, und Botho von Eilenburg, den markgräflichen Marschall; es folgt der markgräfliche Schreiber Konrad Pruzze als Vertreter der Geistlichen, und den Schluß bildet der niedere Adel, die strenui Ulrich von Gladbach, Ritter, der Truchseß Heinrich von Borna nnd der Hofrichter Albrecht von Maltitz [1]).

Die Herren von Schönburg haben die Zugehörigkeit zum hohen Adel auch dann behauptet, als sie sich unter fremde Landeshoheit beugen mußten.

Der Stammvater der Herren von K o l d i t z [2]), Thimo, war ursprünglich welfischer Ministerial, wurde aber durch Vertrag vom Jahre 1158 dem Reiche abgetreten [3]) und erscheint als Reichsdienstmann häufig im Gefolge Kaiser Friedrichs I. Seine Nachkommen gehören lange Zeit demselben Stande an: 1271 zeugen in einer Urkunde Markgraf Dietrichs von Landsberg die nobiles viri Otto von Arnshaug (aus dem lobdeburgischen Hause) und Gebhard von Querfurt, dann die m i l i t e s Botho von Eilenburg, Ulrich von Kolditz u. s. w. [4]). 1293 nennt eine Urkunde Friedrichs des Freidigen den nobilis vir A. Burggraf von Leisnig und die s t r e n u i v i r i Heinrich von Kolditz, H. von Trebezin u. s. [5]). 1295 werden die Burggrafen von Altenburg und Meißen als nobiles terre den m i n i s t e r i a l e s i m p e r i i H. von Kolditz und Genossen gegenübergestellt [6]). Ganz

---

1) UB. Erfurt II, No. 252. Schon 1343 wird Friedrich von Schönburg in einer markgräflichen Urkunde zu den edeln Herren gerechnet (UB. Erfurt II, No. 228). Ebenso das Verzeichnis von 1347.

2) Vgl. H. G. Francken, N. Beitr. z. Gesch. d. sächs. Lande I (1767), S. 320 ff; Limmer, Das Pleißnerland (Biblioth. d. sächs. Gesch. II) I, S. 598 ff.

3) Dobenecker II, No. 158. 4) UB. Erfurt I, No. 249.

5) Cod. dipl. Saxon. reg. II 1, No. 310.

6) UB. der Vögte von Weida I, No. 295.

vereinzelt steht ein Brief des Grafen von Brehna an den
nobilis vir dominus de Koldiz aus dem Jahre 1278[1]). Erst
mit dem Beginn des 14. Jahrhunderts mehren sich die
Zeugnisse für die Zugehörigkeit zum Herrenstand. So nennt
eine Urkunde des Burggrafen von Meißen 1312 als Zeugen
den dominus H. senior de Coldiz und den strenuus miles
Bertold de Roschitz[2]). In einer Urkunde des Burggrafen
von Leisnig 1333 erscheinen als Zeugen „der edle herr
herr Volrad von Kolditz, des Wolkenberg ist, herr Konrad
von Sachsendorf, herr Adolf von der Wieden"[3]). Die
markgräfliche Kanzlei widerstrebt auch hier der Anerkennung. Noch 1320 rechnet sie die Herren von Kolditz
zum niederen Adel: das beweist eine Urkunde Friedrichs I.,
die als Zeugen die viri nobiles Graf Heinrich von Schwarzburg, Burggraf Albrecht von Altenburg, Albrecht von Hackeborn, ferner (itemque) Heinrich von Kolditz, Günther
von Salza, Tammo von Haldeck, Siegfried von Schönefeld,
Hermann Goldacker, milites, anführt[4]). Um die Mitte
des Jahrhunderts, seit 1340, wird der hohe Adel der Kolditzer
auch von dieser Seite nicht mehr bestritten[5]). Die Herren
von Kolditz haben ihre Herrschaft 1404 an die Markgrafen
abgetreten, scheinen aber trotzdem bis zu ihrem Aussterben
(um das Jahr 1500) ihren Stand behauptet zu haben[6]).

An der nördlichen Grenze der alten Meißner Mark
liegt die Stadt Eilenburg, die den Herren, später (seit 1786)
Grafen, von Ilburg, Eilenburg oder Eulenburg
ihren Namen gegeben hat[7]). Auch sie sind dienstmännischer
Abkunft: Konrad von Eilenburg 1197 wird ausdrücklich

---

1) Cod. dipl. Saxon. reg. II 1, S. 188, No. 245.
2) Cod. dipl. Sax. reg. II, 1, S. 283.
3) Mencke, Scriptor. III, S. 1044.   4) Ebenda, S. 309.
5) Schöttgen und Kréysig, Diplom. et script. II, S. 399 (a. 1340).
Verzeichnis von 1347. Thur. sacra 149 (a. 1350). Cod. dipl. Sax.
reg. II, 15, S. 21, No. 27 (a. 1351); IB 1, S. 60, 79 (a. 1383, 1384).
6) 1436 schreibt König Siegmund „dem edeln Albrechten von
Kolditz (Horn, Friedrich d. Streitbare S. 860).
7) Vgl. v. Mülverstedt, Diplomatarium Ileburgense, Bd. I.

als Ministerial genannt[1]), die Gebrüder Bodo I. und Otto, seit 1215, geben sich durch ihre Stellung in den Zeugenreihen ebenfalls als solche zu erkennen und gehörten wahrscheinlich zur markgräflich-meißnischen Dienstmannschaft[2]).

Wir fiuden aber später auch einen Teil des Geschlechts im Dienste des Markgrafen von Brandenburg. 1292 bezeichnen die Markgrafen Otto und Konrad von Brandenburg Otto von Buch, Otto von Eilenburg und mehrere andere als ministeriales nostri[3]). 1298 erscheint Otto von Eilenburg in einer Urkunde desselben Fürsten am Schlusse einer ganzen Reihe von milites[4]).

1305 zeugen in einer Urkunde Markgraf Ottos der Graf von Lindow und der Herr von Heldrungen als nobiles; es folgen Herr Friedrich und sein Sohn Friedrich von Torgau, Herr Otto von Eilenburg, Herr Wibald von Forst u. s. w.[5]).

Aber schon seit 1296 finden sich auch Zeugnisse für das Emporsteigen der Eulenburger zum Herrenstand. Eine markgräfliche Urkunde dieses Jahres stellt den vir nobilis Bodo von Yleburch v o r eine Anzahl markgräflicher milites.[6]).

Noch einmal, im Jahre 1332, wird Bodo von Eilenburg von Herzog Rudolf von Sachsen unter einer Anzahl einfacher Ritter angeführt[7]), aber im ganzen ist jetzt der Eintritt der Eilenburger in den Herrenstand eine vollzogene Tatsache. Das bezeugen sowohl die brandenburgischen wie die Meißner Urkunden: 1336 Markgraf Ludwig der Ältere. Zeugen: Herr Johann von Buch, capitaneus generalis, Herr

---

1) Dobenecker II, No. 1036.
2) Dobenecker II, Register unter Eilenburg.
3) Riedel, Cod. dipl. Brandenburg. A. VII, S. 396.
4) Ebenda, A. XIV, S. 177.
5) Ebenda, B. 1, No. 226. 6) Ebenda, No. 492.
7) Cod. dipl. Sax. reg. II, 1, S. 334.

Otto von Eilenburg, n o b i l e s , Herr Guzzo von Guzzen-
berg . . . milites [1]).

1337 Gleicher Aussteller; Zeugen: Herzog Rudolf
von Sachsen nec non n o b i l i s d o m i n u s Otto de
Yleburg, Herr Johann von Buch, Herr Henning von Jagow
u. s. w. [2]).

1344 Markgraf Friedrich der Ernsthafte stellt als
Bürgen „d i e d i l n l u t e" Graf Heinrich von Honstein,
. . . Heinrich Vogt von Plauen, Heinrich Vogt von Weida,
Burggraf Otto von Leisnig, Bodo von Eilenburg und „d i e
g e s t r e n g e n" Nickel von Ende u. s. w. [3]). — Eine
andere hierher gehörige Urkunde desselben Fürsten von
1345 wurde schon bei den Herren von Schönburg angeführt [4]).

Endlich noch eine Urkunde Markgraf Ludwigs des
Römers von 1354: Zeugen sind der nobilis vir Otto
Wend dominus in Ilburg, strenuique viri Petrus de Breidow
u. s. w. [5]).

Die Herren von Eilenburg waren nicht im stande,
ihren Besitz zu behaupten: um 1395 veräußern sie ihre
Herrschaften Eilenburg und Liebenwerda an Sachsen, 1477
mußten sie auch die Herrschaft Sonnenwalde in der Nieder-
lausitz aufgeben. Ihren Freiherrnstand haben sie sich aber
trotzdem bewahrt.

Auch bei den zuletzt besprochenen Geschlechtern der
Vögte von Weida, der Herren von Schönburg, Kolditz
und Eilenburg ist kaum eine förmliche Freilassung als
Rechtsgrund ihrer Standesänderung anzunehmen. Auch sie,
wie die thüringischen Dynasten, nennen sich schließlich
Herren, weil sie eine der Landeshoheit entzogene Herrschaft
besitzen. Bei den vier ersten Geschlechtern fällt die Standes-

---

1) Riedel, a. a. O. A. 11, S. 33.
2) Ebenda, A 6, S. 353.
3) UB. der Vögte von Weida I, No. 869.
4) S. o. S. 30.
5) Riedel, a. a. O. A. 5, No. 156.

verschiebung um das Jahr 1300, also in eine Zeit, da in den wettinischen Landen alles drunter und drüber ging, wo sich also für eine derartige Anmaßung eines höheren Standes gute Gelegenheit bieten mochte. Bei den Eilenburgern scheint der Übertritt sich etwas später vollzogen zu haben, und zwar zuerst bei den brandenburgischen Familienmitgliedern. Möglich, daß hier die märkischen Wirren nach dem Tode des letzten Askaniers (1319) den Anlaß gaben.

Nachtrag.
(Zu Seite 8.)

Die Bezeichnung „Dienstherren" für die Ministerialen kommt auch in den wettinischen Ländern vor. Ich finde sie in einer Urkunde Friedrichs des Freidigen von 1311 (Scheidt, Von dem hohen und niederen Adel, Mantissa doeum., No. 131b, S. 468). Der Markgraf stellt 10 Herren und 10 „dienstman" als Bürgen; unter letzteren den Vogt Heinrich Reuß, Günther von Salza, Hermann von Spangenberg. Die Herren sollen 2 Ritter nach Erfurt zum Einlager senden, die „Dienstherren" dagegen selbst in Erfurt einreiten. Die Dienstmannen oder Dienstherren heben sich hier sehr deutlich von den Herren einerseits und den Rittern andererseits ab.

II.

Pfeifers und Münzers Zug in das Eichsfeld und die Verwüstung der Klöster und Schlösser.

Von

Prof. Dr. **Jordan** in Mühlhausen.

Man war bisher gewohnt, die beiden in der Überschrift genannten Männer in gleicher Weise zu behandeln
und ihr Tun und Treiben gleichmäßig zu beurteilen oder
vielmehr zu verurteilen. Bei längerem Studium hat sich
mir aber mit steigender Sicherheit eine Verschiedenheit
ergeben, die, wie ich nicht bezweifle, noch stärker hervor-
treten wird, wenn es gelingen sollte, tieferen Einblick in
die Ereignisse zu gewinnen, die sich damals in Mühlhausen
i. Thür. und seiner Umgebung abspielten. Der Unterschied
beruht im tieferen Grunde auf der Charakterverschiedenheit
beider Männer, wie sie deutlich genug bei ihrer Hinrichtung
hervortritt; er klingt scharf hervor aus der schadenfrohen
Äußerung Münzers bei der Meldung von Pfeifers Gefangennahme [1]).

In anderer, hier allerdings einfach und wohlbegründeter
Weise zeigt sich dieser Unterschied auch in dem Streben
beider Männer, die Umgegend für ihre Pläne zu gewinnen.
Als früherer Mönch des Klosters Reifenstein hatte Pfeifer
engere Beziehungen zum Eichsfelde, zu dem jenes Kloster

---

1) Neue Mitteil. XXI, S. 204.

gehörte, wie er es ja auch zunächst versucht hatte, sich
auf dem Eichsfelde festzusetzen. Als er dann in seine
Vaterstadt Mühlhausen wich, begleiteten ihn 4 Männer aus
Worbis, auch wird er absichtlich die Pfarre zu S. Nicolai
für sich gewonnen haben, da diese Vorstadt auf der dem
Eichsfelde zugekehrten Seite der Stadt liegt, und ihm alsbald
Zuzug von dort zu Hilfe kam. Münzer dagegen war von Allstedt
gekommen, von wo aus er die Fäden seines Bundes gesponnen
hatte, es war also natürlich, daß es ihn mehr nach Osten
zog, führte ihn doch auch sein Traum, der ihm anzeigte,
„er sollte nach Aufgang der Sonne ziehen" (Chronik 189),
schließlich dort seinem Verderben entgegen, während Pfeifer
in Mühlhausen blieb, vielleicht weil nun der Gegensatz
unter ihnen offen hervorgetreten war. Bereits Stephan
(Anzeige, S. 128) bemerkte: „Münzer ziehen seine Pläne
nach Osten, doch Pfeifer dringt in der Richtung nach dem
Eichsfelde dureh."

Dennoch ist unter beiderseitiger Teilnahme [1]) ein gemeinsamer Zug nach dem Osten unternommen worden, der
ganz unerwarteter Weise dann plötzlich nach Westen ab-
schwenkte. Diesen zweiten Teil des Zuges genauer darzu-
stellen, soll hier auf Grund von Akten unternommen werden,
die mir in den Abschriften und Auszügen vorliegen, wie
sie Friedrich Stephan anfertigen ließ [2]); sie gehören also
zu dem Aktenmaterial, das aus dem Nachlasse unseres
Archivars von seinem Neffen einst Zimmermann für die
zweite Auflage seiner Geschichte des großen Bauernkrieges
zur Verfügung gestellt wurde. Es ist bekannt, in welcher
Weise diese Akten dort benutzt sind; Zimmermann nahm
eilig heraus — besonders aus der gedruckten „Anzeige" —

---

1) Georg Pfeifer sagte aus, „zu demselben Zuge habe Münzer
und Pfeifer, sein Bruder, Rat und Tat gegeben" (Zur Gesch. d. Stadt
Mühlhausen I, S. 25). Auch Strutmann (St. A. 47) sagt aus, Heinrich
Pfeifer habe sie geheißen auszuziehen.

2) Stephans Akten, No. 68. Ich zitiere die Blattzahl dieses
Aktenstückes.

was zu seinen Anschauungen paßte, ohne eine Nachprüfung
und weitere Verwertung des gebotenen zu unternehmen.
Dies nun wenigstens für diese Untersuchung nachzuholen,
soll hier versucht werden. Insgesamt aber soll dieselbe
erfolgen mit dem von vornherein ausgesprochenen Zwecke,
zu prüfen, inwieweit die Verwüstungen, die auf jenem Zuge
erfolgten, dem Rat und der Bürgerschaft der Stadt Mühlhausen zu Schuld geschrieben werden können. Bis in
unsere Zeit hinein war es ein etwas bequemes Verfahren,
alle Schuld „den Mühlhäusern" zuzuschieben; es wird sich
fragen, ob das überall mit Recht geschehen ist. In jenen
Akten liegen zum Teil Aussagen vor, die frei sind von dem
Verdachte, parteiisch für den Bauernkrieg zu sprechen,
wurden sie doch großenteils unter dem von den Fürsten
eingesetzten Rate aufgenommen, der nur aus Gegnern der
Bewegung bestand. Die Akten, deren Originale in unserem
Archiv vorliegen, sind K. 3, No. 4 Cantica canticorum
sampt etlichen urgichten; K. 3, No. 13 Fragestühk vnd
Etlicher bekentnis Bey beyden Regierenden Burgermeistern·
Sebastian Rodeman vnd Johan Wettich anno XXV; K. 3,
No. 18 und 20: In Sachen Mühlhausen contra Mainz (der
Erzbischof verlangte Entschädigung für die Verwüstungen [1]).
Dazu kommen die Nachrichten unserer Chronik, gelegentlich
auch wohl das Verzeichnis „Disse dorffe sint auch vf der
Beschedigungk des Adels mit gewest" (Jordan, Zur Gesch.
d. St. Mühlhausen, Heft 2, S. 36—37).

Absichtlich verzichte ich bei dieser Untersuchung von

---

1) Diese letzten Akten stammen aus dem Jahre 1544, die Aussagen unterliegen also dem Verdachte der Vergeßlichkeit, haben
aber den Vorzug, daß sie zu einer Zeit gemacht wurden, wo man
ihretwegen keine Strafe mehr zu befürchten hatte; auch stimmen
sie oft genug so gut überein, daß sie sich gegenseitig stützen, sind
auch vielfach so lebhaft und anschaulich, daß man sie kaum für
ersonnen halten wird. — Kardinal Albrecht machte 1530 Ansprüche
an die Mühlhäuser, wegen des Schadens, den sie den Gotteshäusern
auf dem Eichsfelde getan hätten, auf 18 000 Fl. N, M. XIV, S. 423.

einem Berichte auszugehen, der sich in der „Histori Thome
Munzers" findet; freilich ist gerade diese Darstellung weit
verbreitet worden, da die Historie früher unter Melanchthons Namen ging und in Luthers Werken aufgenommen
wurde. Für die allgemeine Beurteilung dieser Schrift berufe
ich mich auf die Untersuchungen von Droysen[1]) und
Falckenheiner[2]); dem dort festgestellten geringen Werte
dieser Quelle entspricht ganz die folgende, auf die hier zu
besprechenden Ereignisse sich beziehende Stelle: „Er
(Münzer) hatte einen Prediger bey jm, der hies Pfeiffer,
ein ausgelaufener Müneh, seer gut zum spiel, frevel vnd
mutwillig, der wolt je den ersten angriff thun vnd gab für,
Er hette ein Gesicht gehabt, daraus er mercket, das Gott
in fodert, fortzufaren, Er hette einen traum gehabt, wie
er were in einem Stall gewesen vnd viel Meuse gesehen,
die hette er alle verjagt, Damit meint er hette jm Gott
angezeigt, er soite ausziehen vnd allen Adel verjagen.
Vnd da Thomas aus furcht nicht wolt vergönnen nach zu
ziehen, ward er seer mit Thoma zwietrechtig, Drewet jm
hefftig, er wolt jn vertreiben, wo er jn nicht ziehen liesse
vnd jm das volck abschreckt, Denn Thomas wolt den angriff nicht thun, er were denn starck gnng vnd nicht aus
der Stadt komen, es hetten sich denn vorhin die Bawren
allenthalb in der Nachbarschaft erreget. — Pfeiffer zog aus
ins Eisfeld, plündert Schlösser vnd Kirchen, verjagt vnd
fieng die Edlen, kam heim, bracht viel Raubs. Da ward
der gemein Pöbel beissig, dieweil es gelückt hette."
Diese Erzählung ist nach meiner Auffassung und
Kenntnis der Dinge ohne geschichtlichen Wert. Wie
wenig der Verfasser der Schrift von der inneren Geschichte
Mühlhausens wußte, ergibt sich schon daraus, daß er Münzers
erste Anwesenheit in der Stadt gar nicht kennt und diese
Unkenntnis hinter dem Satze birgt, „er machte sich davon

---

1) Zeitschrift für preußische Geschichte X, S. 594.
2) Philipp der Großmütige im Bauernkriege, S. 65.

vnd verborg sich ein halbes Jahr", auch verdanken wir
ihm den Irrtum, der sich dann weit verbreitete, „da haben
die Johanniter einen Hof gehabt", während es doch die
alte Komturei des deutschen Ordens war, in der Münzer
als Pfarrer an der Marienkirche Wohnung nahm. Nicht
Pfeifer war es, der leidenschaftlich hinausdrängte, sondern
Münzer; nicht Pfeifer war der Träumer, sondern Münzer,
der es in Zwickau von Nikolaus Storch gelernt hatte, an
Träume zu glauben, bis ihn sein letzter Traum gen Frankenhausen führte. Wer seine Briefe kennt oder auch nur eine
seiner Schriften gelesen hat, wird es schwerlich glauben,
daß er je eine zurückhaltende Mäßigung vertreten hat. Edle
vom Eichsfelde, die gefangen wären, finde ich nirgends erwähnt, und auf die Plünderung der Schlösser und Klöster
geht unsere ganze Untersuchung hinaus. Ich hoffe, zu einem
anderen Schluß zu kommen.

Ich stelle zunächst zusammen, was unsere Chronik
bietet, aus deren Angaben sich folgende nach Tagen geordnete Übersicht der einleitenden Ereignisse ergibt:

Mittwoch, April 26. Musterung, Zug nach Langensalza
(Homburg).

Donnerstag, April 27. Nach Goermar, Lager auf S. Nicolaus
Kirchhof.

Freitag, April 28. Nach Schlotheim, Kloster geplündert,
Haus des R. v. Hopfgarten. Volken-
roda [1]). Lager bei Goermar. Eichsfelder treffen ein mit 8—9 Wagen
Beute.

Sonnabend, April 29. Nach Ebeleben; Schloß geplündert,
Nonnenkloster in Sussra, Schloß
Almenhausen. (Freienbessingen).

1) Nach einem Schreiben des Abtes an Herzog Georg ist
Volkenroda „Donnerstag nach Quasimodogeniti" überfallen. Nebelsieck in N. M. XXI, S. 202. Keil, Aus Volkenrodas Vergangenheit
in No. 31 „Aus alter Zeit", Beiblatt zum Mühlh. Anzeiger. Münzer
war am 27. in Volkenroda. Forschungen XIV, S. 535.

Sonntag, April 30. Zug der Mühlhäuser nach Seebach [1]).
Beratung des Haufens vor Ebeleben;
Münzer rät, auf Heldrungen zu ziehen.
Botschaft der Eichsfelder (Zug über
Nieder-Orschel, Beuren auf Heiligen-
stadt.)

Schon vor dem Zuge nach Langensalza berichtet unsere
Chronik (S. 187): „In dieser Woche sind zwei von der
Struth, Hans Hesse und Michael N., samt andern mehr zu
Mühlhausen auf den Markt gekommen, haben zwei Faß
voll Geräte und fünf Glocken daselbst verkauft, und als
sie des Kaufgeldes streitig werden, wird ein großer Tumult
darüber." Diese Nachricht wird bestätigt in den Akten
(S. 186): „Hans Hesse und den artikulierten Michel — auch
hier fehlt der Name! — habe er wohl gekannt und gesehen, daß sie etliche Glocken vom Eichsfelde in Mühlhausen geführt, dieselben zerschlagen und den Bürgern
verkauft, darnach sich derhalben untereinander erwürgen
wollen". Ferner sagt ein Zeuge aus (S. 179), er sei einmal mit seinem Junker gen Mühlhausen gekommen, hätte
er gesehen, daß eine Glocke unter dem Rathaus gestanden,
hätte der Propst „zur Zelle" (Kloster Zella) zu ihm gesagt:
Siehe, das ist unsere Glocke. Hans Hesse zur Struth findet
sich in Pfeifers Bund (Heft 2, Zur. Gesch. d. St. Mühlhausen, S. 35); bei seiner Vernehmung (St. A. 104—105)
leugnet er jede Teilnahme an Plünderungen, will vielmehr
die „frommen" Bürger in Mühlhausen gewarnt haben (Bezeichnung der Partei des alten Rates).

Freitag, den 28. April, zog der Haufe nach Schlot-
heim; mit dem Raub beladen lagerte er bei Görmar.
„Als sie daselbst", berichtet unsere Chronik, S. 187, „die
Beute austeilen wollten, sind die Eichsfelder sehr stark [2]),

---

1) Förstemann, Neues Urk.-Buch No. 277.
2) Hans von Göttingen ist mit den 600 Knechten aus Hessen (!)
nach Görmar gezogen (St.A. 68, 36). Zeuge S. 156 berichtet,
als die Mühlhäusischen zu Felde gezogen, sei ein Haufe Eichsfelder,

auch mit acht oder neun Wagen gekommen, darauf gewesen
Speck, Glocken, Hausrat und Geschmeide und haben angezeigt, daß sie solches auf dem Eichsfelde aus den Klöstern
genommen. Des hat sie der Münzer empfangen und als
christliche Brüder gelobt und zu seinen Brüdern angenommen, und ist er so bald auf ein Pferd gesessen und
hat im Felde eine Predigt gethan und nach der Predigt
den Raub gleich unter die Mühlhäusischen und Eichsfeldischen Buben geteilet. Bei diesem Haufen und Zuge sind
wenig Bürger und kein Ratsherr von Mühlhausen gewesen,
allein einer, Jobst Homberg genannt [1]), der zuvor des Raths
Ausreiter gewesen, hat auf einem Motzen (Wallach) vor
dem Haufen her geritten und sich einen Hauptmann schelten
lassen. Das andere ist allerlei zusammengelaufen Volk gewesen, welches dem Pfeifer und Münzer gefolget und
auch zum großen Teil in der Stadt bei ihnen gewesen ist."

„Sonnabend früh (29. April) sind Pfeifer und Münzer
mit ihrem Volk, auch der Eisfeldische Haufe, der mit einem
gelben und grünen Fähnlein (darin ein Pflug gestanden,
sagt Zeuge S. 153) zu ihnen auf dem Rieth zu Goermar
gekommen, nach Ebeleben gezogen, haben daselbst das
Schloß geplündert, zerrissen, zerschlagen, was sie konnten,
den Wein ausgesoffen, das Korn auf dem Felde aus den
Garben gelangt, die Teiche gefischt, auch zu Sustra (Mark-
sussra) die Nonnen gestürmt, geplündert, item das Schloß
Almenhausen und andere, schickten den Raub gen Mühlhausen in die Nieder Pfarre (zu S. Blasien), viel Wagen
voll große Haufen. Da hat der neue Rath (der ewige) die
Bürger gezwungen, dem Haufen Bier und Proviant naeh-
zuführen, wohin sie zogen. Als nun der Haufe von Ebeleben wieder hat auf sein wollen, haben sie Gemeine ge-

---

auf 3—400 ungefähr, mit einem Fähnlein unter dem Risingberge
nahe bei der Stadt gelegen, wie er gesehen habe.

1) Er muß sehr großen Eindruck gemacht haben, da auffallend
oft gerade er in den Akten erwähnt wird.

halten, und hat Münzer im Ringe angezeigt, daß sie nach Heldrungen ins Mansfeldische Land ziehen wollten."

Gegen den Grafen Ernst von Mansfeld hegte Münzer den bekannten, unaufgeklärten Groll, doch sollte aus diesem Zuge nichts werden, der dem Haufen wohl die Mansfelder Knappschaft zuführen sollte, die als wohlgeübt in den Waffen galt. Dringende Bitte lenkte den Zug nach anderer Richtung; sie kam zunächst von Nordhausen. Förstemann (Kl. Schr. 86) berichtet darüber: „In der Oberstadt verbanden sich einige Bürger, die um geringer Sachen willen einen persönlichen Groll gegen den Rat hatten. Diese, Hans Sander und dessen Stiefbruder Berthold Helmsdorf, Hans Kehner [1]) und andere beratschlagten in einem Hause vor dem Dome und entwarfen einen Brief an die Häupter des Aufstandes zu Mühlhausen, sie möchten nach Nordhausen kommen und hier auch ein „ewiges Regiment" anrichten; damit sendeten sie einen ihrer Verbündeten nach Mühlhausen. Auch ritten die Häupter dieser Verbündeten zu der mühlhäusischen Rotte, als diese bei Ebeleben lag. Da sagte Pfannenschmied [2]), welchen sie dringend baten, das auszuführen, sobald es sich schicken wollte, würden sie kommen und „den Brief und die Artikel" mitbringen [3]), und wer sich nicht wohl verantworten könnte, den wollten sie absetzen und einen ewigen Rat machen. Schleunig sah sich der Rat in Nordhausen nach Hilfe um, doch Herzog Johann von Sachsen, an den er sich deshalb wandte (Lesser, Nordh., S. 562), antwortete Mittwoch post Misericordias D. (3. Mai), „Nordhausen sei so gut befriedet und habe eine so

---

1) Alle 3 finden sich im Verzeichnis. Zur Gesch. d. St. M., Heft 2, S. 36.

2) „Ohne Zweifel einer der Anführer", Förstemann. Ein Klaus Pfannenschmidt findet sich in Pfeifers Bund (Zur Gesch. d. St. M. 2, S. 33).

3) Darunter möchte ich die 12 Artikel verstehen, wenn nicht etwa die 11 Mühlhäuser Artikel gemeint sind (Förstemann, Neues Urk.-Buch, S. 254. Zur Gesch. d. St. Mühlh. 1, 26).

stattliche Sammlung, daß man' sich vor diesen Leuten
wenigstens eine Zeit lang werde aushalten können. Der
Rat möge darauf denken, er mit seinem Vater wollte als
Landes- und Schutzfürst thun, was zur Abwendung der
Beschwerung dienen könne." Auch Zeuge S. 176 erzählt,
der Haufe habe von Ebeleben naeh Nordhausen ziehen
wollen.

Die Sorge der Nordhäuser sollte unbegründet bleiben,
denn eine weitere Bitte um Hilfe rief den Haufen alsbald
nach einer ganz anderen Gegend. „Da sind etliche Eichsfelder, Hans Gehausen, Hans Stein, Hans Kirchworbis und
andere mehr hervorgetreten und haben um Gotteswillen
gebeten, man wolle mit ihnen aufs Eichsfeld ziehen und sie
zuvor von der bösen Obrigkeit erretten, denn die Edelleute
wären schon in Dingelstedt gefallen und wollten alle armen
Leute ermorden, wie sie ihnen allbereit viel zu Leide gethan hätten, darum wollte man ihnen zu Hülfe kommen und
sie rächen." (Chronik 188.)

Veranlaßt wurde dieser Hilferuf durch das Vorgehen
der Adligen, die sieh, als die Bewegung das Eichsfeld er-
griff, auf Schloß Rusteberg, die alte mainzische Burg,
geflüchtet hatten und nun in dieser Weise auf die Verwüstung ihrer Besitzungen antworteten. S. 134 soll gefragt
werden, „ob der Zeuge nicht weiß oder gehört hat, nachdem die Geistlichen und vom Adel solcherweise beschädigt,
daß sie durch den gemeinen Amtmann des Eichsfeldes auf
einen eilenden Landtag an gewöhnliche Malstatt gefordert
und daselbst geratschlagt sei, wie und was Gestalt sie dem
bösen, tyrannischen Vornehmen und Aufruhr derer von
Mühlhausen begegnen, auch sich, ihre Weiber, Kinder,
Haus und Güter dazu dem Erzbischof das Land erretten
könnten von den von Mühlhausen. Item, daß der gemeine
Adel und Geistlichkeit sich deshalb zusammen auf das
Haus Rustenberg getan in Mut und Willen, dem aufrührerischen Haufen zu begegnen und sie aus dem Lande zu
schlagen". Die Adligen gingen später auch angriffsweise

vor; ein Zeuge berichtet (St. A. 188): Als der Haufe vor
Heiligenstadt gelegen und viele vom Adel des Eichsfeldes
auf Rustenberg gelegen, hätten seine Junker, denen ihre
Schäden und Verjagen wehe getan, dabei er, Zeuge, in
Dienst gewesen, sich gerüstet und reisige Leute, der
Bauernschaft Abbruch zu tun angefangen, und was sie
derselben abbrechen mögen, gewürgt und erstochen, dabei
er Zeuge gewesen. S. 190 sagt Hans Grebingk von Beber-
stedt dasselbe aus.

Wie es scheint, wurde es Münzer nicht leicht, auf den
geplanten Zug nach Heldrungen zu verzichten. Es bedurfte der dringendsten Bitte der Eichsfelder, ja eines
Kniefalles. So berichtet ein Zeuge (St. A. 68, 145), er
habe die Zeit von seinem Junker Seifart von Bolzingsleben
hören sagen, daß die artikulierten Personen vor Pfeifer und
Münzer in ihre Knie gefallen seien und gebeten haben sollen.
Dagegen erhebt ein wichtiger Zeuge folgende Einsprache
(S. 151): „Hans Gobelen, Hans Stein, die beide im Artikel
genannt, habe er gekannt, desgleichen werde er, Zeuge,
mit diesen zweien im Artikel angezogen, daß sie und er,
Zeuge, sollen vor den Prädikanten auf ihre Knie gefallen
sein und von wegen der Eichsfelder um Gottes willen gebeten haben, mit ihrem Haufen auf das Eichsfeld zu
kommen. Darauf sagt er bei geschworenem Eide, daß er
solches nie in seinen Sinn genommen, auch nicht getan oder
tun geholfen habe, sollte sich auch zu ewigen Tagen nicht
erfinden, wisse auch nicht, ob es die zwei Hans Gobel oder
Hans Stein getan haben sollen." Der Unterschied beider
Aussagen wird durch einen dritten Zeugen vermittelt
(S. 158): „Es seien etliche vom Eichsfelde zum Haufen gen
Ebeleben gekommen, Hans Gebelhausen, Hans Stein von
Stadtworbis, so der dreien einer gewesen, so vormals mit
dem Pfeifer gen Mühlhausen gekommen (Zur Gesch. der
St. Mühlhausen, Heft 1, S. 6 und 48), und andere mehr; hätte
Gebelhausen das Wort gehalten und wäre allein auf die
Knie gefallen und hätte Pfeifer und Münzer gebeten, um

Gottes willen auf das Eichsfeld zu ziehen, sie zu erretten, denn die Edelleute nähmen alle das Ihre. Also hätten dieselben Eichsfelder einen besonderen Haufen (gebildet), die ein Fähnlein grün und gelb dabei gehabt, das hätte einer, genannt Hans Kaiser (Heft 2, 35), getragen, welcher Haufe viel größer und stärker gewesen, denn der Mühlhäusische und thüringische Haufe. Darauf wären Pfeifer und Allstedter auf das Eichsfeld gezogen; er habe alles selbst gesehen und dabei gestanden." — Die Zahl der Eichsfelder, die nach Ebeleben gekommen, gibt ein Zeuge (S. 160b) auf 6—700 an; auch er hat dabei gestanden, als etliche von ihnen „in den Kreis getreten, hat gehört, daß dieselben Alstedter, Pfeifer samt den Oberen gebeten, geflehet und zuletzt gedrohet." Diese Aussage ist wichtig durch die Erwähnung der Oberen; es gab also neben Pfeifer und Münzer noch andere Führer des Zuges; wer waren die? Schwerlich allein der oft genannte Jost Homberg, den Zeuge S. 149 „als einen Hauptmann hat vorreiten sehen".

Ein weiterer Zeuge (165b) nennt als die Eichsfelder, die nach Ebeleben kamen und kniefällig um Hilfe baten Hans Gebelhausen, Hans Stein, Hans Kirchworbis, Augustin Konemunt, Reusse von Gernrode u. a. m. Gebelhausen wird auch S. 166 genannt, Gebelhausen, Stein und Kunemundt S. 174b. Ein Zeuge (S. 180) nennt neben dem immer wiederkehrenden Gebelhausen Paul Wollhaupt, Hans Hebestreit und Kolruß, „diese vier, die er wohl kenne, habe er gesehen, daß sie zu dem Haufen gen Ebeleben gekommen und vor den Prädikanten auf die Kniee gefallen und gebeten". Paul Wollhaupt von Helmsdorf nennt auch Zeuge S. 181. Eine neue Tatsache ergibt die Aussage S. 182b, die Eichsfelder hätten 3 Briefe geschickt, wären selbst gekommen und hätten die Prädikanten gebeten; sie wird bestätigt durch die sehr wichtigen Angaben des Zeugen S. 184—185: „Als er derselben Zeit zu Hofferstedt (Hüpstedt) in seinem Hause morgens noch geschlafen, wären 2 Bauern zu ihm gekommen, der eine wäre „von pewrn"

(Beuern) Hans Heie (Hein?), der andere von Birkungen, Hans Hunolt genannt, gewesen, die hätten ihn gebeten, daß er also wohl tun wollte und von wegen der im Gericht Scharfenstein und Reifenstein, so beieinander sieh in der Nacht versammelt, zu dem Haufen zu Ebeleben gelegen zu kommen, um heimlich zu erfahren und zu sehen, wo doch derselbe Haufen hinziehen wollte. Also wäre er dahin geritten und zu dem Haufen zu Ebeleben gekommen, um heimlich zu erfahren, wo doch derselbe Haufe hinziehen wollte. Also wäre er dahin geritten und hätte sein Pferd an einen Wagen daselbst gebunden, auf dem Wagen gelegen, sich nichts angenommen und sehen und hören wollen, wo doch der Haufe hinaus wollte. Wäre einer, genannt Hans Pfeil, zu ihm gekommen, der auch beim Haufen gewesen, und habe gesagt, was er da täte; hätte er ihm geantwortet, er solle ihm zuvor sagen, warum er da wäre, hätte er ihm gesagt, die Edelleute vom Rüstenberg hätten ihn dahin geschickt, zu sehen, wo dieser Haufen hinaus wollte. Hätte er, Zeuge, ihm auch gesagt, so wäre er von denen im Gerichte Scharfenstein und Reifenstein wegen da, so sich zusammengetan und ihn hergeschickt, zu erfahren, wo sie hin wollten. Hätte der Hans Pfeil ihm gesagt, sie wären schon im Haufen und hätten Augustin Konemunt und noch zween Briefe gebracht, die lese man jetzt, daß sie aufs Eichsfeld zu ihnen ziehen sollten." — Der Haufe lag damals zwischen Ebeleben und Schernberg (S. 185b).

Über den Erfolg den diese dringende Bitte der Eichsfelder um Hilfe hatte, die also schriftlich und mündlich kam, berichtet Zeuge (S. 176b): „Als der Haufe vor Ebeleben gelegen und nach Nordhausen habe ziehen wollen, wären 4 auf Pferden geritten vor die Obersten, Prädikanten und andere, hetten sie gebeten, daß sie ihnen auf dem Eichsfelde zu Hilfe kämen, denn die Edelleute wollten ihnen Weib und Kind erstechen. Darauf Pfeifer geredet es tauge nicht, daß man sie verderben ließe, darauf die

Oberen gesagt, was sie auf dem Eichsfelde suchen sollten,
sie hätten nicht Geschütz, daß sie vor derselben Schlössern
bestehen möchten. Sagte der Pfeifer: En (on, ohne, ausgenommen) Rustenberg, so wollte er die anderen Schlösser
alle mit weichen Käsen umschießen. Also wäre der Haufe
aufs Eichsfeld gezogen. Zeuge S. 176b berichtet, „Pfeifer
hätte den ganzen Haufen zusammenberufen, Gemeine gehalten und öffentlich geredet: Ihr lieben christlichen Brüder,
es sind da Leute vom Eichsfeld kommen, zeigen an, daß
man ihnen um Gottes willen zu Hilfe komme, dieweil je
billig, daß ein Bruder dem andern helfen soll und nicht
verlassen. Da sprach der ganze Haufe, ja, es wäre billig,
daß ein christlicher Bruder dem andern zu Hilfe käme, und
wären also aufs Eichsfeld gezogen“. — Eine weitere
Äußerung Pfeifers erwähnt ein Zeuge S. 179: „Als der
Haufe gen Ebeleben gekommen, habe er der Zeit hören
sagen, Pfeifer hätte beim Haufen ausgerufen, man wäre
willens, aufs Eichsfeld zu ziehen, die Klöster Reifenstein
und Beuren, die Hurenhäuser, zu vertreiben; da soll der
ganze Haufe „Ja“ geschrieen haben und wäre also aufs
Eichsfeld gezogen“. Zeuge S. 177 stimmt damit überein,
gibt aber an, der weitere Zug hätte auf Heldrungen gerichtet sein sollen, wie es ja Münzers Absicht gewesen
war, läßt den Allstedter den Haufen im Ring versammeln,
aber doch wieder Pfeifer jene bezeichnende Äußerung tun,
die in merkwürdiger Weise zu Münzers großsprecherischen
Worten paßt (vgl. Heft 1, S. 44). Auch S. 181b berichtet
ein Zeuge, „Pfeifer habe im Haufen ausgerufen, sie hätten
Willen, vor Heldrungen zu ziehen, aber dieweil die
vom Eichsfelde also bedrängt, sollte man ihnen zu Hilfe
kommen“.

Diese Gesandtschaft der Eichsfelder hatte schon ein
kleines Vorspiel gehabt, wie wir ebenfalls durch Zeugen-
aussagen erfahren. S. 166b: „Als die auf dem Eichsfelde
hören sagen, daß ein Haufe in Thüringen gelegen, haben
sich die Eichsfeldischen Bauern auch gesammelt und bei

Hoppenstedt (Hüpstedt) gelegen; haben sie zu ihren Herrn und Obrigkeit geschickt, ob sie trauten, sie vor dem thüringischen Haufen zu verteidigen. Da nun dieselben vernommen, daß ihre Herrschaft und die Edelleute geflohen (auf den Rusteberg), sei der Zeit unter demselben Haufen geredet, daß man sollt zu dem thüringischen Haufen schicken vor Ebeleben, sie vor ihrer Obrigkeit zu verteidigen.“ Auch hier erscheint Hans Gebelhausen als Führer. — Zeuge S. 163b berichtet: „Hans Gebelhausen, Hans Hebestreit und sonst noch einer — hätte eine Schramme über der Backe — wären zu ihm gen Urbach[1]) gekommen und hätten zu ihm gesagt, er sollte Sturm läuten, denn die vom Adel erwürgten auf dem Eichsfeld Weib und Kind, und ihnen zu Hilfe kommen. Darauf er ihm geantwortet, er hätte keinen Befehl; sie sollten zum Haufen zu Ebeleben ziehen, sie könnten ihnen nicht helfen. Darauf sie zum Haufen geritten.“ Das bestätigt Zeuge S. 171: „Hans Gebelhausen und Hansen Reußen habe er gesehen sammt etlichen mehr, die er nicht gekannt, daß sie zum Haufen nach Ebeleben wollten reiten.“ S. 171b erfahren wir dann, „Reusse und Gebelhausen seien unehelich gewesen und Pfaffenkinder“. Daß die Gesandten der Eichsfelder Bauern zu Pferde vor Ebeleben eintrafen, bestätigt Zeuge S. 176: „Wären 4 auf Pferden geritten gekommen vor die Obersten, Prädikanten, und andere, hätten sie gebeten, daß sie ihnen auf dem Eichsfeld zu Hilfe kämen.“

Dieser Angriff der Adligen war aber erst als Antwort auf die Verwüstungen der Bauern erfolgt: S. 163b wird berichtet: „er und sein Anhang und der Schlösser und Klöster Untertanen hätten die Schlösser und Klöster geplündert und verbrannt, darum wollten die vom Adel sie alle erwürgen, darum sie Hilfe suchen müßten.“ Dieses erste, selbständige Vorgehen der eichsfeldischen Bauern ergibt sich aus der Er-

---

1) Urbach liegt auf schwarzburgischem Gebiete, auf halbem Wege nach Ebeleben.

zählung der Chronik (vgl. oben S. 41), die durch Äußerungen
von Zeugen Ergänzung findet. So wird S. 177b berichtet, es
sei einer gewesen zu Diedorf, Hans Thomas genannt, unter
dem Gericht zu Bischofsstein, der habe Briefe hin und wieder
gesandt, daß die Bauern im selben Gerichte auf sein
sollten; das wäre geschehen; wiewohl es auf dem Eichsfelde durch die Amtleute und den Adel verboten bei Leib
und Gut, nicht zu dem aufrührerischen Haufen zu ziehen.
so wären sie doch mit solchem seinem Haufen zu dem
Mühlhäusischen Haufen der Zeit ausgezogen und zu Görmar
gelegen (vgl. oben S. 42), und seien die beiden Haufen
ein Haufe geworden und gleich darauf gen Ebeleben gezogen. Auch Zeuge S. 178 ist mit dem Haufen von Diedorf nach Görmar gezogen. Das erwähnte Verbot des
Adels bestätigt Zeuge S. 179: „Seines Wissens sei noch
keine Versammlung auf dem Eichsfelde gewesen, denn sein
Junker, Werner von Herstall, habe den Seinen geboten,
diesem aufrührerischen Haufen, so schon zu Mühlhausen
ausgezogen, bei Leib und Gut nicht zuzuziehen.“

Derselbe Zeuge macht folgende wichtige Angabe: „Er
habe nie gehört der Zeit, daß ein Aufruhr oder eine Versammlung auf dem Eichsfelde gewesen, bis daß die
Prädikanten zu Mühlhausen geschrieben, ihnen samt ihrem
Anhange zuzuziehen — (doch wohl die Briefe, die Hans
Thomas aus Diedorf umhertrug) — und seien die Prädikanten
zuvor ausgezogen sammt ihrem Anhange allenthalben; demnach sei erst der eichsfeldische Haufe zu jenem gen Görmar
gekommen.“ — Die erwähnten Briefe bestätigt Zeuge
S. 171b: „wisse auch von keinem Verbot, daß man sich der
Prädikanten enthalten solle“ (vgl. aber das Verbot Werners
von Herstall); „es hätte aber der| Allstedter in alle
Dörfer daselbst herum geschrieben, daß ein jedes Dorf seine
Anzahl gerüsteter schicke bei Kopfabhauen; also wären
15 Mann zu Orsla (Nieder-Orschel) zum Haufen zu ziehen
gewählt, deren er einer gewesen und also ausgezogen;
wären noch 15 aus Orsla willig mitgezogen. Also hätten

andere Dörfer auf dem Eichsfelde auch getan." Ich erinnere an die von mir abgelehnte Erzählung der Historie (vgl. oben S. 39); nirgends wird aber hier ein persönliches Eingreifen Pfeifers erwähnt, nur Briefe der Prädikanten. Auch Förstemann (Kl. Schr., S. 79) berichtet: „Hier (in Görmar) vereinigte sich mit Münzers Schar die eichsfeldische Rotte Pfeifers, welche indessen die Klöster Anrode und Zelle und die Edelhöfe Diedorf und Katharinenburg geplündert hatte"; ein Beweis, daß Pfeifer bei diesen Plünderungen gewesen, ist nirgends geliefert, vielmehr kann er nach unserer Chronik gar nicht dabei gewesen sein.

Über die Plünderung des Klosters Anrode fand ich in Akten [1]) des Dresdener Staatsarchivs folgendes Schreiben, das leider wenig Aufklärung bietet: „Wir Elizabeth Luchtewalt eptisten, Appolonia Odester priorin, Arnolt luckhart probst sampt ganczen convent gemelts closter beclagen uns, das wir von der negstenn vörgangen auffrur szo aus Molhaußen gescheen und durch ihr gewaltige handlunge unser closter kirchenn und alle eyngebew geplündert uund folgens abgebrannt auch cleynoth unnd hausrath hynweg genomen vnnd darzu ein gute anczahl korn, gerstenn hafern malcz byr — speck sampt anter proviant' entfromt, welchen obangezeigten schaden auffs geringst achten auff dritt halb tausend gulden, do mit obgemelt closter inn vorigen standt unnd weßen nicht zcu bringen vermögen." An dieser Zerstörung waren die Bauern von Bickenriede beteiligt. (Knieh, Geschichte der Reformation und Gegen-Reformation auf dem Eichsfelde S. 25, nach dem Kopialbuch von Anrode.) Entsprechend lautet die Beschwerde des Klosters Zella: „Wir Barbara Jocuffin priorin unnd Jocoff Hencz probst des stiffts zonne Zcelle. Wir beclagen unns das wir inn der mutwilligen emporunge dureh die von Molhaußen und yhr angeben unser

---

1) 9135 No. 127: Was die von Mühlhausen sammt ihren Anhängern in der aufrührerischen Empörung den Stiften und Klöstern u. s. w. vor Schaden gethan haben. 1525. S. 9. u. f. Beschedigungen der closter des Eysfeldes.

closter unnd gotz haus gestyrmpt unnd geplündert auch
alle ceremonni und cleynoth der kirchen unnd sunst allen
hauszrath geweltiglich hynweg genomen unnd vorterblich
gemacht sampt kuwe schweine unnd schaffe darunder ent-
frombt auch zwene teych abgestochen unnd gefischt sampt
andre vorderblichenn schedenn zugefügt, die in der eyle
nicht zue zelen, welchen beschedigung unsers closters wir
auff das geringste auff vyr hundert gulden achten, do mit
wir obangezeigt closter nit widder in forigen baw und
vorroth unnd stand zcu bringe vermögen. Auch haben
wir eine freyge schafftrifft im flur und dorff zcu Felchte,
welche uns die von Molhaußen in dieser geweltiglichen
emporung abgedrunge und underslangenn habenn." Leider
enthalten diese Schreiben kaum mehr als ein vorläufig — doch wohl bei Herzog Georg — eingereichtes
Protokoll und angemeldete Klagforderung. Inwieweit solche
Beschädigungen wirklich die Bürger der Stadt Mühlhausen
treffen, werde ich im Laufe dieser Untersuchung noch
weiter erörtern.

Nach den Klagen, die später gegen sie erhoben wurden,
erhielt der Haufe vor Ebeleben Unterstützung durch adlige
Herren. N. M. 14, 527 heißt es, „Heinrich von Schwarzburg habe seinen Sohn Günther zum Haufen gen Frankenhausen lassen reiten, ist förder gen Ebeleben gezogen und
hat sich daselbst dem Münzer auch mit Pflichten verwandt
gemacht, hat ihm Knechte und Pferde zugesichert aufs
Eichsfeld zu ziehen." Auch Ernst von Honstein ist zu
Münzer vor Ebeleben geritten.

Von Ebeleben wandte sich der Zug nun weiter;
„da sind sie auf Keula und folgends nach Orsla (Nieder-
Orschel) gezogen", berichtet die Chronik, „da sind die Ältesten
aus Orsla gekommen und haben sie zu Gaste gebeten, denn
sie hatten den Edelleuten und den Klöstern alle Teiche
abgestochen, die Braupfannen genommen und dieselben voll
Fische gesotten, daß jedermann Fische genug kriegte." Naeh
Orsla war der Haufe ausdrücklich berufen, wie Zeuge

S. 164b zu erzählen weiß: „Als er zu Ebeleben bei dem
Haufen gewesen, seien auch 7 oder 8 Personen aus dem
Eichsfeld, die er nicht gekannt, zu dem Haufen daselbst zu
Pfeifer und Münzer gekommen und hätten gebeten aufs Eichsfeld zu ziehen und gen Orsla, wo der Eichsfelder Haufe läge,
zu kommen, da wäre für sie gekocht, wollten ihnen Essen
und Trinken geben; darauf der Haufe zu dem eichsfeldischen
Haufen, so vor Orsla gelegen, gezogen." Die Nachricht
seines Kommens zog ihm voraus; Zeuge S. 171b berichtet:
„Über 2 Tage danach seien Gebehausen und Rense wieder
zu ihnen vor das Dorf Orsla geritten und hätten zu ihnen
und allen Nachbarn zu Orsla gesagt: Freut euch, wir haben
den Haufen zu Ebeleben angesprochen, die wollen kommen
und uns frei machen." „Von Orsla aus (berichtet die Chronik)
schrieben Münzer und Pfeiffer in Heiligenstadt, man sollte
ihnen aller Pfaffen und Edelleute, die sie Baals und Nimrods
Geschlecht nannten, Güter aus der Stadt geben. Des schickte
der Rat vier Personen zu ihnen, die um Bedenkzeit baten, aber
sie konnten keine erlangen, sondern sie zogen mit dem Haufen
vor die Stadt." Unsere Akten bieten dazu mancherlei Ergänzung. Am genauesten berichtet der Zeuge S. 149b—150
(Iring): „Die Prädikanten Pfeifer und Allstedter samt
ihrem Anhange hätten dem Rat zu Heiligenstadt geschrieben,
daß die von Heiligenstadt ihnen, den christlichen Brüdern,
300 Bürger, aufs geschickteste gewaffnet, mit ihrem besten
Geschütz [1]) schicken und zuziehen wollten, darauf ein Rat
sich bedacht und ihn, Zeugen (Iring), Hansen Oppermann,
Hansen Tieffenhart und Hansen Schierbach verordnet, zu
dem Haufen, so der Zeit vor Orsla gelegen, zu reiten, das
sie gethan und dieselbe Schrift mit ihnen genommen, alles
mit Befehl, mit dem aufrührerischen Haufen zu handeln und
zu bitten, denen von Heiligenstadt 4 Wochen ein Bedenken
auf ihr Begehren zu lassen. Als sie solches Gewerbe (vor-
gebracht) und im Haufen umringt (wären), hätten die Auf-

---

1) Vgl. oben S. 48 Pfeifers Äußerung über Rusteberg.

rührerischen denen von Heiligenstadt keine Zeit geben
wollen, sondern begehrt, der Geistlichen und Edelleute Güter
daselbst ihnen zuzustellen und herauszugeben und das stracks
haben wollen, oder vor Heiligenstadt zu ziehen. Hätten sie
abermals 4 Tage Bedenkzeit erbeten, solch' ihre Antwort
an den Rat zu Heiligenstadt zu bringen, was sie hätten gar
nicht haben wollen, sondern gesagt und gewollt, die Gesandten
sollten gedenken, bei ihnen zu bleiben, so wollten sie gen
Heiligenstadt ziehen und solche Güter der Geistlichen und
Edelleute selbst holen, und sind also auch mit dem Haufen
Abends 9 Uhr vor Heiligenstadt gekommen."

Diesen nach Heiligenstadt gesandten Brief der Prädikanten bestätigt der Zeuge S. 175: „Der Zeit, als der Haufe
im Zug aufs Eichsfeld vorhanden war, wäre eine Schrift
vom Haufen gen Heiligenstadt geschickt worden ungefähr
des Inhaltes, die Gemeine hätte sich beklagt, die wären hoch
von den Geistlichen beschwert, begehrte, daß ein Rat ihnen
wolle zu Hülfe kommen. Solche Schrift sei öffentlich vor
der Gemeine verlesen worden. Darauf habe der Rat, Gildemeister und Gemeine etliche aus ihnen zum Haufen verordnet
und geschickt, die hätten den Haufen mit sich vor Heiligenstadt gebracht." Nach dem Zeugen S. 175 „wären die Verordneten gewesen Hans Oppermann, Engelhardt Iringk von
Rats wegen, von der Gildemeister (wegen) Hans Tiefenhardt;
wer von der Gemeine wegen verordnet, das wisse er nicht".
Das müßte also Hans Schlierbach gewesen sein, denn Zeuge
S. 148 berichtet, „Engelhardt Iring, Johann Opermant, Hans
Schlierbach und Hans Tiefenhardt, diese vier und nicht mehr
seien seines Wissens zum Haufen verordnet und geschickt."

Jene Forderung an den Rat zu Heiligenstadt, die ein
Brief der Prädikanten aussprach, der nach der kurzen Notiz
ganz in Münzers Stil abgefaßt gewesen zu sein scheint, bestätigt in auffallender Übereinstimmung mit der Chronik
Zeuge S. 147b: „Der aufrührerische Haufe habe der Zeit von
einem ehrbaren Rat in Heiligenstadt begehrt, ihnen alle
Priester und Edelleute, die sie Baals und Nimrods Geschlecht

genannt, zu überliefern. Darauf ein Rat etliche zu dem
aufrührerischen Haufen verordnet dieser und keiner anderen
Meinung, denn sie zu bitten, von solchem abzusehen und,
wo sie etwas verwirket, ihnen, einem Rate zu Heiligenstadt,
dieselbe Strafe anheimzustellen, denn ein Rat zu Heiligenstadt (wäre) samt und sonders gar nicht der Meinung, die
geforderten Geistlichen und Edelleute auf die Fleischbank
zu liefern." Danach ist Chronik 189 Zeile 6 zu verbessern. —
Diese Gesandtschaft des Rates zu Heiligenstadt wurde zum
Teil auch wohl ganz falsch aufgefaßt, so in der Aussage
des Zeugen S. 181b: „Als der Haufe zu Orsla gelegen,
seien ‚auff‘ (elf?) oder zehn Personen zum Haufen geritten,
habe man gesagt, es seien die von Heiligenstadt, welche
gebeten, zu ihnen zu ziehen und eine Einigung mit ihren
Bürgern helfen zu machen, darauf der Haufe umgeschlagen
und Abends spät vor Heiligenstadt gekommen." Nicht recht
zu verstehen ist ferner die Äußerung des Zeugen S. 182b,
„die Zeit hätte er etliche Personen beim Haufen zu Orsla
gesehen, da hätte man im Haufen gesagt, die von Heiligenstadt wären da und wollten den Haufen verhindern, daß
er nicht gen Heiligenstadt sollte ziehen ohne Wissen derer
von Duderstadt". Auch erfahren wir, daß die Boten von
Heiligenstadt ihren Weg über Beuren nahmen, S. 169b:
„die von Heiligenstadt, so zum Haufen verordnet, seien
zuvor zu ihm gen Beuren gekommen, vermeinend, sie
wollten den Haufen vor Beuren finden; hätten sie ihm gesagt, sie wären abgefertigt mit den Bauern zu handeln,
damit sie und andere wieder zum Frieden kämen, und seien
also fort zum Haufen gen Orsla zu geritten, und sei der
Haufe gleich hernach vor Heiligenstadt gezogen."

Von Orsla aus wird der Haufe vermutlich seinen
Marsch auf Leinefelde genommen haben und dann, der Leine
folgend, am Fuße des Dün auf Heiligenstadt gezogen sein,
wo heute Chaussee und Eisenbahn führen. Dabei erreichte
er alsbald Kloster Beuren, über dessen Schicksal mancherlei
Nachrichten vorliegen. In den erwähnten Akten des Dres-

dener Archivs findet sich S. 12 ein Schreiben: „Zue wissen
das wir Margaretha von Bodenhusen eptisten, priorin mit
dem gantzen conventh zcu Buern ‚haben oberschlagen
unsers closters branth der uns zue gefügt ist von etzlichen
des hauffs von Molhusen, in welchem hanffen der Alstetter
und Pfiffer oberste hawbtleute gewest sind [1]), geschin uff
dinstag naeh Misericordia Domini (2. Mai) anno MDXXV. Hier
naeher folget alles ufs geringst gerechnet und angeschlogen.“
(Folgt Verzeichnis.) In einem besonderen Stück aus dem
Jahre 1531 liegt vor: „Der Syndicus des Klosters Bevern
klagt bei dem Reichskammergericht gegen Bürgermeister,
Rat und Gemeine zu Mühlhausen wegen Landfriedensbruches
auf Schadenersatz von 2188 Fl.“ Aus der Klage hebe ich
heraus: „Erstlich — das die jetzt gedachten von Muhl·
hausen im jahr 1525 im monat Aprilis sich zcu Mulhausen
in der stadt aus eignem furnemen hauflich rotirt zcusamen
in aufruhr gethan unnd embort haben gemute und meynunge
gegenn geistlichen auch dem adel uund denn oberkaiten
ihres gefallens thetlich handtlung zcuoben unnd furzunemen.
Item das die genanten von Mulhausen also zour aufrur versam-
let solchem irem thetlichem vornehmen — etliche hauptleut
verordent haben. Item das die obgemeltenn von Mulhausen
erstlich in der stadt Mulhausen etlich closter uund andere
gotshauser mit thetlicher ungestymmickeit uberfallen. Item
ire cleynoter unnd gezeurde so man zoum gots dienst unnd
sunst gebraucht auch andere gutter gewaltiglich hinwegk
genomen und entvurt haben. Item das auch gemelte von Mülhausen des ungesettigt uber solchs also vorsamelt gewapnet
und mit wehrhafter handt unnd mit der stadt Mülhausen ge-
schutz under auffgerichtem fliegendem vhenlein ausz gedachter stadt Mülhausen in etliche umbliegende lande herschafft unnd fleckenn auch uff das Eychsfeldt dem ertzstifft
Mentz zcustendig gezcogen sein. Item das solch irre

_____

1) Daß sie das nicht gewesen sind, der Haufe vielmehr besondere „Oberste“ hatte, haben wir oben (S. 46) gesehen.

zciehen von einem ort zoum anderun viel tage uund gute
zceit gewert hat. Item das sie sich auch zcu veldt gelegert
haben. Item das der gedachtenn von Mulhausen in solchem
irem zcugk viel closter und gotshauser in obgemelten
landen und herschaften umb sie gelegen gefallen sein und
dieselbige mit gewapenter handt geplündert, inen ire
cleinoter geczirde allerley fruchte unnd andere gutter
genommen und sie derselbigen beraubt haben. Item
das sie gleicher masse vieler vom adel der lande ire
hausser und wesentliche wonungen mit gewalt eingenommen, geplundert und inen ire habe und gutter raublich
genommen haben. Item das sie auch viel derselben closter,
schlosser uund heuser ausgebrandt verwüstet, zcerstort und
gentzlich vorheeret haben. Item das under andern jung-
frawen clostern unnd stifftern auff dem Eichsfelde das ob-
genante closter unnd stifft Bewren langzeit gelegen gewest
ist. Item das die obgenannten von Mulhausen mit solchem
irem aufrürerischen hanffen in obarticuliertem iare im monat
Mai dornstagk nach Sanct Marci tag [27. April] mit ge-
wapneter handt das nechst articulirt closter gewaltiglich
eingenommen, dasselbige geplundert des closters güter, so
sie in der kirche und sonst im stifft und closter auch außerhalb desselben fanden geraubt und was sie derselben nit
verbrannt hinweg zu sich genommen haben. Item das sie
auch etlich derselben und an andern obgemellten orten
genomene güter gen Mülhausen gebracht und daselbst
gebeucht haben. Item das nachdem die churfürsten und
fürsten von Sachsen und Hessen solcher aufruhr halben die
stadt Mulhausen mit gewalt erobert haben, dieselben fast
viel obartikulierter geraubter güter noch in der stadt Mulhausen gefunden worden seien. Item das bürgermeister
rat und gemeine zu Mulhausen den churfürsten und fürsten
zu Sachsen und auch vielen vom adel und der ritterschaft
des Eichsfeldes und sonst andern die scheden inen in solcher
aufruhr durch sie mit plündern nahme verbrennen und zerstörung zugefügt zum teil wiederumb erstattet, bezahlt und

derhalben zufrieden gestellet haben." --' Der Schaden wird
sodann auf 2188 Gulden berechnet; genaues und kulturhistorisch ganz interessantes Inventar der zerstörten Gebäude
und geraubten Güter liegt vor. 100 Gulden werden berechnet
für Kirche und Turm, 100 für Bücher, meistens Pergament, und
Leuchter, 217 Gulden für Glocken, deren eine 8 Zentner
schwer gewesen, 250 Gulden für die Abtei, Schlafhaus,
Refektorium und 2 Häuser auf beiden Seiten, 80 Gulden
für Brauhaus und Backhaus, 100 Gulden für das neue
Schafhaus und die Scheuern, 30 Gulden für 6 Ackerpferde
und 4 Füllen im dritten Jabre, 40 Gulden für ein Schock
Schweine, große und kleine, 90 Gulden für 300 „Melk-
schafe" etc.

Groß ist, wie man sieht, die Zahl der „Item", doch
wird es der Mühe wert sein, damit zu vergleichen, was die
Zeugen in unseren Akten aussagen. S. 148b wird be-
richtet: „Das Kloster Beuren sei auf Sonnabend nach
Quasimodogeniti (29. April) geplüudert[1]), wer aber das
getan, habe er kein Wissen; wohl habe er die Zeit gehört
sagen, es sollten das des Klosters eigene Untertanen getan
haben, aber folgendes[2]) Dienstags (2. Mai), als der große
Haufe von Orsla davor gezogen, sei es verbrannt worden."
Genaueres weiß ein anderer Zeuge (S. 170) zu berichten:
„Zuvor und ehe die Prädikanten mit ihrem Haufen auf das
Eichsfeld gezogen, hätten des Klosters Beuren eigene Untertanen dasselbe Kloster geplündert, alles darin gefressen,
gesoffen und zerschlagen, das habe er, Zeuge, selbst gesehen
und die Nachbarn und eigene Leute, die es getan, gekannt;
das sei Schlössern und anderen Klöstern auch von ihren
eigenen Leuten und anderen geschehen und also geplündert,
das habe er auch gesehen. Hernach aber, als der Prädikanten
Haufe von Orsla aufgebrochen und nach Heiligenstadt gezogen, wären zwei auf einem Pferde den Berg von Lengen-

---

1) An diesem Tage zog der Mühlhäuser Haufe nach Ebeleben.
2) Nach der Chronik erfolgte an diesem Tage bereits die Rückkehr nach Mühlhausen, was allerdings nicht richtig ist.

Sommering, „die Dich von Herzen lieben, aber der
Meinung sind, daß Du elendiglich von Luther verführt
worden bist, und die Dir deshalb eine bessere Gesinnung
erflehen. Sie meinen es gut, aber ob sie richtig urteilen,
ist mir zweifelhaft."

Sehr charakteristisch für die Stellung des damaligen
Humanismus zur Reformation ist folgender Ausspruch
Urbans in einem Briefe an Spalatin vom 19. August
1526 [57]): „Wenn etwas Neues geschieht, was zu Gunsten
des Evangeliums ist, laß mich's wissen. Ich bin gewiß dem
evangelischen Handel von Herzen günstig gesinnt, aber ich
vermag nicht, Erasmus zu hassen. Wenn ich irre, wisse,
daß ich immer Dein bin und Dein sein werde."

„Leben denn die Leute in Wittenberg unter einem
anderen Gesetz als die Leute in Gotha?" hatte, wie wir
hörten, einst Mutian vorwurfsvoll an Johann Lange,
den Hauptvertreter der „Lutheraner" in Erfurt, geschrieben
und hinzugefügt: „Sind wir denn nicht Bürger eines
Reiches?"

Aus den vorstehenden Briefen Mutians und Urbans,
denke ich, geht hervor, daß in Gotha, um Mutian herum,
allerdings ein anderer Wind wehte als in Wittenberg um
Luther herum. Gewiß war Mutian eine zu religiöse
Natur und Luther eine zu gewaltige Persönlichkeit, als
daß nicht Mutian seines Geistes einen Hauch verspürt
haben sollte, und sicherlich darf nicht geleugnet werden,
daß der Humanismus überhaupt und Mutian insbesondere
bestrebt gewesen ist, das Reich, in welchem er neben den
Wittenbergern Bürgerrecht beansprucht, das Reich Gottes,
zu fördern. Aber wenn wir den Humanisten Eobanus
Hessus sagen hörten, Luther sei deshalb größer als
Erasmus, weil er den Weg zu der reineren Frömmigkeit
nicht nur gezeigt, sondern auch betreten und die Hacke in
die Hand genommen habe, um den Weinberg Christi zu

---

57) Gillert, No. 620, Beilage 4.

ständige Pfarrbesoldung aus Wira verschafft haben, auch
noch nach Erasmus und Hutten gefragt hat, schließt er
mit der Bitte, ihn wissen zu lassen, was für den glücklichen
Stand der Dinge, besonders für den lutherischen Handel,
zu hoffen sei.

Ein Brief Urbans vom 20. November 1524 [56]) an
Spalatin zeigt, wie man in der Umgebung Mutians
über Thomas. Münzer und über den Streit zwischen
Luther und Erasmus, den freien Willen betreffend,
dachte: „Ich schicke Dir den Brief des Thomas Münzer
wieder zurück. Nichts Verworreneres, nichts Dunkleres
habe ich je gelesen. Man sagt, der Mensch sei aus Mühlhausen vertrieben worden, und wo sich Karlstadt jetzt
aufhält, weiß man hier durchaus nicht. Den Brief des
Erasmus an Dich und sonstige Neuigkeiten, die Du mir
geschickt hattest, habe ich dem Mutian und anderen guten
Freunden mitgeteilt. Sehr begierig bin ich, zu sehen und
zu lesen, was Dr. Luther oder Du gegen den freien
Willen zu schreiben haben werdet. Einige meinen, Luther
habe dem Erasmus nichts zu antworten und könne ihm
auch nichts antworten. Auch Mutian sagt, Erasmus
habe sehr gelehrt (eruditissime) zu Gunsten des freien
Willens geschrieben. Ich kann über so hohe Dinge, weil
sie über meine Fassungskraft hinausgehen, ein Urteil nicht
abgeben, dennoch billige ich an Erasmus, daß er bescheiden schreibt und belehrt zu werden wünscht, auch die
Entscheidung (judicium) dem Leser überläßt. Sobald er
sich davon überzeugt haben wird, daß Luther richtig ge-
urteilt hat, wird er der Ansicht desselben wohl beipflichten.
Mir scheint es nämlich nicht wahrscheinlich, daß ein so
großer und bedeutender Mann etwas gegen sein Gewissen
schreibt." Nachdem Urban noch über seinen mangel-
haften Gesundheitszustand berichtet hat, bestellt er
Grüße an zwei Erfurter Gelehrte: Engelmann und

---

56) Gillert, No. 620, Beilage 3.

den Volksstämmen wird schrecklich tumultuiert. Du schriebst
mir neulich, die Schweiz neige bald hierhin, bald dorthin
und doch stehe sie auf Seiten des Evangeliums. Das
scheint mir aber, mit Deiner Erlaubnis, kämpfen zu heißen,
wie stehen die denn zum Evangelium, die so wetterwendisch
bald hierhin, bald dorthin sich neigen, und zwar dahin,
wo gerade die meiste Aussicht auf schmutziges Geld ist.
Wahr ist der Ausspruch des Dichters: „Bei denjenigen
Menschen ist kein Treu und Glaube, die dem großen
Haufen folgen" (qui castra sequuntur). Die halte ich nicht
für Christen, die, von schmutziger Geldgier verleitet, das
Schwert gegen die Brust des um mich verdienten Bruders
zücken. Gott verleihe uns seine Gnade, daß wir nicht nur
dem Namen nach, sondern mit der That Evangelische sind.
Mutian empfing in diesen Tagen durch den Beistand des
ehrenwerten Gräfendorf und des Herrn Kanzlers
(Brück) 16 Gulden aus der Pfarrei zu Wira."

Am 7. März 1524 [55]) spricht Urban dem Spalatin
den Wunsch aus, ihn zu sehen und zu sprechen, vor allem
ihn darüber um Rat zu fragen, ob er (Urban) denn noch
immer mitten unter den trinklustigen, liederlichen, un-
ordentlich herumbummelnden Klosterbrüdern bleiben müsse.
„Ich hatte schon gehofft, es werde ein Dekret der Fürsten
in Nürnberg kommen, nach welchem es jedem erlaubt würde,
das Kloster zu verlassen, ohne dadurch sich Schande zuzuziehen. Aber ich höre, die guten Fürsten haben nichts
darüber bestimmt, haben nur Privatsachen verhandelt, sind
untereinander uneins gewesen, und der Kurfürst ist, unwillig
darüber, abgereist. Ob das wahr ist, möchte ich gern
wissen und ob es noch etwas anderes giebt, was ich dem
Mutian mitteilen kann." Nachdem Urban noch gebeten
hat, dem Kanzler Brück und dem Kämmerer Gräfendorf dafür zu danken, daß sie dem Mutian, „gewiß auf
Spalatins Verwendung hin", die aus zwei Jahren rück-

---

55) Gillert, No. 620, Beilage 2.

der Nähe von Königsberg i. P. aufhielt, berichtet über seinen Tod[53]): „Bei zunehmender Schwäche sagte er Tag, ja fast Stunde seines Todes voraus, und als er den Tod nahen fühlte, ließ er sich von seinem Diener Marcellus Regius (dieser war später Lehrer in Wittenberg) einige Psalmen und Abschnitte aus den Paulinischen Briefen über Christi Verdienst und Auferstehung vorlesen, betete dazwischen um Standhaftigkeit und Verachtung des Todes. Keine Angstrufe hörte man, man bemerkte kein unruhiges Hin- und Herwerfen des Körpers. Mit göttlicher Hülfe überwand er die Bitterkeit des Todes. Er soll gesagt haben: „Erbarmer Christus, blicke auf Deinen Knecht“ und nachher: „Dein Wille geschehe“. Das war sein letztes Wort, dann entschlief er und lag ruhig, wie ein Schlafender, nicht wie ein Toter.“

Danach werden wir wohl behaupten dürfen, Mutian ist zwar nicht als „Lutheraner“, aber doch mit dem von ihm so lange vergeblich gesuchten Frieden im Herzen gestorben.

Eine ganz ähuliche Stellung wie Mutian nahm auch dessen treuester Freund Urban der reformatorischen Bewegung gegenüber ein. Briefe, die dieser Ökonomus im Kloster Georgenthal und dann Verwalter des Georgenthaler Hofes in Erfurt in den Jahren 1524 und 1526 an Spalatin schrieb, sind wohl wert, hier noch mitgeteilt zu werden, sie zeigen, wie es auch ihm recht schwer wurde, in die neue Zeit sich einzuleben. Am 14. Februar 1524[54]) bittet Urban den Spalatin um Auskunft darüber, was auf dem „berühmten Konvent der Fürsten“ (der Nürnberger Reichstag von 1524 ist gemeint) verhandelt werde. „Man sagt, der König von England sei nach Nürnberg gehommen und ebenso auch ein Gesandter Karls V. Wenn doch die Fürsten alle Kraft anspannen wollten, um Eintracht in der christlichen Religion wieder herzustellen. Überall unter

---

53) Krause, Briefwechsel, S. LXV.
54) Gillert, No. 620, Beilage 1.